John Lukacs:
Der letzte europäische Krieg
1939–1941
Die Entmachtung Europas

Deutscher
Taschenbuch
Verlag

Aus dem Amerikanischen übersetzt von Wulf Bergner.
Die Originalausgabe erschien unter dem Titel „The last European War" 1976
in der Anchor Press/Doubleday, New York, die vom Autor überarbeitete und
gekürzte deutsche Ausgabe unter dem Titel „Die Entmachtung Europas" 1978
im Verlag Klett-Cotta, Stuttgart.

Juli 1980
Deutscher Taschenbuch Verlag GmbH & Co. KG,
München
© 1976 by John Lukacs
© Ernst Klett, Stuttgart 1978 (für die deutsche Ausgabe)
Umschlaggestaltung: Celestino Piatti
Die Fotos zeigen eine Einsatzbesprechung zwischen englischen und franzö-
sischen Offizieren in Nordfrankreich und eine Besprechung zwischen deut-
schen und sowjetischen Offizieren.
Gesamtherstellung: C. H. Beck'sche Buchdruckerei,
Nördlingen
Printed in Germany · ISBN 3-423-01558-6

Das Buch

„Thema dieses Buches ist die Geschichte eines ganzen Kontinents in einem Zweijahreszeitraum voll gigantischer Umwälzungen." 1939–1941 fand der letzte europäische Krieg statt, danach begann der Zweite Weltkrieg, der das Verhältnis des Kontinents zur übrigen Welt grundlegend und für immer veränderte. Auch das Verhältnis Deutschlands zu seinen europäischen Nachbarn änderte sich: das bis dahin erfolgversprechende Streben nach der wirtschaftlichen und politischen Vorherrschaft in Europa war nun ein für allemal gescheitert. In dieser „Entmachtung Europas" sieht der Autor eine der tiefsten historischen Zäsuren.

Seine unkonventionelle, aufschlußreiche These macht Lukacs „mit glänzender Erzähl- und Argumentierkunst" in diesem „hervorragenden Buch auf brillante Weise plausibel" (S. Haffner). Im ersten Teil schildert er die Ereignisse dieser beiden Jahre und in einem zweiten „das Leben der europäischen Völker, die Empfindungen der Nationen und die Konvergenzen von Gedanken und Überzeugungen" in diesem Zeitraum – ein breites farbiges Panorama aus dem Alltag des Krieges, aus seinen Randgebieten, als es den totalen Krieg noch nicht gab. Das Buch basiert auf immenser Literaturkenntnis und intensiven Archivstudien, es enthält eine Fülle von Fakten, die nur wenig bekannt sind oder bisher kaum beachtet wurden. In seinen Einsichten und Urteilen originell, ersetzt es so manche Klischeevorstellung durch neue Erkenntnisse.


Der Autor

Professor John Lukacs, 1925 in Ungarn geboren, studierte in Budapest und Cambridge und lehrt heute an einer amerikanischen Universität. Bekannt wurde er durch seine Bücher über das ‚Ende der Neuzeit‘ und das ‚Historische Bewußtsein‘.

# Inhalt

Thema dieses Buches ist die Geschichte eines ganzen Kontinents in einem Zweijahreszeitraum voll gigantischer Umwälzungen. Dieses Zeitgemälde hat eine große Schwierigkeit: Europa wirkt nur von außen betrachtet monolithisch. Im Jahre 1939 gab es nur wenige Europäer. Die nationalen Unterschiede waren tiefgreifend. Von Albanern und Andorranern bis zu Serben und Türken ... es gab mehr europäische Nationen, als das Alphabet Buchstaben hat. Trotzdem waren viele ihrer Erfahrungen – und, noch wichtiger, ihre Reaktionen auf diese Erfahrungen – ähnlich. Was war an ihrem Leben und ihren Gedanken gemeinsam oder ähnlich? Meine Interpretation vieler dieser Ereignisse, die in manchen Fällen auf verhältnismäßig neuem Material basiert, mag unorthodox sein. Jede Geschichtsschreibung besteht aus der gedanklichen Bewältigung der Vergangenheit. Daß diese ständige Revision der Vergangenheit auf Beweismaterial basieren muß, ist eine Binsenwahrheit. Historische Beweismittel sind eine Sache; juristische eine andere. Letztere haben als Endzweck Gerechtigkeit; erstere Wahrheit. Wahrheit ist nicht nur tiefergreifend, sondern auch wichtiger als Gerechtigkeit. Das Reservoir an historischem Beweismaterial ist potentiell unausschöpfbar. Das über den Zweiten Weltkrieg zur Verfügung stehende Material ist unübersehbar und kaum zu bewältigen. In den bibliographischen Anmerkungen am Schluß des Buches habe ich versucht, einige der daraus erwachsenden Probleme und Möglichkeiten aufzuzeigen.

Im zweiten, größeren Teil dieses Buches habe ich es unternommen, über das Leben der Völker, die Empfindungen der Nationen und die Konvergenzen von Gedanken und Überzeugungen in einer bestimmten Reihenfolge zu schreiben, um bestimmten methodischen Ansätzen meiner früheren Werke, vor allem von „Historical Consciousness" zu folgen. Deshalb ist dieses Buch in „I. Die Hauptereignisse" und „II. Die Hauptbewegungen" unterteilt. Darüber hinaus braucht der Aufbau dieses Buches nicht weiter erklärt zu werden; er geht aus dem Inhaltsverzeichnis deutlich hervor und wird sich – hoffentlich – vor dem Leser entfalten.

# I. Die Hauptereignisse

# 1. Einleitung: Deutschland und Europa

Der letzte europäische Krieg begann im September 1939. Im Dezember 1941 wurde er zum Zweiten Weltkrieg. Die Jahre 1939–41 waren mehr als eine Eröffnungsphase; sie waren die entscheidende Phase des Zweiten Weltkriegs. Vor dem Dezember 1941 kam Hitler dem Sieg nahe; er war ihm näher, als wir gemeinhin annehmen. Nach dem Dezember 1941 konnte er den Krieg nicht mehr gewinnen. Solche eindeutigen Wendepunkte in der Geschichte großer Kriege sind selten. Im Ersten Weltkrieg hat sich so etwas nicht ereignet.

Der letzte europäische Krieg war der von 1939 bis 1941. Die Völker Europas werden vielleicht noch Revolutionen und Bürgerkriege erleben; sie mögen erobert oder gegeneinander aufgehetzt werden. Aber ein Krieg, in dem eine einzelne Nation versucht, Europa zu beherrschen, mit dem Ergebnis, daß ganz Europa in den Krieg verwickelt wird, ist sehr unwahrscheinlich – nicht wegen der Aussichten auf ein vereintes Europa, die auch jetzt noch düster sind, sondern wegen der Folgen dieses letzten europäischen Krieges.

Das Jahr 1941 war nicht nur in der Geschichte des Zweiten Weltkrieges ein Wendepunkt, sondern auch im Verhältnis eines ganzen Kontinents zur übrigen Welt. Nach 1941 hing das Schicksal Europas von zwei außereuropäischen Mächten ab, den Vereinigten Staaten und der Sowjetunion – ein Zustand, an dem sich seit damals nichts geändert hat. Das Jahr 1941 bezeichnete auch einen Wendepunkt im Verhältnis Europas zu seiner Zentralmacht – zu Deutschland, das sich als letzter der großen Staaten Europas angeschickt hatte, den Kontinent zu unterwerfen.

Vor hundert Jahren war das wichtigste Ereignis in der Menschheitsgeschichte das Anwachsen von Macht und Einfluß des deutschen Volkes in Europa. Bismarck gelang es, die meisten Deutschen in einem Kaiserreich zu vereinigen. Sie waren noch nie zuvor vereinigt gewesen. Sie waren selbst damals nicht ganz vereint, noch würden sie es je sein. Trotzdem bewahrheitete sich allmählich, was der schottische Philosoph und Historiker Hume über sie geschrieben hatte. „Deutschland ist zweifellos ein vorzügliches Land", schrieb er 1748, „voller fleißiger, ehrlicher Leute; und wäre es vereinigt, dann wäre es die größte Macht, welche die Welt je gesehen hat."

Deutschland war wirklich die größte Macht auf dem europäischen Kontinent. Es hatte eine große, ständig wachsende, junge Bevölkerung. Um 1870 waren fast 45 % der Bevölkerung Preußens unter zwanzig Jahre alt – eine Zahl, über die alle nachdenken sollten, die ein Jahrhundert später von Aufbruch der

Jugend und Generationsunterschied schwatzen. Um 1900 war Deutschland die größte Industriemacht Europas und überragte damit nicht nur Rußland und Frankreich, sondern auch England. Weder die Bevölkerungszahl Deutschlands noch das deutsche Volk selbst noch die Bodenschätze Deutschlands waren Erklärung genug für diese Tatsache. Selbst – oder besonders – in diesem Zeitalter des Materialismus zählte der Geist stets mehr als die Materie. Fleiß und Disziplin des deutschen Volkes waren außergewöhnlich und gelegentlich beunruhigend eindrucksvoll: sie waren das Ergebnis seiner Denkweise und seiner Ideale.

Sogar nach dem Ersten Weltkrieg blieb ein vereinigter deutscher Staat erhalten. Er sollte sich bald von seinen Demütigungen und Verstümmelungen, auch von den selbst zugefügten, erholen. Während der Weltwirtschaftskrise der Jahre 1929-33 wurde Deutschland im Vergleich zu den übrigen europäischen Mächten stärker, nicht schwächer. In dem Jahr vor Hitlers Machtergreifung gab es absolut und relativ gesehen mehr arbeitslose Deutsche als arbeitslose Franzosen oder Engländer. Trotzdem bemühten sich 1932 die beiden letzteren, ihre Streitkräfte zu verringern, nicht die ersteren. Das Ergebnis war vorhersehbar: Deutschland stieg wieder auf und hatte Aussicht, bald die stärkste europäische Macht zu sein. Dieser deutsche Aufstieg wurde von Hitler beschleunigt, aber nicht von ihm verursacht. Sein Beitrag bestand darin, den Deutschen ein außergewöhnliches Maß an Selbstvertrauen und Aggressivität einzuflößen. Er weckte das Bild eines bedrohlichen deutschen Militärstaats; in Wirklichkeit waren Umfang und Tempo der deutschen Aufrüstung in den dreißiger Jahren jedoch geringer, als die Welt, auch die Geheimdienste der anderen Mächte, damals glaubten.

Trotzdem: Der Eindruck, besonders da er auf Disziplin und Entschlossenheit beruhte, war Realität genug. In den dreißiger Jahren bewirkte Hitler eine wirtschaftliche und politische Revolution in Mitteleuropa. In Deutschland beseitigte er die Arbeitslosigkeit und schuf eine neue Art von Massenwohlstand – alles durch das neue Klima nationalen Selbstbewußtseins. Im Ausland stellte er die traditionelle deutsche Vorherrschaft auf den Märkten der Nachbarstaaten im Osten und Süden wieder her. Vieles davon wurde durch die unorthodoxe, aber vernünftige Methode erreicht, das deutsche Volk zu verstaatlichen, nicht die deutsche Industrie, und durch die Betonung der Tatsache, daß der Wohlstand Deutschlands von seiner Industrieproduktion und nicht von Goldreserven abhinge. Die deutsche Massenproduktion war der aller übrigen europäischen Staaten, auch der Englands, bald überlegen – der Menge nach, im Vertrieb, oft sogar in der Qualität. Einige Zahlenangaben sollen diesen Punkt illustrieren.

Zwei Staaten, die traditionell mit Deutschland Handel trieben (vor allem deshalb, weil ihre Handelsbeziehungen sich in gleicher Richtung wie ihre politischen Sympathien entwickelten), waren Ungarn und Bulgarien. Im Jahr 1933, als Hitler an die Macht kam, gingen 11,1 Prozent der ungarischen und 38

Prozent der bulgarischen Exporte nach Deutschland; 19,6 Prozent der ungarischen und 38 Prozent der bulgarischen Importe kamen von dort. 1938 waren diese Prozentsätze auf 51 und 64 beziehungsweise 48 und 58 Prozent angestiegen. Um die Mitte der dreißiger Jahre machte diese deutsche Vorherrschaft sich auch bei Frankreichs Verbündeten bemerkbar – bei Staaten, die bis dahin von französischem Kapital abhängig gewesen waren. 1933 waren 13 Prozent der jugoslawischen und 18 Prozent der rumänischen Importe aus Deutschland gekommen; 1938 waren es bereits 50 beziehungsweise 49 Prozent. Die deutsche Vorherrschaft erstreckte sich bald sogar auf Staaten wie Griechenland, Norwegen oder Spanien, die bisher nur unbedeutende Handelspartner Deutschlands gewesen waren. 1938 war das mit Deutschland abgewickelte Handels- und Geschäftsvolumen der traditionell anglophilen Griechen fast fünfmal größer als ihr Handel mit England und vierzehnmal größer als der mit Frankreich.

So groß waren die Vorteile von Handelsbeziehungen mit dem Dritten Reich. Die Vorteile einer Freundschaft mit dem Dritten Reich waren nicht weniger offenkundig. Die von Hitler in den dreißiger Jahren bewirkte diplomatische Revolution war eindrucksvoll. Im Jahr 1933 hatte Frankreich fünf europäische Verbündete, während Deutschland keinen besaß. Als Reaktion auf den Aufstieg Deutschlands schloß Frankreich 1935 einen weiteren Bündnisvertrag mit der Sowjetunion ab. Noch 1938 hatte Deutschland keinen einzigen Verbündeten, während Frankreich – zumindest auf dem Papier – immer noch fünf besaß. In Wirklichkeit war Frankreich bereits von den meisten Verbündeten im Stich gelassen worden, obwohl ihre Bündnisverträge theoretisch fortbestanden. Die Führer ehemals antideutscher Staaten, ganz abgesehen von Mussolini und Franco, zogen jetzt die Freundschaft Deutschlands der Frankreichs vor. In der englischen Regierung, vielleicht auch in der sowjetischen, gab es Männer, die in eine ähnliche Richtung tendierten. Ein großer Teil Europas rückte immer näher an Deutschland heran, obwohl das Dritte Reich wegen der Mißhandlungen von Kommunisten, Liberalen, Juden und anderen Gegnern Hitlers in schlechtem Ruf stand.

Diese in den dreißiger Jahren erzielten Erfolge Hitlers waren nur mit denen zu vergleichen, die Bismarck in den sechziger Jahren des 19. Jahrhunderts erzielt hatte. In einer Beziehung übertraf Hitler Bismarck sogar: Er erreichte dies alles ohne Krieg. Was Bismarck mit Blut und Eisen erkämpft hatte, erreichte Hitler durch die bloße Drohung mit Disziplin und Stahl. Trotzdem war Bismarck der größere Staatsmann. Ohne Bismarck wäre es vielleicht nie zu einer Vorherrschaft Preußens in Deutschland gekommen. Andererseits deutet vieles darauf hin, daß Deutschland auch ohne Hitler zu einer beherrschenden Stellung in Europa aufgestiegen wäre. Sein Aufstieg wäre langsamer, schwieriger, weniger dynamisch gewesen, aber es wäre trotzdem aufgestiegen.

Ein Großteil dieser deutschen Vorherrschaft beruhte eher auf kulturellen als auf wirtschaftlichen Faktoren. Vor hundert Jahren hat der französische Philosoph Renan geschrieben, der Sieg der Preußen über die Franzosen in der Schlacht von Sedan sei der Sieg des deutschen Schulmeisters gewesen. Seine Ansicht hatte viel für sich. Nach 1870 waren die deutschen Universitäten zwei oder drei Generationen lang vielleicht die besten der Welt. Nach dem Ersten Weltkrieg waren die meisten osteuropäischen Völker von deutschen Lehrmethoden abhängig. Außerhalb der Universitäten wuchsen neue Generationen von Intellektuellen heran, die eher von deutschen als von französischen Denkweisen beeindruckt zu sein schienen. Dies traf auf so ferne Länder wie Spanien, Griechenland, Italien und Rußland, auf Marxisten wie auf Konservative zu. Eine bloße Analyse des deutschen Bildungssystems würde nicht ausreichen, um diese Erscheinung zu erklären. In seiner besten, aber auch in seiner schlimmsten Form stellte das deutsche Denken eine Reaktion auf den bürgerlichen Materialismus des 19. Jahrhunderts dar sowie – da die große romantische Bewegung hauptsächlich von Deutschland ausgegangen war – eine Reaktion auf den kalten und zunehmend leblosen Rationalismus des 18. Jahrhunderts. Auf Gebieten, die von Philosophie bis zur Physik reichten, war der Neo-Idealismus der große deutsche Beitrag zur Geistesgeschichte Europas. Ganze Generationen von Europäern waren dafür empfänglich, auch wenn sie, politisch gesehen, nicht deutschfreundlich waren. Weitere Millionen von Menschen, oft nur halbgebildet, bewunderten die aggressive Tüchtigkeit des Deutschen als eine Art kulturellen Prototyps.

Diese Entwicklung, die sich aus der Rückschau als so vielversprechend für Deutschland darstellt, wies jedoch einen entscheidenden Fehler auf. Die Deutschen konnten taktlos und rücksichtslos sein; sie kultivierten manche ihrer Vorzüge zu so systematischen Extremen, daß daraus Laster wurden. „Die Preußen", schrieb der geistreiche viktorianische Engländer Labouchère vor über hundert Jahren, „sind Heilige im Vergleich zu den Franzosen. Sie besitzen alle möglichen Vorzüge: Sie sind ehrlich, fleißig, gebildet, gute Söhne, Ehemänner und Väter; und trotzdem wird dies alles durch einen einzigen Fehler verdorben – sie sind unerträglich . . . Ein preußischer Leutnant ist das widerwärtigste Exemplar eines Menschen, das Natur und Kommiß jemals hervorgebracht haben. Abgesehen von allen politischen Überlegungen wird die Vorherrschaft dieser Nation in Europa eine gesellschaftliche Kalamität sein . . ."[1] Im Laufe der Zeit zerstörten die Deutschen ihre besten Möglichkeiten selbst. Hitler, ihr außergewöhnlicher Führer, machte in dieser Beziehung keine Ausnahme.

Eine weitere Überlegung ist für dieses Buch äußerst wichtig. Die Deutschen besaßen das Potential, um das alte Europa zu verjüngen, um das europäische Zeitalter – und damit die Vorherrschaft Europas – für Jahrhun-

---

[1] *Pearson*, S. 105–106. Die vollständigen Titel aller hier zitierten Werke sind auf S. 424–432 angegeben.

derte zu konsolidieren. Im letzten europäischen Krieg zerstörten sie diese Ansicht endgültig und vielleicht unwiderruflich, weil sie von dem Gedanken an ihre eigene Vorherrschaft in Europa besessen waren. Anstatt zu konsolidieren, trugen sie in Wirklichkeit dazu bei, die Gefahren für den Westen, für Europa und schließlich auch ihr eigenes Land zu vergrößern. Die Hauptschuld trägt das Dritte Reich. Damit sind wir beim Jahr 1938 angelangt, das den Höhepunkt von Hitlers Karriere darstellt.

Im Jahr 1938 wurde der einstige österreichische Waisenknabe zum mächtigsten Mann der Welt. Das Jahr 1938 war zugleich Gipfel und Wendepunkt seines Lebens. In nur sechs Monaten hatte er durch bloße Drohungen ein Deutsches Reich geschaffen, größer, geschlossener und dominierender, als irgendein früheres Reich es gewesen war. Von da an fanden sich die übrigen europäischen Mächte, auch England und Frankreich, mit seinem beherrschenden Einfluß im größten Teil Osteuropas ab. Ende 1938 gab es in Europa keinen einzigen Staat mehr, der es wagte, offen als Gegner Deutschlands aufzutreten.

In diesem Jahr hatte Hitler die Deutschen geschlossener hinter sich als je zuvor oder nachher. Er durfte glauben, ihm sei es gelungen, die geheimnisvollen Bande zu seinem Volk zu knüpfen, die das Zeichen eines großen nationalen Führers in einer Schicksalsstunde sind. Im März 1938 führte er seine österreichischen Landsleute „heim ins Reich". Hitler kehrte in einer seltsamen Stimmung, die man als melancholischen Triumph bezeichnen könnte, in seinen Geburtsort zurück. Er war am 20. April 1889, einem grauen Samstagnachmittag, in Braunau am Inn, einer Kleinstadt an der deutsch-österreichischen Grenze, geboren worden, und er kehrte am 12. März 1938, ebenfalls einem grauen Samstagnachmittag, dorthin zurück.

Abgesehen von der symbolischen Bedeutung seiner geographischen Lage war Braunau in Hitlers Leben nicht sonderlich wichtig gewesen, denn seine Familie zog von dort weg, bevor er vier Jahre alt war. Im Jahr 1938 blieb er nur etwa eine Stunde dort, während die Bevölkerung ihm zujubelte. Dann fuhr er bei sinkender Dämmerung nach Leonding weiter, um das Grab seiner Eltern zu besuchen. Abends traf er, aus Leonding kommend, in Linz ein. Dort wurde er empfangen von schreienden und jubelnden Massen, wie sie in der Geschichte von Linz oder sogar Österreichs noch niemals gesehen worden waren. Diese gewaltige Menschenmenge drängte sich vor dem Hotel Weinzinger in der Stadt, an die Hitler stets mit besonderer Zuneigung gedacht hatte und an die er später mit noch größerer Zuneigung zurückdenken würde. Er reagierte impulsiv auf die ihm dargebrachten Ovationen. Anstatt bei seinem ursprünglichen Plan zu bleiben, der eine politische Union vorsah, wollte er Österreich in sein Reich eingliedern. Zum Entzücken und zur Überraschung der Linzer (Linz gehörte zu den österreichischen Städten mit den meisten Nationalsozialisten) blieb Hitler fast zwei Tage dort. Erst am Montagnachmittag, dem 14. März, setzte sich seine Autokolonne wieder in Richtung Osten in Bewegung:

nach Wien, wo ihn wieder ein enthusiastischer Empfang erwartete. Man fragt sich, ob Hitler bewußt war, daß er im März 1938 fast genau den in Kindheit und Jugend zurückgelegten Weg – von seiner Geburt im Jahre 1889 bis zum traumatisch tragischen Tod seiner Mutter im Jahre 1906 – zurückverfolgt hatte. Wie wir sehen werden, deutet einiges darauf hin, daß er eben dies empfunden hat.

Nur wenige Nationen in der gesamten europäischen Geschichte hatten einen so dramatischen Aufstieg erlebt wie Deutschland mit Hitler in den Jahren zwischen 1933 und 1938. In diesem Zeitraum hätten drei von den anderen Mächten Europas den Aufstieg von Hitlers Drittem Reich hemmen können: Frankreich, England und Italien. Im Jahr 1933 unterhielt Frankreich noch immer das größte Heer auf dem Kontinent. Vier Tage nach seiner Ernennung zum Reichskanzler sagte Hitler in einer ersten Besprechung mit den Befehlshabern der Reichswehr: „Gefährlichste Zeit ist die des Aufbaus der Wehrmacht. Da wird sich zeigen, ob Frankreich *Staatsmänner* hat; wenn ja, wird es uns Zeit nicht lassen, sondern über uns herfallen.[1] Die Franzosen besaßen keine Staatsmänner dieser Art – und auch keine Generale, die den Deutschen Respekt abgenötigt hätten. Als Hitler im März 1936 die entmilitarisierte Zone des Rheinlands besetzte – in vieler Beziehung sein riskantester Schachzug vor dem Ausbruch des Krieges –, unternahmen die Franzosen wenig oder gar nichts. Sie hätten vielleicht eingegriffen, wenn die Engländer sie unterstützt hätten; aber die Engländer blieben untätig.

Den englischen Regierungen der dreißiger Jahre lag nichts mehr am Herzen als die Innenpolitik und friedliche Beziehungen zu den meisten Staaten, auch zu Deutschland. Diese Konzentration war im allgemeinen das Ergebnis eines energischen angelsächsischen Widerstrebens, bestimmte unangenehme Realitäten anzuerkennen. Die Engländer, schrieb Oscar Wilde einmal, „ degradieren ständig Wahrheiten zu Tatsachen. Sobald eine Wahrheit zur Tatsache wird, büßt sie ihren ganzen intellektuellen Wert ein". „Die zentrale Tatsache ist", sagte Philip Kerr, Lord Lothian, Anhänger der Christlichen Wissenschaft und damals eine prototypische Gestalt des englischen politischen Establishments, „daß Deutschland keinen Krieg wünscht und bereit ist, völlig auf ihn als Mittel zur Lösung seiner Streitigkeiten mit seinen Nachbarn zu verzichten, sofern es wahre Gleichberechtigung zugestanden erhält."[2] Die Fata Morgana einer „zentralen Tatsache" dieser Art sollte von sturen und engstirnigen Geistern des Typs Chamberlain zumindest für einige Zeit mit sturer und engstirniger Entschlossenheit verfolgt werden.

Seltsamerweise fiel Italien um die Mitte der dreißiger Jahre die Schlüsselrolle in der Konstellation europäischer Mächte zu – so erstaunlich diese Feststellung nachträglich klingen mag. Daß es eine Großmacht war, verdankte

---

[1] VfZ (Okt. 1954), S. 345 (Neue Dokumente zur Geschichte der Reichswehr 1930–1933, General Liebmanns Notizen). Im Kreise seiner Vertrauten wiederholte Goebbels dieses Argument häufig.
[2] *Butler*, S. 336.

es hauptsächlich seinem Prestige. Unter dem Eindruck von Mussolini vergaß die Welt die sehr schwankenden Leistungen Italiens im Ersten Weltkrieg und vorher. Neben Deutschland war Italien die einzige größere Macht östlich des Rheins, eine der sinnlosen Folgen des Versailler Friedensvertrages nach dem Ersten Weltkrieg. Anfang 1935 ratifizierte das französische Parlament einen Beistandspakt Frankreichs mit Sowjetrußland. Im Gegensatz zu dem Bündnis Frankreichs mit dem zaristischen Rußland vor dem Ersten Weltkrieg waren die Auswirkungen dieser Allianz auf das europäische Gleichgewicht der Mächte sowie auf Deutschlands Zukunftsaussichten praktisch gleich Null. Sie störte Hitler nicht im geringsten (obwohl sie ihm einen Vorwand für seinen Einmarsch ins Rheinland lieferte).

So war Italien wichtiger als die Sowjetunion, was teilweise darauf beruhte, daß die Welt von der Bedeutung Italiens überzeugt war. Eine noch unsinnigere Folge des Versailler Friedensvertrages war der vollständige Rollentausch im traditionellen Verhältnis zwischen Österreich und Italien in den dreißiger Jahren: Die Unabhängigkeit Österreichs hing jetzt zum großen Teil von Italien ab. Wären Frankreich und Italien eng verbündet gewesen, hätten sie Hitlers Vordringen aufhalten können – zumindest im Süden und Südosten, zumindest bis 1936. Aber es wäre zwecklos, diese Hypothese weiter auszuspinnen. Wie Hitler konnte Mussolini die Franzosen nicht ausstehen. Er war davon überzeugt, Frankreich sei – vor allem im Vergleich zu Deutschland – saft- und kraftlos. Dafür machte er – nicht ganz unbegründet – die parlamentarische Demokratie in Frankreich verantwortlich. Weiterhin gelangte er zu der Überzeugung – ebenfalls nicht völlig unbegründet –, die Demokratie habe sich wie eine Krebsgeschwulst in Englands Stärke hineingefressen. Mussolini war entschlossen, sich mit Hitler zu verbünden – und das nicht nur aus ideologischer Affinität. Noch im Februar 1936 schrieb sein Triester Minister Suvich in einem Memorandum an Mussolini: „Meiner Ansicht nach wäre es ein kolossaler Fehler, Österreich zu opfern."[3] Genau einen Monat später marschierte Hitler ins Rheinland ein, und die westlichen Demokratien sahen tatenlos zu. Mussolini fühlte sich in seinen Ansichten bestätigt. Er würde ein Bündnis mit Hitler anstreben – notfalls auch auf Kosten Österreichs. Außerdem trennte er sich von dem lästigen Warner Suvich.

Damit war Österreichs Unabhängigkeit zum Untergang verurteilt. Im Juli 1936 unterzeichnete die österreichische Regierung einen Vertrag mit Deutschland, der Hitler vorläufig zufriedenstellte. Nach Mussolinis Überzeugung hatte Österreich aufgehört, die Kluft zwischen Italien und Deutschland zu sein; es wurde stattdessen die Brücke zwischen ihnen. Er sprach deshalb von einer „Achse Rom-Berlin" (im November 1936), um die sich in Zukunft das Schicksal Europas drehen würde. Genau ein Jahr später berief Hitler den Kriegsminister, die Oberbefehlshaber der drei Wehrmachtsteile und den Außenminister zu sich. Er setzte ihnen auseinander, die Wehrmacht müsse darauf

[3] Suvich am 7. Februar 1936, zitiert von *De Felice*, EF, S. 211.

18

vorbereitet sein, notfalls innerhalb der nächsten Jahre einen Krieg zu führen, und ihm gehe es vorrangig um die Lösung der Probleme des Deutschtums in Österreich und der Tschechoslowakei. Wir werden in diesem Kapitel nochmals auf das zuweilen angezweifelte und auch anzweifelbare Protokoll dieser Besprechung, die sogenannte Hoßbach-Niederschrift, zurückkommen, um zu ergründen – oder vielmehr zu fragen, ob sich diese Fragestellung lohnt –, ob Hitler wirklich einen Krieg wollte. Ihm kam es jedenfalls darauf an, günstige Gelegenheiten an den Grenzen des Dritten Reiches auszunützen – je früher desto besser.

Diese Gelegenheiten boten sich jetzt. Ende Januar 1938 gaben zwei geheime Polizeiakten mit skandalösem Beweismaterial – die eine offenbar mit Wahrheitsgehalt, die andere verworren und selbst heute noch nicht ganz geklärt – Hitler die Möglichkeit (die er erst nach langem Zweifeln und Zögern ergriff), seinen Kriegsminister, den Oberbefehlshaber des Heeres und dazu noch den Außenminister durch Männer zu ersetzen, die überzeugte Nationalsozialisten und völlig von ihm abhängig waren. Nicht, daß es sich dabei um einen Konflikt zwischen den verbliebenen deutschen Konservativen und den radikalen Nationalsozialisten gehandelt hätte: Die entlassenen „Konservativen", Generalfeldmarschall von Blomberg, Generaloberst Freiherr von Fritsch und Außenminister von Neurath, akzeptierten die Entscheidung des Führers. Ein weiterer Konservativer, Franz von Papen, Hitlers Sonderbotschafter in Wien, teilte ihm auf dem Höhepunkt dieser Personalkrise mit, jetzt biete sich eine Chance für ein Eingreifen in Österreich; Bundeskanzler Kurt von Schuschnigg sei zu einem Besuch bei Hitler bereit.

Hitler packte diese Gelegenheit beim Schopf. Am Vormittag des 12. Februar 1938 traf Schuschnigg in Hitlers Berghof auf dem Obersalzberg ein. Der Gast aus Österreich begann das Gespräch mit einer Bemerkung über die herrliche Aussicht und das Wetter. „Wir sind ja nicht zusammengekommen, um von der schönen Aussicht und vom Wetter zu reden", unterbrach ihn Hitler. Das war charakteristisch für ihr gesamtes Gespräch. Hitler war brutal, fordernd, stark. Schuschnigg war verwirrt, unsicher, schwach. Hitler verlangte Umbesetzungen in der österreichischen Regierung sowie weitere Reformen, die Österreich immer mehr zu einem Trabanten des Dritten Reiches machen würden. Schuschnigg gab nach, um wenigstens die Überreste der österreichischen Unabhängigkeit zu retten. Auf Italien konnte er nicht länger zählen; Frankreich und England hätten nur wenig oder gar nichts für Österreich getan. Schließlich hatte er eine Eingebung: Am 9. März gab er bekannt, daß schon vier Tage später eine Volksabstimmung stattfinden werde, die der Welt Österreichs Unabhängigkeit demonstrieren solle. Aus der Rückschau sind der Wortlaut und die Bedingungen dieser Volksabstimmung sehr bezeichnend. „Für ein freies und unabhängiges, deutsches und christliches Österreich – Ja oder Nein." Schuschnigg fürchtete nicht nur Hitlers Zorn, sondern auch die damals in Österreich vorhandene starke deutschfreundliche und nationalsozialistische Strömung. Bei dem für Sonntag, den 13. März, angesetzten Volksentscheid waren nur Bürger über 24 Jahre stimmberechtigt (er wußte, wie weit nationalsozialistisches Gedankengut in der österreichischen Jugend verbreitet war).

Hitler war aufs äußerste getroffen. Am 11. März befahl er die militärische Besetzung Österreichs. Einige Telefongespräche aus Berlin genügten, um Schuschnigg zum Rücktritt zu bewegen. Eine neue Regierung aus österreichischen Nationalsozialisten übernahm die Regierungsgeschäfte. Als Hitler die Grenze nach Österreich überschritt, wurde er von riesigen Menschenmassen mit Beifall und Jubel begrüßt. In Linz, auf dem Weg nach Wien, verkündete er in der Eingebung des Augenblicks den „Anschluß": Österreich sollte nicht nur eine nationalsozialistische Regierung erhalten, sondern es wurde zu einem Land des Deutschen Reiches. Die Deutschen – und die meisten Österreicher – waren geradezu ekstatisch. In Wien kam es zu einigen häßlichen Szenen, als die Judenverfolgung einsetzte, aber darüber machten sich nur wenige Deutsche Gedanken. Das Dritte Reich war größer als je zuvor, es war ein Koloß in Mitteleuropa. Nur wer 1938 in Mitteleuropa gelebt hat, kann die Wirkung von Hitlers Einzug in Wien ermessen. Im Vergleich dazu waren Jahrzehnte später die Einmärsche der Russen in Ungarn oder in die Tschechoslowakei primitive Polizeiaktionen, die der Volksstimmung und dem Zeitgeist widersprachen. Das Dritte Reich schien in einer gewaltigen Woge Gegenwart und Zukunft zu vereinen; es verkörperte eine neue Ordnung für Europa, vielleicht sogar für die Welt.

Mussolini nahm die Besetzung Österreichs schweigend hin. Hitler war überwältigt: „Duce, das werde ich Ihnen nie vergessen", telegraphierte er ihm. Die Franzosen reagierten kaum. Rußland war weit. In diesem Jahr 1938 war Stalin tagsüber hauptsächlich mit Polizeiberichten über seine Untergebenen beschäftigt; abends ließ er gelegentlich ukrainische Parteisekretäre bis in die Nacht hinein den *Gopak* tanzen, was jedesmal mit einem allgemeinen Saufgelage endete. Viele Mitglieder der englischen Regierung – auch Chamberlain – hegten Sympathien für Hitler. Deutschland schien zumindest einige der Tugenden zu verkörpern, die das Birminghamer Torytum respektierte: Fleiß, Ordnung, Sparsamkeit, Antikommunismus, nationale Selbstbestimmung. Hitler wollte lediglich praktizieren, was Gladstones Erben, darunter auch Woodrow Wilson, gepredigt hatten. Die Österreicher waren schließlich Deutsche. Das waren auch die drei Millionen Sudetendeutschen in der Tschechoslowakei, die unmittelbar nach dem Anschluß Österreichs unruhig wurden – auf vorhersehbare, disziplinierte Weise. Sie gehörten einer der am meisten respektierten und am besten geschützten Volksgruppen der Tschechoslowakei an. Trotzdem wurden sie von ihren Führern davon überzeugt, daß ihre Situation unerträglich sei. Unerträglich ist, was Menschen nicht ertragen *wollen*. Die Sudetendeutschen wollten sich nicht länger mit einer Situation abfinden, in der ihnen die Freuden des Militärdienstes im Dritten Reich verwehrt blieben.

Das ließ Schlimmes ahnen. Im Gegensatz zu Österreich besaß die Tschechoslowakei Verbündete – zumindest auf dem Papier. So schwach, verweichlicht und demoralisiert die Franzosen auch waren, hätten sie Deutschland trotzdem den Krieg erklärt, wenn die Engländer das gleiche getan hätten.[4] Ihre Sicherheit hing von England ab, obwohl es keinen verpflichtenden Bündnisvertrag zwischen den beiden Ländern gab. Im Jahr 1938 ahnten sie nicht, daß selbst ein derartiges Bündnis nicht ausgereicht hätte, um Hitler aufzuhalten, der genau wußte, daß er die Franzosen besiegen konnte, ohne daß die Engländer viel dagegen unternommen hätten. Deshalb bemühten sich die Franzosen, die britische Regierung auf die Verteidigung der Tschechoslowakei zu verpflichten. Wie man heute weiß, war dies aus drei Gründen, einer gewichtiger als der andere, ein hoffnungsloses Unterfangen. Die englischen Streitkräfte waren nicht kriegsbereit, obwohl die Aufrüstung der Royal Air Force rasche Fortschritte machte. Die Dominions, die seit langem ein wichtiges Soldatenreservoir darstellten, wollten 1938 keinen europäischen Krieg und teilten dies Chamberlain mit, was ihm zweifellos nur recht war. Noch wichtiger war jedoch, daß Chamberlain, seine Regierung und die große schweigende Mehrheit, die er zu vertreten schien, dazu neigten und gelegentlich entschlossen waren, etwas Positives an Hitler und Deutschland zu finden, während sie sich gleichzeitig bemühten (was nicht schwierig war), an Frankreich und der Tschechoslowakei Negatives zu finden. Diese Neigungen gaben dann schließlich den Ausschlag. Damit ist auch die sogenannte Beschwichtigungspolitik zusammengefaßt. Das Bedauerliche daran ist nur, daß England im Sommer 1938, vielleicht zum letztenmal, der Hauptfaktor der Weltpolitik war – nicht wegen seiner Stärke, sondern weil die meisten Menschen – auch Hitler – an diese Rolle glaubten.

Hitler wußte, daß es den Engländern in gewisser Beziehung darum ging, Zeit zu gewinnen; er war außerdem wütend, als im Mai 1938 durch eine falsche Pressekampagne der Eindruck entstand, Hitler sei angriffsbereit gewesen, habe sich aber durch die tschechoslowakische Teilmobilmachung von seinem Vorhaben abbringen lassen. Nicht unzufrieden war er jedoch mit der englischen Bereitschaft „zu vermitteln". Bald zeigte sich, daß die britische Regierung wie die Deutschen nicht nur an die Gewährung völliger Autonomie für die Sudetendeutschen in der Tschechoslowakei dachte, sondern auch einer Annexion des Sudetenlandes – einem weiteren Anschluß – zustimmen würde. Hitler erklärte, er werde die Weigerung der Prager Regierung, seine Forderungen zu akzeptieren, nicht mehr lange hinnehmen. Er setzte den 2. Oktober als Tag X fest. Neville Chamberlain flog zweimal nach Deutschland, um mit Hitler zu verhandeln. Die ganze Welt war beeindruckt.

[4] Ob die Franzosen mehr getan hätten, als nur den Krieg zu erklären – d. h. ob sie Deutschland im Westen angegriffen hätten –, ist eine andere Frage. Die zur Verfügung stehenden Unterlagen sowie die französische Haltung im Jahre 1939 lassen den Schluß zu, daß sie nichts dergleichen getan hätten.

Als Chamberlain zum erstenmal zu Hitler reiste, sagte Mussolini zu Ciano: „Krieg wird es keinen geben. Aber dies ist die Liquidation des englischen Prestiges." Hitler, der die Engländer oft nicht richtig verstand, schätzte Chamberlains Schritt auf den ersten Blick richtig ein. Überall im Westen wurden bissige Witze über Hitler erzählt, und im fabelhaften, sonnendurchglühten Hollywood begann Chaplin, einen albernen Film über den Großen Diktator zu drehen. Trotzdem paßte der komische Schnurrbart zu Chamberlain, nicht zu Hitler. Nach dem zweiten Treffen mit Hitler in Bad Godesberg, bei dem Hitler Chamberlains Vorschläge in den Papierkorb geworfen hatte, kehrte der Premierminister, zur Kapitulation entschlossen, nach England zurück. An der Oberfläche trieben die Dinge zum erstenmal seit zwanzig Jahren auf einen Krieg, auf einen ganz Europa erfassenden Krieg zu. Gleichzeitig wußten viele Männer, darunter auch Mussolini, daß Hitler fast alles haben konnte, was er verlangte, wenn er nur durch eine einzige Geste seine Friedensbereitschaft erkennen ließ.

So kam es zu der „Konferenz" von München. Am 29. und 30. September 1938 trafen Chamberlain und der französische Ministerpräsident Daladier in München mit Hitler und Mussolini zusammen. Sowohl Hitler als auch Chamberlain bekamen, was sie wollten. Hitler erhielt das reiche Randgebiet der Tschechoslowakei ohne irgendeine Gegenleistung. Chamberlain erntete Frieden und einen Ruf, der ihn als ehrlichen englischen Staatsmann von viktorianischem Format erscheinen ließ. Er war sich allerdings nicht darüber im klaren, daß er nur erreicht hatte, daß Hitler ihn und die Franzosen verachtete. Im Westen herrschte zeitweise Euphorie vor, weil ein Krieg vermieden worden war. Gegner des Münchner Abkommens wie Winston Churchill wurden beinahe getadelt, weil sie es gewagt hatten, Neville Chamberlain zu kritisieren.

Die Gegner behielten bald recht – sogar nachdrücklich und schmerzlich. Trotzdem scheinen sie sich in zwei Punkten geirrt zu haben. Erstens waren sie davon überzeugt (viele von ihnen sind es sogar noch heute), Hitler bluffe nur. Nach den vorliegenden Informationen erscheint dies recht unwahrscheinlich. Hitler war zum Krieg gegen die Tschechoslowakei bereit. Selbst auf die Gefahr einer Kriegserklärung Frankreichs hin hätte er die Tschechoslowakei in einem kurzen Feldzug niederwerfen können, und die Engländer wären für einen Frieden eingetreten. Hitler bereute später oft, erst 1939, nicht schon 1938, den Krieg begonnen zu haben. Damit hatte er vielleicht recht. Ein 1938 geführter rascher Feldzug gegen die Tschechoslowakei hätte ihm für lange Zeit die Herrschaft über Europa sichern können – mit sicherer Zustimmung der Engländer, um die es ihm stets gegangen war.

Der zweite Punkt hängt eng mit dem ersten zusammen. Die Tschechoslowakei hatte 1938 außer Frankreich einen weiteren Verbündeten: die Sowjetunion. Die meisten Leute, darunter auch solche, die es besser wissen müßten, glauben noch heute, während die Tschechoslowakei von Frankreich und England verraten worden sei, sei die Sowjetunion bereit gewesen, einen europäischen Krieg zu riskieren, um ihrem demokratischen mitteleuropäischen Verbündeten beizustehen. Diese Argumentation ist zum größten Teil unsinnig. Selbst in Frankreich war nur wenigen klar, daß Rußland im Gegensatz zu 1914 keine gemeinsame Grenze mit Deutschland hatte. Im September 1938 äußerten einige sowjetische Diplomaten auf direkte Fragen hin, die Sowjetunion werde zu den Tschechen halten, vorausgesetzt, daß Frankreich *seine* Bündnisverpflichtungen einhielte – und unter der Voraussetzung, daß Polen und Rumänien die Rote Armee über ihr Staatsgebiet marschieren ließen, was ganz ausgeschlossen war. In diesem Jahr war Stalin nicht kriegsbereiter als Chamberlain oder Daladier. Hitler, der sich 1938 und zuvor als Weltführer des Antikommunismus aufgespielt hatte, verschwendete kaum einen Gedanken an die Sowjetunion. Falls die allgemein akzeptierte Ansicht zutrifft, das Endziel von Hitlers Politik sei die Eroberung Sowjetrußlands gewesen, müssen wir uns fragen, warum die Sowjetunion 1938 in seiner Kriegsplanung und Politik keinerlei Rolle spielte. Wahrscheinlich wußte er, daß die Russen nicht viel – falls überhaupt etwas – für die Tschechoslowakei tun würden (außer etwas Druck auf Polen auszuüben).

In einer wütenden Passage einer am 26. September im Sportpalast gehaltenen Schmährede behauptete Hitler, dies sei seine letzte Territorialforderung in Europa. Angesichts dieser Äußerung ist es schwierig, Chamberlains Haltung zu rechtfertigen – nicht so sehr in München, sondern in den verbleibenden Monaten des Jahres 1938 und noch einige Zeit später. Chamberlain hatte seine Münchenreise sich selbst und den Engländern gegenüber als einen unvermeidbaren „Kompromiß" gerechtfertigt: ein Opfer zur Sicherung des Friedens in Europa, eine Art schmerzhafter Amputation, die unter den herrschenden Umständen unvermeidlich war. Der Amputation folgte jedoch eine fast vollständige Vernachlässigung des Patienten. Die restliche Tschechoslowakei war jetzt nicht nur ein kümmerliches Mündel Deutschlands geworden, das sich gänzlich in Hitlers Machtbereich befand; die Engländer – und deshalb auch die Franzosen – taten sogar so, als wollten sie auch den größten Teil Osteuropas den gleichen Weg gehen lassen.

Das Münchner Abkommen sah unter anderem vor, daß die polnischen und ungarischen Territorialforderungen an die Tschechoslowakei (letztere waren auf ihre Art eher gerechtfertigt als die Deutschlands) zur gegebenen Zeit behandelt werden sollten. Als die Frage der Ungarn unter tschechischer Herrschaft schon bald nach der Konferenz von München angeschnitten wurde, bekundeten die englische und die französische Regierung ihr Desinteresse. Sie ließen Deutschland und Italien in dem sogenannten Wiener Schiedsspruch am 2. November 1938 etwa 12 000 Quadratkilometer der Tschechoslowakei Ungarn zusprechen. In einer Beziehung war dies ein wenig bedeutendes Ereignis, das Ergebnis erbitterter Auseinandersetzungen zwischen benachbarten Staaten und eine fatale Konsequenz aus der ungerechten Grenzziehung nach dem Ersten Weltkrieg. Auf andere Weise war diese britische und französische Enthaltsamkeit bedeutsam; sie legte, zumindest für den Augenblick, den Schluß nahe, die westeuropäischen Mächte hätten Osteuropa abgeschrieben. Sie bezeichnete jedenfalls das Ende einer Ära. Es war die endgültige Demontage eines Europa, das die westlichen Demokratien nach dem Ersten Weltkrieg, der unter gewaltigen, nie dagewesenen Opfern gewonnen war, mühsam aufgebaut hatten.

Ende 1938 war Hitler also mächtiger, als der deutsche und der österreichische Kaiser zusammen im Jahr 1914 gewesen waren. Er mag der mächtigste Mann der Welt gewesen sein. Trotzdem glaubte er, die Zeit arbeite gegen ihn – auf mehr als eine Weise.

Dank der eifrigen Forschungstätigkeit von Historikern ist es heute möglich, vieles aus dem Leben dieses einsamen Diktators in allen Einzelheiten zu rekonstruieren. Solche Details genügen natürlich nicht, um die Rätsel zu lösen, die uns der Charakter dieses beredsamen und trotzdem so verschlossenen Mannes aufgibt. Adolf Hitlers Verstand war ein sehr scharfes Werkzeug. Von seinen erschreckenden Defekten in bezug auf Herzensbildung auf einen Mangel an Einfühlungsvermögen oder Intelligenz zu schließen, ist der häufigste Fehler, den die meisten Menschen bei der Beurteilung Hitlers machen. Erschreckend an seinem Charakter war seine kalte, fast unmenschliche Gleichgültigkeit. Männer und Frauen aus seiner Umgebung erinnerten sich später an Hitlers porzellanblaue Augen und seinen starren Blick.

In diesem Zusammenhang bleibt eine Frage, die an dieser Stelle schwer zu umgehen ist: War Hitler ein Ideologe oder ein Opportunist? Eine von den meisten akzeptierte These besagt, Hitlers Pläne für die Eroberung der Welt seien das Ergebnis seines fanatischen Glaubens an eine Ideologie, die er in „Mein Kampf" für jeden des Lesens Kundigen dargestellt habe. Aber Hitler schätzte es nicht immer, an „Mein Kampf" erinnert zu werden; 1940 verbot er beispielsweise die Ausstellung des Manuskripts. Von anderen ist Hitler als größter Opportunist bezeichnet worden. In „The Origins of the Second World War" hat *A. J. P. Taylor* Hitler als einen deutschen Politiker in den Klauen des Schicksals geschildert, der, wie andere, in den Krieg hineinschlitterte, ohne selbst bestimmte Absichten gehabt zu haben. Hinter diesen Negierungen von Hitlers Vision entdeckt man unter Umständen ein gewisses unbehagliches Widerstreben, die Schärfe seines Intellekts anzuerkennen oder sich auch nur mit bestimmten wesentlichen Einzelheiten seiner Vision auseinanderzusetzen (wie Eberhard Jäckel es formuliert, hatte Hitler wenn schon keine Weltanschauung, dann doch sicherlich ein Weltbild), auf der viele der schwülstigen Ausführungen in „Mein Kampf" und zahlreiche spätere Äußerungen Hitlers basierten.

Hitler war kein großer Opportunist. Aber das spricht nicht zu seinen Gunsten. Schurken sind weniger gefährlich als Fanatiker. Andererseits bestand

Hitlers Fanatismus aus einer seltsamen Mischung von primitivem Idealismus und grausamem Realismus. Diese Kombination verschaffte ihm bei vielen Gelegenheiten erstaunlich zutreffende Einsichten in die Motive von Politikern, Parteien und der politischen Führung ganzer Staaten, über die er ansonsten vielleicht nur wenig wußte. Hitler kannte die Schwächen seiner politischen Gegner. Das war der Quell seiner wirklichen Stärke. In dieser Beziehung war er ein Opportunist: Er verstand es, plötzliche oder sogar unerwartete Manöver in Situationen zu riskieren, die ihm günstig erschienen, weil er wußte, daß seine Opponenten wenig oder gar nichts tun würden. Auf diese Weise behielt er gegen seine Generale recht, als er behauptete, die Franzosen würden nichts gegen die Rheinlandbesetzung unternehmen; die Franzosen und Engländer würden nichts tun, um Österreich zu helfen; sie würden nicht für die Tschechoslowakei kämpfen, und sie würden selbst nach einer Kriegserklärung nicht angreifen, während die deutschen Armeen Polen zerschlugen.

Damit kommen wir zu der Frage, ob Hitler den Krieg gewollt hat. Wie die meisten Eroberer zog Hitler es vor, seine Ziele nach Möglichkeit ohne Krieg zu erreichen. Das galt während des Jahres 1938; das galt auch 1939. An dieser Stelle müssen wir kurz auf die früher erwähnte Besprechung zurückkommen, die am 5. November 1937 in der Reichskanzlei stattfand und deren Protokoll als Hoßbach-Niederschrift bekannt ist. Oberst Hoßbach, ein Generalstäbler, fertigte einige Tage nach dieser Besprechung ein Gedächtnisprotokoll an. Die Weltöffentlichkeit erhielt davon Kenntnis, als Hoßbach seine Aussage bei den Nürnberger Kriegsverbrecherprozessen machte, wo die Niederschrift als IMT Document No. PS-386 zu den Akten genommen wurde. Wie im Falle der Aufzeichnung einer weiteren wichtigen Ansprache Hitlers, seiner Rede vor den Oberbefehlshabern der Wehrmacht am 22. August 1939, gibt es begründete Zweifel an der Genauigkeit der Hoßbach-Niederschrift, die vor allem kein wörtliches Protokoll ist. Aber Hitlers Ausführungen vom 5. November 1937 waren kein detaillierter Kriegsplan. Wichtig an dieser Besprechung waren nicht Hitlers Spekulationen über Eventualitäten, sondern seine Erwartung, daß Frankreich zu schwach sein würde, um sich in den Weg zu stellen, wenn Hitlers Chance kam. „An sich glaube der Führer, daß mit hoher Wahrscheinlichkeit England, voraussichtlich aber auch Frankreich die Tschechei bereits im stillen abgeschrieben und sich damit abgefunden hätten, daß diese Frage eines Tages durch Deutschland bereinigt würde." Im November 1937 war dies eine bemerkenswert zutreffende Beurteilung der zukünftigen Entwicklung; genau dies sollte knapp elf Monate später eintreten.

Die Besprechung im November 1937 enthielt ein weiteres Element, das bisher noch nicht gebührend beachtet worden ist. Die meisten Historiker sind sich darüber einig, daß Hitler sich bis ans Ende seines politischen Lebens von zwei Wahnideen leiten ließ. Die eine seine zwanghafte Beschäftigung mit dem Judenproblem, das er für grundlegend wichtig hielt; die andere war seine Ansicht, Deutschland müsse den entgegengesetzten Weg wie 1914 einschlagen und sich auf Kosten Rußlands vergrößern. Trotzdem blieb Rußland am 5. November 1937 fast gänzlich unerwähnt (wie Hitler es auch während der Sudetenkrise kaum in seine Überlegungen einbezog). Er sprach davon, daß Rußland im Falle eines Krieges wegen der Tschechoslowakei mit Japan beschäftigt sein werde (was stimmte), und danach folgte ein kryptischer Satz: „Gegen ein siegreiches Deutschland wird Polen – mit Rußland im Rücken – wenig Neigung haben, in den Krieg einzutreten." Mit anderen Worten: Falls Polen Deutschland angriff, würde Rußland vielleicht Polen angreifen. Dieser Gedankengang entsprach etwa der deutsch-russischen Zusammenarbeit gegen Polen – fast zwei Jahre vor ihrer Verwirklichung! Dachte Hitler schon 1937 an eine Übereinkunft mit Moskau? Verfügte dieser selbsternannte Vorkämpfer des europäischen Antikommunismus damals über einen geheimen Draht zu Stalin? Dafür gibt es keinen Beweis. Aber die Tatsache, daß Hitler sich damals keine Sorgen in bezug auf die Sowjetunion gemacht hat, ist rätselhaft und bleibt vielleicht das Hauptätsel in der internationalen Geschichte der Ursachen des Zweiten Weltkrieges.

Im Verlauf dieser bedeutsamen Besprechung führte Hitler aus, er setze voraus, daß „die deutsche Frage" vor 1943–45 gelöst werden müsse, weil die europäische Konstellation sich nach diesem Zeitpunkt nur noch zu Deutschlands Ungunsten verändern werde. Dies stimmt mit den heute bekannten Zahlen über den Stand der deutschen Rüstung überein, da Hitler kurze, rasch entschiedene Kriege in Europa, nicht jedoch einen Weltkrieg ins Auge faßte. Es stimmt außerdem mit Äußerungen Hitlers gegenüber seinem Freund Mussolini überein. Diese Aussage ist an sich nicht sonderlich bemerkenswert. Bismarck, der einmal gesagt hatte, ein Staatsmann könne bestenfalls etwa fünf Jahre weit voraussehen und -planen, wäre vermutlich damit einverstanden gewesen. Trotzdem ist sie aus unserer Sicht wichtig, weil im Jahre 1938 eine bedeutsame Veränderung in Hitlers Wesen vorging.

In diesem Jahr erreichte Hitlers Angst um seine Gesundheit ein kritisches Stadium. Er fürchtete, das Schicksal oder die Vorsehung werde ihm nicht mehr die Zeit lassen, seine großen Aufgaben für das Deutschtum zu erfüllen. Er hatte sein Leben lang unter kleineren Beschwerden gelitten. Bald nach seinem triumphalen Einzug in Wien diktierte er ein ausführliches Privattestament (am 2. Mai 1938). Der Rest dieses Jahres war durch eine merkliche Veränderung seines Auftretens und seiner Lebensgewohnheiten gekennzeichnet. Hitler scheute jegliche körperliche Anstrengung; er zog sich ganz von den Geselligkeiten seiner Gefolgsleute zurück. „Die Vorstellung, krank zu sein und nur noch wenig Zeit zu haben, beherrscht alles, was Hitler seitdem denkt, plant und tut."[5] Hitlers Konzentration auf die Außenpolitik war höchstwahrschein-

---

[5] *Maser*, S. 331. Professor Deuerlein, der andere hervorragende moderne deutsche Historiker Hitlers und seiner Bewegung, drückte sich ähnlich aus. *Deuerlein*, S. 131. Auch Speer erinnert sich an diese Veränderung bei Hitler, dem er damals nahestand: „Die Hast, mit der Hitler die Errichtung der neuen Reichskanzlei vorantrieb, hatte ihren tieferen Grund in der Sorge um seine Gesundheit. Er fürchtete ernsthaft, nicht mehr lange zu leben". *Speer*, S. 116.

lich eine Folge dieser Überzeugung. Im Jahr 1938 kam diese Verwandlung Hitlers zum Abschluß. Von nun an hielt er sich für kränker, als er in Wirklichkeit war. Aber „in Wirklichkeit" ist in diesem Zusammenhang ein zu ungenauer Ausdruck. Seine immer häufigeren Magen- und Verdauungsbeschwerden waren, um ein modernes und nicht sonderlich befriedigendes Wort zu gebrauchen, zumindest teilweise „psychosomatisch". Dies mußte übertriebene Auswirkungen auf das Leben eines Mannes haben, dessen Charakterstärke auf seinem Glauben an die Macht des Geistes und die Kraft des Willens basierte.

Die schreckliche Einfachheit – oder vielmehr Zielstrebigkeit –, mit der Hitler die Welt beeindruckte, war nur eine Seite seines Charakters. Hitlers Zögern setzte oft unmittelbar nach seinen überraschenden Triumphen ein. Dann spürte er eine tiefgreifende Ungewißheit oder vielmehr die divergierenden Kräfte zweier sich bietender Möglichkeiten, zwischen denen er sich manchmal nicht entscheiden konnte. Derartige Unsicherheiten traten im Juni 1940 nach seinem Sieg über Westeuropa und auch schon nach der Münchner Konferenz zutage. Schon das Jahr 1938 ließ viele Anzeichen einer solchen Ambivalenz erkennen, die er nicht befriedigend auflösen konnte. Er betrachtete Chamberlain, Nevile Henderson, Lloyd George und die anderen englischen Politiker, die sich bemühten, zu einer Einigung mit ihm zu gelangen, abwechselnd mit Respekt und Verachtung. Bei der Besprechung im November 1937 nannte Hitler England einen „Haßgegner" und machte wenig später den wahrhaft einfältigen Anglophoben Ribbentrop zu seinem Außenminister; trotzdem erwog Hitler lange Zeit alle möglichen Versuche, um zu einer globalen Verständigung mit England zu gelangen. Manchmal glaubte er, das Münchner Abkommen sei ein großer Triumph gewesen; ein andermal glaubte er wieder, es sei ein Fehler gewesen, im September 1938, als seine Sterne günstig standen, keinen Krieg erzwungen zu haben. Diese Ambivalenz wurde bald offenkundig. Zehn Tage nach der Konferenz von München sprach Hitler in Saarbrükken, wo er jene englischen Politiker, die Deutschland im Zaum halten wollten, scharf und erbittert angriff. Die Rest-Tschechoslowakei war inzwischen auf dem besten Wege, ein gefügiger und gehorsamer Trabant des Dritten Reiches zu werden; aber das genügte Hitler nicht. Bereits am 21. Oktober ordnete er militärische Vorbereitungen für die „Erledigung der Rest-Tschechei" an, ohne sich darum zu kümmern, welche Auswirkungen diese Maßnahme auf die öffentliche Meinung in England und die englische Regierung haben würde. Hitler, der die erschreckende Gabe besaß, sogar Menschen, die ihm völlig unbekannt waren, schon beim ersten Zusammentreffen zu durchschauen, versäumte es oft, ihre mögliche Reaktion auf einige seiner Maßnahmen zu berücksichtigen.

    Am 7. November 1938 betrat Herschel Grynszpan, ein junger polnischer

Jude, die deutsche Botschaft in Paris und erschoß den Botschaftssekretär Ernst vom Rath. Nach dieser sinnlosen Tat organisierten Goebbels und seine Schergen in der Nacht vom 9. zum 10. November eine „spontane Reaktion des deutschen Volkes". Zwei Tage lang verdunkelte der Rauch brennender Synagogen den Novemberhimmel des Dritten Reiches, während es auf den Gehsteigen deutscher Städte von zersplittertem Glas aus jüdischen Wohnungen und Geschäften glitzerte und knirschte. Es gibt einige Hinweise, daß Hitler diese Art brutalen Terrors, der als „spontane Kundgebungen" gegen die Juden hingestellt wurde, nicht vorbehaltlos gebilligt hat.[6] Trotzdem hat er nichts unternommen, um ihn aufzuhalten oder vor der Weltöffentlichkeit abzumildern. Chamberlain und seinesgleichen ließen sich nicht einmal von solchem Barbarentum daran hindern, weiterhin eine Goodwill-Politik gegenüber dem Dritten Reich zu betreiben. Aber Maßnahmen wie diese bewirkten allmählich einen Umschwung der öffentlichen Meinung in England und Amerika, die sich nun fast unumstößlich gegen Deutschland wandte – starke Strömungen, die sich keineswegs nur auf jüdische Einflüsse und jüdische Propaganda zurückführen ließen. Im Januar 1939, über zwei Monate vor Hitlers überraschender und vertragswidriger Invasion in die restliche Tschechoslowakei, begann sich ernstlich eine internationale Opposition zu bilden, deren stärkste Stimme Präsident Franklin D. Roosevelt war.

[6] In seinen ersten antisemitischen Reden forderte Hitler 1920, das Judenproblem müsse „wissenschaftlich" behandelt werden – nicht emotional wie in der Vergangenheit.

Hitler war mit den Ergebnissen des Jahres 1938 nicht zufrieden. Das spürten die Menschen Europas und der ganzen Welt. Die pulsierende Energie des neuen Deutschland war zu groß, um selbstbeherrscht zu bleiben. Sehr bald würde es eine weitere Krise geben; und danach würde es zum Krieg kommen. Der Ausbruch keines anderen großen Krieges in der neueren Geschichte Europas rief so wenig Überraschung hervor. Zur Vorgeschichte dieses Kriegsausbruchs müssen wir den mehr oder minder traditionellen europäischen Rahmen verlassen und in größeren Dimensionen denken.

1938 war das letzte Jahr, in dem die Entscheidung über Krieg oder Frieden einzig und allein von den europäischen Mächten abhing. Weder die Vereinigten Staaten noch die Sowjetunion hatten damals viel Interesse an Europa. Selbst der spanische Bürgerkrieg war 1938 zu einer Art zweitrangiger Attraktion herabgesunken – trotz des bisherigen Engagements westeuropäischer und amerikanischer Intellektueller. Das alles sollte sich nun ändern. Die Vereinigten Staaten und Rußland hatten sich, allerdings aus verschiedenen Gründen, vor 20 Jahren aus Europa zurückgezogen. Jetzt bewegten sich ihre Schatten – falls das der richtige Ausdruck ist – erneut über die Grenzen des Kontinents.

Der Zweck und die Voraussetzungen ihres Interesses an Europa sind noch heute nicht vollständig geklärt. Was wollte Roosevelt in Europa? Was Stalin? Roosevelt war wie Stalin ein geheimnistuerischer Mann, allerdings zweifellos auf unterschiedliche Weise. Roosevelt hielt viel von persönlichen Gesprächen und Anrufen. Wie viele amerikanische Präsidenten verstand er es, dafür zu sorgen, daß zahlreiche seiner Äußerungen und Entscheidungen nicht für die Nachwelt aufgezeichnet wurden. Oft ist es schwieriger, die wahre Lebensgeschichte eines großen Demokraten aufzuspüren, als der eines großen Tyrannen nachzugehen.

Jedenfalls beschloß Roosevelt Ende Dezember 1938, gegen Hitler vorzugehen. Noch ein knappes Vierteljahr vorher hatte auch Roosevelt sich von der Euphorie wegen des Münchner Abkommens anstecken lassen und Chamberlain dazu gratuliert. Im Gegensatz zu letzterem machte Roosevelt sich jedoch keine Illusionen über Hitlers Absichten. Er begann vorzuschlagen, Amerika solle die europäischen Politiker unterstützen, von denen er wußte, daß sie mehr oder weniger entschlossen waren, Hitler Widerstand zu leisten. Da

[1] 1. Oktober 1938 – 3. September 1939.

Roosevelt wußte, daß er für eine Politik, die auf Intervention in Europa abzielte, weder in der Öffentlichkeit noch im Kongreß genug Unterstützung finden würde, verließ er sich auf Männer seines Vertrauens. Dazu gehörten zwei Botschafter, die er vor einiger Zeit selbst bestimmt hatte: Bullitt in Paris und Kennedy in London. Ersterer war etwas erregbar und labil; letzterer, ein einflußreicher Mann in der Democratic Party, hatte ein völlig anderes Weltbild als Roosevelt. Sowohl Bullitt als auch Kennedy wurden später die erbittertsten Feinde ihres ehemaligen Gönners und Präsidenten; damit kamen sie jedoch schon zu spät und konnten nicht mehr viel gegen den Mann ausrichten, der den Kurs des gigantischen amerikanischen Staatsschiffes festgelegt hatte.

Im Jahr 1939 lag das alles noch in der Zukunft. Roosevelt sagte in der Öffentlichkeit wenig oder nichts über seinen Kurswechsel. Trotzdem wurden die ersten Anzeichen dafür schon bald von empfindlichen europäischen Ohren wahrgenommen. Eine der ersten Erwähnungen fand sich bereits am 12. Januar 1939 in einer Depesche des polnischen Botschafters in Washington, Graf Potocki, an seinen Außenminister Beck.[2] Innerhalb weniger Wochen vermehrten sich in bestimmten europäischen Hauptstädten die Anzeichen für eine amerikanische Unterstützung der deutschfeindlichen Seite. Hitler war sich darüber im klaren. In seiner Rede am 30. Januar 1939 sprach er zum erstenmal offen von einer feindseligen Haltung Amerikas gegenüber dem Dritten Reich. Wie Potocki, und wahrscheinlich auch Chamberlain, führte er sie auf jüdische Einflüsse zurück. Er warnte das internationale Judentum „innerhalb und außerhalb Europas", falls es einen weiteren Weltkrieg entfessele, werde das Ergebnis „die Vernichtung der jüdischen Rasse in ganz Europa" sein. Damals achtete die Welt wenig oder gar nicht auf solche Reden, die für Hitler zu dieser Zeit typisch zu sein schienen (und tatsächlich waren). Erst nachträglich wird das ganze Ausmaß von Hitlers schrecklicher Drohung klar. Von diesem Zeitpunkt an waren für Hitler die Absichten Roosevelts und des Weltjudentums untrennbar miteinander verknüpft.

An dieser Stelle muß ich den größeren Rahmen kurz verlassen, um mich auf eine kleine osteuropäische Provinz zu konzentrieren. Die Ignoranz der führenden Politiker der westlichen Demokratien in bezug auf Osteuropa war und bleibt unentschuldbar. Ihre Unwissenheit in bezug auf die Karpato-Ukraine war zumindest verständlich. Trotzdem spielte diese Provinz im Winter 1938/39 in gewisser Beziehung eine Schlüsselrolle im großen Wechsel innerhalb der gesamten eurasischen Konstellation der Großmächte.

Zwischen den Weltkriegen lebten die Ukrainer in drei Staaten.[3] Die große Mehrheit blieb in der Sowjetunion. Nach dem Ersten Weltkrieg fanden sich

---

[2] PD, S. 9. Die Deutschen fanden ein Exemplar dieser Depesche und veröffentlichten es 1940. Potocki neigte dazu, Roosevelts Europapolitik als das Ergebnis starker jüdischer Einflüsse zu sehen. Schon vor dieser Depesche im Januar 1939 hatte Potocki am 25. November 1938 ein bedeutsames Gespräch mit Bullitt geführt.

[3] Eigentlich sogar in vier, wenn man die kleine ukrainische Minderheit in Rumänien mitzählt.

3,5 Millionen Ukrainer als Bürger des neuen polnischen Staates wieder, für den sie wenig oder gar keine Loyalität empfanden. Schließlich lebten weitere 600 000 von ihnen in der östlichsten Provinz der Tschechoslowakei, wo sie von ihren Stammesbrüdern im Nordosten durch die Karpaten getrennt waren: daher der Name Karpato-Ukraine.[4] Dieser Landstrich war eine dunkle, unwegsame Bergprovinz, abergläubisch und rückständig, nicht nur Lichtjahre von Westeuropa, sondern auch Lichtmonate entfernt von den gleißenden Schaufensterfronten Prags. Im Gegensatz zu vielen in Polen lebenden Ukrainern hatten die Karpato-Ukrainer nie unter russischer Herrschaft gelebt. Vor 1918 hatte ihr Gebiet zum Königreich Ungarn gehört, und seither gab es noch viele Ungarn in der Karpato-Ukraine, deren Bevölkerung 1938, während der Zerstückelung der Tschechoslowakei, unruhig wurde.

Wie wir gesehen haben, suchte die neue, geschwächte Prager Regierung nach dem Münchner Abkommen verständlicherweise die Freundschaft des mächtigen Dritten Reiches. Die Tschechoslowakei stand dicht davor, ein Vasallenstaat Deutschlands zu werden. Aber das bewahrte sie nicht vor einer weiteren Zerstückelung, zu der auch die sogenannte Dezentralisierung gehörte, die schließlich das Ende der Autorität der Zentralregierung in Prag bedeuten sollte. Im Oktober 1938 sah diese Regierung sich gezwungen, dem slowakischen Teil der Republik die fast vollständige Autonomie zu gewähren. (Sogar der Name Tschechoslowakei wurde getrennt: Tschecho-Slowakei.) Die Karpato-Ukraine erhielt einen ähnlich autonomen Status. Alle diese Maßnahmen konnten die Auflösung der Republik jedoch nur hinausschieben. Als die letzte Krise im März 1939 ausbrach, begannen die Ereignisse damit, daß Prag sich am 5. März, d. h. zehn Tage vor Hitlers Ankunft in Prag, genötigt sah, den „Ministerpräsidenten" der Karpato-Ukraine zu entlassen. Die Karpato-Ukrainer (und mit ihnen die ganze Welt) glaubten, das Dritte Reich stehe hinter ihnen (wie es in der Tat hinter den Slowaken stand). Aber zu diesem entscheidenden Zeitpunkt war Hitler nicht an der Karpato-Ukraine interessiert, sondern gab sogar sein Desinteresse an der gesamten Ukraine zu erkennen – eine Haltung, die große Wirkung auf Joseph Stalin ausübte.

Zwei Jahre, sogar ein Jahr vor dem Ausbruch des letzten europäischen Krieges spielte die Sowjetunion in Europa keine große Rolle. Was nach 1917 in Europa geschah, war mindestens ein Vierteljahrhundert lang das genaue Gegenteil dessen, was Lenin sich vorgestellt hatte. Er hatte geglaubt, die in Rußland beginnende kommunistische Revolution werde bald den größten Teil Europas erfassen. Die große Mehrzahl der Völker Europas aber – und besonders die Nachbarn der Sowjetunion – fand den Kommunismus abstoßend: seine Theorie, seine Praxis und vor allem die Russen, die ihn verkörperten. Selbst in der Sowjetunion überstand die kommunistische Regierung den Bürgerkrieg nur dadurch, daß sie Teilgebiete des alten Zarenreiches in die

[4] Damals oft ungenau als „Ruthenien" bezeichnet.

Unabhängigkeit entließ. Ganze Länder gewannen auf diese Weise ihre Unabhängigkeit – entgegen Lenins Hoffnungen eine nationalistische und oft scharf antikommunistische Unabhängigkeit. Lenin war ein Revolutionär, kein Staatsmann. Sein Nachfolger Stalin erwies sich als Staatsmann, nicht als Revolutionär. Seine Ausbildung zum Staatsmann dauerte jedoch ziemlich lange. In den dreißiger Jahren beließ er die Sowjetunion durch die brutale Kollektivierung des Grundbesitzes und die orientalische Grausamkeit seiner sinnlosen (d. h. nach westlichen Begriffen sinnlosen) Massensäuberungen in unsagbarem Elend. Außerdem hatte er die Sowjetunion fast völlig vom übrigen Europa abgekapselt. Im Jahr 1938 erweckte sie den Eindruck eines gefesselten barbarischen Riesenreiches. Die Schwerindustrie dieses riesigen Staates und die massive Bewaffnung der Roten Armee genügten nicht, um diesem Eindruck entgegenzuwirken.

Im Lauf des Monats Januar 1939 begann Stalin, wie Roosevelt, seinen Kurs zu ändern – und vielleicht auch seine Meinung. Zum einen veranlaßte er weniger Säuberungen und beendete sie dann. Zum anderen verfolgte ihn die uralte russische und speziell bolschewistische Vorstellung, die bourgeoisen Staaten Westeuropas, besonders aber England, seien bereit, sich auf Kosten Rußlands mit Hitler zu arrangieren. Das wollte Stalin unter allen Umständen verhindern. Bald deuteten gewisse Anzeichen darauf hin, daß dies auch nicht Hitlers Absichten entsprach. Am besten läßt sich diese Entwicklung am Beispiel der Karpato-Ukraine verfolgen. In der Vergangenheit (zum letztenmal 1936) hatte Hitler von dem Bestreben Deutschlands gesprochen, sich in den Besitz der reichen Kornkammer der Ukraine zu setzen. Dieser deutsche Expansionsdrang nach Westrußland hinein war zum größten Teil bereits in „Mein Kampf" formuliert worden. Unmittelbar vor und nach der Konferenz von München wurden die ukrainischen Nationalisten in Mitteleuropa aktiv. Aber sie erhielten praktisch keine Unterstützung durch Hitler, der schließlich sogar zuließ, daß Ungarn in die Karpato-Ukraine einrückte und sie am 16. März 1939, als die Tschecho-Slowakei endgültig zerfallen war, annektierte.

Davon blieb Stalin nicht unbeeindruckt. Er erkannte, daß der unmittelbare Schlüssel zu seinem Verhältnis zu Deutschland nicht mehr die Ukraine, sondern Polen war. Nach dem Münchner Abkommen hatte ein hoher sowjetischer Beamter im Volkskommissariat für Auswärtige Angelegenheiten zu dem französischen Botschafter in Moskau gesagt: „Mein armer Freund, was haben Sie getan? Dies kann zur vierten Teilung Polens führen" – für einen sowjetischen Diplomaten eine ungewöhnlich offene Feststellung. Ob Stalin schon im Oktober 1938 an diese Möglichkeit gedacht hat, wissen wir nicht; wir wissen jedoch, daß es ihm um bessere Beziehungen zu Hitler ging. Diese Beziehungen mußten sich auf Kosten Polens entwickeln. Wie Österreich der Schlüssel zum Verhältnis zwischen Deutschland und Italien gewesen war, so war Polen der Schlüssel zum Verhältnis zwischen Deutschland und der Sowjetunion. Spätestens im Frühjahr 1936 war Mussolini zu einer Annäherung an Deutschland auf Kosten Österreichs bereit. Spätestens im Frühjahr 1939 dachte Stalin an eine Annäherung an Deutschland auf Kosten Polens. Im Fall Österreichs war es eine große Erleichterung für Mussolini, als er erfuhr, daß Hitler trotz seiner demonstrativen Deutschtümelei notfalls bereit war, die deutschsprachige Bevölkerung Südtirols zu vergessen. Im Fall Polens erfuhr Stalin zu seiner großen Erleichterung, daß Hitler trotz der in „Mein Kampf" geäußerten Auffassungen notfalls bereit war, die Ukraine und die Ukrainer zu vergessen.

Damit endet die historische Parallele. Die Polen waren, anders als die Österreicher, bereit, für ihre Unabhängigkeit zu kämpfen – und daraus entstand der Zweite Weltkrieg. Sie betrachteten sich auch als eine nicht gerade unbedeutende europäische Macht; deshalb verfolgten die Polen im Gegensatz zu den Österreichern, die sich in eine völlige Abhängigkeit von Italien begeben hatten, eine unabhängige Politik, die heute übersteigert und leichtsinnig wirkt. Andererseits blieb ihnen nicht viel anderes übrig. Im Jahr 1918 hatten die Niederlage, die Revolutionen und die Schwächen ihrer riesigen Nachbarstaaten Deutschland und Rußland den Polen die Unabhängigkeit ermöglicht. Nach 1920 – spätestens ab 1924 – schien Deutschland der gefährlichere dieser beiden Nachbarn zu werden. Polen hatte einen Bündnisvertrag mit Frankreich. Aber nach 1930, spätestens im Jahre 1933, erkannte Marschall Pilsudski, der polnische Diktator, daß das Bündnis mit Frankreich praktisch nur auf dem Papier stand. Hitler brauchte, als er an die Macht kam, Frieden und Sicherheit an den langen Grenzen Deutschlands. Das erkannten auch die Polen. Deshalb kam es am 26. Januar 1934 zum Abschluß eines deutsch-polnischen Freundschafts- und Nichtangriffspaktes, der fünf Jahre lang gute Beziehungen zwischen den beiden Staaten sicherte. Die Polen ließen sich nicht von Freundschaftsbekundungen hoher deutscher Stellen täuschen, aber sie irrten sich in einer Beziehung: Sie konnten nicht glauben, daß Hitler jemals wieder auf die alte preußische Politik eines Bündnisses mit Rußland zurückgreifen würde; sie vertrauten auf Hitlers österreichische (d. h. nicht preußische) Abstammung sowie seine extrem antikommunistische Ideologie, und sie glaubten, Hitlers Verachtung für Sowjetrußland habe die gleichen Wurzeln wie die ihre.

Da der Zweite Weltkrieg zwischen Deutschland und Polen ausgebrochen ist, sind die Beziehungen zwischen den Regierungen dieser beiden Länder in den Monaten und Wochen vor dem entscheidenden 1. September 1939 genau durchleuchtet worden. Sehr viel lehrreicher ist jedoch die Entwicklung ihrer Beziehungen im Winter 1938/39 zwischen den Ereignissen von München und von Prag, d. h. *bevor* der antideutsche Kurswechsel der britischen Außenpolitik einsetzte. Zwischen Oktober 1938 und März 1939 verhandelten Ribbentrop oder Hitler sieben- oder achtmal mit dem polnischen Außenminister Beck oder dem polnischen Botschafter Lipski. Die Protokolle dieser Gespräche lassen eine subtile, aber bedeutsame Veränderung der deutschen Haltung erkennen. Nachdem die Deutschen ihre Probleme in bezug auf Österreich und die Tschechoslowakei „gelöst" hatten, schlugen sie nun vor, die noch ausstehenden Probleme mit Polen zu „bereinigen". Das ist aus heutiger Sicht nicht überraschend, aber wir müssen unter die Oberfläche schauen. Die Welt glaubte damals – und viele Historiker glauben noch heute –, diese „Probleme" seien Danzig, der polnische Korridor und die Existenz einer deutschen Minderheit in Westpolen gewesen. Einige Historiker haben sogar entdeckt, Hitlers Forderungen an Polen in bezug auf diese „Probleme" (Eingliederung Danzigs ins Dritte Reich sowie Bau einer exterritorialen Autobahn und einer Eisenbahn durch den Korridor, um Danzig und Ostpreußen mit dem Reich zu verbinden) seien nicht übersteigert gewesen. Dabei übersehen sie das Wesentliche[5].

Hitler wollte Polen unter seinen Einfluß bringen. Zugeständnisse in bezug auf Danzig sollten der erste Schritt auf einem Wege sein, auf dem Polen Deutschlands Verbündeter, Juniorpartner und schließlich Trabant geworden wäre – der Auftakt dazu sollte Polens Beitritt zum Antikominternpakt sein. Insgesamt hatte Hitler ein Interesse daran, die Existenz eines polnischen Staates zu beenden, der unabhängig genug war, um eine unabhängige Außenpolitik zu machen. Dies wollte Hitler bei fast allen Nachbarstaaten Deutschlands verhindern. Nicht die Maßnahmen der österreichischen Regierung gegen dortige Nationalsozialisten, sondern Schuschniggs letzter verzweifelter Versuch, Österreichs Unabhängigkeit zu wahren, hatte Hitler im März 1938 zu raschem Handeln veranlaßt. Das gleiche Motiv lag seinem späteren Vorgehen gegen Jugoslawien, Vichy-Frankreich oder Ungarn zugrunde. Nicht die Zwischenfälle mit Deutschen und Polen in Danzig oder Posen, sondern die vorsichtigen Bemühungen Becks, zu einem besseren Verhältnis zu Rußland zu gelangen, um die polnische Politik des Kräfteausgleichs nach dem Münchner Abkommen fortzusetzen, brachten Hitler dazu, gegen Polen vorzugehen. Albert Forster, der Gauleiter von Danzig, berichtete dem Schweizer Völkerbundkommissar Carl J. Burckhardt im November 1938: Hitler „sagte zu mir: Ich werde diesen Leuten mindestens für die Dauer meines Lebens Garantien geben, wenn sie vernünftig sind, wenn sie sich *ganz unserer Politik anschließen,* wenn sie sich verhalten wie die Tschechen, aber wehe, wenn sie dies nicht verstehen!"[6]

Die deutsch-polnischen Beziehungen verschlechterten sich schon vor Hitlers Einzug in Prag. Ende Februar 1939 kam es in Warschau als Reaktion auf Mißhandlungen polnischer Studenten durch Danziger zu antideutschen Demonstrationen. Die polnische Regierung stand jedoch nicht hinter diesen Demonstrationen; eigentlich geriet sie dadurch in eine gewisse Verlegenheit. Auch die deutsche Presse bauschte diese Ereignisse nicht sehr auf; ihre massive

---

[5] *Taylor*, S. 196: „Nur Danzig verhinderte eine Zusammenarbeit zwischen Deutschland und Polen".
[6] *Burckhardt*, S. 232. Graf Szembek, der Staatssekretär im polnischen Außenministerium, erkannte dies in einem Gespräch mit dem polnischen Botschafter in Moskau am 10. Dezember: Polens Position sei schwierig, weil das Dritte Reich unter guten Beziehungen mit Polen ein Bündnis mit letzterem gegen Rußland verstehe. *Szembek*, S. 386–387.

Kampagne gegen Polen setzte erst am 28. März ein – mit einer Verzögerung, der aus heutiger Sicht eine gewisse Bedeutung zukommt. Polen erhob keine Einwände gegen die deutsche Annexion Böhmens und Mährens, während Hitler mit der ungarischen Annexion der Karpato-Ukraine, durch die Ungarn und Polen eine gemeinsame Grenze erhielten, einverstanden war. Noch am 21. März erklärte Ribbentrop dem polnischen Botschafter, Polen müsse sich um „ein vernünftiges Verhältnis zu Deutschland" bemühen, sonst bestehe die Gefahr, daß es „bolschewistisch" werde; Polen solle dem Antikominternpakt beitreten. Am 25. März hielt General von Brauchitsch, der Oberbefehlshaber des Heeres, nach einer Besprechung mit Hitler in einer Aktennotiz fest: „Der Führer will die Danziger Frage jedoch nicht gewaltsam lösen. Möchte Polen dadurch nicht in die Arme Englands treiben." Trotzdem sollte der militärische Plan einer Invasion in Polen vorangetrieben werden. (Einige dieser Pläne wurden in der Aktennotiz angeführt.) „In die Ukraine will der Führer *nicht* herein."[7] Der Führer plante, was Brauchitsch damals nicht ahnen konnte: Falls England Polen unterstützte, wollte Hitler Stalin die Hand entgegenstrecken.

Wir haben gesehen, wie es die britische Regierung 1938 vorzog, Deutschland die Vorherrschaft in Mittel- und Osteuropa zuzugestehen. „Dieses deutsche Übergewicht", schrieb Lord Halifax dem englischen Botschafter in Paris am 1. November 1938, sei „unvermeidlich"[8]. Trotzdem war Chamberlains Politik zwar gewiß nicht glanzvoll, aber auch nicht unbedingt kurzsichtig. Seine Regierung wußte, daß Englands militärische Lage sich bis 1939 bessern würde – besonders wegen der Aufrüstung der Royal Air Force. Auch die Franzosen glaubten, die Zeit arbeite für sie – keine unvernünftige Annahme. Ihr Außenminister, Georges Bonnet, war entschlossen, sich von den Deutschen ein ähnliches Dokument wie die deutsch-englische Erklärung zu verschaffen, die Chamberlain bei seiner Rückkehr aus München vor der Menge geschwenkt hatte. Nach einigen Verhandlungen bekam Bonnet, was er wollte. Ribbentrop kam am 6. Dezember 1938 nach Paris, um eine deutsch-französische Nichtangriffserklärung zu unterzeichnen. Die Franzosen, die damals Feindseligkeiten von den Italienern zu befürchten hatten[9], wollten sicherstellen, daß Deutschland in naher Zukunft nicht gegen den Westen losschlagen würde. Dafür waren sie bereit, ihre Zustimmung zu Hitlers Vorherrschaft in Mitteleuropa zu bekräftigen – zumindest vorläufig.

Auch dies war nicht völlig kurzsichtig, aber doch nicht so vorausschauend, wie Chamberlains und Bonnets Gegner behaupteten und noch behaupten. Ein Lieblingsargument linksstehender und sowjetisch beeinflußter Historiker

---

[7] IMT, XXXVIII, S. 275–276.

[8] BD, III (3), S. 252.

[9] Einige Tage zuvor (am 30. November) hatte Graf Ciano, Mussolinis Schwiegersohn, in der Faschistischen Kammer eine scharfe Anspielung auf Italiens „natürliche Bestrebungen" gemacht. Die faschistischen Abgeordneten waren aufgesprungen und hatten gerufen: „Korsika, Tunis, Nizza!"

unterstellte wenig später Chamberlain und Bonnet, sie wollten heimlich Hitlers Drang nach Osten fördern und ihn zu einem Krieg gegen die Sowjetunion aufstacheln, der vielleicht zur Vernichtung des Kommunismus und einer entscheidenden Schwächung Deutschlands geführt hätte. Das Gegenteil war richtig. Obwohl Chamberlain und Bonnet die Sowjets mit Abneigung und Mißtrauen betrachteten, wollte keiner von ihnen eine Vernichtung Rußlands durch Hitler. Die Franzosen hielten ihr zerschlissenes, aber trotzdem existierendes Bündnis mit der Sowjetunion aufrecht. Und an dieser Stelle müssen wir auf die unglückselige ukrainische Frage zurückkommen, weil sie im Dezember 1938 Bonnet und Chamberlain zu beschäftigen begann. Beide glaubten – worin sie durch fehlerhafte Geheimdienstberichte bekräftigt wurden –, Hitlers nächste Maßnahme werde die Unterstützung von Aufständischen in der sowjetischen Ukraine sein. Beide wollten dafür sorgen, daß ein etwaiger Aufstand in der Ukraine nicht automatisch bedeutete, daß Frankreich an der Seite der Sowjetunion in einen Krieg verwickelt würde. Beide betrachteten diese Möglichkeit mit Sorge. Als Chamberlain im Januar 1939 bei Mussolini in Rom war, erkundigte er sich, ob Hitler Ambitionen in bezug auf die Ukraine habe. Zu Chamberlains Erleichterung verneinte Mussolini[10].

Hitler interessierte sich für die Tschechoslowakei und Polen, nicht für die Ukraine. Es dauerte einige Zeit, bis die Regierungen Frankreichs und Englands merkten, was das bedeutete. Den Winter 1938/39 hindurch versuchten die Führer des Dritten Reiches von den Engländern und Franzosen eine formelle Anerkennung der Situation zu erreichen, die in vieler Beziehung als De-facto-Konsequenz des Münchner Abkommens existierte: die De-jure-Anerkennung der Tatsache, daß Deutschland in Mitteleuropa und vielleicht auch in weiten Teilen Osteuropas freie Hand hatte. So weit wollten weder England noch Frankreich gehen. Vielleicht weil sie endlich erkannten, daß die nächste Krise in der Tschechoslowakei und nicht in der Ukraine bevorstand, vielleicht weil sie sich etwas stärker als vor einigen Monaten fühlten, erkundigten sich die Regierungen Frankreichs und Englands am 8. Februar 1939 höflich und bescheiden nach den Ansichten der deutschen Regierung in bezug auf die Verwirklichung der Viermächtegarantie für die Tschechoslowakei. Diese milde englisch-französische Verbalnote brachte Berlin einigermaßen in Aufruhr. Nach zweiwöchiger Denkpause machte Hitler sich selbst die Mühe – was nur selten geschah –, die deutsche Antwort aufzusetzen. Sie fiel kategorisch aus: Die Entscheidung über eine Garantie der Tschechoslowakei müsse Deutsch-

<hr />

[10] Chamberlains Frage an Mussolini drang bald bis nach Moskau, wo Stalin sie wegen seines alten russischen Verdachts einer Verschwörung des Westens gegen sein Reich mißdeutet haben kann. Es gibt Gründe, die dafür sprechen, daß Stalin geglaubt hat, Chamberlain wolle die Deutschen zum Vorgehen gegen die Sowjetunion ermuntern, und es gibt andere, die dafür sprechen, diese Episode habe ihn dazu bewogen, eine Annäherung an Hitler zu suchen. Einer der ersten Schritte in diese Richtung war Stalins Rede am 10. März 1939; mehr darüber siehe S. 41f

land überlassen bleiben; dieser Teil Europas gehöre zu Deutschlands Interessphäre[11].

Die Regierungen Frankreichs und Englands nahmen dies schweigend hin. Die Auswirkungen des Münchner Abkommens traten nun zutage. Innerhalb von zwei Wochen annektierte Hitler die Rest-Tschechei. Anfang März standen die Karpato-Ukrainer und die Slowaken am Rande einer Rebellion gegen die Tschechen. Hitlers Lösung sah eine unabhängige Slowakei als verläßlichen Trabanten Deutschlands und die deutsche Besetzung Böhmens und Mährens vor – in Form eines deutschen Protektorats, innerhalb des Heiligen Römischen Reiches deutscher Nation, zu dem sie einst gehört hatten. Er war erleichtert, als Dr. Emil Hácha, der bejahrte und zitternde Staatspräsident der Tschecho-Slowakei, in den frühen Morgenstunden des 15. März 1939 die notwendigen Dokumente unterzeichnete, nachdem er von den Deutschen auf die brutalste Art unter Druck gesetzt und bedroht worden war[12]. Am Abend des gleichen Tages zog Hitler während eines Schneesturms in Prag ein.

Diesmal säumten keine jubelnden Massen die Straßen, um ihn zu begrüßen. Aber das war nicht der Grund dafür, weshalb der März 1939 ein Wendepunkt in seiner Karriere war. Vielmehr kam es jetzt zu einem Umschwung in der englischen Politik – oder vielmehr in der englischen Einstellung. Innerhalb von zwei Tagen, zwischen dem 15. und 17. März, änderte Chamberlain seine Meinung oder jedenfalls seinen Kurs. Zuerst reagierte er auf die Nachricht von dem deutschen Einmarsch in der Rest-Tschechei aufreizend ruhig und gemäßigt – ganz im Stil seiner bisherigen Beschwichtigungspolitik. Dann setzte sich die vernünftige englische Maxime „In allem maßhalten – auch im Maßhalten" irgendwie doch durch. Am 17. März 1939 überraschte Chamberlain in Birmingham seine Zuhörer und die Weltöffentlichkeit. Er entschuldigte sich dafür, im Unterhaus nur zurückhaltend und vorsichtig auf die neuesten Prager Ereignisse reagiert zu haben. Dann fuhr er fort: „Ist dies der letzte Angriff auf ein kleines Land, oder sollen ihm noch weitere folgen? Ist dies etwa ein Schritt zu dem Versuch, die Welt durch Gewalt zu beherrschen? . . . Jeder Versuch, die Welt durch Gewalt zu beherrschen, ist einer, dem die Demokratien entgegentreten müssen."

Über die Gründe dieser moralischen Revolution Chamberlains ist viel geschrieben und spekuliert worden. In Wirklichkeit waren sie höchst einfach – bis auf ein recht pikantes Detail, das sich auf anderer Ebene auswirkte. Der Hauptgrund war die Reaktion der britischen Öffentlichkeit auf Hitlers Ein-

[11] Der französische Botschafter in Berlin stellte dazu fest: Dieser deutsche Text „zeigt, daß die Westmächte keinerlei Rechte mehr in Mitteleuropa besitzen". LJ, S. 58, ebenfalls zitiert in dem geistreichen Artikel von *André Scherer* „Le problème des ‚Mains Libres à l'Est'", RH2M (Oktober 1958).

[12] Einem Bericht nach war Hitler nicht nur erleichtert, sondern so ekstatisch, daß er seine Sekretärinnen aufforderte, ihm einen Kuß zu geben. *Zoller*, S. 84. Normalerweise beschränkte er sich darauf, ihnen die Hand zu küssen.

marsch in Prag. Die „öffentliche Meinung" ist für einen Historiker schwer zu ergründen und zu erfassen. Ihr Ausdruck kann gefälscht oder verfälscht sein. Jene Historiker, die versuchen, sie aus der Presse zu rekonstruieren, sind oft übermäßig naiv. Trotzdem gibt es Gelegenheiten, bei denen ihre äußerlichen Manifestationen mehr oder minder authentische Reflexionen tieferer Strömungen der Volksmeinung sind. Das scheint bei den Engländern 1939 nach dem 15. März der Fall gewesen zu sein. Sie waren wirklich entsetzt, daß Hitler sein erst vor einem halben Jahr gegebenes Wort gebrochen hatte. Ihrer Ansicht nach war die Beschwichtigungspolitik den Deutschen gegenüber einen Versuch wert gewesen – aber jetzt nicht mehr.

Chamberlain spürte endlich, daß diese elementare Woge britischer Ungeduld echt war. Er war ohnehin kein Politiker, der es fertigbrachte, die öffentliche Meinung zu ignorieren. Außerdem stand er höchstwahrscheinlich auch unter dem Einfluß seines Außenministers, Lord Halifax, der wiederum auf ein absichtlich in Umlauf gebrachtes Gerücht – das vorhin erwähnte pikante Detail – hereingefallen sein konnte. Virgil Tilea, der rumänische Botschafter in London, war ein intelligenter, ehrgeiziger, durch und durch anglophiler Mann. Er hoffte, daß die englische Regierung Deutschland energisch entgegengetreten würde. Am Tag nach Hitlers Einmarsch in Prag kam Tilea mit einer alarmierenden Nachricht ins britische Außenministerium: Die Deutschen hätten Bukarest eine Art Ultimatum gestellt und ein Monopol auf die rumänischen Exporte verlangt. Am nächsten Abend traf der Botschafter mit Halifax zusammen, der zutiefst besorgt und beeindruckt war. Was er von Tilea hörte, kann deshalb wiederum dazu beigetragen haben, daß Halifax seinerseits vor der Birminghamer Rede auf Chamberlain einwirkte. Aber die von Tilea übermittelten Informationen erwiesen sich bald als unrichtig; sie wurden innerhalb von zwei Tagen durch den rumänischen Außenminister sowie den englischen Botschafter in Bukarest widerlegt. An diesem Tag hatte Tilea eine unangenehme Besprechung mit Sir Alexander Cadogan. Aber das spielte keine Rolle mehr: der neue Kurs der englischen Außenpolitik stand fest.

Zudem besteht reichlich Grund zu der Annahme, daß Halifax auch ohne Tilea zu einem Kurswechsel entschlossen gewesen wäre. Der Hauptgrund dafür war Hitler selbst. Ihm fehlte nicht nur jegliches Verständnis für die Denkweise der Engländer, sondern er verübte jetzt auch die monumentalen Taktlosigkeiten, zu denen die Deutschen oft geneigt haben. War die Nachricht von einem deutschen Ultimatum an Rumänien auch falsch gewesen, war das deutsche Ultimatum an Litauen nur allzu wahr. Wie Danzig war die Hafenstadt Memel den Deutschen durch den Versailler Friedensvertrag weggenommen worden. Jetzt verlangte Ribbentrop von Litauen die Rückgabe innerhalb von 24 Stunden. Der litauische Außenminister wurde ähnlich wie Hácha nach Berlin zitiert, unter Druck gesetzt und zum Unterschreiben gezwungen. Seit dem deutschen Einmarsch in Prag war erst eine Woche vergangen. Jetzt fuhr das Panzerschiff „Deutschland" mit Hitler selbst an Bord nach Osten, wo in

Memel alles für einen triumphalen Empfang vorbereitet wurde. Hitler war unterwegs erbärmlich seekrank. Er kam aus seiner Kabine, um schwermütig die verbeiziehende polnische Küste zu betrachten. Die ersten Salven einer gegen Polen gerichteten deutschen politischen Offensive waren bereits abgefeuert worden. Halifax und Chamberlain reagierten ausnahmsweise mit unbritischer Eile und begannen in den beiden letzten Märzwochen mit dem Aufbau eines Bündnissystems in Osteuropa. Sie boten Polen eine Unabhängigkeitsgarantie an, die Außenminister Beck am 31. März 1939 „zwischen zwei Zügen an meiner Zigarette" akzeptierte, wie er es später ausdrückte. Die Revolution in der englischen Außenpolitik war jetzt vollständig. England war nicht mehr bereit, Deutschland die Vorherrschaft über den größten Teil Europas zuzugestehen. Zum erstenmal in seiner Geschichte gab England eine Garantie für die Unabhängigkeit eines osteuropäischen Staates.

Auch über die Einzelheiten der britischen, deutschen und polnischen Diplomatie in diesen letzten Märztagen ist viel geschrieben worden. Hier können – und brauchen wir vielleicht nicht – ihre oft unpassenden Mißverständnisse und Winkelzüge, darunter auch einige falsche Gerüchte, die dazu beitrugen, zu schildern. Die englische Garantie für Polen kann in der Tat das Ergebnis einer überstürzten und unvollständigen Abwägung ihrer Konsequenzen gewesen sein. Aber diese Abwägung war nur das Ergebnis einer tieferen Gefühlsregung. Das britische Volk wollte hören, daß etwas getan wurde.[13] Seine Berechnungen mögen unbegründet gewesen sein; seine Gefühle waren echt.


In fast ganz Europa war das Frühjahr 1939 regnerisch, und der Sommer war wie im Jahre 1914 lang und schön. Millionen von Menschen fuhren an die Strände und Seen. Die Zeit schien zwischen Frieden und Krieg stillzustehen – und bewegte sich dennoch weiter. Im Gegensatz zu der 1914 herrschenden Stimmung ist die des Sommers 1939 schwer zu rekonstruieren. Sie hinterließ nur wenige Spuren in dem damals gedruckten Material, auch in den Romanen nicht. Sie war eine seltsame Mischung aus existenzialistischen und fatalistischen Einstellungen; trotzdem war sie der raschen Verfinsterung des europäischen Horizonts vorzuziehen, die für den Sommer und den Herbst des Vorjahres charakteristisch gewesen war. Es würde Krieg geben, wenn es Krieg geben mußte. Dies war die vorherrschende Einstellung – nahezu ein circulus vitiosus, aber trotzdem nicht weniger realistisch.

Die gleiche Stimmung herrschte in den Ministerien der großen Hauptstädte vor, in denen wenig von der Hektik zu spüren war, die im Juli 1914 oder im September 1938 ausgebrochen war. Erst in den letzten zehn Friedenstagen

---

[13] Am 29. März gab die Regierung die Verdoppelung der Stärke der Territorialarmee bekannt; am 26. April brachte sie ein Wehrpflichtgesetz ein – zum erstenmal in der englischen Geschichte vor einem Krieg.

traf der Engel der Verzweiflung mit den beiden Gnomen Hast und Verwirrung in seinem Gefolge ein, um bei sämtlichen noch stattfindenden Beratungen den Vorsitz zu führen.

Einer der Gründe – vielleicht der wichtigste – für dieses psychische Gleichgewicht war die Illusion, das politische Kräftegleichgewicht sei wiederhergestellt. England und Frankreich hatten Hitler jetzt die Stirn geboten. Das Prestige Englands leuchtete in neuem Glanz. Auch Frankreich wirkte erholt und wiederbelebt, was sich nicht nur in den Statistiken über seine Industrieproduktion und der leicht angestiegenen Geburtenrate, sondern auch in der ganzen Pariser Atmosphäre zeigte. Das englische Königspaar besuchte Paris, so wie es im Sommer dieses Jahres erstmals die Vereinigten Staaten besuchte, und die königlichen Staatsbesuche waren ein großer Erfolg. Paris glitzerte im Juli. Am 2. Juli fand in Longchamps das eleganteste Rennen seit Jahren statt; zwei Tage später kam *tout Paris* zu einem Sommernachtsfest in den Park der polnischen Botschaft – ein Fest, das als „féerique" bezeichnet wurde: mit dem exklusivsten Pariser Publikum und mit „Luka", dem jetzt so populären Botschafter, der nach Tagesanbruch barfuß im taunassen Gras weitertanzte. Am 14. Juli hielt die Republik eine Militärparade ab, von der die Militärattachés, auch die deutschen, beeindruckt waren: Die Sonne strahlte; Waffen und Geräte waren neu; eine Abteilung der Grenadier Guards marschierte die Champs-Elysées hinunter, und französische und englische Flugzeuge überflogen die Parade. Der Polizeipräfekt von Paris berichtete, noch nie in der Geschichte des 14. Juli seien solche Menschenmassen zusammengeströmt.

Im Sommer 1939 hatte sich die Überzeugung, Hitler sei keineswegs unbesiegbar, hauptsächlich wegen der Aktivität der Engländer verbreitet. Dieser Eindruck war irreführend. Weder die Entschlossenheit der britischen Regierung noch die Stärke der Inselbevölkerung entsprach dem, was die meisten Leute glaubten. Wir wissen jetzt, daß die englische Regierung ihre Beschwichtigungspolitik gegenüber Hitler noch nicht völlig aufgegeben hatte, daß Chamberlain im Sommer 1939 nicht wirklich entschlossen war, gegen Deutschland zu kämpfen, und daß er buchstäblich bis zur letzten Minute zögerte. Die britische Regierung handelte erst entschlossen, nachdem Winston Churchill am 10. Mai 1940 Premierminister geworden war. Aber ihr anfängliches Zögern spielte auf die Dauer keine große Rolle. Die große Mehrheit der englischen Bevölkerung war entschlossen, Hitler Widerstand zu leisten; dazu fühlte ihre Regierung sich dann schließlich auch verpflichtet.

Die Entschlossenheit der Regierung wurde durch einen weiteren Faktor beeinflußt: die Erinnerung an 1914. Damals hatte England sich nicht durch Bündnisse festgelegt; hätten die Deutschen gewußt, daß England auf der Seite Frankreichs in den Krieg eintreten würde, hätten sie vielleicht anders gehandelt. Falls es eine Möglichkeit gab, Hitler von einem Krieg abzuhalten, konnte sie nach Chamberlains Auffassung nach dem März 1939 nur darin bestehen, Hitler davon zu überzeugen, daß ein deutscher Angriff gegen Polen einen

Krieg mit England und Frankreich bedeutete. Hitler ließ sich nicht überzeugen; er glaubte zumindest nicht, daß Frankreich und England bis zum bitteren Ende kämpfen würden. Aber was hätte Chamberlain sonst tun sollen? Wollte man ihn wegen der hastigen und unbesonnenen britischen Garantie für Polen kritisieren, so muß man sich fragen, was gesehen wäre, wenn die Engländer nach dem März 1939 nicht erklärt hätten, sie würden Polen beistehen. Andere behaupten, das Mißtrauen der Regierung Chamberlain gegenüber der Sowjetunion und ihre Entscheidung, sich mit Polen und nicht mit Rußland zu verbünden, seien geradezu närrisch gewesen. Dieses Argument wirkt heute zwar überzeugend, aber es ist weniger begründet, als auf den ersten Blick erkennbar ist. Polen, nicht die Sowjetunion, wurde von Hitler bedroht; Polen, nicht die Sowjetunion, war zu einem sofortigen Bündnis mit England bereit. Gewiß, die Regierung Chamberlain war in ihren Verhandlungen mit Stalin unbeholfen und erfolglos – aber war Stalin überhaupt bereit, einen Bündnisvertrag mit England abzuschließen? Das bezweifle ich. Wie drei Jahre zuvor Mussolini, so zog Stalin 1939 ein Abkommen mit Hitler einem Abkommen mit den westlichen Demokratien vor. Für diese Haltung gab es schon vor Beginn der britisch-französischen Verhandlungen mit Moskau deutliche Hinweise.

Die Protokolle der Verhandlungen zwischen dem Dritten Reich und der Sowjetunion sind vielleicht die interessantesten und lehrreichsten Dokumente in der Geschichte der modernen Diplomatie. Sie enthüllen (viel deutlicher, als die unzugänglichen und vielleicht nicht mehr existierenden sowjetischen Unterlagen zeigen könnten), wie das politische Handeln der sowjetischen Machthaber stets von den Interessen ihres Staates und nur zu einem verschwindend geringen Teil von den ideologischen Kategorien des Kommunismus bestimmt wird. Es war Stalin, nicht Hitler, der schon lange vor dem Abschluß ihres Nichtangriffsvertrages andeutete, ideologische Fragen sollten kein Hindernis für die Entwicklung ihrer Beziehungen sein. Es gibt indirekte Beweise dafür, daß Hitler die Notwendigkeit einer Zusammenarbeit mit Stalin auf Kosten Polens vielleicht schon früher erkannt hat, als die Historiker bisher angenommen haben. Andererseits zögerte Hitler den Abschluß einer bindenden Vereinbarung mit Stalin bis August 1939 hinaus. Vor diesem Zeitpunkt kamen die Anstöße zu einem weiteren Ausbau der deutsch-sowjetischen Beziehungen fast immer aus Moskau, nicht aus Berlin.

Schon am 10. März 1939 – vor Hitlers Einmarsch in Prag und lange vor der Entscheidung der englischen Regierung, ein Bündnis mit der Sowjetunion anzustreben – hielt Stalin auf dem XVIII. Parteitag in Moskau eine Rede, in der er einerseits Frankreich und England kritisierte, weil sie das Prinzip der kollektiven Sicherheit (was immer das bedeutete) aufgegeben hätten, während er andererseits den Wunsch der Sowjetunion betonte, „auch weiterhin die Politik des Friedens und der Festigung der geschäftlichen Verbindungen mit allen Ländern zu führen". Er betonte, Rußland werde Frankreich und England nicht „die Kastanien aus dem Feuer holen"[14]; er dachte nicht daran, sein Land in einen Krieg mit Deutschland treiben zu lassen. Hitler, der anderweitig beschäftigt war, erfaßte die Bedeutung von Stalins Äußerung entweder nicht gleich oder ignorierte sie absichtlich. Seit April überlegte Hitler jedoch, ob er auf die russische Karte setzen solle – spätestens am 17. April, als der sowjetische Botschafter in Berlin dem Auswärtigen Amt das erste greifbare Angebot machte. „Ideologische Meinungsverschiedenheiten", stellte Merekalow fest, wie Staatssekretär von Weizsäcker notierte, sollten das russisch-deutsche Verhältnis „nicht stören. Sowjetrußland habe die jetzigen Reibereien zwischen Deutschland und den westlichen Demokratien nicht . . . ausgenützt und wünsche das auch nicht zu tun."[15] Zwei Wochen später standen Stalin und sein Volkskommissar für Auswärtige Angelegenheiten, Maxim Litwinow, am 1. Mai auf der Ehrentribüne auf dem Roten Platz und nahmen die Militärparade ab; aber als Litwinow, der ein Bündnis mit den Westmächten anstrebte, Stalins Blick auf sich zu lenken versuchte, wandte sein Chef sich demonstrativ ab. Innerhalb von 24 Stunden wurde dieser prominente Jude entlassen, und Wjatscheslaw Molotow übernahm das Amt des Volkskommissars für Auswärtige Angelegenheiten.

Hitler begriff, was diese Maßnahme ankündigte[16]. Trotzdem verhielt er sich weiterhin abwartend – oder auf seine Weise berechnend. In den nun folgenden vier Monaten hing das Schicksal Europas von einer Dreiecksbeziehung ab, deren Eckpunkte Berlin, London und Moskau waren. Auch hier ist es nicht möglich und wohl auch unnötig, alle mühsamen Verhandlungen im einzelnen zu schildern. Im Grunde genommen läßt sich alles auf einen internationalen Erpresserwettbewerb zurückführen, bei dem Moskau am erfolgreichsten, London am wenigsten erfolgreich und Berlin mittelmäßig erfolgreich war. Die Engländer bemühten sich, Rußland in ihr Bündnissystem einzubeziehen, und gaben diese Absicht öffentlich bekannt, weil sie hofften, Hitler dadurch gefügiger machen zu können. Chamberlain war auch keineswegs darüber erhaben, Hitler vertraulich mitzuteilen, wenn er nur bereit sei, die Polenfrage vernünftiger zu behandeln, sei ein vorteilhaftes Verhältnis zwischen England und Deutschland denkbar. Die Verhandlungen zwischen

---

[14] Diese Kastanien erschienen bald häufig auf der Speisekarte diplomatischer Rhetorik. Interessant ist die Tatsache, daß der Ausdruck „anderen die Kastanien aus dem Feuer holen" im Ersten Weltkrieg häufig von russischen Kritikern Frankreichs und Englands gebraucht wurde. Noch interessanter ist, daß Hitler drei Wochen später in einer am 1. April 1939 in Wilhelmshaven gehaltenen Rede den gleichen Ausdruck benützte: „Wer sich schon bereit erklärt, für diese Großmächte die Kastanien aus dem Feuer zu holen, muß gewärtig sein, daß er sich dabei die Finger verbrennt." Ist Stalin darauf aufmerksam gemacht worden? Das werden wir wahrscheinlich nie erfahren. Am 17. Mai erklärte Ribbentrop dem päpstlichen Nuntius Orsenigo: „Rußland hat keine Lust, für England die Kastanien aus dem Feuer zu holen." VD, I, S. 152.

[15] NSR, S. 2.

[16] Hitler im Jahre 1920: „Ein Bündnis zwischen Rußland und Deutschland ist erst möglich, wenn das Judentum abgesetzt ist." *Jäckel*, S. 35.

Frankreich, England und Rußland waren langwierig und allgemein bekannt; die englisch-deutschen Kontakte waren sporadisch und geheim. Beide blieben schließlich weitgehend erfolglos.

Hitler war seinerseits nicht darüber erhaben, den Engländern und Franzosen gegenüber Andeutungen über Deutschlands neue Kontakte mit der Sowjetunion zu machen[17]. Vor allem die Engländer nahmen diese Andeutungen nicht ernst – bis es zu spät war. Stalin, der von Natur aus verschlossen und verschlagen war, machte den Engländern gegenüber keine Andeutungen über die Deutschen und den Deutschen gegenüber nur wenige Andeutungen über die Engländer. (Die russischen Andeutungen gegenüber den Deutschen waren das genaue Gegenteil der deutschen gegenüber den Engländern: die Russen bemühten sich, bei den Deutschen den Eindruck zu erwecken, ihre Verhandlungen mit den Engländern und Franzosen kämen *nicht* allzu gut voran.) In Moskau taten Stalin und Molotow ihr Bestes, um den britischen und französischen Unterhändlern den Aufenthalt so unbehaglich wie möglich zu machen. Vom russischen Standpunkt aus waren diese Unterhändler und die Militärmissionen der beiden Staaten wenig zufriedenstellend. Trotzdem bleibt fraglich, ob vermehrte englische und französische Anstrengungen, zu einem Bündnis mit der Sowjetunion zu gelangen, viel Unterschied gemacht hätten. Es gibt nicht den geringsten Beweis dafür, daß Stalin bereit war, sich irgendwie an die Westmächte zu binden, wenn er sich stattdessen mit Deutschland einigen konnte.

Im Sommer 1939 fand Stalin sich von den beiden rivalisierenden Konstellationen der europäischen Mächte[18] nicht mehr bedroht, sondern hofiert. Er war entschlossen, bei diesem Handel das Beste herauszuschlagen: Es ging um Gebiete, nicht um Waffen: Im Prinzip um die Teilung Ost- (oder zumindest Nordost-)Europas. Nun war der Zeitpunkt gekommen, einige der Gebiete zurückzugewinnen, die das Zarenreich nach dem Ersten Weltkrieg verloren hatte. Im März 1939 schlugen die Russen auf eine gerissene Art den Polen eine mögliche Aufteilung des Baltikums vor[19]; im April stellten sie an Finnland die

[17] Diese Andeutungen waren zahlreich. Auf ausdrückliche Anweisung Görings wurden sie hauptsächlich über Colonel Stehlin, den französischen Luftwaffenattaché in Berlin, übermittelt; andere wurden gegenüber Amerikanern und im Vatikan gemacht. (Siehe beispielsweise *Moffat*, S. 231; *Stehlin*, passim; VD, I, S. 151–152, und vielleicht besonders Hitlers noch am 11. August 1939 C. J. Burckhardt gegenüber gemachte Aussage: „Alles was ich unternehme, ist gegen Rußland gerichtet; wenn der Westen zu dumm und zu blind ist, um dies zu begreifen, werde ich gezwungen sein, mich mit den Russen zu verständigen, den Westen zu schlagen, und dann nach seiner Niederlage mich mit meinen versammelten Kräften gegen die Sowjetunion zu wenden. Ich brauche die Ukraine, damit man uns nicht wieder wie im letzten Krieg aushungern kann." *Burckhardt*, S. 348. *Hillgruber*, HS, S. 28–29, nennt dies „visionär". In Wirklichkeit wollte Hitler (er wußte, daß Burckhardt in London Vertrauen genoß) die Westmächte dadurch unter Druck setzen und zu Konzessionen zwingen.
[18] Dazu gehörte auch Italien. Am 16. April 1939 fragte Mussolini Göring bei dessen Rombesuch: „Warum kommen Sie nicht zu einer Allianz mit Rußland?"
[19] Grzybowski zu Beck am 18. März 1939; *Budurowycz*, S. 146, Anmerkung 2.

Forderung, drei Inseln an die Sowjetunion abzutreten[20]. Spätestens im Juni wußten die Regierungen in London und Paris, daß es den Russen darum ging, freie Hand auf Kosten ihrer baltischen Nachbarn zu bekommen. Die Engländer und Franzosen waren nicht recht bereit, ihnen das zuzubilligen – vor allem nicht in ihrer damaligen Rolle als Garanten der kleineren Staaten Europas. Sie waren noch nicht einmal bei dem Problem Polen und dem Bündnis mit Rußland angelangt, als die Russen vorschlugen, die Militärverhandlungen fortzusetzen, bevor die politischen Meinungsverschiedenheiten beigelegt waren. Die Engländer und Franzosen erklärten sich widerstrebend damit einverstanden. Sie entsandten eine Delegation an Bord eines langsamen Dampfers, der „City of Exeter", nach Rußland. Die britisch-französische Militärmission kam jedoch zu spät. Zu diesem Zeitpunkt im August 1939 waren die Deutschen bereit, den Russen die Teilung Polens vorzuschlagen.

Jetzt hatte es Hitler wegen seiner Angriffsplanung eilig; er wollte so schnell wie möglich zu einer Vereinbarung mit der Sowjetunion gelangen. Während die glücklosen Militärmissionen Frankreichs und Englands in Moskau festsaßen, mußte Hitler sich schließlich am 20. August 1939 mit einer persönlichen Botschaft an Stalin wenden. Schon am 23. August erfuhr die Weltöffentlichkeit von dieser neuen Entwicklung: Außenminister Ribbentrop war nach Moskau geflogen; Stalin und Hitler hatten einen Nichtangriffsvertrag geschlossen. Das war die größte Sensation, die es in der Geschichte der Diplomatie seit Hunderten von Jahren gegeben hatte.

Der Nichtangriffsvertrag bedeutete, daß der Westen sich keine Hoffnungen mehr auf ein Bündnis mit der Sowjetunion machen durfte. Zu dem Vertrag gehörte ein geheimes Zusatzprotokoll, das die Aufteilung Osteuropas zum Gegenstand hatte. Polen sollte entlang der Flüsse Pissa, Narew, Weichsel und San geteilt werden; Litauen sollte zur deutschen Interessensphäre gehören, während die übrigen baltischen Staaten Finnland, Estland und Lettland zu der russischen gehörten, der im Südosten Bessarabien, ein Teil Rumäniens, zugeschlagen wurde. Ribbentrop fand das trockene Kontinentalklima Moskaus belebend. Stalin brachte einen Trinkspruch auf Hitler aus: „Ich weiß, wie sehr das deutsche Volk seinen Führer liebt. Ich möchte deshalb auf seine Gesundheit trinken!" Hunderte von deutschen Kommunisten schleppten damals Steine im Dreck und Schlamm deutscher Konzentrationslager.

Hitler war bereit, einen hohen Preis für dieses Abkommen mit Stalin zu zahlen[21]. Er glaubte, es werde die Engländer zum Einlenken zwingen; er

---

[20] Die finnische Regierung unterrichtete die Vereinigten Staaten davon und fragte an, ob Washington sich in Moskau für Finnland verwenden könne. Washington lehnte ab.

[21] Hitler zu Speer: „Ich setze alles auf diese Karte" (*Speer*, S. 176). Wichtiger ist jedoch, daß die meisten Historiker ein bedeutsames Memorandum übersehen haben, das Ribbentrop am 24. Juni 1940 für Hitler abfaßte, als dieser Fragen wegen Stalins Anspruch auf Bessarabien stellte (GD, D, X, S. 10–11). Das Memorandum nimmt Bezug auf eine geheime Direktive, die Hitler dem Außenminister vor dessen Moskaureise im August 1939 erteilt hatte – eine Direktive, die aus den deutschen Archiven verschwunden ist. Dieses Memorandum verdient es, ausführlich zitiert zu

glaubte nicht (und legte auch keinen Wert darauf), daß die Polen nun einlenken würden. Albert Speer erinnerte sich später an den Abend des 23. August 1939: „In der Nacht standen wir mit Hitler auf der Terrasse des Berghofes und bestaunten ein seltsames Naturschauspiel. Ein überaus starkes Polarlicht überflutete den gegenüberliegenden, sagenumwobenen Untersberg für eine lange Stunde mit rotem Licht, während der Himmel darüber in den verschiedensten Regenbogenfarben spielte. Der Schlußakt der Götterdämmerung hätte nicht effektvoller inszeniert werden können. Gesichter und Hände eines jeden von uns waren unnatürlich rot gefärbt. Das Schauspiel rief eine eigentümlich nachdenkliche Stimmung hervor. Unvermittelt sagte Hitler zu einem seiner militärischen Adjutanten gewandt: ‚Das sieht nach viel Blut aus. Dieses Mal wird es nicht ohne Gewalt abgehen.‘ "[22]

Hitlers Weisung für den „Fall Weiß", die Invasion Polens, datierte bereits vom 3. April 1939. Polen sollte am 1. September angegriffen werden. Am 23. Mai berief er seine Oberbefehlshaber zu einer „Unterrichtung über die Lage und Ziele der Politik" zusammen. Am 22. August (am Vortag seines Moskauer Triumphs) hielt er nochmals eine Ansprache vor ihnen, in der er sich in brutalen Tönen über den bevorstehenden Angriff auf Polen äußerte. Es besteht Grund zu der Annahme, daß Hitlers Brandrede nicht nur seine Generale überzeugen, sondern auch zu den Engländern durchsickern und sie beeindrucken sollte, was dann wirklich geschah[23].

werden. Ribbentrop stellte ihm den Absatz des geheimen Zusatzprotokolls voran, der sich auf Bessarabien bezog, und fuhr fort:

„Soweit mir erinnerlich, hat sich damals folgendes abgespielt:
Bei der Abgrenzung der beiderseitigen Interessensphären in Ost-Europa wurde bei der Erwähnung des Süd-Ostens Europas von sowjetischer Seite das Interesse an Bessarabien betont. Bei dieser Gelegenheit wurde von mir mündlich das Désintéressement an der Bessarabischen Frage erklärt. Um aber wegen der Möglichkeit von Indiskretionen, mit denen bei dem an sich damals noch völlig ungeklärten deutsch-russischen Verhältnis gerechnet werden mußte, die Anerkennung des russischen Anspruchs auf Bessarabien nicht ausdrücklich schriftlich festzulegen, wurde von mir für das Protokoll eine Formulierung allgemeiner Art gewählt. Dies geschah in der Weise, daß bei der Erörterung süd-osteuropäischer Fragen ich ganz allgemein erklärte, daß Deutschland an „diesen Gebieten", d. h. also an dem Süd-Osten Europas, politisch desinteressiert sei. Das wirtschaftliche Interesse Deutschlands an diesen süd-osteuropäischen Gebieten wurde seinerzeit von mir betont zum Ausdruck gebracht. Dieses entsprach [sowohl] der allgemeinen, vom Führer befohlenen Sprachregelung für Süd-Ost-Europa, als auch, wie ich mich erinnere, einer besonderen Weisung des Führers, die ich vor meiner Abreise nach Moskau erhielt und wonach der Führer mich ermächtigte, das deutsche Désintéressement an den Gebieten Süd-Ost-Europas, und zwar gegebenenfalls bis Konstantinopel und den Meerengen, auch zu erklären. Letzteres kam aber nicht zur Sprache."

[22] *Speer*, S. 177; vgl. auch S. 539 Anm. 1 (Zeitungsbericht über die Naturerscheinung in der Nacht zum 23. 8. 39) und Anm. 2 „Diese Bemerkung verdanke ich einer Auskunft von Hitlers Adjutanten von Below."
[23] Wie im Falle der Hoßbach-Niederschrift gibt es eine gewisse Kontroverse wegen des genauen Textes von Hitlers Ansprache vor den Oberbefehlshabern am 22. August 1939; siehe VfZ (April 1968; Juli 1971).

Möglicherweise schob Hitler den Angriffsbeginn aus dem gleichen Grund um sechs Tage hinaus. Aber seine Hoffnungen sollten sich nicht ganz erfüllen. Gewiß, Chamberlains Brief, der ihm am Tage des Vertragsabschlusses mit Stalin überreicht wurde, triefte von den gewohnten Beschwichtigungsformeln; Henderson, der englische Botschafter in Berlin, versicherte jedem, der es hören wollte, wie sehr er die Unnachgiebigkeit der Polen bedaure; er war sentimental bis zur Albernheit. Aber so wacklig die englische Regierung auch war, sie ließ sich nicht von dem deutsch-russischen Nichtangriffsvertrag beeinflussen. Am 25. August wurde gegen 16 Uhr in der Reichskanzlei bekannt, daß die Engländer ihren Bündnisvertrag mit Polen ratifiziert hatten. Kurz nach 18 Uhr überbrachte der italienische Botschafter ein Schreiben Mussolinis: Der Duce teilte darin mit, Italien sei nicht kriegsbereit. In der Reichskanzlei ging es daraufhin zu wie in einem Bienenstock. Hitler gab Anweisung, den Angriff um einige Tage zu verschieben. Zu Göring sagte er: „Ich werde sehen müssen, ob wir Englands Einmischung ausschalten können", und Keitel erklärte er: „Ich brauche Zeit zu Verhandlungen."

An dieser Stelle müssen wir uns etwas eingehender mit Italien befassen, das zum letztenmal ein für das Schicksal Europas entscheidender Faktor war – jedoch nur für ein paar Tage. Das entsprach Mussolinis Wünschen; er wollte nicht im Schatten Hitlers stehen. Die Besetzung der Tschechoslowakei hatte die italienische Öffentlichkeit, aber auch Mussolini und Ciano aufgerüttelt. Die beiden beschlossen, die Italiener durch die Annexion Albaniens zu entschädigen, das seit Jahren buchstäblich *ihr* Protektorat gewesen war. Dieses kleine Land wurde am 7. April 1939, am Karfreitag, besetzt und annektiert. England und Frankreich nahmen den Überfall hin, ohne allzu heftig zu protestieren. Sie boten jedoch Griechenland eine Garantie nach dem Muster der Polen gegebenen an. (Auch Rumänien erhielt eine Garantie angeboten.) Trotz bestimmter Einwände Cianos ließ Mussolini sich nicht davon abbringen, weiter zu Hitler zu halten. Am 22. Mai 1939 wurde aus der Achse Rom-Berlin der „Stahlpakt". Das klang großartig, aber Mussolini hatte vor allem das Bedürfnis, Ciano sowie Hitler begreiflich zu machen, daß Italien (seiner Meinung nach auch Deutschland) „eine Friedensperiode von wenigstens drei Jahren braucht. Erst ab 1943 können kriegsmäßige Anstrengungen die größten Erfolgsaussichten haben."[24]

Hier zeigt sich der große Unterschied in der Zeitplanung der beiden Diktatoren. Hitler glaubte, den Krieg 1939 führen zu müssen; wie wir zuvor gesehen haben, fürchtete er sogar, die Machtverhältnisse in Europa könnten sich nach 1943 ungünstig für Deutschland entwickeln. Mussolini, der ein keineswegs kriegsbereites Italien hinter sich hatte, glaubte nicht nur, es werde

[24] Weisung an Ciano vom 4. Mai 1939. Mussolini wiederholte dieses Argument am 8. Februar 1943 Ciano gegenüber: „Wenn sie uns drei Jahre Zeit gelassen hätten, dann hätten wir unter sehr andern Bedingungen Krieg führen können, vielleicht wäre auch der Krieg gar nicht nötig gewesen." *Ciano*, S. 520.

1943 besser vorbereitet sein, sondern war auch davon überzeugt, der dynamische Einfluß des Faschismus werde weiterhin Prestige und Macht der westlichen Demokratien unterminieren. Mussolini ist zuzubilligen, daß er die Weltlage im Sommer 1939 richtig einschätzte. Mit den Polen würde Deutschland nicht wie mit den Tschechen umspringen können – „Polen wird zerschlagen werden, und daraus wird ein europäischer Krieg entstehen", sagte er im Mai zu verschiedenen Leuten.[25] Im Gegensatz zu einer weit verbreiteten Auffassung war Mussolini weder ein Feigling, eine Marionette noch ein aufgeblasener Cäsar; unwahr ist auch die Behauptung, er habe kurz vor Kriegsausbruch kalte Füße bekommen und Hitler im Stich gelassen. In der bereits zitierten Weisung, die Ciano Hitler als Memorandum überreichte, führte Mussolini aus: „Das faschistische Italien wünscht keinen vorzeitigen Krieg europäischen Ausmaßes, obwohl es davon überzeugt ist, daß dieser unvermeidbar sein wird. Denkbar ist auch, daß Japan den Krieg in China innerhalb von drei Jahren beendet haben wird." Etwa so wie die Vereinigten Staaten spielte Japan nur eine Nebenrolle in den Ereignissen, die 1939 zum Kriegsausbruch führten, ohne deswegen bedeutungslos zu sein.[26] Japan war wie Italien eng mit Deutschland verbündet, aber nicht bereit, 1939 in den Krieg gegen England einzutreten.

Das alles störte Hitler nicht sonderlich.[27] Mussolinis Entschluß, sich zunächst aus dem Krieg herauszuhalten, überraschte ihn im Grunde genommen nicht. Gegen Polen würde er ohnehin kämpfen müssen. Er wollte keinen Krieg mit England, fürchtete ihn aber auch nicht; er wußte auch, daß Chamberlain einen Krieg mit Deutschland zutiefst verabscheute (falls das der richtige Ausdruck war). In dieser letzten Friedenswoche versuchte Hitler, das britisch-polnische Bündnis zu spalten. Nun gab es keinen Mangel an Kommunikation zwischen Berlin und London. Alle möglichen offiziellen und inoffiziellen Botschaften und Abgesandten reisten hin und her. Chamberlain und seinem Botschafter in Berlin ging es jetzt mehr darum, die Polen unter Druck zu setzen, „vernünftig zu sein", als auf Hitler einzuwirken.

[25] Zu P. Tacchi-Venturi, Jesuit und Mittelsmann zwischen ihm und dem Vatikan, am 1. Mai 1939, VD, I, S. 13–14; zu dem ungarischen Militärattaché Szabó, MMV, S. 238–239.
[26] Mitte der dreißiger Jahre gab Japan von allen Weltmächten den höchsten Prozentsatz seines Staatshaushalts für Rüstung aus (46 Prozent). Hitlers Nichtangriffsvertrag mit Stalin war ein Schock für Regierungskreise in Tokio, wo es zu einem Regierungswechsel kam. Aber die allgemein verbreitete Annahme, die Japaner seien darüber so verärgert gewesen, daß sie ihre deutschfreundliche Außenpolitik zumindest zeitweilig aufgegeben hätten, ist eine Übertreibung. Die japanischen Militärs sowie die Botschafter in Berlin und Rom sympathisierten weiterhin mit Hitler. Andererseits wurde Stalins Expansion in Europa durch den Nichtangriffsvertrag ermöglicht, der unter anderem eine deutsch-japanische Zusammenarbeit gegen die Sowjetunion verhinderte. Stalins europäische Schachzüge wurden auch durch die Niederlage erleichtert, die die Rote Armee den Japanern Ende August 1939 in dem zwischendurch wieder aufflackernden Krieg an den Grenzen der Äußeren Mongolei beibrachte.
[27] Mussolini gegenüber rechtfertigte er seinen Pakt mit Stalin unter anderem mit dem Argument, die Japaner seien nicht zu einem uneingeschränkten Militärbündnis gegen England bereit.

Hitler begann nun sein letztes doppeltes Spiel. Er verlangte die Entsendung eines mit allen Vollmachten ausgestatteten polnischen Unterhändlers, der schon am nächsten Tag in Berlin eintreffen sollte (dies erinnerte bedrohlich an München oder Prag); außerdem beauftragte er Ribbentrop damit, Henderson eine Liste mit deutschen Forderungen an Polen zu überreichen; sie bestand aus sechzehn Punkten, die überraschend maßvoll wirkten (im Gegensatz zu seinen Forderungen vor München oder Prag). Was Hitler damit erreichen wollte, geht aus einem Memorandum hervor, das sein Oberbefehlshaber an dem Tag erhielt, bevor Ribbentrop den Plan Henderson verlesen hatte: „Angriffstermin 1. 9." „Weitere Entwicklung: Leise Hoffnung, daß man auf Verhandlungsweg England zur Annahme der Forderung bringt, die Polen ablehnt. Danzig-Korridor. Führer hat Hoffnung, daß er Spalt treibt zwischen England, Franzosen und Polen."[28] Am letzten Friedenstag, dem 31. August 1939, teilte Warschau Berlin mit, es werde den britischen Vorschlag einer direkten Aussprache zwischen der deutschen und der polnischen Regierung „im günstigsten Sinne" erwägen. In dem vertraulichen zweiten Teil des Telegramms hatte Beck seinen Botschafter Lipski angewiesen, vorsichtig zu taktieren und „unter allen Umständen" konkreten Verhandlungen auszuweichen. Da die Deutschen den polnischen Code dechiffriert hatten, waren sie sich über diese Tatsache im klaren. Hitler setzte den Angriffsbeginn für den nächsten Morgen fest. Zuvor führte die SS noch einen vorgetäuschten Angriff gegen den in Grenznähe stehenden deutschen Sender Gleiwitz durch. Der Anschlag wurde von in polnische Armeeuniformen gesteckten KZ-Häftlingen verübt, die nach Erfüllung ihres Auftrags erschossen wurden.

Am 1. September 1939, einem Freitag, stießen die deutschen Truppen, Panzer und Lkw-Kolonnen um 5.45 Uhr von drei Seiten über die Grenzen der Republik Polen vor. Das alte Linienschiff „Schleswig-Holstein" beschoß die polnischen Stellungen außerhalb von Danzig. Deutsche Bombergeschwader bombardierten polnische Flugplätze und zahlreiche Städte. Der Angriff war ohne Kriegserklärung erfolgt. Um 10 Uhr morgens fuhr Hitler durch ein stilles Berlin zum Reichstag, vor dem er erklärte: „Seit fünf Uhr fünfundvierzig wird jetzt zurückgeschossen." Er trug eine feldgraue Uniform, die er bis zum Sieg zu tragen schwor. Er führte das Beispiel Friedrichs des Großen an, auf den er gegen Kriegsende, vor allem 1945, immer wieder zurückkommen sollte: „Ein Wort habe ich nie kennengelernt, es heißt: Kapitulation. Wenn irgend jemand aber glaubt, daß wir vielleicht einer schweren Zeit entgegengehen, dann möchte ich ihn bitten, zu bedenken, daß einst ein preußischer König mit einem lächerlich kleinen Staat einer der größten Koalitionen gegenübertrat und in drei Kämpfen am Ende doch erfolgreich bestand, weil er jenes gläubige starke Herz besaß, das auch wir in dieser Zeit benötigen."

So begann der Krieg im Osten Europas; aber im Westen geschah vorläufig nichts. Die französische Regierung, die besser als die englische wußte, was es

[28] GD, D, VII, Appendix 1.

bedeutete, den Deutschen in Europa gegenüberzutreten, ohne einen weiteren starken Verbündeten auf dem Kontinent zu besitzen, erwies sich hinter verschlossenen Türen (allerdings nicht in der Öffentlichkeit) als wankelmütig. Ihr Außenminister war durchaus bereit, ein weiteres Vermittlungsangebot Mussolinis – d. h. ein neues München – zu akzeptieren, wenn Hitler nur den Vormarsch seiner Armeen auf einer bestimmten Linie, auf irgendeiner Linie anhielt. Der polnische Botschafter war verzweifelt: „Muß ich daraus schließen, daß Frankreichs Wort nichts gilt?" Während die Franzosen nachhinkten, konnte Chamberlain sich zu keinem Entschluß durchringen. Am Abend des 2. September drohte ihm eine mögliche Revolte im Unterhaus, an der sich vielleicht sogar einige Mitglieder seiner Regierung beteiligen würden. Botschaften und Beauftragte eilten noch immer zwischen Berlin und London hin und her. Göring selbst war zum x-tenmal bereit, nach London zu fliegen (er hatte sich am 21. August zum erstenmal dazu erboten). Da Hitler nicht bereit war, den deutschen Vormarsch aufzuhalten, fand Chamberlain keinen Ausweg. In Berlin wurde ein englisches Ultimatum überreicht, das am 3. September 1939, 11 Uhr britischer Sommerzeit, ablief. Eine Viertelstunde später hielt der erschöpfte Chamberlain eine Rede an das britische Empire. Auf heftiges Drängen der Engländer verlegten die Franzosen den Zeitpunkt für den Ablauf ihres Ultimatums auf 17 Uhr vor.[29] In Berlin war dieser Sonntag ein sonniger, klarer Spätsommertag.

Wir müssen nun zum letztenmal einen Blick in die Reichskanzlei werfen, jenen prächtigen (und zu Unrecht kritisierten) marmornen Monumentalbau Speers, der für Hitler zum 1. Januar 1939 fertig geworden war. Hier wartete Hitler jetzt im Kreise seiner Mitarbeiter. Es war eine seltene Gelegenheit. Hitler war morgens um sieben Uhr, statt wie sonst gegen zehn Uhr, aufgestanden. Ribbentrop und Göring waren anwesend. Der erste wollte Krieg mit England; letzterer wollte ihn nicht. Der Außenminister weigerte sich, das britische Ultimatum entgegenzunehmen, und veranlaßte, daß sein Chefdolmetscher es von Henderson entgegennahm. Dr. Paul Schmidt eilte damit in die Reichskanzlei und übersetzte Hitler und Ribbentrop das Ultimatum. Schmidt berichtete später, Hitler habe seinen Außenminister wütend angestarrt und ihn gefragt: „Was nun?" Im Vorzimmer stand Göring, von seinen Gefolgsleuten umgeben. „Wenn wir diesen Krieg verlieren, dann möge uns der Himmel gnädig sein!" sagte er. An diesem 3. September 1939 stand Hitler zwischen Ribbentrop und Göring – und war letzterem einen Augenblick lang näher als ersterem. Auch Hitler wollte keinen Krieg gegen England und bereute vielleicht für einen Augenblick, daß er Ribbentrop zu viel Spielraum gelassen

---

[29] Daladier war bemüht, eine Debatte über die Kriegserklärung zu vermeiden, weil er fürchtete, daß unter Umständen über 100 Abgeordnete gegen die Regierung stimmen würden. Herriot ließ stattdessen über einen Antrag zur Aufnahme von „Kriegskrediten in Höhe von 75 Millionen Francs zur Erfüllung der aus unseren Bündnissen erwachsenden Verpflichtungen" abstimmen. Die Stimmabgabe erfolgte durch Handzeichen.

hatte. Aber diese Stimmung verflog rasch wieder. Hitler spürte nicht nur, sondern wußte, daß die englische und die französische Kriegserklärung Formalitäten waren; er wußte, daß diese beiden Staaten Deutschland nicht im Westen angreifen würden.[30]

Die Vorhersagen über die ersten Stunden des Zweiten Weltkrieges erwiesen sich bereits als falsch. In den dreißiger Jahren waren zahlreiche Bücher erschienen mit Schreckensbildern von Bombergeschwadern, die schon in den ersten Stunden des Krieges Tod und Vernichtung auf die Großstädte herabregnen lassen würden. Aber anstelle von prasselndem Feuer und ohrenbetäubenden Detonationen herrschte unheimliche Ruhe. In London und Paris war kein Kinderlärm mehr auf den Straßen zu hören. Aus London waren fast zwei Millionen Kinder evakuiert worden (diese Art der Evakuierung sollte später noch viele Probleme aufwerfen). Eine geringere Anzahl war aus Paris aufs Land verschickt worden. Die instinktive Intelligenz der Pariser, die sich später als betrüblich unzureichend erwies, kam ihnen jetzt zustatten. Den ganzen Sommer 1939 hindurch zeigte die Bevölkerung mehr Haltung als einige der schwankenden Gestalten in der Regierung. *Il faut en finir* (damit muß Schluß sein) lautete ein populärer französischer Slogan im Frühjahr und Sommer 1939, nachdem Hitler eine eingeschüchterte Nation nach der anderen bedroht und besetzt hatte. Diese Parole entsprach ausnahmsweise der in der Bevölkerung vorherrschenden Stimmung. Am frühen Nachmittag herrschte auf den Boulevards und den Champs-Elysées ungewöhnliches Gedränge. In den überfüllten Cafés war es ziemlich ruhig. Die Gäste sahen auf ihre Uhren. Noch fünf Minuten, noch eine Minute – wir befinden uns im Krieg!

Die Nachricht von dem britisch-französischen Ultimatum und der englischen Kriegserklärung erreichte Warschau wegen des Zeitunterschiedes am frühen Nachmittag. Sie löste allgemeinen Jubel aus. Tausende von Menschen verließen ihre Wohnungen, strömten auf den Plätzen zusammen und versammelten sich vor den Prachtfassaden der französischen und der englischen Botschaft. Ihr Jubel hielt den ganzen heißen Nachmittag lang an, obwohl die Warschauer wußten, wie die Deutschen in der vergangenen Nacht ihre Stadt bombardiert hatten und daß die Bomber bald wiederkommen würden. Die

[30] Am 15. Mai hatte Henderson dem deutschen Staatssekretär von Weizsäcker erklärt, falls es zu einem Krieg komme, werde er „von den Westmächten defensiv geführt werden". GD, D, VI, S. 385. Hitler mag daran gedacht haben, als er am 29. August zu Weizsäcker sagte: „In 2 Monaten ist Polen erledigt, dann machen wir eine große Friedenskonferenz mit den Westmächten". *Weizsäcker*, S. 208. In diesem Zusammenhang ist es vielleicht ganz lehrreich, sich daran zu erinnern, daß auch im August 1914 der damalige Reichskanzler Bethmann-Hollweg, der sich wegen der zögernden Mobilmachung der britischen Streitkräfte alle möglichen Hoffnungen machte (wobei er englische Unfähigkeit mit englischer Finesse verwechselte), glaubte, die Engländer würden keinen „harten Krieg" führen.

Warschauer feierten aus Erleichterung. Sie – und die Welt – hatten über zwei Tage lang nicht gewußt, ob die westlichen Großmächte Wort halten und Deutschland den Krieg erklären würden. Das hatten England und Frankreich jetzt getan. Aus dem isolierten osteuropäischen Krieg zwischen Deutschland und Polen war ein gesamteuropäischer Krieg geworden, aus dem der Zweite Weltkrieg entstehen sollte.

Vor einem Vierteljahrhundert waren die Völker Europas mit Begeisterung in den Ersten Weltkrieg gezogen. Jetzt rückten sie auf ernsthafte, disziplinierte Weise ins Feld, die Engländer mit wortloser Entschlossenheit. Die Deutschen, durch Hitlers Propaganda angeblich zu fanatischer Wut aufgepeitscht, griffen mit einem Fatalismus, der eher stumm als heiter gewesen sein kann, zu den Waffen; aber ihr Fatalismus war durchaus real und stand in krassem Gegensatz zu der überschwenglichen Begeisterung und Erleichterung – ja, Erleichterung –, als ihr Kaiser sie 1914 zu den Waffen gerufen hatte.

Im Jahre 1939 waren die Europäer, die den Kriegsausbruch als Erleichterung empfanden, eine kleine Minderheit, die Ausnahme. Im Jahre 1914 hatte die Mehrheit in fast allen beteiligten Staaten ihn als Erleichterung empfunden. Bisher haben nur wenige Historiker den Ehrgeiz gehabt, dieses Massenphänomen eingehend zu untersuchen. In diesen Zusammenhang paßt eine Stelle – oberflächlich, aber keineswegs seicht – aus einem merkwürdigen Buch eines englischen Schriftstellers, das er nach dem Ersten Weltkrieg schrieb, den er mit allen Fasern seines Herzens abgelehnt hatte. „Wir dürfen niemals vergessen", schrieb *D. H. Lawrence* in „Movements in European History", „daß die Menschheit nach einem zweifachen Motiv lebt: dem Motiv von Frieden und Wachstum und dem Motiv von Wettstreit und kriegerischem Triumph. Sobald das Bedürfnis nach kriegerischem Abenteuer und Triumph gestillt ist, setzt das Bedürfnis nach Frieden und Wachstum sich durch – und umgekehrt. Das scheint ein Lebensprinzip zu sein."[31]

Zwischen den beiden Weltkriegen hatte es in Europa nur wenig Frieden und wenig Wachstum gegeben. Der großen Mehrzahl der Völker blieb der Erste Weltkrieg noch lange im Gedächtnis, ebenso wie die Entbehrungen in seinem Gefolge. Im Gegensatz zu 1914 hatten sie keine 40, 50 oder 60 Jahre eintönigen Alltagslebens hinter sich, dem sie, wenn auch unbewußt, entrinnen wollten, indem sie sich in ein Kriegsabenteuer stürzten. Im Gegensatz zu 1914 wußten sie, daß Kriege kein kurzes, gefährliches, ruhmreiches Abenteuer mehr waren. Die Erinnerung an den Ersten Weltkrieg überschattete ihr Denken. Im Jahr 1939 gab es kaum einen General, der nicht vor über zwei Jahrzehnten den Grabenkrieg kennengelernt hatte.

Anders als 1914 waren keine langfristigen Vorhersagen möglich. Die Zukunft lag im Ungewissen. 1914 rechneten die meisten Menschen mit einem großartigen und kurzen europäischen Krieg. 1939 erwartete niemand einen kurzen Krieg – vielleicht mit einer einzigen Ausnahme: Adolf Hitler. 1914

[31] *Lawrence*, S. 306.

wußten die Völker Europas, daß der Krieg ein europäischer Krieg sein würde – ein weiterer europäischer Krieg, aus dem im allgemeinen Sprachgebrauch erst später ein „Weltkrieg" wurde (diese Bezeichnung führte sich zuerst bei Deutschen und Amerikanern ein). 1939 wußte es jedermann, und er sprach auch darüber, daß dies der Beginn des Zweiten Weltkrieges war.

# 4. Widerstrebend geführter Krieg[1]

An diesem bedeutungsvollen Tag, dem 3. September 1939, marschierten und fuhren die deutschen Armeen weit nach Polen hinein. Dabei demonstrierten sie eine neue Taktik. An die Stelle großer Massen von Soldaten, die nur langsam über Felder und durch Wälder vorrückten, während sie sich mit dem am Horizont eingegrabenen Feind Feuergefechte lieferten, stießen nun kompakte Einheiten hinter Panzern, die ihnen den Weg freischossen, über Hauptstraßen und Landstraßen rasch mitten ins Feindesland vor. Der Staat, der im eigenen Land die ersten Sturmabteilungen hervorgebracht hatte, war somit auch der erste, der mechanisierte Sturmtrupps – Panzerdivisionen – ins Feld schickte.

Vor dieser rasch vorrückenden Front brachen die polnischen Städte am Tage zusammen; nachts brannten ihre Außenbezirke. Die deutschen Bomber waren im Morgengrauen des ersten Tages gestartet, um die Flugplätze der kleinen polnischen Luftwaffe zu bombardieren. Nach zwei Tagen waren die meisten polnischen Maschinen vernichtet. Jetzt griffen die deutschen Flieger die Fabriken, die Kasernen und die Marschkolonnen des Gegners an. Auf ihren Angriffsflügen stießen sie unterwegs auf keine Gegenwehr mehr; unter sich sahen sie ihre motorisierten Kameraden – oft ebenfalls ohne auf Gegenwehr zu treffen – weiter vorstoßen.

Die führenden Männer der Republik Polen waren nicht auf diese neuartige Kriegsführung gefaßt. Ihre Vorbereitungen waren unvollständig und mangelhaft. Die polnische Armee kämpfte tapfer. Nach neun oder zehn Tagen gelang es ihr sogar, das Vormarschtempo des Feindes zu verlangsamen. Aber dieser Teilerfolg kam zu spät. Die polnischen Streitkräfte erhielten keine Unterstützung aus dem Ausland, und bald sollten sie dazu noch einen Stoß in den Rücken erhalten. Inzwischen stießen 56-60 deutsche Divisionen von drei Seiten ins Innere Polens vor. Die legendären Geschichten über polnische Kavallerie, die mit eingelegten Lanzen gegen deutsche Panzer angeritten sein soll, sind erfunden. Immerhin trat eine polnische Armee an der Bzura zu einem Gegenangriff nach Süden an und hielt die Deutschen bis zum 19. September auf. Die deutsche 10. Armee erreichte nach achttägigem Vormarsch die Außenbezirke Warschaus und stieß dort auf hartnäckigen Widerstand. Sie machte halt, kreiste Warschau ein und schwächte die Verteidiger durch unablässige Artillerie-und Bombenangriffe, um sie schließlich mit weit überlegenen Kräf-

[1] 3. September 1939 – 10. Mai 1940.

ten zu überwältigen. Unter Führung des beispielhaft mutigen Oberbürgermeisters hielten die Soldaten und die Zivilbevölkerung Warschaus weitere drei Wochen aus: „großartig und verlassen", wie Churchill es ausdrückte.[2] Die schwache polnische Garnison auf der Westerplatte, die auf allen Seiten, auch von See her, umzingelt war, leistete heftigen Widerstand. Jahre vergingen, bis europäische Soldaten in diesem Krieg wieder solche Tapferkeit im Kampf gegen deutsche Truppen bewiesen.

Am Rhein herrschte Stille. Die französischen Armeen griffen nicht an, und den englischen Bombern gelang kein Durchbruch.[3] Hätten die Franzosen und Engländer rechtzeitig angegriffen, wäre Hitler in eine schwierige Lage geraten. Entlang der Westgrenze des Dritten Reiches, zwischen und hinter dem nur teilweise fertiggestellten Westwall, lagen höchstens 43 deutsche Divisionen: hauptsächlich Reserveeinheiten und nur acht voll einsatzfähige. Im September 1939 existierten insgesamt 98 deutsche und 128 polnische, französische und englische Divisionen. Die bloßen Zahlen bedeuteten jedoch nicht viel. Hitler wußte, daß die Alliierten nicht angreifen würden. Vielleicht hatte Chamberlain keinen Clausewitz gelesen; – jedenfalls war für Chamberlain der Krieg die Fortsetzung der Politik mit anderen Mitteln. Er hatte in Friedenszeiten gezögert, die ganze Macht Englands gegen Deutschland einzusetzen; er zögerte auch jetzt, mit aller Kraft gegen Deutschland zu kämpfen. Hitler hatte seinem Generalstabschef Halder schon vor Kriegsausbruch erklärt, England werde einen „Scheinkrieg" führen. Damit behielt er zum größten Teil recht – aber nicht ganz. Die Kriegspolitik der englischen Regierung war kein Täuschungsmanöver; ihr Widerstreben war keine Verstellung, es war echt. Der Krieg würde widerstrebend geführt werden.

Hitler bemühte sich, die Front zu den Franzosen und Engländern ruhig zu halten. Seine ersten Weisungen für die Kriegsführung im Westen zielten darauf ab. Am 4. September verbot er alle Angriffe auf französische und englische Passagierdampfer, selbst wenn sie im Geleitzug fuhren.[4] Fünf Tage später ordnete er in seiner Weisung Nr. 3 an, „auch nach der zaghaften Eröffnung der Feindseligkeiten durch England zur See und in der Luft, durch Frankreich zu Lande[5] und in der Luft" behalte er sich die Genehmigung für weitere Angriffe gegen die Engländer und Franzosen vor. Hitler hoffte – und zählte vielleicht sogar – auf die Bereitschaft der Engländer, nach der Nieder-

---

[2] *Churchill*, GS, S. 447. Jedoch kam es in Warschau an den beiden letzten Tagen vor der Kapitulation zu Plünderungen.
[3] Am 4. September 1939 flog die RAF einen – erfolglosen – Angriff auf die deutsche Hafenstadt Wilhelmshaven.
[4] Vermutlich mit Rücksicht auf die öffentliche Meinung in Amerika. Die Versenkung des englischen Passagierschiffs „Athenia" am 3. September, die befehlswidrig durch U-30 erfolgt war, erinnerte an die „Lusitania" im Ersten Weltkrieg.
[5] Im Niemandsland an der deutschen Grenze, zwischen den Außenforts der Maginotlinie und des Westwalls, waren die Franzosen vorsichtig ein paar Kilometer weit nach Osten vorgerückt.

werfung Polens Frieden zu schließen. Deshalb drängte er auf einen raschen Abschluß des Polenfeldzugs. Im Gegensatz zu späteren Feldzügen fuhr er in seinem großen Befehlswagen an die Front und sprach in Sonne und Staub mit seinen Soldaten. Abgesehen von solchen Exkursionen leitete er einen großen Teil der Operationen von einem Sonderzug aus in der Nähe des polnischen Bahnhofs Gogolin.

Es gibt einige Hinweise, daß Stalin wie Hitler die englische Haltung falsch eingeschätzt haben könnte – daß er und Molotow noch am 2. September ein zweites Münchner Treffen erwarteten, das durch Mussolinis Vermittlung hätte zustandekommen können. Danach war ihre Politik eine orientalische Mischung aus Vorsicht und Opportunismus. Ribbentrop drängte sie dazu, in Polen einzumarschieren. Sie zögerten zunächst noch, aber dann war Stalin von dem Tempo des deutschen Vormasches beeindruckt. In der Nacht vom 8. auf den 9. September ließ er Molotow den Deutschen offiziell zu dem ,,Einzug deutscher Truppen in Warschau" gratulieren. Diese Glückwünsche kamen jedoch zu früh, denn die Polen, wie wir gesehen haben, schickten sich an, ihre Hauptstadt zu verteidigen. Am 17. September, einem Sonntag, stießen sowjetische Truppen über die lange, unverteidigte Ostgrenze Polens vor. Am Tag darauf schüttelten Panzerkommandanten der Roten Armee und der deutschen Wehrmacht sich in Brest-Litowsk grinsend die Hände.

Die polnische Regierung war in ein elendes kleines Nest an der rumänischen Grenze geflüchtet. Am Abend der russischen Invasion setzte sie sich inmitten einer großen Menge von Exilsuchenden über die Grenze nach Rumänien ab. Die meisten der fast 100 000 Exilpolen gelangten irgendwie nach Frankreich, wo sie sofort eine Exilregierung bildeten. Aber diese Flüchtlinge waren nur ein kleiner Prozentsatz des polnischen Volkes, das in seiner großen Mehrheit jetzt Brutalitäten und Demütigungen durch seine beiden alten Feinde ausgesetzt war. Zehntausende von polnischen Offizieren und Beamten wurden in sowjetische Lager abtransportiert, wo Tausende von ihnen im Frühjahr 1940 grundlosen Massenhinrichtungen zum Opfer fielen. Die Mehrheit der Bevölkerung Ostpolens wurde in das sowjetische Schema größtenteils sinnloser nationaler Entbehrungen gepreßt. Im November 1939 wurden diese Woywodschaften in die Ukrainische und die Weißrussische Sozialistische Sowjetrepublik eingegliedert. Die Brutalitäten der deutschen Herrschaft über Polen waren systematischer. Die Deutschen schlossen Kirchen und Schulen, deportierten Tausende von Polen und unterdrückten die übrigen auf besonders widerwärtige Weise. Die zahlreichen polnischen Juden bekamen die Peitsche ihres schrecklichen Feindes Hitler sofort zu spüren. Diese wenigen Worte reichen nicht aus, um dem Leser die verzweifelten Realitäten und die oft kaum weniger verzweifelte Anpassung des Alltags an diese neue Art feindseliger Tyrannei nahezubringen. Es gibt jedoch zahlreiche ausführliche Augenzeugenberichte.

Das deutsche Regime zog es fast bis zum Ende des Zweiten Weltkrieges vor, die Polen schlimmer als beinahe jede andere besiegte Nation zu behandeln. Dafür war Hitler zum größten Teil persönlich verantwortlich. Im Gegensatz zu Napoleon fehlte ihm jegliche Großmut. Die Tapferkeit der polnischen Armee beeindruckte ihn keineswegs; – eher war das Gegenteil der Fall. Zu Birger Dahlerus, dem schwedischen Amateurvermittler, sagte er am 26. September 1939: Es sei eine Unverschämtheit, wenn ein derartig heruntergekommenes Land wie Polen es wage, sich gegen ein Land wie Deutschland zu wenden. Er war auf die Polen wütend, weil ihr Widerstand zu seinem Krieg gegen England geführt hatte.

Einen Monat nach Kriegsausbruch und nachdem der polnische Staat liquidiert war[6], hoffte Hitler erneut, England werde sich auf einen Frieden zurückziehen. Es kam zu einer kurzlebigen deutschen Friedensoffensive, die mit Hilfe aller möglichen neutralen Vermittler, zu denen auch Dahlerus gehörte, vorgetragen wurde und ihren Höhepunkt mit Hitlers großer Reichstagsrede vom 6. Oktober 1939 erreichte. Aber Chamberlain reagierte nicht darauf, so zögernd er auch Krieg führte. Hitler wartete nicht lange. Am 9. Oktober erließ er die Weisung Nr. 6 für die Kriegsführung („Fall Gelb"):

„1. Sollte in der nächsten Zeit zu erkennen sein, daß England und unter dessen Führung auch Frankreich nicht gewillt sind, den Krieg zu beenden, so bin ich entschlossen, ohne lange Zeit verstreichen zu lassen, aktiv und offensiv zu handeln.

2. Ein längeres Abwarten ... stärkt auch die militärische Kraft unserer Feinde in zunehmendem Maße, läßt das Vertrauen der Neutralen auf einen Endsieg Deutschlands schwinden, und trägt nicht dazu bei, Italien als militärischen Bundesgenossen an unsere Seite zu bringen ..."

Die deutschen Armeen sollten am 12. November 1939 Frankreich angreifen und dabei auch Belgien und Holland besetzen; nach der Niederlage Frankreichs würde vielleicht auch England friedensbereit sein. Nun ergab sich eine ungewöhnliche Konstellation in der Geschichte des Dritten Reiches: Hitlers Generale, darunter auch Walter von Reichenau, der vielleicht größte Nationalsozialist innerhalb der Generalität, waren einmal stark genug, um sich gegen ihn durchzusetzen. Am 5. November erklärte Hitler sich widerstrebend

[6] Ein Fünftel des ehemaligen polnischen Staatsgebietes wurde mitsamt etwa fünf Millionen Polen dem Dritten Reich eingegliedert. Weitere zwei Fünftel bildeten unter der Bezeichnung „Generalgouvernement Polen" eine neuartige deutsche Satrapie (mit etwa zwölf Millionen Polen und Juden). Die letzten zwei Fünftel mit weiteren zwölf Millionen Menschen, darunter sechs Millionen Polen, waren der Sowjetunion zugefallen. Diese deutschen Verfügungen wurden erst vom 8. bis 12. Oktober bekanntgegeben. Hitler scheint die Schaffung eines kleinen, untergebenen, aber nominell selbständigen polnischen Rumpfstaates für den Fall erwogen zu haben, daß England auf sein Friedensangebot eingehen würde. Auch zwischen Deutschland und Rußland blieb die Möglichkeit eines polnischen Pufferstaates offen, bis Stalin und Hitler sich am 25. September entschlossen, sie zu streichen; drei Tage später legten sie ihre Interessensphären in Nordosteuropa neu fest.

bereit, den Angriff im Westen aufs Frühjahr zu verschieben. Auch diesmal hatte er wieder das Gefühl, die Zeit arbeite gegen ihn. Diesen Aufschub würde er später bereuen, so wie er den Aufschub des Krieges wegen des Münchner Abkommens bereute. Aber er hätte sich deswegen nicht zu ärgern brauchen, denn die Untätigkeit im Westen wirkte sich eher nachteilig auf die Franzosen aus. Im übrigen konnte Hitler bald das Gefühl haben, die Vorsehung halte ihre schützende Hand über ihn. Am 8. November 1939 brachte ein tapferer einzelner Deutscher, der Tischler Georg Elser, im Münchner Bürgerbräukeller, in dem Hitler sprechen sollte, eine Bombe an. Wegen einer Terminverschiebung verließ Hitler den Saal zwölf Minuten vor der Detonation, die sieben Todesopfer forderte.

Die anfängliche Disziplin, die die Franzosen im September zusammengehalten hatte, lockerte sich allmählich. Das Problem bestand nicht daraus, daß die Alliierten im Krieg erfolglos waren; es bestand aus ihrem Widerstreben, sich auf einen Krieg einzulassen. Am 10. September, als Polen von den Deutschen niedergeworfen, in Brand gesteckt und zerstückelt wurde, schrieb Chamberlain seiner Schwester: „. . . ich mache mir keine Hoffnungen auf einen militärischen Sieg – daß er möglich ist, bezweifle ich sehr –, sondern auf einen Zusammenbruch der deutschen Heimatfront. Um ihn herbeizuführen, müssen wir die Deutschen davon überzeugen, daß sie nicht siegen können . . . Ich selbst hoffe, daß wir nicht anfangen werden, ihre Munitionszentren und Ziele in Städten zu bombardieren, es sei denn, sie begännen damit . . .‟[7]
Von diesem lähmenden Widerstreben ausgenommen war der Seekrieg. Bei Kriegsbeginn nahm Chamberlain Churchill in sein Kabinett auf, der in der Admiralität das gleiche Büro und die gleiche Kartentasche vorfand, die er vor 24 Jahren zurückgelassen hatte. Churchill stürzte sich mit der für ihn charakteristischen Energie in den Seekrieg. Im Gegensatz zu 1914 war die deutsche Flotte klein. Außerdem gab es 1939 eine moderne, schlagkräftige französische Flotte, die – mit Ausnahme der U-Boote – doppelt so groß wie die deutsche war. Selbst auf dem U-Bootsektor verfügten die Deutschen bei Kriegsbeginn über verhältnismäßig wenige Einheiten (56). Einige kühne Kommandanten torpedierten in den ersten Wochen des Krieges mehrere britische Kriegsschiffe; U-47 drang sogar in den Flottenstützpunkt Scapa Flow ein. Trotzdem

---

[7] *Feiling*, S. 418. Chamberlain am 30. September 1939 zu Roosevelt: „Ich vertraue fest darauf, daß wir am Ende siegreich bleiben werden. Meiner Ansicht nach werden wir nicht durch einen vollständigen und spektakulären militärischen Erfolg siegen . . ., sondern indem wir die Deutschen davon überzeugen, daß sie nicht siegen können . . .‟ Die britischen Stabschefs gaben der RAF „strikteste Anweisungen‟, nur „rein militärische Ziele im engsten Sinne‟ zu bombardieren. COS Paper 961 (39). Aus dem September 1939 ist auch eine charakteristische Antwort des englischen Luftwaffenministers Sir Kingsley Wood überliefert. Als Leopold Amery vorschlug, die RAF solle die Waldgebiete Südwestdeutschlands bombardieren, wehrte der Minister ab: „Oh, das dürfen wir nicht! Das ist Privatbesitz. Als nächstes verlangen Sie dann, daß wir das Ruhrgebiet bombardieren.‟

beherrschten die Engländer und mit ihnen die Franzosen weiterhin den Atlantik. 25 Jahre nach Sturdees überwältigendem Sieg bei den Falklandinseln über Spee wurde das deutsche Panzerschiff „Graf Spee" vor dem La Plata im Gefecht mit drei englischen Kreuzern schwer beschädigt. Da das Schiff der inzwischen zusammengezogenen englischen Übermacht nicht gewachsen war, ordnete sein Kommandant am 17. Dezember 1939 vor Montevideo die Selbstversenkung an und erschoß sich zwei Tage später in einem Hotelzimmer. Dieser Seesieg war eine der wenigen Nachrichten, die in diesem Winter geeignet waren, die britische Kampfmoral zu heben. Die nächste kam zwei Monate später, als der englische Zerstörer „Cossack" im norwegischen Jössingfjord das Troßschiff „Altmark" enterte und die an Bord gefangengehaltenen britischen Seeleute befreite.

Trotz dieser Überlegenheit auf See konnte Churchill dem Krieg keine Wende zugunsten Englands geben. Hätte die Navy in die Ostsee vorstoßen können, wäre vermutlich mehr zu erreichen gewesen. Darüber war Churchill sich durchaus im klaren. Er mußte seinen Ostseeplan („Catherine") teils wegen der vorsichtigen Einstellung der Seelords, teils wegen der berechtigten Befürchtungen in bezug auf Operationen englischer Kriegsschiffe in Reichweite deutscher Flugzeuge aufgeben. Seemacht war nicht mehr wie früher ausschlaggebend. Das mag dem alten Lloyd George klar gewesen sein, als er dem britischen Zeitungsmagnaten Cudlipp im Januar 1940 erklärte, er glaube, daß England den Krieg verlieren werde.

„Ich glaube noch nicht an diesen Krieg", schrieb der französische katholische Schriftsteller Georges Bernanos in seinem selbst auferlegten Exil am Rande des brasilianischen Dschungels während dieses zwielichtigen Winters,

„ich glaube an ihn nicht mehr als zuvor, ich habe ihm noch nicht meinen Glauben geschenkt. Dieser Krieg hat keine Ähnlichkeit mit dem, den ich erwarte, mit dem, der kommen wird, der sich noch zu seiner Zeit einstellen wird. Daß er die Verursacher von Katastrophen enttäuscht hat, daß er bisher in sechs Monaten weniger Tote gefordert hat als der andere Krieg in sechs Tagen – das ist nicht das Entscheidende. Wir wissen recht gut, daß die Toten sich innerhalb weniger Stunden in Hekatomben auftürmen könnten. Aber solange die Kriegsfurie mit Blutgeruch in den Nüstern aufgedunsen ist, solange sie schweigend an den Ufern der Meuse hockt, ihren schwarzen Rock zwischen den Schenkeln einklemmt, ihre Hände auf ihrem verpesteten Leib übereinanderliegend, ist dieser Krieg nur scheußlich, nicht schrecklich, er ist eine Farce aus der Hölle."[8]

In London und Paris war der Winter düster und kalt. (Die Themse fror zum erstenmal seit Jahrzehnten wieder meilenweit zu.) In den Weiten Nordosteuropas war der Winter 1939/40 nicht nur düster, er war dunkel. Im Osten war ein Riesenreich entstanden, unter dessen Schatten ganze Staaten verschwinden

---

[8] „Journal 1940 (1)" in: *Bernanos*, Le lendemain, c'est vous! (Paris, 1969).

würden. Innerhalb weniger Wochen nach Kriegsausbruch hatte sich die politische Landkarte Osteuropas bis zur Unkenntlichkeit verändert. 1917 ermöglichten Kaiser Wilhelm II. und seine Preußen Lenin die Rückkehr nach Rußland; 1939 ermöglichten der Antibolschewik Hitler und seine Nationalsozialisten Stalin die Rückkehr nach Europa. Für kurze Zeit waren sie damit sehr erfolgreich; auf lange Sicht schaufelten sie sich damit ihr eigenes Grab. Es ist nicht Aufgabe des Historikers, darüber zu entscheiden, ob die Bolschewiken 1917 mit ihrer Revolution Erfolg gehabt hätten, wenn Lenin im Züricher Exil geblieben wäre, oder ob Stalin nach Warschau, von Berlin ganz zu schweigen, hätte vordringen können, wenn Hitler nicht den Zweiten Weltkrieg angefangen hätte. Als Hitler schließlich Stalin angriff, erklärte Churchill seinem Sekretär, falls Hitler eines Tages die Hölle angreife, werde er, Churchill, „den Teufel im Unterhaus zumindest lobend erwähnen".

In den beiden ersten Wochen des Polenfeldzugs drängte Ribbentrop bei Molotow auf einen russischen Einmarsch in Polen. Eine Zeitlang sah es so aus, als sollten zwei polnische Protektorate, eines unter deutscher, das andere unter sowjetischer Herrschaft, gebildet werden. Dann überlegten beide Seiten sich die Sache anders und beschlossen, sich die jeweiligen Gebiete einzugliedern. Gegen Ende des Feldzugs kamen Hitler und Stalin überein, die Grenzen ihrer Interessensphären neu abzustecken. Zu diesem Zweck kam Ribbentrop am 27. September 1939 zu zweitägigen Verhandlungen nach Moskau. Die Grenzen des Deutschland zufallenden Teils von Polen wurden bis an die Flüsse Bug und San vorgeschoben; als Gegenleistung dafür wurde Litauen der russischen Interessensphäre zugeschlagen. Schon am 28. September wurde die erste Delegation aus den unglücklichen baltischen Staaten in den Kreml zitiert. Stalin erklärte den Außenministern Lettlands, Estlands und Litauens nacheinander unmißverständlich, die erstarkte Sowjetunion werde sich jetzt wiedernehmen, was das geschwächte Rußland vor zwei Jahrzehnten habe aufgeben müssen. In Zukunft würden in diesen drei Staaten russische Armee- und Marineeinheiten stationiert werden. Andererseits versprach Stalin, sich nicht in die inneren Angelegenheiten dieser kleinen Republiken einzumischen. Er hielt sich eine Zeitlang an dieses Versprechen, bis ihn die dramatischen Ereignisse im Westen im Juni 1940 dazu bewogen, die Überreste ihrer Unabhängigkeit mit einem Federstrich zu beseitigen.

Im Herbst 1939 stimmte Stalins Politik auch in einem weiteren wichtigen Aspekt mit der Hitlers überein: Stalin hoffte ebenfalls auf ein rasches Ende des Krieges. Nachträglich haben viele, darunter auch Bonnet und selbstverständlich alle antikommunistischen Ideologen, die Behauptung aufgestellt, den Sowjets sei ein europäischer Krieg recht gewesen, um danach die Früchte ihrer Revolution ernten zu können. Ich muß nochmals wiederholen: Stalin war, im Gegensatz zu Lenin, viel eher ein Staatsmann als ein Revolutionär.[9] In Europa

[9] Er wies die kommunistischen Parteien Europas an, *gegen* statt *für* die Fortsetzung des Krieges Propaganda zu machen.

ging es ihm um Territorialgewinn, nicht um Revolution. Fast alles deutet darauf hin, daß es ihm darauf ankam, seine neue Beute zu sichern und zu verdauen.

Stalin war jedoch nicht klug genug, um einen Konflikt mit Finnland zu vermeiden. Dieses große, von einem kleinen, tapferen Volk besiedelte Land war in dem geheimen Zusatzprotokoll zum deutsch-sowjetischen Grenz- und Freundschaftsvertrag vom 28. September 1939 der russischen Interessensphäre zugeschlagen worden. Trotzdem war Finnland ein ungewöhnlicher Fall. Stalin erhob keinen Anspruch darauf, Finnland völlig zu beherrschen, sondern forderte aus Sicherheitsgründen die Abtretung bestimmter finnischer Gebiete. Die Südostgrenze Finnlands verlief ganz in der Nähe von Leningrad, und Stalin forderte außerdem einige Inseln im Finnischen Meerbusen – diese bereits seit Frühjahr 1939. Im Oktober 1939 begann die Sowjetunion, Finnland ernstlich unter Druck zu setzen. Wie ihre unglücklichen baltischen Nachbarn im Süden mußten auch die Finnen eine trübselige Delegation nach Moskau schicken. Allerdings waren nicht sämtliche russischen Vorschläge unvernünftig, denn sie sahen sogar eine Entschädigung Finnlands durch russische Gebiete im dünnbesiedelten Mittelteil der gemeinsamen Waldgrenze vor. Unvernünftig war die phantasielose und brutale Verhandlungstaktik Stalins und vor allem Molotows. Die Finnen hatten den Eindruck, ihnen bleibe nichts anderes übrig, als Widerstand zu leisten. Ausnahmsweise hatte es diesmal Stalin, nicht Hitler, eilig. Er benützte einen von Russen – fast nach deutschem Vorbild – inszenierten Grenzzwischenfall, um Finnland am 30. November 1939 ohne Kriegserklärung anzugreifen.

Dies war ein Musterbeispiel für das Unberechenbare dieses Krieges. Der europäische Krieg hatte zwischen Deutschland und Polen, England und Frankreich begonnen. Kaum ein Vierteljahr später waren die beiden einzigen Staaten, die wirklich Krieg führten, die Sowjetunion und Finnland. Der russische Staatsmann Stalin legte ausnahmsweise allzu großen Wert auf kommunistische Propaganda. Moskau behauptete, es gebe gar keinen Krieg zwischen der Sowjetunion und Finnland, sondern in einem Dorf an der Grenze sei unter Führung des finnischen Kommunisten Kuusinen eine „Volksregierung" gebildet worden, und die Sowjetunion unterstütze diese Regierung lediglich in ihrem Kampf um die Befreiung Finnlands. Nur wenige Leute fielen auf diese idiotische Propagandalüge herein – am allerwenigsten die finnische Arbeiterklasse, deren Vaterlandsliebe sehenswert war. Innerhalb weniger Tage zeigte sich, daß die Rote Armee trotz ihrer massiven Angriffe und der schweren Bombardierung Helsinkis nur langsam gegen die Finnen vorankam. Sobald zu erkennen war, daß ein langer Winterkrieg bevorstand, gab Stalin seine Rücksichtnahme auf den internationalen Kommunismus auf und machte keinen Hehl mehr aus seiner Verachtung für ihn.

Der Winterkrieg war in der Tat ein ernstes Problem. Die Rote Armee kämpfte schlecht; an zwei Stellen stießen die Finnen sogar über die russische

Grenze vor und schnitten sowjetische Einheiten ab, die sich in Scharen ergaben. Der Krieg hatte internationale Auswirkungen. Daß der todgeweihte Völkerbund im Dezember die Sowjetunion ausschloß, störte Stalin wenig; was ihn bedrückte, waren die schwachen Leistungen der Roten Armee. Diese hatten bedeutende, allerdings nur vorübergehende Auswirkungen auf die Berechnungen der Regierungen Italiens, Frankreichs und Englands; sie wirkten sich auch auf Hitlers Überlegungen aus. Trotzdem beobachtete die deutsche Regierung den Freiheitskampf der Finnen mit eisigem Schweigen und stellte lediglich fest, Finnland sei für diese Misere selbst verantwortlich. Hitler brauchte Stalin als Bundesgenossen gegen die Angelsachsen. Das begannen auch die Japaner zu verstehen – falls sie es jemals nicht erfaßt haben sollten. Italien war jedoch weniger einsichtig. Mussolini (im Gegensatz zu Hitler ein Exsozialist) hegte stärksten Widerwillen gegen eine Rückkehr zur russischen Großmachtpolitik in Europa. Um die Jahreswende 1939/40 kam es zu einer gewissen Entfremdung zwischen Deutschland und Italien. Am 16. Dezember griff Ciano in einer Rede vor dem Senat Rußland scharf an und ließ gleichzeitig erkennen, daß er damit auch Deutschland kritisieren wollte. Am 3. Januar 1940 schrieb Mussolini Hitler einen ungewöhnlich offenen Brief. Er drängte den befreundeten Diktator dazu, seine Polenpolitik zu revidieren und seine Beziehungen zu Moskau nicht weiter auszubauen. Seiner Überzeugung nach würden die westlichen Demokratien die Gelegenheit zum Friedensschluß ergreifen, danach aber würde ihre Kraft von innen her verfallen. Das war ein kluger Brief, vielleicht der klügste, den Mussolini Hitler jemals geschrieben hat. Mussolini wollte warten; aber Hitler hatte es eilig. Innerhalb eines Vierteljahres ließ Mussolini sich von Hitler – und dem Zwang der Ereignisse – umstimmen.

Unterdessen galt die Aufmerksamkeit der Weltöffentlichkeit dem sowjetisch-finnischen Winterkrieg, der alle Attribute eines Kampfes von David gegen Goliath, von Heldentum gegen Schändlichkeit aufwies. Aus vielen Ländern, besonders jedoch aus Skandinavien, kamen Freiwillige nach Finnland, ohne viel mehr als eine Hebung der finnischen Kampfmoral zu bewirken. Die skandinavischen Könige und Ministerpräsidenten kamen im Frühwinter 1939 mehrmals zusammen, aber trotz dieser Konferenzen auf höchster Ebene war keine skandinavische Regierung bereit, um der Bruderschaft willen einen Krieg zu riskieren. Aus den Demokratien sowie aus einigen mit Deutschland verbündeten Staaten wie Italien und Ungarn, gegen deren Hilfeleistungen die Sowjetunion protestierte, gelangten Waffen und Freiwillige nach Finnland. Auf deutscher Seite wurde alle Unterstützung, auch etwaiges Mitgefühl für die bedrängten Mitarier, auf Anordnung von Ribbentrop verboten. Im Westen wurde der finnische Abwehrkampf *la grande cause des bien-pensants*, die Herzenssache aller Rechtdenkenden.[10]

---

[10] Welche große Rolle die öffentliche Meinung Amerikas schon im Oktober 1939 in den Überlegungen der Alliierten spielte, geht aus einem in diesem Monat verfaßten Memorandum der

Das war eine der großen verfehlten Torheiten dieses Krieges. Wenn die Alliierten Truppen – zunächst als Freiwillige getarnt – nach Nordfinnland entsandten, würden sie durch den Norden Norwegens und Schwedens kommen und sich in den Besitz des Hafens Narvik und der schwedischen Eisenerzfelder setzen können. Besonders die Franzosen waren von diesem Plan – von jedem Plan – begeistert, der die Kampfhandlungen möglichst weit von Frankreich fernhielt. Sie und die Engländer ließen sich von Wirtschaftsfachleuten einreden, ohne das importierte schwedische Eisenerz müßten die Hochöfen des Dritten Reiches auskühlen und erlöschen. Die Engländer und Franzosen glaubten auch, ihr Eintreten für Finnland und gegen das kommunistische Rußland werde die Herzen Amerikas erweichen. Außerdem – und das war eine schwierige Aufgabe – ließ sich dadurch vielleicht der störende Widerstand der französischen Rechten gegen diesen demokratischen Weltkrieg abmildern. Die Regierungen Frankreichs und Englands waren kurz gesagt bereit, einen Krieg mit der Sowjetunion zu riskieren, wenn sie dadurch die Leitartikler der *Chicago Tribune* und der *Action Française* auf ihre Seite bringen konnten. Von Dezember bis März erwogen diese beiden Regierungen alle möglichen Pläne, die von Torheiten und Bluffs beherrscht waren.[11] Ihre Langsamkeit war schließlich ihre Rettung: Während die französischen und englischen Vorauskommandos in einem windigen schottischen Hafen eingeschifft wurden, kam der Winterkrieg zu einem raschen Ende. Die Rote Armee durchbrach auf der Karelischen Landenge die sogenannte Mannerheim-Linie. Da die Finnen sahen, daß die Hilfe der Alliierten zu spät kommen und daß Stalin wenigstens

britischen Generalstabschefs in bezug auf Finnland hervor: „Die Invasion Finnlands selbst würde keine militärische Bedrohung für die Alliierten darstellen, noch könnten die Alliierten Finnland in irgendeiner Form unterstützen . . . *Das einzige starke Argument* für ein Eingreifen wäre, daß dies die Sympathie der Neutralen der ganzen Welt sichern würde. *Die offene Unterstützung durch die USA würde die Feindseligkeit Rußlands mehr als wettmachen . . .*" (Hervorhebungen durch den Verfasser). Zitiert bei *Butler*, II, S. 95.

[11] Dieses Kapitel alliierter Torheit ist noch nie eingehend dargestellt worden, obwohl es wert wäre, von einem meisterhaften Historiker erforscht und niedergeschrieben zu werden. Bei *Derry*, S. 12, findet sich ein ehrlicher Bericht über einige Aspekte: „Während die Alliierten ihrerseits ernstlich den Wunsch verkündeten, Finnland zu retten, verfolgten sie dabei gewiß auch andere Absichten, die sie weniger öffentlich behandelten." Ein früher französischer Plan sah beispielsweise eine Landung in Petsamo an der Arktisküste vor, ein Projekt, „das ein Höchstmaß an Provokation für die Russen mit einem Mindestmaß an strategischen Vorteilen für uns selbst zu verbinden schien". *Derry*, S. 13. Beispiele für solche öffentliche Idiotie gab es überall, z. B. in der achtbaren und geachteten Zeitung *Le Temps*, die am 9. Januar 1940 die Blockade von Murmansk forderte, die nach Ansicht des Journalisten „nur Vorteile" bringen würde, da sie „dazu beitragen würde, die Entscheidung in Finnland im Sinne von Recht und Gesetz zu beeinflussen, während Marineunternehmen im Schwarzen Meer, mit Odessa unter alliierten Kanonen, Rumänien dazu ermutigen würden, angesichts irgendeines Angriffs in Bessarabien fest zu bleiben". „Odessa unter alliierten Kanonen" war gut. Am 5. Februar 1940 billigte der Oberste Kriegsrat schließlich einen englischen Plan, zwei alliierte Brigaden durch Nordnorwegen nach Finnland und fünf Bataillone der Territorialarmee nach Südnorwegen zu entsenden. Anfang März wurde die Zeit knapp, und das englische Kriegskabinett erkannte, daß die französische Haltung „höchst beunruhigend" war.

dem Rest ihres Landes die Unabhängigkeit lassen würde, wenn sie die geforderten Gebiete abtraten, unterzeichneten sie am 12. März 1940 in Moskau niedergeschlagen den sowjetisch-finnischen Friedensvertrag.

Bevor wir uns mit den Folgen dieses Ereignisses befassen, müssen wir unser Augenmerk vom Nordosten auf den Südosten Europas richten. Auch dort machte sich ein Unterschied zwischen den beiden Weltkriegen bemerkbar. Der einst als Pulverfaß Europas bezeichnete Balkan war im ersten Jahr des europäischen Krieges, d. h. 1939/40, eher ruhig und friedlich. Griechenland, Bulgarien, Rumänien und Jugoslawien hatten ihre früheren Auseinandersetzungen weitgehend beigelegt. Selbst die Serben und Kroaten hatten sich auf eine Art unbehaglicher Koexistenz geeinigt.[12] Der Balkan bot ein Bild von Neutralität und Vernunft, solange die Großmächte ihn in Ruhe ließen. Die russisch-deutsche Interessengrenze durch Osteuropa hörte am Nordrand des Balkans auf. Den Deutschen lag viel daran, Stalins Blick davon abzulenken.[13] Sie wollten, daß die Russen die Engländer in Afghanistan, Indien und im Mittleren Osten unter Druck setzten. Stalin, erklärte Hitler seinem Bewunderer Sven Hedin Anfang März, sei nicht mehr der internationale Bolschewist, sondern zeige sich absolut als nationaler Russe und verfolge im Grunde genommen genau dieselbe naturgegebene nationalrussische Politik des Zaren.[14]

Mussolini, der sich von solchen Behauptungen über das neue Rußland nicht beeindrucken ließ, war von der Langsamkeit und Unfähigkeit der westlichen Alliierten hinreichend überzeugt, um sich auf Gedeih und Verderb mit Hitler zu verbinden. Die Wolke, die eine Zeitlang über den Beziehungen zwischen Rom und Berlin gehangen hatte, wurde von den Frühlingsstürmen fortgeblasen. Mussolini fühlte sich noch immer verpflichtet, den Deutschen zu erklären, Italien sei finanziell nicht in der Lage, einen langen Krieg durchzustehen. Er war jedoch von Hitlers Entschlossenheit und Fähigkeit beeindruckt, im Westen einen kurzen, entscheidenden Krieg zu führen. Innerhalb einer Woche nach dem Ende des sowjetisch-finnischen Winterkrieges trafen Hitler und Mussolini an einem windigen, klaren Märztag am Brenner zusammen. „Entschieden wird der Krieg in Frankreich", erklärte Hitler Mussolini. „Ist Frankreich erledigt, ist Italien Herr des Mittelmeeres, und England muß Frieden schließen."

Die französische Regierung stürzte, weil der sowjetisch-finnische Winterkrieg zu Ende war. Das war eines der seltsamsten politischen Ereignisse dieses Krieges. Daladier, der sich in der Kammer allen möglichen feindlichen Bünd-

---

[12] Ihre Politiker hatten am 26. August 1939 ein Abkommen, das sogenannte „Sporazum", geschlossen. Wegen der Möglichkeiten, die sich den Kroaten nach der Besetzung Jugoslawiens durch deutsche Truppen boten, hatte es jedoch auf die Dauer keinen Bestand.
[13] Getreu der großen zaristischen Tradition interessierte sich Stalin für Bulgarien: Er hatte dem dortigen monarchistischen Regime schon im September 1939 einen Beistandspakt angeboten.
[14] GD, D, VIII, S. 863.

nissen gegenübersah, mußte am 20. März 1940 zurücktreten, weil er die Torheit, Frankreich irgendwo in den Weiten Finnlands in einen Krieg mit der Sowjetunion zu verwickeln, nicht rasch und energisch genug betrieben hatte. Während er sich gegen Kritik von links als weitgehend immun erwiesen hatte, war er der massiven Kritik von rechts nicht gewachsen. Das Kabinett wurde umgebildet, und Paul Reynaud, ein kleiner Mann mit beachtlichen Fähigkeiten und nicht unbeträchtlichem Mut, wurde Ministerpräsident. Reynaud war anglophil und ein zuverlässiger Verbündeter.[15] Das mißfiel den Kriegsgegnern, die sich allmählich ans Tageslicht wagten – die bedeutsame Erscheinung dieser politischen Krise. Ihre Empörung wirkte durchaus selektiv: Sie wollten mehr Aktionen gegen Rußland, weniger gegen Deutschland und überhaupt keine gegen Italien. Die Generalstäbe der Alliierten ermunterten solche Torheiten noch eine Zeitlang.[16] Aber innerhalb von drei Wochen sollte dieser ganze Unsinn durch den skandinavischen Sturm fortgeschwemmt werden.

Den ganzen Krieg hindurch (sogar noch 1945) fürchtete Hitler eine britische Invasion in Norwegen. Er dachte dabei eher an eine Nordfront in gefährlicher Nähe des Reichsgebiets als an eine Einstellung der schwedischen Erzlieferungen.[17] Admiral Raeder, der Oberbefehlshaber der Kriegsmarine, versuchte Hitler auf die mit der deutschen Beherrschung Norwegens verbundenen Vorteile aufmerksam zu machen. Noch im Oktober 1939 ließ Hitler dänische Lebensmittellieferungen an England zu, solange Dänemark genügend Lebensmittel nach Deutschland lieferte. Deutsche U-Boote begannen damit, skandinavische Schiffe anzuhalten und gelegentlich zu versenken, aber Hitler war weiterhin mit der Planung eines Feldzuges im Westen, nicht im Norden

[15] Am 28. März vereinbarte er mit der englischen Regierung, keinen Sonderfrieden oder Waffenstillstand abzuschließen.

[16] Einige Zeit spielten diese Planer mit der Idee, eine alliierte Streitmacht in Saloniki landen zu lassen. Ihre Planungen basierten auf der „Armee Weygand" – einer zum größten Teil bunt zusammengewürfelten Phantomstreitmacht aus schlecht ausgerüsteten französischen und Kolonialsoldaten, die zweckloserweise in Syrien stand, wo sie von General Weygand befehligt wurde, der – im Gegensatz zu der sonst üblichen Redensart – kein besseres Los verdient hatte, wie die Ereignisse bald zeigen sollten. Die größten dieser Dummheiten, die es wert sind, wenigstens in einer Fußnote festgehalten zu werden, waren in jenen anglo-französischen Generalstabsplänen vom März 1940 enthalten, in denen davon die Rede war, in Syrien startende uralte französische und englische Flugzeuge, die die Ölfelder von Baku bombardierten, könnten Rußland und Deutschland den Todesstoß versetzen. In einer Denkschrift der englischen Generalstabschefs vom 8. März 1940 mit dem Titel „Militärische Auswirkungen eines Krieges gegen Rußland im Jahre 1940" gelangten diese Experten zu dem Schluß: „Selbst mit beträchtlicher deutscher Hilfe bei der Reorganisation ihres Transportwesens dürften die Russen außerstande sein, 1940 ihre Lieferungen an Deutschland zu steigern". „Wir könnten die Ölfelder im Kaukasus bombardieren und auf diese Weise letztlich einen wirtschaftlichen und militärischen Zusammenbruch der Russen herbeiführen . . ." WP (40) 91, zitiert bei *Woodward*, I, S. 108.

[17] Für die deutsche Kriegsindustrie war ohnehin finnisches Nickel wichtiger als schwedisches Eisenerz. Hitlers Besprechung mit General von Falkenhorst (ausführlich zitiert bei *Churchill*, GS, S. 564–565) läßt erkennen, daß schwedisches Eisenerz in Hitlers Überlegungen nur eine untergeordnete Rolle spielte.

beschäftigt. Das änderte sich nach Ausbruch des sowjetisch-finnischen Winterkrieges. Hitler erkannte sofort, daß die Alliierten sich in Skandinavien festsetzen wollten. Von diesem Augenblick an kam es zu einem Wettlauf. Hitler blieb schließlich Sieger, nachdem er zögernd ins Rennen gegangen war. Erst am 1. März 1940 ordnete Hitler an, der Angriff im Norden („Weserübung") habe Vorrang vor dem Feldzug im Westen („Fall Gelb"). Sein erster Plan datierte schon vom 14. Dezember 1939 – aber die britischen und französischen Pläne reichten noch weiter zurück. Sobald in Berlin jedoch eine Entscheidung getroffen worden war, kamen die Vorbereitungen rasch und präzise voran. Die in London und Paris getroffenen Entscheidungen waren mit einem stacheligen Schutzpanzer aus Kompromissen umgeben, der die Alliierten nur mehr im Schrittempo vorwärtskommen ließ.

Hitlers großer Gegenspieler Churchill setzte sich in der Admiralität mit aller Energie für das Skandinavienunternehmen ein. Aber es dauerte lange, bis er seinen Willen bekam: Er wurde von Chamberlain, den Franzosen und nicht zuletzt von den vorsichtigen Seelords seiner eigenen Marine gebremst. Trotzdem legte Churchill es auf einen Kampf an. Er konnte sich Mitte Februar durchsetzen, als es um den Überfall auf das Troßschiff „Altmark" ging. Es gibt einige Hinweise, daß die „Altmark"-Episode entscheidend zu Hitlers Entschluß beigetragen hat, weil sie bewies, daß die Engländer unter bestimmten Voraussetzungen bereit waren, die norwegische Neutralität zu mißachten. Ende März stand Churchill dicht davor, sich in bezug auf ein größeres Unternehmen durchzusetzen. Er befürwortete einen Doppelschlag gegen die Deutschen. Bei einem Unternehmen („Royal Marine") sollte der Rhein mit riesigen Mengen von Treibminen belegt werden; das andere („Wilfred") bestand aus einer Verminung der norwegischen Hoheitsgewässer, um die aus Narvik kommenden deutschen Erztransporte zu unterbinden. Hinter solchen wirtschaftlichen Erwägungen stand der Wunsch der Engländer, sich in Norwegen festzusetzen.

Am 30. März sagte Admiral Darlan in Paris richtig voraus, daß die Deutschen auf eine Verminung der norwegischen Hoheitsgewässer mit einer Besetzung Dänemarks und Norwegens reagieren würden. Innerhalb weniger Tage schifften die Engländer Truppen ein, die den Deutschen zuvorkommen und drei norwegische Häfen besetzen sollten.[18] Dann kam es in letzter Minute zu Meinungsverschiedenheiten zwischen den Alliierten. Die Franzosen, die nach wie vor den Krieg möglichst weit von den Grenzen Frankreichs fernhal-

---

[18] Die ersten dieser Einheiten gingen am 6. April an Bord, d. h. drei Tage vor der deutschen Besetzung Dänemarks und Norwegens. Bei einer Gelegenheit erbeuteten die Deutschen vom 8. Bataillon der Sherwood Foresters den Operationsbefehl für „Stratforce", in dem es hieß: „Ziel von *Stratforce* ist die Durchführung einer Landung bei 512, 547 und 548 sowie die Besetzung dieser Häfen, um sie für Deutschland zu sperren. Unsere Unterstützung dürfte von der dortigen Bevölkerung begrüßt werden, aber die Entscheidung darüber, ob gelandet werden soll oder nicht, ist von der Royal Navy zu treffen." Abgedruckt in Anhang 2 in GWB (2).

ten wollten, verwarfen am 3. April 1940 den Plan, den Rhein zu verminen, während sie eine Verminung der norwegischen Hoheitsgewässer befürworteten. Am nächsten Tag bezeichnete Chamberlain Hitler in einer Rede als einen Mann, der „den Bus verpaßt hat". Wieder einen Tag später sagte General Ironside, der englische Chef des Imperial General Staff: „Wir sind auf alles vorbereitet, was kommen könnte." Das stimmte ganz und gar nicht. Die Deutschen waren auf alles vorbereitet, und die Engländer verpaßten den Bus.

Aus heutiger Sicht war Hitlers Besetzung von Dänemark und Norwegen ein Meisterstück an Kühnheit und exakter Ausführung. Die Deutschen kamen den Engländern in dem Rennen um vier norwegische Häfen – darunter auch Narvik – zuvor. Kein Engländer, auch Churchill nicht, glaubte, daß die Deutschen sich so weit vorwagen würden. Die britische Navy kämpfte zwar tapfer (z. B. vor Narvik), stand aber weit vor der norwegischen Küste in der Nordsee, während die Deutschen bei finsterster Nacht mit hoher Fahrt nach Norden liefen. Zu Lande stand noch Schlimmeres bevor. Die Dänen leisteten keinen Widerstand.[19] Die norwegischen Streitkräfte waren mit veralteten Waffen ausgerüstet, und das Land war von seinen demokratischen und sozialistischen Regierungen nicht auf einen Krieg vorbereitet worden. Verrat war keine ausreichende Erklärung für diese demokratische Katastrophe. In Dänemark gab es Fälle, in denen dänische Matrosen ganz selbstverständlich mithalfen, die in den Morgenstunden anlegenden deutschen Schiffe an ihre Liegeplätze zu verholen. Der norwegische Major Vidkun Quisling, dessen Name in der demokratischen Welt bald verfemt sein sollte, trug wenig oder nichts zu dem deutschen Erfolg bei.[20]

Nach kurzem Zögern entschlossen sich der norwegische König und die Armee zum Kampf. Über eine Woche verstrich, bevor die Engländer Truppen landeten – nicht in Trondheim oder Bergen, sondern in zwei kleinen Häfen, die sie bald wieder räumten. In der Umgebung dieser Häfen bewegten sie sich in einem „schlammigen Watscheln". Landeinwärts, wo die dunklen norwegischen Seen noch mit einer Eisschicht überzogen waren, wurden sie bei jeder Gelegenheit von den überlegenen Deutschen umgangen und niedergekämpft. Churchill selbst stellte nach dem Krieg fest: „Wir sind jedesmal knapp zu spät gekommen ... Wir, die wir das Meer beherrschten und an jeder Stelle einer unverteidigten Küste zuschlagen konnten, wurden von einem Gegner über-

---

[19] Die Stärke der dänischen Armee betrug 1914 etwa 55 000 Mann; 1939 waren es 15 000 Mann.
[20] Er forderte schon im Juni 1939 6,5 Millionen Reichsmark von Rosenberg, wobei er behauptete, die politische Lage in Norwegen innerhalb kurzer Zeit entscheidend beeinflussen zu können – falls er über die notwendigen Geldmittel verfüge. Als Hitler am 14. Dezember 1939 Quisling empfing, ging es bei der Besprechung noch immer um die Neutralität Norwegens. An dem verwirrenden 9. April 1940 besetzte Quisling ohne Wissen der Deutschen den Rundfunksender Oslo. Dadurch trug er dazu bei, daß sie den König und die Regierung nicht in die Hand bekamen, denn die Regierung hatte dazu geneigt, mit den Deutschen zu verhandeln, bis Quislings Rundfunkansprache sie dazu brachte, aus Oslo nach Norden zu flüchten.

holt, der trotz aller Hindernisse sehr große Entfernungen auf dem Landweg zurücklegte. Bei dem Norwegenunternehmen wurden unsere besten Truppen, die Schottischen und Irischen Garden, durch die Energie, den Unternehmungsgeist und den Ausbildungsstand von Hitlers jungen Männern verwirrt."[21] In Nordnorwegen gab es noch einen Hoffnungsschimmer: französischen, polnischen und britischen Einheiten gelang es Ende Mai, die Deutschen aus Narvik zu vertreiben. Doch war dieser einzige kleine Landsieg der Alliierten in den ersten 15 Monaten des Zweiten Weltkrieges nur von kurzer Dauer. Wenige Tage nach dem alliierten Rückzug aus Dünkirchen verließen der norwegische König und seine Regierung widerstrebend ihr Land, um sich von Tromsö aus ins englische Exil zu begeben.

Dies war die erste Runde in dem Duell zwischen den beiden großen Kontrahenten Hitler und Churchill. In dieser ersten Runde blieb Hitler Sieger über Churchill. Am Morgen des 9. April triumphierte Hitler einen Augenblick lang, weil er das Gefühl hatte, das Skandinavienunternehmen sei mehr als ein Seitenhieb gegen die Engländer, sondern vielmehr ein entscheidender Erfolg: „So wie aus dem Jahre 1866 das Reich Bismarcks entstand, so wird aus dem heutigen Tag das Großgermanische Reich entstehen."[22] Trotzdem kam der skandinavische Sieg Hitler später auf dreifache Weise teuer zu stehen. Seine mittelgroße Kriegsmarine erlitt dabei so schwere Verluste, daß sie England im Laufe dieses Sommers nicht mehr gefährlich werden konnte.[23] Des weiteren beeinflußte Hitlers Einmarsch in Dänemark und Norwegen einen Großteil der amerikanischen Isolationisten, auf die er einige Hoffnungen gesetzt hatte, nachhaltig. Die isolationistischen (und deshalb anglophoben) Republikaner hatten ihren größten Rückhalt im Mittleren Westen, wo viele Amerikaner skandinavischer Abstammung lebten, aus deren Reihen während und nach dem Ersten Weltkrieg die meisten isolationistischen Kongreßabgeordneten und Senatoren gekommen waren. Jetzt vertraten sie ihre Forderung nach absoluter amerikanischer Neutralität weniger nachdrücklich. Hätte Hitler den ursprünglichen Wettlauf nach Norwegen verloren – d. h. hätte er den Engländern ein paar Tage Vorsprung gelassen –, wäre die antibritische Fraktion in Amerika stärker, nicht schwächer geworden. Nun führte die Entwicklung dazu, daß auf dem Parteitag der Republikanischen Partei der Internationalist und Deutschenfeind Willkie zum Präsidentschaftskandidaten gewählt wurde, an dem Tag, als Frankreich vor Hitler kapitulierte.

Nachträglich tritt dies alles jedoch vor dem wichtigsten Ereignis zurück: Hitlers Triumph in Norwegen brachte Churchill in England an die Macht.

---

[21] *Churchill*, GS, S. 649; ein „schlammiges Watscheln" (a muddy waddle), S. 664.

[22] *Rosenberg*, TB, S. 126.

[23] Diese Tatsache sollte nicht überbewertet werden. Die Deutschen verloren drei Kreuzer und zehn Zerstörer, aber die in Norwegen errungenen Stützpunkte waren diesen Preis wert. Außerdem gingen zwei der fünf englischen Flugzeugträger westlich von Norwegen verloren. Und Hitler hatte nicht vorgehabt, England mit Kreuzern und Schlachtschiffen zu erobern.

Churchill war zu einem großen Teil für das englische Debakel im Norden verantwortlich. Darüber mochten sich die Engländer nicht im klaren sein; sie hatten jedenfalls von der mutlosen, dilettantischen und kraftlosen Kriegführung Chamberlains genug. 25 Jahre zuvor war Churchill in die Wüste geschickt worden, weil er das Dardanellenunternehmen, das im Grunde genommen richtig gewesen war, befürwortet hatte. Diesmal beeinflußte das mißglückte Norwegenunternehmen die Entscheidung des Unterhauses nicht.

Am 6. Mai 1940 begann die Unterhausdebatte über die bisherige Kriegführung der Regierung Chamberlain. Dutzende von Konservativen sagten sich von Chamberlain los. Churchill nahm loyalerweise einen Großteil der Verantwortung für den Fehlschlag des Norwegenunternehmens auf sich. Aber das spielte keine Rolle mehr. Die Volksvertreter wollten eine nationale Regierung. Die Führung der Labour Party war nicht bereit, in eine derartige Regierung unter Chamberlain einzutreten, während sie Churchill als Premierminister akzeptierte. Das wurde am Abend des 9. Mai allmählich offenkundig. Am nächsten Morgen war es mit dem widerstrebend geführten Krieg endgültig vorbei: Hitlers Armeen hatten im Westen die Offensive ergriffen. Am 10. Mai um 21 Uhr hörte die Welt von Chamberlain, daß Winston Churchill die Führung Englands übernommen habe.

Viele Menschen auf der ganzen Welt begriffen instinktiv, was der Führungswechsel in England bedeutete. Sie täuschten sich vielleicht insofern, als sie glaubten, Churchill sei als Reaktion auf den deutschen Einfall in die Niederlande an die Macht gekommen; aber auch das spielte keine Rolle. Wichtig war nur, daß Hitler endlich einen wahren Gegenspieler erhalten hatte.[24] Beide hatten einander nie persönlich kennengelernt. Bevor Hitler in Deutschland an die Macht gekommen war, hatte sich Gelegenheit zu einem Treffen geboten, aber Hitler war ihr ausgewichen. Hitler, der die Engländer nicht richtig verstand, besaß noch immer großes Einfühlungsvermögen in den Charakter und die Schwächen von Menschen, die ihm persönlich gegenübertraten. Er schätzte Chamberlain einigermaßen richtig ein. Churchills Charakter erfaßte er nur unzulänglich – ein Fehler, der im Laufe der Zeit zu seinem Untergang beitrug.

Das bedeutete nicht, daß Hitler nicht imstande gewesen wäre, alle Maßnahmen Churchills abzublocken oder zu kontern. Am ersten Tag des Westfeldzuges stießen seine Armeen siegreich vor. Alles verlief nach Plan – oder sogar noch besser. Aber Hitlers neuer Gegenspieler war in tiefster Seele zuversichtlich. „Ich will dem Leser nicht verhehlen", schrieb Churchill nach

---

[24] An mehreren Stellen dieses Buches habe ich mich kritisch über die kurzsichtige und antiquierte Politik parlamentarischer Regierungen geäußert. Trotzdem muß gesagt werden, daß die Krise im Mai 1940 in der im 20. Jahrhundert oft betrüblichen Geschichte des englischen Parlaments einen höchst ehrenvollen Abschnitt darstellt. Gerade die von Hitler verachtete politische Regierungsform erwies sich ausnahmsweise imstande, eine außergewöhnliche Persönlichkeit in den Sattel zu heben.

dem Krieg, „daß ich tiefe Erleichterung empfand, als ich gegen 3 Uhr morgens zu Bett ging. Ich besaß endlich die Autorität, auf allen Gebieten Weisungen zu erteilen. Ich hatte das Gefühl, das Schicksal auf meiner Seite zu haben, und daß mein ganzes bisheriges Leben nur eine Vorbereitung auf diese Stunde und diese Bewährungsprobe gewesen sei."[25] Dieser Satz, der heute so bewegend klingt, hebt sich vorteilhaft von den fanatischen Äußerungen Hitlers bei Kriegsbeginn ab. „Ich war mir sicher", erinnerte sich Churchill später, „daß ich nicht versagen würde. Obgleich ich ungeduldig auf den Morgen wartete, schlief ich deshalb gut und hatte kein Bedürfnis nach tröstlichen Träumen." Er kannte Hitler besser, als Hitler ihn kannte. Drei Tage später hielt Churchill die erste seiner berühmten Reden im Unterhaus, und er sagte: „Ich habe nichts zu bieten als Blut, Mühsal, Tränen und Schweiß." Den Feind zu kennen, bedeutete schon viel. Aber war es genug?

[25] *Churchill*, GS, S. 667.

## 5. Das siegreiche Deutschland[1]

Der Beginn der deutschen Offensive im Westen am 10. Mai 1940, einem Freitag, um 5.35 Uhr, traf die Alliierten nicht gänzlich unvorbereitet. Hitlergegner in der Abwehr hatten den niederländischen Militärattaché schon tagelang vorher heimlich gewarnt. Am Donnerstagabend wußte die belgische Regierung, daß ein deutscher Überfall bevorstand. Als am nächsten Morgen die Offensive begann, rollten innerhalb weniger Stunden die lange vorbereiteten Gegenmaßnahmen der Alliierten an. Vormittags rückte eine franko-britische Armee in Belgien ein, wo sie die deutschen Streitkräfte an den mittleren Flüssen des Landes stellen sollte. Dort würde die große Schlacht entbrennen, die das Schicksal Europas und des Krieges entscheiden würde.

Aber es kam nicht zu dieser Entscheidungsschlacht. Hitler wußte, was die Alliierten vorhatten, und schnitt sie ab. Dieser „Sichelschnittplan", den Generaloberst von Rundstedt und Hitler persönlich entworfen hatten, setzte voraus, daß der Hauptvorstoß mit einer starken Panzerstreitmacht im Westen der westlichsten Forts der Maginotlinie[2] erfolgte; die Panzer sollten die Ardennen durchstoßen, wo die Alliierten einen Angriff am wenigsten erwarteten, die Maas überschreiten und bis zur Kanalküste vorstoßen. Die nach Belgien einrückende alliierte Streitmacht sollte dadurch abgeschnitten werden. Dieser Sichelschnitt war ein kühner, genialischer Plan.

General Gamelin, der französische Oberbefehlshaber, reagierte wie erwartet. Dieser engstirnige, pedantische, farblose Mann gab seine vorsichtige Defensivhaltung nur auf, wenn sich Gelegenheit bot, den Deutschen so weit wie möglich außerhalb der Grenzen Frankreichs entgegenzutreten. Reynaud, der Gamelins erstaunliche Unfähigkeit erkannt hatte, war am Tag der deutschen Offensive im Begriff gewesen, ihn von seinem Posten abzulösen. Jetzt mußte Reynaud es mit ihm aushalten – und nicht nur mit ihm.

Die deutschen Armeen hatten ihre Offensive an einem Freitag begonnen. Am Montagabend hatten sie die Maas bei Sedan überschritten. Im Norden kapitulierte die niederländische Armee. Die drittklassigen französischen Einheiten bei Sedan konnten dem Ansturm nicht standhalten und flüchteten. Am Dienstagabend rief Reynaud Churchill an: Er hatte schlechte Nachrichten für ihn. Am Mittwochmorgen weckte er den englischen Premierminister durch

---

[1] 10. Mai–31. Juli 1940.
[2] Rückschauend viel geschmäht. Churchill: „Wenn sie in der französischen Kriegführung richtig genutzt worden wäre, hätte die Maginotlinie Frankreich unermeßliche Dienste leisten können."

einen Anruf. „Wir sind besiegt worden", sagte er auf Englisch. „Wir sind geschlagen; wir haben die Schlacht verloren."

Churchill mag Hitler gekannt haben, aber er kannte den Zustand der französischen Armee nicht. Er flog am Donnerstag nach Paris hinüber. Bei schönem Wetter war dieser Tag an der Oberfläche ruhig, aber in den Ministerien herrschte Panik. Im Hof des Quai d'Orsay verbrannten Beamte das Archiv des Außenministeriums, so daß die schwarzen Aschefetzen über die Seine trieben. Die Engländer hörten, es gebe nichts – oder beinahe nichts –, was die deutschen Angriffsspitzen daran hindern könne, in etwa einem Tag Paris zu erreichen. „Wo ist die strategische Reserve?" fragte Churchill Gamelin. Es gebe keine, erwiderte der General schulterzuckend. Churchill dachte nicht daran, sich der Verzweiflung hinzugeben.[3] Der „wegen seiner Energie und Vehemenz bemerkenswerte" Churchill saß „von einigen seiner Zigarren wie ein Vulkan gekrönt"[4] da und versicherte seinen ausländischen Kollegen immer wieder, England werde unter allen Umständen weiterkämpfen. Reynaud war ihm dafür dankbar. Churchill bot ihm die Entsendung zehn weiterer Jagdfliegerstaffeln für die Schlacht um Frankreich an. Das war die äußerste Grenze: Der Kommandeur der RAF-Jagdflieger erklärte Churchill, die verbleibenden 25 Staffeln seien das absolute Minimum für die Verteidigung Englands.

Die meisten glaubten damals, in der Schlacht um Frankreich habe die deutsche Luftüberlegenheit den Ausschlag gegeben. Aber das stimmte nicht wirklich: Die deutschen Flugzeuge, vor allem die Stukas, bewirkten eher Panik als Zerstörung. Entscheidend war der motorisierte deutsche Vormarsch auf den Straßen Nordfrankreichs und der Niederlande, ein Vormarsch, der so ungehindert ablief, daß er geradezu unheimlich wirkte. Jenseits von Sedan fuhren die Deutschen auf Motorrädern, Lastwagen und Panzern nach Westen weiter und tauchten 60, 80 Kilometer hinter der Linie auf, die früher als „Front" bezeichnet worden wäre. Die französischen Einheiten lösten sich von selbst auf; manche ihrer Soldaten warfen die Gewehre weg. Auf der Karte zeichnete sich ein deutscher Einbruch ab, der stetig weiter vorgeschoben wurde. Im Süden und Westen dieses Einbruchs wurden die französischen und

[3] General de Gaulle übrigens auch nicht. Dieser Tag war der psychische Wendepunkt in seiner Karriere als Retter Frankreichs, zu dem er sich über einen Monat später selbst ausrief. Der Anstoß dazu kam an diesem 16. Mai irgendwo im Felde bei Laon, als er miterleben mußte, wie sich französische Soldaten feige den triumphierenden Deutschen ergaben („Wir haben keine Zeit, euch gefangenzunehmen!" hörten sie dabei von den Siegern) – eine Szene, deren Folgen er später schilderte: „Ich fühlte eine grenzenlose Wut in mir aufsteigen. Ah, es ist zu blöd! Der Krieg beginnt so schlecht wie nur möglich. Deshalb muß er weitergehen. In der Welt ist Platz genug dafür. Wenn ich am Leben bleibe, werde ich kämpfen, wann immer und solange ich muß, bis der Feind geschlagen und der nationale Makel getilgt ist. Alles, was ich bisher zustande brachte, war an diesem Tag beschlossen."

[4] *Baudouin*, S. 33, kein Freund Churchills.

englischen Truppen durch ein neues, kaum überwindbares Hindernis aufgehalten: die fliehende Bevölkerung.

Aus Belgien und Nordfrankreich strömten die Menschenmassen nach Süden. Das war seit Jahrhunderten in keinem westeuropäischen Krieg mehr der Fall gewesen. Nachdem dieser Exodus nur zögernd in Gang gekommen war, schwoll er innerhalb eines Monats zu einem gewaltigen Flüchtlingsstrom an. Ganze Dörfer wurden von ihren Bewohnern verlassen. Einige Tage lang vollzog sich die Flucht verhältnismäßig geordnet. Die meisten Belgier fuhren mit der Eisenbahn nach Süden. Aber nach dem deutschen Durchbruch bei Sedan wuchs die Panik rasch an, und diese Völkerwanderung überflutete die Haupt- und Nebenstraßen in mehreren Wellen.

Zuerst kamen die großen Luxuslimousinen, die oft von Chauffeuren gefahren wurden; dann folgten Mittelklassewagen; dahinter kamen klapprige Veteranen, die oft jahrelang stillgelegt gewesen waren; und den Schluß bildeten städtische Fahrzeuge, Lastwagen und Feuerwehrwagen aus Städten, die von der Besetzung bedroht waren. Dann entstand eine Lücke. Die Straßen blieben etwa einen Tag lang fast leer, bis die ersten Radfahrer kamen: meistens Jungen im noch nicht wehrpflichtigen Alter. Ihnen folgte die traurigste Gruppe dieser Flüchtlingsbewegung, die Menschen zu Fuß, die oft einen Karren zogen oder einen Kinderwagen schoben. Und hinter ihnen kamen die schweren Fuhrwerke belgischer und französischer Bauern: hoch mit Matratzen, Möbelstücken und anderem Umzugsgut beladen, langsam von kräftigen Pferden gezogen, manchmal von Fohlen, Kälbern und sogar Kühen umgeben. Zwischen, hinter und am Rande der Flüchtlingskolonnen fanden die Truppen wenig Bewegungsraum. Sie wurden bald zu einem Bestandteil dieser Wanderung, in der sie sich von den Zivilisten nur mehr durch ihre Uniformen und immer weniger durch ihr Verhalten unterschieden.

Daß diese Völkerwanderung stattfinden konnte, war zum größten Teil dem außergewöhnlich schönen Maiwetter zuzuschreiben. Bei strahlendem Sonnenschein rückten die Deutschen in Brüssel ein, und die Sonne schien, als sie am 19. Mai 1940 ein Standkonzert auf der menschenleeren Grande Place gaben. Am Nachmittag des gleichen Tages fand in Paris ein außergewöhnliches Ereignis statt: Die Würdenträger der agnostischen Dritten Republik versammelten sich zum Gebet in der Kathedrale Notre Dame.

Zu diesem Zeitpunkt empfand Paris – aber nicht London – eine vorübergehende Erleichterung, denn die deutsche Gefahr für Paris schien abgewendet zu sein. Im Gegensatz zu 1914 stießen die Deutschen nach Westen zur Kanalküste vor. Reynaud entließ Gamelin und ernannte Weygand zum neuen Oberbefehlshaber. Nun wurde es Zeit für einen Gegenangriff, durch den die lange, nach Westen reichende Krokodilschnauze des Gegners abgeschnitten wurde. Hier und dort gelang es englischen und französischen Panzertruppen, dem Krokodil Hautabschürfungen beizubringen; aber die selbstverständlich unkoordinierte Gegenoffensive schlug fehl. Am Abend des 20. Mai standen deutsche Generale auf den Felsklippen an der Küste. Die Nordarmee der Alliierten war abgeschnitten. Kleinere englische und französische Einheiten wurden in Boulogne und Calais eingeschlossen, während die Deutschen nach Norden umschwenkten. Die Engländer zogen sich nach Dünkirchen zurück. Am 24. Mai 1940 standen die deutschen Panzerspitzen kaum 30 Kilometer vor Dünkirchen, als Hitler ihnen mittags plötzlich den Befehl erteilte, nicht weiter vorzustoßen – eine Entscheidung, auf die wir später zurückkommen werden. Dadurch gewannen die Engländer etwa zwei Tage Zeit für ihren Rückzug ans Meer, der außerdem dadurch ermöglicht wurde, daß die 1. französische Armee Lille tapfer gegen eine wachsende deutsche Übermacht verteidigte.

Wie ihr neuer Premierminister begriffen die Engländer nun, was die Lage erforderte. Sie erinnerten sich an ihre Seefahrertradition. Schon in der Woche vor der Schlacht um Dünkirchen zogen sie alle nur vorstellbaren Schiffe und Boote in den Häfen, Buchten und Flußmündungen Südenglands zusammen. Eine Woche später ließen sie diese Fahrzeuge in den ruhigen, grauen Kanal auslaufen, dessen Kontinentalküste in Schußweite deutscher Geschütze lag. Die Boote und Schiffe kamen zunächst nur vereinzelt an, aber dann wurden es rasch mehr, bis der ganze Kanal zwischen Frankreich und England von ihnen bedeckt war. Dieses nationale Rettungswerk über den Kanal hinweg erwies sich schließlich als großer, begeisternder Erfolg. Statt eines Fünftels der bei Dünkirchen eingeschlossenen englischen und französischen Soldaten wurden fast vier Fünftel dieser alliierten Streitmacht von einer zusammengewürfelten englischen Armada aus Kriegsschiffen, Jachten, Ausflugsdampfern und Motorbooten gerettet, die für das England des Jahres 1940 ebenso symbolisch war, wie es Drakes Flotte für das aufstrebende England des Jahres 1588 gewesen war.

Im Gegensatz zu den später verbreiteten Legenden gab es in dem sich verkleinernden Brückenkopf Dünkirchen einige häßliche Szenen. Die gesamte schwere Ausrüstung der eingeschlossenen britischen Streitkräfte ging verloren. Churchill selbst stellte fest, daß „Kriege nicht durch Räumungen gewonnen werden". Trotzdem war Dünkirchen 1940 für die Engländer, was 1914 die Marne für die Franzosen gewesen war. Wichtiger als militärische Statistiken war der Auftrieb, den die Engländer dadurch in diesem Frühsommer erhielten. In Kent und in den Parks von London, das leuchtend und ruhig dastand, blühten Hahnenfuß und Stiefmütterchen. Ein ernsthaftes Volk ging weiter seinen Beschäftigungen nach, zu denen auch Kricket gehörte. Die schmutzigen und übermüdeten heimkehrenden Soldaten waren von dieser ausgesprochen englischen Szenerie beeindruckt. Nur wenige von ihnen wußten, daß die Abgeordneten dieses Volkes ihrer Regierung soeben weitreichende Befugnisse übertragen hatten, wie sie damals vielleicht keine zweite Regierung besaß – jedenfalls nicht auf legalem Wege.[5]

---

[5] Am Abend des 14. Mai 1940 rief Eden Freiwillige zur Heimatverteidigung auf (bald als Home Guards bekannt). Innerhalb eines Tages meldeten sich 250 000 Mann.

Für die Franzosen bedeutete Dünkirchen keineswegs Ermutigung. Sie verfielen jetzt in eine ihrer unangenehmsten Eigenschaften: ihre nationale Tendenz, *andere* für ihre Fehler verantwortlich zu machen. Die Belgier hatten mit ihrem König am ersten Tag der Schlacht um Dünkirchen kapituliert; das war schlimm genug. Dann erweckte der Erfolg der Engländer bei Dünkirchen in den Franzosen das Gefühl, im Stich gelassen worden zu sein – und zum erstenmal auch bitteren Neid. Es gab Ausnahmen von dieser nationalen Tendenz; in der französischen Armee und der Marine gab es sie leider nur selten. Schon am 25. Mai (und nochmals am 29. Mai) legte Weygand Reynaud eine defätistische Denkschrift vor, in der vorgeschlagen wurde, den Engländern mitzuteilen, die französische Armee werde den Kampf unter Umständen einstellen müssen. Marschall Pétain, der in den Kulissen stand, gratulierte Weygand. Die englische Führung begann zu ahnen, daß die Franzosen kapitulieren würden. Die französische Bevölkerung wußte dies erst eine Woche später, als die Deutschen die Seine überschritten hatten und im Armeebericht Orte wie Forges-les-Eaux auftauchten, die im Ersten Weltkrieg nicht einmal den Schatten eines Deutschen gesehen hatten. Der Flüchtlingsstrom schwoll zu gewaltigen, nicht mehr kontrollierbaren Proportionen an. Weygand verstand es jedenfalls besser, defätistische Denkschriften zu verfassen, als Frankreich zu verteidigen.[6]

Hier und da kämpften die französischen Soldaten tapfer, aber in den Streitkräften herrschte ein betrüblicher Mangel an Führertum und Organisation – von Begeisterung ganz zu schweigen. Die in der Maginotlinie verschanzten Einheiten waren entschlossen, ihre Stellungen zu halten. Die übrige Armee zog sich nach Südfrankreich zurück: ein Rückzug, der heute etwas geordneter und weniger unehrenhaft wirkt als die panikartigen Szenen, zu denen es einen Monat vorher im Norden gekommen war. Fünf Tage nach dem deutschen Vorstoß über die Somme nach Süden erklärte Mussolini am 10. Juni 1940 den Westmächten den Krieg. Die französische Regierung verließ Paris, und eine Million Pariser folgte ihrem Beispiel. Paris lag strahlend und traurig zugleich vor den Deutschen. Sie besetzten die Metropole am 14. Juni, einem strahlend schönen Sommermorgen, fast etwas verlegen, und beeindruckten sich und ihre

---

[6] Über die geradezu byzantinischen Listen und Ränke der militärischen und politischen Führung Frankreichs in der Zeit vor dem Waffenstillstand ist schon viel geschrieben worden. Weniger bekannt, aber noch lehrreicher sind Äußerungen Weygands und Pétains gegen Ende der ersten Juniwoche, d. h. *vor* dem deutschen Durchbruch nordwestlich von Paris. „Wollen Sie mit dem Krieg weitermachen?" fragte Weygand Reynaud am 6. Juni. Am Morgen des 7. Juni hatte Pétain offenbar nichts Wichtigeres zu tun, als in Baudouins Büro zu kommen, um sich über de Gaulle zu beschweren. Am nächsten Tag erklärte Pétain den anderen Ministern: „In diesem Land muß alles neu begonnen werden." Am 9. Juni: „England hat uns in diese Lage gebracht. Es ist unsere Pflicht, uns nicht damit abzufinden, sondern aus ihr herauszukommen." (Die Deutschen hatten schon im November 1939 in einem vertraulichen Bericht aus Spanien erfahren: „Sollte die Friedensfrage in Frankreich aktueller werden, wird Pétain eine Rolle spielen.")

neuen Gefangenen mit Vorbeimärschen und Marschmusik auf den menschenleeren Boulevards. In den Arbeitervorstädten wurden sie von vielen Menschen
neugierig und erleichtert begrüßt.

Hitler war sich über das Ausmaß des französischen Zusammenbruchs
durchaus im klaren. Am Tag nach dem deutschen Einmarsch in Paris erhielt
Oberstleutnant Böhme aus seinem Stab den Auftrag, den Text eines Waffen-
stillstandsabkommens zu entwerfen. Zwei Tage später korrigierte Hitler persönlich diesen Entwurf, der eine völlige Besetzung Frankreichs vorgesehen
hatte. Ein Teil Frankreichs sollte unbesetzt bleiben. Hitler wollte Frankreich
dadurch von England trennen und ihm eine „goldene Brücke" für eine
Verständigung mit Deutschland bauen. Aber was Hitler als „goldene Brücke"
bezeichnete, war in Wirklichkeit eine Sackgasse, ein trübseliger kleiner Winkel
hinter einer Gefängnismauer. Die Franzosen hatten nicht die Absicht, sich an
die Wand drücken zu lassen, und in der Sackgasse konnten sich viele von ihnen
– auch Politiker – versammeln. Inzwischen war die Regierung Reynaud
gestürzt. Sie hatte sich von Paris aus nach Tours und von dort am 15. Juni nach
Bordeaux begeben. Dort akzeptierte das Kabinett den gerissenen Vorschlag
des Politikers Chautemps, sich die deutschen Waffenstillstandsbedingungen
zunächst nur vorlegen zu lassen, um zu sehen, ob sie unannehmbar seien oder
nicht. Am 16. Juni trat Reynaud, der das Vertrauen der Mehrzahl seiner
Kollegen verloren hatte, als Ministerpräsident zurück. Pétain wurde der neue
Regierungschef. Am nächsten Morgen verwandte er während einer Rundfunkansprache einen unglücklichen Ausdruck: „Der Kampf muß beendet werden."
*(Il faut cesser le combat.)* Das ließ erkennen, daß bereits alles zu Ende war,
obwohl der Waffenstillstand erst fünf Tage später unterzeichnet wurde.

Während der Schlacht um Frankreich war Churchill viermal hinüberge-
flogen, um der Regierung seines Verbündeten den Rücken zu stärken. Er und
Reynaud waren sich darüber einig, den Kampf in der Bretagne, in Nordafrika
oder sonstwo fortzusetzen. Aber im Gegensatz zu Churchill stand Reynaud
einer zunehmend feindseligen Fronde seiner Ministerkollegen gegenüber und
wußte zudem, daß viele Franzosen ein Ausweichen der französischen Regierung nach Algerien als eine Art Fahnenflucht empfinden würden. Nachdem
ein letzter Appell an Präsident Roosevelt erfolglos geblieben war, kam es zu
einem weiteren dramatischen Schachzug. Am 16. Juni 1940 überraschte London Frankreich und die Welt mit einem kurz nach Mittag im Rundfunk
verbreiteten ungewöhnlichen Vorschlag, der eine Union zwischen England
und Frankreich vorsah. „Die beiden Regierungen erklären, daß Frankreich
und Großbritannien nicht mehr zwei Nationen, sondern eine Franko-Britische
Union sein sollen . . . Jeder Bürger Frankreichs wird augenblicklich die Staatsbürgerschaft Großbritanniens erhalten; jeder britische Untertan wird französischer Staatsbürger." Das war ein atemberaubendes Manöver, obwohl es erst in
letzter Minute unternommen wurde, und man darf sich Gedanken darüber
machen, wieviel die Existenz einer solchen Franko-Britischen Union in der

Nachkriegszeit für die Schaffung eines vereinten Westeuropas bedeutet hätte. Einer der eifrigsten Befürworter dieser Union war niemand anders als General de Gaulle. Er war Churchill bereits aufgefallen[7] – mehrere Tage bevor andere auf ihn aufmerksam wurden. De Gaulle gab den Entwurf telefonisch an Reynaud durch. Aber Pétains Gefolgsleute – ja sogar die Mehrheit des französischen Kabinetts – reagierten darauf mit Spott und Verachtung. Sie sahen darin nichts anderes als ein verzweifeltes und egoistisches Manöver der Engländer.

Die Gefühle und Absichten der für einen Waffenstillstand plädierenden Gruppe wurden jetzt von ihrer Anglophobie bestimmt. Diese Männer hätten fast alle Bedingungen angenommen, die Hitler ihnen stellen würde. Letzterer bewies ausnahmsweise bemerkenswerte diplomatische Fähigkeiten; seine Waffenstillstandsbedingungen waren hart und triumphierend, aber nicht unannehmbar.[8] Er wollte zwei Fünftel Frankreichs mit mehr als einem Drittel der Gesamtbevölkerung unbesetzt lassen. Die starke und intakte französische Flotte brauchte nicht an die Sieger übergeben zu werden, solange sie unter den wachsamen Augen der Deutschen in französischen Häfen blieb. Churchill würde die französische Flotte auf diese Weise nicht bekommen. Hitler wußte recht gut, daß die Engländer sich vor allem für die Flotte interessiert hatten.[9] In der zweiten Runde ihres großen Duells war Hitler erneut Sieger über Churchill geblieben.

Hier und da kämpften die Franzosen noch immer. Die Kadetten von Saumur erwiesen sich als heldenhafte Verteidiger einer der Loirebrücken. Einige in der Maginotlinie stationierte Einheiten ergaben sich erst über eine Woche nach der Unterzeichnung des Waffenstillstandes. De Gaulle, der in Bordeaux auf allen Seiten von Mißtrauen umgeben war, flog in einem kleinen Flugzeug nach London ab; „er trug die Ehre Frankreichs mit sich", wie Churchill es später sagte. Am Nachmittag des 18. Juni 1940 – an dem Tag, an dem Churchill seine „Größte-Stunde"-Rede hielt – saß General de Gaulle im Studio B-2 der BBC völlig allein vor einem Mikrophon. „Die Flamme des französischen Widerstandes kann nicht erlöschen", sagte er. „Sie wird nicht

---

[7] „Hier ist der Konnetabel von Frankreich." *Churchill*, FH, S. 215. Eine treffende Charakterisierung; zehn Tage zuvor hatte Pétain sich jedoch bei Spears über de Gaulle beklagt: „Er ist eitel und undankbar und hat in der Armee nur wenige Freunde." „In St. Cyr hat er den Spitznamen ‚Le Connétable' gehabt." *Spears*, II, S. 85.

[8] Der englische Botschafter, Sir Ronald Campbell, nannte sie am 22. Juni „diabolisch clever". FO 371 (C 7375/7362/17).

[9] Um 13.30 Uhr an diesem denkwürdigen 16. Juni wies Halifax den englischen Botschafter an, den Franzosen mitzuteilen, sie könnten aus ihrer Verpflichtung, keinen eigenen Waffenstillstand zu schließen, nur unter der Voraussetzung entlassen werden, „daß die französische Flotte vor Beginn der Verhandlungen augenblicklich in englische Häfen überführt wird". Diese Anweisung wurde noch am gleichen Tag durch die Ereignisse überholt. Am 18. Juni erklärte Hitler Mussolini, er habe den Franzosen aus Berechnung einige Hoffnungen in bezug auf ihre Flotte gelassen. „Sobald wir England geschlagen haben, werden wir weitersehen."

erlöschen." „Frankreich hat eine Schlacht verloren. Es hat nicht den Krieg verloren." Auch de Gaulle hatte den Eindruck, das Schicksal auf seiner Seite zu haben und daß sein ganzes bisheriges Leben nur eine Vorbereitung auf diese Stunde und diese Bewährungsprobe gewesen sei. Der 18. Juni 1940 war ein Meilenstein in der Geschichte zweier großer Staaten.

Am 22. Juni unterzeichnete eine niedergeschlagene französische Delegation Hitlers Waffenstillstand in der Waldlichtung bei Compiègne: in demselben Salonwagen, in dem die Deutschen am 11. November 1918 das Waffenstillstandsabkommen unterzeichnet hatten, das ihre Niederlage besiegelt hatte. Hitler befahl die Zerstörung des Denkmals, das an diese Zeremonie erinnerte (und die Erhaltung des Denkmals für Marschall Foch). Der berühmte Salonwagen WL 2519 wurde nach Berlin gebracht. Hitler hatte triumphiert wie nie zuvor.

Die Völker Europas waren von diesen gewaltigen Umwälzungen wie betäubt. Ihre Regierungen reagierten jedoch rasch, um sich der plötzlich entstehenden neuen europäischen Ordnung anzupassen. Ein Beispiel dafür war Italien. Die meisten Italiener wollten keinen Krieg, während Mussolini ihn wollte. Er sah schon am 13. Mai, wie der Frankreichfeldzug enden würde, und erklärte Ciano: „Vor einigen Monaten habe ich gesagt, die Alliierten hätten den Sieg verspielt. Heute sage ich dir, daß sie den Krieg verloren haben. Wir Italiener sind schon genug entehrt. Jeglicher Aufschub ist undenkbar. Wir haben keine Zeit mehr zu verlieren. Innerhalb eines Monats werde ich den Krieg erklären." Mussolini hielt Wort. Er führte sein in jeder Beziehung unvorbereitetes Italien in den Krieg. Dabei erkannte er nicht, daß dieser Kriegseintritt die Bedeutung Italiens in Europa minderte, schon bevor die schwachen Leistungen seiner Streitkräfte die Macht und das Prestige Italiens weiter verringerten.[10] Mussolini, der altbewährte Faschist und Revolutionär, war damit lediglich zum Juniorpartner des Dritten Reiches geworden.

Die Regierungen der meisten anderen europäischen Staaten reagierten vorsichtiger, aber auf ähnliche Weise. Franco war befriedigt, weil sein Botschafter in Frankreich von Pétain gebeten worden war, als Vermittler zwischen der neuen französischen Regierung und den Deutschen aufzutreten. Jetzt zog deutsche Infanterie als Wache an dem Grenzübergang auf, wo die westlichen Pyrenäen ins Meer abfielen. Am Tag des Waffenstillstandes in Frankreich empfingen Franco und sein unfähiger, redegewandter Schwager Serrano Suñer (der im Oktober zum Außenminister aufsteigen würde) sowohl den englischen

---

[10] Das spürte auch das italienische Militär. Es behandelte die französische Waffenstillstandsdelegation mit ausgesuchter Höflichkeit. (Die Italien zugesprochene Besatzungszone war ohnehin klein: kaum über 800 Quadratkilometer mit weniger als 30 000 Einwohnern in der Stadt Menton.) Ein Akt feiger Grausamkeit der sonst mehr oder minder humanen Italiener muß festgehalten werden. In der letzten Woche des Frankreichfeldzuges machten italienische Piloten sich ein Vergnügen daraus, unverteidigte Städte und mit Flüchtlingen überladene Brücken im Loiretal zu bombardieren.

als auch den amerikanischen Botschafter in Madrid. Letzterer hatte den Eindruck, Franco sei über den deutschen Sieg erfreut; ersterem erklärte der Diktator, er begreife nicht, warum England noch weiterkämpfe. Innerhalb eines Monats erhob Franco die Forderung nach der Rückgabe Gibraltars an Spanien.

Die Rumänen paßten sich dank ihres gewohnten Opportunismus der veränderten Lage am raschesten an. Jede hundert Kilometer siegreichen Vordringens der Deutschen in Frankreich bedeuteten den Sinneswandel eines weiteren Mitgliedes der Bukarester Regierung. Ende Juni ließ Stalin seine Truppen in Bessarabien und die Nordbukowina einrücken. Innerhalb weniger Tage beeilten sich der König und die Regierung in Bukarest, Hitler ihrer Freundschaft zu versichern. Sie hielten es für notwendig, sie dadurch öffentlich zu demonstrieren, daß sie die wenigen verbliebenen englischen Diplomaten schlecht behandelten. Von den verbleibenden Neutralen fühlte Schweden sich verpflichtet, von seiner traditionellen Neutralität abzuweichen und der Wehrmacht beschränkte Durchfahrtsrechte in schwedischen Zügen zu gewähren. Der Schweizer Bundespräsident sagte am 25. Juni, seine Landsleute sollten sich den neuen Realitäten in Europa „anpassen". Von den traditionell neutralen Staaten behielten nur Portugal und Irland, beide am Rande Europas gelegen, ihren bisherigen Kurs ohne größere Änderungen bei.

Tiefgreifender als diese Veränderungen auf Regierungsebene waren die Auswirkungen der deutschen Flut. Viele Europäer begannen, in den deutschen Triumphen die Umrisse eines neuen, eines nationalsozialistischen Europa zu sehen, auf das sie sich gedanklich ausrichteten. Nicht nur Revolutionäre, Radikale und Opportunisten, sondern auch alle möglichen Konservativen und sogar einige Demokraten und Sozialisten waren bereit, sich mit dieser neuen Ordnung in Europa abzufinden. Die westeuropäischen Staaten standen vor prinzipiellen politischen Umwälzungen. Die Parlamente Dänemarks und Norwegens waren bereit, mit den Deutschen zu kollaborieren. Anfang Juni kehrte eine Anzahl politischer Flüchtlinge in die Niederlande zurück, wo sie eine konservative nationale Sammlungsbewegung gründeten. Die belgische Exilregierung, die zunächst die von ihrem König ausgesprochene Kapitulation nicht anerkannt hatte, bot ein Bild völliger Verwirrung, denn einige ihrer Mitglieder waren bereit, reumütig nach Belgien zurückzukehren und eine Kollaborationsregierung zu bilden. Pétain und seine Gesinnungsgenossen, die sich in Vichy etabliert hatten, gaben ihren autoritären Kurs bekannt, der zu einem neuen und „nationalen" Frankreich führen sollte.

Die Völker Europas folgten langsam und allmählich dem von ihren Regierungen eingeschlagenen Weg. Alle, die damals oder später versuchten, den Stand der öffentlichen Meinung und die allgemeine Stimmung im Sommer 1940 festzuhalten oder zu rekonstruieren, sind sich in diesem Punkt einig: Die Mehrzahl der Völker Europas war bereit, sich gedanklich auf eine neue Ordnung einzustellen und eine politische Kollaboration mit dem Dritten

Reich zu beginnen – mit dem, was es war und was es zu repräsentieren schien. Deshalb mußten sie ihre Uhren anders stellen, denn für Westeuropa war die deutsche Sommerzeit eingeführt worden. *L'heure allemande* war endgültig gekommen.


Europa lag jetzt vor den Füßen der Deutschen, dank ihrer unübertroffenen Kriegführung.[11] Hitlers Realismus war eindrucksvoll.[12] Er wollte nicht gegen die Engländer kämpfen; er empfand eine zwiespältige Haßliebe – oder vielmehr eine Mischung aus Achtung und Verachtung – für sie. Im Sommer 1940 war seine Achtung größer als seine Verachtung. Außerdem strebte er nicht nach einer Weltherrschaft. Im Gegensatz zu Kaiser Wilhelm II. wollte Hitler keinen Weltkrieg.[13] Ihm ging es darum, die Engländer zu überreden oder zu zwingen, Frieden zu schließen. Sie sollten erkennen, daß er keineswegs die Absicht hatte, das Britische Weltreich zu vernichten. Hitler begriff nicht, weshalb die Engländer – und vor allem Churchill – trotz ihrer oft betonten Insularität nicht bereit waren, die deutsche Vorherrschaft in Europa zu akzeptieren. Er war der Überzeugung, seine Friedensbedingungen seien England gegenüber großzügig oder würden es bestimmt sein, und die Engländer täten gut daran, sein Angebot anzunehmen. Aber in dieser Beziehung irrte er sich gewaltig. Hitler glaubte, die Engländer verstünden ihn nicht; in Wirklichkeit verstand er sie nicht.

England war nicht bereit gewesen, seine Bedingungen zu akzeptieren, nachdem er Polen erobert hatte; vielleicht war es jetzt, nachdem er Frankreich besiegt hatte, eher dazu bereit. Hitler griff England nicht aus der Luft an. Er ließ zu, daß die englische Armee sich vom Kontinent nach England zurückzog. Dies ist ein entscheidender Abschnitt in der Geschichte des Zweiten Weltkrieges. Warum ließ Hitler die deutschen Panzer am Morgen des 24. Mai 1940 entlang der Kanallinie südlich von Dünkirchen anhalten? Militärhistoriker und Politologen haben sich seitdem immer wieder mit den Gründen für diese

[11] Im Mai 1940 machte die deutsche Produktion von Kriegsmaterial weniger als 15 Prozent der Industrieproduktion des Dritten Reiches aus. Beispielsweise wurden monatlich weniger als 40 Panzer hergestellt (1944 wurden im Monat über 2 000 gebaut). Der sechswöchige Westfeldzug kostete die Deutschen 27 000 Gefallene – weniger als manche Tage der Materialschlachten des Ersten Weltkrieges.

[12] Gide am 7. Juli 1940: „... perfid, zynisch, wenn man so will, aber hier hat er wieder eine Art Genie bewiesen." „Seine große zynische Stärke bestand daraus, daß er nicht geruhte, irgendwelche ideellen Werte zu berücksichtigen, sondern nur Realitäten ... Er hat stets nur andere mit feinen Worten umgarnt. Man kann ihn gut hassen, aber er muß höchst entschieden ernstgenommen werden." *Gide*, II, S. 256, 257.

[13] Der seit 1918 im niederländischen Exil lebende greise Kaiser erlebte noch den Einmarsch deutscher Soldaten im Mai 1940. Churchill hatte ihm eine Zuflucht in England angeboten, aber Wilhelm II. weigerte sich, Schloß Doorn zu verlassen. Er bewies keinerlei Mitgefühl für die Leiden seiner jetzt unter deutscher Herrschaft stehenden niederländischen Gastgeber. Wilhelm II. starb 1941 im Exil.

Entscheidung befaßt und sie teilweise verworfen. Die allgemein akzeptierte Erklärung, Hitler und Rundstedt (dessen „Heeresgruppe A" vor Dünkirchen stand) seien plötzlich wegen der deutschen Panzerverluste beim Vorstoß auf Dünkirchen besorgt gewesen, mag zutreffend sein. Aber Hitler, der so oft redselig war, konnte auch sehr verschlossen sein, und zumindest einige Hinweise lassen darauf schließen, daß er noch etwas anderes beabsichtigte: eine Aufforderung an die Engländer, sich vom Kontinent zurückzuziehen und dann auf dieser Basis mit ihm Frieden zu schließen.[14]

In einem entscheidenden Augenblick hatte Hitler den Eindruck, die Engländer zögen sich tatsächlich vom Kontinent und vielleicht sogar aus dem Krieg zurück. In der Nacht vom 23. zum 24. Mai (um 3 Uhr morgens) befahl das britische Kriegsministerium, Calais sei „im Prinzip" zu räumen. Einige Stunden davor hatten sich die letzten englischen Truppen in Boulogne eingeschifft und die dortige französische Garnison zurückgelassen. In den Morgenstunden des 24. Mai legte die „City of Canterbury", die mit Soldaten und Ausrüstung beladen war, vor den Augen der bestürzten Franzosen in dem unter Artilleriebeschuß liegende Hafen von Calais ab, um nach England zu fahren. Die Deutschen konnten einen Teil dieser Ereignisse beobachten und zudem einige der Funksprüche des Londoner Kriegsministeriums entschlüsseln. Am Morgen des gleichen Tages erteilte Hitler seinen Panzern den Befehl, vor Dünkirchen anzuhalten. Ist es nicht denkbar, daß er in diesem Augenblick eine Patentlösung zu erkennen glaubte? Die Engländer räumten den Kontinent. Gut, dazu sollten sie Gelegenheit haben.

Militärhistoriker und andere Geschichtswissenschaftler, die sich mit Dünkirchen befaßt haben, haben es versäumt, den Eindruck zu berücksichtigen, den der englische Rückzug – nicht nur aus Boulogne, sondern auch aus Calais (etwa einen Tag später von Churchill rückgängig gemacht) – damals auf Hitler gemacht haben muß. Am 26. Februar 1945 sagte Hitler zu seinen engsten Vertrauten, Churchill sei ganz unfähig gewesen, die sportliche Fairneß zu würdigen, die er, Hitler, bewiesen habe, indem er es zwischen England und Deutschland nicht zu einem irreparablen Bruch habe kommen lassen. Er habe in der Tat, davon abgesehen, die Engländer bei Dünkirchen zu vernichten.[15] Dann äußerte er sich in einem Sinn, der zu beweisen scheint, daß Hitler 1945 am Rande des Abgrundes nicht bedauerte, nicht energischer zugepackt zu

---

[14] *Halder*, KTB, I, S. 308; Eintragung vom 1. Mai 1940: „Hitler: ,Wir suchen Fühlung mit England auf der Basis der Teilung der Welt.'"

[15] *Hitler-Bormann*, S. 96. Die Ereignisse liefen folgendermaßen ab: 24. Mai, 3 Uhr: Kriegsministerium befiehlt, Calais sei „im Prinzip" zu räumen. 8–9 Uhr: Das größte Schiff, die „City of Canterbury", läuft aus Calais aus. (Die „Kohistan" legt vor Mittag ab. Die Engländer sprengen einige ihrer Panzer auf den Kais.) 11.42 Uhr: Hitlers Haltbefehl vor Dünkirchen. 23.23 Uhr: Müder Durchhaltebefehl des Kriegsministeriums an den englischen Kommandanten von Calais (Churchill mit Text unzufrieden). 25. Mai, 14 Uhr und 21 Uhr: Eden und Churchill weisen die britischen Truppen in Calais an, bis zur letzten Patrone zu kämpfen.

haben, sondern nicht großzügiger gewesen zu sein und England 1940 kein nachdrücklicheres Friedensangebot gemacht zu haben. Er meinte, er hätte imstande sein müssen, den Engländern klar zu machen, daß es ihnen unschätzbare Vorteile gebracht hätte, die deutsche Vormachtstellung in Europa zu akzeptieren.

Während die Endphase des Frankreichfeldzuges einen Triumph nach dem anderen brachte, wurde Hitler nicht müde, im privaten Gespräch und in der Öffentlichkeit[16] zu beteuern, er habe den Wunsch, mit England Frieden zu schließen. Als Frankreich kapitulierte, waren die Deutschen fast ebenso benommen wie die Besiegten. Obwohl Hitler mit seinen militärischen und diplomatischen Erfolgen zufrieden war – er hatte keine große Lust, die Franzosen nach Nordafrika zu verfolgen[17] –, wartete er auf ein Zeichen aus London. In der Nacht vom 24. zum 25. Juni äußerte er sich erneut im Kreise seiner Vertrauten: „Der Krieg im Westen ist beendet. Frankreich ist besiegt, mit England werde ich in kürzester Frist zu einer Verständigung kommen. Dann bleibt nur noch die Auseinandersetzung mit dem Osten. Das ist aber eine Aufgabe, die weltweite Probleme wie das Verhältnis zu Japan und die Machtverteilung im Stillen Ozean aufwirft, sie kann man vielleicht in zehn Jahren in Angriff nehmen, vielleicht muß ich sie auch meinem Nachfolger überlassen. Jetzt haben wir auf Jahre hinaus alle Hände voll zu tun, das in Europa Erreichte zu verdauen und zu konsolidieren."[18] Genau das wollte Hitler auch den Engländern mitteilen, und es gibt einige Gründe für die Annahme, daß er darauf baute, daß derartige Feststellungen nach London „durchsickern" würden.[19] London reagierte jedoch nicht darauf, obwohl Churchill, wie wir bald sehen werden, nicht darüber erhaben war, Hitler hoffen zu lassen – zumindest ein wenig.

Hitler wartete nun – zumindest kurze Zeit. Das entsprach nicht ganz

[16] Seine bedeutsamsten öffentlichen Äußerungen finden sich in dem Interview, das Hitler am 13. Juni dem isolationistischen amerikanischen Journalisten Karl von Wiegand gab und das am nächsten Tag in der New Yorker Hearst-Zeitung „Journal-American" erschien.

[17] Hitler meinte am 18. Juni Mussolini gegenüber, daß es besser sei, eine funktionierende französische Regierung auf französischem Boden zu haben, als eine Situation, in welcher die französische Regierung die deutschen Vorschläge zurückweisen könnte und dann fliehe, um den Krieg fortzusetzen. Am 30. Juni notierte Halder in seinem Tagebuch, im deutschen Hauptquartier herrsche allgemeine Erleichterung darüber, daß die französischen Kolonien der Kapitulation zustimmten. Soviel zu dem Argument, Pétain habe den Rest Frankreichs und die Kolonien vor dem Eroberer gerettet. Der Eroberer bekam, was er wollte.

[18] *Böhme*, S. 79.

[19] In dieser Beziehung existiert ein interessanter Unterschied zwischen zweien seiner Aussagen im Juni 1940. Am 2. Juni sagte Hitler, er hoffe, England sei zu „einer vernünftigen Friedensvereinbarung" bereit, durch die er die Hände für sein größtes und wichtigstes Ziel freibekäme: „die Abrechnung mit dem Bolschewismus". Möglicherweise hat Hitler bis zum 24. Juni eingesehen, daß die Aussicht auf einen deutsch-sowjetischen Konflikt Churchill im Kampf gegen Deutschland ermutigen würde. Ihm kam es jetzt darauf an, Churchill die Hoffnung auf einen Krieg zwischen Deutschland und Rußland zu rauben.

seinem Charakter. Er bemühte sich, diesen Einklang wiederherzustellen. Er besuchte einige Schlachtfelder, auf denen er im Ersten Weltkrieg gekämpft hatte. Er stattete Paris einen seltsamen, heimlichen und ruhelosen Besuch ab: im Sonnenschein eines Sommermorgens, von seinen Vertrauten umgeben, zu denen auch Speer und der Bildhauer Arno Breker gehörten. Hitler verschob den Plan, Southhampton mit 220 Bombern anzugreifen. Er enttäuschte seine italienischen Verbündeten durch seinen wiederholten Wunsch, mit den Engländern Frieden zu schließen. Da Italien jetzt in den Krieg eingetreten war, fürchtete Mussolini, ein Frieden könnte auf Kosten des italienischen Prestiges gehen. (Wie Churchill in seiner Memoiren feststellte, hätte der Duce sich deswegen nicht den Kopf zu zerbrechen brauchen. Er bekam bald mehr Krieg, als ihm lieb war.)

Hitler kehrte erst am 6. Juli 1940 nach Berlin zurück – fast drei Wochen nach der französischen Bitte um Waffenstillstandsverhandlungen. Er wollte am 8. Juni vor dem Reichstag sprechen, verschob seine Rede aber auf den 19. Juni, weil noch keine Reaktion aus London vorlag. Anfangs glaubte er, Churchill werde Reynaud folgen – der Kriegstreiber werde abtreten. Am 13. Juni notierte Generalstabschef Halder sich nach einer Besprechung bei Hitler: „Den Führer beschäftigt am stärksten die Frage, warum England den Weg zum Frieden noch nicht gehen will. Er sieht ebenso wie wir die Lösung dieser Frage darin, daß England noch eine Hoffnung auf Rußland hat. Er rechnet also damit, England mit Gewalt zum Frieden zwingen zu müssen. Er tut so etwas aber nicht gern." Sechs Tage später hielt Hitler in Berlin seine Reichstagsrede, in der er dem Britischen Weltreich öffentlich, laut und taktlos zum letztenmal Frieden anbot. „Heute abend", sagte Goebbels aufgeregt zu seinen Mitarbeitern, „entscheidet sich das Schicksal Englands." Goebbels vermutete sogar, daß Churchill zurücktreten werde, aber solche Spekulationen entbehrten fast jeglicher Grundlage.

Inzwischen hatte Hitler die Ausarbeitung eines Plans für eine Invasion Englands befohlen. Seine „Weisung Nr. 16 über die Vorbereitungen einer Landungsoperation gegen England" wurde drei Tage vor Hitlers großsprecherischer Reichstagsrede erlassen. Das bedeutet nicht, daß sein Friedensangebot nicht echt gewesen wäre – zumindest auf Hitlers Weise ehrlich. Er brauchte eine Alternative: Wenn England sich nicht auf diplomatischem Wege dazu überreden ließ, Frieden zu schließen, würde er es mit Waffengewalt dazu zwingen. Trotzdem zögerte Hitler noch, wie aus dem Einleitungssatz der Weisung Nr. 16 – „Operation Seelöwe" – hervorgeht: „Da England, trotz seiner militärisch aussichtslosen Lage, noch keine Anzeichen einer Verständigungsbereitschaft zu erkennen gibt, habe ich mich entschlossen, eine Landungsoperation gegen England vorzubereiten *und wenn nötig, durchzuführen*" (Hervorhebung durch den Verfasser). Dadurch war Hitlers Einstellung klar und zutreffend charakterisiert. „Wenn nötig" drückte seine Hoffnung aus, daß es nicht dazu würde kommen müssen. Hitler dachte bereits an etwas anderes: an die Niederwerfung Rußlands, durch die England der letzten Hoffnung beraubt werden würde, auf dem Kontinent noch einen Verbündeten gegen ihn zu finden. Zwei Tage nach seiner Reichstagsrede erklärte Hitler seinem Stab am 21. Juli, England werde nachgeben, sobald Rußland als Gefahr für Deutschland ausgeschaltet sei. Er befahl jetzt, mit der Anfangsplanung für einen Krieg gegen die Sowjetunion zu beginnen.

Ich habe es für notwendig gehalten, dem Leser auf einigen der vorigen Seiten aufgrund von zeitgenössischen Erinnerungen einen Begriff von dem bewundernswerten Gleichmut zu verschaffen, mit dem die britische Bevölkerung ihre tödliche Bedrohung in den Tagen von Dünkirchen betrachtete (oder vielleicht geflissentlich übersah). Im zweiten Teil dieses Buches werde ich nochmals auf einen Abriß ihrer damaligen nationalen Mentalität zurückkommen. Am 28. Mai 1940, als die Lage in Dünkirchen noch verzweifelt aussah, hielt Churchill eine kurze Rede im Unterhaus, nach der er mit seinen Ministerkollegen – dem sogenannten Äußeren Kabinett – in seinem Arbeitszimmer zusammentraf. Dabei äußerte er unter anderem „ganz beiläufig und ohne diesem Punkt besondere Bedeutung zuzumessen: ‚Unabhängig davon, was in Dünkirchen passiert, kämpfen wir natürlich weiter.‘" „Dann kam es zu einer Demonstration, die mich angesichts der Zusammensetzung der Versammlung – fünfundzwanzig erfahrene Politiker und Parlamentarier, die alle vor dem Krieg geäußerten Ansichten, ob richtig oder falsch, verkörperten – überraschte. Eine ganze Anzahl von ihnen schien vom Tisch aufzuspringen und zu meinem Sessel zu laufen, wobei sie durcheinanderschrien und mir auf die Schulter klopften ... Ich war davon überzeugt, jeder Minister sei bereit, sich in nächster Zeit umbringen und seine Familie und seinen Besitz vernichten zu lassen, anstatt nachzugeben. In dieser Beziehung vertraten sie das Unterhaus und fast das ganze Volk ... Eine überwältigende, hehre Weißglut erfüllte unsere Insel von einem Ende zum anderen."[20]

Trotzdem müssen wir von dem hier gemalten Bild einige Abstriche machen. Churchills Position war damals noch nicht so stark, wie sie bald sein würde (und wie sie bald im Rückblick wirken sollte). Schließlich war seine Wahl zum Premierminister eine Art Verzweiflungstat gewesen. Viele britische Politiker, aber auch der amerikanische Botschafter Kennedy, trauten ihm noch immer nicht, obwohl die ersteren ihre Meinung mit echt englischer Selbstdisziplin für sich behielten.[21] Wir dürfen nicht vergessen, daß Churchills Ruf lange

[20] *Churchill*, FH, S. 100.
[21] Beispielsweise wurde Churchill im Mai und Juni beim Betreten des Unterhauses hauptsächlich von Labourabgeordneten mit Beifall empfangen, während viele der früheren Chamberlain-Anhänger keine Hand rührten. Diese zurückhaltende Unterstützung durch die Regierungspartei fiel ausländischen Diplomaten auf den Galerien auf, bis Chamberlain darauf aufmerksam gemacht wurde; Chamberlain veranlaßte dann seinen Freund, den „Whip", gegen diese Haltung vorzugehen.

Zeit mit durch Elemente wie Heftigkeit, Leichtsinn und Großsprecherei geprägt worden war. Was war, wenn gerade diese Elemente Großbritannien rasch ins Verderben stürzten? Dann würden die Leute sagen, der Verfechter der extremen Kriegsführung habe seine Chance gehabt und versagt. Eben darauf hoffte Hitler, und es war nicht völlig ausgeschlossen.

Am 26. und 27. Mai 1940 (d. h. vor der von Churchill so lebhaft geschilderten Sitzung des Äußeren Kabinetts) wurde diese entscheidende Frage angeschnitten – allerdings unter Ausschluß der Öffentlichkeit in Diskussionen des fünfköpfigen Kriegskabinetts. Der Panzer britischer Entschlossenheit schien eine schwache Stelle zu haben: eine auf den ersten Blick kleine, aber bedeutsame Meinungsverschiedenheit zwischen Halifax und Churchill. Der 26. Mai, ein Sonntag, war ein arbeitsreicher Tag. Reynaud war hilfesuchend und verzweifelt nach London gekommen. Ihm ging es darum, die Engländer von der Notwendigkeit zu überzeugen, die Italiener durch Gebietsabtretungen zu bestechen, damit sie nicht in den Krieg eintraten. Das Kabinett war zu Recht gegen diesen Vorschlag. Aber dahinter stand eine wichtigere Frage. Nicht nur Reynaud, sondern auch Halifax und Chamberlain (der weiterhin ein wichtiges Mitglied des Kriegskabinetts war) trauten Mussolini eine Vermittlerrolle zwischen Hitler und den Alliierten zu. Am Abend zuvor hatte Halifax mit dem italienischen Botschafter Bastianini gesprochen und ihm erklärt, die britische Regierung sei bereit, über eine Vereinbarung über Frieden und Sicherheit in Europa mit sich reden zu lassen, und „wir seien natürlich bereit, etwaige Vorschläge, die dazu führen könnten, zu prüfen, solange unsere Freiheit und Unabhängigkeit gewahrt blieben."

Churchill war der Meinung, durch Kontakte zu Mussolini sei wenig oder nichts zu gewinnen, und teilte dies auch Reynaud mit. Um 15 Uhr ging Reynaud vorläufig. Danach kam es im Kriegskabinett zu einer Diskussion von – wie wir heute wissen – monumentaler Bedeutung.[22] Churchill wollte kämpfen. „Wir befänden uns in anderer Lage als Frankreich . . . wir könnten noch Widerstand leisten und angreifen, wozu es nicht mehr imstande sei . . . Wenn Frankreich sich nicht verteidigen könne, solle es besser aus dem Krieg ausscheiden, anstatt uns in eine Übereinkunft hineinzuziehen, die unannehmbare Bedingungen enthalte." Halifax „war nicht ganz davon überzeugt, daß die Diagnose des Premierministers richtig sei und daß es in Herrn Hitlers Interesse liege, auf unannehmbaren Bedingungen zu bestehen".

Die Debatte zwischen Churchill und Halifax fand in gespannter Atmosphäre statt. Letzterer „vertrat die Ansicht, wenn es dazu käme, daß wir über die Bedingungen einer allgemeinen Regelung diskutierten und dabei feststellten, daß Bedingungen zu erreichen seien, die keine Vernichtung unserer

---

[22] Das Sitzungsprotokoll steckt voller Hinweise auf unterschwellige Konflikte. Wie tiefgreifend, geheim und entscheidend sie waren, geht aus einem Vermerk des Protokollführers hervor: „Dieses Protokoll enthält nicht die erste Viertelstunde der Diskussion, bei der der Protokollführer nicht anwesend war." Cab. 65–13 WM (40), 140th Conclusions.

Unabhängigkeit bedeuteten, wären wir töricht, wenn wir sie nicht akzeptieren würden".[23] Die Minister einigten sich schließlich darauf, am nächsten Tag über den Entwurf einer Botschaft an Mussolini zu diskutieren; danach trafen sie erneut mit Reynaud zusammen.

Dies war vielleicht der gefährlichste Augenblick in der politischen Laufbahn des neuen Premierministers. Die Entscheidung fiel am nächsten Tag in zwei Kabinettssitzungen. Die am Nachmittag stattfindende Sitzung gab den Ausschlag. Churchill sprach sich energisch gegen Kontakte mit Italien aus.

„Im Augenblick sei unser Prestige in Europa sehr gering. Es lasse sich nur zurückgewinnen, indem wir der Welt bewiesen, daß Deutschland uns nicht geschlagen habe. Falls wir nach zwei oder drei Monaten zeigen könnten, daß wir noch immer unbesiegt seien, werde unser Prestige zurückkehren. Selbst wenn wir besiegt würden, wäre unsere Lage nicht schlimmer, als wenn wir den Kampf gleich jetzt aufgeben würden. Deshalb müsse vermieden werden, daß Frankreich uns mit sich in den Abgrund reiße. Dieses ganze Manöver verfolge den Zweck, uns so tief in Verhandlungen zu verstricken, daß es kein Zurück mehr für uns gebe . . . Das vorgeschlagene Verfahren sei nicht nur aussichtslos, sondern bringe uns zudem in eine tödliche Gefahr."[24]

Aber Halifax erhob Einwände. Er versuchte, Churchill daran zu erinnern, daß er am Tag zuvor „seine Bereitschaft erklärt habe, Verhandlungen zu führen, sofern er die Gewißheit habe, daß keine für die Unabhängigkeit dieses Landes entscheidenden Punkte betroffen seien . . . Zum gegenwärtigen Zeitpunkt scheine der Premierminister jedoch andeuten zu wollen, daß er unter keinen Umständen bereit sei, einen anderen Kurs als einen Kampf bis zum Ende ins Auge zu fassen." Churchill wischte dies beiseite.[25] Die Kabinettssitzung war zu Ende. Halifax erklärte Cadogan: „Ich kann nicht mehr mit Winston zusammenarbeiten."[26] Cadogan forderte ihn auf, sich nicht aus der Ruhe bringen zu lassen. Halifax und Churchill machten einen Spaziergang im Garten. Was Churchill dabei zu Halifax gesagt hat, wissen wir nicht. Er scheint Halifax überredet, aber nicht überzeugt zu haben, wie aus Halifax' Tagebucheintrag für diesen denkwürdigen Tag hervorgeht.[27]

[23] Ebd.
[24] Cab. 65–13 WM (40), 142nd Conclusions. Confidential Annex.
[25] Dieses Problem „sei völlig irreal und werde sich höchstwahrscheinlich nicht stellen. Falls Herr Hitler unter der Bedingung friedensbereit sei, daß die deutschen Kolonien zurückgegeben würden und die deutsche Vorherrschaft in Mitteleuropa anerkannt würde, sei das ein Ausgangspunkt. Aber es sei höchst unwahrscheinlich, daß er ein derartiges Angebot machen werde." Ebd.
[26] *Cadogan*, S. 291.
[27] „Im Kabinett ist es zu einer langen und ziemlich verworrenen Diskussion gekommen – *nominell* (Hervorhebung durch den Verfasser) über die Kontaktaufnahme mit Italien, aber auch zum großen Teil über allgemeine Politik für den Fall, daß in Frankreich eine wirklich schlimme Entwicklung eintreten sollte. Meiner Meinung nach redete Winston den haarsträubendsten Blödsinn, Greenwood ebenfalls, und nachdem ich das einige Zeit ertragen hatte, sagte ich offen,

Churchill hatte natürlich völlig recht. Innerhalb weniger Tage stärkte der Erfolg von Dünkirchen seine Position, und er konnte sich schließlich durchsetzen. Trotzdem dürfen wir nicht annehmen, es habe keine Opposition gegen ihn gegeben, obwohl davon nachträglich wenig zu bemerken ist. Lloyd George verkündete immer wieder, Churchill tue Hitler Unrecht, wenn er ihn als Banditen einschätze, weil Hitler im Gegenteil eine der größten Gestalten der europäischen Geschichte sei – sogar größer als Napoleon. Als Frankreich fiel, durchzitterte auch England ein unterirdischer Schock, obwohl die Bevölkerung an der Oberfläche diszipliniert blieb. Auch bei dieser Gelegenheit zeigte sich ein bedeutsamer Meinungsunterschied zwischen Churchill und Halifax, der dem schwedischen Gesandten in London am 17. Juni 1940, diesem schwärzesten aller Tage, auffiel.[28] Am nächsten Tag hielt Churchill im Unterhaus seine seither so berühmte „Größte-Stunde"-Rede. Aus zeitgenössischen Quellen geht hervor, daß seine Formulierungen an jenem Tag keine Wirkung hatten.[29] Aber auch diese Krise vom 17./18. Juni ging wie die am 26./27. Mai vorüber, und Churchill fühlte sich innerhalb weniger Tage wieder so zuversichtlich wie zuvor.

Während der Krisentage des französischen Zusammenbruchs schrieb Miss Vere Hodgson, eine bewundernswerte Engländerin, in ihr Tagebuch, die Londoner hätten „einige Ähnlichkeit mit einer streitsüchtigen Familie, der ein Todesfall im Haus bevorsteht und die dadurch wieder vereint wird".[30] George

was ich von ihnen hielt, und fügte hinzu, falls das tatsächlich ihre Auffassung sei und falls die Sache zum Schwur komme, müßten wir uns trennen... Ich verzweifle, wenn (Churchill) sich in emotionale Leidenschaftlichkeit hineinsteigert, während er sein Gehirn dazu zwingen sollte, nachzudenken und vernünftige Schlußfolgerungen zu ziehen." *Birkenhead*, Halifax, S. 458.

[28] An diesem Tag erklärte R. A. Butler vom Außenministerium dem schwedischen Gesandten, daß „keine Gelegenheit, einen Kompromißfrieden zu schließen, ausgelassen werden würde, falls die Gelegenheit dazu sich bei vernünftigen Bedingungen biete ... die sogenannten Unentwegten würden keine Möglichkeit erhalten, etwaige Verhandlungen zu blockieren." Halifax ließ dem schwedischen Gesandten durch Butler mitteilen, daß „gesunder Menschenverstand und nicht gespielte Tapferkeit die Politik der britischen Regierung diktieren würden". *Woodward*, I, S. 204, Anmerkung. Wußte Churchill davon? Die schwedische Regierung glaubte, Churchill werde früher oder später gestürzt und durch Lord Halifax abgelöst werden. Am 18. Juni berichtete der italienische Gesandte in Stockholm nach Rom, der englische Gesandte habe um eine Unterredung mit dem schwedischen Außenminister nachgesucht und dabei erklärt, die Londoner Regierung neige dazu *(è disposto)*, „über Frieden zu sprechen". DDI, IX, V, S. 37. Fransoni, der sich zuerst vergewissert hatte, daß dies kein bloßes Gerücht war, stellte seine Mitteilung drei Tage später richtig: Die erwähnten Ausführungen seien in London, nicht in Stockholm gemacht worden. Ebd., S. 61.

[29] Die Rede wurde am gleichen Abend im Rundfunk gesendet. Nicolson, 19. Juni: „Ich wünschte, Winston würde nur im Rundfunk sprechen, wenn er sich in guter Form fühlt! Er haßt das Mikrophon, und als wir ihn gestern abend praktisch zu einer Rede gezwungen haben, hat er einfach geschmollt und seine Unterhausrede nochmal vorgelesen. Im Unterhaus ist diese Rede prächtig angekommen, vor allem die Schlußsätze. Aber im Rundfunk hat sie gräßlich geklungen. Alle Kraft und Energie, die er hineingelegt hatte, schienen sich zu verflüchtigen."

[30] Zitiert in *Mosley*, Back, S. 55.

Orwell, der bestimmt nicht von Miss Hodgsons privatem kleinen Heft wußte, schrieb etwa einen Monat später den gleichen Gedanken nieder: Die Engländer glichen einer Familie – mit vielen dunklen Punkten in der Familiengeschichte, aber in der Not vereint.[31] Genau das spürte Churchill instinktiv. Es befähigte ihn nicht nur zu nie dagewesener Meisterschaft in bezug auf seine nationale Führungsrolle, sondern auch zu seiner damals bewiesenen Staatskunst. Dies ist um so bemerkenswerter, als Churchill nur selten ein großer Diplomat war. Aber in dem entscheidenden Monat nach der Kapitulation Frankreichs überlistete er Hitler. Er wußte, daß Hitler davor zurückschreckte, die britischen Inseln sofort anzugreifen, und er war sich darüber im klaren, daß England vor allem Zeit brauchte, um sich verteidigungsbereit zu machen.

Vielleicht ist das die Erklärung für Churchills Anfang Juni gemachtes Angebot an Lloyd George, in sein Kabinett einzutreten. Lloyd George lehnte ab, woraufhin Churchill sein Angebot am 19. Juni 1940 wiederholte.[32] Er wußte, daß Hitler wußte, daß Lloyd George viel von Hitler hielt. Churchill untersagte den britischen Gesandten in Schweden und der Schweiz (vor allem dem ausgezeichneten Sir David Kelly in Bern) nicht ausdrücklich, sich mit bestimmten deutschen Abgesandten zu treffen, die Verhandlungen anboten. Sie sollten ihnen zuhören; sonst nichts. Als Hitler nach einmonatiger Pause am 19. Juli dem Britischen Weltreich sein großartiges Friedensangebot machte, würdigte Churchill ihn keiner Antwort. Es blieb Halifax überlassen, Hitlers Angebot bedingungslos zurückzuweisen. Von diesem Augenblick an gab es keine grundlegenden Meinungsverschiedenheiten mehr zwischen Halifax und Churchill.[33]

Churchill war selbstverständlich nicht auf allen Gebieten erfolgreich. Beispielsweise gelang es ihm nach der Kapitulation Frankreichs nicht, das französische Beamtentum in Nordafrika durch Überzeugung, Überredung und Bestechung dazu zu bringen, den Kern einer weiterkämpfenden französischen Regierung auf diesem Kontinent zu bilden.[34] Es gelang ihm auch nicht, vorteilhafte Kontakte zu Stalin herzustellen. Trotzdem war der Eindruck, den seine Entschlossenheit hinterließ, stärker als solche Mißerfolge.

[31] In „The Lion and the Unicorn", Erstveröffentlichung im Februar 1941. *Orwell*, II, S. 68.
[32] Dieses Angebot wurde Lloyd Georges Frau von Churchills engem jüngeren Freund Brendan Bracken gemacht. *Lloyd George*, F., S. 264.
[33] Einige Aufregung gab es noch in Washington, wo der englische Botschafter (Lord Lothian) bereit war, sich Vermittlungsvorschläge anzuhören. Weitere Aufregung entstand um die Person des Herzogs von Windsor in Lissabon. Er wollte nach den Bahamas abreisen, aber deutsche Agenten und Franco brachten ihn zunächst davon ab. Einem Mittelsmann gegenüber würdigte der Herzog „den Friedenswillen des Führers . . . Er sei fest davon überzeugt, daß, wenn er König gewesen wäre, es nie zum Kriege gekommen wäre." GD, D, X, S. 398; DDI, IX, V, S. 311. In diesem Augenblick erwies sich Churchills frühere Freundschaft mit dem Herzog als vorteilhaft. Churchill schickte einen gemeinsamen Freund (Sir Walter Monckton) nach Lissabon; der Herzog schwieg daraufhin und reiste in die Tropen.
[34] Die französischen Politiker, die den Kampf gegen Hitler von Nordafrika aus fortsetzen wollten, wurden nach Frankreich zurückgebracht und von der Regierung Pétain eingesperrt.

In einer der tragischsten Episoden des letzten europäischen Krieges griffen am 3. Juli 1940 britische Kriegsschiffe ein Geschwader französischer Kriegsschiffe vor Oran an und versenkten einige, weil es sich geweigert hatte, nach England oder Amerika zu laufen. Die Anglophoben in Pétains Umgebung schäumten vor Wut, aber ihre Stimme hatte kein Gewicht.[35] Was wirklich zählte, war der Eindruck, den dieses Unternehmen auf ganz Europa und auf Männer wie Ciano und Mussolini machte. Diese Ansicht unterschied sich bereits erheblich von der noch vor wenigen Monaten von Mussolini geäußerten Überzeugung, die Engländer seien die letzten einer langen Reihe müder alter Männer. Hitler war beeindruckt; Roosevelt war es ebenfalls. Die Entschlossenheit der Briten war eindrucksvoller als ihre tatsächliche Stärke: Mitte Juli standen auf der ganzen Insel erst vier vollausgerüstete Divisionen mit weniger als 350 einsatzfähigen Panzern. Aber hinter England standen die USA, gegen die Hitler nicht viel ausrichten konnte.

Hitlers sorgfältig ausgearbeitete Reden und Interviews, in denen er sich für die Monroedoktrin („Amerika den Amerikanern; Europa den Europäern") aussprach, fanden in den Vereinigten Staaten nur geringes Echo. Die Vertreter des Dritten Reiches in Amerika unterstützten dort isolationistische Politiker – allerdings mit begrenztem Erfolg. Der Parteitag der Republican Party fand in den Tagen der französischen Kapitulation in Philadelphia statt; seine isolationistischen Elemente konnten sich dabei nicht durchsetzen. Als Präsidentschaftskandidat wurde Wendell Willkie nominiert, dessen außenpolitische Zielsetzungen sich nicht wesentlich von denen Roosevelts unterschieden. Das war eine große Erleichterung für die Engländer, obwohl ihre Propaganda sich – im Gegensatz zu 1914-18 – aus der amerikanischen Innenpolitik heraushielt.

Trotzdem waren die Vereinigten Staaten in dieser für Großbritannien kritischsten Stunde noch keine Verbündeten Englands. Die Gefühle der großen Mehrheit der amerikanischen Bevölkerung waren uneinheitlich bis zur Widersprüchlichkeit: Die Amerikaner mochten Hitler nicht und wollten keinen Krieg. Ihr Präsident verabscheute Hitler, unterstützte Churchill und war sich der tiefgreifenden Beschränkungen bewußt, die ihm der politische Isolationismus eines Teils der Bevölkerung, dessen Einfluß er vielleicht überschätzte, auferlegte. Roosevelt, der von Natur aus ein Zauderer war, beurteilte auch die Lage im Atlantik übertrieben zuversichtlich. Ein weiteres Mißverständnis drohte bei Überlegungen über die Zukunft der englischen Flotte. Roosevelt wollte erreichen, daß die britische Flotte nach Amerika überführt wurde, falls einmal das Schlimmste eintreten sollte. Churchill wollte dafür

---

[35] Im Gegensatz zu der allgemein verbreiteten Ansicht stimmte Churchill diesem Angriff gegen die Franzosen nur schweren Herzens zu. *Taylor*, Beaverbrook, S. 438. Die Franzosen versuchten, sich für diesen Angriff durch ihren kürzlichen Verbündeten zu rächen, indem sie ein paar Bomben auf Gibraltar abwarfen. Fünf Tage nach dem Angriff vor Oran wurde ihr Schlachtschiff „Richelieu" erneut von englischen Torpedobooten angegriffen – allerdings ohne Erfolg.

sorgen, daß das Schlimmste niemals eintrat. Zwischen diesen beiden Prioritäten bestand eine gefährliche Diskrepanz.

Churchill griff dieses Problem sofort auf und teilte Roosevelt schon am 15. Mai 1940 mit, falls die amerikanische Hilfe zu spät komme, sei „die Last vielleicht mehr, als wir tragen können". (Er bat auch um Entsendung eines amerikanischen Flottenverbandes, der irische Häfen anlaufen sollte.) Am 20. Mai wiederholte er sein Argument noch deutlicher: „Falls Mitglieder der jetzigen Regierung abtreten müßten und durch andere ersetzt würden, die inmitten von Ruinen verhandeln müßten, dürften Sie nicht übersehen, daß das einzige Verhandlungsobjekt gegenüber Deutschland die Flotte wäre, und falls dieses Land von den Vereinigten Staaten seinem Schicksal überlassen würde, hätte niemand das Recht, die dann Verantwortlichen zu tadeln, wenn sie für die überlebende Bevölkerung die besten Bedingungen herausholen würden." Am 15. Juni teilte er Roosevelt mit, in dem Kampf könne ein Punkt erreicht werden, „an dem die gegenwärtigen Minister die Ereignisse nicht mehr unter Kontrolle haben und an dem sich für die britische Insel dadurch sehr erträgliche Friedensbedingungen sichern ließen, daß sie ein Vasallenstaat des Hitlerreiches würde."[36] Genau das hatte Hitler vor. Wie im Fall Frankreich sah sein Plan nur eine Teilbesetzung Großbritanniens vor, während im Norden der Insel eine deutschfreundliche Regierung etabliert werden sollte.

Mehrere Monate später berichtete Churchill Cecil King, nach der Kapitulation Frankreichs hätten die Amerikaner die Engländer sechs Wochen lang „auf die recht zurückhaltende und mitfühlende Art behandelt, die man einem Freund gegenüber an den Tag legt, von dem man weiß, daß er an Krebs leidet".[37] Das war vielleicht etwas übertrieben. Aber die Amerikaner – auch Roosevelt – waren noch immer unschlüssig. Die sechs Wochen nach der französischen Kapitulation waren entscheidend. Allmählich gelangte Washington zu der Überzeugung, es lohne sich, die Engländer zu unterstützen, weil sie durchhalten würden. In einer entscheidenden Kabinettssitzung am 2. August 1940 sagte Roosevelt, er habe beschlossen, England „direkt oder indirekt" 50 bis 60 alte Zerstörer zu verkaufen. Churchill hatte ihn schon im Mai darum ersucht. Die Zerstörer waren dabei gar nicht die Hauptsache. Viel wichtiger war, wie Churchill richtig erfaßte, was diese Geste in den Augen der Weltöf-

---

[36] Am 22. Juni 1940 ließ Churchill dieses Argument durch den kanadischen Ministerpräsidenten wiederholen: „Ich habe volles Vertrauen zu unseren Fähigkeiten, diese Insel zu verteidigen, und sehe keinen Grund, Vorbereitungen für eine Übergabe der britischen Flotte (an die Vereinigten Staaten) zu treffen oder eine solche Übergabe zu billigen. Ich selbst werde niemals in Friedensverhandlungen mit Hitler eintreten, aber ich kann natürlich nicht für eine zukünftige Regierung sprechen, die – falls sie von den Vereinigten Staaten im Stich gelassen und hier geschlagen würde – sehr leicht eine Art Quisling-Regierung sein könnte, die bereit wäre, eine deutsche Oberherrschaft anzuerkennen." *Moffat*, S. 313: Roosevelt „macht sich wegen einiger Ausdrücke Mr. Churchills Sorgen".

[37] *King*, S. 109.

fentlichkeit bedeutete: eine entscheidende Abkehr von der bisherigen amerikanischen Neutralitätspolitik.[38]

Diese Ereignisse Ende Juli 1940 bezeichneten einen Wendepunkt in der Weltgeschichte. Zum gleichen Zeitpunkt, als Roosevelt den ersten entscheidenden Schritt auf dem Weg tat, der die Vereinigten Staaten in einen Krieg gegen Deutschland führen sollte, tat Hitler (am 31. Juli) einen entscheidenden Schritt, indem er die Wehrmacht anwies, mit der Planung des Rußlandfeldzuges zu beginnen. Gleichzeitig begann damals die Liquidation des Britischen Weltreiches; aber das ist eine Überlegung, mit der wir uns jetzt nicht befassen können und sollten.[39]


Wie gelangte Hitler zu dem Entschluß, einen Angriff gegen die Sowjetunion zu planen? Diese Frage ist nicht leicht zu beantworten. Die allgemein akzeptierte Version, nach der Hitler sein Leben lang einen gefühlsmäßigen Drang nach Osten empfunden habe und nach der er es als seine Lebensaufgabe betrachtet habe, das europäische Rußland für das deutsche Volk zu erobern, ist vielleicht etwas zu einfach, um wahr zu sein. „Lieber gehe ich zu Fuß nach Flandern als zu Rade nach dem Osten", äußerte er bei anderer Gelegenheit. „Nur die Vernunft gebietet uns, nach dem Osten zu gehen."[40]

Im Juli 1940 begann seine Vernunft, eher als sein Gefühl, ihm diese Lösung zu diktieren. Hitler suchte nach einer Möglichkeit, den Krieg zu gewinnen, ohne eine Invasion Englands wagen zu müssen. Aber das war nicht der einzige Grund. Er war außerdem in zunehmendem Maße mit Stalins Auslegung der Teilung Osteuropas und Stalins konsequenter Sowjetisierung seiner Neuerwerbungen unzufrieden. Hitler wußte, was die Eingliederung ganzer Nationen in die Sowjetunion für die jeweiligen Völker bedeuten würde. Wie wir gesehen haben, verzichtete Stalin zunächst auf eine Sowjetisierung der baltischen Staaten, selbst nachdem er seine Türme vorgeschoben und im

[38] Daß das Zerstörer-Geschäft in erster Linie politisch motiviert war, ist aus der Tatsache zu schließen, daß Reynaud die Vereinigten Staaten schon am 16. Mai als erster ersucht hatte, Frankreich rasch amerikanische Zerstörer zu verkaufen oder zu verpachten.

[39] Zumindest erst in einem späteren Abschnitt dieses Buches. Siehe unten, S. 384–388; auch S. 390. Mitte August hatte Churchill keine Bedenken mehr, Roosevelt alles zu versprechen, was dieser hören wollte. Als der kanadische Ministerpräsident am 18. August in Ogdensburg, N. Y., mit Roosevelt konferierte, erklärte letzterer, daß Mr. Churchill sich endlich auf zufriedenstellende Weise verpflichtet habe, die britische Flotte unter keinen Umständen den Deutschen auszuliefern. Mr. King antwortete dem Präsidenten, seiner Ansicht nach sei es Mr. Churchill, als dieser im Juni gezögert habe, eine zufriedenstellende Verpflichtungserklärung abzugeben, darum gegangen, sich an die Spielregeln der Verfassung zu halten und einem etwaigen Nachfolger nicht die Hände zu binden. (Mr. King erinnerte mich daran, daß er Mr. Churchill vor dem Versuch gewarnt habe, die britische Flotte gegenüber den Vereinigten Staaten als Handelsobjekt zu benützen)." Moffat, S. 329.

[40] Schramm, S. 22.

Oktober 1939 russische Truppen im Baltikum stationiert hatte. Der rasche Zusammenbruch Frankreichs überraschte ihn dann. An dem Tag, an dem Paris fiel, ergriff Stalin die Initiative: zuerst in Litauen, dann in Estland und Lettland. Innerhalb weniger Tage wurden diese unglücklichen Länder von sowjetischen Truppen überflutet; innerhalb weniger Wochen wurden sie als Sowjetrepubliken in Stalins Reich eingegliedert.

Am Morgen des Waffenstillstandes in Frankreich stellte Rußland Rumänien ein Ultimatum, in dem es die sofortige Abtretung der Provinz Bessarabien verlangte, die Rumänien dem nach der bolschewistischen Revolution geschwächten Rußland abgenommen hatte. Die Rumänen mußten nachgeben. Dieser brutale und taktlose sowjetische Übergriff machte einen schlechten Eindruck auf Hitler, obwohl Stalin sich nicht mehr nahm, als ihm nach dem geheimen Zusatzprotokoll zustand.[41] Stalin forderte jedoch auch einen Teil der rumänischen Bukowina, die in dem Zusatzprotokoll von 1939 nicht ausdrücklich erwähnt worden war. Die Russen begannen, Finnland erneut unter Druck zu setzen, wobei sie die Frage der Nickelbergwerke bei Petsamo als Vorwand benützten.

Insgesamt war Hitler also von Stalin enttäuscht.[42] Trotzdem hätte er mit Stalins Einstellung gegenüber Deutschland zufrieden sein müssen. Stalin und Molotow beglückwünschten Hitler zu seinem Sieg über Frankreich. Die Moskauer Pressekommuniqués unterstrichen die unerschütterte Stärke der russisch-deutschen Freundschaft. Am 25. Juni 1940 schrieb Churchill Stalin einen Brief, in dem er zum Ausdruck brachte, daß in Europa eine neue Situation entstanden sei, und fragte, ob die Aussicht auf eine deutsche Vorherrschaft in Europa im Interesse der Sowjetunion liege.[43] Am 1. Juli empfingen

[41] Siehe oben, S. 412, Anm. 21, was Ribbentrops wichtige damalige Denkschrift für Hitler betrifft. Am 20. Januar 1941 bemerkte Hitler, die Verträge mit den Russen litten sämtlich unter der einseitigen Auslegung ihrer Bestimmungen durch die Sowjetunion. Die russische Auslegung der Garantieverträge mit den Baltenstaaten bis zur völligen Absorbierung dieser Staaten stelle etwas Einzigartiges dar. Wie die amerikanische Regierung nach Jalta war Hitler über Stalins „Realismus" schockiert (oder gab vor, es zu sein). Aber Stalins Handlungsweise wirkte sich gegen ihn selbst aus, wie sie es auch in den Jahren 1945–48 tun würde.

[42] Er erwähnte am 4. Januar 1941 dem bulgarischen Ministerpräsidenten Filow gegenüber, daß die Deutschen in den baltischen Ländern wieder die Beobachtung gemacht hätten, daß die Bolschewisten nichts hinzulernten. Wo immer sie auftauchten, brächten sie nur Hunger und Not. Auch kulturell hätten sie alles ausgerottet. Zunächst hätten die Bolschewisten jüdische Kommissare eingesetzt, die ihre früheren Gegner zu Tode quälten. Dann seien russische Kommissare gekommen, die wiederum die Juden verdrängten. GD, D, IX, S. 1023. Diese von selektiver Empörung geprägten Sätze legen – im Gegensatz zu der von Historikern allgemein akzeptierten Ansicht – den Schluß nahe, daß Hitler erstens über die Entwicklung unter russischer Besetzung gut informiert und an ihr interessiert war, und zweitens, daß für ihn Juden und Sowjets *nicht* untrennbar miteinander verbunden waren.

[43] Die historische Bedeutung dieses Briefes, des ersten, den Churchill an Stalin geschrieben hatte, ist groß, aber wir müssen zwei Einschränkungen festhalten. Erstens stammte die Idee zu diesem Schreiben von Halifax, nicht von Churchill. *Woodward*, I, S. 465. Zweitens wurde der englische

Stalin und Molotow den britischen Botschafter, Sir Stanford Cripps, zu einem fast dreistündigen Meinungsaustausch. Stalin bestritt, daß Deutschland ganz Europa beherrschen wolle oder könne. Innerhalb von 14 Tagen überreichte Molotow den Deutschen eine Denkschrift über das Gespräch zwischen Stalin und Cripps.[44] Unter anderem sollte Cripps gesagt haben, „von Rechts wegen sei es die Aufgabe der Sowjetunion, weiterhin die Einigung und Führung der Balkanländer zu übernehmen", was Stalin mit der Feststellung beantwortet haben sollte, er „sehe keine Gefahr einer Vorherrschaft irgendeines Landes in Europa", und „keine Macht habe ein Anrecht auf eine exklusive Rolle bei der Konsolidierung und Führung der Balkanländer". Danach weigerte Molotow sich einen Monat lang, Cripps überhaupt zu empfangen. Der Botschafter war schließlich so entmutigt, daß er um seine Abberufung aus Moskau nachsuchte.

Stalin war offenbar nicht bereit, sich auf eine Verschwörung mit Churchill einzulassen. Es konnte jedoch dazu kommen, daß die Engländer von jeder Bewegung oder sogar von der bloßen Existenz des russischen Kolosses im Osten Deutschlands profitierten. So lautete Hitlers Schlußfolgerung. Er mußte Churchill diese Hoffnung nehmen. Es handelte sich um das gleiche Kräftedreieck wie im Sommer des Vorjahres – mit größeren Einsätzen, weniger Gelegenheit zu gegenseitiger Erpressung und trotzdem aus heutiger Sicht noch dramatischer. Hitler wollte ein Abkommen mit England. Churchill wollte ein Abkommen mit Stalin. Stalin wollte Freundschaft mit Hitler. Im Gegensatz zu 1939 bekam 1940 keiner, was er wollte, nicht einmal Stalin.

Am 23. November 1939 hatte Hitler seinen Oberbefehlshabern erklärt: „Wir können Rußland nur entgegentreten, wenn wir im Westen frei sind." (Einige Monate zuvor hatte das Gegenteil gegolten.) Am 21. Juli äußerte er Brauchitsch gegenüber seine Überzeugung, England werde sich friedensbereit zeigen, sobald Rußland Deutschland nicht mehr bedrohlich werden könne. Aber jetzt, im Juli 1940, war er im Westen nicht völlig frei, und Rußland stellte keine Bedrohung dar. Was Hitler seinen Oberbefehlshabern am 31. Juli 1940 in bezug auf Rußland erklärte, sagt deshalb auch viel über seine Gedankengänge in bezug auf England aus. Der Luftkrieg gegen England setze jetzt ein,

Botschafter davor gewarnt, „bei Stalin den Eindruck entstehen zu lassen, wir liefen hinter ihm her, um ihn für uns die Kastanien aus dem Feuer holen zu lassen". Ebd., S. 466. Somit ließ dieser erste Annäherungsversuch Churchills an Stalin wenig oder nichts von Churchills späterer Bereitschaft erkennen, viel für ein freundschaftliches Verhältnis zu opfern.
[44] Die russische Version des Gesprächs, die Molotow dem deutschen Botschafter überreichte, GD, D, X, S. 207–8, unterscheidet sich nicht wesentlich von dem englischen Gesprächsprotokoll in seiner Zusammenfassung bei *Woodward*, I. S. 468–69. Im gleichen Sinne informierte Molotow auch den italienischen Botschafter, denn damals hatte Mussolini beschlossen, seine Beziehungen zur Sowjetunion zu verbessern, um vielleicht zu einem Abkommen über die Festlegung von Interessensphären zu gelangen. Am 7. Juli 1940 kritisierte Hitler Ciano gegenüber diese Taktik. Als letzterer andeutete, Italien sei unter Umständen bereit, seine alte Rechnung mit Jugoslawien zu begleichen, sprach Hitler sich dagegen aus, weil dann Ungarn Rumänien angreifen und Rußland in Rumänien und auf dem Balkan weiter vordringen würde.

sagte Hitler; aber „wenn Ergebnis des Luftkrieges nicht befriedigend, dann wird Vorbereitung (auf die Invasion) angehalten". Dann kam die politische Crux der Angelegenheit: „ENGLANDS HOFFNUNG IST RUSSLAND UND AMERIKA. WENN HOFFNUNG AUF RUSSLAND WEGFÄLLT, FÄLLT AUCH AMERIKA WEG, weil Wegfall Rußlands eine Aufwertung Japans in Ostasien in ungeheurem Maß folgt." „RUSSLAND FAKTOR, AUF DEN ENGLAND AM MEISTEN SETZT... IST ABER RUSSLAND ZERSCHLAGEN, DANN IST ENGLANDS LETZTE HOFFNUNG GETILGT. Der Herr Europas und des Balkans ist dann Deutschland." „ENTSCHLUSS: IM ZUGE DIESER AUSEINANDERSETZUNG MUSS RUSSLAND ERLEDIGT WERDEN. FRÜHJAHR 41. JE SCHNELLER WIR RUSSLAND ZERSCHLAGEN, UM SO BESSER. OPERATION HAT NUR SINN, WENN WIR STAAT IN EINEM ZUG SCHWER ZERSCHLAGEN. Gewisser Raumgewinn allein genügt nicht. Stillstehen im Winter bedenklich. *Daher besser warten*, aber bestimmter Entschluß, Rußland zu erledigen . . ." „Ziel: Vernichtung der Lebenskraft Rußlands . . ."[45]

Die Hervorhebung durch Versalien ist aus dem deutschen Originaltyposkript übernommen; das kursiv Gesetzte ist eine Hervorhebung durch den Verfasser. *Daher besser warten.* Hitler wollte Rußland erst im nächsten Sommer zerschlagen. Nun hatte er nach dem Fall Frankreichs sechs Wochen gewartet – vielleicht sogar vertrödelt –, bevor er gegen England losschlug. Hätte er im Juni oder selbst noch Anfang Juli Truppen auf dem Luftweg über den Kanal geworfen, hätte er den Krieg gewinnen können. Das lag damals durchaus im Bereich des Möglichen. Aber der günstigste Zeitpunkt für dieses Unternehmen war bereits verstrichen, bevor die Luftschlacht über England begann.

Ende Juli wußten die Völker Europas nichts von Hitlers Entschluß, die Sowjetunion anzugreifen. Sie sahen jedoch allmählich, daß er seinen Krieg noch nicht gewonnen hatte. Die weitverbreitete Überzeugung, es sei vorteilhaft und vielleicht sogar notwendig, mit einem neuen deutschen Europa zusammenzuarbeiten, nahm besonders bei den Völkern Westeuropas aus zwei Gründen allmählich ab. Der eine Grund lag in der fehlenden deutschen Reaktion auf die unmittelbaren physischen und politischen Bedürfnisse und Wünsche dieser Völker; der andere war die Erkenntnis, daß die Engländer sich behaupteten, daß sie weiterkämpfen würden.

Am deutlichsten zeigte sich dieser wiedergewonnene Sinn für nationale Unabhängigkeit vielleicht in der Schweiz. Am 12. Juli 1940 befahl General Guisan, der Oberkommandierende der Schweizer Armee, seine Offiziere für den 25. Juli zu einer Versammlung auf dem Rütliplateau, der historischen Stätte Schweizer Unabhängigkeit. (Genau einen Monat zuvor hatte der Schweizer Bundespräsident seine Landsleute in einer Rede aufgefordert, sich der neuen Ordnung in Europa „anzupassen".) Der General einer demokrati-

[45] *Halder*, KTB, wiedergegeben in GD, D, X, S. 370–74.

schen Bürgerarmee sprach ohne Notizen, ohne Mikrophon und in einem Tonfall ruhiger Entschlossenheit. Er forderte seine Offiziere zu äußerster Bereitschaft zur Verteidigung der Unabhängigkeit und der Freiheit ihres Vaterlandes auf. Von dieser Versammlung existiert ein Photo: die Offiziere stehen in ihren langen Mänteln im Kreis um Guisan, beugen sich leicht nach vorn und hören an einem kühlen, grauen Tag auf dem grasbewachsenen Plateau über einem stillen See aufmerksam zu. Der Himmel über dem Rütli war an diesem Tag charakteristisch für den Juli 1940, denn am Morgen der französischen Kapitulation hörte das strahlende Sommerwetter auf. Regen setzte ein, und die Gebiete Westeuropas waren für einen großen Teil des restlichen Sommers wolkenverhangen.

# 6. Das herrschende Deutschland [1]

Anfang September 1940 machte auf dem Kontinent ein Gerücht die Runde: Die Deutschen hätten versucht, in England zu landen, und dabei eine katastrophale Niederlage erlitten. Die Engländer hätten Öl aufs Meer gegossen und in Brand gesetzt. Die Deutschen seien jetzt dabei, die verkohlten Leichen von Tausenden ihrer Soldaten einzusammeln. Es gibt keine Beweise dafür, daß dieses Gerücht von den Engländern in die Welt gesetzt oder auch nur genährt worden ist. Sein gleichzeitiges Auftauchen in verschiedenen Ländern ist Bestandteil der ungeschriebenen Geschichte der Massenpsychologie. Sein Ursprung war und ist obskur. Sein Inhalt basierte höchstwahrscheinlich auf Erwartungen. Die Menschen rechneten damit, daß der Krieg in ebenso dramatischem Tempo weitergehen würde, wie er im April wiederaufgenommen worden war. Die Deutschen hatten England nicht erobert; die Deutschen hatten eine Niederlage erlitten; ihr Zusammenbruch stand unmittelbar bevor. (Die Deutschen hatten England tatsächlich nicht erobert; aber sie hatten keine Niederlage erlitten, und ihr Zusammenbruch stand keineswegs unmittelbar bevor.)

In vieler Beziehung war der letzte europäische Krieg ein ideologischer Krieg – weniger ideologisch, als die Menschen 1940 dachten, aber trotzdem in beträchtlichem Ausmaße ideologisch. Die deutschen Triumphe verliehen der Sache des Faschismus und Nationalsozialismus in ganz Europa, auch in den besiegten Staaten, neuen Auftrieb. Die meisten Bewegungen der „radikalen Rechten", d. h. die faschistischen und nationalsozialistischen Bewegungen, waren in den frühen dreißiger Jahren entstanden – ein frischer, neuer, gefährlicher Wind, der über den Kontinent geblasen hatte. Die meisten Indikatoren, darunter auch Wahlergebnisse, lassen erkennen, daß sie den Höhepunkt ihrer Anziehungskraft bis 1939/40 bereits überschritten hatten. Im Sommer 1940 wurde die radikale Rechte jetzt durch die Gelegenheit wiederbelebt, die sich ihr durch ein siegreiches Deutschland bot. Das bedeutete nicht etwa, daß sie eine wichtige fünfte Kolonne gewesen wäre. Von wenigen Ausnahmen abgesehen waren die militärischen Siege nur zum geringsten Teil oder gar nicht ihren ideologischen Verbündeten zu verdanken. Die deutschen Triumphe bewiesen den jeweiligen Faschisten und Nationalsozialisten, daß sie recht gehabt hatten – ein Beweis, der ihr eigenes Volk oft schreckliche Opfer gekostet hatte. Diese Menschen, die voller Bitterkeit, Selbstgerechtigkeit und Ehrgeiz waren, sahen

1 31. Juli 1940–1. März 1941.

neue Zukunftsaufgaben für sich: durch Zusammenarbeit mit den Deutschen beim Aufbau eines neuen Europa.

Zu diesem Zeitpunkt erlebte die radikale Rechte, daß ihr ganze Scharen neuer Anhänger zuliefen. Auf dem Kontinent gab es viele Intellektuelle, die in dem Fall Frankreichs ein Symbol sahen: Für sie war dies der Fall des bourgeoisen Europa, der Beginn einer neuen Ära. Vielen von ihnen war es mit ihrer neuentdeckten Deutschfreundlichkeit ernst. Sie alle waren von dem Gefühl mitgerissen, einen historischen Augenblick zu erleben. Trotzdem schwangen sie sich nicht zu bedeutenden Höhen auf. Der Hauptgrund dafür war die taktlose und zunehmend brutale Art, in der die Deutschen die besetzten Länder beherrschten. Hitler interessierte lediglich die Gelegenheit zur Errichtung einer deutschen Herrschaft auf dem Kontinent, nicht die Chancen für seine Einigung.

Die Propagandawirkung auf beiden Seiten wurde von der langsamen Entwicklung der Ereignisse dieses Krieges begleitet und überlagert. 1940 hatten die Deutschen den Krieg nicht gewonnen; sie waren aber auch noch nicht dabei, ihn zu verlieren. Zwischen der Minderheit der entschiedenen Gegner der Nationalsozialisten und der kleineren Minderheit der entschiedenen Deutschenfreunde lebte die Mehrheit der jeweiligen Bevölkerungen, deren Alltag immer schwieriger wurde und die dem kommenden Winter trübselig entgegensahen. Die Deutschen hatten die Uhren zwei Stunden vorgestellt. Kinder mußten in eisiger Dunkelheit aufstehen und sich mit kaltem Wasser waschen. „Es war, als sei Paris nach oberhalb des Polarkreises verlegt worden."[2] „Das bittere kalte Grün des Frühlings" (Colette) sollte wenig Erleichterung bringen. Die Menschen spürten jetzt instinktiv, daß der Krieg lange dauern würde. Keiner von ihnen wußte, daß sie noch vier oder fünf weitere Winter würden durchleiden müssen, bevor sie von der deutschen Herrschaft befreit wurden.

Am Kanal zogen die Deutschen Schiffe, Kähne und alle möglichen Landungsfahrzeuge zusammen. Sie begannen, Dover mit ihrer Küstenartillerie zu beschießen. Aber in seinem tief im Herzen Europas gelegenen Führerhauptquartier erklärte Hitler am 22. Juli 1940 Gerd von Rundstedt, seinem damaligen Favoriten unter den Feldmarschällen, die deutschen Vorbereitungen für eine Landung in England seien eher psychologisch als militärisch zu sehen: als ein Scheinmanöver.[3] Am 1. August 1940 erließ Hitler seine Weisung Nr. 17 für die Führung des Luft- und Seekrieges gegen England. Die Verschärfung des Luftkrieges konnte ab 5. August beginnen – allerdings mit einer Einschränkung Hitlers: „Terrorangriffe als Vergeltung behalte ich mir vor."[4] Nun durfte

[2] *Audiat*, S. 88.
[3] *Hillgruber*, HS, S. 170.
[4] Die ersten Bomben auf eine friedliche deutsche Stadt waren im Mai 1940 gefallen, als ein deutsches Flugzeug versehentlich Freiburg im Breisgau bombardiert hatte. In seiner Reichstags-

Görings vielgepriesene Luftwaffe in Aktion treten. Die ersten Massenangriffe auf Südengland begannen und wurden bis 13. August zunehmend verstärkt. Am 15. August schoß die Royal Air Force 75 deutsche Flugzeuge ab (sie meldete 182 Abschüsse).

Am 24. August verbot Hitler noch immer Angriffe „gegen das Londoner Gebiet sowie Terrorangriffe". An diesem Tag begann eine seltsame Verkettung von Umständen, die schließlich zum Tode Hunderttausender von Engländern, Deutschen und anderen Europäern führen sollte. In der Nacht zum 24. August kam eine Handvoll deutscher Bomber vom Kurs ab und bombardierte versehentlich London. Churchill entschied sich für einen Gegenschlag. In den Nächten vom 25. zum 26. sowie vom 28. zum 29. August 1940 griffen RAF-Bomber Berlin an. Ihre Angriffe waren nicht sonderlich wirkungsvoll – aber ihr Zweck war ohnehin viel mehr psychologisch als militärisch. Nach amtlichen deutschen Angaben betrugen die Verluste zehn Tote und 29 Verwundete. Hitler reagierte enttäuscht und wütend. Am 30. August gab er London als Ziel für die Luftwaffe frei.

Diese große Stadt lernte jetzt Tod und Verderben kennen – aber Hitlers Entscheidung trug trotzdem zu Englands Rettung bei. Ende August 1940 waren die britischen Jägerverbände angeschlagen. Hätte die deutsche Luftwaffe versucht, die RAF systematisch zu vernichten, wäre die Gefahr für England vielleicht tödlich geworden. Jetzt konzentrierten sich die deutschen Angriffe stattdessen auf London, und die englischen Jäger konnten sich wieder erholen. Am 7. September 1940 begannen die massiven Bombenangriffe. Zuerst gab es große Zerstörungen und im Londoner East End die Ansätze einer Panik. Aber bald zeigte sich, daß London nicht unterzukriegen war. Außerdem wurde klar, daß die Deutschen die Stadt nicht einnehmen konnten. Einige Tage später verschob Hitler das Unternehmen „Seelöwe" auf zunächst unbestimmte Zeit.[5]

Nach allen diesen Feststellungen darf der Historiker nicht den Fehler

rede vom 19. Juli 1940 benützte Hitler diesen Angriff jedoch als Vorwand, um den Engländern zu drohen, die „unter dem vorgeschobenen Motto (eines Luftkrieges) gegen sogenannte kriegswichtige Einrichtungen . . . offene Städte, Marktflecken und Bauerndörfer, Wohnhäuser, Lazarette, Schulen, Kindergärten und was sonst noch alles angetroffen wird (bombardieren). Ich habe bisher kaum darauf antworten lassen. Aber das soll nun nicht bedeuten, daß dies die einzige Antwort ist oder bleiben wird."

[5] Um den 8. September herum wurden heimlich weitere deutsche Friedensfühler ausgestreckt. Hitlers Stellvertreter Rudolf Heß konferierte mit Professor Karl Haushofer, vermutlich nicht ohne Hitlers Wissen. Sie wollten sich auf dem Umweg über Portugal an bestimmte Engländer wenden (auch an den Herzog von Hamilton, zu dem Heß acht Monate später über die dunkle Nordsee fliegen würde). Wie Haushofer es ausdrückte: „Aus dem ganzen Gespräch hatte ich den starken Eindruck, daß es nicht ohne Vorwissen des Führers geführt wurde." Der Versuch schlug fehl. (Dr. Albrecht Haushofer warnte Heß in seiner Denkschrift, ebd., S. 79: „Im äußersten Fall würden die Engländer lieber bereit sein, ihr ganzes Empire Stück für Stück den Amerikanern zu überschreiben, als den Frieden zu unterschreiben, der dem nationalsozialistischen Deutschland die Herrschaft in Europa überlasse.")

machen, Hitlers auf Notwendigkeiten basierende Entschlüsse für das Ergebnis irgendeiner verborgenen Tugend zu halten. Er mag die Vorbereitungen für eine Invasion Englands nur halbherzig betrieben haben. Aber dieser Mann war sehr hartherzig. Hätte er eine Möglichkeit gesehen, England zu besetzen oder zu vernichten, hätte er es getan. Es wäre falsch, seinen wiederholten Äußerungen, aus denen Bewunderung für die Angelsachsen spricht, allzu großen Wert beizumessen. Sie können Hitler dazu gedient haben, seine Unfähigkeit, England in die Knie zu zwingen, zu kaschieren. Er war auch noch nicht zum Angriff auf Stalins Reich bereit. Seitdem Hitler am 31. Juli 1940 die Vorarbeiten für den Ostfeldzug hatte anlaufen lassen, wuchs die Zahl der in Polen stationierten deutschen Einheiten stetig an; trotzdem existiert nicht der geringste Beweis dafür, daß er das Unternehmen „Seelöwe" wegen seiner Sorgen in bezug auf den sowjetischen Koloß im Osten abgeblasen hat.

Die „Battle of Britain" war vorüber, obwohl der „Blitz" – der deutsche Bombenkrieg gegen England – eben erst begonnen hatte. Mit Ausnahme einer einzigen Nacht wurde London in 76 aufeinanderfolgenden Nächten bombardiert. Die Londoner gewöhnten sich an ausgebrannte Trümmerlandschaften, an den beißenden Brandgeruch, an den jäh herabstoßenden Tod und an ihre nächtlichen Gefahren, die zwar keineswegs anregend, aber doch Dinge waren, mit denen sie leben konnten. Das brennende London leuchtete wie ein Fanal über den Atlantik. Im Herbst 1940 verdichteten sich die Empfindungen einer immer größeren Zahl von Amerikanern zu einer neuen Entschlossenheit: Die Unterstützung Englands wurde zu einem nationalen Anliegen, zu einer Sache aller Amerikaner.

Selbst heute herrscht noch die Annahme vor, Hitler habe die Vereinigten Staaten vorsätzlich ignoriert, was schließlich zu seinem Untergang geführt habe. Das stimmt nicht. Hitler wußte, wie sehr Churchill von Roosevelt abhängig war. Außerdem tat Hitler opportunistisch sein Bestes, um dem Präsidenten möglichst keinen Grund für einen Kriegseintritt zu geben. Er ignorierte Roosevelts deutschfeindliche Maßnahmen und Provokationen. Sobald Hitler von Roosevelts Entscheidung in bezug auf das Zerstörer-Geschäft erfuhr, dachte er an die Zukunft. Er beschloß, Japan ein Bündnis anzubieten: Das würde die Amerikaner ablenken, den größten Teil der US-Flotte im Pazifik festhalten und die amerikanischen Hilfeleistungen für England verringern. Am 10. August entsandte er einen Sonderbotschafter, der über Sibirien nach Tokio reiste.

Die Japaner waren vor Aufregung nervös geworden, als der Zusammenbruch der europäischen Mächte ihnen die Aussicht auf ein fernöstliches Großreich eröffnete.[6] Sie zögerten nicht lange, Hitlers Angebot anzunehmen.

---

[6] Sie wären sogar bereit gewesen, zu diesem Zweck mit Tschiang Kai-schek Frieden zu schließen – allerdings am liebsten zu ihren eigenen Bedingungen. Dazu war letzterer, den die Amerikaner im

Der sogenannte Dreimächtepakt zwischen Deutschland, Italien und Japan wurde am 27. September 1940 unterzeichnet. Er enthielt einen speziellen Artikel, in dem betont wurde, dieser Vertrag richte sich nicht gegen die Sowjetunion. Statt dessen war er eindeutig gegen die Vereinigten Staaten gerichtet. Die Nachricht von seiner Unterzeichnung wirkte sich in Europa oder in England nur wenig aus. Da sie am Morgen eines fehlgeschlagenen britischen Vorstoßes gegen Dakar in Französisch-Westafrika gekommen war, kabelte Kennedy aus London an Roosevelt, dies sei „ein weiterer Nagel in Englands Sarg".[7] In Wirklichkeit war der Dreimächtepakt jedoch ein weiterer Baustein für die *de facto* entstehende anglo-amerikanische Allianz.

Das erkannte auch Hitler. Er wandte sich widerstrebend dem westlichen Mittelmeer zu, wo die Engländer jetzt zunehmend aktiv wurden. Die Italiener waren in die westlichen Wüstengebiete Ägyptens und Britisch-Ostafrika eingerückt, während sie andere Gelegenheiten ungenutzt gelassen hatten.[8] Hitler glaubte, die Deutschen könnten gemeinsam mit den Spaniern Gibraltar erobern, das Mittelmeer für die Engländer sperren und wichtige Stützpunkte in Nordwestafrika erobern. In dieser Beziehung bekam Hitler jedoch nicht seinen Willen. Die Spanier waren vorsichtig, berechnend und patriotisch. Sie waren außerdem redegewandt, unersättlich und unfähig. Franco war anfangs gierig darauf bedacht, seinen Vorteil aus dem Zusammenbruch Frankreichs zu ziehen. Er beanspruchte Gibraltar, ganz Marokko, einen Teil Algeriens und sogar einen schmalen Streifen Frankreichs nordöstlich der Pyrenäen. Er schickte seinen Schwager, den einzigartig geschwätzigen Serrano Suñer, nach Berlin. Letzterer machte keinen guten Eindruck auf Hitler, obwohl er mit faschistischen Phrasen um sich warf.

Nachdem Franco seinen konservativen Minister Beigbeder durch Serrano Suñer ersetzt hatte, traf er am 23. Oktober 1940 in Hendaye an der französisch-spanischen Grenze mit Hitler zusammen. Hitler war verblüfft, einen Staatsmann kennenzulernen, der noch mehr redete als er selbst. Er hatte das

Laufe seines langen Lebens noch viel beschimpfen sollten, zu gerissen. Er wußte, daß die Amerikaner ihm seine ablehnende Haltung gegenüber Japan großzügig honorieren würden.
[7] Der schwelende Konflikt zwischen Kennedy und Roosevelt kam jetzt zum Ausbruch. Der Botschafter, der Churchill nicht leiden konnte, fügte in dem gleichen Kabelgramm hinzu: „Ich kann Ihnen meinen völligen Mangel an Vertrauen zur ganzen Führung dieses Krieges nicht nachdrücklich genug vorstellen." (Der deutsche Geschäftsträger in Washington erhielt prompt eine Abschrift dieser und anderer Depeschen. Beispielsweise informierte Ribbentrop am 2. Oktober 1940 den italienischen Botschafter in Berlin über Kennedys Kabelgramme: England werde vernichtet *(liquidata)* werden. Alfieris Depesche, die bisher von amerikanischen Historikern übersehen worden ist, findet sich in DDI, IX, V, S. 641.) Roosevelt blieb unbeeindruckt. Im Oktober verließ Kennedy seinen Botschafterposten in London. Er suchte Roosevelt in Hyde Park, N.Y., auf, wo es zu einer heftigen Auseinandersetzung zwischen den beiden Männern kam. Manche Leute glauben, die beiden hätten sich gegenseitig zu erpressen versucht. Kennedy konnte sich jedenfalls nicht durchsetzen.
[8] Am Tag der italienischen Kriegserklärung waren auf Malta nur drei britische Flugzeuge stationiert; die Italiener hätten die Insel ohne größere Schwierigkeiten nehmen können.

Gefühl, von diesem schwarzhaarigen kleinen Spanier mit leeren Händen heimgeschickt worden zu sein. In Südspanien waren inzwischen Offiziere der deutschen Abwehr in Zivil unterwegs, um Straßen, Eisenbahnen und Artilleriestellungen gegenüber von Gibraltar auszukundschaften. Franco wurde von den Portugiesen ermahnt, vom Vatikan umworben und von den Vereinigten Staaten erpreßt, damit er sich aus dem Krieg heraushielt.[9] Am 7./8. Dezember 1940 stattete Admiral Canaris, der Chef der deutschen Abwehr, ein Freund Spaniens und ein alter antikommunistischer Kampfgefährte Francos, dem Caudillo im Auftrag Hitlers einen Besuch ab. Canaris, der ein Gegner Hitlers war, machte Franco gegenüber Andeutungen, Hitler werde den Krieg vielleicht nicht gewinnen. Franco reagierte auf diesen Wink und bat Hitler, zumindest vorläufig auf seine Mitwirkung zu verzichten.

Dieses Ereignis – genau ein Jahr vor dem großen Wendepunkt Pearl Harbour – gehörte zu den kleineren Wendepunkten des Krieges. Hitler sah sich jetzt gezwungen, auf das Unternehmen „Felix", zu dem die Wegnahme Gibraltars gehört hätte, zu verzichten. Bei allem Respekt vor Francos erfolgreicher Verzögerungstaktik muß jedoch festgehalten werden, daß er mehr aus geographischen und wirtschaftlichen Notwendigkeiten als aus patriotischem Konservatismus zurücksteckte. Er war sich stets der Tatsache bewußt, daß die Amerikaner und Briten die spanischen Inseln im Atlantik besetzen könnten. Außerdem litt Spanien noch immer unter den schrecklichen Nachwirkungen des dreijährigen Bürgerkrieges. In Südspanien herrschte in diesem Winter fast eine Hungersnot. Am 21. Januar 1941 schrieb Hitler Franco einen scharfen Brief, in dem er ihn daran erinnerte: „Ohne die Hilfe des Führers und des Duce gäbe es heute kein nationales Spanien und keinen Caudillo ... Der Führer und die Reichsregierung sind tief betroffen von der unklaren und schwankenden Haltung Spaniens." Unterdessen zitterte Franco jedoch nicht mehr vor Angst (einiges weist darauf hin, daß er auf der Fahrt nach Hendaye sehr besorgt gewesen war). Hitlers Aufmerksamkeit hatte sich vom westlichen ins östliche Mittelmeer, von Südwest- nach Südosteuropa verlagert.

Die Aufgabe des Spanienprojekts – Felix infelix – mochte eine diplomatische Niederlage für Hitler gewesen sein. Sie bedeutete jedoch nicht, wie Göring später behauptete, daß Deutschland dadurch um die Chance gebracht worden wäre, den Krieg zu gewinnen. Hätten die Briten den Mittelmeerraum verloren, hätten sie trotzdem weitergekämpft. Tatsächlich verfolgte Hitler mit seiner Mittelmeerstrategie größtenteils Präventivzwecke. Er befürchtete, Französisch-Nordafrika könnte mit britischer und amerikanischer Unterstützung gegen die Achsenmächte rebellieren, d. h. er machte sich 1940 Sorgen wegen 1942 eintretender Ereignisse.

In Hitlers Umgebung gab es Stimmen – besonders aus Kreisen der

[9] Roosevelt nahm das amerikanische Rote Kreuz in Anspruch, um Franco unter Druck zu setzen. Im Dezember 1940 erteilte er dem Roten Kreuz die Erlaubnis, Mehl und Getreide nach Spanien zu verschiffen.

Kriegsmarine –, die zu einer westeuropäischen Allianz gegen die Engländer rieten: zu einem Bündnis des nationalsozialistischen Deutschland und des faschistischen Italien mit dem faschistoiden Franco und Pétains Neuem Frankreich. Aber Hitler stand den beiden Letztgenannten mißtrauisch gegenüber. Für ihn war das Vichy-Frankreich trotz seines autoritären Geredes nichts anderes als ein Überbleibsel einer alten, korrupten Republik. Die Photos von Pétains Kabinett zeigten zwergwüchsige, knorrige kleine Männer mit verbrauchten Gesichtern und herabhängenden Mundwinkeln. Obwohl Hitler sich darüber freute, daß es de Gaulle und Churchill nicht gelungen war, Dakar zu erobern (am 25. September 1940 wurde dort eine gaullistische Streitmacht, die von englischen Kriegsschiffen unterstützt wurde, von den Franzosen zurückgeschlagen), sah er auch, daß immer mehr französische Kolonien sich für General de Gaulle und Churchill entschieden.[10] Auf der Rückfahrt von Hendaye war Hitler am 24. Oktober in Montoire mit Pétain zusammengetroffen. Er machte sich ein wenig schmeichelhaftes Bild von seinem Gesprächspartner: ein alter Soldat am Rande der Senilität, der vielleicht etwas Respekt, aber praktisch keinerlei Rücksichtnahme verdiente. Hitler war sich auch darüber im klaren, daß Pétain noch zögerte, sein Restfrankreich *tout court* zum Kampf an der Seite Deutschlands zu verpflichten. Unmittelbar nachdem Hitler „Felix" abgeblasen hatte, erließ er seine Weisung Nr. 19: Unternehmen „Attila". Darin wurden eine schnelle Besetzung Restfrankreichs und die Sicherstellung der französischen Heimatflotte für den Fall gefordert, „daß sich in den jetzt von General Weygand beherrschten Teilen des französischen Kolonialreiches eine Abfallbewegung abzeichnen sollte" – ein weiterer 1940 gefaßter Plan, der 1942 in die Tat umgesetzt werden sollte.[11]

Trotzdem wurde Hitler nicht durch Franco oder Pétain, sondern durch Mussolini gezwungen, seine Aufmerksamkeit dem Mittelmeerraum zuzuwenden. Wie wir gesehen haben, wollten die Regierungen und Völker des Balkans neutral bleiben und in Ruhe gelassen werden. Wie wir außerdem gesehen haben, spielte Mussolini nach dem Fall Frankreichs mit dem Gedanken, den Balkan in Interessensphären aufzuteilen – möglicherweise sogar durch ein Abkommen mit der Sowjetunion.[12] Er wollte Italien etwas Landgewinn und

---

[10] Zwischen August und November 1940 erklärten sich Kamerun, Französisch-Äquatorialafrika, Neu-Kaledonien, die Neuen Hebriden, Gabun und die französischen Kolonien in Indien für General de Gaulle. Togo (die ehemalige deutsche Kolonie) blieb auf Pétains Seite.
[11] Pétain, der nichts von diesen brutalen und rücksichtslosen deutschen Planungen wußte, entließ Laval am 13. Dezember auf Drängen einiger seiner konservativen Berater und stellte ihn unter Hausarrest. Damit war der Tiefpunkt der Beziehungen zwischen Deutschland und Vichy-Frankreich erreicht. Die Deutschen reagierten sofort. Laval wurde nach drei Tagen freigelassen und später sogar wieder in das Kabinett Pétain aufgenommen.
[12] Die sowjetische Reaktion war ermutigend. Molotow am 25. Juni 1940 zu dem italienischen Botschafter: „Die Sowjetregierung würde Italiens Hegemonie im Mittelmeer anerkennen, vorausgesetzt daß Italien die Hegemonie der Sowjetregierung im Schwarzen Meer anerkennen würde." *Toscano*, S. 42.

Ruhm sichern, nachdem Hitlers Reich jetzt fast ganz Europa umfaßte. Hitler legte seinerseits Wert darauf, daß auf dem Balkan Ruhe und Frieden herrschte – zumindest vorläufig. Mussolini verzichtete auf seinen ursprünglichen Plan, Jugoslawien anzugreifen, und dachte statt dessen an eine Invasion Griechenlands. Am 15. August 1940 ließ er seine Kriegsmarine die Griechen auf brutale Weise provozieren: ein italienisches U-Boot torpedierte den griechischen Kreuzer „Helle" im Hafen der Insel Tinos, wo er wegen eines kirchlichen Feiertages über die Toppen geflaggt hatte.

Zu seinem eigenen Besten hätte Hitler Mussolini mit der gleichen Energie von dem Griechenlandunternehmen abbringen sollen, mit der er ihm den Einfall in Jugoslawien ausgeredet hatte. Aber das tat er nicht. Auf dem Balkan befaßte er sich im Augenblick vor allem mit Rumänien. Dieses Land, das nach dem Ersten Weltkrieg große Gebiete dazubekommen hatte, war erst vor kurzem durch Rußland verkleinert worden; es wurde von seinen Nachbarn Ungarn und Bulgarien bedroht, die jeweils gerechtfertigte territoriale Forderungen an Rumänien zu stellen hatten; es war bereit, sich unter deutschen Schutz zu begeben. Hitler warnte Ungarn vor einem Angriff auf Rumänien, wie er Mussolini vor einem Angriff auf Jugoslawien gewarnt hatte. Ende August 1940 unterwarfen die Rumänen sich der Schiedsgerichtsbarkeit Deutschlands und Italiens. Durch den Zweiten Wiener Schiedsspruch erhielt Ungarn die Nordhälfte der Provinz Siebenbürgen, während für Bulgarien ein weiteres Stück der Dobrudscha abfiel. In Rumänien kam es daraufhin zu einer politischen Umwälzung, einem Mittelding zwischen Revolution und Staatsstreich. König Carol mußte. zugunsten seines Sohnes Michael abdanken, der nomineller Herrscher blieb, während General Antonescu, den Hitler schätzen lernte, eine radikal-nationalistische Diktatur errichtete, der auch Fanatiker der Eisernen Garde angehörten. Antonescu bat Hitler prompt um Entsendung deutscher „Lehrtruppen" nach Rumänien. Das gefiel Stalin keineswegs. Mussolini war ebensowenig begeistert. Er erklärte Ciano: „Hitler stellt mich immer vor vollendete Tatsachen. Diesmal werde ich ihm in der gleichen Münze heimzahlen: Er wird aus den Zeitungen erfahren, daß ich in Griechenland einmarschiert bin. So wird das Gleichgewicht wiederhergestellt sein."[13]

Am 15. Oktober 1940 beschlossen Mussolini und das italienische Oberkommando, in Griechenland einzufallen. Mussolini hielt nicht Wort, sondern wollte Hitler schließlich doch noch informieren und schrieb ihm deshalb: „Was Griechenland betrifft, bin ich entschlossen, keine Zeit mehr zu verlieren. Griechenland ist einer der Hauptstützpunkte der englischen Seestreitkräfte im Mittelmeerraum." Bis der Brief abgeschickt wurde, war Hitler unterwegs, um mit Franco und Pétain zusammenzutreffen; er erreichte ihn erst am 25. Oktober. Hitler war kaum von seiner Frankreichreise nach München zurückgekommen, als er wieder nach Süden aufbrach, um sich mit Mussolini zu treffen. Am Morgen des 28. Oktober hörte er auf dem Bahnhof von Bologna

[13] *Ciano,* S. 353.

von dem italienischen Einmarsch in Griechenland. Wenig später erklärte er seinen Begleitern, die Griechen seien keine schlechten Soldaten, und Italien werde vielleicht nicht siegen. Trotzdem hielt er es für besser, Mussolini keine Vorwürfe zu machen, als beide Diktatoren sich am 28. Oktober im Florenzer Palazzo Vecchio trafen.

Sehr früh am Morgen des gleichen Tages – um halb drei Uhr – war der italienische Botschafter in Griechenland in der Residenz des griechischen Ministerpräsidenten und Diktators, General Metaxas, erschienen. Der alte Mann hatte ihn blinzelnd, mit einem Mantel über seinem altmodischen Nachthemd und mit Pantoffeln an den Füßen empfangen. Die italienische Note war nicht einmal ein Ultimatum; sie ließ den Griechen keinen Ausweg: Sie verlangte die Kapitulation Griechenlands vor Italien, nichts weniger als das. „Alors, c'est la guerre", sagte der alte Mann zu dem Italiener. Draußen glitzerten in einer sternklaren Nacht Myriaden von Sternen über Athen. Bald würden die Sirenen heulen und italienische Luftangriffe ankündigen. An der im Norden gelegenen Grenze zwischen Albanien und Griechenland heulte jedoch der Wind und trieb eiskalten Regen vor sich her. „Wir marschieren im Schlamm", hieß es in einem der ersten italienischen Kriegsberichte.

Ein Jahr zuvor hatten das Dritte Reich und die Sowjetunion in Nordosteuropa eine Trennungslinie gezogen. Jetzt waren Vermessungstrupps beider Staaten in den sumpfigen Weiten Ostpolens dabei, den genauen Grenzverlauf Meter für Meter, Kilometer für Kilometer festzulegen. Aber so präzise ihre territorialen Vereinbarungen auch abgefaßt waren, fand Hitler die Art und Weise beunruhigend, wie Stalin sie auslegte. Was man hat, das hat man, schien Stalin zu denken – und machte sich daran, seine Neuerwerbungen in sein Reich einzugliedern. Dadurch erwies er sich vielleicht als unübertrefflicher Realist, aber seine Taktik war nicht unübertrefflich geschickt; er konnte sogar noch taktloser sein als Hitler.[14]

Im Juni 1940 unterjochte Stalin nicht nur die baltischen Staaten mit einem einzigen brutalen Schlag und gliederte sie in sein Reich ein, sondern setzte auch Finnland erneut unter Druck. Finnland lag auf seiner Seite der Trennungslinie: das einzige Land, das die Russen noch nicht ganz besetzt hatten. Die Finnen fürchteten verständlicherweise, daß diese Besetzung bevorstehe, und waren wie die Rumänen bereit, sich unter deutschen Schutz zu stellen. Anfang August begann Hitler, auf diese Hilfeersuchen zu reagieren; er veranlaßte, daß die Finnen immer offener mit Waffen beliefert wurden. Die Russen begnügten sich mit Protesten gegen diese Entwicklung. Im Grunde genommen entglitt

---

[14] „Es ist oft vorteilhafter, an seinen Grenzen Staaten zu haben, die schwach und zerstritten sind, als sie zu erobern und mit einem mächtigen Nachbarn zu teilen, der durch eine zeitweilige Kombination von Umständen zu einem Verbündeten geworden sein kann, der aber stets ein Rivale bleiben wird." Sorel, S. 59.

Finnland ihrer Einflußsphäre; aber das hatten sie sich ausschließlich selbst zuzuschreiben.[15]

Hitler fand, Stalins Gewinne aufgrund ihres Vertrages seien groß und ausreichend. Stalin fand, Hitlers Gewinne aufgrund seiner wohlwollenden Neutralität seien ebenfalls groß, was sie zweifellos waren. (Wirtschaft und Kriegsindustrie Deutschlands profitierten erheblich von den stetig aus der Sowjetunion eintreffenden Importen.) Stalin hatte nichts dagegen, ihr Teilungsabkommen auf ganz Osteuropa einschließlich des Balkans auszudehnen. Während die Italiener an einer Übereinkunft dieser Art interessiert waren, wollte Hitler nichts davon hören. Rumänien lehnte sich noch mehr als Finnland ans Dritte Reich an. Stalin wollte etwas mehr Gleichgewicht auf dem Balkan. Er hatte schon im September 1939 Bulgarien – einem alten Verbündeten und Vasallen des zaristischen Rußlands – einen Nichtangriffspakt vorgeschlagen. Damals hatten die Bulgaren abgelehnt. Jetzt wiederholten die Russen ihr Angebot. Sie versuchten außerdem, die Rumänen einzuschüchtern und unter Druck zu setzen, indem sie entlang der neuen gemeinsamen Grenze Inseln im Donaudelta angriffen.

Das waren die im Herbst 1940 zwischen den beiden kontinentalen Großmächten strittigen Punkte. Aber daneben gab es weitreichende Zukunftsvisionen, die besonders Ribbentrop vorschwebten. Er drängte Hitler, ihn Molotow nach Berlin einladen zu lassen. Ribbentrop wollte die Sowjetunion zu einem Verbündeten Deutschlands, Italiens und Japans machen. Das Ergebnis wäre ein gewaltiger Viermächtepakt gewesen, der Eurasien und möglicherweise Afrika beherrscht hätte und gegen den die angelsächsischen Demokratien nur wenig hätten ausrichten können. Ribbentrop wollte Stalin nicht nur von den Vorteilen dieser Lösung überzeugen, sondern ihm auch darlegen, daß jetzt Gelegenheit bestehe, sie zu verwirklichen. Am 13. Oktober schrieb er ihm: ,,Eines ist sicher: der Krieg als solcher ist von uns so oder so bereits gewonnen. Es ist nur noch eine Frage der Zeit, wann England . . . den restlosen Zusammenbruch zugibt.''

Aber Stalin war von dieser sicheren Sache keineswegs überzeugt. Er und Molotow lehnten einen Vorschlag ab, den der britische Botschafter Cripps, der wieder auf sich allein gestellt war, ihnen einige Tage später unterbreitete und der eine De facto-Anerkennung der sowjetischen Eroberungen in Osteuropa vorsah, wenn Rußland sich dafür zu einer ausgeglicheneren Neutralität im englisch-deutschen Krieg verpflichtete. Gleichzeitig wies Stalin den Vorschlag eines russisch-japanischen Nichtangriffspakts zurück, den die Japaner nach dem Vorbild Ribbentrops machten; statt dessen begann er vorsichtig, seine

---

[15] Stalin zog eine Lehre aus seinen Erfahrungen in bezug auf Finnland und handelte 1948 in Übereinstimmung mit dem von Sorel festgelegten Prinzip. Er beließ Finnland aus Rücksicht auf die öffentliche Meinung Amerikas und wegen einer stillschweigenden Übereinkunft mit Schweden verhältnismäßig viel Freiheit: Er verzichtete auf eine Sowjetisierung Finnlands, wenn Schweden außerhalb der NATO blieb – ein noch heute herrschender Zustand.

Beziehungen zu den Vereinigten Staaten – vor allem in bezug auf China, zu verbessern.

Molotow traf am 12. November zu einem dreitägigen Besuch in Berlin ein. Im Gegensatz zu Ribbentrops Moskaubesuch im Jahre 1939 war Molotows Berlinbesuch im Jahre 1940 ein Mißerfolg – aber daran waren nicht nur die Deutschen schuld. Die von Leuten wie den Brüdern Dulles mit Begeisterung verbreitete Legende, Molotow sei ein zweiter Mazarin oder Talleyrand, ein Meisterdiplomat des 20. Jahrhunderts, ist Unsinn. Dieser phantasielose Bürokrat mit dem kalten, ausdruckslosen Gesicht brachte es nur fertig, Hitler maßlos zu irritieren. Ribbentrop und Hitler sprachen über die Aufteilung Eurasiens und der Welt; Molotow kam immer wieder auf den russischen Wunsch nach Marinestützpunkten in Finnland und Bulgarien zurück. Bei ihren Unterredungen war der Realist jedoch nicht Molotow, sondern Hitler.[16] Der russische Außenminister schien nicht zu erkennen, wie sehr seine hölzernen Wiederholungen den Führer aufbrachten. Molotow wußte natürlich, daß die Deutschen den Krieg gegen England trotz aller Beteuerungen Ribbentrops noch keineswegs gewonnen hatten; aber um das im November 1940 zu erkennen, brauchte man kein Mazarin oder Talleyrand zu sein.[17] Nach Molotows Abreise erklärte Hitler im Kreise seiner militärischen Mitarbeiter, die Verhandlungen seien ergebnislos geblieben, wie er erwartet habe; Molotow habe die Katze aus dem Sack gelassen.[18]

Aber Molotow sah die Dinge anders, als er nach Moskau zurückkehrte, um Bericht zu erstatten. Stalin witterte jedoch die von Berlin ausgehende Gefahr. Nun kam es zu einer zeitweiligen Umkehrung der sowjetischen Politik. Stalin ersetzte den farblosen Skwarzew, den russischen Botschafter in Berlin, durch Dekanosow, einen seiner Schergen. Am 25. November reiste ein russischer Sonderbotschafter nach Bulgarien, wo er, höchst ungewöhnlich, erklärte, wenn Bulgarien den gegenseitigen Beistandspakt mit den Sowjets akzeptiere, könne Bulgarien dem Dreimächtepakt beitreten, dem sich, höchstwahrscheinlich, Rußland selbst anschlösse.[19] Am 26. November wurde dem

---

[16] Dazu nur ein Beispiel. Hitler: „Würde denn Rußland an Amerika den Krieg erklären, falls dieses im Zusammenhang mit dem finnischen Konflikt intervenieren würde?" Molotow versuchte, sich um die Beantwortung dieser Frage zu drücken, indem er sie als „nicht aktuell" bezeichnete.

[17] Bei Churchills Moskaubesuch erzählte Stalin ihm 1942 eine Geschichte, die später berühmt wurde. Während Molotow in Berlin war, befahl Churchill ein paar Bomber dorthin, um die sowjetischen Gäste zu beeindrucken. Im Bunker des Auswärtigen Amtes sollte Ribbentrop seinem Kollegen versichert haben: „England ist erledigt", was Molotow mit der Frage quittiert haben soll: „Wenn das so ist, warum sind wir dann in diesem Bunker, und wem gehören die Bomben, die da draußen fallen?" Das mag Molotow gedacht haben. Daß er es zu Ribbentrop gesagt hat, ist höchst unwahrscheinlich.

[18] „Dies würde nicht einmal eine Vernunftehe bleiben. (Die) Russen nach Europa hineinzulassen, sei das Ende Mitteleuropas. Auch Balkan und Finnland seien gefährliche Flanken." *Engel*, TB, zit. bei *Hillgruber*, HS, 358.

[19] GD, D, XI, S. 713.

deutschen Botschafter in Moskau auf Anweisung Stalins der Entwurf eines umfassenden Vertrages überreicht. Der sowjetische Diktator wollte sich mit Hitler arrangieren. Die Sowjetunion war bereit, über einen Viermächtepakt zu verhandeln, falls vier russische Forderungen, die etwas reduziert worden waren und über die Stalin noch mit sich hätte reden lassen, erfüllt wurden.[20]

Hitler machte sich nicht einmal die Mühe, auf diesen Vorschlag zu antworten. Ab Anfang Dezember 1940 sprach er immer häufiger von der Fähigkeit Deutschlands, Rußland notfalls zu Boden zu zwingen. Seine Weisung Nr. 21, Fall Barbarossa, erging schließlich am 18. Dezember 1940. „Die deutsche Wehrmacht muß darauf vorbereitet sein, auch vor Beendigung des Krieges gegen England *Sowjetrußland in einem schnellen Feldzug niederzuwerfen* ... Das Endziel der Operation ist die Abschirmung gegen das asiatische Rußland aus der allgemeinen Linie Wolga–Archangelsk. So kann erforderlichenfalls das letzte Rußland verbleibende Industriegebiet am Ural durch die Luftwaffe ausgeschaltet werden." *Erforderlichenfalls*: Hitler achtete Stalin, dem er noch immer ein Nachgeben zutraute.[21] „Stalin ist ein kluger Kopf", erklärte er Feldmarschall von Bock Anfang Dezember 1940. Aber Rußland mußte vernichtet werden. Entweder gäben die Engländer dann nach oder Deutschland würde den Kampf gegen England unter günstigsten Umständen weiterführen...[22] Hinter Rußland stand England, hinter England Amerika. Wieder die gleiche Geschichte – und das Gefühl, unter Zeitdruck zu stehen[23]: „... daß wir 1941 alle kontinentaleuropäischen Probleme lösen müßten, da ab 1942 USA in der Lage wäre, einzugreifen".[24]

---

[20] Stalin forderte im einzelnen: Rückzug der deutschen Truppen aus Finnland, den Rußland durch eine Friedensgarantie und den Schutz der dortigen Nickelinteressen Deutschlands honorieren würde; Abschluß eines sowjetisch-bulgarischen gegenseitigen Beistandspaktes sowie Schaffung einer Basis für russische Land- und Seestreitkräfte am Bosporus und an den Dardanellen; Anerkennung einer sowjetischen Interessensphäre südlich von Batum und Baku in Richtung Persischer Golf; Verzicht Japans auf seine Konzessionsrechte (Kohle und Erdöl) auf Nord-Sachalin. Zur Präzisierung dieser Abmachungen verlangte Stalin nicht weniger als fünf Geheimprotokolle. NSR, S. 258–259.

[21] Dekanosow machte Ribbentrop am 12. Dezember seinen Antrittsbesuch und überbrachte ihm bei dieser Gelegenheit ein signiertes Foto Stalins. Hitler empfing den sowjetischen Botschafter erstmals am 19. Dezember, d. h. einen Tag nachdem er die Weisung Nr. 21 erteilt hatte. Von diesem Gespräch existiert kein deutsches Protokoll.

[21] Bocks Tagebuch, zitiert bei *Hillgruber*, HS, S. 364.

[23] Im Rahmen dieses Buches habe ich behauptet – und werde auch weiterhin behaupten –, hinter Hitlers Entschluß, die Sowjetunion anzugreifen, habe nicht nur Wahnsinn, sondern auch Methode gesteckt. Er hoffte, die Zerschlagung Rußlands werde die Engländer und Amerikaner zum Nachdenken darüber zwingen, ob sie wirklich gegen ihn weiterkämpfen wollten. Diese Überlegungen waren nicht ganz ungerechtfertigt. Aber das bedeutet trotzdem nicht, daß Hitlers Überlegungen richtig waren – und daß es keine Alternativen gegeben hätte. Die detaillierteste Untersuchung von Hitlers Strategie in den Jahren 1940/41 findet sich in *Hillgruber*, HS. Für Historiker, die sich mit diesem Zeitraum befassen, ist das Werk unersetzlich. Trotzdem ist es mit Vorsicht zu gebrauchen, weil Hillgruber gelegentlich eine gewisse unterschwellige Mehrdeutigkeit erkennen läßt, die späteren Generationen Grund geben könnte, Hitler hier zu rehabilitieren. Nach

Barbarossa sollte am 15. Mai 1941 „steigen", wie Hitler es bei einer Gelegenheit ausdrückte. Aber zuvor wurde Hitler in einen Balkanfeldzug verwickelt. Später machte er Mussolini für diese Tatsache verantwortlich, durch die sich sein Überfall auf Rußland um fünf Wochen verschob – mit vielleicht entscheidenden Konsequenzen. Trotzdem ist dieses Argument übersteigert. Hitler, den Stalins bärenhafte Diplomatie aufbrachte, war entschlossen, den russischen Bären vom Balkan zu verdrängen, schon bevor Mussolinis Krieg gegen Griechenland dort für noch mehr Unruhe sorgte. Ungarn und Rumänien waren jetzt Verbündete des Dritten Reiches. Die Bulgaren wollten keinen Pakt mit den Russen abschließen; sie würden später einen mit den Deutschen unterzeichnen. Jugoslawien wurde von Hitler unter Druck gesetzt, sich ebenso zu verhalten. Diese Pressionen setzten bereits ein, bevor die Griechen Mussolini die ersten Schlappen beibrachten.

Die Italiener kamen im gebirgigen Epirus nicht voran, sondern wurden von den Griechen sogar nach Albanien zurückgedrängt. Anfang Dezember verließ Mussolini für kurze Zeit der Mut; er war dicht davor, die Deutschen zu bitten, einen Waffenstillstand zu vermitteln. Diese Krise war nach einigen Tagen überstanden, aber von anderen Kriegsschauplätzen kamen weitere Hiobsbotschaften. Die tapfere kleine britische Armee in Westägypten trat zu einer Gegenoffensive an, trieb die italienische Armee nach Libyen zurück, machte 130 000 Gefangene und erbeutete fast 500 Panzer sowie über 1000 Geschütze. Zuvor war bereits die italienische Kriegsmarine schwer angeschlagen worden: In der Nacht vom 11. zum 12. November 1940 hatten britische trägergestützte Bomber im Hafen Tarent drei Schlachtschiffe und zwei Kreuzer außer Gefecht gesetzt.

Der Mythos der Unbesiegbarkeit der Achsenmächte war damit zerstört. Hitler war wütend. Er ließ Canaris den Versuch machen, in Madrid zwischen griechischen und italienischen Diplomaten zu vermitteln. Dieser Versuch schlug fehl, obwohl die griechische Regierung den Deutschen wiederholt versicherte, sie werde den Engländern lediglich einige Flugplätze auf Kreta einräumen. Hitler sympathisierte im Grunde genommen mit den Griechen, aber er sah keinen anderen Ausweg. Er mußte die Lage auf dem Balkan endgültig bereinigen – aus politischer Notwendigkeit, nicht aus ideologischen Gründen. Im Januar 1941 ließ er General Antonescu bei der Niederschlagung

Hillgrubers Darstellung hatte Hitler *keine* andere Wahl als Rußland anzugreifen, wenn er nicht kapitulieren wollte. Trotzdem war Hitler keineswegs davon überzeugt, daß England selbst nach der Zerschlagung Rußlands aufgeben würde. Warum versuchte er also nicht, vor seinem Angriff gegen die Sowjetunion zu einem Verständigungsfrieden mit England zu gelangen? Gewiß, das hatte er versucht – aber ohne den Engländern Friedensbedingungen anzubieten, die sie annehmen wollten oder konnten. Außerdem erklärte er seinen Oberbefehlshabern immer wieder (z. B. am 9. Januar 1941), die Zertrümmerung Rußlands würde es auch Japan ermöglichen, sich mit allen Kräften gegen die USA zu wenden. Das würde die letzteren vom Kriegseintritt abhalten.
[24] *Jodl*, OKW/KTB, I, S. 996.

der Rebellion der radikalen Eisernen Garde – der rumänischen Nationalsozialisten – durch deutsche Panzer unterstützen. Präsident Roosevelt entsandte Colonel Donovan, einen bewährten Vertrauten, der später den ersten internationalen Geheimdienst Amerikas leiten sollte, um Jugoslawien und Bulgarien zum Widerstand gegen Deutschland aufstacheln zu lassen. Am 13. Dezember 1940 erließ Hitler die Weisung Nr. 20 für das Unternehmen „Marita": Deutsche Armeen sollten Ende März durch Bulgarien marschieren und Griechenland gemeinsam mit den Italienern angreifen.

Ende Februar 1941 begannen deutsche Pioniere vom rumänischen Donauufer aus mit dem Bau einer breiten Pontonbrücke, über die deutsche Truppen nach Süden nach Bulgarien hineinströmen würden. Dieses kleine Land, über das ein traurig dreinblickender, intelligenter König herrschte, war auf mehr als eine Weise der Prüfstein für kommende größere Ereignisse. Die Bulgaren zögerten, sich mit dem Dritten Reich zu verbünden; sie hörten sich die russischen Proteste und die Ausführungen des amerikanischen Gesandten an – aber sie glaubten schließlich, keine andere Wahl zu haben, als mit den Deutschen zusammenzugehen. Am 1. März 1941 wurde der Beitritt Bulgariens zum Dreimächtepakt bekanntgegeben.

Hitler hatte seinen Willen bekommen. Nun blieben nur noch Jugoslawien und Griechenland. Dann wollte er Rußland frontal angreifen.

# 7. Das erobernde Deutschland[1]

Im Jahre 1941 setzte der Frühling auf dem Balkan frühzeitig ein. Der Schnee auf den Bergen wurde zu Schmelzwasser, und die Sonne glitzerte auf den Waffen der durch Bulgarien marschierenden deutschen Truppen. Die Griechen im Süden wußten, daß nun die Reihe an ihnen war. Sie hatten sich seit einigen Monaten mit der Tatsache getröstet, daß Hitler ihnen nicht den Krieg erklärt hatte, und ihre britischen Verbündeten ersucht, in und um Griechenland möglichst wenig in Erscheinung zu treten. Aber jetzt befand sich Griechenland in höchster Gefahr.

Churchill stand vor einem fast unlösbaren Dilemma. Die englischen Streitkräfte in Nordafrika kämpften erfolgreich; sie hatten die Italiener aus Libyen nach Tripolitanien zurückgedrängt. Sollten sie ihren Siegeszug jetzt abbrechen, um einen Großteil ihrer Soldaten und Flugzeuge nach Griechenland zu entsenden? Churchill entschied – und nicht nur aus militärischen Gründen –, er dürfe die Griechen nicht im Stich lassen. Aber sein Dilemma war nicht mit dem der Griechen zu vergleichen. Viele griechische Generale respektierten die Deutschen und sympathisierten mit ihnen. An dem Tag, als die deutsche Wehrmacht nach Bulgarien übersetzte, forderten die Kommandeure der Epirus-Armee die königliche Regierung auf, eine Übereinkunft mit Hitler anzustreben. Der König und sein Ministerpräsident[2] lehnten diesen deutschfreundlichen Vorschlag ab. Jetzt kamen englische Truppen nach Griechenland. Eine Woche später begannen die Italiener ihre Offensive an der albanischen Grenze, wo 15 griechischen Divisionen jetzt 26 italienische gegenüberstanden. Die Italiener kamen nur wenig voran. Aber das spielte keine Rolle: Hitler hatte bestimmt, daß die Operation „Marita" am 1. April 1941 anlaufen sollte. Ausnahmsweise waren sich alle Beteiligten darüber im klaren, was er demnächst tun würde.

Nördlich von Griechenland war Jugoslawien das letzte Balkanland, das sich noch nicht mit dem Dritten Reich verbündet hatte. Seine Regierung hatte sich jahrelang bemüht, mit großer Vorsicht zwischen Hitler und Mussolini zu lavieren, indem sie sich zuerst dem einen und dann dem anderen annäherte, während sie ihre traditionell guten Beziehungen zu den Westmächten aufrechterhielt. Um dieses Gleichgewicht der Kräfte auszubauen, nahmen die Jugoslawen nach der Kapitulation Frankreichs sogar diplomatische Beziehun-

[1] 1. März–22. Juni 1941.
[2] M. Korizis, der tapfere alte Metaxas, war am 31. Januar 1941 plötzlich gestorben.

gen zur Sowjetunion auf.[3] Die Welt wußte viel über die traditionellen kämpferischen Eigenschaften der Serben; sie wußte wenig über die fatale Schwäche dieses Vielvölkerstaates – eine Schwäche, die auf dem tiefen Haß zwischen Kroaten und Serben basierte: ein Riß, der 1939 kurz vor Kriegsausbruch durch eine vernünftige Übereinkunft, die ihre gemäßigten Führer geschlossen hatten, mühsam gekittet worden war. Hitler drängte Prinzregent Paul, dem Dreimächtepakt beizutreten, und bot Jugoslawien ungewöhnlich günstige Bedingungen an. Das Land sollte kein Militärbündnis mit dem Dritten Reich schließen müssen, und Hitler wollte nicht einmal Durchmarschrechte für seine Truppen verlangen. Außerdem erklärte er dem Prinzregenten, er werde die Sowjetunion vielleicht noch in diesem Sommer angreifen – ohne Zweifel eine mit bestimmten anderen Absichten gemachte Äußerung.

Die Jugoslawen befanden sich in einem ebenso grausamen Dilemma wie die Griechen. Trotz allen Widerstrebens hatten der Prinzregent und seine Regierung den Eindruck, sich Hitlers Forderungen nicht widersetzen zu können. Aber nun setzte eine starke britische – oder vielmehr anglo-amerikanische – Gegenströmung ein. Belgrad wurde mit Botschaften von Churchill, von Präsident Roosevelt und von König Georg VI. überhäuft. Unterhalb dieser diplomatischen Gegenoffensive wurden Geheimdienstagenten aktiv. Zum erstenmal in diesem Krieg holte der englische Geheimdienst (mit massiver finanzieller und moralischer Unterstützung durch die Amerikaner) zu einem großen Coup aus, um ein ganzes Land dem Zugriff der Deutschen zu entreißen. Innerhalb weniger dramatischer Tage erreichte diese Entwicklung ihren Höhepunkt. Drei serbische Minister traten zurück. Trotzdem reisten der jugoslawische Ministerpräsident und sein Außenminister mit dem Zug nach Wien, wo sie am 25. März 1941 durch ihre Unterschriften den Beitritt Jugoslawiens zum Dreimächtepakt besiegelten.

Hitler verstand die Abneigung der Serben gegen diesen Pakt, wie er selbst sagte. Er hegte seine eigenen Befürchtungen, weil er spürte, daß es in Belgrad Schwierigkeiten geben würde. Die gab es tatsächlich. In Belgrad kam es über Nacht zu einem Putsch. Die Minister waren noch nicht zurückgekehrt, als eine Gruppe von Luftwaffen- und Heeresoffizieren die Macht übernahm, Prinzregent Paul absetzte,[4] und den jungen Peter II. zum König ausrief. Der Staatsstreich war zumindest teilweise ein Werk der Engländer, aber es kam zu wilden Szenen patriotischer Begeisterung. „Lieber Krieg als Pakt!" riefen die Massen. Englische, amerikanische und sogar französische Flaggen tauchten auf. „Jugoslawien hat seine Seele gefunden", verkündete Churchill im Unter-

---

[3] Bis 1940 gehörte Jugoslawien zu den wenigen europäischen Staaten (die anderen waren die Schweiz, Irland, Portugal und Spanien), die sich weigerten, die Sowjetunion anzuerkennen: in seinem Fall, weil das jugoslawische Königshaus nur Verachtung für das Regime der Zarenmörder empfand. Jetzt war es bereit, die Freundschaft eines neuen Zaren zu akzeptieren.

[4] Die Engländer übernahmen es, den Prinzregenten ins Exil zu bringen, so wie sie den listigen deutschfreundlichen Staatsmann Stoyadinovic einige Tage zuvor außer Landes gebracht hatten.

haus. Selbst die Russen schienen gerührt zu sein – ein wenig.[5] Die britische Mittelmeerflotte versenkte vor dem griechischen Kap Matapan drei italienische Kreuzer und zwei Zerstörer. Vor dem Hintergrund der rasch wechselnden Szenerie dieses Krieges schienen sich eine zunehmende Reihe englischer Erfolge abzuzeichnen.

Aber die Wirklichkeit sah anders aus. Hitlers Gegner hatten bald kein Glück mehr. Er reagierte blitzschnell mit der Weisung Nr. 25: „Jugoslawien muß auch dann, wenn es zunächst Loyalitätserklärungen abgibt, als Feind betrachtet und daher so rasch als möglich zerschlagen werden." Am 31. März 1941 begann unter General Erwin Rommels Befehl die deutsch-italienische Gegenoffensive in Nordafrika. Hitler hatte die Aufstellung des Deutschen Afrikakorps an dem gleichen Tag befohlen, an dem er den Bau der Pontonbrücke über die Donau nach Bulgarien angeordnet hatte. Er würde bald einen weiteren Sieg in seinem Duell mit Churchill erringen. Die Deutschen konnten zur gleichen Zeit in Afrika und auf dem Balkan erfolgreich Krieg führen. Wie sich bald herausstellen sollte, konnten die Engländer das nicht.

Hitler beschloß nicht nur, weil die Zeit drängte, Jugoslawien „so rasch als möglich (zu) zerschlagen"; er wollte auch ein Exempel statuieren. Kein europäischer Staat sollte glauben, er könne sich ungestraft von dem Dritten Reich abwenden, nur weil das Kriegsglück einmal die andere Seite zu begünstigen schien. Das neue jugoslawische Regime versuchte, die Deutschen davon zu überzeugen, daß es ihnen nicht feindselig gegenüberstehe und sogar seine Bündnisverpflichtungen aus dem Dreimächtepakt erfüllen werde, falls dies gewünscht werde. Die Jugoslawen wußten, was ihnen drohte. Die deutsche Gefahr nahm von einer Stunde zur anderen zu. Auf grimmig demonstrative Weise rollten deutsche motorisierte Divisionen öffentlich durch Ungarn, dröhnten und rasselten auf den Uferstraßen Budapests nach Süden und wurden bei ihrem Aufmarsch durch das deutschfreundliche ungarische Oberkommando unterstützt. Dabei hatte Ungarn erst vor wenigen Monaten einen Nichtangriffspakt mit seinem jugoslawischen Nachbarn unterzeichnet. Unter dem Eindruck dieser Tatsache und im Bewußtsein dessen, was der ungarische Kriegseintritt an der Seite Deutschlands England und Amerika ankündigte,

---

[5] Im März 1941 schienen die Russen die Aussicht auf eine antideutsche Front auf dem Balkan vorsichtig zu begrüßen. Sie ermutigten die Türkei, deutschen Pressionen zu widerstehen. Sie gingen nicht so weit, Cripps' aufdringlich vorgebrachten Bitten zuzustimmen oder sie auch nur zur Kenntnis zu nehmen (wie am 21. März, als Cripps darum ersuchte, auch Moskau solle die noch schwankende Belgrader Regierung unter Druck setzen). Inzwischen war die Unterstützung der Russen zu einem offiziellen Bestandteil der englischen Balkanpolitik geworden. Beispielsweise überschrieben die Engländer am 26. Februar 1941 in Istanbul der Sowjetunion sämtliche auf der Donau verbliebenen englischen und holländischen Schiffe. Die Rumänen beschlagnahmten diese Schiffe, und die Russen hielten es für besser, keine Besitzansprüche geltend zu machen – eine Episode, die für das damalige britisch-russische Verhältnis auf dem Balkan charakteristisch war. Nach dem Putsch in Jugoslawien stellte Hitler fest, er sei von den Engländern inszeniert worden, obwohl die Leute glauben würden, die Russen hätten dahintergestanden.

erschoß sich der konservative Ministerpräsident, Graf Paul Teleki, in der Nacht des 3. April 1941.

Dadurch ließen sich die Ereignisse nicht aufhalten. Daran änderte auch eine weitere Reaktion nichts, die einen anderen Pakt weit im Norden, wo Stalin sich endlich regte, betraf. Am 5. April wurde der jugoslawische Botschafter um Mitternacht in den Kreml gebeten, wo Stalin und Molotow ihm erklärten, sie seien bereit, einen Nichtangriffspakt mit Jugoslawien zu unterzeichnen.[6] Es gab selbstverständlich keinen Anlaß zu offener Aggression zwischen diesen beiden Staaten, die durch Hunderte von Kilometern, ganze Nationen und deutsche Armeen voneinander getrennt waren. Der Pakt war als eine Geste slawischer Solidarität gedacht – notfalls auch auf die Gefahr einer deutschen Verstimmung hin. Wie im Jahre 1914 entstand auf dem Balkan eine gegen Deutschland gerichtete Front.

Aber diese Front brach innerhalb weniger Tage, vielleicht schon nach Stunden zusammen. Während der jugoslawische Botschafter im Morgengrauen in seine Moskauer Residenz zurückfuhr, starteten auf noch im Dunkeln liegenden Flugplätzen Hunderte von deutschen Bombern. Vor ihnen lagen die von der Morgensonne beschienenen Dächer Belgrads. Die Deutschen warfen ihre Bombenreihen ziellos auf die Stadt, um die Bevölkerung zu terrorisieren. Belgrad wurde innerhalb weniger Stunden in einen rauchenden Trümmerhaufen verwandelt. Gleichzeitig überschritten deutsche Truppen an einem Dutzend Stellen die jugoslawische Grenze. Vor ihrem motorisierten Ansturm zerfiel die jugoslawische Armee, aus der innerhalb von zwei Tagen fast alle Kroaten desertierten.

Südlich von Jugoslawien erreichten die deutschen Truppen am 9. April 1941 Saloniki. Zwei Tage später riefen Hitlers und Mussolinis kroatische Bundesgenossen und Satelliten einen kroatischen Staat aus. Die Überreste der jugoslawischen Regierung, der König und die Diplomaten flüchteten Hals über Kopf durch die Berge nach Süden. Am 17. April unterzeichnete ein General der serbischen Armee die Kapitulationsurkunde. Inzwischen hatte die von Feldmarschall List befehligte deutsche 12. Armee schon halb Griechenland besetzt. Hitler und Goebbels hatten damit gerechnet, daß der Balkanfeldzug zwei Monate dauern würde. Aber die deutschen Truppen zerschlugen die jugoslawische Armee und den jugoslawischen Staat innerhalb von zehn Tagen, und sie würden das griechische Festland in weiteren zehn Tagen erobern, obgleich sie dort auch auf englische Truppen trafen.

Stalin reagierte ausnahmsweise rasch. Am 13. April 1941, nur acht Tage nach Abschluß seines slawischen Paktes mit Jugoslawien, brachte er sein gewaltiges sowjetisches Staatsschiff auf scharfen Rechtskurs. Der japanische Außenminister Matsuoka hielt sich in Moskau auf, und Stalin nutzte diese Gelegenheit, um ein auf einen früheren japanischen Vorschlag zurückgehendes sowjetisch-japanisches Nichtangriffsabkommen abzuschließen – ein Ereignis

---

[6] Den deutschen Botschafter hatten sie bereits am Vortag informiert.

mit ungeheuren Konsequenzen, auf die wir noch zurückkommen werden. Am gleichen Abend, am 13. April, beschloß er, eine freundschaftliche Geste an Hitlers Adresse folgen zu lassen. Stalin erschien unerwartet auf dem Moskauer Bahnhof, um die abreisende japanische Delegation zu verabschieden. Nachdem er die Japaner, die über diese hohe Ehre ganz aufgeregt waren, herzlich verabschiedet hatte, fragte Stalin öffentlich nach dem deutschen Botschafter. Dann legte er Graf von der Schulenburg den Arm um die Schulter und sagte: „Wir müssen Freunde bleiben, und dafür müssen Sie jetzt alles tun!" Wenig später wandte Stalin sich an den stellvertretenden deutschen Militärattaché, Oberst Krebs: „Wir werden mit euch Freunde bleiben – auf jeden Fall!" Die anwesenden Deutschen waren zutiefst beeindruckt. Hitler war es nicht.

Der rasche Zusammenbruch Jugoslawiens bewies der Welt, daß die Deutschen noch immer Meister der Kriegskunst waren. Außerdem zeigte er die fatale Schwäche von Vielvölkerstaaten auf. Der jugoslawische Staat war praktisch beim ersten deutschen Ansturm gefallen. Der Haß der Kroaten auf die Serben brach aus und überflutete innerhalb weniger Tage die schwachen Dämme ihrer politischen Einheit. Das war eine Wiederholung – nur in viel größerem und tragischerem Maßstab – der Ereignisse in Belgien, wo flämische Soldaten ihre wallonischen Kameraden oft im Stich gelassen hatten. Hitler profitierte zunächst von diesen nationalistischen Ausbrüchen; auf die Dauer erwiesen sie sich jedoch als nicht immer vorteilhaft.

Jugoslawien wurde nun aufgeteilt. Dort entstand ein kroatischer Staat, ein neuer Trabant der Achsenmächte, in dessen Führungsspitze es viele Männer gab, die von mörderischen Ambitionen beherrscht wurden. Italien, Ungarn und Bulgarien nahmen sich Teile des jugoslawischen Staatsgebietes. Daraus entstanden Kontroversen, Streitigkeiten und ein heimlich geführter Krieg – alles Dinge, die den Deutschen nicht ins Konzept paßten. Sie mußten bald feststellen, daß sie Jugoslawien und Griechenland keinesfalls vollständig beherrschten: Sie besaßen die Städte, aber ihnen fehlten die Truppen, um sich auf dem Land zu behaupten. Schon bald rotteten sich in den Bergen verschiedene patriotische – und einige Monate später auch kommunistische – Banden zusammen, die vereinzelt Dörfer überfielen. Das wurde als Partisanenkrieg, eine neue Art von Krieg, bezeichnet. In Wirklichkeit bedeutete es das Wiederaufleben des alten patriotischen Banditentums der Balkanländer: die Kunst der raubgierigen Guerillakriegführung, an die diese Balkanvölker sich noch gut erinnerten, weil sie sie noch vor zwei oder drei Generationen gegen die Türken praktiziert hatten.

Im Süden stießen die Deutschen nach Griechenland vor. Nachdem sie am Rupelpaß die griechische Verteidigungslinie durchbrochen hatten, nahmen sie am 9. April 1941 Saloniki ein. Die englischen, neuseeländischen und australischen Einheiten konnten diesen Vormarsch nicht aufhalten. Sie bemühten sich vergebens, an mehreren Pässen – auch bei den Thermopylen – Auffangstellungen zu halten. Vor ihnen erwiesen sich die deutschen Panzertruppen in Qualität und vor allem an Zahl überlegen. Hinter ihnen zerstörte die deutsche Luftwaffe den Hafen Piräus schon am ersten Tag des Feldzuges. Am 23. April kapitulierten die nordgriechischen Streitkräfte vor den Deutschen. Vier Tage später wurde Athen besetzt. Die Commonwealth-Truppen und einige griechische Einheiten konnten sich vom Festland nach Kreta retten. Das Verhalten der griechischen Bevölkerung war eindrucksvoll: Sie neigte im allgemeinen nicht dazu, die Engländer für die Katastrophe, die über ihr Land hereingebrochen war, verantwortlich zu machen. Einige Generale und einige wenige Politiker waren bereit, mit den Deutschen, die sie den Italienern vorzogen, zusammenzuarbeiten. Aber das nützte nicht viel. Die Deutschen waren strenge Herren; die Italiener waren menschlicher und gehemmter. Innerhalb weniger Wochen gab es nur wenige griechische Dörfer, deren Bewohnern eine italienische Garnison nicht lieber als eine deutsche gewesen wäre.

Nun folgte ein in der Kriegsgeschichte neuartiger Feldzug, den Hitler mit seiner Weisung Nr. 28 befahl: „Als Stützpunkt für die Luftkriegsführung gegen England im Ost-Mittelmeer ist die *Besetzung der Insel Kreta* vorzubereiten (Unternehmen Merkur)." Die Deutschen hatten keine Flotte für dieses Unternehmen, aber sie hatten Fallschirmjäger, deren Kommandeur den anfangs noch zweifelnden Hitler davon überzeugte, daß Kreta aus der Luft genommen werden könne. Am 20. Mai 1941 sprangen deutsche Fallschirmjäger über drei kretischen Flugplätzen ab. Den Engländern, Australiern, Neuseeländern und Griechen gelang es nicht – hauptsächlich wegen des Zusammenbruchs der Nachrichtenverbindungen –, die Angreifer zurückzuschlagen.

Zwei Tage wogte der Kampf hin und her; am dritten eroberten die Deutschen den Flugplatz Malemes, so daß dort Gebirgsjäger landen konnten, und nahmen dann die übrigen Flugplätze an der Nordküste. Nach weiteren vier Tagen begann der ungeordnete Rückzug englischer, australischer, neuseeländischer und griechischer Truppen durch das kretische Bergland zur Südküste. Teile der britischen und griechischen Einheiten wurden gemeinsam mit dem griechischen König und seiner Regierung übers Mittelmeer nach Alexandrien evakuiert, das damit der vorläufige Sitz einer griechischen Regierung wurde. Am 2. Juni 1941 kapitulierten die letzten britischen Einheiten – genau ein Jahr nach Dünkirchen. Im Gegensatz zu Dünkirchen hatten die Engländer sich diesmal nicht ruhmreich aus der Affäre gezogen. Die maritime Überlegenheit ihrer Mittelmeerflotte konnte die deutsche Luftherrschaft nicht aufwiegen.[7] Die Hälfte aller britischen Soldaten war gefallen oder in Gefangenschaft geraten; vier ihrer Kreuzer und fünf ihrer Zerstörer waren versenkt worden.

---

[7] Andererseits verbrauchten die Deutschen ihre einzige Fallschirmjägerdivision. Ihre Vernehmung englischer Gefangener zeigte außerdem, daß deren Moral ungebrochen war: „Trotz der zahlreichen Rückschläge in der Kriegsführung herrscht allgemein weiterhin absolutes Vertrauen zu Churchill vor." Viele Jahre später hielt Churchill (GA, S. 303) dies dankbar fest.

Das Oberkommando des Heeres stellte schon vor dem Belgrader Militärputsch fest, daß an einen Beginn des Ostfeldzuges nicht vor dem 15. Juni zu denken sei.[8] Hitlers schließliche Niederlage im Osten ist merkwürdigerweise vielleicht nicht auf den jugoslawischen Widerstand, sondern eher auf das Gegenteil, auf den überraschend schnellen Zusammenbruch der jugoslawischen und griechischen Streitkräfte zurückzuführen, durch den Hitler allzu selbstsicher wurde. Hätten seine Soldaten auf dem Balkan zwei Monate lang zu kämpfen gehabt, hätte er den Ostfeldzug um einen weiteren Monat, vielleicht sogar auf 1942 verschieben müssen.

Im Mai 1941 stand Hitler noch eine weitere Alternative offen: Er hätte verhältnismäßig leicht durch den Nahen zum Mittleren Osten vorstoßen können. Die deutschen Siege hatten einige Völker des östlichen Mittelmeerraumes tief beeindruckt.[9] Im März war es dem deutschfreundlichen Nationalisten Raschid Ali durch Intrigen gelungen, sich im Irak zum Ministerpräsidenten aufzuschwingen. Admiral Darlan erklärte sich bereit, deutsche und italienische Flugzeuge in dem französischen Protektorat Syrien landen zu lassen. Vor oder nach der Eroberung von Kreta hätten die Deutschen also über das östliche Mittelmeer vorstoßen und sich zumindest in Syrien, im Irak und auf Zypern festsetzen können. Darüber hinaus waren der Iran, Ägypten und Afghanistan potentielle Verbündete der Deutschen. Aber Hitler glaubte, diesen Vorstoß nicht riskieren zu dürfen. Im Gegensatz zu Napoleon lag ihm wenig daran, Alexander dem Großen nachzueifern. Seine Weisung Nr. 30 vom 23. Mai 1941 (dem Tag der entscheidenden deutschen Erfolge auf Kreta) machte dies klar: Die Deutschen würden den Irak unterstützen, aber der endgültige Angriff gegen die Engländer im Nahen und Mittleren Osten sollte erst nach „Barbarossa" stattfinden.

Mit etwas mehr Anstrengung hätte Hitler die gesamten englischen Positionen im Nahen und Mittleren Osten aufrollen können. Statt dessen gelang es den Engländern nach einigen Krisentagen, die Gesamtlage zu ihren Gunsten zu beeinflussen. Englische und indische Truppen landeten in Basra an der Euphratmündung. Anfang Mai griff Raschid Ali englische Ölfelder im Irak an, wobei er von einigen deutschen und italienischen Flugzeugen unterstützt wurde, die von Syrien aus operierten (und von einigen wenigen deutschen Einheiten, die deutsche Tropenuniformen mit irakischen Abzeichen trugen). Die schwachen britischen Garnisonen hielten aus. Während die Aussichten im

---

[8] General Halder stellte schon am 16. März 1941 fest, daß „Marita" sich störend auf „Barbarossa" auswirken könne. Am nächsten Tag ordnete Hitler eine Planung für die Besetzung ganz Griechenlands an (ursprünglich hätte nur Nordgriechenland besetzt werden sollen). Schon damals rechnete das Oberkommando der Wehrmacht mit einer Verschiebung von „Barbarossa" um sechs Wochen. Außerdem führten die Flüsse im polnisch-russischen Grenzgebiet – besonders der Bug – in diesem Frühjahr außergewöhnlich starkes Hochwasser.

[9] Am 14. April zum Beispiel schickte König Faruk durch seinen Schwiegervater, den ägyptischen Gesandten in Persien, eine Geheimbotschaft an Hitler: er hoffe, daß Deutschland Ägypten bald vom „britischen Joch" befreie.

Kampf um Kreta sich für die Engländer verschlechterten, verbesserte sich ihre Lage im Irak. Die belagerten Flugplätze wurden von den vorrückenden britischen Truppen befreit, und eine Woche später erreichten die Briten Bagdad an dem Tag, als die letzten Engländer und ihre Verbündeten fluchtartig Kreta verließen.[10] Raschid Ali floh über die Wüstengrenze nach Persien.

Acht Tage später griff eine aus Palästina vorstoßende kombinierte Streitmacht aus englischen, gaullistisch-französischen und polnischen Brigaden die Vichy-Truppen in Syrien an. Die Vichy-Franzosen wehrten sich tapfer, mußten dann aber am 14. Juli kapitulieren. Einige Wochen später marschierten englische und russische Truppen in Persien ein, zwangen den nationalen Führer Reza Schah Pahlevi zum Rücktritt und setzten eine den Alliierten freundlich gesonnene Regierung ein. Aber zu diesem Zeitpunkt war der Krieg zwischen Deutschland und Rußland bereits in vollem Gange.

Churchill, den die Unfähigkeit der Deutschen, in den Mittleren Osten vorzudringen, ermutigt hatte, drängte General Wavell, die Offensive gegen Rommel zu ergreifen, nachdem dieser die Engländer nach Ägypten zurückgedrängt hatte. Durch eine mutige Geleitzugoperation war es Admiral Cunningham im Mai gelungen, eine größere Anzahl englischer Schiffe, die unter anderem fast 300 Panzer transportierten, übers Mittelmeer nach Nordafrika zu bringen. Damit griff Wavell am 15. Juni 1941 Rommel an. Innerhalb von zwei Tagen war die Operation „Battleaxe" fehlgeschlagen. Wavell selbst sah sich genötigt, eine Erklärung dafür zu geben: die deutschen Panzer und gepanzerten Fahrzeuge seien besser als die englischen, und die Ausbildung der Briten sei schlechter als die der Deutschen. Das war eine kleine Schlacht gewesen – aber „für mich ein äußerst bitterer Schlag".[11] Churchill war zutiefst erschüttert und entließ General Wavell.

Damit bin ich der Entwicklung auf dem nach wie vor wichtigsten Kriegsschauplatz vorausgeeilt. Im Herbst, Winter und Frühjahr bewarfen die Deutschen England unaufhörlich weiter mit Brandbomben. Am 14. November gelang es ihnen durch einen zehnstündigen Angriff, Coventry in Brand zu setzen. Am 29. Dezember, einem Sonntagabend, kam es 274 Jahre nach dem ersten zu dem zweiten Großen Londoner Feuer. Das Frühjahr wurde noch schlimmer. Die Städte am Clyde wurden tagelang nacheinander bombardiert. Im Mai erreichte die Moral der Bevölkerung einen gefährlichen Tiefstand. In Liverpool, das Nacht für Nacht bombardiert wurde, machten ominöse Gerüchte die Runde: Es sollte zu Unruhen wegen Lebensmittelknappheit gekommen sein, und

---

[10] Inzwischen hatten die Engländer auch Abessinien erobert, dessen Hauptstadt am Tag des deutschen Luftangriffs auf Belgrad gefallen war. Zwei italienische Garnisonen hielten sich noch einige Monate in den Weiten Äthiopiens. Das war das Ende von Mussolinis afrikanischem Reich.
[11] *Churchill*, GA, S. 343. „Ich fuhr nach Chartwell, das ganz abgeschlossen war, und wollte allein sein . . . Ich wanderte einige Stunden lang untröstlich durchs Tal."

Gruppen von Verzweifelten sollten mit weißen Fahnen durch die Straßen ziehen. Am 10. Mai, genau ein Jahr nach Churchills Amtsantritt, erlebte London seine schlimmste Nacht, in der es fast 1500 Tote gab. Amerikanische Reporter sahen unrasierte Männer zur Arbeit fahren; einige Beobachter hatten den Eindruck, der Durchhaltewille der Bevölkerung lasse nach.

An diesem gleichen Samstagabend flog ein einzelnes deutsches Flugzeug über die schottische Ostküste landeinwärts. Der Pilot ließ die Maschine abstürzen; er selbst stieg mit dem Fallschirm aus. Es war kein Geringerer als Rudolf Heß, der Stellvertreter des Führers, der auf eigene Faust gekommen war, um die Engländer von Hitlers Friedenswillen zu überzeugen. Er ist in diesem Buch bereits einmal in einer Fußnote erwähnt, als er mit seinen Freunden, den Haushofers, über einen Frieden mit England gesprochen hatte, und als von seinem Kontakt mit dem Herzog von Hamilton auf dem Höhepunkt der Luftschlacht über England die Rede war. Heß war ein idealistischer Nationalsozialist, ein tapferer Mann und ein naiver Deutscher. Er war naiv und unwissend, was die Engländer betraf, und glaubte beispielsweise, der Herzog von Hamilton, der den Titel Lord-Truchseß des Hofes trug, genieße das Vertrauen des Königs. (Wie Churchill es einem Freund gegenüber ausdrückte: „Ich vermute, daß er glaubt, der Herzog tranchiere das Huhn und frage den König, ob er Brust oder Keule wünsche.")[12]

Hitler und Goebbels sagten sich selbstverständlich sofort von Heß los, dem sie Wahnvorstellungen nachsagten. Hitler dürfte von Heß' Plan gewußt haben – allerdings nicht von seiner Zeitplanung. Die beiden Männer dachten jedenfalls ähnlich, denn es war auch Hitlers größter Wunsch, vor dem Einfall in Rußland zu einem Frieden mit England zu kommen. Heß war klug genug, den Engländern nichts von dem bevorstehenden Ostfeldzug zu verraten. Aber seine Einschätzung der britischen Psyche verriet beachtliche Naivität. Er wiederholte ständig, welche freundschaftlichen Gefühle Hitler für die Engländer empfinde und wie sehr es der Führer bedaure, Krieg gegen englische Frauen und Kinder führen zu müssen. Damit konnte er Churchill jedenfalls nicht beeindrucken. Andererseits unternahm Churchill nur wenig, um den Propagandawert von Heß' Flug auszunützen – vielleicht wegen der damaligen Nöte der englischen Bevölkerung, die nicht zuviel an Friedensboten aus Deutschland denken sollte.

Wenige Tage später ließen die Luftangriffe nach. Die deutschen Luftflotten wurden nach Osten, nach Polen verlegt. Die Engländer atmeten allmählich erleichtert auf; diese Erleichterung hielt noch lange vor und hatte vermutlich viel mit ihrer emotionalen späteren Russenfreundschaft zu tun, die so emotional war, daß man sie als geradezu unbritisch bezeichnen konnte. Ihr Krieg gegen Deutschland gab ihnen jedoch wenig Anlaß zur Erleichterung. England hatte auf Kreta eine deprimierende Niederlage erlitten, an der auch seine Navy nicht viel hatte ändern können. In der gleichen Woche spielte sich auch im

[12] *Pawle*, S. 96.

Atlantik ein großes Drama ab. Am 24. Mai 1941 versenkte die „Bismarck", Hitlers größtes und neuestes Schlachtschiff, bei einem Atlantikunternehmen, zu dem sie gemeinsam mit dem Kreuzer „Prinz Eugen" ausgelaufen war, in der Dänemarkstraße innerhalb weniger Minuten die „Hood", das größte englische Schlachtschiff. Eine ganze Flotte nahm die Suche nach der „Bismarck" auf, die nach vier Tagen aufgespürt und schließlich versenkt wurde.

Für die Völker Europas war die Aussicht auf einen Sieg Englands nun wieder in weite Ferne gerückt. An den Rändern Europas waren die Briten zurückgeschlagen worden. Der Krieg würde also doch lange dauern. Die Feinde Englands, darunter auch die neuen Deutschenfreunde auf dem Kontinent, gelangten immer mehr zu der Überzeugung, in dem Duell zwischen dem jungen Deutschland und dem alten England sei ersteres unbesiegbar. Trotzdem verloren die Freunde des alten England nicht den Mut. Eine von Goebbels auf dem Festland aufgezogene Propagandakampagne, durch die der Buchstabe V (wie Viktoria) zu einem Siegessymbol für das Dritte Reich werden sollte, schlug erbärmlich fehl. Das V wurde statt dessen zu einem Symbol Churchills. Der Morsebuchstabe V – drei Punkte und ein Strich – wurde das Erkennungszeichen der europäischen Sendungen der BBC, die auf dem Kontinent Millionen von Hörern hatte. Diese Tonfolge bildete auch den ersten Takt von Beethovens 5. Symphonie.

London war damals nicht nur ein Hafen, ein Zufluchtsort, eine letzte Bastion. Es war die Hauptstadt des traditionellen Europa, der Brennpunkt aller Hoffnungen – eine Erinnerung, die später rasch wieder verblaßte, aber für den heutigen Betrachter respektgebietend ist. London war der Sitz des polnischen Präsidenten, des Königs von Norwegen, der Königin der Niederlande, des Konnetabels des Freien Frankreich und der Exilregierungen Belgiens, Jugoslawiens, Griechenlands und weiterer Staaten. Die Straßen Londons boten einen ungewohnt farbigen Anblick: Neben Kanadiern und Australiern in ihren gutsitzenden Uniformen sorgten polnische Soldaten, französische Matrosen und niederländische Marineinfanteristen für eine internationale Atmosphäre. Bei dieser Gelegenheit ist festzuhalten, daß der Durchhaltewille praktisch aller dieser Männer ungebrochen stark blieb.

„Hitler scheint seine Streitmacht gegen Rußland zu massieren", schrieb Churchill am 16. Mai 1941 an General Smuts.[13] Hitler gab sich jedenfalls kaum Mühe, diese Tatsache geheimzuhalten. Ihm war es gleichgültig, ob andere – auch Stalin – davon wußten. Das bedeutet eine erhebliche Minderung des Wertes der Informationen, die Stalin durch Geheimagenten zugingen, deren Leistungen später zu legendären Ausmaßen emporgelobt worden sind. Hitler

[13] *Churchill*, GA, S. 283.

erzählte dem jugoslawischen Prinzregenten, den Finnen, den Rumänen und anderen schon Wochen und teilweise auch Monate vorher von seiner Absicht, die Sowjetunion anzugreifen. Wollte er Stalin dadurch so sehr beeindrucken, daß dieser auf alle möglichen deutschen Forderungen einging? Das ist unwahrscheinlich. Hitler hatte keine Forderungen gestellt. In diesem Krieg würde es kein Brest-Litowsk geben. Er scheint im Gegenteil versucht zu haben, die Engländer und Amerikaner zu beeindrucken. Dies war ihre letzte Chance, den Kampf gegen Deutschland einzustellen. Heß war offenbar erfolglos gewesen. Mitte Juni tauchte der unermüdliche Dahlerus erneut auf: Er versuchte, den Engländern in Stockholm eine Nachricht zu übermitteln. Göring hatte ihm gesagt, Deutschland werde bald die Sowjetunion angreifen.

Nun müssen wir uns ein letztes Mal mit Hitlers Entschluß befassen. Es war der einsamste, den er je getroffen hatte. Vielleicht mit Ausnahme des seichten Ideologen Rosenberg, den Hitler nicht ernstnahm, plädierte niemand aus der Hierarchie des Dritten Reiches für einen Krieg gegen Rußland. Hitler ließ sich nicht von seinen Beratern oder Untergebenen wie Ribbentrop, Raeder, Weizsäcker und Schulenburg, weder von Nationalsozialisten noch von Konservativen umstimmen.[14] Er mußte seine Entscheidung mehr als bei anderen Gelegenheiten rechtfertigen, um vor allem sich selbst von ihrer Richtigkeit zu überzeugen. Seine Argumente basierten auf wirtschaftlichen, taktischen, strategischen und politischen Erwägungen, deren Bedeutung in dieser Reihenfolge zunahm. Deutschland hatte von den Handelsabkommen mit der Sowjetunion profitiert; aber Hitler wollte nicht von Stalin abhängig werden. Das war allerdings kein durchschlagendes Argument, denn Rußland lieferte Deutschland einen Großteil der benötigten Rohstoffe.[15] Das taktische Argument erläuterte Hitler nur einmal – anläßlich des Besuches des rumänischen Marschalls Antonescu zehn Tage vor Beginn des Ostfeldzuges: Rußland würde Deutschland vielleicht nicht direkt angreifen, aber Finnland und Rumänien bedrängen und dadurch immer größere deutsche Kräfte an den Flanken des Reiches binden. Das strategische Argument klang vernünftiger: Sobald Rußland zerschlagen war, war Englands letzte Hoffnung auf dem Kontinent

[14] Er hatte Ribbentrop seinen endgültigen Entschluß erst am 6. April mitgeteilt. Festzuhalten ist jedoch, daß einige seiner Generale ausnahmsweise voller Zuversicht waren.

[15] Am 15. Februar 1945 rechtfertigte Hitler diese Entscheidung mit dem Hinweis darauf, daß lebenswichtige Rohstoffe von den Russen zurückgehalten worden seien. Die Lieferungen, die trotz der russischen Verpflichtung ständig gesunken seien, hätten plötzlich ganz aufhören können. „Je länger der Krieg im Westen und damit die britische Blockade fortdauerten, je ernster die Situation durch das verstärkte Engagement der USA wurde, um so größer mußte die wirtschaftliche und politische Abhängigkeit Hitlers von Stalin werden." *Hillgruber,* HS, 257. Das war nicht richtig. Vgl. Rundschreiben Ritter, 11. Januar 1941, in GD, D, XI, 1071–72: „Die Sowjetunion hat alles geliefert, was sie zugesagt hat. Auf manchen Gebieten hat sie sogar noch mehr geliefert als ursprünglich vereinbart war. Bei der Organisierung der riesigen Transporte hat die Sowjetunion eine wirklich bewundernswerte Leistung vollbracht . . . das größte wirtschaftliche Vertragswerk . . ., das je zwischen zwei Staaten abgeschlossen worden ist."

vernichtet. Dabei kam es allerdings darauf an, rasch zu handeln, solange England noch nicht stark genug war, um Deutschland ernstlich in den Rücken fallen zu können. „Jetzt haben wir die Möglichkeit, Rußland zu zerschlagen, während wir den Rücken frei haben. Diese Gelegenheit kommt nicht wieder."

Hinter diesem Argument steckte gleichzeitig eine politische Überlegung. Durch die Niederlage des kommunistischen Rußland konnte das amerikanische Eigeninteresse wieder geweckt werden. Vielleicht waren die Amerikaner dann nicht nur von der deutschen Unbesiegbarkeit in Europa beeindruckt, sondern trösteten sich in gewissem Maße auch mit der endgültigen Vernichtung des Kommunismus. Roosevelts Gegner, die viel antikommunistischer als deutschfeindlich waren, würden dadurch gestärkt werden. Jedenfalls erteilte Hitler am 21. Juni 1941, dem Vortag seines Überfalls auf Rußland, Luftwaffe und Kriegsmarine eine strikte Weisung, die im Kriegstagebuch des BdU folgendermaßen wiedergegeben wurde: „Führer hat Vermeidung jeden Zwischenfalls mit den USA für die nächsten Wochen befohlen. In allen denkbaren Fällen in diesem Sinne handeln."

Diese Überlegungen waren nicht ganz unbegründet. Hitlers Entschluß, Stalin anzugreifen, war nicht etwa die Entscheidung eines Wahnsinnigen; sein Vorgehen bewies vielmehr Methode. Vier Jahre später, am Rande der endgültigen Niederlage, erklärte er in engstem Kreise, daß keine Entscheidung, die er während des Krieges getroffen habe, so schwer gewesen sei wie die, Rußland anzugreifen. Er habe immer behauptet, daß ein Zweifrontenkrieg um jeden Preis zu vermeiden sei, und man könne versichert sein, daß er lange und besorgt über Napoleon und seine Erfahrungen in Rußland nachgedacht habe.[16] Dadurch wird die simplifizierende Argumentation jener Historiker widerlegt, die als Beweis für ihre These lediglich „Mein Kampf" heranziehen und behaupten, Hitler sei auf einen Krieg gegen Rußland fixiert gewesen und habe sein Leben lang dieser einen großen Gelegenheit entgegengefiebert. Gewiß, Hitler hatte am 21. Juni 1941 an Mussolini geschrieben: „Das Zusammengehen mit der Sowjetunion hat mich . . . doch oft schwer belastet . . . Ich bin glücklich, daß ich diese Seelenqualen nun los bin." Andererseits setzte sich bei Hitler wieder eine seiner erstaunlichen Vorahnungen durch. Als seine militärischen Berater Mitte Juli behaupteten, Rußland werde binnen kürzester Zeit niedergeworfen werden, und jemand von Rußland als von einer „großen Seifenblase" sprach, wurde Hitler plötzlich nachdenklich und sagte, Rußland gleiche eher dem Schiff in Wagners Fliegendem Holländer. „Der Beginn eines jeden Krieges ist wie das Aufstoßen eines großen Tors in einen dunklen Raum. Man weiß nicht, was hinter dem Dunkel verborgen ist."[17]

Er täuschte sich, als er sich einzureden versuchte, Stalin hole zu einem Schlag gegen Deutschland aus. Nichts wäre weiter von der Wahrheit entfernt gewesen als diese Vermutung. Kein bürgerlicher Staatsmann hatte jemals so

[16] *Hitler-Bormann*, S. 63.
[17] *Zoller*, S. 142–143.

vor Hitler gekuscht, wie es Stalin und Molotow taten. Sie nahmen beflissen Rücksicht auf Deutschland, erfüllten und übererfüllten ihre Verpflichtungen, ignorierten und beleidigten die Engländer, weigerten sich, britischen und amerikanischen Informationen über deutsche Truppenansammlungen an ihrer Grenze zu glauben, vertrieben die diplomatischen Vertreter von Englands Verbündeten aus Moskau, erkannten sämtliche Verbündeten und Satelliten Deutschlands und alle Feinde Englands an, protestierten kaum, als deutsche Flugzeuge immer tiefer in den Luftraum Westrußlands eindrangen, verfaßten schließlich sogar eine beflissene TASS-Meldung, die der sowjetische Rundfunk am 14. Juni sendete und in der bestritten wurde, daß es Differenzen zwischen Deutschland und Rußland gebe oder in Zukunft geben könnte, und baten danach um eine Erklärung für die Unzufriedenheit der deutschen Regierung mit der Sowjetregierung. Deshalb war die russische Bevölkerung auf den Krieg völlig unvorbereitet. Die sowjetischen Streitkräfte wurden entweder unvollständig oder gar nicht alarmiert. Nur zwei Maßnahmen ließen erkennen, daß Stalin in dieser entscheidenden Phase Staatskunst zu beweisen versuchte: Die eine war sein am 13. April 1941 unterzeichneter Nichtangriffspakt mit Japan, durch den zumindest vorerst die Gefahr eines Zweifrontenkrieges für die Sowjetunion gebannt war. Die andere war seine Selbsternennung zum Regierungschef. Am 6. Mai 1941 übernahm Stalin, der bisher Erster Sekretär der KPdSU gewesen war, den Vorsitz im Rat der Volkskommissare – ein Ereignis, dessen Tragweite damals nicht allgemein erkannt wurde.

Die deutschen Armeen wurden langsam, mechanisch, systematisch in Bereitschaft versetzt. Am 21. Juni wurde kurz nach Mittag das Codewort „Dortmund", das den Angriffsbefehl enthielt, durchgegeben. Die kommende Nacht war wegen der Sommersonnenwende die kürzeste Nacht des Jahres. Hunderttausende von deutschen Soldaten würden sich später an diese helle Sommernacht an dem polnischen Fluß Bug erinnern, an dessen niedrigen Ufern Tausende von Fröschen quakten. Kurz vor Mitternacht fuhr der Moskau-Berlin-Expreß über die Grenzbrücke bei Brest-Litowsk. Ihm folgte ein langer russischer Güterzug für Deutschland. Dann begannen die deutschen Motoren aufzuheulen. Um 3.15 Uhr erhellte das Mündungsfeuer Tausender deutscher Geschütze den Himmel. Über ihnen flogen ganze Geschwader deutscher Flugzeuge nach Osten, um die sowjetische Luftwaffe noch in den ersten Tagesstunden am Boden zu zerstören.

Der 22. Juni 1941 war ein heißer Sommersonntag, an dem in fast ganz Europa die Sonne schien. In Italien waren sowohl Mussolini als auch der sowjetische Botschafter zum Baden ans Meer gefahren. Churchill bereitete seine Rundfunkansprache tagsüber im Garten seines Landsitzes Chequers vor: eine Rede voll melodramatischer Rhetorik, aus der aber auch kühler und sorgfältig berechnender gesunder Menschenverstand sprach. Er hielt nicht viel vom Kommunismus. „Aber dies alles verblaßt vor dem Schauspiel, das sich nun vor uns entfaltet ... Ich muß die Entscheidung der Regierung Seiner

Majestät bekanntgeben . . . auf der Stelle, ohne auch nur einen Tag Verzögerung: Ich muß diese Erklärung abgeben, aber können Sie daran zweifeln, was unsere Politik sein wird? Wir haben nur ein Ziel und einen einzigen unwiderruflichen Vorsatz. Wir sind entschlossen, Hitler und jegliche Spur des Naziregimes zu vernichten. Davon kann uns nichts abbringen – nichts. Wir werden niemals unterhandeln, wir werden niemals mit Hitler oder irgend jemand aus seiner Bande verhandeln . . . Jeder Mann oder Staat, der gegen das Nazitum kämpft, wird unsere Unterstützung erhalten. Jeder Mann oder Staat, der mit Hitler marschiert, ist unser Feind . . ."

Im Kreml herrschte an diesem Tag bestürztes Schweigen. Als Molotow die deutsche Kriegserklärung überreicht wurde, war der „Eiserne" nahe daran, sich zu entschuldigen. „Glauben Sie, daß wir das verdient haben?" fragte er den deutschen Botschafter. Zur gleichen Stunde fragte der sowjetische Botschafter in Berlin, Stalins georgischer Scherge, den deutschen Außenminister, ob nicht vielleicht doch ein Irrtum vorliege. Dekanosow empfand es als gewissen Trost, daß Ribbentrop nicht gerade glücklich wirkte. Auch Stalin, der noch wider besseres Wissen hoffte, wies die sowjetische Artillerie zunächst an, das deutsche Feuer nicht zu erwidern. Radio Moskau begann sein Tagesprogramm mit der Morgengymnastik. Später hielt Molotow eine wenig begeisternde Rundfunkansprache. Zu diesem Zeitpunkt war fast die Hälfte der sowjetischen Luftwaffe am Boden zerstört, und die heimkehrenden deutschen Flieger sahen die von deutschen Panzern und LKWs aufgewirbelten Staubwolken bereits weit im Osten der sowjetischen Grenze.

# 8. Das bedrohliche Deutschland[1]

Am 22. Juni 1941 schlugen die Morgennachrichten wie eine Bombe ein. Trotzdem war dies für Millionen von Europäern nur der Beginn eines weiteren deutschen Feldzuges an einem Sonntagmorgen. Er begann jedenfalls nach einem schon mehrmals erlebten Schema. Die Deutschen stießen rasch ins Feindesland vor. Drei Wochen nach Beginn des Ostfeldzuges erklärte Hitler dem japanischen Botschafter Oshima, er glaube nicht, daß dieser Feldzug länger als sechs Wochen dauern werde. Die Schätzungen der britischen und amerikanischen Nachrichtendienste lauteten ähnlich: vier Wochen, sechs Wochen, bestenfalls ein Vierteljahr.[2] Laurence Steinhardt, der amerikanische Botschafter in Moskau, ein prinzipientreuer, intelligenter Mann, kabelte vor dem 22. Juni, er bezweifle, daß Stalins Regime eine deutsche Invasion überdauern könne. Sein Vorgänger Joseph Davies, ein törichter Millionär, der während der Säuberungen der Jahre 1936-39 die meisten Lügen der stalinistischen Propaganda geschluckt hatte, erklärte Roosevelt das genaue Gegenteil: Stalin werde Hitler zweifellos schlagen – genau das wollte Roosevelt hören. Davies behielt schließlich aus völlig anderen Gründen recht. Steinhardt hatte sich getäuscht.

Wir wissen, daß Hitler den Krieg in Rußland verloren hat. Aber wir legen uns selten Rechenschaft darüber ab, daß er 1941 sehr nahe daran war, ihn zu gewinnen. Am 22. Juni warf er die Hälfte seiner gewaltigen Wehrmacht in die Weiten Rußlands. Innerhalb von zwei Tagen eroberten die Deutschen Wilna und Kowno; nach acht Tagen waren sie in Lemberg. Sieben Tage später nahmen sie Riga ein und hatten damit in einer Woche erreicht, wozu die deutsche Armee im Ersten Weltkrieg drei Jahre gebraucht hatte. An der Nord- und Südflanke stießen die finnischen und rumänischen[3] Armeen mit ihnen vor. Italien, Ungarn, die Slowakei und Kroatien erklärten der Sowjetunion den Krieg; Spanien entsandte eine Freiwilligendivision. Aus den von Hitler eroberten west- und nordeuropäischen Staaten kam eine geringe, aber wachsende Anzahl von Freiwilligen, nachdem Hitler beschlossen hatte, alle Staaten, die sich seinem „Kreuzzug" anschließen wollten, als Verbündete zu akzeptieren.[4]

---

[1] 22. Juni–1. November 1941.

[2] *Woodward*, S. 150, Fußnote 1, S. 153; *Eden*, II, S. 269.

[3] Rumänien stellte 30 Divisionen – mehr als alle übrigen Satellitenstaaten zusammen.

[4] Am 24. Juni trugen die Sowjets dazu bei, die finnische Kriegserklärung zu provozieren, indem sie Helsinki vorzeitig bombardierten. Der Zwischenfall, der (am 26. Juni) Ungarns Kriegserklä-

Die Hälfte der sowjetischen Luftwaffe war vernichtet; an den beiden ersten Kriegstagen über 2500 Flugzeuge. Die Rote Flotte lag untätig im Finnischen Meerbusen. Die sowjetischen Armeen befanden sich an allen Fronten auf dem Rückzug. Ihre Generalität war der deutschen weit unterlegen.

Stalin raffte sich erst am 3. Juli 1941 zu einer Rundfunkansprache an die Bevölkerung der Sowjetunion auf: eine monotone Rede, die allerdings nicht ohne Grund von altehrwürdigen patriotischen Anspielungen strotzte. Er hatte den sowjetischen Armeen befohlen, zu Gegenangriffen anzutreten, ihre Stellungen zu halten und keinen Fußbreit Boden preiszugeben. Abgesehen von einer unbedeutenden Ausnahme (Jelnja vor Smolensk) schlugen alle diese Gegenangriffe fehl, und die Deutschen kesselten immer größere sowjetische Truppenmassen ein. Mitte August fiel Smolensk – ein Ereignis, das Moskau der eigenen Bevölkerung erst vier Wochen später eingestand. Die Deutschen erreichten die Außenbezirke von Leningrad. Am 18. August ordnete Hitler ein Anhalten der entlang der Smolensker Rollbahn nach Moskau vordringenden Heeresgruppe Mitte an. Die deutschen Verluste nahmen zu; das Feuer der Russen konnte mörderisch sein; Größe und Panzerung des sowjetischen T 34 erwiesen sich als eindrucksvoll. „In der gesamten Lage hebt sich immer deutlicher ab, daß der Koloß Rußland ... von uns unterschätzt worden ist", notierte der Chef des Generalstabs des Heeres am 11. August 1941 in seinem Kriegstagebuch. Trotzdem gelang es den Russen nirgends, die Deutschen zu schlagen. Hitler war nahe daran, den Ostfeldzug und damit den letzten europäischen Krieg zu gewinnen.

„Das politische Testament der deutschen Nation", hatte Hitler am Ende von „Mein Kampf"[5] geschrieben, „für ihr Handeln nach außen aber soll und muß für immer sinngemäß lauten: Duldet niemals das Entstehen zweier Kontinentalmächte. Seht in jeglichem Versuch, eine zweite Militärmacht zu organisieren ..., einen Angriff gegen Deutschland ... Sorgt dafür, daß die Stärke unseres Volkes ihre Grundlagen nicht in Kolonien, sondern im Boden der Heimat in Europa erhält. Haltet das Reich nie für gesichert, wenn es nicht auf Jahrhunderte hinaus jedem Sprossen unseres Volkes sein eigenes Stück Grund und Boden zu geben vermag ..." Jetzt handelte Hitler endlich danach. Aber jetzt hatte er sich auf einen Zweifrontenkrieg gegen ein großes Reich eingelassen, dessen Diktator es verstanden hatte, eben diese Gefahr abzuwenden.

rung bewirkte, ist nie ganz aufgeklärt worden. Drei Maschinen mit ausländischen Abzeichen warfen einige Bomben auf eine ungarische Stadt. Nach Ansicht mancher Leute, zu denen nachträglich auch Historiker gehören, soll es sich um deutsche Flugzeuge gehandelt haben; nach anderen Quellen sollen es russische oder – ausgerechnet! – slowakische Maschinen gewesen sein. Aber das machte wenig Unterschied. Innerhalb der finnischen und der ungarischen Regierung war eine Mehrheit dazu entschlossen, mit den Deutschen gemeinsame Sache zu machen.

[5] *Hitler*, MK, 671.–675. Aufl., S. 754–755. Im Original gesperrt.

Der Neutralitätspakt Stalins mit den Japanern vom April 1941 hatte der Sowjetunion sehr viel genützt. Der gleiche Matsuoka, der ihn unterzeichnet hatte, setzte sich jetzt in Tokio dafür ein, Japan solle sich dem deutschen Angriff gegen Rußland anschließen. Aber am 2. Juli 1941 beschloß eine lange dauernde kaiserliche Konferenz in Tokio, Japan werde sich auf einen Krieg gegen England und die Vereinigten Staaten, nicht aber die Sowjetunion vorbereiten. Dies war eine Entscheidung von größter Tragweite. Hätten die Japaner in diesem entscheidenden Juli Stalins Reich an einer zweiten Front angegriffen, hätten sie – und die Deutschen – den Krieg gewinnen können. Daß sie das nicht taten, lag unter anderem auch daran, daß Hitler sie nicht dazu drängte – eher im Gegenteil. Japan sollte Amerika fern von Europa binden. Er wollte den Krieg gegen Rußland 1941 ohne fremde Hilfe gewinnen.

Aber was meinte er damit, wenn er von einem Sieg über Rußland sprach? An dieser Stelle müssen wir eine Frage aufwerfen, die vielleicht nicht die ihr gebührende Aufmerksamkeit gefunden hat. Die brutalen Unterwerfungs- und Terrormaßnahmen, die Hitler für Rußland befohlen hatte, beherrschen das Bild – besonders in heutiger Betrachtung. Hitler führte einen totalen Krieg gegen Rußland, und totaler Krieg bedeutete totale Eroberung. Das sind gewaltige, aber trotzdem vage Ausdrücke. Hitler war sich darüber im klaren, daß er nicht die gesamte Sowjetunion besetzen konnte, wie er andererseits auch nicht ganz Frankreich oder ganz England hatte besetzen wollen. In der Weisung Nr. 21 für den Fall „Barbarossa" hieß es: „Das Endziel der Operationen ist die Abschirmung gegen das asiatische Rußland aus der allgemeinen Linie Wolga-Archangelsk." Aber was sollte danach geschehen? Hitler respektierte Stalin, was auf Gegenseitigkeit beruhte. Im Februar hatte Hitler Feldmarschall von Bock versichert, nach der Eroberung der Ukraine sowie Moskaus und Leningrads würden „die Sowjets sicher in einen Vergleich einwilligen".[6] Im Juli erklärte er v. Papen, Stalin sei ein großer Mann, und er sei vielleicht bereit, sich nach dem Erreichen der Linie Wolga-Archangelsk mit ihm zu verständigen.[7] Diese Bemerkung wiederholte er in engerem Kreise.[8] Hitler scheint also daran gedacht zu haben, Stalin einen Ausweg zu lassen – nachdem er ihn militärisch gründlich besiegt hatte.

Das mag zumindest der Teil einer Erklärung für die beiden Kardinalfehler sein, die Hitler bereits im Sommer 1941 beging, als seine Armeen sich noch im siegreichen Vormarsch durch die Sowjetunion befanden. Der eine war die brutale Härte, mit der die Völker der Sowjetunion auf seinen Befehl hin behandelt wurden; der andere war sein Haltbefehl, der die Heeresgruppe Mitte

[6] *Hillgruber*, HS, S. 373–74.

[7] *Hassell*, S. 229–230.

[8] In den Anweisungen für die Wehrmachtspropaganda für den Fall „Barbarossa" wurde auch vor „verfrühter" Propaganda gewarnt, die suggerieren könne, zu den deutschen Kriegszielen gehöre auch die Aufspaltung der Sowjetunion in Nationalstaaten. OKW, 144/41, gez. Jodl. In: „Sammelmappe Barbarossa", III W59-1 (Bundesarchiv Koblenz).

im August auf der Straße nach Moskau zum Stehen brachte. Über den ersten Fehler gibt es große Mengen von schriftlich und mündlich verbreiteten Hypothesen, die zumeist unsinnig sind. Die im Westen vorherrschende Ansicht lautete noch immer: Unter Stalins kommunistischer Diktatur lebten die Russen in tiefstem Elend. (Richtig.) Sie waren bereit, die Deutschen als ihre Befreier zu begrüßen. (Teilweise richtig.) Hitler hat einen großen Fehler gemacht, als er diese Gefühle ignoriert hat; er hätte Millionen von Russen zum Kampf gegen das Sowjetregime um sich scharen können. (Falsch.)

Die meisten Menschen, die die Deutschen willkommen hießen, taten dies aus der Überzeugung heraus, die Deutschen seien die Sieger, die neuen Herren. Eine Ausnahme bildeten die Balten, die erst vor kurzem von Stalin unterworfen worden waren und die Deutschen wirklich als Befreier, nicht nur als neue Herren begrüßten, sowie manche Ukrainer. Aber Hitler hatte nicht die Absicht, sie von seinem eisernen Machiavellismus auszunehmen. Er war der Überzeugung, es sei töricht, sich die Regierungsgewalt in eroberten Gebieten mit der einheimischen Bevölkerung zu teilen.[9] Das konnte nur zu Schwierigkeiten führen. Die beste Methode war, diese Völker von Anfang an hart anzupacken. Sollten die Deutschen rasch siegen, würde die anfängliche Enttäuschung über die Strenge der neuen Herren bald verschwinden. Kam es jedoch zu einem langwierigen Feldzug, konnte die Disziplin gar nicht straff genug sein. Vielleicht schätzte Hitler die Reaktion der unterworfenen sowjetischen Völker richtig ein: Die Brutalität und Entschlossenheit der Deutschen beeindruckten sie, wie sie Stalin beeindruckten, der bis Kriegsende viel von Hitler hielt.

Der Krieg im Osten, erklärte Hitler seinen Oberbefehlshabern, werde sich von allen bisher geführten Kriegen unterscheiden und sei daher mit nie dagewesener, erbarmungsloser Härte zu führen. Deshalb erließ er den sogenannten „Kommissarbefehl", in dem es hieß: „Sie (die politischen Kommissare der Roten Armee) sind daher, wenn im Kampf oder Widerstand ergriffen, grundsätzlich sofort mit der Waffe zu erledigen." Ob eine bessere Behandlung sowjetischer Gefangener dazu geführt hätte, daß sich ganze Scharen von Russen den Deutschen ergeben hätten, ist schwer zu beurteilen. Jedenfalls protestierte anfangs kein einziger von Hitlers Generalen offen gegen diese Maßnahmen.

Auf rein militärischem Gebiet bereiteten sie sich auf einen Feldzug nach dem bewährten Muster vor: motorisierte Kolonnen würden tief ins Feindes-

---

[9] Im März 1941 spielte Hitler noch immer mit dem Gedanken an die Errichtung „schwacher sozialistischer Staaten" auf den eroberten sowjetischen Gebieten. Bis zum 16. Juli änderte er seine Meinung und sprach sich gegen die Existenz solcher Staaten aus. In dem von Bormann stammenden Aktenvermerk über eine Besprechung im Führerhauptquartier (am 16. Juni 1941) ist festgehalten, daß die zukünftige politische Organisation der osteuropäischen Staaten zunächst noch im Ungewissen bleiben sollte; dazu gehörte auch die Ukraine, wo die Wehrmacht und andere Dienststellen, die gelegentlich entgegengesetzte Ziele verfolgten, eine Zeitlang die Existenz ukrainischer „Zivilverwaltungen" duldeten.

land vorstoßen, durch ihr rasches Vordringen den Feind in Panik und Verwirrung stürzen und große feindliche Truppenmassen abschneiden, die sich später ergeben würden. Nach einiger Zeit wurde Hitler und seinen Generalen klar, daß ein Blitzkrieg dieser Art für Rußland nicht genügte. Das Land war zu groß; die stählernen Finger der deutschen Panzerwaffe bekamen nur Sand und Schlamm zu fassen. Der Gegner war zu zahlreich; er tauchte immer wieder vor den Deutschen unter, um an anderer Stelle, an den Flanken deutscher Einheiten oder sogar in ihrem Rücken anzugreifen. Die Deutschen würden sich in Rußland festsetzen müssen. Die weiten Landstriche zwischen den wenigen Haupt- und Nebenstraßen müßten vom Feind gesäubert und besetzt werden. Eine Zeitlang war das ohne größere Schwierigkeiten möglich – aber bei ständig wachsenden Verlusten. Ende Juli nahmen die deutschen Verluste noch stärker zu. Verhältnismäßig wenige Offiziere und Soldaten fielen in regelrechten Schlachten oder bei Belagerungen; viele wurden von russischem Feuer überrascht, wenn sie bereits glaubten, die Front habe sich weiter nach vorn verlagert. Die Völker Rußlands waren mürrisch, passiv, gedankenlos. Gerade die Primitivität, in der das Sowjetregime sie gehalten hatte, machte sie materiellen Entbehrungen gegenüber gleichgültig und bewirkte, daß sie kaum auf den Gedanken kamen, an ihren eigenen Herrschern zu zweifeln.

Wir wissen nicht sicher, warum Hitler den weiteren Vormarsch der Heeresgruppe Mitte aufgehalten hat. Wahrscheinlich hatte er den Eindruck, ein gewisses Maß an Vorsicht sei geboten. Am 21. August 1941 setzte Hitler die noch vor Wintereinbruch zu erreichenden wichtigsten Ziele fest: „die Wegnahme der Krim, des Industrie- und Kohlengebiets am Donez und die Abschnürung der russischen Ölzufuhr aus dem Kaukasusraum, im Norden die Abschnürung Leningrads und die Vereinigung mit den Finnen". Leningrad sollte nur abgeschnitten werden, denn Hitler wollte keine Armee zur Belagerung der Stadt einsetzen. Andererseits forderten die deutschen Kommandeure vor Leningrad die eingeschlossene Stadt nicht wie sonst üblich zur Übergabe auf. Hitler wollte die Einwohnerschaft nicht ernähren müssen. Seiner Überzeugung nach würde die durch Hunger geschwächte Verteidigung der Stadt früher oder später zusammenbrechen. Im Gegensatz zu Stalingrad, das er ein Jahr später um jeden Preis halten wollte, war Leningrad für Hitler nur von zweitrangiger Bedeutung. Das stellte er schon vor, nicht erst nach der Belagerung fest.

Der Befehl an die Heeresgruppe Mitte, zur Verteidigung überzugehen und ihre Verbände aufzufrischen, anstatt weiter nach Moskau vorzustoßen, bedeutete jedenfalls kein zeitweiliges Abflauen der Kämpfe an den übrigen Hauptfronten – eher das Gegenteil. Leningrad war fast eingeschlossen, der Dnjepr wurde überquert, und die Heeresgruppe Süd stieß weit in die Ukraine vor. Am 19. September fiel Kiew. Die Ukrainer winkten den Deutschen zu; die Juden versteckten sich in dunkler Angst. Die Heeresgruppe Süd meldete, innerhalb einer Woche seien allein in den Kämpfen bei Kiew 655 000 Gefangene gemacht worden. Die Deutschen hatten jetzt über 2,5 Millionen Russen gefangengenommen. Die sowjetische Luftwaffe besaß nur mehr 1200 Maschinen. Der Wintereinbruch war erst in über einem Monat zu erwarten. Die Sowjetunion stand am Rande des Zusammenbruchs.

*Die Sowjetunion stand am Rande eines Zusammenbruchs.* Das sind nicht nur die Worte eines Historikers, der die damalige Entwicklung aus sicherem Abstand betrachtet. „Die Sowjetunion", kabelte Stalin am 3. September 1941 an Churchill, befinde sich „in einer tödlich gefährlichen Lage".[10] Das traf am zweiten Jahrestag des Kriegsausbruches ebenso auf England zu. Hätte die Sowjetunion vor Hitler kapituliert, hätten Churchill und Roosevelt vor schwersten Problemen gestanden.

Waren Churchill und Roosevelt sich darüber im klaren? Ja und nein. Nachdem Roosevelt den widerspenstigen und oft nur mit Anstrengung vorwärtszubringenden Kongreß veranlaßt hatte, das Leih-und-Pacht-Gesetz zu verabschieden, befand er sich in einer Art Flaute. Die Vereinigten Staaten wurden zum Arsenal der Demokratie – aber was bedeutete das? Trotz aller amerikanischen Hilfe waren die Engländer nicht imstande, Hitler allein zu schlagen. Letzterer war seinerseits klug genug, um nicht auf Roosevelts Provokationen im Atlantik zu reagieren. Im Sommer 1941 war die isolationistische – d. h. die england- oder rußlandfeindliche – Strömung in Amerika noch immer stark. Im Falle eines deutschen Triumphes über das kommunistische Rußland hätte sie überwältigend werden können.

Mitte August 1941 trafen Churchill und Roosevelt heimlich vor Neufundland an Bord der „Prince of Wales" zusammen. Dieses Atlantiktreffen war die erste Gipfelkonferenz des Krieges. Es führte zur Verabschiedung der Atlantik-Charta. Ansonsten war die Konferenz nicht übermäßig erfolgreich. Churchill erklärte Roosevelt, er sehe die Möglichkeit einer russischen Niederlage. Was würde geschehen, wenn die Sowjetunion aus dem Krieg ausschied, bevor die Vereinigten Staaten eingetreten waren? Amerika mußte unbedingt zu den kriegführenden Ländern stoßen. Roosevelt stimmte zu und wollte versuchen, „einen Zwischenfall zu erzwingen". Nach seiner Rückkehr nach London gab Churchill Ende August Harry Hopkins gegenüber zu, daß das Kriegskabinett die Lage deprimierend fand. Falls Rußland niedergeworfen und England alleingelassen werde, „könnten sich alle möglichen Gefahren ergeben".[11]

---

[10] Stalin an Churchill, 3. September 1941, siehe Anlage zum Sitzungsprotokoll der englischen Regierung, Cab. 65/23 WM (41), vom 5. September 1941. In der sowjetischen Ausgabe des Briefwechsels zwischen Stalin und Churchill wird diese Stelle etwas verändert wiedergegeben. („Dies hat zu einer Verringerung unserer Verteidigungskapazität geführt und die Sowjetunion mit einer tödlichen Gefahr konfrontiert.") *Stalin-Churchill,* S. 21.

[11] *Wilson,* S. 259. Churchill am 29. August zu Hopkins. Ihm gegenüber könnte Churchill die

Stalin mißtraute den Engländern, während er den Amerikanern weniger mißtrauisch gegenüberstand. Trotzdem waren die Engländer seit dem 22. Juni seine Verbündeten. Im Juli unterzeichneten Churchill und er ein Übereinkommen, in dem sich beide Seiten dazu verpflichteten, keinen separaten Waffenstillstand oder Frieden abzuschließen; sie tauschten Militärmissionen aus; sie lösten das schwierige polnische Problem provisorisch, indem Rußland die polnische Exilregierung offiziell anerkannte; sie griffen gemeinsam im Iran ein. Im August war der britische Geheimdienst zuversichtlich, daß die Sowjetregierung kein zweites Brest-Litowsk anstrebe. Aber Ende August mehrten sich die bedrohlichen Symptome. Stalin verlor zum zweitenmal die Nerven. Am 26. August 1941 machte der sowjetische Botschafter Eden gegenüber Andeutungen, die er eine Woche später Churchill gegenüber wiederholte, daß Rußland sich gezwungen sehen könne, aus dem Krieg auszuscheiden.[12]

Dies war auch die Quintessenz eines Briefes, den Stalin am 3. September an Churchill schrieb. Die Engländer sollten eine Expeditionsstreitmacht über den Kanal oder auf den Balkan entsenden, um 30 oder 40 deutsche Divisionen von der russischen Front abzuziehen. Weiterhin forderte Stalin „eine monatliche Mindesthilfe von 400 Flugzeugen und 500 Panzern ... Ohne diese beiden Arten von Unterstützungen wird die Sowjetunion entweder besiegt oder so geschwächt werden, daß sie für lange Zeit die Fähigkeit verliert, ihren Verbündeten durch aktive Operationen an der Front gegen den Hitlerismus zu helfen.“[13] Am 5. September traten Churchill und das Kabinett zusammen, um über diese ernsten Probleme zu beraten.[14] Churchill setzte eine Antwort an Stalin auf. Die Engländer durften keine Landung auf dem Kontinent wagen:

Rußland drohende Gefahr überbetont haben, um das Tempo der amerikanischen Intervention zu forcieren.

[12] Eden an Cripps, 26. August 1941: „Der Botschafter bat mich zu glauben, daß rasch irgend etwas getan werden müsse, um diesen Zustand zu beseitigen, wenn wir die Gefahr wachsenden Mißtrauens zwischen unseren beiden Ländern vermeiden wollten.“ FO 371, N 4840/78/G. Am 3. September bat Cripps Churchill um eine „übermenschliche Anstrengung“: er sollte „etwas unternehmen, um den Zusammenbruch hier aufzuhalten“. Churchill antwortete: „Wenn Sie von einer übermenschlichen Anstrengung sprechen, meinen Sie vermutlich eine Anstrengung, die sich über Raum, Zeit und Geographie erhebt. Unglücklicherweise sind uns solche Eigenschaften verwehrt.“ *Gwyer, Butler*, III, S. 194.

[13] *Stalin-Churchill*, S. 21.

[14] Das Kabinett traf um 10.30 Uhr zuerst mit den Generalstabschefs zusammen. Eine halbe Stunde später wiederholte es ihre Argumente Maiski gegenüber. Cab. 79/14, 479. Das Kabinett kam um 16.15 Uhr erneut zusammen, um Churchills Entwurf für seine Antwort an Stalin zu besprechen. „Obwohl die tatsächlichen Ausführungen M. Maiskis diesen Schluß nicht rechtfertigten, hatte er (der Premierminister) den Eindruck, die Möglichkeit eines Separatfriedens sei nicht gänzlich auszuschließen.“ Cab. 65/23 (WM) 90. Zwei Tage später beauftragte Churchill Beaverbrook, ein Geheimgespräch mit Heß zu führen. Beaverbrook übergab Stalin später eine Übersetzung einer von Heß verfaßten Denkschrift – nicht jedoch die Transkription seines Gesprächs mit Heß. (Auszüge daraus enthält *Taylor*, Beaverbrook.) Ob Churchill damit vor allem Stalin beeindrucken oder Heß aushorchen wollte, ist schwer zu beurteilen.

Ihre Expeditionsstreitmacht wäre aufgerieben worden, was schwerwiegende Konsequenzen für die gesamte alliierte Sache gehabt hätte. Stalin war jetzt deprimiert genug[15], um etwas Außergewöhnliches vorzuschlagen. Am 13. September bat er Churchill um die Entsendung von 25 bis 30 englischen Divisionen, die über Archangelsk oder Persien in die Sowjetunion transportiert werden sollten. Leider wurde nichts daraus. Churchill verfügte weder über den zusätzlichen Schiffsraum noch über die zusätzlichen Truppen. Er konnte Stalin nur mehr Waffen, mehr Bomben auf Deutschland und eine nach Möglichkeit durchzuführende britische Landung in Nordnorwegen versprechen. Die Generalstabschefs teilten Churchill jedoch wenig später mit, auch das Landungsunternehmen sei zum gegenwärtigen Zeitpunkt nicht durchzuführen.[16]

Am 2. Oktober 1941 trat die Heeresgruppe Mitte zum Vorstoß auf Moskau an. Das Unternehmen „Taifun" stand unter dem Befehl von Feldmarschall Fedor von Bock, einem preußischen Aristokraten des Typs, der von manchen als Gegensatz zu den vulgären Nationalsozialisten in Hitlers Umgebung hingestellt wird: ein „Konservativer" der „alten Schule". Trotzdem fällt es mir schwer, viel Sympathie für Bock aufzubringen, der – so konservativ er auch sein mochte – die brutalsten und radikalsten Weisungen nicht nur Hitlers, sondern auch der Parteihierarchie befolgte: engstirnig, stur, phantasielos und grausam. Dieser hagere, ältliche, skelettartige Mann wurde von dem Ehrgeiz verzehrt, als erster in Moskau einzumarschieren – bevor der Winter kam.

Fast alles ging nach Plan. Deutsche motorisierte Infanterie drang so rasch nach Orel ein, daß ihr aus den überfüllten Straßenbahnen zugewinkt wurde, weil die Leute nicht begriffen, daß sie Deutsche vor sich hatten. Nach einwöchigen Kämpfen hatten Bocks Panzerarmeen bei Wjasma und Brjansk eine weitere gewaltige Umfassungsbewegung durchgeführt und 660 000 Russen gefangengenommen. Eine einzige deutsche Division machte 108 000 Gefangene – mehr als die gesamte deutsche Armee im August 1914 in der Schlacht von Tannenberg. In der zweiten Oktoberwoche fielen Wjasma, Brjansk, Kaluga und Kalinin; damit standen die Deutschen etwa 150 Kilometer vor Moskau. Nun kamen sie langsamer voran, aber vor ihnen begannen die russischen Armeen zu zerbröckeln. Am 12. Oktober wurde Schukow zum Oberbefehlshaber der russischen Westfront ernannt. Die Rote Armee zeigte

[15] Am 7. September traf Cripps ihn „sehr deprimiert und müde" an, und Stalin ließ „eine gewisse Rückkehr zu seiner von Verdächtigungen und Mißtrauen geprägten früheren Haltung" erkennen. *Woodward*, II, S. 33. Gleichzeitig erklärte er Cripps, er werde keinen Separatfrieden schließen. Cripps an Eden, 7. September 1941, FO 371, N 5113/78/38.
[16] Churchill wußte, wie verzweifelt die Lage war. Er forderte die Generalstabschefs auf, sofort einen Operationsplan für eine Besetzung Trondheims in Norwegen auszuarbeiten. Aber die Generale, die darin von dem Ersten Seelord massiv unterstützt wurden, weigerten sich, dieses Unternehmen zu planen. *Bryant*, S. 206. Churchill verzweifelte an seinen Generalen: „Manchmal glaube ich, daß einige meiner Generale nicht gegen die Deutschen kämpfen wollen" – ein Verdacht, den auch Stalin zu Churchills Betrübnis gelegentlich äußerte.

Auflösungserscheinungen; viele Infanteristen desertierten, obwohl die meisten wieder zurückkamen. Diese Zustände erinnerten nicht an die französische Armee im Jahre 1940, sondern vielmehr an die russische Armee von 1917.

Die gefährlichste Entwicklung war die Panik in Moskau, die zu den am wenigsten bekannten Ereignissen des letzten Krieges gehört. Vier Tage lang – vom 15. bis 19. Oktober 1941 – rechnete die Mehrheit der Moskauer Bevölkerung jeden Augenblick mit dem Eintreffen der Deutschen und benahm sich dabei so, als sei ihr das nicht ganz unangenehm. Am 15. Oktober zog die Sowjetregierung aus der Hauptstadt in das 600 Kilometer weiter östlich an der Wolga gelegene Kuibyschew um. Die Spitzenfunktionäre der KPdSU verließen Moskau in großer Eile. Auf der nach Südosten führenden Straße entstanden Stauungen. Plünderer überfielen einige der Autos und beraubten oder erpreßten die Insassen, vor allem wenn sie als Juden zu erkennen waren.

In Moskau begannen Gruppen von Deserteuren und Arbeitern Geschäfte zu plündern. Gerüchten zufolge sollte der einbalsamierte Leichnam Lenins vom Roten Platz entfernt worden sein. Viele Arbeiter ignorierten ihre Evakuierungsbefehle nach Osten. Die Polizei war verschwunden. In der Stadt wurden die deutsch-russischen Wörterbücher aufgekauft. Die vorherrschende Ansicht, die Moskowiter hätten sich auf einen heroischen Kampf bis zur letzten Patrone vorbereitet und Tag und Nacht Panzersperren gebaut, ist eine Erfindung. Moskau lag wehrlos vor den Eroberern. Aber das wußten die Deutschen nicht. Ihr berühmter oder berüchtigter Nachrichtendienst versagte.[17] Ein einziges Fallschirmjägerregiment hätte Moskau einnehmen können. Weder Hitler noch Bock erkannten diese Chance.

An der Front hatte der Winter noch nicht begonnen. Aber die Herbstregenfälle setzten ein. Deutsche Panzer, Lastwagen, Artillerie-Zugmaschinen und Kräder blieben in Mengen im Schlamm stecken – selbst auf Hauptstraßen. Gerade die starke Motorisierung der deutschen Truppen behinderte jetzt ihr Vorwärtskommen. Die Kommandeure und ihre Soldaten verfluchten den Regen und warteten sehnsüchtig auf Frost, der die Felder und Straßen wieder passierbar machen würde. Der Frost sollte bald strenger einsetzen, als ihnen lieb war.

Stalin, der den nachlassenden Elan des deutschen Vorstoßes beobachtete, behielt jetzt die Nerven. Am 19. Oktober erschien er wieder im Kreml. „Sollen wir Moskau verteidigen?“ fragte er Schtscherbakow, den grausamen Vorsitzenden des Moskauer Stadtsowjets. Das war eine rhetorische Frage. Durch einen Erlaß wurde auf der Stelle in Moskau der Belagerungszustand verhängt und eine Ausgangssperre angeordnet. Die Bevölkerung war verblüfft, ein wenig beschämt und ein bißchen enttäuscht. Das nur 100 Kilometer von

---

[17] Auch der kluge ehemalige Botschafter, Graf von der Schulenburg, „führte den deutschen Mißerfolg vor Moskau (später) auf ein Versagen des Nachrichtendienstes zurück“. *Goure, Dinerstein*, S. 218.

Moskau entfernt an der Hauptstraße liegende Moschaisk war an diesem Tag[18] gefallen, aber die Krise hatte ihren Höhepunkt überschritten. Stalin verließ die Hauptstadt nicht wieder. Am 29. Oktober erhielt die Heeresgruppe Mitte den Befehl, ihren Vormarsch einzustellen. Am nächsten Tag fegte der erste Schneesturm ihre Front entlang; aber der strenge Frost setzte erst eine Woche später ein.

Wir wissen jetzt: In vieler Beziehung, wenn auch nicht auf der ganzen Linie, können die Ereignisse Mitte Oktober 1941 den Wendepunkt der Schlacht um Moskau bezeichnet haben. Aber damals war sich noch niemand – auch die Völker Rußlands nicht – darüber im klaren. In Moskau wurde die Disziplin wiederhergestellt, aber hinter der Front gingen die Desertionen weiter; in Frontnähe begannen selbst Bauern, ihre Kolchosen zu verlassen. Der Gedanke, dieser Krieg könne zu Ende und von den Deutschen gewonnen sein, setzte sich allmählich hier und dort in ihren Köpfen fest. Dafür gibt es nur wenige schriftliche Beweise – teils wegen der damaligen Verhältnisse, teils weil viele der Überlebenden sich später nicht mehr daran erinnern wollten; fragmentarisches Beweismaterial existiert jedoch in Form von Erinnerungen einiger Russen und gelegentlich in den erbeuteten Privatpapieren russischer Offiziere.

So wurden die deutschen Armeen an der Moskauer Front aufgerieben, während die Kampfmoral der Russen schwer angeschlagen war. Aber keine der beiden Seiten wußte von der möglicherweise tödlichen Schwäche der anderen, und in den beiden ersten Novemberwochen beschränkte sich die Kampftätigkeit vor Moskau auf einige kleinere Unternehmen, bei denen auf beiden Seiten erbittert gekämpft wurde.

---

[18] Am gleichen Tag legte Beaverbrook dem englischen Kabinett eine Denkschrift mit dem Titel „Unterstützung für Rußland" vor. „Die Generalstabschefs möchten uns hinhalten, bis der letzte Knopf an die letzte Gamasche genäht worden ist, bevor wir zu einem Angriff antreten . . . Wenn wir den Russen nicht jetzt helfen, brechen sie unter Umständen zusammen." Cab. 69/3, DO (41) 22, 19. Okt. 1941.

## 9. Deutschland zum Stehen gebracht[1]

Einen Tag nach Beginn der Schlacht um Moskau erklärte Hitler in seiner Rede zur Eröffnung des Winterhilfswerkes: „Dieser Gegner ist bereits gebrochen und wird sich nie mehr erheben!" Am 9. Oktober 1941, einen Tag nach dem Fall vor Orel, verkündete Reichspressechef Otto Dietrich vor deutschen und ausländischen Korrespondenten: „Militärisch gesehen ist Sowjetrußland erledigt." Am 12. Oktober erschien in der Zeitung die Schlagzeile: „Die große Stunde – Ostfeldzug entschieden". Ausnahmsweise schien die Mehrzahl der Deutschen bereit zu sein, diese Behauptungen für bare Münze zu nehmen. Im Vorjahr hatte sie nicht recht glauben können, daß der Sieg im Westen bevorstand. Jetzt war das Gegenteil der Fall. Sie wollten glauben, daß der Ostfeldzug, der von Woche zu Woche verlustreicher wurde, zu Ende war. Innerhalb von zwei Wochen folgte dann rasch die Enttäuschung. „In einem Teil der Bevölkerung hatte auf Grund der Ausführungen des Reichspressechefs, daß der Feldzug im Osten bereits entschieden sei, ein übertriebener Optimismus Platz gegriffen. Die Worte Dr. Dietrichs und die Stellungnahme der Presse hierzu waren von einzelnen Volksgenossen wörtlich aufgefaßt . . . worden."[2]

In dieser Beziehung waren die Deutschen nicht allein. Damals, im Herbst 1941, verschwand die Vorstellung von einem raschen Feldzug mitsamt allen daran geknüpften Hoffnungen aus den Köpfen der meisten Menschen, ob sie nun Freunde oder Feinde Deutschlands waren. Die Völker Europas sahen, daß sich ein langwieriger, gewaltiger Kampf entwickelte, daß die Russen durchhielten – zumindest diesen Winter – und daß der Kriegseintritt Amerikas unmittelbar bevorstand. 600 000 Russen gefangen, nochmals 600 000 Russen gefangen – diese Zahlen imponierten ihnen nicht; für sie war die Tatsache beeindruckend, daß weder Moskau noch Leningrad gefallen waren. Bei den Gegnern des Dritten Reiches herrschte kein Enthusiasmus vor, sondern sie empfanden eine Mischung aus Zuversicht und Resignation. Die Zwänge und Entbehrungen des Krieges würden fortdauern und in der Tat noch lange anhalten. In ihren dunklen, regennassen Städten (der Sommer 1941 war in ganz Europa ungewöhnlich naß) tat die fröstelnde Bevölkerung ihre Arbeit und kämpfte mit den Schwierigkeiten des Alltags.

Ihre Nöte waren nicht nur materieller Art. Im Herbst 1941 brachten die Deutschen die Völker Europas extensiver und intensiver unter ihre Kontrolle.

---

[1] 1. November–7. Dezember 1941.
[2] Meldungen (No. 232), S. 84.

Sie gingen über ihre früheren Forderungen nach Disziplin und Ordnung hinaus und verlangten von den von ihnen abhängigen Regierungen eine unterwürfige Konformität. Beispielsweise verschwanden in Vichy-Frankreich jetzt viele der noch verbliebenen Freiheitsreste. Im besetzten Frankreich wurden nach der Ermordung eines deutschen Offiziers erstmals 50 Franzosen von einem Erschießungskommando hingerichtet. Im November traf der schwächer werdende Pétain mit Göring zusammen, ohne sich jedoch gänzlich zur Kollaboration mit dem Dritten Reich zu verpflichten. Aber Pétains Zickzackkurs brachte ihm selbst nichts ein. Hitler wußte, was Pétain in Wirklichkeit dachte.[3] Im Gegensatz dazu ahnte Pétain kaum, was Hitler wirklich dachte. Nach dem Krieg gegen Rußland werde er die Vichy-Leute auf Vordermann bringen, versicherte Hitler Mussolini im Herbst 1941.

Weit drastischer als dieses Anziehen der Schraube in Westeuropa waren die Maßnahmen bei der Behandlung der osteuropäischen Juden durch die Deutschen. Ab Juni 1941 kam es zu den ersten Massenmorden an Juden in Ostpolen und Rußland. An verschiedenen Orten wurden Vernichtungslager, nicht mehr nur Konzentrationslager, erbaut und erprobt. Ihre Errichtung wurde geheimgehalten, aber 1941 hatten die Völker Europas sich bereits so an die Brutalitäten des Dritten Reiches gewöhnt, daß sie durch nichts mehr zu überraschen waren.

Das galt für Freunde und Feinde des Dritten Reiches gleichermaßen. Im Gegensatz zu 1940 unternahm die deutsche Propaganda 1941 beträchtliche Anstrengungen, um ganze Massen neuer Anhänger zu gewinnen. Aber im Gegensatz zu 1940 waren neue Anhänger mit intellektuellen Qualitäten verhältnismäßig selten. Ein paar verbitterte und doktrinäre Antikommunisten schlossen sich Hitlers „Kreuzzug" an. Der Vatikan und die katholischen Kirchen im allgemeinen weigerten sich, seinen antibolschewistischen Kreuzzug öffentlich zu billigen. Den Deutschen gelang es, eine buntscheckige Vielfalt von Freiwilligenverbänden zu rekrutieren. Sie wandelten ihren Dreimächtepakt in einen erneuerten Antikominternpakt um, der am 25. November 1941 in Berlin unterzeichnet wurde und zu dessen Unterzeichnerstaaten neben Rumänien, Ungarn und Kroatien auch solche gehörten, die sich wie Bulgarien und Dänemark gar nicht im Kriegszustand mit der Sowjetunion befanden. An diesem kalten Tag kämpften die deutschen Armeen sich noch immer in Richtung Moskau vor. Im Frost erstarrte russische Dörfer brannten – einige von ihnen weniger als 60, andere weniger als 50 Kilometer von den Außenbezirken der weitläufigen russischen Hauptstadt entfernt.

Die letzte deutsche Offensive des Jahres 1941 hatte in den eisigen Morgenstunden des 18. und 19. November im Bereich der Heeresgruppe Mitte begonnen,

---

[3] Im November sagte Pétain zu Carl Burckhardt: „Wenn die Engländer nur sehen könnten, was ich im Innersten denke" (le fond de ma pensée). *Nicolson*, II, S. 192.

wo die Front seit etwa zwei Wochen nach einem verhältnismäßigen Abflauen der Kampftätigkeit zu einem rund 80 Kilometer von Moskau entfernten Halbkreis erstarrt war. Am 12. November war der Chef des Generalstabes des Heeres mit dem Flugzeug in die verlassene russische Stadt Orscha gekommen. Dort konferierte Halder mit Vertretern der Oberbefehlshaber der drei Heeresgruppen, wobei es um die Frage ging: Sollen die Heeresgruppen in ihren Stellungen bleiben oder erneut zum Angriff übergehen? Die Generalstabschefs der Heeresgruppen Nord (Ritter von Leeb) und Süd (von Rundstedt) wollten sich auf eine Verteidigung beschränken. Fedor von Bocks Vertreter äußerte andere Absichten: Bock hatte ihm mitgeteilt, er werde den letzten Vorstoß nach Moskau führen; Moskau müsse noch vor Jahresende fallen. Halder war mit seinem Vorschlag einverstanden. Die Heeresgruppe Mitte sollte in ihrem Frontabschnitt angreifen.

Bock, dessen Flanke durch Rundstedts Zögern gefährdet war, ersuchte im letzten Augenblick, die Offensive um vier Tage verschieben zu dürfen. Auf diese Weise brach der Frontalangriff am 19. November los. Die Temperaturen sanken. Der Frost war strenger und anhaltender, als die Deutschen angenommen hatten. Trotzdem kam ihre Offensive voran. Kaum 50 Kilometer vor Moskau kam es zu erbitterten Gefechten. Hitler und Bock wollten die Stadt einschließen, anstatt sie direkt anzugreifen. Trotz sehr großer zahlenmäßiger Überlegenheit des Gegners stießen deutsche Truppen nach Nordwesten vor und erreichten das Dorf Chimki – nur 25 Kilometer vom Roten Platz entfernt.

Am 27. und 28. November beurteilten Stalin und die sowjetische Stawka die Lage als sehr kritisch. Aber im Gegensatz zu Mitte Oktober gab es diesmal keine Panik in Moskau. Die Russen begannen zu erkennen, daß ihr Gegner nicht länger unbesiegbar war. So abgehärtet und kampferfahren viele der deutschen Verbände waren, so sehr waren sie auch in mehr als einer Beziehung am Ende ihrer Kräfte. Die zahlenmäßige Überlegenheit der russischen Truppen vor ihnen und an ihren Flanken machte sich allmählich bemerkbar. Als die Moskauer Front am 28. November unter den verzweifelten Schlägen der Deutschen splitterte und wankte, eroberten die Russen tief im Süden die Stadt Rostow zurück. Zwei Tage später meldete Schukow Stalin und der Stawka, nun sei der Zeitpunkt für eine sowjetische Gegenoffensive vor Moskau gekommen.

Halder war erleichtert gewesen, als er in Orscha erfahren hatte, daß Feldmarschall Bock den Angriff auf Moskau wiederaufnehmen wollte. Der Generalstabschef hatte Hitlers Reaktion auf die Mitteilung gefürchtet, daß die Oberkommandierenden die Defensive bevorzugten. Aber Halder hätte sich diese Sorge sparen können, denn Hitler hielt selbst nicht mehr viel von den Erfolgsaussichten des letzten großen Vorstoßes nach Moskau. Die weitverbreitete Auffassung, Hitler habe seine Generale in den eisigen Tod gehetzt, sollte sich ein Jahr später bei Stalingrad als weitgehend wahr erweisen; vor Moskau traf sie jedoch nicht zu. Bock, nicht Hitler brannte vor Ehrgeiz, Moskau bis

Weihnachten zu nehmen. Hitler hätte Bock von diesem Vorhaben abhalten sollen. Aber er scheint wie bei anderen Gelegenheiten nicht den Mut gehabt zu haben, seinen Vorahnungen entsprechend zu handeln.

Vorahnungen hatte er jedenfalls. Hinter der Legende von Hitlers Wahnsinn in Rußland steht eine weitere, die wir zu widerlegen haben. Sie betrifft nicht Moskau oder gar Rußland, sondern den gesamten Krieg. Ich meine die Legende, Hitler habe sich nicht eingestehen wollen – weil er das nicht über sich brachte –, daß er diesen Krieg nicht gewinnen könne; sein blinder Fanatismus und sein Größenwahn hätten ihn also an einen deutschen Endsieg glauben lassen, selbst als der Feind schon vor dem Bunker der Reichskanzlei in Berlin stand. Stattdessen gibt es Beweise dafür, daß Hitler schon am 19. November 1941 – also vor Pearl Harbour und an dem gleichen Tag, an dem Bocks Heeresgruppe fast planmäßig in Richtung Moskau vorstieß – erkannte, daß der Krieg nicht mehr zu gewinnen war. Gegenüber Generalen im Hauptquartier gab er der Erwartung Ausdruck, „daß die Erkenntnis, daß die beiden Feindgruppen sich gegenseitig nicht vernichten können, zu einem Verhandlungsfrieden führt".[4] Vier Tage später, als Bocks Armeen noch immer gegen Moskau vordrangen, notierte Halder sich in seinem Kriegstagebuch einen weiteren Ausspruch Hitlers: „Wir müssen der Möglichkeit ins Auge sehen, daß es keinem der beiden Hauptgegner gelingt, den anderen vernichtend zu schlagen oder entscheidend niederzuringen."[5]

Von diesem Augenblick an verfolgte Hitler bis zur letzten Woche seines Lebens nur noch ein Ziel, dem er alles andere unterordnete: den Krieg zu verlängern und seine Gegner durch die unbesiegbare Zähigkeit Deutschlands zu beeindrucken, so daß ihr unnatürliches Bündnis früher oder später zerbrechen würde und die Russen – oder am liebsten die Anglo-Amerikaner – sich gezwungen sehen würden, mit einem noch immer mächtigen und intakten Großdeutschland in Friedensverhandlungen einzutreten. Er erkannte nicht – zumindest weitere zwei Jahre lang nicht –, daß seine Gegner nicht bereit waren, mit ihm zu verhandeln. Er hatte den letzten europäischen Krieg willentlich begonnen. Aber er konnte ihn nicht willentlich beenden.

Der Ausgang des Krieges stand zum letztenmal auf Messers Schneide, als vor Moskau weitergekämpft wurde. Die Deutschen arbeiteten sich mühsam vorwärts und stürmten Dörfer, die knapp 50 oder auch nur 35 Kilometer von Moskau entfernt waren: Klin, Solnetschnogorsk, Istra und Wenew. Aber die schrecklichen geflügelten Füße der Blitzkrieg-Armeen waren jetzt Eisklumpen. Aus heutiger Sicht ist es erstaunlich, mit welcher Hartnäckigkeit sie

---

[4] *Halder*, KTB, III, S. 295.
[5] Ebd., S. 306. Jodl erklärte seinen Generalskollegen 1945 nach dem Zusammenbruch, Hitler habe im Winter 1941 gewußt, daß der „Sieg nicht mehr zu erringen war". *Schramm*, S. 26–27, auch S. 161; siehe auch *Maser*, S. 416.

vorzudringen versuchten. Wo sie auf einen gleichstarken Feind trafen, warfen sie die Russen fast immer aus den brennenden Dörfern, so nahe diese auch der heiligen Hauptstadt des Gegners sein mochten. Aber das Kräfteverhältnis war selten ausgeglichen. Um sie herum schienen immer mehr Russen aus dem Boden zu wachsen.

Unter einem Mangel an Menschenreserven litten jetzt seit Wochen die Deutschen, nicht mehr die Russen. Nach einem erschreckenden Rückgang der russischen Reserven hatte sich die Lage ab Mitte November geändert: Die Zahl der russischen Frontverbände nahm zu, die der deutschen ab. Nach einer Aufstellung des Oberkommandos des Heeres waren bis zum 5. Dezember 23 Prozent des Ostheeres gefallen, verwundet oder vermißt. In der Nacht zuvor war der Haltbefehl für die letzten Einheiten der Heeresgruppe Mitte hinausgegangen; am Morgen des 5. Dezember eröffnete das sowjetische Oberkommando an mehreren Punkten der Moskau halbkreisförmig umgebenden deutschen Front die Gegenoffensive.

Strenggenommen gab es gar keine Schlacht um Moskau. Etwa wie in der Marneschlacht gab es verzweifelte Manöver beider Seiten und an einigen Stellen verbitterte Kämpfe, die jedoch selten über den Umfang größerer Gefechte hinausgingen. Aber sie war noch mehr als die Marneschlacht das Hauptereignis eines großen europäischen Krieges. Das erkannte Bock schon frühzeitig, bevor die eigentliche Entscheidung fiel. Am 30. November telefonierte er mit Brauchitsch und betonte nachdrücklich, daß die Heeresgruppe Mitte am Ende ihrer Kräfte sei, die Männer seien erschöpft. Brauchitsch möge den Führer unterrichten, daß die Heeresgruppe Mitte nicht länger in der Lage sei, ihr Operationsziel zu erreichen, sie habe die Kraft nicht mehr.[6]

Der kranke Brauchitsch (selbst in bester Form nicht brillant) hatte Bock angerufen, um ihn im Auftrag Hitlers zu fragen, wann der Fall Moskaus zu erwarten sei. Brauchitsch sprach so, als sei Hitler nur von diesem einen Gedanken besessen. Wußte er, daß Hitler gar nicht ernsthaft mit der Einnahme Moskaus rechnete? Das ist schwer zu beurteilen und vielleicht sogar irrelevant.

Feldmarschall von Bock war sich seit einiger Zeit darüber im klaren, daß Hitler vor einem Frontalangriff gegen Moskau zurückschreckte und statt dessen eine Einschließung bevorzugte. Deshalb schickte Bock am 1. Dezember ein Fernschreiben an das Oberkommando des Heeres: „Für größere Umfassungsbewegungen fehlt, wie gemeldet, die Kraft ... Der Angriff wird in weiterem blutigen Ringen begrenzten Geländegewinn bringen, auch Teile des Gegners zerschlagen, eine operative Auswirkung aber wird er schwerlich haben ..."[7] Zwei Tage später versuchte Bock, Hitler anzurufen. Er erreichte nur Jodl, von dem er sich beeinflussen ließ. Die Einnahme Moskaus sei noch immer möglich, behauptete Bock. „Das letzte Bataillon, das noch herangeworfen werden kann, entscheidet." Das stimmte nicht.

[6] *Bock*, KTB, 30. November 1941, zitiert bei *Turney*, S. 148–49.
[7] *Bock*, KTB, 1. Dezember 1941, ebd.

Die Russen konnten zahlreiche weitere Bataillone aufbieten, die für den Winterkrieg besser ausgerüstet waren. Aber das Ende des deutschen Vormarsches auf Moskau kann nicht dem Wetter zugeschrieben werden. Der russische Winter war schrecklich. Aber Anfang Dezember 1941 herrschten in der Umgebung von Moskau Temperaturen, die für die Jahreszeit normal waren. Es war natürlich sehr kalt. Der Schnee lag natürlich sehr hoch. Aber in Rostow, aus dem die Deutschen in der Woche zuvor durch eine russische Übermacht vertrieben worden waren, gab es nur wenig Frost oder Schnee.

Am Spätnachmittag des 7. Dezember, einem Sonntag, hatten die Deutschen durch Schukows Gegenoffensive viele ihrer vorgeschobenen Stellungen verloren. Inmitten der Aufregung im Führerhauptquartier, wo der kranke Brauchitsch seinen Rücktritt anbot, entwarf Hitler seine Weisung Nr. 39, die am nächsten Tag hinausging: „Der überraschend früh eingebrochene strenge Winter im Osten und die dadurch eingetretenen Versorgungsschwierigkeiten zwingen zu sofortiger Einstellung aller größeren Angriffsoperationen und zum Übergang zur Verteidigung."[8] Zur gleichen Stunde fielen eine halbe Welt von den russischen Schneewüsten entfernt an einem tropischen Morgen Bomben, die im Gegensatz zu den sprichwörtlichen amerikanischen Schüssen des Jahres 1775 augenblicklich auf der ganzen Welt gehört wurden. Der Wendepunkt eines ganzen Krieges, vielleicht eines ganzen Jahrhunderts, war auf zwei Erdhälften im gleichen Augenblick gekommen. Aus dem letzten europäischen Krieg war der Zweite Weltkrieg geworden.

[8] Am nächsten Tag hieß es im deutschen Wehrmachtsbericht, daß mit dem Einbrechen des russischen Winters die Kämpfe im Osten zurückgingen und an den meisten Abschnitten der Ostfront nur noch örtliche Gefechte stattfänden.

# 10. Ein zweiter Weltkrieg[1]

Genau 500 Tage nach der Mitte des März 1939, in der die Engländer sich entschlossen hatten, gegen Hitler zu kämpfen, falls es sein mußte, befanden sie sich am Rande des Abgrundes. Dann kam der große Umschwung. Ende Juli 1940 entschloß Hitler sich nach einigem Zögern, Rußland zu erledigen, bevor er die Landung in England wagte, und im gleichen Augenblick traf Roosevelt nach einigem Zögern seine Entscheidung, die Vereinigten Staaten an der Seite Englands in den Krieg zu führen. Weitere 500 Tage später folgte ein weiteres großes Ereignis. In den Schneewüsten vor Moskau und den Wasserwüsten des Pazifiks wurde der Krieg entschieden.

Im Dezember 1941 stand das Duell zwischen Hitler und Churchill unentschieden. Hitler war Churchill in Skandinavien und Westeuropa überlegen gewesen; Churchill hatte die Luftschlacht über England gewonnen. Danach war Hitler auf dem Balkan Sieger geblieben. Jetzt, zu Beginn des Winters 1941, glichen die Ereignisse vor Moskau und in Pearl Harbour das Resultat für Churchill aus. Aber nun handelte es sich nicht mehr in erster Linie um ein Duell zwischen Churchill und Hitler. Rußland und Amerika entschieden diesen Krieg, der zu einem wirklichen Weltkrieg geworden war und nach dem nur mehr zwei Großmächte existieren würden: Rußland und Amerika – eine Entwicklung, die danach das Schicksal Europas entscheiden würde.

Im Dezember 1941 spürten dies in Europa nur wenige Menschen. Die Völker Europas, vor allem die Engländer, hatten schon seit einiger Zeit damit gerechnet, daß die Vereinigten Staaten früher oder später in den Krieg eintreten würden. Unter denen, die das Dritte Reich haßten und fürchteten, herrschte eher ein Gefühl der Erleichterung als ausgesprochene Begeisterung. Am 11. Dezember 1941 notierte Harold Nicolson in seinem Tagebuch: „In ganz London ist keine amerikanische Fahne aufgezogen. Wie sonderbar wir sind!" Aber vielleicht waren die Londoner gar nicht so sonderbar. Vielleicht spürten sie instinktiv, daß sie nicht mehr zu den Völkern gehörten, die diesen Krieg gewannen,[2] den Hitler jetzt eindeutig verlor.

---

[1] 7. Dezember 1941.
[2] Kurz vor Pearl Harbour hatte Englands Prestige einen weiteren Riß bekommen. Die britische Gegenoffensive in Nordafrika hatte Rommel zurückgedrängt, ohne ihn jedoch entscheidend zu schlagen, obwohl die Engländer weit mehr Panzer eingesetzt hatten. Nun bereitete England sich auf einen langen Krieg vor. Im Dezember 1941 verpflichtete die National Service Act alle Männer zwischen 18 und 50 und alle Frauen zwischen 20 und 30 zum Dienst, falls sie gebraucht wurden.

Auch Hitler wußte, was der Kriegseintritt Amerikas bedeutete. Er war nur überrascht, daß Pearl Harbour sich so plötzlich ereignete. Er hatte seit über einem Jahr mit einer amerikanischen Intervention für 1942 gerechnet. Im Laufe des Jahres 1941 hatten Hitler und Goebbels das deutsche Volk auf einen Krieg mit den Vereinigten Staaten vorbereitet, weil sie den Einfluß der Isolationisten in Amerika immer geringer einschätzten. Hitler unterschätzte die Macht der Vereinigten Staaten keineswegs. Deshalb hatte er seit 1938/39 seinen Krieg in Europa gewinnen wollen, bevor die Vereinigten Staaten intervenieren konnten.[3] 1941 hoffte er, Rußland schlagen zu können, bevor Amerika in den Krieg eintrat – eine nicht ganz unvernünftige Strategie. Hitler kam es darauf an, Roosevelt keinen Vorwand für einen Zwischenfall im Atlantik zu geben; noch am Vorabend seines Überfalls auf Rußland wies er die deutschen U-Boote an, selbst bei äußersten Provokationen durch amerikanische Schiffe Gefechte mit ihnen zu vermeiden.

Japans Krieg gegen die Vereinigten Staaten erzwang eine Abkehr von dieser Hinhaltetaktik. Hitler befahl der Kriegsmarine sofort, amerikanische Schiffe anzugreifen – drei Tage vor der deutschen Kriegserklärung an die Vereinigten Staaten. Um seine Kriegserklärung ranken sich viele Spekulationen, als sei sie in gewisser Beziehung eine überhastete Entscheidung gewesen. In Wirklichkeit blieb Hitler gar keine andere Wahl. Die Japaner hatten sowohl den Zeitpunkt ihres Kriegseintritts als auch ihren Hauptgegner im Zweiten Weltkrieg höchst ungeschickt gewählt.[4] Trotzdem wäre für Hitler nichts zu gewinnen gewesen, wenn er seine Bündnisverpflichtungen nicht eingehalten und den Vereinigten Staaten nicht den Krieg erklärt hätte. Die Japaner hätten sich betrogen gefühlt und ihn ihrerseits bei nächster Gelegenheit im Stich gelassen. Roosevelt hätte weiterhin *de facto,* wenn auch nicht *de jure* Krieg gegen Deutschland geführt: eine Praxis, zu der die Führer der amerikanischen Demokratie sich weder zum ersten noch zum letzten Mal als fähig erwiesen.

Schon im Februar 1941 hatten die Oberbefehlshaber der US-Army und Navy sich in ihrem allgemeinen Operationsplan „Rainbow 5" darauf geeinigt, daß Deutschland, nicht Japan, der Hauptgegner sei, was bedeutete, daß der Kampf gegen Deutschland Vorrang gegenüber dem Kampf gegen Japan haben

[3] Siehe Hitlers nicht unterzeichnete Denkschrift vom 9. Oktober 1939: „Die erste Gefahr für Deutschland liegt darin, daß durch einen lange dauernden Krieg unter Umständen Staaten in die gegnerische Front gezogen werden . . ." Die Vereinigten Staaten würden früher oder später in den Krieg eingreifen. „Auch hier ist die Zeit als gegen Deutschland arbeitend anzusehen." IMT, ND, L-052. Dieses wiederholte er am 23. November 1939 gegenüber seinen Generälen. GD, D, VIII, 440.
[4] Die Zeitplanung der Japaner spottet jeder Vernunft. Sie hätten die Engländer im Juni 1940 mit weitreichenden Wirkungen im Fernen Osten angreifen können. Statt dessen entschieden sie sich dafür, im September 1940 ein Bündnis mit Deutschland zu schließen – wenige Tage *nachdem* Hitler den Gedanken an eine Landung in England aufgegeben hatte. Nun griffen die Japaner die Vereinigten Staaten an – wenige Tage *nachdem* der deutsche Vorstoß auf Moskau abgeschlagen worden war.

würde. Nichts weist darauf hin, daß sich an diesen im Grunde genommen vernünftigen Planungen Amerikas etwas Wesentliches geändert hätte, wenn Hitler den Vereinigten Staaten nicht am 11. Dezember 1941 den Krieg erklärt hätte.

Andererseits ist die Auffassung, Hitler sei über den japanischen Angriff gegen die Vereinigten Staaten bestürzt gewesen, sicherlich eine Übertreibung. Er fürchtete im Gegenteil, Amerika könnte in den Krieg gegen Deutschland eintreten, *bevor* Japan seinen Krieg gegen die Vereinigten Staaten begann. Hitler legte Wert darauf, daß letzteres Ereignis zuerst eintrat. In dieser Beziehung vertrat er eine andere Auffassung als Ribbentrop. Der deutsche Außenminister bemühte sich vom Juni 1941 an, Japan zum Angriff gegen Rußland zu bewegen. Hitler stand dieser Aussicht bis ins Jahr 1942 hinein indifferent gegenüber. Das war, wie man heute weiß, ein großer Fehler. Hitler hätte die Japaner 1941 zum Angriff gegen die Sowjetunion drängen sollen. Ob sie das getan hätten – und ob Roosevelt dann nicht die amerikanische Marine im Pazifik zu einem *De-facto*-Krieg gegen sie eingesetzt hätte –, ist eine andere Frage.

Hitler verlor nicht den Kopf, als dieser Wendepunkt des Krieges erreicht wurde. Der deutsche Rückzug vor Moskau entwickelte sich nicht zu einer Katastrophe. Dafür war Hitler verantwortlich. Seine Generale befürworteten praktisch ohne Ausnahme einen strategischen Rückzug in Winterquartiere um Smolensk. Hitler war davon überzeugt, ein solcher Rückzug werde sich zu einer Katastrophe von napoleonischen Proportionen ausweiten. Er befahl seinen Armeen, ihre Stellungen zu halten – abgesehen von vereinzelten taktischen Rückzügen – und Stützpunkte zu errichten, gegen die die russischen Angriffe anbranden und sich totlaufen würden. Er entließ den kränkelnden Brauchitsch und wurde selbst Oberbefehlshaber des Heeres. Im Dezember 1941 behielt Hitler wieder gegen seine Generale recht. Die Russen drängten die Deutschen hier und dort zurück, aber es gelang ihnen nicht, sie in diesem Winter entscheidend zu schlagen. Im April 1942 sagte Hitler über die Winterkrise vor Moskau: „Wir haben ein Schicksal gemeistert, an dem ein anderer vor hundertdreißig Jahren zerbrochen ist."

Hitlers Mißerfolg war eher auf seine politische als auf seine militärische Strategie zurückzuführen. Obgleich er wußte, daß der Krieg nicht mehr zu gewinnen war – d. h. daß er seinen Gegnern nicht gänzlich seinen Willen aufzwingen konnte –, glaubte er, Deutschland noch immer unbesiegbar machen zu können, so daß seine Feinde, vor allem die Anglo-Amerikaner, früher oder später dazu gezwungen sein würden, mit ihm zu verhandeln. Er erkannte nicht, daß es leichter ist, einen Krieg anzufangen, als ihn zu beenden – besonders wenn man große Demokratien gegen sich hat, deren öffentliche Meinung zu Recht oder zu Unrecht ein wichtiger Faktor ist. Er hoffte, einen

Keil zwischen seine Gegner treiben zu können, und zählte stark auf die Angst der Engländer und Amerikaner vor dem Bolschewismus.[5] Hitler erkannte noch nicht, daß er einen so schlechten Ruf hatte, daß seine Gegner unmöglich mit ihm hätten verhandeln können, selbst wenn sie das gewollt hätten; und sie – Stalin möglicherweise ausgenommen – wollten es auch gar nicht.

Jedenfalls hatte Hitler jetzt einen Weltkrieg zu führen. Daher kommt zweien seiner im Winter 1941/42 getroffenen Entscheidungen besondere Bedeutung zu. Er ordnete die Generalmobilmachung von Industrie und Wirtschaft des Dritten Reiches an. Bis Dezember 1941 hatten seine Armeen rasche Feldzüge führen können, obgleich die deutsche Wirtschaft erst teilweise für den Krieg mobilisiert war. Jetzt befahl Hitler die Vorbereitungen für einen langen Krieg und eine vollständige industrielle Mobilisierung. Seine Techniker erwiesen sich als besser denn seine Generale. Sie verlängerten den Krieg um mindestens zwei Jahre und überwanden fast alle Rohstoffengpässe. Wäre Deutschland nicht Ende 1944 von allen Seiten angegriffen und schließlich besetzt worden, hätte der Krieg vielleicht noch endlos lange fortdauern können – unabhängig davon, was die Wirtschaftsexperten des Westens behaupteten.

Hitler stimmte außerdem stillschweigend der Durchführung eines schrecklichen Vorhabens zu: der Massenvernichtung der Juden. Am 8. Dezember 1941, einen Tag nach Pearl Harbour, hätte in Berlin eine Polizeikonferenz über dieses Thema stattfinden sollen; sie wurde auf den 20. Januar 1942 verschoben, an dem die administrative Entscheidung auf der sogenannten Wannsee-Konferenz fiel. Es gibt kein Dokument, keinen schriftlichen oder auch nur mündlichen Beweis, aus dem sich eine direkte Einflußnahme Hitlers auf die damals getroffene Entscheidung feststellen ließe, aber es ist nicht schwierig, seinen Gedankengang in bezug auf dieses Thema zu rekonstruieren.

England trat gegen ihn auf, weil hinter Churchill Roosevelt stand, hinter dem wiederum die Juden standen. Anstatt die Juden aus Europa herauszuholen, hatten sich England und Amerika entschlossen, Krieg gegen ihn zu führen. Deshalb würden die Juden Europas den Preis für diesen Weltkrieg zahlen müssen. Er würde den Krieg vielleicht nicht gewinnen, aber er konnte zumindest das europäische Judentum ausrotten. Damals, im Winter 1941/42, war die Ausarbeitung der „Endlösung" nur ein gewöhnlicher Verwaltungsakt. Wir haben keinen Grund zu der Annahme, daß Hitler deswegen eine schlaflose Nacht verbracht oder sich auch nur eine Stunde lang Gedanken gemacht haben könnte. Trotzdem sollte dies die ungeheuerlichste aller seiner Entscheidungen sein, deren Folgen seinen Ruf und den seines Reiches für immer zerstören sollten.

[5] Seit Januar 1942 hatte er erneute Sondierungen bei den Westmächten stillschweigend gebilligt. Ein frühes Beispiel dafür waren die Gespräche des deutschen Botschafters v. Papen in Ankara mit dem – damals sehr naiven – päpstlichen Nuntius Roncalli, dem späteren Papst Johannes XXIII. VD, 5, S. 575–76.

Damit traten auch die Engländer in den Hintergrund des Kriegsgeschehens. Sie hatten im letzten europäischen Krieg das Banner der westlichen Zivilisation hochgehalten. Jetzt wußten sie, daß sie nicht mehr die Hauptakteure dieses Kampfes waren. Sie waren ungemein erleichtert, als die Russen die Hauptlast von Hitlers Angriffen zu tragen hatten. Nach dem Juni 1941 wurde England von einer Woge ungewöhnlicher Russophilie erfaßt. Im Grunde ihres Herzens mögen die Engländer sich ein wenig über diese Entwicklung geschämt haben. Für die meisten Europäer blieben sie die Bannerträger, aber in Wirklichkeit war das immer weniger wahr. Das erkannten die Engländer lange vor ihren Freunden und Bewunderern in Europa, denen dieser Wandel teilweise erst Jahre später, nach dem Krieg klar wurde.

Über 35 Jahre nach diesen Ereignissen ist jetzt zu erkennen, daß sich in dem entscheidenden Dezember 1941 nicht nur der Ausgang des Krieges, sondern auch das Schicksal Europas in den kommenden Jahrzehnten zu erkennbaren Formen kristallisierte. Die englische Regierung begann jetzt, sich Rußland unterzuordnen – notfalls auf Kosten eines Teils von Europa. Zwei Tage vor Pearl Harbour erklärte England, das damit widerstrebend auf Stalins nachdrückliche Forderungen einging, Rumänien, Bulgarien, Ungarn und sogar Finnland den Krieg. Die polnische Exilregierung, die für die britische Unterstützung dankbar war, wußte seit Monaten, daß diese Unterstützung keineswegs uneingeschränkt galt. In den kommenden Monaten hatte sie wachsenden Grund zur Sorge.

Als Churchill im März 1942 mit General Sikorski, dem Ministerpräsidenten der Exilregierung, konferierte, gab er zu, „daß seine eigene Einschätzung Rußlands nicht wesentlich (von der des polnischen Generals) differiere"; „er unterstrich jedoch die Gründe, die es nötig machten, ein Abkommen mit Rußland zu schließen. Es sei das einzige Land, das mit Erfolg gegen die Deutschen gekämpft habe. Es habe Millionen von deutschen Soldaten vernichtet, und zum gegenwärtigen Zeitpunkt scheine das Kriegsziel weniger ein Sieg als Tod oder Überleben unserer verbündeten Nationen zu sein. Sollte Rußland zu einer Verständigung mit dem Reich kommen, sei alles verloren. Das dürfe nicht geschehen. Falls Rußland siegreich bleibe, werde es seine Grenzen selbst festlegen, ohne Großbritannien zu konsultieren; sollte es den Krieg verlieren, werde das Abkommen ohnehin bedeutungslos."[6]

Das Abkommen, über das Churchill und Sikorski sprachen, war Außenminister Eden wenige Tage nach der Kriegswende vor Moskau von Stalin vorgeschlagen worden. In den dunklen Dezembertagen des Jahres 1941 war Eden mit dem Entwurf einer anglo-russischen Erklärung nach Moskau gekommen. Stalin hatte ihm mitgeteilt, er wünsche statt einer Erklärung ein Abkommen. „Eine Erklärung betrachte ich als Algebra, aber ein Abkommen als praktische Arithmetik."[7] Er legte einen detaillierten russischen Entwurf für

---

[6] Gespräch Sikorski-Churchill, DPSR, I, S. 297–98.
[7] *Woodward*, S. 191.

die Neugestaltung Europas nach dem Kriege vor, zu dem wieder mehrere Geheimprotokolle gehörten.[8] Diese sind heute sehr interessant, denn sie sprechen Bände über Stalin, den pragmatisch veranlagten Staatsmann, im Gegensatz zu seinem mythischen Bild als Weltrevolutionär. Sie fassen die russische Einstellung gegenüber Europa für den größten Teil des 20. Jahrhunderts zusammen. Sie haben große Ähnlichkeit mit den Vorschlägen der zaristischen Diplomatie während des Ersten Weltkrieges: ein von Rußland beherrschtes Osteuropa, ein Westeuropa, in dem England den Ton angibt, und dazwischen ein schwaches und geteiltes Deutschland.

Aber die Engländer, denen die amerikanischen Einwände gegen Geheimverträge bekannt waren, erklärten Stalin, sie könnten sich nicht auf solche Weise verpflichten. Nach einigen Monaten zäh vorankommender Verhandlungen zogen die Russen ihren Entwurf zurück. Als die Teilung Europas dann zu einem späteren Zeitpunkt dieses Krieges aktuell wurde, merkte Stalin, daß er von amerikanischer Algebra sogar noch mehr als von englischer Arithmetik, von gemeinsamen Erklärungen mit Roosevelt sogar noch mehr als von Abkommen mit Churchill profitieren konnte. Nach Jalta und Potsdam war das Endergebnis kaum wesentlich anders: ein von Rußland beherrschtes Osteuropa, ein Westeuropa, in dem die Vereinigten Staaten den Ton angeben, und die Grenze geht durch ein geteiltes Deutschland.

An der späteren Teilung des Kontinents war jedoch weniger das staatsmännische Unvermögen Churchills und Roosevelts, als vielmehr die Langsamkeit der englischen und amerikanischen Kriegsführung gegen Deutschland schuld. Das englische und das amerikanische Volk besaßen den Willen und die Entschlossenheit, Hitler zu besiegen. Aber sie besaßen nicht die Entschlossenheit oder den Willen, eine Invasion in Europa schnell oder tief genug voranzutreiben – mit anderen Worten, Europa zu befreien, während die Russen noch im Osten kämpften. Am Ende reagierten die Vereinigten Staaten sogar noch langsamer auf die damals bedrohliche und erdrückende russische Präsenz in Mittel- und Osteuropa, als die Briten darauf reagiert hatten. Trotzdem: Bei Kriegsende waren die Amerikaner und die Russen die Herren ihrer jeweiligen Hälften Europas. Diese Feststellung trifft selbst heute, über 35 Jahre nach dem Zeitpunkt, an dem aus dem letzten europäischen Krieg der Zweite Weltkrieg geworden ist, und über 30 Jahre nach dem Ende des letzten, im wesentlichen noch immer zu.

1941 bezeichnete jedenfalls den Beginn des endgültigen Niederganges des europäischen Staatensystems, das drei Jahrhunderte lang bestanden hatte. Trotzdem bedeutete das Ende des europäischen Staatensystems nicht das Ende Europas oder seiner Völker. Der letzte europäische Krieg war mehr als nur eine Phase des Zweiten Weltkrieges; deshalb muß ich jetzt zu dem zweiten und vielleicht wichtigeren Teil dieses Buches kommen – zum nationalen Alltag der Völker.

[8] Eingehend beschrieben in *Woodward*, II, S. 222.

# II. Die Hauptbewegungen

Ich werde jetzt versuchen, bestimmte Aspekte des Lebens von 500 Millionen Menschen auf einem Kontinent während des Krieges zu rekonstruieren: wie sie in den zwei bis drei Jahren, in denen ihre politische Umwelt und die sie regierenden Mächte sich oft überstürzt und gewalttätig änderten und in denen die gewohnte kontinentale Ordnung auf unvorhergesehene Art und Weise verändert wurde, gelebt und was sie gedacht haben. Die Schwierigkeiten einer derartigen Rekonstruktion sind sehr groß. Als erstes erhebt sich das Problem „Europa", d. h. eines Kontinents, dessen Grenzen strittig sind. Gehört Rußland zu Europa? Die Türkei? Island? Woraus besteht „Europa", woraus hat es bestanden? Nirgends stellt das Fehlen eines einheitlichen „europäischen" Volkes den Historiker vor größere Probleme, als wenn er etwas über das Alltagsleben der Nationen auszusagen versucht; denn 1939 waren die Hauptfaktoren der europäischen Geschichte Nationen, nicht Klassen; Staaten, nicht Gesellschaftssysteme; Völker, nicht Volkswirtschaften. 1939 gab es (und über 35 Jahre später existieren noch immer) große und tiefgreifende Unterschiede zwischen Finnland und Portugal, Holland und Albanien, Griechenland und der Schweiz – nicht nur in ihren Wirtschaftssystemen, ihren Gesellschaftsstrukturen und ihren Regierungsformen, sondern in der Art, wie ihre Bevölkerungen lebten, sprachen und dachten . . . die Fragen, mit denen sich jeder verantwortungsbewußte Historiker befassen sollte.

Ein weiteres Problem ergibt sich in bezug auf die Quellen. Die wichtigsten Aufzeichnungen aus diesem Abschnitt europäischer Geschichte betreffen eher die Entscheidungen und Extravaganzen der Staatsmänner als das Leben von Millionen. Dem interessierten Historiker dürfte es nicht sonderlich schwerfallen, nicht nur festzustellen, was ein Hitler oder ein Churchill, sondern auch, was ein Ribbentrop oder Eden zu einem bestimmten Zeitpunkt geäußert haben mag. Versucht er jedoch herauszufinden, wie beispielsweise der „durchschnittliche" Sizilianer oder Slowene im Sommer 1940 gelebt, gearbeitet und gegessen hat, stößt er auf alle möglichen Schwierigkeiten. Wer sich mit der diplomatischen oder militärischen Geschichte Europas im Zweiten Weltkrieg befaßt, steht vor bestimmten Kompliziertheiten und Schwierigkeiten – oder sollte vielmehr vor ihnen stehen –, die bei der Beschäftigung mit früheren Kriegen nicht aufgetreten sind; wer jedoch versucht, die Soziographie Europas zum damaligen Zeitpunkt ehrlich zu rekonstruieren, sieht sich nicht nur bestimmten Komplikationen, sondern oft gänzlich verschiedenen Problemen gegenüber, zu denen nicht zuletzt die Spärlichkeit, die Unzuverlässigkeit und der bruchstückhafte Charakter seiner Quellen gehören.

Trotzdem können wir bestimmte Verallgemeinerungen aufstellen. Um 1939 waren die nationalen Bevölkerungen Europas homogener als je zuvor, weil die demokratische und industrielle Entwicklung von Völkern sie vielleicht sogar mehr nationalisiert als internationalisiert. 1914 hatte ein deutscher Bankier vielleicht mehr mit einem französischen Bankier gemeinsam als mit seinen eigenen Angestellten; 1939 war dies nicht mehr der Fall.

Die Kontinuität erwies sich als mindestens ebenso stark wie der Wechsel. 1941 gab es in Europa noch immer Millionen von Menschen, die so lebten, wie sie immer gelebt hatten – in manchen Ländern sogar, nachdem die Tod und Verderben bringenden Wellen aus Feuer, Bombardierung und fremden Heeren über sie hinweggebrandet waren. Das war vielleicht die Kehrseite des Phänomens einer neuen Art Krieg, in dem die bisherigen Unterschiede zwischen Soldaten und Zivilisten hinweggeschwemmt wurden.

Der Krieg und die dramatischen Ereignisse, die sich in den Jahren 1939-41 in Europa abspielten, *beeinflußten* andererseits *das Denken* von erheblich mehr Menschen, als dies im Ersten Weltkrieg der Fall gewesen war. Die geistige Erschütterung war größer als die körperliche. Das hing selbstverständlich mit dem Wesen des Krieges zusammen, aber auch mit der allgemein verbreiteten Fähigkeit, lesen und schreiben zu können, mit dem Vordringen der Massenkommunikation und vielleicht mit der Evolution des Bewußtseins – d. h. des wachsenden Einflusses geistiger Prozesse auf Handlungsabläufe –, die nach meiner noch immer unorthodoxen Meinung vielleicht die einzige vernünftige Evolution ist, die es gibt.[1]

Im Jahre 1941 ließen die Reaktionen großer europäischer Bevölkerungssegmente auf die ihnen auferlegten Lebensbedingungen in vieler Beziehung ein überraschendes Beharrungsvermögen – gelegentlich sogar ein bedeutsames Wiederaufleben – ihrer Vitalität erkennen. Das wird am offenkundigsten, wenn wir das fundamentalste Phänomen in der Geschichte der Völker betrachten: die Fortpflanzung des Lebens.


Die Fortpflanzung des Lebens


In der Zeit vor 1939 hatte sich das Wachstum der Völker Europas seit mindestens 30 Jahren verlangsamt. Das war zum großen Teil auf den Ersten Weltkrieg zurückzuführen, allerdings vielleicht weniger, als allgemein angenommen wird: In fast ganz Europa waren die Familiengrößen schon vor 1910 zurückgegangen. Ein wichtiger Faktor, der zu dem fortgesetzten, wenn auch

---

[1] *Lukacs*, HC, besonders Kap. IV; siehe auch S. 215–216.

langsamen Anwachsen der nationalen Bevölkerungen beitrug, war andererseits die zunehmende Lebenserwartung, deren europäischer Durchschnittswert von weit unter 50 Jahren im Jahre 1910 (in Frankreich, Deutschland und Italien 47-48 Jahre, im europäischen Rußland etwa 35 Jahre) bis 1939 in vielen Fällen auf über 60 Jahre anstieg (beispielsweise in Skandinavien, Deutschland und England).

Zwischen den Kriegen wuchs die Bevölkerung ganz Europas (ohne Rußland) um etwa 15 Prozent an: von etwa 328 Millionen Menschen im Jahre 1920 auf ungefähr 380 Millionen im Jahre 1940 (dazu ein Vergleichswert: die Bevölkerung der Vereinigten Staaten wuchs im gleichen Zeitraum um genau 25 Prozent). In den 30 Jahren vor 1939 wiesen die meisten europäischen Völker ein durchschnittliches Wachstum von weniger als einem Prozent auf, und keine Nation brachte es auf mehr als zwei Prozent jährlich; das größte Wachstum verzeichneten die Albanier (um 1,9 Prozent), während die Franzosen das geringste aufwiesen (eine jährliche Zunahme von 0,4 Prozent zwischen 1910 und 1940). In Westeuropa gab es in diesem Dreißigjahreszeitraum nur zwei Völker mit mehr als einem Prozent jährlichem Wachstum: Holland (1,34 Prozent) und Island (1,16 Prozent); in drei Staaten – Lettland, Estland und Irland – nahm die Bevölkerung in den ersten 40 Jahren unseres Jahrhunderts sogar ab. Auf dem Balkan wiesen die am wenigsten industrialisierten und urbanisierten Völker den größten relativen Bevölkerungszuwachs auf.[2] Andererseits bestand kein ausgesprochener Zusammenhang zwischen Konfession und Familiengröße (in Irland sank die Geburtenrate im katholischen Süden nicht viel anders als im protestantischen Norden). Nationale Kulturen wirkten sich stärker aus als ähnliche Sozialstrukturen (in Westeuropa war die holländische Geburtenrate außergewöhnlich hoch, während sie in Belgien und Luxemburg ungewöhnlich niedrig war; in Osteuropa sank die Bevölkerungsziffer Lettlands, während die Litauens zunahm).

Auf den ersten Blick scheinen sich die Routinedogmen des ökonomischen Determinismus zu bewahrheiten: Es gibt eine eindeutige Beziehung zwischen wirtschaftlichen Verhältnissen und der Gründung von Familien; in vielen europäischen Staaten wurde der Geburtentiefstand während der Weltwirtschaftskrise Anfang der dreißiger Jahre erreicht, nach der die Zahl der Eheschließungen und Geburten fast überall zunahm. Aber an dieser Stelle lohnt es sich, festzuhalten, wie sehr diese demographische Erholung sich von Nation zu Nation unterschied. Der größte Anstieg zeigte sich in Deutschland und Italien, wo die Zahl der Eheschließungen und Geburten innerhalb weniger Jahre um 20 oder gar 30 Prozent emporschnellte. 1932 wurden in Deutschland 511 793 Eheschließungen registriert; 1936 waren es 611 114; noch bedeutungsvoller ist die Zunahme der Geburten: von 971 114 im Jahre 1932 auf 1 279 025 im Jahre 1936, d. h. auf je zwei Kinder, die 1932 in Deutschland geboren

---

[2] Gleichzeitig war dort die Kindersterblichkeit noch immer höher, als sie eine Generation zuvor in Westeuropa gewesen war: in Rumänien betrug sie beispielsweise 1940 fast 15 Prozent.

wurden, kamen vier Jahre später drei. Die Zahl der Eheschließungen in Italien, die Anfang der dreißiger Jahre stets bei einem Jahresdurchschnitt um 280 000 gelegen hatte und kaum von der Weltwirtschaftskrise beeinflußt worden war, sprang auf 317 000 im Jahre 1936 und 377 000 im Jahre 1937. Die italienische Geburtenrate, die seit Anfang des 20. Jahrhunderts stetig von etwa 26 auf 22 pro Tausend gesunken war, stieg auf 22,9 pro Tausend im Jahre 1937 und 23,8 pro Tausend im Jahre 1938.

Ich halte es für falsch, diese Zahlen mit einem einfachen Hinweis auf die Bevölkerungspolitik der damaligen deutschen und italienischen Diktaturen abtun zu wollen. Selbstverständlich förderten Hitler und Mussolini große Familien und boten Kinderreichen bestimmte finanzielle und soziale Anreize. Aber kein Diktator kann Männer dazu zwingen, Kinder zu zeugen; bei manchen Diktatoren mit ebenso straffer Bevölkerungspolitik blieben die Ergebnisse aus (beispielsweise ging die Zahl der Eheschließungen und Geburten in Griechenland unter Metaxas sogar zurück); und jeder, der auch nur einen Begriff von dem beweglichen Geist der Italiener hat, muß bezweifeln, daß sie sich bei der Ausübung dieses intimsten und persönlichsten Aktes durch Ermahnungen von regierungsamtlicher Seite hätten beeinflussen lassen.

Dieser intimste und persönlichste Akt ... Wir wissen sehr wenig darüber, warum Menschen Kinder in die Welt setzen; wir wissen etwas mehr über die Gründe, aus denen sie heiraten, wobei im ersten Fall ziemlich impulsiv und im zweiten ziemlich überlegt gehandelt zu werden scheint. Aber selbst wenn der Historiker nur wenig darüber weiß, *warum* Menschen Kinder bekommen, darf er mit Hilfe bestimmter Fakten ein wenig darüber spekulieren, *wann* sie welche bekommen. Ich schreibe Fakten – ein Wort, das ich sonst nicht gern benütze –, weil bestimmte Statistiken (sofern sie zuverlässig sind) über Veränderungen des Lebens vielleicht die *einzigen* hieb- und stichfesten Tatsachen der Welt sind, da Geburt und Tod unbestreitbar sind, was man von den meisten wissenschaftlichen oder wirtschaftlichen „Fakten" nicht behaupten kann.

Beispielsweise schienen in der ersten Hälfte des 20. Jahrhunderts in modernen Industriegesellschaften Geburten aus zwei recht verschiedenen Gründen zahlreicher zu werden: erstens, wenn viele Menschen wachsendes Vertrauen zur Zukunft haben; zweitens, wenn die Lebensverhältnisse vieler Menschen sich durch äußere Notwendigkeiten verschlechtern – und beide Zustände haben überraschend wenig mit wirtschaftlichen „Faktoren" zu tun. Vertrauen in die Zukunft hatte erheblich mehr mit nationalen Perspektiven als mit volkswirtschaftlichen Erwägungen zu tun. Selbst Mussolinis schärfste Kritiker stimmen darin überein, daß er den Höhepunkt seiner Beliebtheit nach dem Abessinienkrieg erreicht hatte, d. h. in den Jahren 1936 und 1937 – zu einer Zeit, als die vom Völkerbund gegen Italien verhängten wirtschaftlichen und finanziellen Sanktionen bestimmte Wirkungen zeigten. Und so ist es vielleicht nicht ungerechtfertigt, darauf hinzuweisen, wie die Zu- und Abnahme der Zahl der italienischen Eheschließungen *recht genau* die Zuversicht beziehungsweise den Mangel an Vertrauen widerspiegelt, mit dem die italienische Bevölkerung die Zukunft der Nation sah: die Begeisterung und der Optimismus, die für die Mitte der dreißiger Jahre charakteristisch gewesen waren, schlugen 1938 allmählich um, weil bestimmte neue Sorgen und Befürchtungen einsetzten, und nach 1940 wurde der Krieg immer unbeliebter.

Italienische Eheschließungen in Tausenden

| 1935 | 1936 | 1937 | 1938 | 1939 | 1940 | 1941 |
|------|------|------|------|------|------|------|
| 288  | 317  | 377  | 325  | 322  | 314  | 274  |

In Deutschland fanden Hitler und sein Regime die meiste Zustimmung nach seiner Eroberung Österreichs und der Tschechoslowakei. Damals, 1938 und 1939, wurden in Deutschland die meisten Eheschließungen *ganz* Europas registriert (9,7 und 11,8 pro Tausend), womit selbst die fruchtbaren Völker Osteuropas übertroffen waren.[3] Wahrscheinlich zum ersten und letzten Mal in der Geschichte des modernen Europa wies England 1940 die verhältnismäßig höchste Zahl von Eheschließungen auf. An dieser Stelle täte der Historiker gut daran, zumindest die Möglichkeit zu erwägen, daß in der menschlichen Psyche ökonomische und soziologische Faktoren, auch das Klassenbewußtsein, oft durch eine Erscheinung, die man – zweifellos nur unzulänglich – als die Reaktionen der nationalen Psyche auf ein bestimmtes Vertrauen zu dem jeweiligen Vaterland bezeichnen könnte, verdrängt werden:

Eheschließungen pro 1000 Einwohner

|             | 1938 | 1939 | 1940 | 1941       |
|-------------|------|------|------|------------|
| Deutschland | 9,7  | 11,8 | 9,1  | keine Ang. |
| England     | 8,6  | 10,4 | 11,1 | 9,3        |
| Frankreich  | 6,7  | 6,3  | 4,4  | 5,8        |
| Italien     | 7,5  | 7,3  | 7,1  | 6,1        |

Vielleicht ist es nicht ganz abwegig, in diesen Zahlen die Auswirkungen einiger Dinge zu sehen, die viel tiefgreifender als Reaktionen auf materielle Zustände sind.

[3] Bedeutsam ist vielleicht auch, daß 1939 von allen deutschen Städten Danzig und Gleiwitz, an der polnischen Grenze, außergewöhnlich hohe Geburtenziffern aufwiesen – über 24 pro Tausend (vergleichbare deutsche Städte ähnlicher Größe erreichten 17,5 pro Tausend); noch erstaunlicher war die Zahl der Eheschließungen in Linz, dieser damals prototypisch nationalsozialistischen Stadt: 25,8 Eheschließungen pro 1 000 Einwohner, mehr als 100 Prozent über dem nationalen Durchschnitt.

An dieser Stelle müssen wir auf einen Unterschied hinweisen, der heutzutage allzu oft übersehen wird: Soziale Zustände sind nicht gleich materiellen Zuständen, wie Sozialgeschichte nicht gleich Wirtschaftsgeschichte ist. Sämtliche Verallgemeinerungen über unterschiedliche Nationalgesellschaften hinken wegen der unterschiedlichen Tendenzen von Nationalgesellschaften, selbst wenn sie sich in ähnlichen Stadien ihrer materiellen oder institutionellen Entwicklung befinden. Der phänomenale Anstieg der deutschen Geburtenrate in den dreißiger Jahren war noch steiler als die Zunahme der Eheschließungen, während in England die Zahl der Eheschließungen in den Jahren 1939 und 1940 erheblich höher lag als der Anstieg der Geburtenrate (1941 wurden in England weniger Kinder geboren als 1940). In diesen grundsätzlichen demographischen Zahlen verbergen sich alle möglichen überraschenden Statistiken. Beispielsweise wirkte sich die 1939 in den Niederlanden zu verzeichnende plötzliche Zunahme von Eheschließungen erst in späteren Jahren auf die Geburtenrate aus. In Albanien ging die Zahl der Eheschließungen 1939 um fast 25 Prozent zurück, aber die albanische Geburtenrate stieg 1940 von 27,8 sprunghaft auf 31,4 pro Tausend und war damit die höchste Europas.

Betrachten wir als nächstes Frankreich, dessen Bevölkerung 1939 kaum größer als 1914 war. Berücksichtigen wir weiterhin die Rückgewinnung Elsaß-Lothringens (1,7 Millionen Menschen), Frankreichs liberale Einwanderungspolitik (über 2,5 Millionen Ausländer) und die gestiegene Lebenserwartung, ergibt sich eine der wenigen negativen Bilanzen in Europa – jedenfalls die einzige einer Großmacht. Und während der Anteil der über Sechzigjährigen im europäischen Durchschnitt bei neun Prozent lag, betrug er in Frankreich 14 Prozent der Gesamtbevölkerung. (1939 waren 2,6 Millionen Franzosen – darunter fast 600 000 Ausländer – zwischen 20 und 30 Jahre alt, während es in der gleichen Altersgruppe zehn Millionen Deutsche und Italiener gab.)

Das waren die entscheidenden Faktoren des französischen Niederganges – mehr noch als die unzulängliche Industrieproduktion oder die veralteten Führungsmethoden in der französischen Armee. In den gesamten dreißiger Jahren gab es nur wenige Fluktuationen in den Eheschließungs- und Geburtenraten, die von dem Auf und Ab der französischen Wirtschaft kaum beeinflußt wurden. Im Sommer 1939 stieg die Zahl der Geburten zum erstenmal in diesem Jahrzehnt im Juli sprunghaft um 3000 (sechs Prozent) an: hauptsächlich Kinder, die im Oktober, kurz nach der Beilegung der Münchner Krise, gezeugt worden waren. Gewiß hatte die französische Regierung Ende 1938 endlich ein strenges Gesetz gegen Abtreibungen eingebracht und 1939 mit dem „Code de la Famille", der nicht unbeträchtliche finanzielle Unterstützungen vorsah, zum erstenmal durch Sozialgesetzgebung Bevölkerungspolitik betrieben; aber die Auswirkungen dieser Maßnahmen waren zwar spürbar, aber doch weit davon entfernt, entscheidend zu sein.

Im Gegensatz zu der Entwicklung in Deutschland führten Mobilmachung und Kriegserklärung in Frankreich 1939 zu einem außergewöhnlichen

Geburtenrückgang, so daß im Juni 1940 (d. h. etwa zu Kriegsbeginn gezeugte Kinder) nur 33 600 Geburten registriert wurden (35 Prozent weniger als im Durchschnitt der Jahre 1938-39). Selbst wenn wir die möglichen Totgeburten in diesem Invasionsmonat abziehen, bleibt diese Zahl bemerkenswert; weder in Deutschland noch in England war damals ein ähnlicher Rückgang zu beobachten.

Geburtenraten

|  | 1939 | 1940 | 1943 |
|---|---|---|---|
| Deutschland | 20,5 | 20,4 | 16,0 |
| England | 15,3 | 14,6 | 16,6 |
| Frankreich | 14,6 | 13,3 | 15,9 |

Aber sehen wir uns jetzt die letzte Zahl an. Zum erstenmal seit vielen Jahrzehnten entsprach die französische Geburtenrate fast der deutschen (berücksichtigt man, daß damals Millionen von jungen Deutschen im Felde standen, muß man andererseits auch die 1,3 Millionen französische Kriegsgefangene berücksichtigen). Schon im Mai 1941 erreichte die Zahl der Geburten in Frankreich den Vorkriegsdurchschnitt von 50 000 (angesichts der Tatsache, daß diese Kinder unmittelbar nach dem großen Debakel des vorigen Sommers gezeugt worden waren, eine bemerkenswerte Zahl); und im Frühjahr 1942 begann ihre Zahl den Durchschnitt der dreißiger Jahre weit zu übersteigen. Und hier stoßen wir auf ein bemerkenswertes Phänomen: Der Krieg und seine Leiden ließen die Familien enger zusammenrücken.

Das hatten auch die Entbehrungen der Weltwirtschaftskrise vor einem Jahrzehnt getan; damals war die Geburtenrate jedoch nicht im geringsten gestiegen. In fast allen europäischen Staaten heirateten in den Jahren 1940 und 1941 mehr Menschen als in den Jahren zuvor und zeugten mehr Kinder als zuvor. Das geschah sogar in Staaten, die von ausländischen Heeren zerschlagen oder niedergeworfen worden waren. In den von Deutschland besetzten Staaten nahm die Zahl der Geburten nach dem ersten Schock zu:

Geburten in Tausenden

|  | 1940 | 1941 | 1942 |
|---|---|---|---|
| Dänemark | 68 | 72 | 79 |
| Norwegen | 48 | 46 | 53 |
| Niederlande | 185 | 182 | 190 |
| Belgien | 111 | 101 | 109 |
| Luxemburg | 4 | 4,1 | 4,6 |

Die Russen begannen 1939, sich in den drei unglücklichen baltischen Staaten breitzumachen, und annektierten sie 1940 brutal; trotzdem stieg in allen drei Staaten die Zahl der Eheschließungen an (in Litauen geradezu spektakulär: von 7,5 pro Tausend im Jahre 1939 auf 9,3 pro Tausend im Jahre 1940). In Rumänien, das 1940 Teile seines Staatsgebietes an seinen riesigen Nachbarn Rußland und seine kleineren Nachbarn Ungarn und Bulgarien hatte abtreten müssen und innerhalb der nächsten zwölf Monate außerdem durch Revolutionen, ein schweres Erdbeben, die Besetzung durch deutsche Truppen und einen erneuten Krieg gegen die Sowjetunion erschüttert worden war, stieg die Eheschließungsrate trotzdem an: von 7,9 pro Tausend im Jahre 1939 auf 9,1 im Jahre 1940 und 9,6 im Jahre 1941. In Finnland, das mit einer drohenden Invasion, Bombardierungen, Gebietsabtretungen, Krieg (zweimal) und eisiger Armut leben mußte, blieb die Zahl der Eheschließungen in den Jahren 1939 und 1940 gleich, um 1941 um 20 Prozent anzusteigen, während die Zahl der Geburten sich sprunghaft um 25 Prozent erhöhte (1942 lag sie allerdings wieder niedriger). Auf dem Balkan blieben die Zahlen 1939 und 1940 verhältnismäßig konstant und stiegen nur leicht an (im Gegensatz zum Ersten Weltkrieg waren diese Staaten jedoch nicht von Anfang an am Krieg beteiligt).[4]

Das gleiche Phänomen der Familienkonsolidierung und des Bevölkerungswachstums war bei den bedrohten Neutralen Europas zu beobachten – unabhängig davon, ob sie inmitten oder am Rande des von Deutschen eroberten Kontinents lagen:

| | Eheschließungen in Tausenden | | | | Geburten in Tausenden | |
|---|---|---|---|---|---|---|
| | 1939 | 1940 | 1941 | | 1941 | 1942 |
| Schweiz | 32 | 32 | 36 | | 72 | 79 |
| Schweden | 61 | 59 | 58 | | 100 | 144 |
| Portugal | 49 | 47 | 55 | | 184 | 188 |
| Irland | 15 | 15 | 15 | *aber:* | 57 | 66 |

Im Fall Spaniens wird die Aussagekraft der Statistiken 1939 durch das Ende des Bürgerkrieges beeinträchtigt, nach dem Hunderttausende von Soldaten zu ihren Familien heimkehrten: Das ist die Erklärung für die starke Schwankung der Zahlenangaben für Eheschließungen (144 000 im Jahre 1939; 216 000 im Jahre 1940; 190 000 im Jahre 1941); berücksichtigen wir jedoch die

---

[4] Ein ungewöhnlicher Ausnahmefall ist Griechenland mit seiner verhältnismäßig niedrigen Eheschließungs- und hohen Geburtenrate, die beide 1940 und 1941 stark zurückgingen, was sich nicht ganz durch den Krieg erklären läßt, mit dem Griechenland erst Ende Oktober 1940 überzogen wurde.

schwierige Versorgungslage Spaniens, die im Winter 1940/41 in Andalusien fast zu einer Hungersnot führte, war die Zahl der Geburten trotzdem bemerkenswert hoch (511 000 im Jahre 1941, 531 000 im Jahre 1942). In diesem Zusammenhang scheint Dr. Johnsons Weisheit sich erneut als dauerhafter als die gewichtigen Hypothesen mancher Soziologen erwiesen zu haben. „Menschen heiraten nicht aus Vernunft und Vorsehung", sagte er, „sondern aus Neigung. Ein Mann ist arm; er denkt: Schlechter kann's mir nicht mehr gehen, deshalb nehm' ich eben Polly."

Dieses Argument ist selbstverständlich keineswegs erschöpfend. Materielle Not ist nur eine Art Elend; moderner Krieg und der Polizeistaat sind eine andere; wenn Elende gern Gefährten in der Not suchen, tun das auch Einsame; Familien rücken durch unvorhergesehenes Leid, aber auch durch geplanten Wohlstand zusammen; während ein Krieg die routinemäßigen sozialen Beziehungen zerreißt, vergrößert sich der Bekanntenkreis von Männern, die andererseits durch kriegsbedingte Beschränkungen in ihrer Bewegungsfreiheit eingeengt und dazu gezwungen werden, länger als jahreszeitlich üblich mit ihren Frauen zusammenzusein. Außerdem – was noch wichtiger ist – rief der Schock des Krieges und der Niederlage 1940-41 in den meisten europäischen Staaten eine ziemlich spontane Abneigung gegen einen Großteil des egoistischen Individualismus hervor, der für die liberal-demokratische Ordnung (oder Unordnung) vor dem Kriege charakteristisch gewesen zu sein schien. Diese Reaktion war tiefgreifend und umfassend genug, um nicht einfach auf die Auswirkungen deutscher Propaganda zurückzuführen zu sein.

Einige der Ideen, auf denen das „neue Europa" basierte, blieben natürlich nicht ganz ohne Wirkung, und zumindest die ursprüngliche Bedeutung des pétainistischen Mottos *Travail, Famille, Patrie,* das an die Stelle von *Liberté, Egalité, Fraternité* trat, stimmte mit den damaligen Empfindungen vieler Europäer überein – auch derer, die sonst nichts von faschistischen politischen Philosophien hielten und keine Lust hatten, mit Hitler und den Deutschen zusammenzuarbeiten. Überall, auch in England, erzeugten die Entbehrungen des ersten Kriegsjahres keinerlei Sehnsucht nach dem Lebensstil und der ungewissen Sicherheit der Vorkriegsjahre, sondern bewirkten eher das Gegenteil; das war ganz anders als im Ersten Weltkrieg.

Scheidungen und Selbstmorde nahmen in den Jahren 1940 und 1941 ab – in einigen Fällen sogar drastisch.[5] (Einige typische Beispiele: in England gab es 1939 8 700 Scheidungen und 1941 6 800, in Frankreich 1939 21 800 und 1940 14 600, in Luxemburg 1939 123 und 1941 57, in Rumänien 1939 11 000 und 1941 7 860. In den skandinavischen Ländern ergaben sich keine bedeutenden

[5] In den dreißiger Jahren wuchs die Zahl der Scheidungen in allen europäischen Staaten außer Norwegen, Portugal und, was überraschen mag, Frankreich (529 pro Million im Jahre 1932, 524 im Jahre 1939). 1939 war Lettland der Staat mit der höchsten Scheidungsrate – 980 pro Million Einwohner –, das gleiche Land, das in den dreißiger Jahren die negativste Bilanz in bezug auf Bevölkerungswachstum aufwies.

Veränderungen.) Das war natürlich ein in Kriegszeiten in allen modernen Gesellschaften zu beobachtendes Phänomen. Andererseits betrug die Abnahme der Zahl der Selbstmorde im Gegensatz zu den nun bereits klassischen Beteuerungen der Soziologen über Selbstmorde in Krieg und Frieden 1939-40 weniger als die der Scheidungen (obwohl in manchen Ländern auch die Abnahme der Selbstmorde bemerkenswert war).[6] Mit diesen Zahlenangaben über Scheidungen und Selbstmorde begeben wir uns jedoch in statistische Regionen, in denen Zahlen oft rar und häufig nicht gerade zuverlässig sind. Die Kategorien werden dann fließend.

Wir wollen nicht länger darüber spekulieren. Jedenfalls steht die erstaunliche Tatsache fest, daß im Dezember 1941, d. h. lange nach Beginn des dritten Kriegsjahres, in Europa mehr Menschen als im September 1939 lebten. Der Hauptgrund dafür war selbstverständlich die völlig neue Art des Krieges: In der ersten Phase des Zweiten Weltkrieges fielen erheblich weniger Soldaten als in der des Ersten Weltkrieges – vor allem als Folge des neuartigen Blitzkrieges; aber wir müssen als weiteren Faktor auch die fortdauernde Vitalität der Völker Europas berücksichtigen.

Dieser Tatsache müssen wir die zunehmende Zahl der zivilen Opfer gegenüberstellen: Zum erstenmal seit vielen Jahrhunderten wurden Frauen, Kinder und Alte zu Hunderttausenden getötet, während die traditionelle Unterscheidung zwischen Soldaten und Zivilisten dahinschwand. Die Zahl der Todesopfer als Folge von Luftangriffen war zwischen 1939 und 1941 noch immer niedrig – selbst in England und Deutschland; sie lag erheblich unter den Schätzungen vor Kriegsbeginn. Die schrecklichste einzelne Todesursache, die schließlich bewirken würde, daß die Zahl der toten Zivilisten die der toten Kombattanten übertraf, die Ermordung von Millionen von Juden, war noch keine Tatsache, da die Ausrottungspolitik, die in der zweiten Hälfte des Jahres 1941 in höchsten deutschen Regierungskreisen formuliert worden war, erst im Januar 1942 als Grundsatz deutscher Politik beschlossen worden war. In Osteuropa hatte die systematische Tötung von Zivilisten, hauptsächlich von Juden, im Juni 1941 mit dem deutschen Überfall auf Rußland begonnen; im Sommer 1941 kam es auch zu einem Massenmord an Serben durch Kroaten; aber diese Akte barbarischer Wildheit traten bis zum Sommer 1942 eher sporadisch auf.[7]

Trotzdem war es eine Tatsache, daß sich diese neue Politik der geplanten

---

[6] In den dreißiger Jahren lag der Jahresdurchschnitt an Selbstmorden in England etwas über 5 000 und sank 1941 auf 3 657; in Deutschland sank die Zahl der Selbstmörder unter 20 Jahren in den ersten sechs Jahren der Hitlerherrschaft um *80 Prozent*: von 1215 im Jahre 1932 auf 250 im Jahre 1939.

[7] Es wäre lehrreich, die Zahl von Eheschließungen, Geburten, Selbstmorden und Scheidungen von Juden in verschiedenen Ländern zwischen 1938 und 1942 zu untersuchen und nach Staaten zu vergleichen; soviel mir bekannt ist, existieren derartige Statistiken jedoch nur in wenigen Fällen, so daß die Vergleichsbasis für Verallgemeinerungen fehlt.

Ausrottung nationaler, politischer und rassischer Opponenten[8] bestimmter Großmächte entwickelte und 1942 zu einer neuen, schrecklichen Realität werden würde. Gemeinsam mit einer weiteren neuartigen Politik, der geplanten Entwurzelung und Umsiedlung ganzer Bevölkerungen, die in mehreren Fällen ab 1939 in die Tat umgesetzt wurde, bezeichnete sie den zunehmend revolutionären Charakter dieses Krieges und den steilen Niedergang der traditionellen europäischen Zivilisation.

## Die Entwurzelung von Völkern

Nach dem Ersten Weltkrieg war ein neues Osteuropa entstanden. Seltsamerweise kam es in dieser chaotischen Periode zu keiner größeren Völkerwanderung von einem Land zum anderen, obwohl es drastische neue Grenzziehungen und neue Staaten gab (die einzige Zwangsumsiedlung, die der Anatoliengriechen aus der Türkei, ereignete sich in Kleinasien, und die einzige große Auswanderung war die der drei Millionen Russen, die ihre Heimat zwischen 1918 und 1923 verließen). Gleichzeitig war der Gedanke, große Zahlen von Menschen von einem Land ins andere umzusiedeln, um die nationale Homogenität zu stabilisieren, nicht mehr neu oder schockierend. Der Völkerbund hatte in den zwanziger Jahren die Umsetzung von Hunderttausenden von Griechen, Türken und Bulgaren arrangiert und überwacht – eine neue Art des Massentransfers mit unterschiedlichen und manchmal schmerzlichen Ergebnissen, dem der Rest der Welt jedoch gleichgültig zugestimmt hatte. In den zwanziger und dreißiger Jahren war die Mehrzahl derer, denen das „Judenproblem" Sorgen machte – Antisemiten wie Zionisten –, der Ansicht, daß die „Lösung" in einer Auswanderung liegen würde, um die nationale Homogenität zu fördern.

Im Jahre 1939 begann dann eine Reihe großer Umsiedlungen ganzer Völkerschaften, hauptsächlich in Mittel- und Osteuropa – eine organisierte Wanderung bestimmter Bevölkerungsteile in einem Maßstab, wie ihn die zivilisierte Welt seit tausend Jahren nicht mehr erlebt hatte. Ich kann sie nur auf allerkürzeste Weise zusammenfassen.

Hitler und Himmler veranlaßten eine gewaltige Umsiedlung von Deutschen, die 1939 im Süden und Osten der Reichsgrenzen lebten. Diese Umsiedlung wurde entweder durch Verträge oder das Machtwort der siegreichen Deutschen bewirkt. Bis Ende 1941 wurden auf diese Weise etwa 560 000

---

[8] Und nicht nur von Opponenten. Zwischen September 1939 und August 1941 wurden im Dritten Reich fast 50 000 Geisteskranke aufgrund von Hitlers Euthanasiebefehl ermordet. Im August 1941 wurde die Euthanasie eingestellt, nachdem einige katholische Bischöfe lautstark dagegen protestiert hatten. Siehe S. 365.

Deutsche ins Großgermanische Reich umgesiedelt; addierte man sie zu den 1938-39 eingegliederten Österreichern und Sudetendeutschen, hatte das Dritte Reich zwischen 1938 und 1941 fast elf Millionen Deutsche dazubekommen.

Der erste dieser Verträge (und in vieler Beziehung der problematischste) betraf die Mehrzahl der Einwohner Südtirols, das Italien sich 1919 von Österreich angeeignet hatte: etwa 230 000 Deutschsprachige. Hitler hatte sehr frühzeitig erfaßt, daß diese ehemaligen Untertanen des österreichischen Kaisers sich als Hindernis auf dem Weg zu dem Bündnis erweisen konnten, das er mit Mussolini schließen wollte. Er war sich auch darüber im klaren, daß der Preis für dieses Bündnis und Mussolinis spätere Billigung des Anschlusses Österreichs aus der feierlichen deutschen Verpflichtung bestehen würde, die Alpen als die Nordgrenze Italiens anzuerkennen. Die Initiative zur Umsiedlung eines Teils dieser deutschsprachigen Bevölkerung nach Deutschland war unmittelbar nach dem Anschluß Österreichs im März 1938 von der italienischen, nicht der deutschen Diplomatie ausgegangen. Hitler griff diesen Vorschlag auf. Im Juni 1939 einigten deutsche und italienische Beamte sich über die Prinzipien der Umsiedlung. Ein förmlicher Vertrag wurde am 21. Oktober 1939 geschlossen; er sah eine neue Art Volksabstimmung vor, bei der die Bewohner des besagten Gebietes bis zum Jahresende erklären mußten, ob sie ins Reich übersiedeln oder in Italien bleiben wollten (die eigentliche Umsiedlung würde später durchgeführt werden).

Trotz subtiler und teilweise wenig subtiler italienischer Propaganda (und gewisser örtlicher katholischer Warnungen) entschieden sich etwa 75 Prozent der 230 000 Südtiroler für das Dritte Reich. Ihr Abzug über die Grenze ging jedoch ziemlich langsam vor sich: Bis Ende 1941 verließen weniger als 40 Prozent derer, die für Deutschland optiert hatten, ihre grünen Felder und Täler (zwei Drittel von ihnen ließen sich in den benachbarten österreichischen Gauen nieder). Diese Umsiedlung war also keineswegs abgeschlossen. Sie war kein sonderlicher Erfolg, was zum Teil an der oft halbherzigen und unaufrichtigen Haltung der beiden beteiligten Regierungen lag.

Erheblich vollständiger und entscheidender war die Rückholung der Baltendeutschen in ein Deutschland, das ihre Vorfahren zum Teil schon vor 800 Jahren verlassen hatten. Hitler wußte, was sein 1939 mit Stalin geschlossener Nichtangriffspakt bedeutete: Er bedeutete unter anderem, daß jetzt Millionen von Menschen in Osteuropa hinter einem eisernen Vorhang verschwinden würden (dieser Ausdruck, der die sowjetisch-europäische Grenze bezeichnete, war in Deutschland seit Anfang der zwanziger Jahre üblich). Deshalb wollte Hitler die Baltendeutschen und später vielleicht auch die isoliert in Wolhynien, Galizien und Westrußland lebenden deutschen Siedler ins Reich heimholen. Ein einziger nachdrücklicher Appell Deutschlands würde genügen, um diese Menschen, die ihr Kulturleben und ihr Nationalbewußtsein stets irgendwie an Deutschland orientiert hatten, rasch und mit großer Mehrheit reagieren zu lassen.

Im Oktober 1939 brachten Verträge mit Estland und Lettland diesen historischen Auszug von über 61 000 Deutschen (80 Prozent der deutschen Bevölkerung) aus den einstigen Hansestädten und dem Land der Deutschordensritter. Dann wandte sich die Reichsregierung unmittelbar an Moskau. Sie unterzeichnete vier Verträge mit der Sowjetunion (3. November 1939, 5. September 1940, 22. Oktober 1940 und 10. Januar 1941), um die Übersiedlung der Deutschen zu erreichen, die nach der Besetzung Ostpolens, Bessarabiens und der Nordbukowina unter sowjetische Herrschaft geraten waren. Der letzte dieser Verträge betraf die Umsiedlung der verbliebenen Deutschen aus Lettland, Estland und Litauen, nachdem diese Staaten im Sommer 1940 in die Sowjetunion eingegliedert worden waren.

Insgesamt waren von diesen Verschiebungen etwa 350 000 Menschen betroffen. Was bezweckte Hitler damit? Über die rassische und nationale Politik der Nationalsozialisten im Osten ist schon viel – meistens auf der Grundlage noch existierender Dokumente – geschrieben worden: eine Politik, die durch eine Grausamkeit gekennzeichnet war, deren Ausmaß auf anderen Gebieten deutscher Regierungspolitik selten übertroffen wurde – vor allem in Rußland nach der deutschen Invasion, die der Titel von Gerald Reitlingers detaillierter Untersuchung treffend beschreibt, denn der große Bau der Nationalsozialisten im Osten erwies sich als auf Sand gebaut. Andererseits besteht Grund zu der Annahme, daß Hitler gelegentlich ein Minimalziel anstrebte: die Sammlung aller Deutschstämmigen Osteuropas in einem Großdeutschland.

Einiges weist darauf hin, daß Hitler im Gegensatz zu Himmler selbst nach seinem Einfall in die Sowjetunion nur wenige Gedanken auf die Besiedlung des eroberten Ostlandes mit Deutschen verschwendete. Beispielsweise wurde den Baltendeutschen ausdrücklich verboten, in ihre von Deutschland befreite Heimat zurückzukehren. Auch in den Jahren 1940 und 1941 holten die Deutschen ihre Landsleute nicht nur aus Gebieten hinter dem eisernen Vorhang, sondern sogar aus der Südbukowina und der Norddobrudscha – beide unter rumänischer Verwaltung – heim ins Reich. Die deutsche Politik war in Polen natürlich ganz anders – vor allem in dem Teil Westpolens, der vor 1914 zum deutschen Reich gehört hatte und 1939 erneut von Deutschland annektiert wurde; dieser Teil sollte so rasch wie möglich germanisiert werden (für diesen Zweck galten die ausgesiedelten Ostdeutschen, nicht jedoch die Südtiroler, als besonders gut geeignet).

Gegen Kriegsende gestattete Hitler stillschweigend den Rückfluß von Millionen von Deutschen, die vor den einmarschierenden Russen flohen, in die Mitte des Reichsgebietes: eine Bewegung, die 1945 eine gewaltige Flut wurde und gelegentlich die Bewegungen seiner eigenen Armeen behinderte. Nachdem Hitler erkannt hatte, daß der Krieg nicht mehr zu gewinnen war, schien er einen gewissen Trost in der Tatsache zu finden, daß er der Verwirklichung zweier seiner historischen Minimalziele nahe war: der Ausrottung der europäischen Juden und der Konzentration aller Deutschen in einem vereinigten

Deutschland. Beides mißlang ihm, aber er kam auf diesem Wege ein gutes Stück voran. Eine der wichtigsten historischen Folgen des Zweiten Weltkrieges war jedenfalls eine drastische Vereinfachung der nationalen Geographie Osteuropas. Zum erstenmal seit 800 Jahren gab es nach 1945 keine ernstzunehmenden deutschen Minoritäten östlich Deutschlands mehr. Die erste Phase ihrer Entwurzelung und Umsiedlung, die im Herbst 1939 begonnen hatte, war im Herbst 1941 abgeschlossen worden. Eine neue große Völkerwanderung – hauptsächlich von Ost nach West – hatte begonnen.

Auch andere Regierungen griffen nach 1939 auf diese neue Politik der Umsiedlung ganzer Nationalbevölkerungen zurück. Gegen Ende des Winters zogen 400 000 Finnen aus ihren Höfen und Städten in Karelien nach Finnland zurück, dessen Bevölkerung sich dadurch um über zehn Prozent vermehrte. In den letzten Junitagen des Jahres 1940 flohen einige tausend Litauer vor den einmarschierenden sowjetischen Truppen nach Ostpreußen, und im Oktober 1940 durften einige tausend Schweden ihre estnische Heimat verlassen. Nachdem das bulgarische Regime im Herbst 1940 die Süddobrudscha annektiert hatte, zogen 60 000 Bulgaren aus der Norddobrudscha dorthin; fast 100 000 Rumänen wanderten in die entgegengesetzte Richtung. Etwa 80 000 verließen das nördliche Siebenbürgen, das Ungarn im September 1940 wieder für sich beanspruchte. Ende 1941 führten die Ungarn ihrerseits 16 000 Menschen altungarischer Abstammung (die Csángó-Magyaren), die jenseits der Karpaten in einzelnen Gemeinden in der Moldau und der Bukowina gelebt hatten, nach Ungarn zurück.

Die meisten dieser Menschen wollten umgesiedelt werden. Das war bei der Deportation der fast 50 000 Deutschen aus dem polnischen Teil Schlesiens, die Anfang September 1939 auf Anweisung der Warschauer Regierung nach Osten gebracht wurden, nicht der Fall (die meisten von ihnen kehrten nach dem deutschen Sieg zurück). Ebenso unfreiwillig war die Umsiedlung von nahezu 1,5 Millionen Polen, die aus den neu germanisierten Gebieten Süd- und Westpolens nach Mittelpolen gebracht wurden; das gleiche galt für die 1,2 Millionen Polen, die 1940-41 in die Sowjetunion deportiert wurden; für die über 50 000 Ukrainer und Weißrussen, die im gleichen Zeitraum aus dem Generalgouvernement und dem Memelland in die Sowjetunion umgesiedelt wurden; für die 65 000 Litauer, 64 000 Lettländer und 63 000 Esten, die im Frühsommer des Jahres 1941 in die Sowjetunion deportiert wurden; für die 400 000 Wolgadeutschen, die nach Sibirien und Kasachstan ausgesiedelt wurden; für die über 100 000 Serben, die im Sommer 1941 aus dem neuen Staat Kroatien ausgewiesen wurden, ohne ihren Besitz mitnehmen zu dürfen. Zählen wir zu diesen grausamen und radikalen Deportationen ganzer Völker, die ohne ihre Zustimmung umgesiedelt wurden, die Verschleppung der deutschen und osteuropäischen Juden in die ersten polnischen Gettos hinzu, haben wir es mit der Entwurzelung und Umsiedlung von etwa vier Millionen Menschen zu tun, die in der europäischen Phase des letzten Weltkrieges von

Regierungen organisiert wurde – ein schreckliches Präzedens für die etwa elf Millionen Verschleppten und Vertriebenen, die 1945 bei Kriegsende in Lagern zusammengepfercht sein sollten.

Brauchen wir Vermutungen über den psychischen Zustand dieser Unglücklichen anzustellen, die ihre Heimat verlassen mußten? Seltsamerweise glimmte fast stets ein Hoffnungsfunken unter der Verzweiflung, die sie zu überwältigen drohte. Bedeutsam waren auch die Reaktionen der freiwilligen Umsiedler. Warum folgten die meisten Menschen mehr oder weniger spontan und mehr oder weniger augenblicklich dem Ruf des Vaterlandes – oder vielmehr dem der Vertreter eines Vaterlandes? Nicht viele der Südtiroler, die sich 1939 für Deutschland entschieden, waren Nationalsozialisten. Nur eine Minderheit der Baltendeutschen bestand aus überzeugten Nationalsozialisten, und in den deutschen Bauerndörfern in Wolhynien oder Bessarabien hielten Zehntausende Hitler für eine Art neuen Monarchen.[9] Der Hauptgrund für ihre Option – und das gleiche scheint für die bulgarischen Bauern in der Dobrudscha oder die Ungarn im alten Rumänien zu gelten – war offenbar ihr geschärftes Nationalbewußtsein. Dieses allgemeine Streben nach nationaler Homogenität war mehr als eine Idee Hitlers. Es war der Hauptfaktor der historischen Bewegungen der europäischen Völker in der ersten Hälfte des 20. Jahrhunderts, etwas viel weiter Verbreitetes und viel Grundlegenderes als Klassenbewußtsein oder Ideologie.

Am eindeutigsten waren die Absichten der Bevölkerungsteile, die aus dem sowjetischen Herrschaftsbereich oder vor dem drohenden sowjetischen Schatten ins deutsche Europa übersiedelten. Außer einer Handvoll polnischer Juden und Ukrainer gab es buchstäblich niemanden, der spontan in die entgegengesetzte Richtung gezogen wäre. Die nach Westen Ziehenden (sie kamen aus allen Gesellschaftsschichten) hatten nicht den geringsten Zweifel daran, welches barbarische Elend und welcher Terror sie unter sowjetrussischer Herrschaft erwarten würde. Die äußeren Umstände waren ergreifend, in einigen Fällen der Feder eines großen Dichters oder Romanciers wert; man braucht nur an die dunklen baltischen Frühwintermonate des Jahres 1939 in Riga und Reval zu denken. In Schneenächten packten Tausende von deutschen Familien und verließen ihre Häuser, in denen sie zum Teil seit 200 Jahren gelebt hatten. Die deutschen Schulen schlossen; der letzte evangelische Gottesdienst für Deutsche wurde am 10. Dezember 1939 in Riga gehalten. „Das Deutschtum in Lettland ist für immer erledigt", erklärte der lettische Innenminister.

---

[9] Die Donauschwaben bekamen zum erstenmal größere Massen von Reichsdeutschen zu Gesicht, als Mackensens Armee sich 1918 gut ausgerüstet und in tadelloser Ordnung entlang der Donau zurückzog; dies hinterließ einen tiefen Eindruck auf eine ganze Generation. Und es gab Tausende von bedauernswerten Juden, die 1940–41 aus den russisch besetzten Gebieten ins deutsche Westpolen flüchteten: Diese einfachen Juden ließen sich von Erinnerungen an den Ersten Weltkrieg beeinflussen – und von atavistischen Erinnerungen an ein Deutschland, dessen Regierung, so streng sie auch sein mochte, noch immer weniger barbarisch als die Rußlands war. Sie sollten bald vergast werden.

Die weißen deutschen Schiffe dampften bei ruhiger See durch die schwarze baltische Nacht nach Westen. Ganz anders fuhren die ersten jüdischen Deportierten nach Osten; oder selbst die deutschen Bauern aus Bessarabien und der Bukowina, die in Wagenkolonnen von jeweils etwa 200 Fuhrwerken nach Westen zogen und auf den schneebedeckten Ebenen ungefähr 50 Kilometer pro Tag zurücklegten.

Trotzdem ereignete sich die größte Völkerwanderung während des letzten europäischen Krieges – allerdings eine nur zeitweilige – nicht im Osten, sondern in Westeuropa. Dies war der panikartige Exodus im Mai und Juni 1940, als vermutlich bis zu zehn Millionen Belgier und Franzosen ihre Heimatorte verließen und nach Süden flohen. Im Ersten Weltkrieg hatte es nichts Vergleichbares gegeben.

Der Historiker kann ihre Wanderung mehr oder minder genau verfolgen.[10] Über drei Millionen Belgier verließen innerhalb weniger Stunden ihre Häuser und Wohnungen – in bestimmten Provinzen fast zwei Drittel der dortigen Bevölkerung. Von Angst getrieben, von deutschen Bombern verfolgt und unter der unbarmherzig herabbrennenden Maisonne des Jahres 1940 von Hunger und Durst geplagt, kamen die meisten nur bis in das Gebiet nördlich von Somme und Seine; trotzdem zogen 1,5 Millionen nach Süden weiter und machten erst im Südwesten halt, wo das Gebiet um Toulouse zum Zeitpunkt des Waffenstillstandes zu einem regelrechten kleinen Belgien geworden war. Dies war eine durch Panik angetriebene außergewöhnliche Völkerwanderung. Sie begann am Nachmittag des 11. Mai und erreichte innerhalb von vier Tagen ihren Höhepunkt; am 15. Mai fuhr nachmittags der letzte Zug nach Frankreich aus Brüssel ab.

Bei den Franzosen begann der Exodus etwas später; vermutlich waren daran bis zu sieben Millionen französischer Männer, Frauen und Kinder beteiligt. Südlich von Seine und Somme, im Eure-Departement der unteren Normandie, flohen über 90 Prozent der Bevölkerung innerhalb von drei Tagen: in Evreux waren am Abend des 11. Juni von fast 20 000 Einwohnern lediglich 172 zurückgeblieben; in Vernon waren es 150 von 8 000. Wir haben Photos von ihnen gesehen, Tausende von Photos, die inzwischen historisch sind; die zweirädrigen Handkarren zwischen den kleinen Renaults und Citroëns mit ihren Spitzkühlern, die Matratzen und die sprichwörtlichen Vogelkäfige der Familie auf dem Dach festgebunden ... Ende Mai waren täglich 10 000 Flüchtlinge über die Seinebrücke nach Süden geströmt; Ende Juni hatte fast jedes Dorf im Südosten Frankreichs seine Einwohnerzahl verdoppelt, und dann gab es in den Dörfern nicht genug Lebensmittel.

Der Waffenstillstand wurde geschlossen. Zwischen dem 1. Juni und dem 1. Oktober 1940 kehrten 1,5 Millionen Belgier in ihre Heimat zurück (400 000

---

[10] Siehe *Vidalenc*, op. cit., das Standardwerk über dieses Thema; der Verfasser weist jedoch im Vorwort auf die häufigen Unzulänglichkeiten statistischer Informationen hin.

in Heimkehrerzügen, 35 000 in Autos, die übrigen mit verschiedenen Transportmitteln). 98 Prozent der Belgier und 80 Prozent der französischen Flüchtlinge kehrten bis zum Ende dieses Sommers heim.[11] Viele von ihnen mußten feststellen, daß ihre Häuser inzwischen von Nachbarn ausgeplündert worden waren.

## Essen, Trinken, Schlafen

Wir wollen jetzt einen Blick auf die Unterlagen über die Verfügbarkeit und den Verbrauch von Grundnahrungsmitteln werfen: Was und wie aßen die Völker Europas in den beiden ersten Jahren des Weltkrieges, als der größte Teil des Kontinents unter deutscher Herrschaft stand? Man sollte glauben, das müsse sich in unserem Zeitalter umfangreicher amtlicher Unterlagen und Wirtschaftsstatistiken verhältnismäßig leicht rekonstruieren lassen. Aber das stimmt nicht. Abgesehen von Schwankungen in der Zahl der verfügbaren Statistiken (verhältnismäßig viele in westeuropäischen Staaten, nur wenige in den meisten osteuropäischen Ländern), stößt man beim Studium dieser Zahlen oft auf eine betrübliche Tatsache: im Gegensatz zu der landläufigen Meinung sind wirtschaftliche „Fakten", auch statistische Angaben, keineswegs immer zuverlässig; sie sind oft so wenig zuverlässig, daß sie geradezu wertlos sind. Beispielsweise gibt es bei den schwer zu definierenden „Lebenshaltungskosten" selbst in einem geregelten Staatswesen und in Friedenszeiten alle möglichen Ausnahmen und Variationen. Ihre Berechnung und ihre Kategorien unterscheiden sich von Land zu Land. In Kriegszeiten müßten die Einkommens- und Ausgabenstatistiken eine gewaltige Vielzahl von Privateinkommen und Ausgaben berücksichtigen, die der Sachlage entsprechend im allgemeinen nicht gemeldet werden. Sie enthalten selten auch die irregulären Transaktionen der Bürger und registrieren deshalb einige der häufigsten und wichtigsten wirtschaftlichen Transaktionen des Alltags nicht.

Wir können jedoch versuchen, bestimmte Verallgemeinerungen zu treffen. Wie im Ersten Weltkrieg gab es im Zweiten Weltkrieg in Europa keine Hungersnot[12]; sehr häufig trat aber Unterernährung auf (die ihren Höhepunkt jedoch erst 1944 und 1945, vielfach erst nach Kriegsende erreichte). Die staatliche Lebensmittelbewirtschaftung war noch weiter verbreitet als im Ersten Weltkrieg. Ihre Wirksamkeit war so unterschiedlich, daß in diesem Punkt Verallgemeinerungen unzulässig sind. Während die Rationierung in

---

[11] Ein Jahr später, im Juli 1941, gab es in Vichy-Frankreich noch immer 800 000 Flüchtlinge, darunter Juden, Tschechen, Polen, Niederländer und Belgier.
[12] Ausnahmen: Leningrad 1941/42, bestimmte Gettos, Konzentrationslager und einige Gebiete Andalusiens im Winter 1940/41.

manchen Staaten recht wirkungsvoll war, erwies sie sich in anderen als fast völlig unwirksam.

Die erstaunlichsten Erfolge auf diesem Gebiet erzielten die Deutschen. Während des ganzen Krieges litten die Deutschen nicht an Unterernährung. Die trostlosen, schrecklichen Erlebnisse der Kriegswinter 1916 und 1917 wiederholten sich nicht; jedermann hatte zumindest genug zu essen. Das war besonders bemerkenswert, wenn man berücksichtigt, daß das Deutschland des Jahres 1939 weniger Lebensmittel produzierte, als es 1914 produziert hatte, daß es importabhängiger war und daß zu seinen Verbündeten kein großer Agrarstaat wie das Österreich-Ungarn des Jahres 1914 zählte; wie wir heute wissen, hatte das Dritte Reich sich 1939 nicht auf einen langen Krieg vorbereitet. In Wirklichkeit funktionierte die Versorgung der deutschen Bevölkerung während des Krieges – selbst zur Zeit der schwersten Bombenangriffe gegen ihre Städte – erstaunlich zuverlässig.

Die Lebensmittelrationierung wurde in Deutschland am 28. August 1939 eingeführt und am 25. September erweitert. Zur nächsten wichtigen Erweiterung kam es erst am 6. April 1942, als Kartoffeln und andere Nahrungsmittel rationiert wurden (Deutschland war damals der größte Kartoffelproduzent Europas). Von diesem Zeitpunkt an waren praktisch alle Lebensmittel rationiert und ausreichend vorhanden. Die 2400 Gramm der wöchentlichen Brotzuteilung in den Jahren 1940 und 1941 waren so reichlich, daß die meisten Leute sie nicht ganz beanspruchten; bis 1942 traf das auch für Ersatzkaffee zu (der erheblich besser als der Ersatzkaffee des Ersten Weltkrieges war). Der Kaloriengehalt der täglichen Lebensmittelzuteilungen in Essen, einer typischen deutschen Industriestadt, betrug 1552 im Frühjahr 1940, 1515 ein Jahr später und 1751 im Frühjahr 1942 – im Vergleich zu kümmerlichen 1176 im Sommer 1917.[13] Die Jahreszuteilung für Erwachsene betrug in Essen (alle Angaben in Kilogramm; Eier in Stück):

|        | Brot     | Fleisch | Fett | Käse      | Eier |
|--------|----------|---------|------|-----------|------|
| 1940   | 124,2    | 26,2    | 14,0 | 3,1       | 89   |
| 1941   | 117,0    | 23,0    | 14,0 | 2,5       | 62   |
| 1942   | 111,8    | 18,5    | 11,6 | 2,3       | 42   |
| (1917: | 107,3[14]| 18,6    | 3,2  | keine Ang.| 30)  |

Die Rationierung war zudem wirkungsvoll. Die gewohnte Disziplin der Deutschen sorgte im Verein mit dem ängstlichen Respekt vor den Verwaltungsorganen des Polizeistaates dafür, daß in Deutschland fast alle Lebensmit-

[13] *Schmitz*, S. 10 und passim.
[14] Von erheblich schlechterer Qualität.

tel und anderen rationierten Waren zu den offiziellen (und deshalb niedrigen) Preisen erhältlich waren. Außer für einige Luxusartikel (Herrenoberbekleidung) gab es kaum einen schwarzen Markt. Das verhältnismäßige Wohlergehen der deutschen Bevölkerung kann auch nicht ausschließlich darauf zurückgeführt werden, daß die Deutschen die besetzten europäischen Länder in den Jahren 1939 und 1940 ausgeplündert hätten. Wahr ist allerdings, daß sie sich *innerhalb* dieser eroberten Länder die Eroberern vorbehaltenen Privilegien anmaßten. Da die Deutschen die äußerst günstigen Wechselkurse selbst festgesetzt hatten, aßen und tranken sie in Frankreich oder Polen für billiges Geld. Aber es gibt kaum Beweise für die Annahme, die deutsche Bevölkerung habe – abgesehen von bestimmten Luxuswaren – beispielsweise von der Eroberung Frankreichs oder Belgiens viel profitiert.

Die Deutschen aßen 1940 gut, aber nicht besser als 1939; nach ihren Siegen im Westen wurden die Lebensmittelzuteilungen kaum erhöht. Andererseits machte der spartanische Lebensstil, dessen Vorzüge Hitler und Goebbels bei fortschreitender Kriegsdauer noch rühmen sollten, sich nur wenig bemerkbar. Das Lebensmittelangebot in Deutschland (auch in Österreich sowie im Protektorat Böhmen und Mähren) war ausreichend, wenn nicht sogar üppig. Es gab selbst importierte Luxusartikel wie Kaffee, Tee und Schokolade; der natürliche Jahresrhythmus wurde nicht unterbrochen (beispielsweise waren Sonderzuteilungen für Hochzeiten, Taufen und silberne oder goldene Hochzeiten vorgesehen). Einige wenige berühmte Restaurants brauchten nur geringe Abstriche von ihren eindrucksvollen Speisekarten zu machen: nicht nur die Restaurants bestimmter Grandhotels, die von den Nationalsozialisten bewußt weiterbetrieben wurden, sondern auch Lokale wie Horcher in Berlin (wo ein erstklassiges Menü jedoch doppelt soviel wie in Paris kostete: ungefähr 50 RM pro Person) oder das Drei Husaren in Wien (in dem die kosmopolitischeren Parteibonzen verkehrten – beispielsweise Göring).

Als entgegengesetztes Extrem wollen wir jetzt die Verhältnisse in Frankreich betrachten, wo Rationierung und Preiskontrollen von ihrer Einführung an chaotisch, unzulänglich und wenig wirkungsvoll waren und wo schon 1941 Millionen an Unterernährung litten. Die Hauptursache war selbstverständlich die deutsche Besetzung[15] – aber es gab weitere Faktoren, die dazu beitrugen.

---

[15] Der Unterschied zwischen Siegern und Besiegten zeigte sich am krassesten bei ihren Lebensmittelzuteilungen, z. B. im Februar 1941 (in Gramm):

|  | Zuteilung für Normalverbraucher | | Zuteilung für Schwerarbeiter | |
|  | Deutschland | Frankreich (besetztes Gebiet) | Deutschland | Frankreich |
|---|---|---|---|---|
| Brot pro Tag | 340 | 300 | 700 | 400 |
| Fleisch pro Woche | 500 | 360 | 1200 | 360 |
| Fett pro Woche | 270 | 100 | 740 | 100 |
| Zucker pro Woche | 1200–1500 | 500 | 1200–1500 | 500 |

Im Jahre 1939 war Frankreich nicht mehr der Obstgarten, das landwirtschaftliche Kanaan Westeuropas. Stattdessen war es 1939 auf Lebensmittelimporte angewiesen. Mitte der dreißiger Jahre wurden die in Frankreich verbrauchten Lebensmittel vielleicht bis zu einem Drittel importiert, während Deutschland, ein Land, das niemand als Obstgarten oder Kornkammer Europas bezeichnen konnte, in der Zeit zwischen den Kriegen seine Abhängigkeit von Lebensmitteleinfuhren stetig verringert: von etwa einem Drittel in den Jahren 1927-28 auf 17 Prozent in den Jahren 1938-39[16]. Und während in fast allen europäischen Staaten, auch der Mehrzahl der von den Deutschen besetzten, die durch kriegsbedingte Notwendigkeit stimulierte Lebensmittelproduktion anstieg, sank sie in Frankreich ab: die französische Agrarproduktion lag 1940 um 15 Prozent tiefer als 1939 und sank 1941 um weitere sechs Prozent.

Zu Kriegsbeginn – sogar fast bis Ende 1940 – ergab sich eine ungewöhnliche und unerwartete Situation: In den Städten waren mehr Lebensmittel zu haben als auf dem Lande. Das galt sogar für das von den Deutschen besetzte Paris und war einer der Gründe, aus dem viele Wohlhabende im Herbst und Winter 1940 aus Vichy-Frankreich nach Paris zurückkehrten. Dieser Zustand war das Ergebnis der gehorteten Vorräte der Stadtbewohner und vielleicht auch des außergewöhnlich kalten ersten Kriegswinters 1939/40, durch den die Vorräte in manchen Dörfern erschöpft waren. Angesichts des Ausmaßes der Katastrophe des Jahres 1940 ist es erstaunlich, wie verhältnismäßig stabil die Preise in diesem Jahr blieben: Der Großhandelsindex für Lebensmittel (1938 = 100) stieg relativ langsam auf 105 im Jahre 1939 und 139 im Jahre 1940[17]; danach beschleunigte sich der Anstieg (171 im Jahre 1941; 201 im Jahre 1942). Andererseits müssen wir berücksichtigen, daß Frankreich in den ohnehin schwierigen dreißiger Jahren die moralisch wie wirtschaftlich schwächenden Auswirkungen einer stetigen Inflation zu spüren bekommen hatte: Trotz zweier Abwertungen verdoppelten sich die französischen Preise zwischen 1934 und 1938 beinahe. Deshalb ergibt der verhältnismäßig langsame Preisanstieg in den beiden ersten Kriegsjahren noch kein vollständiges Bild. Wahrscheinlich gab der Durchschnittsfranzose Ende 1941 nicht eineinhalbmal soviel, sondern mindestens dreimal soviel Geld für Lebensmittel aus als bei Kriegsbeginn.

Anfang 1941 entwickelten sich die üblichen Kriegsverhältnisse: Abgesehen von der Bevölkerung der ärmsten Gegenden lebten die Bauern und sogar die meisten Dorfbewohner besser als die Städter. Dieser Zustand erstreckte sich nicht nur auf Grundnahrungsmittel. Im Winter 1940/41 litten die Städter mehr unter Kälte als an Hunger – vor allem in zentralgeheizten Häusern, die

[16] *Petzina*, S. 95, der darauf hinweist, daß der Vierjahresplan der Nationalsozialisten unter anderem auf dem landwirtschaftlichen Sektor kein voller Erfolg war.
[17] Der Anstieg im Jahre 1940: Januar 126, Juli 138, November 148, Dezember 152; und 1941: Januar 156, Dezember 186. Im unbesetzten Frankreich wurde ab Oktober 1940 als erstes der Zucker rationiert.

auf bestimmte Brennstoffe angewiesen waren, während Holz oder zumindest Holzabfälle oder Torf auf dem Lande leichter erhältlich war. Ende 1941 waren die Schwarzmarktpreise für Rindfleisch, Eier, Milch und Kartoffeln in Paris etwa dreimal höher als die amtlich festgesetzten Preise, während der Kohlenpreis über zehnmal höher lag (später verdoppelten diese Lebensmittelpreise sich nochmals, während der Kohlenpreis sich mehr als verdreifachte und 1944 das 30-fache des amtlichen Preises betrug). Bis 1942 waren Lebensmittel in Frankreich zwar teuer,[18] aber stets erhältlich. Im Gegensatz zu Deutschland gab es in jeder Stadt einige von der deutschen und der französischen Polizei geduldete Schwarzmarktrestaurants, in denen Fleisch normalerweise unter Gemüse oder gelegentlich auch unter Eiern versteckt serviert wurde.[19]

Im allgemeinen war die Ernährungslage eines Staates um so besser, je „rückständiger" seine Sozialstruktur war: So gab es beispielsweise in den Balkan- und den Donauländern in den beiden ersten Kriegsjahren kaum eine Lebensmittelknappheit (in Ungarn wurden einige Lebensmittel erst im Mai 1941 rationiert). Wegen der dort herrschenden Vollbeschäftigung erhöhte sich der Lebensstandard der Arbeiterklasse dieser Völker in den Jahren 1940 und 1941 sogar. Auch in Italien hatte der rückständige Süden weniger als der industrialisierte Norden unter dem Krieg zu leiden. Es gab selbstverständlich auch Ausnahmen: Griechenland, Polen und die baltischen Staaten, in denen die neuen Regime zahlreichen Menschen eine fast augenblickliche Verarmung brachten.

Die wirtschaftliche Situation wurde wieder von den politischen Bedingungen bestimmt, statt daß das Gegenteil der Fall gewesen wäre: In Dänemark, wo die Deutschen sich größte Mühe gaben, ihre Mäßigung und Nichteinmischung zu demonstrieren, blieben Angebot und Verbrauch von Lebensmitteln in den Jahren 1940 und 1941 beinahe friedensmäßig; auch die Preise stiegen relativ wenig (zwischen 1939 und Dezember 1941 weniger als 50 Prozent). Im allgemeinen funktionierte die Rationierung gut im besetzten Norwegen, in Finnland, in England[20] (wo die Preise in den beiden ersten Kriegsjahren allerdings um fast 50 Prozent stiegen) und in neutralen Staaten wie Schweden und der Schweiz (auch bei den Neutralen trat jedoch zwischen 1939 und 1942 im Durchschnitt eine Verdoppelung der Preise ein).

[18] Typische Schwarzmarktpreise in Frankreich im September 1941: ein Huhn 200–300 Fr., Eier 6–10 Fr. pro Stück; im Frühjahr 1941 war für ein gutbürgerliches Essen in einem Schwarzmarktrestaurant 180 Fr. oder mehr zu zahlen. Anfang 1942: ein Kilo Schweinefleisch oder Rindfleisch oder ein Liter Milch je 80 Fr., Butter 180 Fr. das Kilo, Kaffee 500 Fr. das Kilo.
[19] Ende 1941 bestimmte eine deutsche Verordnung fünf Pariser Luxusrestaurants, die gegen 10 Prozent Zuschlag Fleisch servieren durften: Tour d'Argent, Capironne, Maxim, Drouant und Lucas-Carton.
[20] In England begann die Rationierung erst im Januar 1940 (Markenhefte waren schon früher ausgegeben worden); sie betraf zunächst nur Schinken, Zucker und Speck. Fleisch wurde im Frühjahr rationiert; Tee folgte im Sommer des gleichen Jahres; Konserven, Kekse und ähnliches waren erst 1941 an der Reihe.

In den von Deutschen besetzten Ländern funktionierte die Rationierung in den Niederlanden und Belgien sehr schlecht und in Polen und Griechenland praktisch gar nicht. Statistische Angaben aus der Sowjetunion liegen nicht vor; aber selbst wenn sie verfügbar wären, würden sie nur wenig aussagen. Die dortige Bevölkerung lebte zu einem großen Teil unter den primitiven Bedingungen einer auf Tauschhandel basierenden Wirtschaft, beschaffte sich Nahrung durch höchst irreguläre und oft nicht vorhersehbare Methoden, bewahrte sich trotzdem selbst in den dunkelsten Monaten des Jahres 1941 ihre Vitalität, da sie Lebensmittelknappheit und andere spartanische Lebensbedingungen seit vielen Jahren gewohnt war, und litt vielleicht nur in dem eingeschlossenen, vom Hunger bedrohten Leningrad unter wahrhaft extremen Zuständen.[21]

Fassen wir die Lage auf dem Ernährungssektor zusammen, erkennen wir zwei Wendepunkte in den beiden ersten Kriegsjahren: Der deutsche Sieg im Westen bezeichnete im Frühsommer 1940 den ersten, und der Spätwinter 1941 brachte den zweiten. Zwischen August 1939 und April 1940 erhöhten die Lebenshaltungskosten sich relativ langsam; ab 1941 kletterten die Preise für Lebensmittel schneller als alle übrigen. 1935 gab die holländische Durchschnittsfamilie etwa 35 Prozent ihres Einkommens für Lebensmittel aus; Anfang 1941 mußte sie 45 Prozent aufwenden, während die Löhne nur um die Hälfte dieses Mehrbetrages gestiegen waren. Der Index der Lebenshaltungskosten stand 1940 in den Niederlanden 15 Prozent höher als 1938; er war 1941 33 Prozent und 1942 41 Prozent höher, während die Lebensmittelpreise 1940 um 18,3 Prozent, 1941 um 42 Prozent und 1942 um 55 Prozent gestiegen waren.

Anfang 1941 machte sich auch ein neues Element in der Psyche der meisten Europäer bemerkbar: eine gelinde Zwangsvorstellung, eine Konzentration auf Nahrung, die unter anderem auch zu der großen „Freßwelle" nach dem Kriege führte. 1941 träumten viele Westeuropäer ebenso häufig von einem Festmahl, wie sie erotische Träume hatten. Auch ihr Speiseplan änderte sich: Sie waren auf einfachere, gröbere, nahrhaftere Lebensmittel angewiesen. Beispielsweise entdeckten viele französische und belgische Feinschmecker die Tugenden der schlichten Kartoffel und fuhren teilweise täglich aufs Land, um dieses neue Grundnahrungsmittel zu hamstern. Auch Schmalz setzte sich jetzt in Belgien durch, wo bisher noch mehr als in Frankreich mit Butter gekocht worden war (ein Kilo Schmalz, das im August 1940 20 belgische Francs

---

[21] Dies ist ein gutes Beispiel für die Unsinnigkeit der Kategorien, die im allgemeinen zur Charakterisierung unterschiedlicher Gesellschaftsformen gebraucht werden. 1941 war England unter Churchill der Prototyp eines konservativ-kapitalistischen und Stalins Rußland der eines totalitär-kommunistischen Staates. Trotzdem waren in England die meisten Lebensmittel strikt rationiert und manche Waren außerhalb der Zuteilungen überhaupt nicht erhältlich, während in der Sowjetunion die meisten Lebensmittel auf primitiven freien Märkten, wo die Käufer mit den Bauern feilschten, gekauft wurden; dazu gehörte auch die berüchtigte Leningrader Sennaja, wo 1941 und 1942 öffentlich Pastetchen aus frischem Menschenfleisch angeboten und von Verzweifelten eifrig gekauft wurden.

gekostet hatte, wurde Anfang 1942 zu einem Schwarzmarktpreis von 300 Francs gehandelt). Bereits Ende Januar 1941, als in den ärmeren Stadtteilen von Brüssel kein Fleisch erhältlich war, gab es periodische Lebensmittelknappheit extremer Art.[22]

Andererseits waren Lebens- und Genußmittel *immer* zu bekommen – wenn auch zu überhöhten Preisen. Die Vorräte waren größer als ursprünglich vermutet; selbst Schokolade und Tee waren zu haben, und obwohl solche Delikatessen notwendigerweise für die Reichen (oder vielmehr für die Neureichen) reserviert blieben, konnten – und mußten! – selbst Fabrikarbeiter bestimmte Grundnahrungsmittel zu Schwarzmarktpreisen kaufen. Trotzdem hatte der belgische und holländische Durchschnittsbürger nach späteren Schätzungen bis März 1941 zehn bis 15 Pfund Gewicht verloren.

Während Wein und Bier knapper und dünner wurden (im besetzten Frankreich wurde ab Sommer 1941 der Wein rationiert), nahm der Alkoholismus verhältnismäßig wenig zu – sogar in Ländern, in denen ein Brennstoffmangel durch erhöhten Spirituosenverbrauch zumindest teilweise ausgeglichen werden konnte. Interessant ist auch die Tatsache, daß die deutschen Soldaten mehr Schnaps als im Ersten Weltkrieg tranken und daß der in Osteuropa so beliebte Wodka, dieser starke und geruchlose Erzeuger innerer Hitze, der vor dem Krieg außerhalb Rußlands, Polens und der baltischen Staaten weitgehend unbekannt gewesen war, von den Deutschen und ihren Verbündeten aus Polen und Rußland mitgebracht wurde.

Das weitaus beliebteste Getränk wurde jedoch Kaffee. Millionen von Menschen, die ihn früher nicht gekannt hatten (in vielen Ländern Mittel- und Osteuropas war echter Kaffee – im Gegensatz zu Zichorienkaffee – ein Getränk für den Mittelstand und die Oberschicht gewesen), und weitere Millionen, die ihn nur als milden Frühstücks- oder Nachmittagskaffee kannten, entwickelten rasch eine Vorliebe für starken Espresso. Wie der große Balzac ein Jahrhundert vor ihnen entdeckten sie starken schwarzen Kaffee als Hauptstimulans; tatsächlich wurde ihre ganze Existenz davon abhängig.[23] In „Fighting Warsaw" schildert Stefan Korbonski die Lokale, in denen „Kriegsgewinnler ihre illegalen Geschäfte mit Wodka feierten"; er beschreibt die kleinen Restaurants in dieser unglücklichen Stadt, die noch immer „der Treffpunkt der Feinschmecker" waren, und „überall zwielichtige Gestalten, die Mäntel trugen, um die Taille herum verdächtig dick waren und heiser ‚Wodka, Wodka, Wodka' flüsterten" – Schwarzhändler, die ihre Waren anpriesen. „Überquerte man die Avenue Jerusalem, betrat man das Kaffeebar-Viertel . . . Dutzende von ihnen, manchmal sehr geschmackvoll eingerich-

---

[22] Im Februar 1941 kamen 30 Prozent der Brüsseler Schulkinder in die Schule, ohne gefrühstückt zu haben. *Gerard-Libois, Gotovitch*, S. 337.
[23] Auch der Nikotinverbrauch stieg an. Im Mai 1941 wurden in Deutschland mehr als doppelt soviele Zigaretten hergestellt als im gleichen Zeitraum vor zwei Jahren.

tet . . . Kaffee war teuer, und jeder Tropfen hatte seinen Preis. Die Kaffeebars wurden regelrechte Verschwörertreffs . . . tote Briefkästen . . .«[24]

Schließlich ist noch festzuhalten, daß es in den beiden ersten Kriegsjahren zumindest in Westeuropa keine größeren Schwankungen der Lebenserwartung gab: Beispielsweise war die Säuglingssterblichkeit in Belgien in den Jahren 1940 und 1941 niedriger als in der Vorkriegszeit – eine überraschende Tatsache. Die neuen Sulfonamide verringerten Ausmaß und Dauer vieler Infektionskrankheiten. Teils wegen der Besatzungsarmeen, teils wegen herabgesetzter körperlicher Widerstandsfähigkeit nahmen die Geschlechtskrankheiten selbst dort zu, wo kein Anwachsen der Prostitution zu beobachten war (in den Niederlanden traten 1941 dreimal mehr Fälle von Gonorrhö auf als 1939). Der Krieg brachte eine sporadische Steigerung der Berufstätigkeit von Frauen; allerdings wurden nur in wenigen Staaten (Finnland, Sowjetunion, England und Schweden) Frauen in größerer Zahl als Militärhelferinnen eingesetzt. Viele Frauen trugen zum erstenmal Hosen (hauptsächlich im Winter, um sich vor Kälte zu schützen); die lange Haarmode, die in den dreißiger Jahren wieder populär geworden war und sich bis in die späten fünfziger Jahre halten sollte, herrschte – vielleicht nicht ganz erklärlich – allgemein vor.

Der Zweite Weltkrieg bezeichnete keinen wichtigen Abschnitt in der sogenannten progressiven Emanzipation der Frau. Die Entbehrungen der Kriegszeit machten die Aufgaben von Ehefrauen und Müttern zeitraubender und schwieriger. In den Jahren 1939-41 stieg die Zahl der außerehelichen Geburten nur geringfügig an, und vielerorts ging eine Abnahme der Prostitution mit einem Rückgang der sonstigen Kriminalität einher. Die allgemein symptomatische Zunahme der Jugendkriminalität ergab sich erst in den späteren Stadien des Krieges, die den Guerillakrieg, den *Maquis,* den Fast-Zusammenbruch der traditionellen Autoritäten und die damit zusammenhängende allgemeine Unordnung mit sich brachten.[25]

Ein bei Millionen von Männern in westeuropäischen Staaten (und in Polen) auftretendes psychosomatisches Symptom war Polyurie, übermäßige Harnausscheidung; andere weitverbreitete Symptome waren starke Schweißausbrüche, kalte Hände und Füße und Impotenz, die bei Soldaten nach Kriegserlebnissen auftrat und monatelang anhielt. Ein sehr häufiges psychisches Symptom war Hypnomanie, übermäßiges Schlafbedürfnis. Tatsächlich war Schlaf die wirksame tägliche Droge gegen die Sorgen, die Verzweiflung und die Kälte, die Millionen von Europäern zu ertragen hatten. Von Pariser Patriziern bis zu Juden, die sich im Warschauer Getto unter schmuddeligen

---

[24] *Korbonski,* S. 149.
[25] Interessant ist, daß in Deutschland, wo die Jugendkriminalität erheblich zurückgegangen war, die Kriminalität bei weiblichen Jugendlichen (14–18 Jahre) 1940 fast ebenso hoch war wie in dem wirren Krisenjahr 1932 (144 Verurteilungen auf je 100 000 Jugendliche im Jahre 1932; 140 im Jahre 1940), während sich der Prozentsatz bei männlichen Jugendlichen fast halbierte. In England stieg die Jugendkriminalität in den Jahren 1939–41 steil an und nahm später sogar noch mehr zu.

Steppdecken zusammenrollten, entwickelten Millionen von Menschen einen zuvor nie gekannten Schlafhunger. Und im ersten Winter des Luftkrieges gegen England litten Millionen von Londonern und andere Engländer mehr unter dem Schlafmangel als unter den sonstigen physischen und psychischen Entbehrungen. Deutschland und dem größten Teil des Kontinents standen die langgefürchteten schlaflosen Monate erst bevor.


Rêveuse Bourgeoisie


*Rêveuse bourgeoisie* – Schlafwandelnde Bourgeoisie – war der Titel eines in den Jahren zwischen den Weltkriegen geschriebenen Romans von Pierre Drieu la Rochelle, der intelligentesten und vielleicht auch tragischsten Gestalt in den Reihen der französischen Faschisten, die 1940 mit dem Neuen Europa kollaborierten. Er war ein *haut bourgeois malgré lui,* womit ich meine, daß dieser aristokratische Faschist sich nie von dem tief in seinem Charakter und seinem Verstand wurzelnden entsprechenden Wesenszug freimachen konnte: Trotzdem zog sich durch seine Schriften der rote Faden seines Hasses gegen das, was er als die tödliche Schwäche, das Todesröcheln der Bourgeoisie überall im Westen, aber vor allem in Frankreich betrachtete. Und seine Überzeugung sowie die daraus entspringende politische Philosophie waren nicht nur für Faschismus, Nationalsozialismus und deren zahlreiche Anhänger charakteristisch, sondern auch für den Geist dessen, was Europa 1940 geworden zu sein schien, als die Niederlage Frankreichs nicht nur die Niederlage Frankreichs und den Zusammenbruch der in Versailles geschaffenen politischen Ordnung Europas bedeutete, sondern auch die Niederlage des bourgeoisen Europa, den Zusammenbruch der europäischen Bourgeoisie und das Ende des bourgeoisen Zeitalters in der Weltgeschichte bezeichnete.

Damals schien diese Ansicht in vieler Beziehung wahr zu sein; sie ist es teilweise noch immer; aber sie war nicht die ganze Wahrheit. Die Bourgeoisie lebte weiter und überdauerte den Krieg. Was Drieu, die fanatischen Rechten und viele Intellektuelle, auch die meisten Linken, in den dreißiger Jahren zu sehen glaubten, war in einem wichtigen Punkt die gleiche Projektion, die Goebbels – mehr noch als Hitler – gegen Kriegsende, vor der Hitlerschen Götterdämmerung, sah und verkündete. Unabhängig vom Ausgang des Krieges, rief Goebbels, sei zumindest die bourgeoise Ära beendet, sei die Bourgeoisie tödlich geschwächt und von der Geschichte in Deutschland und im übrigen Europa eliminiert. Das war in gewisser Beziehung wahr, aber es war nicht die ganze Wahrheit, vor allem nicht in Mittel- und Westeuropa.

Tatsächlich war die wichtigste soziale Konsequenz des Krieges der Aufstieg eines neuen Mittelstandes in Westeuropa und schließlich sogar im kommunistischen Osteuropa. Wenn der Krieg auch nicht eine gänzliche Restauration des bourgeoisen Europa mit sich brachte, führte er dennoch zur Amerikanisierung der Sozialstruktur auf dem Kontinent. Aber das war eine spätere Entwicklung, mit der wir uns hier nicht zu befassen brauchen, obwohl wir sehen werden, daß sie sich bereits in der ersten Phase des Krieges ankündigte. Aus unserer Sicht ist bemerkenswert, daß die europäische Bourgeoisie diese Zeit ihrer schwersten und entmutigendsten Prüfungen nicht besser, aber vielleicht auch nicht schlechter als alle übrigen Gesellschaftsklassen Europas überstanden hat.

Das Hauptproblem für einen Historiker, der ihr jeweiliges Durchhaltevermögen zu bewerten versucht, besteht aus der großen Schwierigkeit, den Terminus *Bourgeoisie* – besonders in ihrer vor 35 Jahren in Europa verbreiteten Erscheinungsform – zu definieren oder auch nur zu umschreiben. Als erstes müssen wir uns darüber im klaren sein, daß *Bourgeoisie* und *Mittelstand* nicht miteinander identisch sind. Ersteres ist ein historisches, letzteres ein soziologisches Phänomen. Einen Mittelstand gibt es überall auf der Welt; in allen Gesellschaftssystemen können wir eine obere, eine untere und eine mittlere Klasse unterscheiden. Aber so wie die europäische Stadt ist die Bourgeoisie ein spezifisch europäisches Phänomen gewesen.

Die Sozialstruktur der meisten europäischen Nationen war 1939 weder überwiegend aristokratisch noch proletarisch. Sie wurde hauptsächlich vom Mittelstand bestimmt – auch in den süd- und osteuropäischen Staaten, deren Mittelstand noch nicht zahlreich war. In Ländern wie Ungarn oder Spanien besaß der alte Adel teilweise noch riesige Güter; aber selbst dort gehörte die Gegenwart der Industrie, den neuen Managern und politischen Meritokratien. Und sogar in den europäischen Nationen, in denen Handel, Industrie, Banken und bestimmte akademische Berufe von Juden übervölkert waren (1939 waren dies Rumänien, Ungarn, die Slowakei, Polen, Litauen und Lettland), war es nicht mehr gerechtfertigt, von einer überwiegend jüdischen Bourgeoisie zu sprechen, wie es die Nationalsozialisten sowie dort auf Besuch weilende englische Intellektuelle taten. Damals war nämlich die Ära der nationalen Mittelstände angebrochen: die feudale, vorindustrielle Ära, das Zeitalter der Aristokratien war vorbei, und die Ära des Proletariats war noch eine weit entfernte Schimäre.

An dieser Stelle muß ich jedoch erneut auf der Unterscheidung zwischen *Bourgeoisie* und *Mittelstand* bestehen. Eine Soziographie der meisten europäischen Staaten würde für 1939 zeigen, daß der Mittelstand bereits überraschend erstarkt war, obwohl die Wirtschaftskrise der dreißiger Jahre noch nicht lange zurücklag. Aber aus welchen Leuten setzte sich dieser Mittelstand zusammen? Die Evolution der Gesellschaftssysteme hatte 1939 ein Stadium erreicht, in dem viele bis dahin unbekannte Berufssparten den Mittelstand bis zu einem Punkt anschwellen ließen, an dem Millionen ehemaliger Proletarier (und Tausende ehemaliger Adliger) auf eine oder andere Weise das Gefühl hatten –

und dies gelegentlich auch aussprachen –, dem Mittelstand anzugehören. *Auf eine oder andere Weise,* denn der Leiter einer Autowerkstatt, ein Luftwaffenfeldwebel, ein Buchdruckermeister, ein stellvertretender Polizeichef oder ein hochqualifizierter Mechaniker ließen sich nicht mehr als Angehörige der „Arbeiterklasse" (selbst ein immer mehr anachronistisch werdender Ausdruck)[26] einordnen. Einer hatte vielleicht das Gymnasium besucht, das offenbar ein Reservat der mittleren und oberen Gesellschaftsschichten war; der zweite besaß vielleicht ein Motorrad, eine Kamera und eine Etagenwohnung – alles symbolische Mittelstands-Besitztümer; ein dritter verdiente unter Umständen mehr als ein Akademiker usw. Andererseits hatten diese Leute erst einen geringen Teil ihrer Erinnerungen und Einstellungen aus der unteren Klasse abgelegt.

In den meisten Staaten Kontinentaleuropas, möglicherweise sogar in der Sowjetunion, bestand eine der wichtigsten Divergenzen nicht mehr zwischen „unterer", „mittlerer" und „oberer" Klasse, sondern zwischen einer unteren und einer oberen Mittelklasse. Dieser Unterschied läßt sich nicht durch statistische Konstanten festlegen, indem die beiden Gruppen nach Einkommensverhältnissen oder Berufskategorien definiert werden. Die Differenzen zwischen ihnen basierten hauptsächlich auf einem unterschiedlichen Bewußtsein und ganz sicher auf andersartigen Bestrebungen. Das Wesen des Bourgeois war schon immer durch bestimmte Aspirationen und nicht durch Besitztümer gekennzeichnet, und diese bourgeoisen Bestrebungen wurden noch immer durch die Traditionen einer älteren Gesellschaft beeinflußt.

Die Künste fördern, sich gelegentlich als Landadel aufspielen, den Stolz auf Familie und Sippe pflegen, sich als selbstloser Staatsdiener ausgeben: das waren patrizierhafte Bestrebungen, eine Mischung aus frühen bourgeoisen und aristokratischen Wertvorstellungen. Ich schreibe „frühen", weil die *grande bourgeoisie* im 19. Jahrhundert aristokratischer wurde, während die Aristokratie bourgeoiser wurde. Dies alles ist in einer Vielzahl großer Romane aus dieser Zeit mehr oder minder gut geschildert worden. Mir geht es nur um die Feststellung, daß die europäischen oberen Mittelklassen 1939 in gewissem Umfang bestimmte aristokratische Aspirationen hatten, was man von den neueren unteren Schichten des Mittelstandes nicht behaupten konnte. In vieler Beziehung war dies die Ursache der 1939-45 auftretenden Spaltung: die Vorstellungen und die Geisteshaltung der unteren Mittelklasse und der oberen Mittelklasse divergierten in vieler Beziehung.

Ein Beispiel: die europäische Bourgeoisie war anglophil. Dies galt für den gesamten Kontinent, auch für Deutschland. Die Ursachen für diese Einstellung sind selbstverständlich im 19. Jahrhundert zu suchen, genauer gesagt in der zweiten Hälfte des vorigen Jahrhunderts, als „der englische Gentleman"

[26] Außer in einer wichtigen Beziehung. Zumindest bis 1939 existierte in den meisten europäischen Ländern weiterhin ein bedeutsamer Unterschied zwischen zwei Klassen: Zwischen Leuten, die Dienstboten hatten (selbst wenn es nur eine einfache Zugehfrau war), und denen, die keine hatten.

für viele der verbliebenen Aristokraten und für fast alle Patrizier und aufstrebenden Bourgeois zu einem idealisierten Vorbild wurde, indem sie den Charakter, die Manieren, die vermeintliche politische Einstellung und vor allem die Kleidung des Gentleman kopierten. Aber das war nicht nur eine oberflächliche Imitation. Diese Anglophilie war mehr als eine Gesellschaftsmode; sie bedeutete eine kulturelle Präferenz und steckte deshalb voller politischer und ideologischer Konsequenzen. Die untere Mittelklasse teilte diese Anglophilie nicht; tatsächlich war sie ihr und den vielen neu in ihre Reihen Aufgenommenen fremd. Auf diese Weise entstand im Zweiten Weltkrieg in Europa (und in gewissem Ausmaß auch anderswo) eine der schwerwiegendsten Spaltungen zwischen Anglophilen (die logischerweise germanophob waren) und Germanophilen (die fast immer anglophob waren), und in fast allen Ländern entsprach dies auf erstaunliche Weise der unterschiedlichen Einstellung der oberen Mittelklasse und der unteren Mittelklasse.[27] Dieses Phänomen war so wichtig, daß ich darauf werde zurückkommen müssen, wenn ich später über internationale Beziehungen schreibe, bei denen es um die Gefühle ganzer Nationen füreinander geht. Seine Erwähnung in diesem Zusammenhang war jedoch unvermeidlich Bestandteil der Einführung zu meinem Versuch, einige Aspekte des Verhaltens der europäischen Bourgeoisie im ersten entscheidenden und traumatischen Abschnitt des Zweiten Weltkrieges zu beschreiben.

*Rêveuse bourgeoisie?* Was man auch von ihr behaupten kann: sie war jedenfalls keine Schlafwandlerin. Ihr Benehmen war manchmal feige, manchmal tapfer; ich werde einige Beispiele anführen, obwohl ich sie nur durch Fragmente illustrieren kann. Zuvor muß ich jedoch kurz über die faszinierende, erstaunliche Kontinuität des Lebens schreiben: die verblüffende Beständigkeit von Gewohnheiten, Institutionen, Lebensweisen und Denkschemata – selbst am Morgen von Kataklysmen, am Rande von Katastrophen, im Toben geschichtlicher Hurrikane.

Es gab selbstverständlich eine Kontinuität auf unteren Lebensebenen: Für die Bauern in den Weiten Rußlands unterschied sich das Leben im Jahre 1939 nicht sonderlich von dem im Jahre 1914 – trotz der Kommunisierung des russischen Reiches, der Kolchosen und der Traktorstationen (beispielsweise ist zu wenig bekannt, daß es 1939 in weniger als zehn Prozent aller russischen Dörfer eine Parteizelle der KPdSU gab). Auf allen Gesellschafts- und Lebensebenen gab es natürlich den Faktor des Beharrungsvermögens, der reflexartigen Fortführung von Alltagsgewohnheiten. Aber ich denke dabei an etwas geringfügig Verschiedenes: an die Widerstandskraft traditioneller Lebensweisen sowie die fortdauernde Stimulierung durch patrizische Bestrebungen.

Davon ist in der zeitgenössischen Literatur kaum und in den Memoiren

---

[27] Die einzigen wichtigen Ausnahmen scheinen die Franzosen sowie die frankophoben Bevölkerungsteile Belgiens und der Schweiz gewesen zu sein.

überhaupt nicht die Rede. Eine brillante Ausnahmeerscheinung in dieser gewaltigen literarischen Leere ist ein Roman des österreichischen Autors Gregor von Rezzori mit dem vielleicht etwas unglücklich gewählten Titel „Ödipus siegt bei Stalingrad", der den Lebensstil (und, was wichtiger ist, die Gedanken und Aspirationen) deutscher Adliger, Aristokraten und Möchtegern-Aristokraten, Snobs und Stammgäste von „Charley's Bar" in der kosmopolitischen Metropole Berlin in den Jahren 1938-39 schildert. Nationalsozialisten und Nationalsozialismus werden in diesem Buch kaum erwähnt; trotzdem ist ihre Gegenwart auf jeder Seite zu spüren und macht die Erzählung anschaulich und aussagekräftig.

Dies war eine Facette des Berliner Lebens, die später von keinem Ausländer so gut beschrieben wurde wie von George Kennan in seinen Memoiren. „Was einem während des Krieges in Berlin auffiel", schrieb er nach über einem Vierteljahrhundert über die Jahre 1939-40, „war die unauffällige, aber unverkennbare Distanz der Bevölkerung von den anmaßenden Zielen des Regimes sowie die Art und Weise, wie das Alltagsleben unter den durch kriegsbedingte Einschränkungen zunehmenden Schwierigkeiten so gut wie möglich weiterging." Und später: „Die Nachricht von der Einnahme von Paris wurde mit dem gleichen undurchdringlichen Schweigen, der gleichen Zurückhaltung aufgenommen. Ich fuhr an diesem Nachmittag meilenweit auf dem geschlossenen Oberdeck eines Busses, wo ich praktisch alle Gespräche mithören konnte. Ich hörte niemanden dieses Ereignis auch nur erwähnen; die Unterhaltung drehte sich nur um Lebensmittelkarten und die Preise für Strümpfe."[28]

Auch die Hierarchie des Regimes konnte sich trotz ihrer großspurigen Reden und ihres zur Schau getragenen Radikalismus nicht ganz von einer spezifisch deutschen bourgeoisen Vergangenheit freimachen, an der sie manchmal auf geradezu lachhafte Weise festhielt. Eigentlich hatten die Staatsempfänge für slowakische oder mandschurische Minister im Hotel Kaiserhof, das von Ribbentrops Auswärtigem Amt für Empfänge bevorzugt wurde, etwas lähmend Deutsch-Bürgerliches an sich: inmitten von massiven Stilmöbeln aus den späten zwanziger Jahren, mit Spitzendeckchen unter den Glasplatten glänzend polierter runder Couchtische. (Nur wenige der Anwesenden versuchten, um Saki zu paraphrasieren, die Möbel zu verzeihen, die offensichtlich Louis XV. imitieren sollten, aber häufig wieder in Wilhelm II. verfielen.)

Die Kontinuität des Lebens: Die der Hölle von Dünkirchen entronnenen Soldaten fuhren in überfüllten Zügen an pastoralen englischen Szenen vorbei: „Überall entlang der Strecke junge Männer in Flanellhosen . . . beim Kricket im Sonnenschein auf wunderbar gepflegten Spielfeldern im Schatten mächtiger Eichen und Pappeln."[29] De Gaulle erinnerte sich an London Anfang Juni 1940: „. . . eine Atmosphäre der Gelassenheit, beinahe Gleichgültigkeit. Die Straßen und Parks voller Menschen, die friedlich spazierengingen, die langen Schlan-

[28] *Kennan*, M, S. 108.
[29] *Henrey*, S. 100, zitiert bei *Calder*, S. 111.

gen vor den Kinoeingängen, die vielen Autos, die imposanten Portiers vor den Clubs und Hotels . . .“[30] Nach der schrecklichen Bombardierung Rotterdams bahnt ein holländischer Bürger sich einen Weg durch den Trümmerschutt auf die andere Straßenseite zu seinem gewohnten Tabakgeschäft, findet es offen – staubig, aber unbeschädigt – und kauft wie jede Woche ein Kistchen Zigarren . . . Die schwarzen Rauchwolken, die am 10. Juni 1940 über Paris hängen, nachdem die Öllager in den Außenbezirken der nun angsterfüllten Großstadt in Brand gesetzt worden sind: Der Abend sinkt herab, die Regierung ist geflüchtet, eine Million Pariser sind nach Süden unterwegs – und trotzdem sind ins Odéon und ins Oeuvre Zuschauer gekommen (allerdings nur eine Handvoll); die Vorstellung geht weiter, und ihr folgt ein angenehmer Spaziergang durch die laue Juninacht unter den sich finster zusammenballenden Wolken . . . Der erste Schnee in Wien Ende November 1940 an einem Sonntagmorgen, an einem hellen, die Augen ermüdenden Tag, an dem sich nach der Messe steife alte Damen in Räumen mit hohen Decken und Kronleuchtern zu einem Kaffee versammeln, während in der Ecke ein weißer Kachelofen bullert . . . Eine Hasenjagd im siebenbürgischen Ungarn im September 1941: Adlige und Snobs aus der Stadt drängen sich auf einer kühlen langen Veranda unter mächtigen Platanen, durch deren Herbstlaub goldenes Sonnenlicht fällt, um ein lukullisches kaltes Buffet . . . Die letzten Vorweihnachtsabende auf den schlecht beleuchteten Straßen und in den lichterglänzenden Geschäften von Zürich und Stockholm, mit dem leicht säuerlichen Geruch nach nassen Pelzen und Schnee . . .

Das sind Vignetten, sonst nichts. Viel bedeutungsvoller sind jene tragischen Bilder, die wir uns von dem Leben im Warschauer Getto machen können, diesem schrecklichen und deprimierenden Vorzimmer des Todes in den Jahren 1940-41; nicht nur deprimierend, weil wir jetzt wissen, was noch geschehen sollte, und nicht einmal wegen der Dinge – Angst, Hunger, Brutalität, Terror, vereinzelte Morde –, die dort bereits geschahen, sondern wegen der bedrohlichen Gegenwart bestimmter Denkmäler aus der Vergangenheit. Ich denke beispielsweise an riesige Mietskasernen, monumentale, von Schmutz und Ruß graue Mietshäuser, zwischen denen die engen Straßen in ewigem Schatten blieben und die den Sonnenschein blockierten, selbst wenn der Sommer die polnischen Ebenen erwärmte. Diese osteuropäischen Wohnblocks, in denen jetzt Tausende von zusammengetriebenen Juden hausten, hatten etwas bedrohlich Germanisches an sich, als seien die Morde und Schrecken der Hitlerzeit schon in diesen Ausgeburten Wilhelminischer Architektur vorausgeahnt worden. Ihre dunklen Umrisse, die auf den wenigen aus dem Warschauer Getto erhaltengebliebenen Photos zu sehen sind, berühren zumindest mich stärker als die mitleiderregenden Photos aus Auschwitz, die Hunderte von verängstigten und erschöpften Neuankömmlin-

[30] *De Gaulle*, I, S. 27.

gen zeigen, die sich an einem grauen Morgen entlang des Gleises zu einer Kolonne formieren.

Und auch im Getto, wie Reitlinger *en passant* bemerkt, wobei er sich auf einige der dortigen Chronisten stützte – Immanuel Ringelblum und die seltsam verschlagene Mary Berg, eine amerikanische Staatsbürgerin – „war Luxus erhältlich"[31]: es gab Restaurants, Cafés, Nachtklubs (und, weniger überraschend, Bordelle), die phantastische Beträge einnahmen. An Sonntagen saßen dort die reichen und einflußreichen jüdischen Familien in satter Behaglichkeit; abends war die Luft stickig von Honig und Ruß, Parfüm und Asche, als schamlose, schöne junge Jüdinnen dasaßen – manchmal mit ihren jeweiligen SS-Liebhabern – und erlesen dinierten. Und zur gleichen Zeit wurden, wie Gerald Reitlinger berichtet, Leichen (auch Kinderleichen) „nackt auf die Straßen geworfen, damit ihre Zimmergenossen ihre Lumpen behalten konnten . . ."[32]

In dem dunklen Europa der Jahre 1940-41 stoßen wir überall auf Fälle, in denen Menschen auf Vergnügungen bestanden. Für Männer und Frauen war das Bewußtsein, sich – wenn auch nur gelegentlich – bestimmte überlieferte bourgeoise Bequemlichkeiten und Vergnügen leisten oder sie beibehalten zu können, mehr denn je ein notwendiger Bestandteil ihres geistigen Gleichgewichts, durch das ihre Selbstachtung beeinflußt wurde, und heute erscheint es uns recht erstaunlich, wieviel von dem Vorkriegsleben überdauerte. In den besetzten Ländern Holland, Belgien und Dänemark fuhren die Bürger 1941 wie üblich in den Sommerurlaub. Von Lyon und Vichy aus waren im Winter 1940 Skifahrer zum Puy de Dôme unterwegs; andere verbrachten nach dem kalten Winter zwei Wochen an der Riviera.

Die Selbstbeherrschung mancher Patrizierfamilien in Paris war bemerkenswert: Diese Elite wusch sich mit kaltem Wasser und weigerte sich, auf ihren frugalen Soirées über Essen und Heizmaterial zu sprechen. Weniger erhebend war das Benehmen derer, die anstatt die Besatzer und das neue Regime verächtlich zu ignorieren, ihr gesellschaftlich Bestes (oder vielmehr Schlimmstes) taten, um sich ihnen anzupassen. Das Titelbild von *L'Illustration* vom 28. Dezember 1940 zeigt den Treppenaufgang der Pariser Oper anläßlich einer Galavorstellung für das Nationale Hilfswerk: Mit den prächtigen Uniformen der Gardes Républicaines, den eleganten silbernen Abendkleidern und den Abendanzügen im offenbar unverändert hellen Schein der Kronleuchter ist es nicht von anderen Photos von Galavorstellungen vor (oder nach) dem Krieg zu unterscheiden. In Belgien verurteilten 1941 sowohl die puritanischen Kollaborateure der Deutschen als auch der patriotische Kardinal van Roey „die frivole Haltung eines Teils der *jeunesse bourgeoise,* die nur an Tanz und Vergnügungen zu denken scheint". Noch im Winter 1941/42 schrieb Paul Struye: Es ist eine seltsame Tatsache, daß „das allgemeine Erscheinungsbild

[31] *Berg,* S. 145.
[32] *Reitlinger,* FS, S. 60.

des Landes trotz unzähliger materieller Leiden nicht den Eindruck einer trauernden und schwerverwundeten Nation erweckt".[33]

Es war erstaunlich, wie rasch einige der bourgeoisen Annehmlichkeiten des Lebens wieder zur Verfügung standen – in manchen Fällen unmittelbar nach dem Vorbeizug des Zyklons der deutschen Eroberung. In Paris sanken die Kasseneinnahmen der Oper und der staatlichen Theater erst am 6. Juni 1940 zum erstenmal unter 50 Prozent des gewohnten Durchschnitts; selbst am 10. Juni gingen noch einige Leute ins Theater. Dann entstand eine Lücke; aber am 6. Juli wurde die Palace Music Hall wiedereröffnet, am 12. das Concert Mayol und am 21. die Folies-Bergères; am 22. August folgte die Opéra Comique, am 24. die Oper (mit Gounods „Faust"). Im September trat Sacha Guitry im Madeleine auf, und Jouvet spielte Anouilh. Am 12. Oktober wurde der Rennbetrieb in Auteuil wiederaufgenommen.

Trotzdem war der Krieg ein großer sozialer Gleichmacher: Männer und Frauen ritten jetzt im Bois de Boulogne, fuhren in Budapest Auto, saßen in den besten Restaurants von Brüssel und mischten sich in Warschauer Cafés unter polnische Aristokraten – Leute, die dort bisher nie gesehen worden waren. Der charmante französische Reserveoffizier, den General Spears im Juni 1940 in einem der Loire-Schlösser kennenlernte („Er sprach perfekt Englisch und wußte über die Jagd in den Midlands so gut Bescheid wie ich.") und der ihm durch seine Beziehungen selbst inmitten des allgemeinen Chaos ein Auto verschaffen konnte, war bereits eine Gestalt aus der Vergangenheit.[34] Die Gegenwart schien von einer neueren Klasse beherrscht zu werden, zu deren wichtigsten Statussymbolen der Besitz von Automobilen gehörte. Das Kennzeichen einer neuen, mobilen Klassengrenze (mobil in mehr als einer Beziehung) war 1939 (zumindest in Westeuropa) die Unterscheidung zwischen denen, die Autos besaßen, und denen, die keine hatten. Von diesen Anfängen einer Automobilzivilisation profitierten jedenfalls die Deutschen und ihre Armeen wegen ihrer starken Motorisierung, während die besiegten Völker wegen ihrer vermehrten Abhängigkeit von Kraftfahrzeugen darunter litten. (Hätte die große westeuropäische Völkerwanderung der Millionen Menschen im Mai/Juni 1940 stattfinden können, wenn es keine Autos gegeben hätte?)

Einige Tage später war es mit der jungen Automobilzivilisation, die um 1925 in den Hauptstädten Westeuropas zu blühen begonnen hatte und die nach 1947-48 wieder erschien, plötzlich zu Ende.[35] Tausende von Autos lagen mit eingedrückten Kotflügeln und Stoßstangen oder leeren Tanks an den

[33] *Struye*, S. 98.
[34] Noch Ende 1939 beschwerte sich Churchill aufgebracht schriftlich bei dem Zweiten und dem Vierten Seelord über die Tatsache, daß die Royal Navy fähige und dienstwillige Offiziersschüler wegen ihrer einfachen Herkunft nicht patentierte. *Churchill*, FH, S. 758. *Spears* berichtet (I, S. 84–85), daß im Februar 1940 die Söhne von Maaten und Mannschaftsdienstgraden nicht in die Offiziersschule aufgenommen wurden, weil „ihre Väter vom Unterdeck kamen".
[35] Ab 1. November 1941 war in Italien die Abgabe von Benzin für Privatwagen verboten. In Schweden durfte kein Ausländer ein Auto fahren oder Taxis benutzen.

Straßenrändern; weitere Tausende von Fahrzeugen waren sorgfältig in Scheunen versteckt worden, wo sie in den nächsten fünf Jahren vor sich hinrosten würden. Auf den Straßen waren nur noch wenige unterwegs: Die Deutschen besaßen das Monopol für den herrischen Verkehr nach ihrer Art. Im November 1940 gab es in Paris weniger als 7000 zugelassene französische Kraftfahrzeuge. An Sonntagen hatten die Franzosen Fahrverbot; dann beherrschten deutsche Wagen die breitesten Boulevards und die elegantesten Avenuen. In Belgien, wo 1939 über 150 000 Privatautos zugelassen gewesen waren, durften Ende 1941 nur noch knapp 7000 fahren, was bedeutete, daß 95 Prozent der Privatwagen (und 91 Prozent der vor dem Kriege zugelassenen Taxis) stillgelegt waren. Einige Busse fuhren nach der Umstellung auf Flüssiggas oder mit Holzgasgeneratoren weiter.

Das alles trug zu einem Aspekt der deutschen Ära bei: zu dem weitverbreiteten Gefühl, bestimmte Dinge entwickelten sich in mancher Beziehung auf einen längst überholten Stand aus der Vergangenheit zurück. Im September 1940 brachte die Zeitschrift *L'Illustration* einen kleinen Essay des geistreichen Schriftstellers Léon-Paul Fargue mit dem Titel „Résurrection de 1900", in dem er die Leere und Stille der Pariser Straßen ohne Autos und das Wiederauftauchen von Fahrrädern und Pferdekutschen beschrieb. Zu den angenehmen Nebenwirkungen gehörte die Tatsache, daß die Straßenbäume bis in den Oktober hinein grün blieben, weil ihnen keine Abgasschwaden mehr zusetzten. Fahrräder waren plötzlich ausgesprochene Wertgegenstände (sie trugen auch dazu bei, daß viele Bourgeois während des Krieges in erstaunlich guter körperlicher Verfassung blieben). Ende 1940 brachte ein gebrauchtes Fahrrad in Paris 2500 Francs. Es gab unzählige raffinierte Fahrraddiebstähle, die unter anderem dazu führten, daß den bereits unter Druck stehenden Bourgeois eine weitere Anstrengung aufgebürdet wurde: Hatten sie ihr Fahrtziel erreicht, nahmen sie ihr Rad mit ins Haus.


Ein in Kreisen der Bourgeoisie weitverbreiteter Fehler war weniger Kollaboration und Anpassung als vielmehr Feigheit und Opportunismus. Dafür gibt es unzählige Beispiele aus den Monaten Juni und Juli 1940, d. h. aus der Zeit des Zusammenbruchs der französischen Republik, die damals der Prototyp eines verfallenden bourgeoisen Staates war, während manche ihrer Bourgeois die Prototypen einer verfallenden Bourgeoisie waren.[36] Was Augenzeugen bei-

---

[36] Verfallen – wegen des hoffnungslos überalterten Eindrucks, den selbst Gegenstände machten: Ein Beispiel dafür ist das unnachahmliche Bild, das ein von der fliehenden Regierung beschlagnahmtes Loire-Schloß bot, in dem Churchill am 12. Juni keine andere Wahl hatte, als das einzige Telefon, einen uralten Apparat, der neben der Toilette hing, zu benützen. Oder die morgendliche Szene am nächsten Tag, als General Spears beobachtete, wie die Geliebte des französischen Ministerpräsidenten „in einem Morgenrock über einem roten Schlafanzug den Verkehr an der Auffahrt zum Haupteingang regelte . . . Ich hatte seit 1914 keine französischen Beine mehr in roten Hosen gesehen." Spears, II, S. 178, 190.

spielsweise in Bordeaux auffiel, waren die häßlichen Anzeichen von Angst: die Hamsterkäufe, das Gedränge, der nervöse Lärm, das Verlassen von Freunden – und an der spanischen Grenze die Bestechungen durch Reiche, die in ihren Delages und Delahayes in langen Autoschlangen in der glühenden Hitze standen ... Zu den trübseligsten Eindrücken, die einem dieses Debakel aus dem Jahre 1940 vermittelt, gehört die unverhohlene Erleichterung, mit der viele dieser Leute am Tag nach dem Waffenstillstand ihre eigenen Interessen verfolgten. Viele von ihnen waren nach Vichy unterwegs: dort gab es nur wenig Würdiges an diesem verkleinerten Sitz einer trauernden Nationalregierung. „Ce hamam planté d'arbres" (dieses mit Bäumen bepflanzte orientalische Badehaus): So beschrieb jemand die neue „Hauptstadt", diesen neuen Regierungssitz mit seinen Korbmöbeln und großbürgerlichen Hotels aus der Zeit um die Jahrhundertwende, wo ein Achtzigjähriger die große nationale Verjüngungskampagne anführte und wo die Mehrheit einer republikanischen Nationalversammlung beschloß, die liberale Demokratie abzuschaffen, indem sie in einer denkwürdigen Sitzung in den staubigen Plüschsesseln des Casinos den Anfang einer neuen Ära des Patriotismus verordnete.

„Dies ist der Tag der Nationalversammlung", schrieb der neue Außenminister Baudouin über den 10. Juli in Vichy. „Der Speisesaal des Hôtel du Parc war so voll wie ein Restaurant im Bois am Tag des Grand Prix. Botschafter, Politiker und Frauen (viel zu fröhlich und zu elegant) sind durcheinandergewürfelt. Man sieht allmählich wieder Schmuck. Die allgemeine Atmosphäre ist bedrückender als je zuvor." Du Moulin de Labarthète, wahrscheinlich der beste Schilderer der Atmosphäre der frühen Vichy-Periode, hatte genau den gleichen Eindruck: „Zu viele Leute, bestimmte Pariser Gesichter. Staub und hektische Betriebsamkeit. Alte Freunde, die einander begrüßen. Zu viele lächelnde Gesichter, die man lieber ernsthafter gesehen hätte." „Eine Ansammlung von Pöstchenjägern, Schurken, Gaunern, Frauen in allen Stadien von Alter und Schönheit." Die Jagd nach den viel zu knappen Hotelzimmern und allen möglichen Positionen begann.

Solcher Opportunismus und solche Feigheit mögen sich am deutlichsten bei der französischen Bourgeoisie bezeigt haben, aber sie existierten auch anderswo. In der Schweiz schickten beispielsweise 200 prominente Bürger im Juli 1940 einen Brief an die Regierung, in dem sie eine strengere Kontrolle der freien Presse sowie die Entlassung bestimmter demokratischer Chefredakteure forderten. Bundespräsident der Schweiz war damals Marcel Pilet-Golaz, Angehöriger eines der großen Genfer Patrizierhäuser und ein typischer Vertreter der vorsichtigen bourgeoisen Haltung, der seine Landsleute in einer Rundfunkrede am 25. Juni 1940 nicht nur aufforderte, sich den Realitäten eines neuen Europas anzupassen, sondern auch, was nachträglich seltsam wirkt, „die große Erleichterung" begrüßte, die das Ende des Krieges in Westeuropa (und damit implizit die Niederlage Frankreichs) der Schweiz gebracht hatte. Einen Monat später trat der aus einer anderen französischschweizerischen Familie stammende General Guisan tapfer auf und ermahnte Armee und Volk, sich den Geist patriotischen Widerstandes zu bewahren. Zwei Patrizier: zwei unterschiedliche Charaktere. Es gibt ein Photo, das die beiden Anfang 1940 nebeneinander zeigt: General Guisan mit seinen ernsten, aber freundlichen blauen Augen, mit dem zerfurchten Gesicht eines patrizischen General-Bürgers, und Marcel Pilet-Golaz, der Bürger-Präsident, in Herrenpelz, Zylinder und Lackschuhen, der mit sorgenvoller Miene affektiert neben dem hageren General einherschreitet.

Soviel über die Schwächen und die gelegentliche Feigheit bestimmter Bourgeois. Das Wort „Bourgeois" und seine Bedeutung waren 1940 verrufen: Schon lange vor den Triumphen der Nationalsozialisten und Faschisten hatten Radikale, Künstler und Intellektuelle dafür gesorgt, daß es zu einem widerwärtigen Begriff wurde. Aber hatten der Künstler und der Intellektuelle sich im Europa des Jahres 1940 besser als der Bourgeois verhalten? Durchaus nicht. „Die Gelehrtenwelt", schrieb Jean Guéhenno im Juni 1941 betrübt in sein Tagebuch, „weist in der Tat nur wenige Männer mit Charakter auf." Wenn nur die Musen während dieses Krieges schweigen würden, wie sie es einst zu tun pflegten! bemerkte der ausgezeichnete Wladimir Weidlé. „Unglücklicherweise sprechen sie weiter, und wir können ihnen nicht ohne ein gewisses Gefühl der Verlegenheit und Scham zuhören."[37] In England trieb die Feigheit und intellektuelle Unredlichkeit von Intellektuellen George Orwell zu bitterem Sarkasmus. Auf dem Kontinent beeilten sich zahlreiche Künstler und Intellektuelle, sich dem Neuen Europa der Deutschen anzupassen. Es gab eine wachsende Zahl von Opportunisten, eine Meritokratie von Künstlern, Entertainern und Akademikern aller Art.[38] In Frankreich existierten zahlreiche Beispiele für ihren Opportunismus. Als die deutsche Regierung im Oktober 1941 berühmte Pariser Künstler zu einer großzügig dotierten Kulturreise nach Deutschland einlud, akzeptierten nicht nur Faschisten und Freunde des Regimes wie Drieu la Rochelle, Bonnard und Brasillach augenblicklich, sondern auch Derain, Dunoyer de Segonzac, Vlaminck und van Dongen: eine schillernde Namensliste. Nach ihrer Rückkehr aus Deutschland schrieben Vlaminck und van Dongen, letzterer ein eleganter kleiner alter Satyr, einer der charakteristischsten *artistes illustres* des Freimaurertums der Dritten Republik, d. h. der Gesellschaft von *tout Paris*, begeisterte Artikel. Die übrigen schwiegen zumindest. (Zu ihrer Ehre hatten Braque und Matisse diese Einladung abgelehnt.)

In Belgien, das (trotz der von Baudelaire im 19. Jahrhundert geübten scharfen Kritik an den beschränkten und trägen belgischen Bourgeois) in den dreißiger Jahren die Heimat einiger der besten Avantgardekünstler Europas war, wurde der Surrealist Magritte von den Deutschen verhätschelt, während

---

[37] *Weidlé*, S. 291.
[38] Politischer Opportunismus schien eher für Journalisten als für Schriftsteller, eher für Schlagersänger als für Philharmoniker attraktiv zu sein. (Eine interessante Zahl: Noch im Dezember 1939 waren erst acht der 110 Berliner Philharmoniker Parteigenossen.)

Delvaux und Ensor ihre Bestechungsversuche zurückwiesen. Solche Bestechungen nahmen oft die Form von Honoraren für die Mitarbeit in neuen, reich illustrierten Zeitschriften an – z. B. in der belgischen Zeitschrift *Apollo* –, in denen künstlerische Gestaltungsfreiheit nur dazu diente, den politischen Zweck einer subtilen Propaganda für das Dritte Reich und seine Ziele zu tarnen.

In Pariser Journalisten- und Künstlerkreisen wurde rasch bekannt, daß Radio Paris – unter deutscher Kontrolle – außergewöhnlich gute Honorare zahlte (und daß diese in bar ausgezahlt wurden, ohne daß die französischen Steuerbehörden davon wußten oder zu erfahren brauchten). Deshalb bevölkerten schon im Spätsommer 1940 Hunderte von Journalisten, Rundfunksprechern, Schauspielern, Sängerinnen und Musikern die Wartezimmer dieses Großsenders. Seine deutschen Direktoren erwiesen sich als gefällig, so daß Radio Paris Millionen von Hörern den Eindruck vermitteln konnte, „ nichts oder fast nichts habe sich verändert. Sie hörten wieder die vertrauten Stimmen gewisser Schauspieler und Sängerinnen sowie einige ihrer Lieblingsorchester . . .“[39] Es dauerte einige Zeit, bis die Franzosen den von den Gaullisten von London aus gesendeten Reim über den lügenden deutschen Sender auswendig kannten: „*Radio Paris ment . . . Radio Paris est allemand.*“

Falls es jedoch in ganz Europa eine Gesellschaftsschicht gab, die selbst 1940 nicht an einen deutschen Endsieg glaubte, war dies die Bourgeoisie. Aus ihren Reihen kamen die ersten Widerstandskämpfer (beispielsweise das *Réseau Interallié),* und obwohl sich viele Bourgeois wirklich nur darauf beschränkten, ein paar skeptische Witze über Hitler weiterzuerzählen, muß hier festgehalten werden, daß Hitlers Kreuzzug gegen den Bolschewismus, diesen Todfeind alles dessen, was bourgeois war, in ganz Europa kaum einen Bourgeois dazu bewegen konnte, ihm zuzustimmen oder sich gar zu seinen Zielen zu bekehren – eher das Gegenteil. (Andererseits gab es in vielen Ländern Arbeiterführer, die sich 1941 zu Hitlers antibolschewistischer Philosophie bekehren ließen oder ihre Bekehrung endlich vervollständigten.)

Im nationalen Bereich der europäischen Staaten gab es dagegen 1940 und 1941 leuchtende Beispiele patrizischen Mutes. Hierher gehört François Joseph van de Meulebroeck, der Bürgermeister von Brüssel, der weit mehr als seine Pflicht tat und vielleicht sogar den patriotischen Mut des im Ersten Weltkrieg berühmt gewordenen großen Bürgermeisters Adolphe Max übertraf (der vor seinem Tod im November 1939 noch den Beginn eines weiteren Weltkrieges,

---

[39] *Audiat*, S. 49. Außerdem: „Die (Radio Paris) leitenden Deutschen ließen sich bei ihrer Wahl von Prinzipien leiten, die sich nicht allzu sehr von den Auswahlprinzipien ihrer französischen Vorgänger unterschieden: Würdigung echter Begabung und gelegentliche Berücksichtigung von Liebesdiensten. Letztere Dienste wurden jetzt jedoch nicht mehr nur von weiblichen Adepten von Kunst, Musik und Theater offeriert: Die Eroberer bewiesen, daß ihr Geschmack erlesener war.“

aber keinen weiteren deutschen Einfall in sein Land erlebte). Die Deutschen ließen Meulebroeck bis Juni 1941 im Amt, bevor sie ihn mit der Forderung konfrontierten, der Abberufung von vieren seiner Brüsseler Stadtratskollegen zuzustimmen. Der relativ gemäßigte Deutschenfreund Romsée, der ebenfalls im Stadtrat saß, teilte Meulebroeck mit, in diesem Fall dürfe er auf seinem Posten bleiben; aber der Bürgermeister weigerte sich, auf diesen Handel einzugehen. Am 20. Juni wurde Meulebroecks unerschrockenes patrizisches Manifest an den Hauswänden von Brüssel angeschlagen. „Mes chers concitoyens" begann es nach Art eines vertrauenswürdigen Bürgermeisters aus einer älteren, durch enge Bindungen gekennzeichneten kommunalen Vergangenheit.[40] Die Besatzungsbehörden ließen die Anschläge abreißen. Trotzdem kamen viele Brüsseler zum Hôtel de Ville, um ihrem Bürgermeister zuzujubeln; manche brachten ihm auch große Blumensträuße. Zwei Tage später wurde van de Meulebroeck verhaftet. Die Drucker des Aufrufs und die Brüsseler wurden von den Deutschen streng bestraft.

In den beiden ersten Besatzungsjahren gab es in den kleinen Demokratien Westeuropas zahllose Beispiele für Zivilcourage. Im Dezember 1941 sprachen 95 Prozent des Lehrkörpers der Universität Brüssel sich gegen die von den Deutschen verordneten Reformen und Neuberufungen aus. Im September 1940 setzten die Professoren P. Scholfen von der Universität Amsterdam und B. M. Teldens aus Leiden eine Protestresolution gegen die Entlassung ihrer jüdischen Kollegen auf, die dem deutschen Reichskommissar für die besetzten niederländischen Gebiete übergeben wurde: Insgesamt 60 bis 80 Prozent der Professoren hatten den Mut, sie zu unterschreiben. In Norwegen und Dänemark gab es ähnliche Manifestationen von Zivilcourage. In Jugoslawien war die kleine serbische Bourgeoisie entschieden anglophil und frankophil. In der Schweiz waren die Weigerungen der patrizischen Eigentümer und Herausgeber großer Blätter wie die der *Neuen Zürcher Zeitung* sogar begeisternd – vor allem da sie im Gegensatz zu den Neigungen einiger ihrer bourgeoisen Landsleute standen, deren vorsichtiges Eintreten für eine würdevolle Anpassung sich im Herbst 1940 nicht allzu sehr von dem weniger würdevollen

---

[40] „Die deutschen Behörden haben mir mitgeteilt, daß ich aufhören muß, meine Aufgaben als Bürgermeister zu erfüllen. Ich muß mich diesem Befehl beugen, obwohl er gegen die Haager Konvention verstößt: Er ist völlig ungerechtfertigt. Tatsächlich habe ich mich loyal und aufrichtig bemüht, die schwierigen und schmerzlichen Pflichten zu erfüllen, die den Bürgermeistern in vom Feinde besetzten Städten und Dörfern zufallen . . .
Im Gegensatz zu den von mancher Seite ausgestreuten Behauptungen bin ich nicht von meinem Amt zurückgetreten und habe meinen Rücktritt nicht angeboten . . .
*Ich bin, bleibe und werde der einzige legale Bürgermeister von Brüssel bleiben.*
Indem ich mich vorläufig von Ihnen verabschiede, fordere ich Sie auf, Ihre materiellen und moralischen Mühsale mit Ruhe, Mut und Zuversicht zu ertragen . . . Wer wahrhaft zu uns gehört, fürchtet auf dieser Welt nur eines: Pflichtversäumnis und Ehrverlust.
Haltet zusammen! Eure Einigkeit macht Eure Stärke aus; sie wird Euch eine bessere Zukunft sichern. Gott wird Belgien und seinen König schützen."

Verhalten der *paniquards* im Mai des gleichen Jahres unterschied (d. h. reicher Schweizer, die damals aus den Städten ins südliche Bergland geflohen waren).

Selbst in Deutschland gab es 1940 noch den Kern eines Patriziertums, das der Überzeugung war, Hitlers Sache sei ungerecht, *und* er werde den Krieg verlieren. Das ist ein wichtiger Punkt, denn viele der Deutschen, die später allmählich den Glauben an Hitler verloren, taten das, weil ihre Skepsis in bezug auf einen dieser Punkte wuchs – aber nicht in bezug auf beide. Jedenfalls gab es 1940 Hunderttausende von Deutschen, die noch „Hitler" statt „der Führer" sagten und die verhältnismäßig konservative *Frankfurter Zeitung* oder die *Deutsche Allgemeine Zeitung* lasen. Das war zugegebenermaßen kein allzu starker „Widerstand", aber es war immerhin besser als gar nichts. Und die Tatsache, daß dieser Widerstandswille sich im Namen des Patriotismus unter einem triumphierenden nationalistischen Regime und inmitten eines Volkes regte, das von fast unglaublichen Siegen beeindruckt war, sollte uns trotzdem nachträglich einen gewissen stillen Respekt abnötigen.

In Deutschland, vor allem aber in England bewiesen zahlreiche Männer und Frauen aus Mittelstand und Aristokratie 1940 in ihrer größten Stunde beispielhafte Tapferkeit. Der einzige Fall, in dem während der Bombenangriffe auf London beinahe eine Panik ausgebrochen wäre, ereignete sich im East End, in dem Arbeiterbezirk Silvertown, am 7. September 1940; das West End, das darunter hätte zusammenbrechen sollen, hielt sich gut. Wir kennen jetzt den ungewöhnlichen Geheimplan für eine Untergrundorganisation mit dichten Funkverbindungen, die sich im Falle einer deutschen Invasion über ganz Großbritannien ausgebreitet hätte, woraufhin Tausende von englischen Männern und Frauen sich auf Sabotage und einzelne Überfälle auf Deutsche verlegt hätten. Nirgendwo sonst in Europa waren solche Vorbereitungen getroffen worden – jedenfalls nicht in westeuropäischen Ländern und in gewisser Beziehung nicht einmal in Rußland oder Serbien. Diese Guerillaorganisation basierte fast ausschließlich auf einem „*Old-Boy*-Netz".

Ende 1940 schrieb George Orwell: „Die Masse des Mittelstandes ist genauso gegen Hitler wie die Arbeiterklasse, aber ihr Kampfgeist ist wahrscheinlich zuverlässiger. Was Sozialisten, besonders wenn sie die englischen Verhältnisse von außerhalb betrachten, meiner Ansicht nach selten zu begreifen scheinen, ist die Tatsache, daß der Patriotismus des Mittelstandes etwas ist, das ausgenützt werden kann."[41] Schon am 5. Oktober 1940 hatte er in sein

---

[41] *Orwell*, II, S. 50. Siehe auch die betrübliche Episode mit den Schauerleuten aus England in Calais, S. 333. Der amerikanische Diplomat Lewis Einstein erinnerte sich an die Home Guard: „Die Männer waren meistens Landarbeiter und Arbeiter, aber zu ihnen gehörte auch Sir George Clark, der kürzlich als englischer Botschafter in Paris in den Ruhestand getreten war. Er, der der bestgekleidete aller Diplomaten gewesen war, der wie ein Würdenträger aus dem 18. Jahrhundert aussah und wie ein viktorianischer Minister sprach, wurde jetzt Schreiber und gehorchte den Befehlen des Butlers der Familie, der früher Stabsfeldwebel bei den Life Guards gewesen war . . ." *Einstein*, S. 228.

Tagebuch geschrieben: „Es *ist* eine Tatsache, obwohl man sie nicht erwähnen darf, daß Angehörige der Arbeiterklasse mehr Angst haben als die Mittelklasse."[42] Aber schließlich fiel auch in Paris vielen Leuten auf, daß die Besatzungstruppen in der *banlieue rouge*, den Arbeitervierteln, freundlicher als in den bürgerlichen *quartiers* empfangen worden waren, und in der Tschechoslowakei machte der eiskalte Mörder Heydrich selbst eine Bemerkung darüber, daß die Arbeiter nicht nur gefügiger, sondern auch eher zur Zusammenarbeit bereit seien als die tschechische Bourgeoisie.[43]

In Griechenland (vor allem im Süden) dagegen leisteten die unteren Bevölkerungsschichten den Deutschen energischeren Widerstand als die manchmal opportunistische Mittelklasse. Auch in England waren die Hotels auf dem Lande im Winter 1939/40 „voller wohlhabender Flüchtlinge, die allzu oft vor nichts geflüchtet sind. Sie sitzen herum und lesen und essen und trinken . . .", schrieb Constantine Fitzgibbon,[44] der sich an einen ständigen Strom von Privatwagen und Londoner Taxis erinnerte, die im September 1939 vor dem Haus seiner Mutter im Themsetal vorfuhren: „Eine Horde von Flüchtlingen in Satin und Nadelstreifen." Und während die britische Aristokratie und die königliche Familie sich tadellos verhielten (im Sommer 1940 übte König Georg VI. im Park des Buckingham-Palastes Pistolenschießen), liegt etwas Peinliches im Verhalten des Herzogs von Windsor, der am 16. Juni 1940 von Nizza aus die englische Botschaft in Bordeaux anrief und ein britisches Kriegsschiff anforderte, das ihn abholen und in Sicherheit bringen sollte (der Botschafter empfahl ihm höflich, aufzubrechen und durch Spanien nach Portugal weiterzufahren).

Das war die Lissabonroute, „eines der typischsten Symbole dieses Jahres des Heils 1940", wie Denis de Rougemont, der sie Ende August 1940 selbst benützte, es ausdrückte: Ein schmaler von Genf ausgehender Fluchtweg, der sich an den deutschen und italienischen Kontrollstellen vorbei durch Vichy-Frankreich und Franco-Spanien nach Portugal schlängelte. „Wie leicht es wäre, diese dünne kleine Ader abzuklemmen, durch die unsere alte Welt tropfenweise ihre Elite und ihre Parasiten verliert! (Eine Elite, die zu mutig ist, und Parasiten, die grimmig auf ihr eigenes Überleben bedacht sind . . .)"[45] Vielleicht, so überlegte Rougemont sich, hatten die neuen Herren Europas nicht einmal etwas dagegen, dieses dünne Dränagerohr in Betrieb zu lassen. In

[42] *Orwell*, II, S. 378. Später verteidigte er auch Herzöge, die in Flandern gefallen waren.

[43] „Heydrich impfte der tschechischen Arbeiterklasse engstirnigen Materialismus und Gehorsam ein, wodurch er ihre politische Passivität weiter verstärkte." *Mastny*, S. 354. Heydrichs materielle Anreize waren mehr als bescheiden: Sie bestanden aus Konzerten, Dienstleistungen, Altersrenten, spezieller Fürsorge für Minderjährige usw. Gelegentlich entstand aus der Passivität der Arbeiter eine Kollaboration: 1940–41 meldeten sich viele Tschechen freiwillig zur Arbeit nach Deutschland, wo es reichlich Arbeitsplätze gab.

[44] *Fitzgibbon*, S. 25.

[45] *Rougemont*, S. 123.

Lissabon kämpften die reichen Flüchtlinge dann um Plätze an Bord „der letzten Schiffe der letzten Schiffahrtslinie, die Europa mit Amerika verband und deren Schiffe alle Namen trugen, die mit ‚Ex' begannen: ‚Exeter', ‚Excalibur', ‚Excambion'. Und in Wirklichkeit befördern sie nur Exleute: Exdirektoren, Exösterreicher, Exmillionäre, Exprinzen, die sie ins Exil bringen." Man darf hinzufügen: Sowohl Expatrizier als auch Exganoven, denn nicht alle Flüchtlinge aus dem nationalsozialistischen Europa waren makellos tugendhafte Männer und Frauen.

Angehörige einer korrupten und zynischen gesellschaftlichen Elite einer levantinischen Hauptstadt wie Athen, die Peyrefitte beschrieben hat, oder ihres alexandrinischen Anhängsels, dessen Schilderung wir Lawrence Durrell verdanken, stellten andererseits während des Krieges mit Italien und Deutschland Hunderte von mutigen tapferen und patriotischen Offizieren. Oft bewies ein einzelner Mensch ganz entgegengesetzte Eigenschaften. Es ist leicht, über die großsprecherische patriotische Rhetorik Paul Reynauds zu spotten: jenes eleganten kleinen Mannes mit dem orientalischen Augenschnitt, auf den ersten Blick geradezu der Prototyp eines Ministers der korrupten Dritten Republik, mit seiner nörgelnden gräflichen Geliebten, der er zutiefst ergeben war; trotzdem widersetzte er sich ihren politischen Einflüsterungen und weigerte sich zu kapitulieren. So sehen wir Reynaud inmitten des Zusammenbruchs in einem der Loire-Schlösser, wo er spät nachts im Schlafanzug mit seinen Ministern zusammensitzt, eine große Frankreichkarte auf den Knien hält und mögliche Verteidigungslinien weiter westlich und südlich studiert ... Dieser kleine Mann nötigt einem einen gewissen Respekt ab, obwohl er der Vergangenheit angehörte.

Der Vergangenheit: Das war ein höchst wichtiger Punkt, ein Prüfstein für viele Auffassungen. Die Hauptgegner des Nationalsozialismus, Hitlers und des Deutschlands der Jahre 1939–41 waren Konservative, oft Reaktionäre – in Deutschland wie in England, eigentlich fast überall. Die Gegner der Nationalsozialisten blickten ebenso häufig zurück wie nach vorn: zurück auf die Anständigkeit eines bourgeoisen, konservativen Europa.[46] Im Jahre 1941 fanden selbst ein Tito und ein Stalin das Bewußtsein erhebend und befreiend,

---

[46] Außergewöhnlich wirkt nachträglich die 1940 auftretende Sehnsucht – auch in Deutschland – nach einer Monarchie. Goebbels machte sich Sorgen wegen der Reaktion der Öffentlichkeit auf den Tod Wilhelms II., als der Kaiser im Juni 1941 in Holland gestorben war (*Boelcke*, S. 615, 762–63). Hitler schickte einen Kranz. In Spanien kam es anläßlich des Todes von Alfonso XIII., der im Februar 1941 im Exil starb, zu Massendemonstrationen. In den Niederlanden wurden in vielen Häusern Porträts der (vor 1940 nicht sehr populären) Königin aufgehängt. Die Leopold III. im Jahre 1940 von den Belgiern entgegengebrachte Verehrung war außergewöhnlich; sie hatte Ähnlichkeit mit den ersten emotionalen Begeisterung der Franzosen für Pétain. Die Völker brauchte eine Vaterfigur. Das patriarchalische Verhältnis zeigte sich auf vielfältige Weise: Pétain wurden selbst nach seinem Treffen mit Hitler Blumen und Käse, selbstgezogene Tomaten und Kuchen geschickt. Die Intensität dieser monarchistischen Sehnsüchte war beträchtlich und flaute erst später im Verlauf des Krieges ab.

auf überlieferte patriotische Argumente zurückgreifen und sich als nationale Führer darstellen (und noch wichtiger: selbst sehen) zu können. Péguy, nicht Alain, spornte patriotische Franzosen, darunter auch viele Kommunisten, in der Anfangszeit der Résistance an. Innerhalb Deutschlands waren die Nationalsozialisten sich besonders über die von der „reaktionären Opposition" ausgehenden Gefahren im klaren.[47]

Der neuen Klasse, die während des Krieges überall in Europa entstand, fehlte dieses Vergangenheitsbewußtsein zum größten Teil. Sie bestand aus Menschen, die eher an eine neue Welt als an ein neues Europa dachten: Mechaniker, Ingenieure, Technokraten. In Frankreich übernahmen einige von ihnen 1941 sogar zeitweilig staatspolitische Verantwortung, als sie in die neue Regierung Darlan eintraten: Bedaux, Pucheu, Barnaud und Lehideux waren „Technokraten" (einige von ihnen bezeichneten sich als „Synarchisten") und im allgemeinen Bewunderer amerikanischer Methoden sowie James Burnhams „Managementrevolution"; sie sollten jedoch bald ihre Unfähigkeit auf politischem Gebiet beweisen. Die Zeit schien für die Herrschaft „nüchterner" Techniker reif zu sein. Ihre Denkweise beeinflußte selbst einfache Leute. Der kluge Viktor Klemperer, der als verfolgter Philologe eines der aufschlußreichsten Tagebücher während des Dritten Reiches führte, dem er den Titel *Lingua Tertii Imperii* (Die Sprache des Dritten Reiches) gab, wurde frühzeitig auf dieses Phänomen aufmerksam, als ihn ein junger Mechaniker, der etwas für ihn repariert hatte, fragte: Habe ich das nicht fein organisiert? „Die Wörter ‚Organisation' und ‚organisieren' lagen ihm derart im Ohr, er war derart überfüttert mit der Vorstellung, daß jede Arbeit erst organisiert, d. h. auf eine disziplinierte Gruppe von einem Anordner verteilt werden müsse, daß ihm für seine eigene und allein bewältigte Aufgabe nicht einer der auf sie zutreffenden Ausdrücke wie ‚arbeiten', oder ‚erledigen', oder ‚verrichten', oder ganz simpel ‚machen' in den Sinn kam."[48]

Trotz des Kultes, der mit jugendlicher Aktivität getrieben wurde, war ein Großteil der neuen totalitären Ordnung nicht ohne eine Aufblähung der öffentlichen Verwaltungen zu verwirklichen. Hitler hatte 1933 gesagt, er wolle, daß jeder junge Deutsche mindestens einen Monat im Jahr manuell arbeite – eine deutliche Abkehr von der untätigen Verweichlichung der bourgeoisen Ära. Trotzdem sank in Deutschland die Zahl der auf dem Land Lebenden und in der Landwirtschaft Beschäftigten (von 30,5 Prozent im Jahre 1925 auf 26,1 Prozent im Jahre 1939); der Prozentsatz der in der Industrie Beschäftigten waren 1939 ebenso hoch wie 1925 (42,1 Prozent); zugenommen hatte die Beschäftigtenzahl lediglich im Sektor „Öffentlicher Dienst und private Dienstleistungen" – von 6,6 Prozent im Jahre 1925 auf 10,4 Prozent im Jahre 1939.

[47] Siehe S. 241–242. Der deutsche Nationalsozialist verkörperte auch einen anderen Menschentyp: jünger, finsterer und schlanker als die deutschen Militaristen des Ersten Weltkrieges, die massig, in mittleren Jahren und korpulent gewesen waren.

[48] *Klemperer*, S. 126, 191.

Eine neue amorphe Klasse bildete sich heraus, deren Kompetenzen und Berufe immer weniger klar bestimmbar waren und die einen ihr eigenen vergänglichen Lebensstil entwickelten. Zwanglos und doch standardisiert, gedankenlos und doch durch Massenmedien geistig geformt, paßten sie nach dem Krieg sehr leicht in die neue Welt eines amerikanisierten Westdeutschland, wo die Unternehmenderen von ihnen gewinnbringende Fuhrunternehmen aufmachten.

Die Ursprünge solcher Unternehmen reichten bis in den Krieg zurück. Interessant ist die Feststellung, wie sehr der Alltag in Europa schon in den Jahren 1940 und 1941 von Lastwagen abhängig war. Wir haben gesehen, daß damals 90 Prozent der Privatwagen von den Straßen verschwanden – aber die Zahl der Lastwagen nahm zu. In Paris gab es 1943 beispielsweise mehr als 1940; in Belgien wurden im Januar 1942 über 24 000 Lastwagen von Privatpersonen betrieben. Dieser Krieg demonstrierte nicht nur in ganz Europa die zunehmende Bedeutung von Bedarfstransporten auf dem existierenden Straßennetz; er zeigte auch, daß nicht mehr nur der Handeltreibende, sondern auch der Transportunternehmer (der außer Waren gelegentlich auch Menschen beförderte) zu einem neuartigen unersetzlichen und einflußreichen Unternehmer wurde. In vielen gewinnträchtigen Fällen waren Zwischenhändler und Fuhrunternehmer der gleiche Mann. Viele Lastwagenbesitzer waren auf dem schwarzen Markt tätig und handelten oft mit den deutschen Besatzern (in ihren Reihen gab es erstaunlich viele Kollaborateure).[49] Sie waren die Vorläufer eines neuen Mittelstandes, der sich rasch aus den unteren Schichten entwickelte (denn wer im Krieg als Lastwagenbesitzer Erfolg haben wollte, mußte Fahrer und Mechaniker zugleich sein).

Heutzutage ist es modern geworden, von einer „Generationslücke" zu sprechen, aber diese Lücke existierte schon 1939-41 und war weiter als je zuvor. Im Jahre 1940 schien der Zusammenbruch der verderbten bourgeoisen Welt den Aufstieg der Jugend zu fordern – nicht nur in Deutschland, wo der Jugendkult entstanden war. Der Achtziger Pétain war von der Errichtung der „Chantiers de Jeunesse", jenes kurzlebigen spartanischen Experiments in patriotischem Pfadfindertum, in Frankreich begeistert (eines der ersten dieser Lager wurde nicht von einem Faschisten, sondern von dem späteren gaullistischen Helden General de Lattre de Tassigny im Sommer 1940 in dem verlassenen südfranzösischen Dorf Opme eingerichtet). Der Exkommunist und Faschist Doriot schrieb vor und während des Krieges über „la lutte des jeunes"; Bertrand de Jouvenel stellte schon 1935 fest, daß der gesellschaftliche Kampf sich weniger „zwischen Arbeitern und Patronat als zwischen den Jungen und

---

[49] Eine Meinungsumfrage in den Niederlanden ergab nach dem Krieg, daß die Befragten der Ansicht waren, 41 Prozent der Bevölkerung hätten sich in der Besatzungszeit „gut" verhalten, 49 Prozent „einigermaßen" und zehn Prozent „schlecht". Ärzte, Geistliche, Lehrer und Studenten wurden am besten eingestuft, Fuhrunternehmer und Bauunternehmer (letztere galten zu 78 Prozent als „schlecht") am niedrigsten. *Romein*, The Spirit of the Dutch People During the Occupation. Annals (Mai 1946).

den Alten" abspiele. Eine soziographische Untersuchung der deutschen SS-Totenkopf-Division hat gezeigt, daß die meisten ihrer Offiziere 1941 um 30 Jahre alt waren; sie waren zwischen 1903 und 1914 geboren.[50]

In den Jahren 1940 und 1941 wurde die Widerstandsbewegung noch nicht durch die Mitarbeit der Jugend beeinflußt. Aber die Jugendkriminalität, ein früher praktisch unbekanntes Phänomen, begann sich in den besetzten Großstädten auszubreiten: Banden wie die Amsterdamer „Pik-As-Bande", die 1941 ihr Unwesen trieb, konnten kaum als Widerstandsgruppe bezeichnet werden. Was die jungen Menschen, Freunde wie Gegner des Regimes, gemeinsam hatten, war ihre manchmal laut geäußerte, manchmal stillschweigende Verachtung für die bourgeoise Vergangenheit. Camus' „Notizbücher" enthalten 1939 eine Familienszene zum Zeitpunkt der Mobilmachung. „Der älteste Sohn befindet sich im Aufbruch. Er sitzt seiner Mutter gegenüber und sagt: ‚Daraus wird bestimmt nicht viel.' Die Mutter schweigt. Sie hat nach einer Zeitung gegriffen, die auf dem Tisch gelegen hat. Sie faltet sie auf die Hälfte, ein Viertel, ein Achtel zusammen." Das geschah natürlich 1939, nicht 1914.

„L'héroisme tombe au niveau du débrouillage" (Das Heldentum ist aufs Niveau des Durchwurstelns herabgesunken); in dieser Beziehung enthielt Fabre-Luces beißender Sarkasmus, mit dem er Frankreich nach der Niederlage beurteilte, einen Großteil der Wahrheit. Tatsächlich kann *débrouillage* (die Fähigkeit, sich aus der Verlegenheit zu helfen) vor allem bei den Jungen ein erster Ersatz für *Résistance* gewesen sein. Ein Ersatz, aber auch ein Schritt in diese Richtung, denn das Durchwursteln war nicht nur eine neue Haltung, es war eine notwendige Einstellung und ein Lebensstil in einer Welt, in der der schwarze Markt eine Realität des Alltags war – manchmal die stärkste.


Schwarze Märkte


„Schwarze Märkte" haben eine lange, selten niedergeschriebene Geschichte. Im Zweiten Weltkrieg gelangten sie erneut zu voller Blüte. Rationierung und Kontrollen waren schon im Ersten Weltkrieg weitverbreitet, aber nicht sonderlich wirksam gewesen. Bereits damals hing die Wirksamkeit der Zwangsbewirtschaftung weniger davon ab, ob bestimmte Artikel lieferbar waren, sondern ob der jeweilige Staat die Autorität besaß, wirkungsvolle Kontrollen einzuführen. Im Zweiten Weltkrieg gab es unter der drakonischen Herrschaft des Dritten Reiches in Deutschland verhältnismäßig wenig Schwarzhandel. In Staaten mit starkem nationalen Zusammenhalt und großer Selbstdisziplin der Bevölkerung – beispielsweise in England oder Finnland – gab es relativ wenig Schwarzhandel, zumindest in den ersten Kriegsjahren. Nach 1941 setzte eine

[50] *Hentig*, Beiträge zu einer Sozialgeschichte des Dritten Reiches. VfZ, Januar 1968.

gewisse Kriegsmüdigkeit ein, die diese patriotische Selbstdisziplin hier und dort untergrub.

Bei Völkern, die in jeder Regierung aus Tradition ein notwendiges Übel sahen, ließen die Abneigung und die Verachtung, mit denen sie Bürokratien betrachteten, praktisch von Kriegsbeginn an einen universellen schwarzen Markt entstehen: Das traf besonders auf den Balkan, aber auch auf Italien zu, obwohl das dortige faschistische Regime es nicht an harten Strafandrohungen fehlen ließ. In anderen Staaten führte der Zusammenbruch der politischen Autorität eine Welle der Respektlosigkeit gegenüber der Regierung in allgemeinen herbei – zum Beispiel in Vichy-Frankreich. Anderswo wurde der schwarze Markt, vielleicht zum erstenmal in der modernen Geschichte Westeuropas, zu einem Werkzeug des Widerstandes gegen die Besatzer und ihre Kollaborateure in der jeweiligen Regierung und gegen die einschneidenden Bestimmungen, die von Gefühllosigkeit sprachen und Elend bewirkten. Die Vielfalt der wirtschaftlichen Verhältnisse im Europa der Jahre 1939-41 war in vielen Fällen eher Spiegelbild als Ursache der politischen und sozialen Verhältnisse; die wirtschaftlichen Verhältnisse waren weniger von dem Vorhandensein von Waren als von ihrer Verteilung und dem Wert abhängig, der ihrer Verfügbarkeit zugemessen wurde – d. h. von eigentlich politischen und kulturellen und nicht wirtschaftlichen Faktoren.

Allein die Existenz eines schwarzen Marktes bedeutete oft schon ein Aufbegehren gegen die strikten und unsinnigen Vorschriften von Besatzern und autoritären Regierungen. Das Funktionieren des schwarzen Marktes war deshalb oft ein täglicher Triumph – ein kleiner und kostspieliger Triumph, aber immerhin ein Triumph – der Widerstandsfähigkeit des Lebens über Dirigismus und amtliche Theorien. Daß dies besonders auf eine unterworfene Nation wie Polen zutraf, sollte nicht überraschen (dort erwiesen sich einige der Stammkunden des großen Schwarzmarktes auf dem Napoleonplatz sowie die Besitzer einiger der berühmtesten Schwarzmarktrestaurants als zu den unerschrockensten Patrioten gehörig). Bedeutsamer war die Geschichte des schwarzen Marktes in den ordnungsliebenden bourgeoisen Demokratien Westeuropas.

In Belgien, wo die erfolgreichen Schwarzhändler (im Volksmund als „Seifenbarone" bekannt) im Ersten Weltkrieg allgemein verhaßt gewesen waren, wurden sie im Zweiten Weltkrieg geachtet und sogar beliebt. Nachdem Brüssel 1944 befreit worden war, ließ ein Kaufhaus ein Wandgemälde mit dem Titel „A la Gloire du Smokkelaar" (Zum Ruhme des Schwarzhändlers) malen. „Der schwarze Markt", schrieb Professor Raoul Miry 1946, „bewahrte die Nation ganz eindeutig vor dem langsamen Verhungern." Er „nahm den Charakter einer nationalen Einrichtung an, die außerhalb des Gesetzes durch die stillschweigende, aber wirksame Zustimmung aller Bürger – groß und klein, arm und reich, ohne Rücksicht auf Klasse oder Beruf – spontan geschaffen worden war". Der gefürchtete Anstieg von Tbc und Ödemen „ging zurück, als Organisation und Umfang des schwarzen Marktes sich stabilisierten. Tatsächlich handelte es sich dabei um eine gewaltige Selbsthilfebewegung, an der die gesamte Nation vor der Nase der Regierung sowie der Deutschen beteiligt war, sobald diese sich einmischten."[51]

Die Kollaborateure verurteilten den Schwarzhandel energisch und unermüdlich. Ab 1941 trat ein neues Element auf: Die Bourgeoisie und einige ihrer kapitalistischen und industriellen Institutionen begannen eine Zusammenarbeit mit dem schwarzen Markt – aber nicht nur aus selbstsüchtigen Gründen, um ihr eigenes Überleben zu sichern. In den Niederlanden, Luxemburg, Frankreich (im besetzten wie im unbesetzten Teil des Landes) und vor allem in Belgien gingen Banken und Industrieunternehmen nach dem ersten schwierigen Winter 1940/41 zu dem Verfahren über, ihren Mitarbeitern Lohn- oder Gehaltszuschläge zu zahlen oder ihnen, was noch wichtiger war, Lebensmittel mitzubringen, die sie oft durch größere Tauschgeschäfte auf dem schwarzen Markt beschafft hatten. Diese unorthodoxen Sozialleistungen erklären teilweise, was anderweitig unerklärlich ist: Wie Arbeiterfamilien in einer Zeit, in der die Lebensmittelpreise sich verfünffachten oder verzehnfachten, mehr oder weniger normal weiterleben konnten, obwohl die Löhne sich bestenfalls nur verdoppelt hatten.

Andererseits hatte die Schwächung der Regierungsautorität wichtige langfristige Konsequenzen. Sie trug dazu bei, daß eine ganze Generation die Achtung vor dem Staat verlor; das hatte kulturelle und soziale Konsequenzen, die bis lange nach dem Krieg anhalten sollten. Ein belgischer Sozialhistoriker schrieb nach dem Krieg, das Besatzungsregime habe die Belgier in ein Volk von Schmugglern (un peuple de fraudeurs) verwandelt. Das stimmte in mehr als einer Bedeutung des Wortes „Schmuggler", und es traf auf viele Völker Europas zu.

Die „Gesetze" der Volkswirtschaft

„Keine Regierungsmaßnahme kann volkswirtschaftliche Gesetze überwinden, und jede Beeinträchtigung dieser Gesetze muß mit einer Katastrophe enden" – das erklärte der Präsident des englischen Board of Trade zu Beginn des Ersten Weltkrieges vor dem Unterhaus. Aus verschiedenen Gründen ist dies eines meiner Lieblingszitate. Es ist ein charakteristischer Ausdruck jenes tolerant wirkenden, aber in Wirklichkeit engstirnigen viktorianischen Liberalismus, der zu glauben vorgegeben hatte, volkswirtschaftliche Gesetzmäßigkeiten seien unerschütterliche, grundlegende Fakten wie die Schwerkraftgesetze oder andere wichtige Naturgesetze. Es ist vielleicht bezeichnend, daß diese bedeutsame Ermahnung ausgerechnet von Walter Runciman kam: dem Prototyp

[51] *Miry*, S. 65.

eines englischen Liberalen, der nochmals, wenn auch nur für einen Augenblick, auf der politischen Bühne erschien, als Chamberlain ihn 1938 in die Tschechoslowakei entsandte, um ihn eine „Kompromißlösung" der Sudetenkrise suchen zu lassen. Im Jahre 1938 schien Runcimans Auftrag beste englische Tradition in bezug auf Pragmatismus, Kompromißbereitschaft und Fairness zu verkörpern. In Wirklichkeit verkörperte er die schwachen, antiquierten Ideen müder alter Männer. Solch ein Zeichen der Schwäche war auch die Überzeugung der englischen Regierung im Jahre 1939, Deutschland sei durch einen Wirtschaftskrieg, durch eine Wirtschaftsblockade zu besiegen; bestimmte volkswirtschaftliche Gesetze seien unüberwindbar, und selbst Hitler werde nicht imstande sein, sie außer Kraft zu setzen. Dieser wirtschaftliche Determinismus galt bei der sozialistischen Linken wie bei der kapitalistischen Rechten als heiliges Prinzip. Nur wenige Menschen erkannten, daß allein Deutschland unter Hitler – oder auch das stalinistische Rußland, Italien unter Mussolini oder sogar Amerika mit Roosevelt – ein lebender Beweis für das „Ende des Wirtschaftsmenschen" war, wie der Titel eines Buches lautete, das der kluge Emigrant Peter Drucker 1939 geschrieben hatte. Das erkennen noch heutzutage nur wenige.

Hitler glaubte nicht an den Wirtschaftsmenschen; er wußte nichts von volkswirtschaftlichen Gesetzen. „Wozu sollte ich die Industrien verstaatlichen?" fragte er Rauschning. „Ich werde das Volk verstaatlichen." Und genau das tat er dann auch. Ob Krupp, Rheinmetall oder I. G. Farben „private" oder „staatliche" Firmen waren, machte nicht den geringsten Unterschied; sie waren nationale Unternehmen. Hitler verringerte die Arbeitslosigkeit in Deutschland etwa dreimal so schnell wie Roosevelt oder Mussolini in ihren Ländern, ganz zu schweigen von Baldwin, Chamberlain oder Blum.[52] Das gelang ihm, weil er instinktiv erfaßte, daß wirtschaftliche Verhältnisse oft durch Vertrauen bewirkt werden und nicht umgekehrt; und er verstand es geradezu meisterhaft, nationales Selbstvertrauen zu wecken. Wegen dieses Vertrauens blieb die Reichsmark im Gegensatz zu den Währungen vieler anderer Diktaturen bemerkenswert stabil, denn obwohl Hitler 1939 von Hjalmar Schachts wagemutig-konservativer Finanzpolitik abwich, begriff er vermutlich, daß die Weltwirtschaftskrise der Jahre 1929–33 eine Ausnahme in der Geschichte des 20. Jahrhunderts gewesen war, in dem die Gefahren fast immer von einer Inflation, nicht von einer Deflation ausgegangen waren.

Aber Hitler war selbstverständlich nicht auf allen Gebieten erfolgreich: In vielen Fällen brachte seine Politik, auch der Vierjahresplan, nur begrenzte Erfolge. Im Gegensatz zur landläufigen Meinung lag das jedoch nicht daran, daß das Endziel einer Autarkie für eine moderne Industriemacht wie Deutschland ganz und gar lächerlich gewesen wäre (wir werden noch sehen, wie beachtlich die deutsche Produktion an synthetischen Materialien war), sondern weil Hitler das unerläßliche Element des Außenhandels, zu dem auch

[52] In England gab es im Januar 1940 noch 1,3 Millionen Arbeitslose.

Deutschlands eigene Importe gehörten, unterschätzte. (Es gelang ihm, die deutschen Importe geringfügig zu verringern. Auf dem Nahrungsmittelsektor betrug die Abhängigkeit Deutschlands vom Ausland im September 1939 nur noch einen Bruchteil derer von 1914.) Als Gegensatz zu den meisten sozialistischen Staaten demonstrierte das nationalsozialistische Deutschland, daß es möglich war, unter einer straffen, zentralisierten Diktatur einen hohen Lebensstandard zu erhalten. Der Pariser Bevölkerung erschienen im Juni 1940 die früher erzählten Witze über deutsche Pappepanzer und hungernde Soldaten einzigartig phrasenhaft. Sie sollten uns aus heutiger Sicht noch phrasenhafter erscheinen, denn wir wissen jetzt, daß die deutsche Wirtschaft vor dem Kriege und bis weit in den Krieg hinein im Gegensatz zur vorherrschenden Meinung durchaus imstande war, Butter *und* Kanonen zu produzieren.[53]

Deutschland unter Hitler produzierte weniger Kanonen, als lange angenommen worden ist. Bis Januar 1942 war die deutsche Wirtschaft nicht auf einen „totalen Krieg" eingestellt, d. h. die Konsumgüterproduktion wurde fast nicht gedrosselt.[54] Die größten deutschen Siege wurden in den Jahren 1939–41 errungen, als die deutsche Kriegsproduktion und Kriegswirtschaft nur beschränkt funktionierten – aus heutiger Sicht fast ein Wunder.[55] Oder vielleicht doch kein Wunder: Es beweist nur, wie beschränkt die Denkkategorien und -prozesse jener Leute waren und sind, die sich nicht von der Vorstellung eines wirtschaftlichen Determinismus lösen können. Bis zum Sommer 1940 waren die westlichen Demokratien fast einmütig der Überzeugung, Deutschland müßten bald die wichtigsten Grundstoffe ausgehen: Öl, Stahl, Chrom, Vanadium, Lebensmittel. (Hitler trug selbst zu dieser Fiktion bei – vielleicht absichtlich: Er erklärte am 1. September 1939, Deutschland sei voll kriegsbereit, da es 90 Milliarden Reichsmark für die Aufrüstung ausgegeben habe. Alle Wirtschaftswissenschaftler des Westens, auch die entsprechenden Fachleute des englischen Geheimdienstes, akzeptierten diese Zahl. In Wirklichkeit lag sie etwa 100 Prozent zu hoch: Deutschlands Rüstungsausgaben zwischen 1933 und 1939 betrugen ungefähr 45 Milliarden Reichsmark.)

Den Deutschen gelang es jedenfalls recht gut, die volkswirtschaftlichen

[53] In einem vertraulichen Polizeibericht vom 30. Januar 1941 wurden die Preissteigerungen in den acht Jahren seit Hitlers Machtergreifung angeführt: Zwischen Januar 1933 und Dezember 1940 waren die Lebensmittelpreise um etwa 15 Prozent und die Preise für Textilien um 41 Prozent gestiegen, während der Index der Lebenshaltungskosten 14 Prozent höher lag – eine aus heutiger Sicht bemerkenswert geringe Steigerung.

[54] Der Gesamtwert der Konsumgüterproduktion des Dritten Reiches betrug 1940 13,8 Milliarden Reichsmark, 1941 14,3 Milliarden und 1942 13,1 Milliarden.

[55] „Die aus Deutschlands Erfahrungen zu ziehende Hauptlehre ist einfach, daß das kriegswirtschaftliche Potential einer Nation ein sehr schlechter Maßstab für ihre tatsächliche militärische Stärke sein kann. Es ist kaum überraschend, daß Deutschland den Krieg schließlich gegen eine Kombination von Mächten verloren hat, deren Wirtschaftspotential dem seinen so hoch überlegen war. Viel überraschender ist, wie erfolgreich es trotz seiner wirtschaftlich ungünstigeren Situation gekämpft hat." *Klein*, S. 238.

Gesetze zu überwinden. Lehrreich ist ein Blick auf den geschätzten Wert der Rüstungsproduktion der Großmächte in Milliarden Dollar:[56]

|                | 1939 | 1940 | 1941 | 1943     |
|----------------|------|------|------|----------|
| Deutschland    | 3,4  | 6,0  | 6,0  | 13,8 (!) |
| Großbritannien | 1,0  | 3,5  | 6,5  | 11,1     |
| Sowjetunion    | 3,3  | 5,0  | 8,5  | '13,9    |
| Ver. Staaten   | 0,6  | 1,5  | 4,5  | 37,5     |

Diese bemerkenswerten Zahlen beweisen wieder, daß es auf den wirkungsvollen Einsatz von Waffen, nicht auf ihre Menge ankommt. Hier noch einige erstaunliche Zahlenangaben: 1939 entsprach die deutsche Flugzeugproduktion etwa der englischen, und die deutsche Panzerproduktion lag sogar etwas niedriger als die englische. In den Jahren 1940 und 1941 stellte allein England ungefähr 30 Prozent mehr Flugzeuge als Deutschland her und baute auch mehr Panzer. Zwischen 1939 und 1942 verdoppelte sich die deutsche Munitionsproduktion nicht einmal (sie stieg um 93 Prozent), während die englische sich im gleichen Zeitraum beinahe verachtfachte (sie stieg um 760 Prozent).

Wir haben gesehen, daß die gesamte Strategie der westlichen Alliierten in den ersten acht Monaten des Krieges von der falschen Annahme ausging, die deutsche Wirtschaft müsse zusammenbrechen, wenn ihr die Zufuhr skandinavischen Eisenerzes abgeschnitten werde. Ähnliche Prognosen wurden in bezug auf Erdöl gestellt. Aber Deutschland kam trotz seiner hochmotorisierten Wehrmacht irgendwie zurecht. Sein Jahresverbrauch lag während des Krieges zwischen sieben und acht Millionen Tonnen; seine Lagervorräte waren zu Kriegsbeginn niedrig, und die Öleinfuhren erreichten – außer in den Jahren 1939-41, als die Sowjetunion mehr lieferte – niemals über zwei Millionen Tonnen pro Jahr.[57] Mehr als ein Drittel des deutschen Bedarfs wurde jedoch durch synthetischen Treibstoff gedeckt, von dem Deutschland schon 1939 2,8 Millionen Tonnen herstellte – viermal mehr als 1935. Noch erfolgreicher waren die Deutschen bei der Produktion von synthetischem Gummi, die von 22 000 Tonnen im Jahre 1939 auf 69 000 Tonnen im Jahre 1942 gesteigert wurde. Das war mehr als der gesamte militärische und zivile Bedarf Deutschlands, so daß sogar noch etwas Buna exportiert werden konnte.

[56] *Petzina* (Tabelle 21).
[57] Die deutschen Importe aus Rußland waren trotzdem beträchtlich: 1940 erhielt Deutschland aus der Sowjetunion 70 Prozent seines Chroms, 40 Prozent seines Mangans und 33 Prozent seines Erdöls.

Während dieses ganzen Zeitraumes wurde das deutsche Arbeitskräftepotential zu einem geringeren Prozentsatz als das englische oder russische ausgeschöpft.[58] Der Prozentsatz der zum Wehrdienst eingezogenen Deutschen sowie der Zivilarbeiter blieb in den Jahren 1939, 1940 und 1941 gleich; er betrug 51,5 Prozent der Gesamtbevölkerung. (Der Anteil der von Ausländern und Kriegsgefangenen geleisteten Zwangsarbeit wurde erst ab 1942 beträchtlich.)[59]

Befassen wir uns jetzt mit den in Paris, London und Washington reichlich vorliegenden Erkenntnissen über Deutschlands wirtschaftliche Lage. Die Fachleute, auch englische Wirtschaftswissenschaftler, waren sich 1939 darüber einig, daß die in Deutschland gelagerten Rohstoffvorräte nicht länger als sechs bis zwölf Monate vorhalten würden. Wir haben gesehen, wie anders Deutschlands Situation in Wirklichkeit aussah. Am 3. September 1939 wurde das englische Ministerium für Wirtschaftskriegsführung eingerichtet (diese Bezeichnung wurde dem „Blockadeministerium" aus dem Ersten Weltkrieg vorgezogen). Diesmal stimmten die Überlegungen der Intellektuellen und der Geschäftsleute ausnahmsweise überein. Chamberlains Strategie basierte auf seinem Vertrauen in die Wirksamkeit der Blockade; er wähnte Deutschland in ernsten wirtschaftlichen Schwierigkeiten und „glaubte nicht, daß der Feind einen zweiten Winter überstehen könne".[60] „Auf dem ökonomischen Faktor basiert unsere einzige Hoffnung, den Untergang Deutschlands bewirken zu können", schrieben die britischen Generalstabschefs im Mai 1940. Das war eine bescheidene Einschätzung im Vergleich zu den zuversichtlicheren Berichten des Ministeriums für Wirtschaftskriegsführung über imaginäre Sabotagefälle in Deutschland, einen 1941 bevorstehenden „allgemeinen industriellen Zusammenbruch in ganz Europa"[61] und eine entscheidende Abnahme der

[58] Im September 1939 wurden alle Männer zwischen 18 und 25 Jahren zur Arbeit im Reichsarbeitsdienst verpflichtet; diese Verpflichtung galt auch für ledige Frauen (zunächst für maximal sechs Monate; im August 1941 auf acht Monate erhöht). Trotzdem wurden keine Frauen eingezogen. Wirtschaftsminister Funk sagte, dies sei „für die Partei in den Jahren 1939 bis 1942 aus psychologischen Gründen unerträglich" gewesen. *Homze*, S. 22.

[59] Im Mai 1939 machten ausländische Arbeiter 0,8 Prozent der gesamten deutschen Arbeiterschaft aus. Bis Jahresende erhöhte sich ihre Zahl um 110 000 polnische Arbeiter sowie 300 000 polnische Kriegsgefangene. Dadurch stieg der Prozentsatz der Fremdarbeiter bis Ende Mai 1940 auf 3,2 Prozent an (davon 30 Prozent in der Landwirtschaft tätig). Die Verlagerung auf die Industrie begann 1941. „Vom Sommer 1940 bis zum Winter 1941 waren die deutschen Bemühungen, das (ausländische) Arbeitskräftepotential auszunützen, durch Bescheidenheit und Zurückhaltung charakterisiert." *Homze*, S. 45. „Bis zur zweiten Hälfte des Jahres 1941 hielt die Wehrmacht sich strikt an die Genfer Konvention, die den Einsatz von Kriegsgefangenen in der Rüstungsindustrie untersagte." Ebd., S. 49. Im Oktober 1941 gab es in Deutschland 3,5 Millionen Fremdarbeiter, darunter 39 Prozent Kriegsgefangene. In bestimmten Industrien lag der Prozentsatz der Fremdarbeiter natürlich höher; im Dezember 1941 waren über 42 Prozent der Arbeiter der Hermann-Göring-Werke Nichtdeutsche.

[60] *Macmillan*, S. 4.

[61] *Gwyer, Butler*, III, S. 21.

deutschen Vorräte an kriegswichtigen Rohstoffen.[62] Selbst Churchill, der zugegebenermaßen kein genialer Volkswirtschaftler war, konnte sich irren. In seinem Brief an Roosevelt schrieb er am 8. Dezember 1940: „Der Sättigungspunkt ist erreicht, wenn das Höchstmaß industrieller Leistung, das von der Befriedigung ziviler Bedürfnisse abgespart werden kann, der Kriegsproduktion zugewendet wird. Deutschland hat diesen Punkt Ende 1939 bestimmt erreicht." Er hatte sich um mindestens fünf Jahre getäuscht. Wie Wagenführ, der maßgebende deutsche Wirtschaftschronist der Kriegsjahre, es ausdrückte, hatte die deutsche Wirtschaft bis Mitte 1944 „keine generellen Schwierigkeiten bei der Rohstoffbeschaffung".[63]

Darüber waren sich einige von Hitlers erbittertsten Feinden damals im klaren, auch ohne diese Zahlen zu kennen. Als der polnische General und Ministerpräsident Sikorski in den dunklen Tagen Anfang Dezember 1941 Stalin besuchte, stellte er während ihrer schwierigen Verhandlungen fest (vielleicht auch, um Stalin mit seinen antikapitalistischen Überzeugungen zu beeindrucken): „Hitler hat die Welt gelehrt, wie sich große Dinge ohne Geld, nur durch Arbeit erreichen lassen. Herr Volkskommissar," damit wandte er sich an Molotow, „ahmen Sie nicht die Finanzminister des Westens nach, die von Anfang an um jede Million feilschen." Stalin (nickend): „Gut!"[64]

Dieses Gespräch im Kreml fand zur Zeit der Kriegswende statt. Hitler erkannte diesen Wendepunkt. Zwischen dem 3. Dezember 1941 und dem 10. Januar 1942 kam er zu der Auffassung, „der gegenwärtige Kriegseinsatz sei unzureichend und die Blitzkriegsplanung sei aufzugeben".[65] Seine Weisung „Rüstung Ost" vom 10. Januar 1942 kündigte die entscheidende Abkehr von der Blitzkriegs-Wirtschaftspolitik an.


Obwohl Hitler nichts von Nationalökonomie verstand, hätte er seinen Krieg beinahe gewonnen. Der letzte europäische Krieg bewies, daß der wirtschaftliche Determinismus auf einem Trugschluß basiert. Aus der Geschichte dieses Krieges war noch etwas anderes zu lernen: Den Möglichkeiten moderner Zerstörung entsprachen die Möglichkeiten modernen Wiederaufbaus. Die verblüffendsten Beispiele dafür waren in Europa nach dem Kriege zu beobachten. Aber schon 1940 zeigte sich, daß die moderne Kriegsführung, auch durch Luftangriffe, den Alltag der Bevölkerung und die Produktion bestimmter

[62] Nach Schätzung des Ministeriums für Wirtschaftskriegsführung hätten die deutschen Kupfervorräte von 1940 bis 1942 von 200 000 auf 75 000 Tonnen zurückgehen sollen, während sie in Wirklichkeit von 183 000 auf 265 000 Tonnen stiegen; die Experten dieses englischen Ministeriums erwarteten auch eine 70prozentige Abnahme bei Blei und eine 50prozentige bei Zinn, während die Bleivorräte gleichblieben und die Zinnvorräte sich beinahe verdoppelten. *Klein*, S. 114.
[63] Zitiert bei *Petzina*, S. 192.
[64] *Kot*, S. 141.
[65] *Milward*, S. 63.

Erzeugnisse weniger störte, als angenommen worden war. In den Beneluxländern und im besetzten Teil Frankreichs waren Ende 1940 über 90 Prozent der Eisenbahnstrecken wieder in Betrieb; bis Mai 1941 waren alle zerstörten Bahn- und Straßenbrücken und Tunnels wiederaufgebaut. In Belgien, einem „durchschnittlichen" Staat unter deutscher Besetzung – in der Mitte zwischen der extremen Härte des deutschen Regimes in Polen und dem deutschen „Modell" eines besetzten Dänemark – war die Rekonstruktion der industriellen Kapazität erstaunlich:

Belgien 1939-41

|  | Stahl (Millionen Tonnen) | Elektrizität (Millionen kWh) | Gas (Millionen m$^3$) | Kohle (Beschäftigte × 1000) |
|---|---|---|---|---|
| Durchschnitt 1938 | 184 | 440 | 57 | 126 |
| Dezember 1940 | 147 | 405 | 53 | 129 |
| Dezember 1941 | 121 | 434[66] | 61,5 | 124 |

Eine weitere wichtige Lektion betraf die erstaunlichen Möglichkeiten zu landwirtschaftlicher Autarkie. Dafür lieferten die neutralen Staaten einige gute Beispiele. Ihnen allen ging es besser als im Ersten Weltkrieg, als sie – die Schweiz teilweise ausgenommen – anfangs wenig darüber nachgedacht hatten, wie sie ihre Selbstversorgung auf dem Agrarsektor verbessern könnten. Unmittelbar nach Kriegsausbruch nahm die Schweizer Regierung ein energisches Programm zur Vergrößerung der Anbauflächen in Angriff. Sie förderte auch die Schweinezucht, während die Zahl der Rinder verringert wurde. Die Schweizer Maßnahmen basierten auf gesundem Menschenverstand: Sie schränkte die Produktion von Viehfutter drastisch ein und vergrößerten die landwirtschaftlich genutzten Anbauflächen ohne Rücksicht auf die Bodenqualität. Die Schweizer kamen zu dem Schluß, die von und durch Tiere hergestellten Nahrungsmittel bedingten unabhängig davon, wie nahrhaft oder gesund sie waren, eine beträchtliche Vergeudung von Nutzflächen, während sich durch geschickte neuzeitliche Bodennutzung erstaunlich große Nahrungsmittelmengen für große Bevölkerungsteile erzeugen ließen.[67]

Zwischen 1939 und 1942 verdoppelte sich die Getreideanbaufläche in der

[66] In Frankreich (besetztes und unbesetztes Gebiet) stieg die Elektrizitätserzeugung sogar, wie sich am Stromverbrauch (in Milliarden kWh) ablesen läßt: 1929 – 1,196; 1938 – 1,548; 1941 – 1,588; 1942 – 1,576.

[67] Der im November 1940 erweiterte Wahlen-Plan sah eine starke Zunahme des Anbaus von Brotgetreide, Zuckerrüben, Kartoffeln und Gemüse vor, während der Viehbestand – mit Ausnahme von Schweinen – verringert wurde.

Schweiz beinahe; in England nahm sie um 70 bis 75 Prozent zu. In Belgien weigerte sich der unglückliche De Winter, ähnliche Maßnahmen zu ergreifen, und setzte seine Hoffnungen stattdessen auf strenge Rationierung und landwirtschaftliche Importe aus anderen Staaten unter deutscher Herrschaft, was dazu führte, daß die landwirtschaftlich genutzten Flächen Belgiens in den Jahren 1941 und 1942 nur um etwa 15 Prozent zunahmen – und damit noch unter dem Stand von 1929 blieben. In ganz Europa kamen die Leute am besten durch, die ihre Kartoffeln selbst anbauten und sie selbst aßen oder verkauften – eine vielleicht etwas unfeine, aber gesunde Beschäftigung, deren Ergebnisse sich nur selten in den Statistiken niederschlugen, die gemeinsam das Bruttosozialprodukt ergeben.

Man darf nicht vergessen, daß Geld und seine Wechselkurse wenig mehr als einen Sozialkontrakt verkörpern, der auf gemeinsamen Annahmen basiert. Im Wirtschaftsleben, auch im Devisenschwarzhandel, findet man zahlreiche Beispiele für die Binsenweisheit, daß das, was geschieht, das ist, was nach Ansicht der Leute geschieht – jedenfalls auf kurze Sicht und oft auch auf längere Sicht. Als Beispiel ist hier aufgeführt, wieviel ein Franzose vor der Kapitulation Frankreichs auf dem „freien" (d. h. schwarzen) Markt für einen US-Dollar zahlen mußte:

| | |
|---|---|
| 1. September 1939 | 43,80 |
| 18. September 1939 | 45,87 |
| 27. März 1940 | 50,70 |
| 28. Mai 1940 | 56,00 |

Am 28. Mai 1940, d. h. an dem Tag, als Belgien kapitulierte, Dünkirchen belagert wurde und der Oberbefehlshaber der französischen Armee davon sprach, daß eine Kapitulation erwogen werden müsse, hinkten die Berechnungen der gerissensten Spekulanten nur etwas hinter den tatsächlichen Ereignissen her: Der Wert des französischen Franc war um weniger als 30 Prozent gesunken.

Auch die Aktienbörsen hinkten meistens hinter der allgemeinen inflationären Entwicklung her. In Amsterdam, wo die Börse am 15. Juli 1940 wiedereröffnet wurde, blieben die Aktienkurse das ganze Jahr lang nicht nur niedriger als 1930, sondern reagierten auch nur kaum wahrnehmbar auf die gewaltigen Umwälzungen, von denen die Niederlande und Europa betroffen worden waren (der Aktienindex stand im August 1939 auf 88,6, im April 1940 auf 83,9 und im August 1940 auf 87,7). Die Aktienkurse reagierten etwas stärker auf den allgemeinen Anstieg der Lebenshaltungskosten, als sie von 87,7 im August 1940 auf 149,9 im November 1941 kletterten; aber sie spiegelten weiterhin die in Finanzkreisen vorherrschende Stimmung wider, die häufig von Wunschdenken, statt von existierenden Realitäten beeinflußt wurde. Vor dem Kriegseintritt Amerikas wurde beispielsweise die amerikanische Macht im Westpazifik

198

über- und die japanische unterschätzt, was dazu führte, daß der Index für Aktien aus Niederländisch-Ostindien von 79,5 (August 1939) auf 130,4 im November 1941 stieg (um bis August 1944 auf 74,6 abzusacken). Die Aktienindizes der acht wichtigsten Börsenplätze zeigen, daß Amerikaner und Schweden das Ausmaß der weltweiten Inflation vermutlich unterschätzt haben, während Franzosen und Belgier es überschätzt und Engländer und Schweizer es mehr oder weniger richtig eingeschätzt haben dürften:

Aktienindex (1938 = 100)

|            | 1939 | 1940 | 1941 | 1942 |
|------------|------|------|------|------|
| Amsterdam  | 92   | 127  | 156  | 148  |
| New York   | 108  | 96   | 82   | 88   |
| London     | 93   | 87   | 98   | 116  |
| Paris      | 116  | 191  | 353  | 594  |
| Brüssel    | 84   | 182  | 322  | 339  |
| Stockholm  | 75   | 82   | 97   | 106  |
| Berlin     | 103  | 135  | 144  | 152  |
| Zürich     | 87   | 82   | 102  | 110  |

Und schließlich stoßen wir auf das uralte, noch immer lebendige Geheimnis des Goldes. In vieler Beziehung schien damals das Ende des Zeitalters des Goldes gekommen zu sein: Die größten Staaten der Welt waren schon vor Jahren vom Goldstandard abgekommen; die Goldförderung der Welt ging zurück. Auch hier schien Hitlers tiefe Verachtung für die alten bourgeoisen Werte durch die Ereignisse bestätigt zu werden. Das erklärten die Deutschen den besetzten Staaten. Als sie den Belgiern und den Niederländern im Sommer 1940 mitteilten, sie hätten die Besatzungskosten zu zahlen, antworteten die dortigen Regierungen, dazu fehlten ihnen die Mittel. Die Deutschen forderten sie auf, die Notenpresse in Betrieb zu setzen. Aber diesem neuen Geld fehle die Golddeckung, wandten die Verantwortlichen ein. Das verstehen Sie nicht, sagten die Deutschen. So etwas ist passé, ist nicht mehr notwendig. Nehmen Sie sich ein Beispiel an uns. Der Geldwert besteht aus Arbeit, aus dem Fleiß einer Nation. Gold ist nichts. Und dieser Eindruck konnte tatsächlich entstehen. Die Franzosen begannen den Krieg 1939 mit doppelt so hohen Goldreserven wie 1914: Was hatte ihnen das genützt?

Aber während das Gold in den Überlegungen der Volkswirtschaftler in Berlin und Rom, sogar in Washington und Paris an Bedeutung verlor, stieg sein Preis in schwindelerregende Höhen – weit über die Berechnungen der Finanzwelt und der Wirtschaftswissenschaftler hinaus –, übertraf schon bald die durchschnittlichen Wertpapierpreise und wurde höher als die begehrtesten

Währungen bewertet. Aktien, Dollars, Gold: in dieser Reihenfolge ging der Preisanstieg vor sich. Beispielsweise in Paris:

|  | Preis des Napoleon d'or | Aktienindex (1938 = 100) | Kurs des US-Dollars |
|---|---|---|---|
| Ende Mai 1940 | 267,50 | 134 | 56 |
| Ende Dez. 1941 | 1975 | 376 | 150 |
| Ende Dez. 1942 | 4000 | 590 | 170 |

Zwischen der Kapitulation Frankreichs und dem Kriegseintritt Amerikas verdoppelten Industrieaktien also ihren Wert, während der Wert des Dollars sich verdreifachte und der eines Napoleon d'or aufs über Siebenfache anstieg. Gold war offenbar doch noch etwas wert. Und das wußten auch die Deutschen. Es gibt eine ausgezeichnete Schilderung ihrer oft sorgfältig getarnten Einstellung, die wir einem französischen Offizier verdanken, der 1941 als Mitglied der deutsch-französischen Waffenstillstandskommission, die in Wiesbaden zusammentrat, Gelegenheit hatte, sie aus nächster Nähe zu beobachten:

> „. . . ohne Wirtschaftsfachmann oder Finanzier zu sein, kann man über die Jahre hinweg die Konfrontation zwischen den Parteigängern und den Gegnern des Goldes verfolgen, ohne daß die Ereignisse bisher einer der beiden Seiten recht gegeben hätten. Aber was man eindeutig beobachten kann, ist *die Anziehungskraft, die Gold auf die Deutschen ausübt* (Hervorhebung im Original). Offiziell behaupten sie immer wieder, die Kurse der europäischen Währungen seien vom Goldstandard unabhängig; aber ihre Handlungsweise tendiert dazu, ihnen selbst soviel Gold wie möglich zu verschaffen . . ."[68]

Im Zweiten Weltkrieg erwies sich der Geldwert als erheblich weniger solide als der Wert des Goldes. Die Institutionen des vergangenen Jahrhunderts zerfielen, während ältere Realitäten erstaunlich gültig blieben. Auf ähnliche Weise zerbrachen einige der Thesen der Aufklärung, obwohl das nicht allgemein zugegeben wurde. Diese kontinentale Welt, die von eleganten Pariser Kollaborateuren bis zu den übelsten Schurken in ukrainischen Gettos reichte, war der Welt von Hobbes, Rabelais und Iwan dem Schrecklichen näher als der von Rousseau, Adam Smith oder Marx. Sie entlarvte die Unzulänglichkeit von Theorien über Sozialkontrakte, edle Wilde, nationalökonomische Gesetze und Klassenkämpfe; aber sie bewahrte sich einen wesentlichen Gehalt an selbstsüchtiger Vitalität, nationalem Zusammengehörigkeitsgefühl und Vergangenheitsbewußtsein.

[68] *Compte-rendu* des Oberstleutnants Vialet, 27. Juni 1942, CDA, IV, S. 590–91.

## 2. Der Marschtritt der Armeen

Geschichte besteht hauptsächlich aus Veränderungen, aus Bewegung; und der
Zweite Weltkrieg war ein Bewegungskrieg. Seine Geschichte war voller hoch-
dramatischer Ereignisse – viel mehr als die Geschichte des Ersten Weltkrieges.
Der Zweite Weltkrieg brachte Generale mit Wagemut und Einfallsreichtum
hervor, wie es sie im Ersten Weltkrieg nicht gegeben hatte. Im Ersten
Weltkrieg waren die Zivilisten an der Spitze der in den Krieg verwickelten
Staaten entschlossene Männer gewesen, aber die meisten von ihnen hatten nur
wenig von Kriegführung verstanden. Im Zweiten Weltkrieg wies Hitlers,
Churchills und Stalins Genie jeweils auch einen militärischen Aspekt auf: Sie
begriffen nicht nur den gewaltigen Einsatz, um den es hier ging, sondern auch
die Tatsachen der Kriegführung besser als viele ihrer Generale. Im Verlauf des
Zweiten Weltkrieges verwischten sich die scharfen Trennungslinien zwischen
Krieg und Frieden, zwischen Soldaten und Zivilisten – Unterscheidungen, die
wahrscheinlich mit zu den bedeutendsten Errungenschaften der europäischen
Zivilisation nach dem 17. Jahrhundert gehört hatten. Das war vielleicht die
wichtigste – und im Endergebnis die barbarischste – Entwicklung im Rahmen
dieses Krieges.

Die meisten dieser Entwicklungen setzten nach 1941 ein: Sie würden den
Rahmen dieses Buches sprengen, das mit dem Wendepunkt des Krieges endet.
Auch in anderer Beziehung erwies das Jahr 1941 sich als Wendepunkt. Diese
Tatsache ist besonders von Deutschen hervorgehoben worden. Ihrer Darstellung nach ist der Krieg bis Juni 1941 im Grunde genommen ein beschränkter
Krieg gewesen, in dem die Kombattanten sich an bestimmte Spielregeln
hielten: ein mehr oder weniger traditioneller Waffengang mit mehr oder
weniger traditioneller Behandlung der Kriegsgefangenen. Durch den Krieg
gegen Rußland änderte sich das alles. Hitlers und Himmlers Befehle – am
bekanntesten darunter der berüchtigte Kommissarbefehl – ordneten einen
Krieg ohne Pardon an, in dem ganze Kategorien von Gefangenen ausgerottet
werden sollten. Bestimmte deutsche Historiker wie Andreas Hillgruber sprechen von einem „europäischen Normalkrieg", wenn sie die Zeit vor Juni 1941
meinen, und deuten damit an, es habe einen entscheidenden Unterschied
zwischen dem Krieg im Westen und dem Krieg gegen Rußland gegeben;
letzterer wäre dann ein totaler Krieg von der Art gewesen, in dem totalitäre
Brutalität geradezu selbstverständlich war.

Ich habe oft eine Mischung aus Bewunderung und Neid für die sprichwörtliche alte Irin empfunden, die boshaften Klatsch über eine jüngere Nachbarin mit der Bemerkung kommentierte: „Das ist nicht wahr; aber es ist wahr genug." Als Historiker muß ich oft von der entgegengesetzten Annahme ausgehen: „Das ist wahr; aber es ist nicht wahr genug." Das gilt auch für die Behauptung, der Zweite Weltkrieg habe sein Wesen am 22. Juni 1941 geändert, so daß die deutschen Militärs ihr Wesen ebenfalls auf der Stelle hätten ändern müssen. Wahr ist jedoch, daß sie ihre sowjetischen Gefangenen im allgemeinen brutaler und unmenschlicher behandelten, als sie die Kriegsgefangenen anderer Nationalitäten behandelt hatten. Ansonsten führten sie den Krieg in Rußland, wie sie anderswo Krieg geführt hatten: so energisch sie konnten und mit soviel Einsatz, wie sie für zweckmäßig hielten.

Der totale Krieg ist ein Mythos wie totaler Sieg, totaler Frieden oder totale Liebe. Beispielsweise bombardierten die Deutschen Moskau kaum – jedenfalls nicht so, wie sie London, Coventry, Rotterdam oder Belgrad bombardierten. Ihre Belagerung Leningrads kann auf eine Million Tote ausgelegt gewesen sein; trotzdem hatte sie mehr Ähnlichkeit mit der Kriegführung im 17. Jahrhundert als mit dem Ansturm gegen Verdun: die Deutschen wollten die Bevölkerung aushungern. Außer in den Vernichtungslagern auf den trostlosen Ebenen Polens verwendeten sie kein Giftgas. Andererseits war dieses *außer* sehr bedeutsam. Was die Deutschen nach 1941 in Auschwitz taten, ging aus einigen der Dinge, die sie vor 1941 gesagt und getan hatten, direkt oder indirekt hervor.

In Rußland ernteten die Deutschen nicht, was sie gesät hatten; sie ernteten, wie sie zuvor geerntet hatten, aber diesmal versuchten sie, in großem Maßstab zu ernten. Ihre Behandlung der „europäischen" Polen – und vor allem ihre Einstellung zu diesem Volk – unterschied sich 1939 nicht sonderlich von ihrer Behandlung der „asiatischen" Russen im Jahre 1941; ihre endgültige Behandlung von Juden aus Amsterdam war kaum anders als die der Juden aus Minsk. Zusammenfassend läßt sich also feststellen, daß die Unterschiede in ihrer Kriegführung vor und nach dem Juni 1941 dort, wo sie existierten, nur graduell, nicht grundsätzlich waren.

Der Zweite Weltkrieg war ein revolutionärer Krieg, der sich vom Ersten Weltkrieg nicht so sehr in den Kriegszielen, als vielmehr in den Methoden zu ihrer Verwirklichung unterschied. Das umwälzend Neuartige dieses Krieges lag in seinen Methoden. Dafür bewies Hitler ein instinktives und oft profundes Verständnis. Schon 1932 erklärte er Rauschning: „Der kommende Krieg wird völlig anders aussehen als der letzte Weltkrieg. Infanterieangriffe und Masseneinsätze interessieren nicht mehr. Dieses jahrelange frontale Abringen in erstarrten Formen wird nicht mehr wieder kommen. Dafür garantiere ich. Es war eine Entartung des Krieges."[1]

Militärs werden oft dafür kritisiert, daß sie sich auf einen Krieg wie den vorigen vorbereiten. In einer wichtigen Beziehung ist diese Kritik ungerecht,

---

[1] *Rauschning*, Gespräche mit Hitler, ⁴1940, S. 9.

denn das ist die einzige Erfahrung, auf die sie sich stützen können. (Die Frage sollte lauten: Welche Lehren ziehen sie daraus?) In anderer Beziehung ist diese Kritik gerechtfertigt, denn auf diese Weise versagten die Franzosen in den dreißiger Jahren. Auch Militärplaner erliegen leicht der Denkgewohnheit, die Fortdauer gegenwärtiger Ereignisse in die Zukunft zu projizieren, obwohl gerade sie sich vor solchen Fehlschlüssen hüten sollten, da der Krieg noch unberechenbarer als die meisten menschlichen Tätigkeiten ist. Zweifellos ist dieses Unberechenbare der Grund dafür, daß im Krieg einige Dilettanten erfolgreicher gewesen sind als viele Fachleute: Zweifellos war dies mit ein Grund für Hitlers viele Erfolge. Andererseits war Hitler in bezug auf Kriegführung kein völliger Dilettant. Seine Erinnerungen an den Ersten Weltkrieg, in dem er vier Jahre an der Front gekämpft hatte, waren ihm später nützlich.[2]

Die Vorhersagen und Erwartungen der meisten Menschen, auch der Experten, in bezug auf den Zweiten Weltkrieg erwiesen sich als falsch. Im Jahre 1939 dachte man an gewaltige Materialschlachten, an die Vernichtung ganzer Städte durch massive Luftangriffe schon in den ersten Kriegstagen; Blockaden und Luftherrschaft sollten kriegsentscheidend sein. Das Gegenteil geschah. Die Wirtschaftsblockade hatte erstaunlich wenig Wirkung; ihr Hauptwerkzeug, die Seemacht, verlor an Bedeutung. Nach vier oder fünf Jahrhunderten wurde die Landmacht wieder entscheidend – hauptsächlich wegen des Verbrennungsmotors. Nach vielen Jahrzehnten kam es erneut zu einem Bewegungskrieg. Motorisierte Armeen konnten pro Tag viele Dutzende von Kilometern weit vorstoßen. Sie kamen dabei noch schneller voran als Napoleons Truppen auf den damals weitmaschigen Hauptverkehrsadern Europas.[3] Im Gegensatz zu den Vorhersagen der meisten Experten wurde kein Gaskrieg geführt, und der Luftkrieg brachte keine Entscheidung. Große Feldzüge wurden durch verhältnismäßig kleine Heere entschieden, die nicht ganz den von de Gaulle in den dreißiger Jahren vorhergesehenen *Armées de métier* entsprachen. Sie bestanden aus einer Mischung: einige der draufgängerischsten Sturmtruppen, z. B. einige der deutschen SS-Verbände, rekrutierten sich aus Wehrpflichtigen.

Schnelle Armeen; schnelle kleine Feldzüge; das waren die beiden Hauptelemente des letzten europäischen Krieges – zumindest bis zum Herbst 1941. In den beiden Monaten des Norwegenunternehmens betrugen die Verluste 1869 englische, 5296 deutsche, 530 französische und polnische sowie etwa 1500 norwegische Offiziere und Mannschaften. Im Balkanfeldzug des Jahres 1941, bei dem die Deutschen in drei Wochen zwei Staaten eroberten, meldete die deutsche 2. Armee insgesamt weniger als 5000 Verluste (sie nahm 90 000

---

[2] Vor dem Norwegenunternehmen soll er v. d. Goltz' Finnlandvorstoß aus dem Jahre 1918 studiert – oder zumindest begutachtet – haben. Die englischen Fachleute studierten nichts dergleichen.
[3] In Rußland hatten Napoleons Fußtruppen Moskau jedoch sechs Wochen schneller als die Vorhuten von Hitlers motorisierten Kolonnen erreicht.

Jugoslawen, 270 000 Griechen und 13 000 Engländer gefangen). Eine ihrer Divisionen verlor während des ganzen Feldzuges nur einen Offizier und weniger als 70 Mann. Die Deutschen setzten absichtlich nur kleine Armeen ein; die Engländer sahen sich oft durch äußere Umstände dazu gezwungen – wie 1940 in Belgien und Frankreich. In Belgien, wo drei Wochen lang erbittert gekämpft wurde, verlor die belgische Armee etwa 5700 Mann, während die höheren Verluste der Zivilbevölkerung (ungefähr 12 000) die Realitäten eines neuartigen Krieges voraussahnen ließen. Trotzdem kann insgesamt festgestellt werden, daß die Eroberten unter dem Blitzkrieg weniger zu leiden hatten als unter den zahlreichen Kriegen der Vergangenheit. Sie litten erst unter den Entbehrungen und der Gewaltherrschaft der anschließenden Besatzungszeit.

Diejenigen militärischen Gegner der Deutschen, die das nicht von Anfang an begriffen hatten, täuschten sich, was an dieser Stelle wiederholt werden muß, nicht etwa nur, weil sie sture Theoretiker gewesen wären, die ihren Blick nicht von der Vergangenheit wenden konnten; ihr Versagen war zu einem großen Teil auch auf die allgemein akzeptierten Vorstellungen von einer supermodernen Gegenwart zurückzuführen, die bei ihnen zu einer fixen Idee geworden waren. So erwartete die englische Regierung 1939 beispielsweise allein in London eine Million Tote in den beiden ersten Kriegswochen – weit mehr, als die Verluste der englischen Zivilbevölkerung während der gesamten sechs Kriegsjahre betragen sollten. Und so glaubten die Engländer und Franzosen nach dem ersten deutschen Durchbruch bei Sedan, die Deutschen besäßen eine gewaltige Übermacht an Panzern und Flugzeugen, was in Wirklichkeit nicht zutraf. Nachdem die Experten das deutsche Kriegspotential anfangs unterschätzt hatten, änderten sie nach 1940 ihre Meinung und überschätzten die Material- und Waffenmengen, die den Deutschen angeblich zur Verfügung standen. Die deutsche Produktion von Kriegsmaterial war niedriger, als angenommen worden war; auch der deutsche Munitionsverbrauch war überraschend niedrig.[4] Im März 1940 lautete die in ganz Frankreich angeschlagene nüchterne, wenig begeisternde Parole der französischen Regierung: „Wir werden siegen, weil wir stärker sind." „Dank seines Kolonialreichs," schrieb der Leitartikler im März 1940 in *L'Illustration*, „das über 70 Millionen Menschen zählt, kann unser Land so viele Soldaten stellen, wie für notwendig erachtet werden." Ihre Zahl spielte keine große Rolle; Mannschaftsstärken allein waren nicht entscheidend – zumindest für die beiden ersten dramatischen Jahre des Zweiten Weltkrieges.

[4] Im September 1939 verfügten beispielsweise die im Polenfeldzug eingesetzten deutschen Verbände nicht über ihre vollständige Munitionsausstattung. Eine weitere erstaunliche Tatsache: die deutsche Munitionsproduktion lag 1941 nur ein Prozent höher als 1940. Es gab auch keinen großen Unterschied im Munitionsverbrauch zwischen Ost- und Westfront; der Verbrauch war während der Blitzkriegs-Feldzüge und der schweren Kämpfe gegen die Russen etwa gleich. G. *Donat*, „Der Munitionsverbrauch der deutschen Wehrmacht im Zweiten Weltkrieg", WWR (August 1966).

Selbst in Rußland – und das wird oft übersehen – war das deutsche Heer keine riesige Masse. Die deutsche Hauptkampflinie hatte keine Ähnlichkeit mit den Fronten des Ersten Weltkrieges, die sich durch ganze Provinzen und Staaten schlängelten und von feldgrauen Massen in und außerhalb von Schützengräben gehalten wurden. Gerald Reitlinger, der kein Militärhistoriker ist, gehört zu den wenigen Männern, die das mit scharfem Blick erkannt haben. „Auch der deutsch-russische Krieg war ein ungewöhnlicher Krieg. Auf deutscher Seite hielten weniger Soldaten eine Linie, die über doppelt so lang wie die Ostfront im Ersten Weltkrieg war . . . Die Front war oft eine imaginäre Linie wie der Äquator." Wie der Äquator konnte diese imaginäre Linie starken Einfluß auf das Denken von Menschen haben. Im Ersten Weltkrieg rissen die vorrückenden Armeen einfach die Grenzpfähle aus und versuchten, sie ins Feindesland hineinzutragen – wie bewaffnete Landvermesser. Im Zweiten Weltkrieg fuhren sie rasch darauf los – wie bewaffnete Touristen. Im Ersten Weltkrieg waren die Angriffsspitzen stumpfe kleine Stacheln, die nicht weit aus dem massiven Panzer der Hauptarmee hinausragten; im Zweiten Weltkrieg hatten die Angriffsspitzen den Auftrag, sich als die Masse der erobernden Armeen auszugeben. Ihnen gelang es oft, nicht nur die ängstliche und ratlose Zivilbevölkerung, sondern auch große Teile des verwirrten Gegners zu beeindrucken. Das ist die Erklärung für die riesigen Gefangenenmassen, die von verhältnismäßig schwachen Panzer- und Panzer-Grenadierverbänden umzingelt und eingebracht werden konnten. Auf diese Weise nahmen die Deutschen im Mai-Juni 1940 1,9 Millionen Franzosen und 1941 3,5 Millionen Russen gefangen; so machten einige tausend englische Soldaten im Dezember 1940 in der libyschen Wüste fast 40 000 italienische Gefangene.

Im Vergleich zu diesen neuartigen Formen der Kriegsführung blieb die militärische Organisation bemerkenswert traditionell. Fast alle europäischen Staaten hatten bis 1939 die allgemeine Wehrpflicht eingeführt (die Engländer verabschiedeten ihr Wehrpflichtgesetz erst 1939; Nordirland blieb aus politischen Erwägungen ausgespart). Die Mobilmachung erfolgte durch mit der Post zugestellte Einberufungsbefehle (nur einige osteuropäische Staaten, darunter auch Polen, verließen sich noch auf Plakatanschläge). Verglichen mit 1914 spielten 1939 die Geschwindigkeit der Mobilmachung oder selbst die Dauer der militärischen Ausbildungszeit kaum eine Rolle. Die kleinen Demokratien Nord- und Westeuropas hatten ihre Streitkräfte in den dreißiger Jahren abgebaut – besonders dort, wo Sozialisten am Ruder gewesen waren. Die Stärke von Infanteriedivisionen schwankte zwischen 12 000 und 20 000 Mann. Mehrere Divisionen bildeten ein Armeekorps; zwei bis vier Armeekorps waren eine Armee. (Die Russen bezeichneten ihre Armeekorps als Armeen; mehrere ihrer Armeen bildeten eine „Front".) Das Zahlenverhältnis zwischen Generalen und Soldaten wies von Land zu Land nur geringe Unterschiede auf. Die einzelnen Streitkräfte waren natürlich unterschiedlich ausgerüstet. Im Jahre 1939 besaßen die meisten europäischen Heere, auch die sowjetische Rote

Armee, als hauptsächliche Transportmittel noch Pferdefuhrwerke. Fast alle Armeen behielten bis 1941 ein paar Kavallerieregimenter bei.[5] Die Deutschen besaßen als erste spezielle Panzerdivisionen. Nach dem Westfeldzug (in dem die Franzosen zwei Panzerbrigaden hatten) folgten andere Staaten ihrem Beispiel.

Ein großer Unterschied zwischen den beiden Weltkriegen bestand im Zahlenverhältnis zwischen kämpfender und nichtkämpfender Truppe. Im Zweiten Weltkrieg – besonders im Westen – befand sich die Mehrheit der Truppe nicht an der Front. So war es selbst bei den Russen. Die „Etappe", d. h. der Prozentsatz der nichtkämpfenden Truppe, die zur Versorgung der kämpfenden Truppe nötig war, wuchs wegen der zunehmenden Mechanisierung (sowie wegen der Bürokratisierung) des Krieges überall weiter an. Im vorigen Kapitel habe ich davon gesprochen, daß 1939 in Europa eine gesellschaftliche Trennungslinie existierte, die Autobesitzer von Nichtautobesitzern schied. Diese vergängliche Elitebildung wirkte sich auch auf den Wehrdienst aus, denn in den meisten Streitkräften war der Besitz des Führerscheins eine entscheidende Qualifikation: Sie bestimmte die weitere Verwendung eines Rekruten für die Dauer des Krieges.

Zum Schluß wirkte sich materielle Überlegenheit aus – aber nie ohne die kämpferischen Qualitäten. Von allen Staaten hatte die Sowjetunion unter Stalin die höchsten Rüstungsausgaben aufzuweisen gehabt: von 1,3 Milliarden Rubel im Jahre 1933 waren die russischen Militärausgaben auf 34 Milliarden Rubel im Jahre 1938 geklettert. Selbst wenn diese Zahlen aus propagandistischen Gründen weit übertrieben gewesen sein sollten, bewiesen die Kriegsereignisse, daß sie nicht völlig irreal gewesen waren. Im Jahre 1941 hatte die Sowjetunion eine sehr große Armee, nicht vollständig gut ausgerüstet,[6] oft schlecht geführt (vor allem 1941), häufig schlecht ausgebildet – aber praktisch ohne Möglichkeit, den Kampf zu beenden. Die positiven Faktoren überwogen die negativen. Ausrüstung und Kampfmoral, Führung und Kampfeswille ergänzten sich gegenseitig, waren untrennbar; aber die Kampfmoral war das entscheidende Element wie fast immer in der Kriegsgeschichte – obwohl diese Tatsache während der grausigen Schlachten des Ersten Weltkrieges manchmal verschlei-

[5] Die letzten Kavallerieattacken des Zweiten Weltkrieges und wahrscheinlich in der Geschichte des modernen Krieges fanden 1941 statt. Am 21. Januar 1941 ritten 60 italienische Kavalleristen unter Führung des Leutnants Togni bei Keren in Eritrea eine tapfere Attacke gegen englische Truppen; sie verloren dabei 25 Gefallene und 16 Verwundete (*Barker*, S. 84). In Rußland griffen zwei Regimenter der 44. Mongolischen Kavalleriedivision am 17. November 1941 bei Muschino die Deutschen an. Im Gegensatz zu der landläufigen Meinung setzte die Rote Armee während des Krieges gelegentlich berittene Einheiten ein. Auch die Deutschen lernten in Polen und Frankreich, daß Pferdefuhrwerke oft nützlicher als Lastwagen waren, weil sie viel leichtere und einfachere Pontonbrücken überqueren konnten.

[6] Im Juni 1941 verfügte die sowjetische Luftwaffe nur über 20 Prozent moderne Flugzeuge; vor Oktober 1941 hatte die Truppe keine Panzerabwehrkanonen.

ert worden war, weil damals Disziplin wichtiger als Moral erschienen war – weil Disziplin sogar die Kampfmoral absorbiert hatte.

Die Deutschen kämpften gut, die Franzosen schlecht, die Italiener noch schlechter, die Engländer hielten durch; Polen waren tapfer, Serben heißblütig, Rumänen berechnend, Griechen listig und zäh; das deutsche Heer war besser als das englische; die britische Navy teilte so viel aus, wie sie einstecken mußte; die russische Marine war schwerfällig und weitgehend nutzlos;[7] Franzosen kämpften außerhalb ihres Landes besser als in der Heimat; Italiener waren einzeln tapferer als in der Masse; Finnen kämpften im Winter besser als im Sommer. Diese Verallgemeinerungen sagen etwas über den Zweiten Weltkrieg aus. Für jemanden, der diese Völker und ihre Geschichte in den vergangenen 100 Jahren kannte, waren sie keine Überraschung – oder hätten zumindest keine sein sollen. Das Problem dabei ist nicht, daß diese Verallgemeinerungen zu umfassend sind; für den Historiker besteht das Problem daraus, daß sie nichts über das Verhalten der Bevölkerung aussagen – und der Krieg erfaßte jetzt ganze Völker.

Ein Aspekt dieser Entwicklung waren die Widerstandsbewegungen. Die Dänen wehrten sich anfangs kaum, leisteten später jedoch beträchtlichen Widerstand. Die Slowaken wehrten sich gar nicht und leisteten auch wenig Widerstand. London und die Engländer hielten durch; die englischen Kommandeure in Singapur und ihre Truppen hielten nicht durch. Die Leningrader kämpften trotz des drohenden Hungertodes weiter, während die Bürger von Kiew zur gleichen Zeit nicht unzufrieden zusahen, wie die Deutschen ihre jüdischen Mitbürger ermordeten. Die Geschichte ganzer Völker ist nicht leicht zu schreiben: Dem Historiker der demokratischen Epoche steht eine ungeheure Aufgabe bevor, die er allein bewältigen muß.

Seit Clausewitz sind die Deutschen darin kritisiert worden, daß sie nach der Maxime vorgingen, der Krieg sei nur eine Fortsetzung der Politik mit anderen Mitteln. Dabei wird oft übersehen, daß dies sowohl zu Ängstlichkeit als auch zu Aggressivität führen kann. Bei Kriegsbeginn hielten die westlichen Demokratien sich an Clausewitz – allerdings bestimmt nicht auf sonderlich begeisternde Weise. Schon während der Münchner Krise rieten die Engländer den Franzosen dringend davon ab, die Offensive zu ergreifen, auch falls wegen der Tschechoslowakei ein Krieg ausbrechen sollte. Im September 1939 gingen die Engländer und Franzosen so weit, den Krieg zu erklären – und, wie wir gesehen haben, nicht weiter. Sie setzten ihre Beschwichtigungspolitik und ihren beschränkten Einsatz bis in den Krieg hinein fort, ließen die schwach besetzte deutsche Westfront unbehelligt und warfen Flugblätter, nicht Bomben, auf Deutschland ab.

[7] Im Juni 1941 hatten die Deutschen fünf U-Boote, zehn Minenleger und ein paar Schnellboote in der Ostsee; die Russen verfügten über zwei Schlachtschiffe, drei Kreuzer, 35 Zerstörer und 93 U-Boote. Trotzdem befanden die Russen sich in der Defensive: Sie konnten ihre maritime Überlegenheit nicht im geringsten ausnützen.

Wie wir gesehen haben, tat Hitler etwa das gleiche: In den Weisungen Nr. 2, 3 und 4 befahl er Anfang September 1939: „Im Westen kommt es darauf an, die Verantwortung für die Eröffnung von Feindseligkeiten eindeutig England und Frankreich zu überlassen." Er verbot die Bombardierung englischer und französischer Städte sowie Angriffe gegen französische Passagierschiffe. Hitler wollte seine tatsächlichen Gegner, vor allem die Engländer, dazu bringen, sich den Krieg gegen ihn nochmals zu überlegen; außerdem versuchte er, seine potentiellen Gegner, die Amerikaner, zu beeindrucken. Wir haben auch gesehen, daß er bis August 1940 keine englischen Städte bombardieren und daß er seine Kriegsmarine trotz zahlreicher amerikanischer Provokationen bis Pearl Harbour keine US-Schiffe angreifen ließ.

In der Hitze des Gefechts ließen schließlich beide Seiten diese politischen Rücksichtnahmen fallen. Im September 1940 erwogen die Deutschen, Gibraltar mit Grünkreuz-Granaten zu beschießen, wobei die Gasschwaden durch die Ventilatoren in die Kasematten gelangt wären; General Guderian, später ein Favorit englischer und amerikanischer Militärhistoriker, befürwortete diesen Vorschlag energisch. Ebenso haben wir einigen Grund zu der Annahme, daß die Engländer nicht gezögert hätten, Gas gegen die Invasoren einzusetzen, falls die Deutschen in England gelandet wären.[8]

Die radikalste Veränderung des Krieges betraf schließlich nicht neue Waffen, sondern die Demokratisierung der Kriegsführung. Im Jahre 1941 stellten die Deutschen fest, daß es nicht genügte, die Streitkräfte eines Landes noch so schnell zur Kapitulation zu zwingen: Sie mußten sich danach mit den Konsequenzen abfinden – mit der Feindseligkeit ganzer Völker. Im Ersten Weltkrieg wurden die Kriege der Staaten zu Kriegen ganzer Nationen; im Zweiten Weltkrieg wurden sie zu Kriegen ganzer Völker. Die Entwicklung der Partisanenbewegung in Osteuropa und des bewaffneten Widerstandes in Westeuropa in der zweiten Hälfte des Jahres 1941 war zwar an sich nicht kriegsentscheidend, aber sie stellte einen Wendepunkt in der Geschichte der Zivilisation dar: Sie bezeichnete den Beginn eines neuen Kapitels in der Geschichte der Kriegsführung. Die Aussicht auf eine schließliche Niederlage der Deutschen angesichts einer übermächtigen Allianz beeinflußte das Denken ganzer Völker und bewirkte bei manchen Menschen eine neuartige Anteilnahme am Krieg. „Dieser Krieg", sagte ein junger französischer Offizier schon in Dünkirchen zu Marc Bloch, „hat mich viel gelehrt, und zu den größten Lehren gehört die Erkenntnis, daß es viele Berufssoldaten gibt, die nie Kämpfer sein werden, und einen ganzen Haufen Zivilisten, die das Kämpferische im Blut haben."

[8] *Lampe*, S. 8.

Weltweite Kriege wurden durch die Seeherrschaft entschieden: Das schien drei Jahrhunderte lang die Regel zu sein. Und es schien auch auf den Zweiten Weltkrieg zuzutreffen. „Seemacht in der Weltpolitik beherrschte noch immer die Geschichte", kabelte Roosevelt am 12. Juni 1940 Reynaud, nachdem der Franzose sich mit einem verzweifelten Hilferuf an ihn gewandt hatte. Im Jahre 1940 konnte Hitler, dessen Kriegsmarine zu schwach war, nicht in England landen. Vier Jahre später begannen die Alliierten, die das Meer beherrschten, mit der Invasion des Kontinents. Hitler hatte keinen Sinn für Seemacht: Er begann den Krieg mit einer sehr kleinen Kriegsmarine. Das war einer seiner krassesten Fehler – zumindest nach allgemeiner Auffassung. Aber damit müssen wir uns nochmals beschäftigen. Im Zweiten Weltkrieg lag die wichtigste Front im Osten, nicht in Westeuropa. 1918 waren die Westalliierten stark genug gewesen, um Deutschland zu schlagen, selbst nachdem Rußland aus dem Krieg ausgeschieden war. Im Zweiten Weltkrieg wäre ihnen das nicht gelungen. Am D-Day (6. Juni 1944) kamen auf jede deutsche Division im Westen vier Divisionen an der Ostfront. Hätte Hitler nicht alle Hände voll mit den Russen zu tun gehabt, hätte er Truppenmassen an die Küste bringen und die anglo-amerikanischen Invasoren ins Meer zurückwerfen können.

Daß im Zweiten Weltkrieg nach vielen Jahrhunderten das Primat der Landmacht zurückkehrte, lag zum Teil auch am Einsatz des Verbrennungsmotors. Die Engländer brauchten einige Zeit, um das zu begreifen. Eines ihrer erfolgreichsten Kriegsmittel waren seit Jahrhunderten – besonders auf dem europäischen Kontinent – Landungsoperationen gewesen. Nachdem sie sich die Seeherrschaft gesichert hatten, konnten sie kleine Armeen herantransportieren und ohne größeres Risiko an geeigneten Punkten absetzen. Im Zweiten Weltkrieg wurde das ein sehr riskantes Unternehmen. Noch im Dezember 1939 wies der Chef des britischen Generalstabes darauf hin, „daß die Deutschen keine Erfahrung mit Landungsoperationen besäßen und daß eine Invasion Südskandinaviens eine sehr große Belastung für sie wäre".[9] Die Wirklichkeit sah wenig später anders aus. Die Unerfahrenheit der Deutschen schadete ihnen keineswegs; eher im Gegenteil: Die Engländer wurden in Norwegen geschlagen, obwohl sie nach wie vor einen großen Teil der Nordsee beherrschten.

Die Bedeutung vieler Aspekte dieser Entwicklung ist seither verwischt oder vielmehr falsch ausgelegt worden. Durch das Flugzeug wurde das Schlachtschiff wertlos – aber die Sache war (und ist) nicht ganz so einfach. Auf die Ära der Landmacht folgte jene der Seemacht und schließlich jene der Luftmacht – dieser technologische Darwinismus ist vor allem bei Amerikanern beliebt –, aber die Luftmacht, gewiß ein sehr wichtiges Element, war nicht

---

[9] *Woodward*, I, S. 51.

ausschlaggebend. Den Deutschen gelang es 1940 nicht, die Engländer allein durch Luftangriffe niederzuzwingen, und die Alliierten konnten die Deutschen weder 1941 noch in den folgenden Jahren durch Bombenangriffe besiegen.

Während des letzten europäischen Krieges nahm die Bedeutung der Seemacht ab. Im Gegensatz zu 1914 waren die englische und die französische Marine 1939 um ein Vielfaches größer als die deutsche Kriegsmarine. Aber die Engländer und Franzosen profitierten nur wenig von diesem Ungleichgewicht zu ihren Gunsten. Andererseits litten die Deutschen in der entscheidenden Phase des Krieges, d. h. vor 1942, nur wenig darunter. Sie hatten einen „Plan Z", der den Bau einer großen Flotte vorsah; aber dieser 1939 etwas überstürzt beschlossene Ausbauplan wurde bald fallengelassen. Während des gesamten Krieges lief kein deutsches Kriegsschiff über Zerstörergröße von Stapel.

Auch das deutsche U-Boot-Programm kam langsamer voran, als damals (und noch heute) vermutet wurde: In den ersten zehn Kriegsmonaten wurden in Deutschland durchschnittlich drei U-Boote im Monat gebaut; diese Produktion erhöhte sich in der zweiten Hälfte des Jahres 1940 auf sechs Boote. Im Oktober 1940 standen weniger als 60 U-Boote im Einsatz, während die Italiener über 100 U-Boote im Mittelmeer und im Atlantik hatten.[10] Die von deutschen U-Booten für England ausgehende Gefahr war erheblich, aber weit davon entfernt, ausschlaggebend zu sein. Die U-Boote erzielten ihre größten Erfolge 1942, d. h. nach dem Kriegseintritt Amerikas. Auch die Zeit des Schlachtschiffs war noch nicht ganz zu Ende. Die „Scharnhorst" und die „Gneisenau" versenkten im Februar und März 1941 27 englische und alliierte Schiffe – über das Doppelte der im gleichen Zeitraum von sämtlichen deutschen U-Booten versenkten Tonnage.

Die Triumphe der Royal Navy im Atlantik und in der Nordsee (die Selbstversenkung der „Graf Spee", die Aufbringung der „Altmark", die Versenkung der „Bismarck") waren eher Prestigeerfolge als entscheidende Ereignisse des Seekrieges. (Das galt auch für den Kanaldurchbruch der „Scharnhorst", „Gneisenau" und „Prinz Eugen" im Februar 1942.) Die Existenz – mehr als die Aktivität – der britischen Seemacht spielte eine entscheidende Rolle bei der Verteidigung der Insel gegen eine deutsche Invasion und zuvor schon bei der Räumung Dünkirchens. Im Mittelmeer blieb die englische Flotte mehrmals über die italienische siegreich; trotzdem konnte sie weder die Eroberung Kretas durch die Deutschen, die Besetzung der griechischen Inseln noch den Transport von Rommels Truppen und Panzern nach Afrika verhindern. Wir haben auch gesehen, daß die englische Seeblockade des

---

[10] Die italienische U-Bootflotte war über zwei Jahre lang die größte der Welt. Ihre Leistungen im Atlantik waren schlecht, im Mittelmeer nicht überzeugend. Eine Ausnahme von dieser Verallgemeinerung stellen die oft kühnen Angriffe ihrer Kleinst-U-Boote dar. Mit Froschmännern besetzte Kleinkampfmittel beschädigten beispielsweise am 19. Dezember 1941 in Alexandrien die englischen Schlachtschiffe „Queen Elizabeth" und „Valiant".

Kontinents nicht so wirkungsvoll war, wie angenommen worden war. Dabei blieb es selbst dann, als die amerikanische Marine im Atlantik mit der britischen zusammenwirkte. Andererseits war das Prestige der amerikanischen Seemacht gewaltig: Es gab höchstwahrscheinlich den Ausschlag dafür, daß Franco im Herbst 1940 beschloß, nicht auf Hitlers Seite in den Krieg einzutreten.

Die englischen Seelords waren von Kriegsbeginn an äußerst vorsichtig. Sie wagten sich nicht in die Ostsee vor, drangen nicht ins Skagerrak ein, selbst als die Deutschen in Norwegen landeten, und schreckten vor einem Angriff gegen Trondheim zurück. Ihre Bedächtigkeit konnte gelegentlich aufregend sein. Der genial-verrückte Céline ahnte diese Entwicklung voraus, als er 1937 schrieb: „Ha! Die Engländer mit uns verbündet! Ihr berühmter Drahtseilakt! Noch langsamer und schwächer als letztesmal! Ein Jahr für die Mobilmachung . . . ein weiteres Jahr für Vorbereitungen . . . Bis dahin sitzen wir richtig in der Patsche . . . ein formidables ‚wait and see' . . . Sie werden ein paar Flugzeuge herüberschicken . . . ein paar Generale, die *chez Maurois* lunchen . . . und sie werden ein bißchen mit dem Ministerium über den Kanaltunnel diskutieren . . ."[11]

Während Churchills impulsive Interventionen zumindest in einem Fall zum Mißlingen englischer Marineoperationen beitrugen (am 8./9. April 1940 vor der norwegischen Küste), mußte er in zahlreichen weiteren Fällen auf seine phantasievollen Projekte verzichten, weil seine Marinebefehlshaber so vorsichtig konservativ waren. (Hitler ließ sich selten etwas von seinen Generalen und Admiralen ausreden; Churchill war verpflichtet, auf sie zu hören.) Im Herbst 1940 drang die britische Marine nicht in die Adria ein, um die italienischen Transporte nach Albanien zu stören; im Frühjahr 1941 verwarfen die Seelords einen Plan zur Eroberung des Dodekanes, der nur von schwachen italienischen Kräften besetzt war; als Churchill im Oktober 1941 Vorbereitungen für eine englische Landung in Norwegen anordnete, um dadurch den Russen zu helfen, wurde ihm diese Idee von seinen Generalen und Admiralen ausgeredet – zur großen Erleichterung der letzteren. Der Erste Seelord, Sir Dudley Pound, döste während dieser wichtigen Besprechungen, wachte aber im entscheidenden Moment der Debatte mit Churchill auf, um sich dazu zu äußern: entschieden ablehnend.

Vielleicht hätte er weiterschlafen sollen, denn gerade damals sagte Stalin zu Beaverbrook: Die Engländer müßten sowohl eine Landmacht als auch eine Seemacht werden. Damit hatte er völlig recht. Hätten die Engländer sich entschlossen, eine Landmacht zu werden, hätten sowohl die Landkarte als auch das Schicksal Europas nach dem Kriege in der Tat ganz anders ausgesehen. Gewiß, Stalin verstand wenig von den Schwierigkeiten der Seekriegführung, und einige seiner Forderungen in bezug auf englische Landungs- und Versorgungsunternehmen im Jahre 1941 waren nicht nur unvernünftig, son-

[11] *Céline*, Bagatelles, S. 87.

dern unerfüllbar. Trotzdem hatte er größtenteils recht, wenn er eine ihm absurd erscheinende Tatsache monierte: Trotz ihrer starken Navy waren die Engländer zu einem Zeitpunkt, an dem die Masse des deutschen Heeres in Rußland kämpfte, nicht imstande und nicht willens, sich irgendwo an den langen, unverteidigten Küsten eines ganzen Kontinents festzusetzen. England brauche neben seiner Marine ein großes Heer, erklärte Stalin im September 1941 Lord Ismay. Es könne sich selbst in Friedenszeiten nicht mehr auf Frankreich verlassen. „Wenn Japan sowohl eine Armee als eine Marine haben kann – warum dann nicht auch England?"

Hitlers Unterschätzung der Seemacht mag zum Teil – wie bei Stalin – auf seine binnenländische (in seinem Fall mitteleuropäische) Herkunft zurückzuführen sein. Aber seine Vision von einer Landmacht enthielt Elemente einer Zukunftsprognose. Er interessierte sich sehr für Autos und hatte schon 1924 in „Mein Kampf" geschrieben: „Der allgemeinen Motorisierung der Welt, die im nächsten Kriege schon in überwältigender Weise kampfbestimmend in Erscheinung treten wird, könnte von uns fast nichts entgegengestellt werden. . . . Deutschland selbst (ist) auf diesem wichtigsten Gebiete beschämend weit zurückgeblieben . . ."[12] Daran schloß sich ein Ausdruck seiner Verachtung für die Russen an, die nicht einmal ein funktionierendes Auto bauen konnten. Hitlers Interesse für Autos führte dazu, daß er sofort nach der Machtergreifung mit dem Bau der Autobahnen beginnen ließ. Er wollte den Autobau im Dritten Reich fördern und befreite Kraftfahrzeuge schon 1933 von Verbrauchssteuern. Seine Ingenieure arbeiteten an dem KdF-Auto (dem späteren Volkswagen), das 1938 im Modell fertig war. Eines der wenigen Photos, das Hitler lächend zeigt, stammt aus diesem Jahr: Hitler betrachtet das VW-Modell. Der Philologe Viktor Klemperer war von der in den dreißiger Jahren existierenden Verbindung zwischen Nationalsozialismus und Automobilismus beeindruckt. Zu den typischen Erscheinungen im Deutschland der dreißiger Jahre gehörte der „mumifizierte Rennfahrer"[13] mit Sturzhelm und dicken Lederhandschuhen, der 1939 auf Panzer umstieg. Der deutsche Meisterrennfahrer Bernd Rosemeyer, der in den dreißiger Jahren tödlich verunglückte, war ein Volksheld, um den ein Kult entstand, der Klemperer an den Horst-Wessel-Kult erinnerte.

In der Blütezeit des Nationalsozialismus in der ehemaligen Donaumonarchie, d. h. Ende der dreißiger Jahre, rasten die jungen Deutschen in Österreich, Ungarn, Böhmen und der Slowakei im Sommer über die staubigen Landstraßen, als gehörten sie ihnen.[14] Das Verhältnis der herrschenden Deutschen zu

[12] *Hitler*, MK, S. 958. Damals prach Hitler ziemlich bewundernd von den Vereinigten Staaten und Henry Ford sen., mit dem seine Bewegung durch einen Mittelsmann einige Verbindungen aufrechterhielt.

[13] *Klemperer*, S. 12.

[14] Im Jahre 1939 gab es in Deutschland im Verhältnis mehr Motorräder als in jedem anderen Land der Welt: 23,8 auf je 1 000 Einwohner und insgesamt fast zwei Millionen. (Die Kraftfahrzeug-

den Slawen sollte dem eines motorisierten Volkes zu einem Volk von Fußgängern entsprechen. Sie sollten gerade nur soviel wissen, daß sie unsere Verkehrsschilder auf der Autobahn verstünden, so daß sie nicht von den deutschen Fahrzeugen überfahren würden, meinte Hitler im Oktober 1941 zu seiner Tischrunde. Die Deutschen würden den Charakter der russischen Landschaft ändern: Sie sollte nicht länger eine asiatische Steppe bleiben, sie sollte europäisiert werden. Hitler wollte Autobahnen bauen, die bis in den Südosten der Krim und des Kaukasus führten.[15] „Um die Stadt wird auf 30 bis 40 Kilometer ein Ring gelegt von schönen Dörfern, durch die besten Straßen verbunden."[16] „Die Waffen der Zukunft?" sann Hitler im September 1941. „In erster Linie das Landheer, dann die Luftwaffe und erst an dritter Stelle die Seemacht."[17]

Hitlers Wissen über Panzer sei „verblüffend" gewesen, sagte Jodl nach dem Krieg.[18] Trotzdem unterschätzte Hitler sowohl die Stärke als auch die Durchschlagskraft der russischen Panzerwaffe. Bis November 1941 glaubte er, die Russen würden im Winter nicht viel unternehmen können. In diesem Zusammenhang ist allerdings festzustellen, daß letztere nur langsam Lehren aus den militärischen Erkenntnissen der Jahre 1939 und 1940 zogen. Noch im Mai 1937 kritisierte ihr berühmter Marschall Tuchatschewski den Vorschlag, „selbständige Panzerverbände" aufzustellen, der damals von Fuller, Liddell Hart und de Gaulle gekommen war: Er schrieb die Idee einer hervorragend ausgebildeten, hochtechnisierten Armee „der bourgeoisen Furcht vor den Massen" zu.[19] Im September 1939 wurden die Russen von den raschen Vorstößen der deutschen Panzerwaffe in Polen überrascht. Im November 1939 ordnete Stalin die Auflösung der selbständigen russischen Panzerverbände an; sie wurden nach dem deutschen Westfeldzug im Juli 1940 erneut aufgestellt. Ein Jahr später hatten die Russen genügend Panzer, um die gewaltigen Verluste, die ihnen die Deutschen zufügten, wettmachen zu können. Ihre massiven, stark armierten Panzer der Typen KW und T 34 gingen 1941 in Produktion – gerade noch rechtzeitig.

„Der Verbrennungsmotor", schrieb Colonel Charles de Gaulle 1934, „der bereitsteht, um zu transportieren, was man will, wann es gebraucht wird . . . der, wenn er gepanzert wird, solche Feuerkraft und Durchschlagskraft besitzt, daß der Rhythmus der Schlacht sich seinen Bewegungen anpaßt . . ."[20]

dichte in Deutschland war geringer als in Großbritannien, Frankreich, Belgien, Dänemark, Luxemburg, Norwegen und Schweden: 25 auf je 1 000 Einwohner. Vergleichszahlen für 1939: England 51, Frankreich 54, Vereinigte Staaten 227, Rumänien 2, Polen 1, Bulgarien 0,7.)

[15] *Hitler*, TG.
[16] Ebd. (8.–11. September 1941).
[17] Ebd. (10. September 1941).
[18] *Schramm*, S. 200–201.
[19] *Fuller*, CW, S. 277.
[20] *De Gaulle*, I, S. 16; er zitiert dabei aus seiner Arbeit „Vers l'armée du métier".

Das französische Oberkommando ignorierte de Gaulles Warnungen. Die französischen taktischen Anweisungen des Jahres 1936 waren eine veraltete Wiederauflage der Taktiken des letzten Weltkrieges. Das blieb den Deutschen natürlich nicht verborgen. Die Franzosen stellten bis November 1939 zwei leichte mechanisierte Divisionen auf; zwei kleine Panzerdivisionen sollten bis Frühjahr 1940 einsatzbereit sein. Reynaud erfaßte das Potential motorisierter Armeen besser als die französischen Generale. Im Ersten Weltkrieg marschierten und krochen Truppenmassen über Felder vorwärts; jetzt stießen die Armeen über die Fernstraßen Europas vor, so daß die Offiziere sich gelegentlich lieber auf Straßenkarten als auf ihren detaillierten Generalstabskarten orientierten.

Die Alliierten hatten es versäumt, die Lektionen des Polenfeldzuges zu lernen. Deshalb wurden sie im Mai 1940 von den raschen Vorstößen der deutschen motorisierten Infanterie überrumpelt.[21] Entscheidender als kühne Sturmangriffe gegen Festungen, die zum Teil von Fallschirm- und Luftlandetruppen genommen wurden (wie das wichtigste belgische Fort Eben-Emael), erwies sich die Tatsache, daß motorisierte Truppen beispielsweise die belgische Hauptverteidigungslinie, die „K-W-Linie",[22] verhältnismäßig leicht umfahren und durchstoßen konnten. Der ausschlaggebende deutsche Vorstoß war natürlich der durch die Ardennen – ein Waldgebirge, in dem die Deutschen, abgesehen von dem tapferen Widerstand kleinerer Einheiten der belgischen Chasseurs Ardennais, auf keine Hindernisse stießen, bis sie in der Nähe von Sedan die Meuse erreichten.

Wir haben gesehen, daß das französische Oberkommando diese Stoßrichtung bewußt vernachlässigt hatte. Im Jahre 1934 hatte Pétain geschrieben, der Ardennensektor sei „undurchdringlich . . . da diese Front keine Tiefe besitzt, kann der Gegner sich dort nicht entfalten. Setzt er die Masse seiner Kräfte an diesem Punkt ein, können wir ihn wieder abschneiden, wenn er aus den Wäldern heraustritt. Folglich ist dieser Sektor ungefährlich."[23] Undurchdringlich waren jedoch nicht die Ardennen, sondern manche seiner Überlegungen. So murmelte Pétain am 26. Mai 1940, d. h. am Tag nach dem Inkrafttreten der Waffenruhe, bei Tisch: „Wir sollten Brieftauben verwenden . . . Es ist bedauerlich, daß wir die Verwendung von Brieftauben aufgegeben haben . . ."

Aber nicht nur die verkalkten Alten irrten sich, sondern auch die neuen komischen Käuze: die Luftmachtbegeisterten. Im Jahre 1921 machte der

---

[21] Bei einer Gelegenheit, vielleicht der letzten in der Geschichte des modernen Krieges, spielte ein Panzerzug eine wichtige Rolle. Die Deutschen fuhren ihn am 10. Mai um 4 Uhr über eine wichtige Brücke bei Gennep in Belgien, die ihnen auf diese Weise unbeschädigt in die Hände fiel. Der Panzerzug hatte jedoch eine andere Aufgabe als ähnliche Züge im Ersten Weltkrieg: Er transportierte eine ganze Infanteriebrigade.

[22] Von Keerbergen nach Wavre.

[23] Pétain lobte die einfallslose Arbeit des Generals Chauvineau „Une invasion – est-elle encore possible?" (Paris, 1938). Leider beantworteten diese beiden französischen Koryphäen die rhetorische Frage nach der Möglichkeit einer Invasion mit einem energischen NEIN.

italienische General Giulio Douhet sich einen Namen, indem er prophezeite, der nächste Krieg werde innerhalb weniger Tage allein durch schreckliche Luftangriffe entschieden werden. Eine Zukunftsprognose auf simplifizierender Grundlage, z. B. einer sich ständig erweiternden Fortsetzung der Gegenwart (oder vielmehr dessen, was die Gegenwart zu sein scheint), kann noch falscher als simplifizierendes Vertrauen auf die Vergangenheit sein. Douhets Theorie war ein noch größerer Irrtum als Pétains Wunsch nach einer Wiederverwendung von Brieftauben.[24] Wir haben gesehen, daß es nicht zu den erwarteten Massenbombardierungen von Städten unmittelbar nach Kriegsausbruch kam. Wir haben außerdem gesehen, daß Luftflotten allein keine Entscheidung erzwingen konnten: die deutsche Luftwaffe war nicht in der Lage, England kapitulationsbereit zu machen. Später täuschten diejenigen amerikanischen und englischen Strategen, die Deutschland durch eine Bombenoffensive in die Knie zwingen wollten, sich aus weniger gutem Grund noch mehr. Ende Juni 1941 vernichteten die Deutschen fast die Hälfte der sowjetischen Luftwaffe; selbst das spielte auf die Dauer keine entscheidende Rolle.

Ein Großteil der relativen Wirkungslosigkeit der Seemacht ist dem Aufstieg der Luftmacht zugeschrieben worden – aber das ist nur eine Halbwahrheit. Die Bewegungen der englischen Flotte wurden dadurch behindert, daß die Deutschen das Festland kontrollierten: Küstenstützpunkte und Flugplätze entlang der Küsten des Kontinents, von denen aus Flugzeuge aufsteigen und Angriffe fliegen konnten. Auch in dieser Beziehung diente das Flugzeug eher als neuartige Artillerie denn als selbständige neue Waffengattung. Im Landkrieg war die Luftmacht entscheidend, wenn sie als fliegende Artillerie eingesetzt wurde, Panzer, Lastwagen und Züge vernichtete, Marschformationen des Gegners zersprengte und seinen Nachschub unterbrach.

Wie wir gesehen haben, begann der Zweite Weltkrieg im Gegensatz zu den meisten Vorhersagen ohne Bombenangriffe: Beide Seiten waren vorsichtig – und das aus gutem Grund. Die ersten Einsätze von Langstreckenbombern verliefen keineswegs fehlerfrei. Am 4. September 1939 griff die RAF zum erstenmal einen deutschen Marineflieger-Stützpunkt an. Die Engländer verloren dabei 24 von 28 Maschinen und brachten es fertig, zwei Bomben auf die dänische Stadt Esbjerg abzuwerfen. Die Luftwaffe griff am 13. September erstmals Ziele auf den Shetlandinseln an – allerdings ohne großen Erfolg. Der zögernd geführte Landkrieg wurde also von einem ebenso zögernd geführten Luftkrieg begleitet (eine Ausnahme stellte, wie wir gesehen haben, allein der Seekrieg dar). Nächtliche Bombenangriffe waren noch ungenauer, noch weni-

---

[24] Ein Luftwaffenkommentator schrieb 1944, an Douhets Fehlprognose sei der italienische Nationalcharakter schuld gewesen: Douhet habe gewußt, wie Italiener auf massive Bombenangriffe reagieren würden, und sein Wissen zur allgemein gültigen Regel erhoben. Dieses Urteil ist aus mehreren Gründen ungerecht – auch deshalb, weil Douhets Futurismus 1921 durchaus in Einklang mit vielen avantgardistischen Vorstellungen stand, beispielsweise mit Marinettis Futurismus.

ger entscheidend.[25] Im sowjetisch-finnischen Winterkrieg beschränkten sich die Russen auf überfallartige Luftangriffe gegen finnische Städte, die ebenfalls nur wenig Wirkung zeigten.

Der 10. Mai 1940 bezeichnete jedoch nicht nur den Beginn des wahren Landkrieges in Westeuropa, sondern auch den des Luftkrieges. Am 10. Mai wurde die deutsche Universitätsstadt Freiburg im Breisgau bombardiert. Die Deutschen beschuldigten die Alliierten sofort, einen „Terrorangriff" durchgeführt zu haben, obwohl Freiburg irrtümlich von einem deutschen Luftwaffenpiloten bombardiert worden war, der es mit Dijon (fast 250 Kilometer entfernt!) verwechselt hatte. Die Deutschen bombardierten nun französische und belgische Flugplätze und Fabriken sowie holländische Städte, darunter auch Rotterdam. Im rheinisch-westfälischen Industriegebiet wurde Mönchen-Gladbach von 18 englischen Bombern angegriffen. Am 15. Mai 1940 genehmigte das kämpferisch eingestellte britische Kabinett strategische Bombenangriffe gegen militärische Ziele in Deutschland. Am 3. Juni bombardierten die Deutschen die Vorstädte von Paris; in der Nacht zum 10. Juni flogen französische Wasserflugzeuge einen tapferen Angriff gegen Berlin, das in der Nacht zum 26. August von der RAF zum erstenmal bombardiert wurde. Hitler, der bis dahin, wie wir gesehen haben, der Luftwaffe verboten hatte, die Wohngebiete englischer Städte anzugreifen, hob dieses Verbot in bezug auf die Bombardierung Londons am 30. August auf[26]: Trotzdem befahl er, Bombardierungen mit dem Ziel, eine Massenpanik hervorzurufen, müßten bis zuletzt zurückgestellt werden.

Sowohl die tragischen als auch die dramatischen Wirkungen von Luftangriffen wurden damals weit übertrieben dargestellt. Beispielsweise behauptete das niederländische Außenministerium, der deutsche Terrorangriff gegen Rotterdam habe 30 000 Tote gefordert; in Wirklichkeit waren es weniger als 1000 Todesopfer gewesen. Die Luftaufklärung war ebenso unzuverlässig. Gewaltige Navigationsfehler waren an der Tagesordnung. Die Engländer überflogen häufig die Schweiz – nicht immer absichtlich.[27] Im Jahre 1941 warfen die

[25] Anfangs funktionierten die deutschen Funkmeßgeräte besser als das englische Radar; ab 1940 war das nicht mehr der Fall. Im Mai 1939 hatte das Luftschiff LZ 130 die Ostküste Englands abgeflogen und versucht, englische Radarstationen auszumachen. Am 18. Dezember 1939 erzielten die deutschen „Freya"-Geräte einen eindrucksvollen Erfolg: Sie führten Jäger heran, die zwei RAF-Geschwader im Anflug auf die norddeutsche Küste vernichten konnten.

[26] Siehe oben, S. 95. In den Jahren 1940–41 existierte eine stillschweigende Übereinkunft zwischen den Italienern und ihren Gegnern: Rom und Athen wurden nicht bombardiert. Andererseits bombardierte die italienische Luftwaffe gelegentlich aus einer Art opportunistischer Grausamkeit heraus; Beispiele dafür waren die Luftangriffe auf die unverteidigten Städte Gien, Cosnes und Sens im Loiretal, die wenige Tage vor dem Waffenstillstand bombardiert wurden, oder die Bombardierung der griechischen Stadt Larissa im März 1941 wenige Tage nach einem Erdbeben, das 40 Prozent der dortigen Häuser zerstört hatte.

[27] Bis zum 9. November 1940 gab es in der Schweiz keine Verdunkelung; ihre Städte und Dörfer blieben beleuchtet, um dieses neutrale Land nachts aus der Luft sichtbar zu machen. Die

Deutschen Bomben auf Irland ab, einmal sogar auf Dublin. Die Luftangriffe gegen Berlin sollten im Grunde genommen nur psychologisch und demonstrativ wirken (der erste sowjetische Luftangriff gegen die Reichshauptstadt wurde in der Nacht zum 9. August 1941 geflogen).

Der Luftnachrichtendienst machte große Fehler bei der Auswertung von Luftkämpfen. Am 8. August 1940 errechnete das Oberkommando der Luftwaffe, bei den schweren Kämpfen der vergangenen Tage seien auf jeden deutschen Verlust drei englische gekommen. In Wirklichkeit hatten die Deutschen 145 Maschinen und die Engländer 87 verloren. Am 30. August zog die Luftwaffe das Fazit dieses Monats: Sie meldete 791 abgeschossene britische Flugzeuge, während es in Wirklichkeit 261 waren. Allgemein meldeten die Deutschen drei Abschüsse für jeden wirklich erzielten; die Engländer übertrieben die deutschen Verluste im Verhältnis zwei zu eins. Am 8. August schoß die RAF beispielsweise 31 deutsche Flugzeuge ab und meldete 60 Abschüsse; die Luftwaffe schoß 20 englische Maschinen ab und meldete 49 Abschüsse.

Die RAF lernte schon in den ersten Kriegsjahren aus bitterer Erfahrung, was Tieffliegern bevorstand, die Brücken und andere mit starker Flak gesicherte Ziele angriffen. Allein bei ihrem tapferen Angriff gegen die Meusebrücken verlor sie am 14. Mai 1940 40 von 71 Bombern. Später waren ihre Tagesangriffe gegen die in den mußmaßlichen Invasionshäfen zusammengezogenen deutschen Schiffe und Kähne fast völlig wirkungslos; das gleiche galt für die englischen Bombenangriffe gegen Deutschland, die in den Jahren 1940 und 1941 ausschließlich nachts stattfanden, sowie die britischen Luftangriffe gegen in Häfen liegende deutsche Kriegsschiffe. Auch die deutschen Nachtangriffe gegen England waren wenig wirkungsvoll. Einerseits verloren die Deutschen bei diesen nächtlichen Einsätzen weniger als ein Prozent ihrer Bomber; andererseits nahm die britische Rüstungsproduktion stetig zu – selbst in schwer bombardierten Gebieten wie Coventry und Bristol.

Wir haben gesehen, daß Hitler die Erfolgsaussichten von Langstreckenbombardierungen skeptisch beurteilte. Schon am 23. Mai 1939 hatte er seinen Oberbefehlshabern erklärt: „Ein Land ist durch die Luftwaffe nicht niederzuzwingen" – auch England nicht. Am 18. November 1940 führte er Ciano gegenüber aus, daß die Erfahrung der Deutschen in der Luftkriegsführung über deutschem und englischem Gebiet gezeigt hätte, wie schnell Flugplätze wiederhergestellt werden könnten. Die Engländer seien von Vergeltungsangriffen unbeeindruckt geblieben, und die Erfahrung, die Deutschland im Luftkrieg gegen England gemacht hätte, zeige, daß es sich nicht auszahle, ausschließlich zivile Ziele zu bombardieren.[28]

Reynaud, der die Bedeutung der Panzerwaffe richtig einschätzte, über-

---

Verdunkelung wurde eingeführt, nachdem die Deutschen sich darüber beschwert hatten, diese Beleuchtung sei eine Navigationshilfe für englische Flugzeuge.
[28] GD, D, XI, S. 607.

schätzte die der Luftmacht. Nach seiner Flucht aus Paris glaubte er noch bis zum 11. oder 12. Juni 1940, die deutsche Sturmflut sei durch massive englische Luftangriffe aufzuhalten. Dowding und Churchill dagegen beließen die RAF in England, um für die voraussehbaren Luftschlachten gewappnet zu sein.

Churchills Erwartungen in bezug auf Luftmacht waren uneinheitlich. Er ordnete Massenangriffe gegen Deutschland an – aber er hatte kein rechtes Vertrauen zu den Experten, die behaupteten, im Laufe der Zeit lasse sich 80 Prozent der deutschen Industrie aus der Luft zerstören. Die Bombenangriffe gegen Deutschland waren das Ergebnis seiner Kampflust, seines Willens, die Deutschen zu treffen und zu schädigen; sie waren jedoch auch das Mittel, mit dem Churchill den Krieg ohne größeres Blutvergießen auf dem Kontinent, ohne eine Wiederholung der verlustreichen Schlachten des Ersten Weltkrieges zu gewinnen hoffte. Bis 1941 hatten die Engländer über 30 000 Tonnen Bomben auf Deutschland abgeworfen (bis 1944 sollte die abgeworfene Bombenlast sich mehr als verzwanzigfachen; trotzdem stieg die deutsche Produktion weiter an). Gleichzeitig machten die Engländer die Erfahrung, daß „die Chancen für einen direkten Volltreffer ... geradezu verschwindend gering waren".[29] Abgesehen von den sehr geringen Schäden, die sie der deutschen Rüstungsproduktion zufügten,[30] kosteten die Luftangriffe der Jahre 1940-41 mehr englischen Fliegern als deutschen Zivilisten das Leben.

Churchill war weniger zuversichtlich als die amerikanischen Experten.[31] Im Februar 1941 nahm das US-Außenministerium an, Luftangriffe würden den „vollständigen wirtschaftlichen Zusammenbruch" Deutschlands herbeiführen. General H. H. Arnold vom U.S. Army Air Corps berichtete Mitte 1941, während seines Englandbesuchs habe er „den Eindruck gewonnen, daß wir Deutschland allein durch Luftangriffe so völlig auf die Knie zwingen könnten, daß eine Landung von Bodentruppen überflüssig wäre ... Luftmacht, nichts als Luftmacht könne den Krieg ins Herz Deutschlands hineintragen, seine Kampfmoral brechen und es der zur Fortsetzung des Kampfes benötigten Mittel berauben ... Die moderne Kriegsführung habe die alten Begriffe völlig umgemodelt."[32] Solche unausgegorenen Zukunftsprognosen

---

[29] *Gwyer, Butler,* III, S. 36.

[30] Zwischen deutschen und englischen Luftangriffen bestand in den ersten Kriegsjahren ein bedeutsamer Unterschied. 1940 warfen die Deutschen weit mehr Spreng- als Brandbomben über England ab; bis 1941 betrug das Verhältnis dieser beiden Bombenarten 5:1. Bei den Engländern war dieses Verhältnis genau umgekehrt: auf jede Sprengbombe kamen drei Brandbomben. Ab 1942 änderten auch sie dieses Verhältnis, weil sich herausgestellt hatte, daß Sprengbomben wirksamer waren.

[31] Im Oktober 1941 an den Chef des Führungsstabes der USAAF: „Selbst wenn alle Städte Deutschlands zum größten Teil unbewohnbar gemacht würden, folgt daraus nicht, daß die Militärmacht dadurch geschwächt würde oder auch nur, daß die Rüstungsindustrie nicht weiterproduzieren könnte. Es wäre ein Fehler, wenn der Führungsstab seine Ziele zu hoch stecken würde." GD, S. 508.

[32] *Wilson,* S. 134–135.

waren kaum brauchbarer als Pétains senile Träumereien; nach den Erfahrungen des Jahres 1940 waren sie jedenfalls unhaltbar.[33]

Trotzdem war das Flugzeug eine neue Waffe, vor allem wenn es taktisch, zur Unterstützung des Heeres eingesetzt wurde; seine Vernachlässigung konnte gefährlich und unentschuldbar sein. Auch in dieser Beziehung waren die Franzosen besonders engstirnig und nachlässig gewesen,[34] während die Deutschen in der Ausnutzung der neuen Dimension über dem Schlachtfeld besonders viel Phantasie bewiesen. Sie setzten in Belgien und, was weniger bekannt ist, auch in Norwegen (bei Bardufoss) Lastensegler zu kühnen Aktionen ein. Noch bedeutsamer waren die Einsätze ihrer Fallschirmjäger. Hitler erkannte die Bedeutung des schnellen Lufttransports von Truppen. Deshalb schlug er General Student vor, seine Fallschirmjäger gegen einzelne belgische Forts am Albertkanal einzusetzen – auch gegen Eben-Emael, das von 580 deutschen Fallschirmjägern genommen wurde. Das Erscheinen dieser Fallschirmjäger (sowie die heulenden Sirenen der Stukas) trug mit dazu bei, Panik zu erzeugen. Am 21. Mai 1940 gab das niederländische Außenministerium auf einer Pressekonferenz in London bekannt, deutsche Fallschirmjäger seien in Holland als Nonnen, Mönche und Straßenbahnschaffner verkleidet abgesprungen.[35]

Zu dem wichtigsten und revolutionärsten Einsatz von Fallschirmjägern kam es bei der Eroberung Kretas. Diesmal war es General Student, der den zögernden Hitler von der Durchführbarkeit eines Unternehmens dieser Art überzeugen mußte.[36] Die Deutschen erlitten aber auf Kreta trotzdem hohe Verluste: Wären die Verteidiger nicht durch schlechte Nachrichtenverbindungen und ungenügende Bewaffnung (die Engländer hatten nur sechs Panzer auf der Insel) behindert gewesen, wären die Angreifer vernichtet worden – ein Schicksal, dem sie ohnehin nur mit knapper Not entgingen. Hitler war sich

[33] Ebenso unentschuldbar waren Charles Lindberghs Voraussagen. Im September 1940 hielt er einen Vortrag vor amerikanischen Generalstabsoffizieren, in dem er die Überzeugung äußerte, England werde unter den deutschen Luftangriffen „bald zusammenbrechen". Dies berichtete die deutsche Botschaft am 18. September 1940 prompt nach Berlin. GD, D, X, S. 416, Anmerkung 6.

[34] Im Jahre 1939 befand sich keines ihrer Flugzeuge in Massenproduktion. Die entsprechenden Aufträge waren in den dreißiger Jahren als politische Gefälligkeiten vergeben worden. So kam es beispielsweise dazu, daß ein „Möbelhersteller einen Auftrag für ein Ganzmetallflugzeug erhielt". Im Herbst 1939 wurden Geheimakten des Luftfahrtministeriums in einem Windtunnel in den Außenbezirken von Paris gelagert. Die Planungsbürokraten vergaßen jedoch, das Personal der Anlage zu verständigen. Eines Tages wurde der Windtunnel in Betrieb genommen, und die Akten wurden „über eine ganze Pariser Vorstadt verstreut . . . und dies war der erste frische Luftzug, der jemals durch das französische Luftfahrtministerium geblasen hatte". *J. Jalbert,* Les erreurs fatales du Ministère de l'Air (Paris, 1941), zitiert bei *Wood-Dempster,* S. 91.

[35] Richtig war allerdings, daß einige niederländische Nationalsozialisten, die bis dahin in Deutschland gelebt hatten, in niederländischen Uniformen abgesprungen waren.

[36] Hitler zu Student am 21. April 1941: „‚Das klingt recht gut, aber ich bezweifle, daß es durchführbar ist.' Aber ich schaffte es schließlich, ihn zu überzeugen." Student zu Liddell Hart, zitiert bei *Stewart,* Crete, S. 44.

darüber im klaren. Am 2. Juni 1941 teilte er Mussolini mit, Zypern könne nicht genommen werden, denn die Eroberung Kretas aus der Luft sei ein einmaliges, unwiederholbares Unternehmen gewesen.

Im Laufe des Krieges erschienen immer mehr moderne Flugzeuge. Noch 1939 erinnerten die Jagdflugzeuge einiger Staaten an Maschinen aus der letzten Phase des Ersten Weltkrieges; in manchen Luftstreitkräften standen noch Doppel- und Hochdecker im Einsatz. Dazu gehörten auch die englischen Swordfish-Torpedoflugzeuge, die noch im November 1940 eingesetzt wurden, als ein Geschwader dieser Maschinen in Tarent drei italienische Schlachtschiffe außer Gefecht setzte. Der letzte in Serie gebaute Doppeldecker war 1939 die russische Tschaika, ein katastrophal schlechtes Flugzeug. 1940 hatte sich der Tiefdecker allgemein durchgesetzt. Im Gegensatz zu der weitverbreiteten Ansicht hatten die deutschen Flieger im spanischen Bürgerkrieg keine allzu großen Erfahrungen sammeln können, aber sie hatten gelernt, daß es zweckmäßig war, dichtgeschlossene Formationen wie die klassische Keilformation aufzugeben; statt dessen flogen sie mehr und mehr in lockeren Schwärmen zu je vier Maschinen. Die deutsche Messerschmitt Bf 109 war zweifellos das beste Serienflugzeug des Krieges. Die englische Spitfire war ihr nicht ganz ebenbürtig, obwohl sie sich ihr manchmal gewachsen zeigte. Bis 1939 hatten die deutschen Flugzeugkonstrukteure große Fortschritte gemacht, aber einige ihrer kühnsten Entwürfe ließen sich nicht in die Serienproduktion umsetzen.

Die Luftstreitkräfte waren die Waffe der Jugend, an der sich die Phantasie von Millionen entzündete. Die Kämpfe der Jagdflieger am Himmel brachten auch eine gewisse Erinnerung an ritterliche Zweikämpfe früherer Zeiten zurück. Trotzdem blieb der Krieg Krieg: Technologie veränderte vielleicht die Kampfbedingungen, aber nicht die menschliche Natur – und deshalb auch nicht das Wesen des Krieges. Das war älteren Menschen nicht ohne weiteres klar, und es beeinflußte natürlich auch das Urteil der jüngeren. „Ich habe eine reaktionäre Marine, ein kaiserlich christliches Heer und eine nationalsozialistische Luftwaffe", stellte Hitler einmal fest. In seiner Luftwaffe konnte ein junger Deutscher bereits mit 25 Jahren Major werden.

Trotzdem veränderte sich die Landkriegsführung am radikalsten. Zu diesen Veränderungen gehörten die raschen Vorstöße von Panzerverbänden und motorisierter Infanterie auf den Straßen; eine weitere, vielleicht bedeutsamere Veränderung war das Auftauchen bewaffneter Zivilisten. Die Deutschen litten darunter. Selbst heutzutage schreiben sie mit gehemmtem Bedauern über diese Art Kriegsführung, beklagen die damit verbundene Barbarei und sind nicht bereit, Guerillas, Widerstandskämpfern und Partisanen den Respekt zuzubilligen, der ihrer Ansicht nach den Kombattanten des Normalkrieges mehr oder weniger zusteht. Dabei waren die Deutschen selbst an dieser neuen Art Kriegsführung schuld. In der Vergangenheit hatten besiegte Völker eigentlich stets aufgeatmet, sobald die Militärregierung von einer Zivilverwaltung abgelöst wurde. In diesem Krieg war das Gegenteil der Fall. Das deutsche

Militär war den deutschen Verwaltungsbehörden fast immer vorzuziehen. Sogar ein sturer, phantasieloser preußischer General war besser als der meistens skrupellose Parteibonze, der an seine Stelle trat.[37]

Der fortdauernde Krieg, d. h. ein Krieg zwischen Armeen und Völkern, war ein Phänomen, das erstmals in den Jahren 1940-41 auftauchte und große potentielle Bedeutung für die Zukunft besaß. Es gab mindestens vier verschiedene Arten von bewaffneten Zivilisten:

1. Von Regierungen aufgestellte Streitkräfte aus bewaffneten Zivilisten, die in besetzten Landesteilen zurückbleiben sollten. Hauptbeispiele: England, Schweiz.

2. Gruppen von bewaffneten Zivilisten, die sich mehr oder minder spontan zusammengefunden hatten und von ihren Exilregierungen sowie von ausländischen Verbündeten unterstützt wurden, damit sie Sabotageakte verübten und die Besatzungsmacht sowie deren Kollaborateure zunehmend beunruhigten. Hauptbeispiele: die in Westeuropa entstehenden Widerstandsbewegungen.

3. Banden – patriotische, kommunistische oder andere –, die weite Teile des Landes durchstreiften, das der Gegner aus Mangel an Besatzungstruppen nicht lückenlos kontrollieren konnte. Hauptbeispiele: die nationalistischen und kommunistischen Partisanenarmeen in Serbien und Griechenland.

4. Hilfstruppen der Besatzungsmächte.

Über die Kategorien 2 und 3 ist viel bekannt, über die Kategorie 4 weniger und über die Kategorie 1 am wenigsten. Diese Einteilung ist notwendigerweise unvollständig und ungenau: Die vier Kategorien überschneiden sich. Die tapfere polnische „Heimatarmee" vereinigte beispielsweise die Funktionen von 2 und 3 miteinander. Die sowjetischen Partisanenarmeen waren wieder etwas anderes: Während sie meistens die Voraussetzungen für 3 erfüllten, hatten sie auch etwas von 1 an sich, da sie (allerdings nicht immer) von den Weisungen der Zentralregierung abhängig waren.

In England befand sich 1940 eine die ganze Insel umspannende Widerstandsorganisation im Entstehungsstadium. Eine kleine Gruppe von Offizieren des Militärischen Nachrichtendienstes hatte schon 1939 damit begonnen, Geheimoperationen von bewaffneten Zivilisten zu studieren und zu organisieren. Sie stand schließlich unter Führung von Major Colin Gubbins, einem bemerkenswerten Mann,[38] der die „Hilfstruppen" aufstellte (ihre Organisationsgrundsätze sind noch heute zu einem großen Teil geheim).

[37] Im Oktober 1939 forderte Hitler, die Wehrmacht solle sich von Verwaltungsaufgaben in Polen zurückziehen; im Mai 1940 ordnete er die Beendigung der Militärverwaltung für Belgien und die Niederlande an.

[38] Im Jahre 1938 schrieb Major Gubbins Broschüren wie „Handbuch des Partisanenführers" und

Diese Elite-Widerstandsgruppen mußten sich auf die Unterstützung der gesamten Bevölkerung verlassen können, die allerdings von der Regierung Churchill als selbstverständlich vorausgesetzt wurde. Im Juni 1940 verkündeten die in bestimmten Orten Südenglands angeschlagenen und verteilten „Durchhalte"-Plakate und -Flugblätter, von der Zivilbevölkerung werde nicht erwartet, daß sie eine lediglich passive Rolle spiele.

Die Regierung hat im Gegenteil stets erwartet, daß die Bevölkerung unserer Insel jedem Eindringling gemeinsam entgegentreten und jeder Bürger es für seine Pflicht halten wird, mit allen Mitteln, die seine Findigkeit ihm eingibt und gesunder Menschenverstand ihm ratsam erscheinen läßt, den Gegner zu behindern und zu stören sowie unsere eigenen Streitkräfte zu unterstützen.

Die Armee des gesunden Menschenverstandes war die Home Guard, eine wahre Volksarmee, deren Aufstellung Eden am 14. Mai 1940 abends in einer Rundfunkrede bekanntgab; die Sendung lief noch, als die ersten Freiwilligen sich bereits auf Polizeirevieren meldeten.

Ähnlich wie diese englischen Vorbereitungen liefen die der Schweizer ab. Auch in der Schweiz gab es eine Art nationaler Mobilmachung; 1939 wurde dort, was sonst in keinem anderen Staat der Fall war, die Wehrpflicht bis zum 60. Lebensjahr eingeführt. Der Oberbefehlshaber der Schweizer Armee, General Guisan, wurde schon bald äußerst beliebt (im Gegensatz zu General Wille im Ersten Weltkrieg); wir haben gesehen, welche Vorbereitungen er und sein Stab für einen harten Widerstandskampf in den Schweizer Zentralalpen getroffen hatten. Wie die Engländer besaßen die Schweizer eine Territorialarmee, die im Mai 1940 von Guisan ins Leben gerufenen Ortswehren. Im Spätsommer des gleichen Jahres waren in ihnen fast 100 000 Schweizer organisiert.

Es ist erhebend und befriedigend zugleich, feststellen zu können, daß die umfangreichsten nationalen Vorbereitungen für einen patriotischen, allgemeinen Kampf bis zum Letzten in England und der Schweiz, diesen alten, liberalen, etablierten westeuropäischen Demokratien, getroffen wurden. Da es nie zur Invasion kam, wissen wir nicht, wie diese Zivilistenarmeen ihre größte Prüfung bestanden hätten.[39] Weder die Home Guard noch die Ortswehren spielten in den deutschen Invasionsplänen für diese beiden Länder eine Rolle;

„Die Kunst der Guerillakriegführung". Damit sollte die Legende widerlegt sein, die Partisanen- und Guerillakriegführung in Europa sei aus einer Nachahmung der ab 1941 von Russen und Kommunisten praktizierten Taktik entstanden.
[39] Sie waren selbstverständlich schlecht bewaffnet – vor allem anfangs. Im Londoner Imperial War Museum sind die Knüppel und Sägerücken-Schwerter ausgestellt die 1940 an die Home Guard ausgegeben wurden.

trotzdem haben wir Grund zu der Annahme, daß die Deutschen dieses Versehen teuer hätten bezahlen müssen. Die Reaktionen dieser Völker hatten etwas Altertümliches und Atavistisches an sich; wären die Deutschen in ihre Länder eingefallen, wäre die Uhr fünf oder sechs Jahrhunderte zurückgedreht worden.

Die Partisanen- und Guerillagruppen, die 1941 in Griechenland, Jugoslawien und Polen entstanden, basierten auf weniger weit zurückliegenden nationalen Traditionen – vor allem auf dem Balkan, wo patriotische Guerillatätigkeit oft nur schwer von Stammesbanditentum zu unterscheiden war. Ihre Ausbreitung nach 1941 wurde dadurch begünstigt, daß die deutschen Besatzungstruppen notwendigerweise schwach waren; dazu kamen die neuen Bedingungen des Landkrieges, unter denen die deutsche Herrschaft oft auf die Städte und ihre Verbindungsstraßen beschränkt war. Schon wenige Wochen nach der Kapitulation der jugoslawischen Armee zeigte sich deshalb, daß die Deutschen große Teile Serbiens, Mazedoniens, Sloweniens und Montenegro nicht oder nur sehr beschränkt unter Kontrolle hatten. Etwa das gleiche traf auch auf Griechenland zu; in geringerem Umfang galt es sogar für bestimmte Gebiete Frankreichs und Polens.

Das Auftreten von Partisanen in der Sowjetunion basierte auf anderen Grundlagen. Dort wurden die von bewaffneten Zivilisten verübten Sabotageakte hinter den deutschen Linien bis zu einem gewissen Ausmaß von der Regierung geplant und vorbereitet; allerdings sollte man die offiziellen sowjetischen Darstellungen nicht überbewerten. Die ersten Partisanen wurden eher von ihrer angeborenen Liebe zum Banditentum, als von einer Neigung zum Kommunismus motiviert. Besonders 1941 wurden die Partisanen vermutlich aus beiden Motiven heraus aktiv, während ihre Absichten keineswegs ganz klar waren – wahrscheinlich nicht einmal ihnen selbst. Sie waren hauptsächlich in Weißrußland und der Zentralukraine aktiv, d. h. in Regionen, in denen das Verhalten der Bevölkerung uneinheitlich war, da die Mehrzahl der Einheimischen vermutlich zu einer Zusammenarbeit mit den Deutschen bereit gewesen wäre.[40]

Ende 1941 begannen die Deutschen trotz Hitlers früher geäußerter Abneigung gegen diese Maßnahme, in Rußland und in der Ukraine Hilfstruppen zu rekrutieren und aufzustellen. Diese Hiwis (Hilfswillige), von denen Ende 1941 über 200 000 bei der Wehrmacht dienten, unterschieden sich von den Satellitentruppen und nichtdeutschen SS-Verbänden. Ihre Funktion und ihre Organisation sind nachträglich nur schwierig zu definieren. Anfangs erhielten sie von den Deutschen lediglich wenige Waffen; sie trugen jedoch eine der deutschen ähnliche Uniform. Auch hier könnte man am ehesten von bewaffneten Zivilisten sprechen, selbst wenn dieser Ausdruck ungenau ist.

[40] In Borisow wurden im Oktober 7620 Juden ermordet; die Deutschen hielten fest, daß viele der eifrigsten einheimischen Mörder ehemalige Kommunisten gewesen waren.

An der Ostfront war es Ende 1941 für Uneingeweihte schwierig, zwischen Soldaten und Zivilisten zu unterscheiden. Buchstäblich jedermann trug irgendeine Art Uniform. Aber das kündigte keine zunehmende Militarisierung jenes Bereichs an, sondern vielmehr das Gegenteil: Es bedeutete die zunehmende Demokratisierung, sogar eine gewisse Individualisierung der Kriegsführung. Hiwis, verbündete Truppen, alle möglichen Arten von bewaffneten Zivilisten sowie reguläre Truppen improvisierten einen beträchtlichen Teil ihrer Uniformen; das geschah nicht nur aus persönlicher Eitelkeit oder Berechnung, sondern auch als Reaktion auf praktische Bedürfnisse.[41] Diese demokratische Disziplinlosigkeit breitete sich aus. Sie war charakteristisch für englische, französische und deutsche Piloten, die oft schon 1940 abenteuerlich kostümiert flogen.

Damit begann ein neues, weitverbreitetes Phänomen, dessen Ende noch nicht in Sicht ist: die Verwischung des Unterschiedes zwischen Kombattanten und Nichtkombattanten, zwischen militärischen und zivilen Lebensbereichen und -formen. Nur Erfahrung zählte – und auch sie war schnell zu erwerben. Wenn die Freiwilligen der Organisation Todt mit Schaufeln auf der Schulter marschierten und präsentierten, neigten manche französischen Beobachter dazu, überlegen zu lächeln. Sie machten jedoch bald die Erfahrung, daß die Organisation Todt ebenso gute Soldaten wie jeder Truppenteil ausbilden konnte.

Der Freiwillige in der Résistance, der 1941 seine erste Pistole erhielt, mag mit nervösem Interesse mit ihr gespielt und bei seiner ersten heimlichen Ausbildungsstunde eine weniger gute Figur als der Wehrpflichtige einer nationalen Armee in der Grundausbildung gemacht haben; trotzdem konnte ersterer mindestens ebenso rasch für die Anforderungen des Zweiten Weltkrieges ausgebildet werden wie letzterer. Manche der modernen Waffen trugen dazu bei: Die Maschinenpistole erforderte viel weniger Schießausbildung als der klassische Karabiner. Auf diese Weise brachte der Krieg wieder uralte Zustände zurück; der Landkrieg, von dem jetzt ganze Bevölkerungen erfaßt wurden, bedeutete vor allem im Osten eine Rückkehr zu einigen der brutalen Zustände, wie sie in Europa im ausgehenden Mittelalter oder zu Beginn der Neuzeit geherrscht hatten: eine drohende Guerillagefahr, bei der jeder Einheimische ein potentieller Kombattant und deshalb ein potentieller Feind war.

---

[41] Im Dezember 1941 hatten die deutschen Soldaten die Erfahrung gemacht, daß sie in ihren engen Knobelbechern, deren Leder noch so dick und fest sein mochte, schmerzhafte Erfrierungen bekamen. Sie lernten nun, weite Stiefel zu tragen und sich die Socken mit Zeitungspapier auszustopfen; auf diese Weise imitierten sie ihre russischen Gegner zumindest in bezug auf ihr Schuhzeug.

Die Kampfmoral einer Armee, sagte Napoleon einmal, zähle mindestens zwei Drittel; Organisation und Ausrüstung machten den Rest aus. Das bestätigte sich auch im Zweiten Weltkrieg – allerdings mit einem bedeutsamen Unterschied: Wo nationales Zielbewußtsein fehlte, zerfielen die Streitkräfte. Im Ersten Weltkrieg hielt das multinationale österreichisch-ungarische Heer bis fast zum Schluß zusammen. Im Jahre 1941 zerfiel die multinationale jugoslawische Armee beim ersten deutschen Ansturm, weil die Kroaten die Serben im Stich ließen.

In einer Beziehung war die traditionelle Unterordnung unter die Führerschaft sogar noch wichtiger als in der Vergangenheit, als beispielsweise Kavalleristen in der Schlacht oder im Nachsetzen größtenteils auf sich selbst angewiesen gewesen waren, weil ihre Führer ihnen keine abweichenden Befehle mehr hatten übermitteln können. Gute Führerschaft bedeutete gute Soldaten. Oder wie es beim deutschen Militär oft hieß: „Die Truppe ist das Spiegelbild ihrer Führer." Damit waren die erstaunlichen Leistungen der Wehrmacht zu einem großen Teil, aber nicht vollständig erklärt. Auch andere Aspekte trugen dazu bei: der allgemeine, tiefsitzende deutsche Autoritätsglaube und der daraus entstehende Gehorsam; die ausgezeichnete deutsche Ausbildung in Verbindung mit der mechanischen Geschicklichkeit der modernen Deutschen; und ein nationales Selbstbewußtsein, das sich bei den Deutschen nach ihren Triumphen entwickelte und ihnen suggerierte, jeder deutsche Soldat wiege im Kampf zwei feindliche Soldaten auf – eine Überzeugung, die mit der englischer Seeleute des 18. Jahrhunderts vergleichbar war. Weil diese Traditionen erhalten geblieben waren, leisteten die deutschen Generale viel, selbst wenn sie keine Nationalsozialisten waren.

In dieser Beziehung existierte eine gewisse Parallele in der Rolle der Streitkräfte Deutschlands unter Hitler und im stalinistischen Rußland. Viele Russen erinnern sich noch daran – und die letzten ergreifenden Kapitel von *Pasternaks* „Doktor Schiwago" schildern dieses Gefühl –, wie sie trotz aller drohenden Gefahren und Tragödien 1941 mit einem Gefühl der Befreiung und großer innerer Erleichterung auf den Ausbruch ihres Krieges reagiert hatten; die Atmosphäre von Gefahr und Tod war ihnen wie ein Schwall der kühlen, klaren Luft des Patriotismus erschienen, und hatte die ansteckende Angst vor dem Unterdrückungsterror des Regimes vertrieben. In gewissem Umfang war diese psychische Erleichterung allgemein: Empfindsame Engländer und Franzosen erinnerten sich daran, wie der Krieg ihnen trotz all seiner Schrecken eine Art Befreiung gebracht hatte – eine willkommene Unterbrechung ihres inhaltslosen Daseins in Wirtschaft oder Bürokratie.

Die Polen unterschätzten die deutsche Wehrmacht, während sie ihre westlichen Alliierten überschätzten. Die unzulänglichen Vorbereitungen der polnischen Armee entsprachen dieser politischen Geisteshaltung. Die Armee war schlecht ausgerüstet, und ihre Führungsspitze erwies sich als weitgehend unzulänglich. (Die polnische Luftwaffe schlug sich dagegen besser. Trotz der Unterlegenheit ihrer Maschinen schossen polnische Piloten im September 1939 160 deutsche Flugzeuge ab. Während der Luftschlacht um England erzielte das polnische 303. Geschwader die meisten Abschüsse deutscher Maschinen.) Die Kampfweise der Polen war in vieler Beziehung überholt; sie basierte auf Erfahrungen aus dem siegreichen Krieg, den Polen 1920 gegen die Sowjetunion geführt hatte. Vielerorts kämpften die Polen sehr tapfer. Zumindest 1939 hielten die mittleren und höheren Chargen ihres Offizierskorps – vom Hauptmann bis hinauf zum Generalmajor – sich besser als ihr Oberkommando. Ihre heldenhafte Verteidigung der Westerplatte, ihr Widerstand selbst nach der Einkesselung durch überlegene deutsche Kräfte und die Disziplin, mit der Zehntausende von polnischen Soldaten sich zurückzogen und unter schwierigen Bedingungen nach Rumänien oder Ungarn übertraten, um schließlich nach Frankreich zu gelangen, ließen ihr Durchhaltevermögen und ihre kämpferischen Qualitäten ahnen, die sich im Verlauf des Krieges auf fremden Schlachtfeldern bewähren sollten.

Wenige Tage nachdem die Russen den Polen in den Rücken gefallen waren, trafen deutsche und sowjetische Truppen an der Demarkationslinie zusammen. In Brest-Litowsk fand eine merkwürdige Parade statt: Truppen marschierten an hohen deutschen und russischen Offizieren vorbei. Die Deutschen waren von der Disziplin und der Ausrüstung der Russen wenig beeindruckt, was zu ihrer allgemeinen Unterschätzung der Roten Armee in den Jahren 1940 und 1941 beitrug. Im Jahre 1939 waren sich die Militärexperten fast aller Staaten darüber einig, daß die Kommandostruktur der Roten Armee stark angeschlagen sei. Für diese Ansicht gab es gute Gründe. Wie wir jetzt wissen, wurden während der Säuberungen der Jahre 1936-39 mindestens die Hälfte aller hohen sowjetischen Offiziere hingerichtet oder entlassen: drei von fünf Marschällen, 13 von 15 Armeekommandeuren, 57 von 85 Korpskommandeuren, 110 von 195 Divisionskommandeuren und 220 von 406 Brigadekommandeuren.

Die schlechten Leistungen der Roten Armee im sowjetisch-finnischen Winterkrieg verstärkten diesen ungünstigen Eindruck.[42] Die sowjetische Luftwaffe kämpfte wenig wirkungsvoll, die Führung war schlecht, und die Truppe erwies sich oft als erstaunlich schlecht ausgebildet. Stalin und seine Berater glaubten nicht, daß die Finnen kämpfen würden. Woroschilow und Mechlis waren für die schlechte Generalplanung des Feldzuges verantwortlich. Bei Suomossalmi blieb der energische finnische Oberst Siilasvuo mit einer Handvoll Einheiten Sieger gegen zwei russische Divisionen. Andererseits hatten die

---

[42] Der sogenannte Molotowcocktail war im Gegensatz zur landläufigen Meinung keine kommunistische Erfindung, sondern eine Bezeichnung der Finnen und ihrer Freunde für eine gegen die Russen verwendete Brandflasche.

Russen zu Beginn des Feldzuges nur in einem einzigen Militärbezirk (Leningrad) mobilgemacht, und sobald sie weitere Infanterie- und Artillerieverbände an die Karelienfront warfen, machte sich ihre Überlegenheit bemerkbar. Durch massive Angriffe, auch mit Panzermassen und gepanzerten Schlitten, durchbrachen sie die karelische Verteidigungslinie. Bis zum Ende des Feldzuges hatten sie eine Million Soldaten gegen Finnland aufgeboten. Das war den Finnen eine Lehre; 1941 waren sie in der zweiten Runde ihres Krieges gegen Rußland vorsichtiger. Obwohl sie aus Erfahrung wußten, daß der Kampfwert der Roten Armee nicht allzu hoch war, schätzten sie das Durchhaltevermögen des russischen Soldaten höher ein, als es die Deutschen – und übrigens die meisten englischen und amerikanischen Experten – im Jahre 1941 taten.[43]

Den Feldzug der Engländer in Norwegen, sagte Hitler, könne man nur als „leichtfertigen Dilettantismus" bezeichnen. Ihr Nachrichtendienst war schwerfällig und unzuverlässig. Chamberlains unglückliche Äußerung kurz vor Hitlers kühnem Einfall in Dänemark und Norwegen – „Er (Hitler) hat den Bus verpaßt" – war nur wenig alberner als Churchills nicht ganz so gut bekannte Äußerung auf die Nachricht von der deutschen Invasion hin: „Jetzt haben wir die Deutschen, wo wir sie haben wollten."[44] Churchill war für einen Großteil des „leichtfertigen Dilettantismus" während des Norwegenfeldzuges verantwortlich. Seine intuitive Fähigkeit, Situationen zu erfassen, ließ ihn ausnahmsweise im Stich: Er sah nicht voraus, was die Deutschen tun würden, während die Deutschen die englischen Pläne viel besser vorhersahen. Schon am 26. März 1940 hatte Raeder Hitler erklärt, die Engländer würden die norwegischen Küstengewässer verminen, um eine deutsche Reaktion zu provozieren, die ihnen dann einen Vorwand für eine Landung in Norwegen geben würde. Churchills Plan zur Verminung der Fahrrinnen kam langsam und spät in Gang und verlief sich auf See in nebulöser Verwirrung.

Dänemark hatte fast 15 000 Mann unter Waffen, aber es ließ sich kampflos besetzen: An der Grenze zwischen Schleswig und Jütland schliefen die Grenzwachen; die Königliche Garde gab vor Schloß Amelienborg nur ein paar symbolische Schüsse ab. In Norwegen war der Wehrdienst der kürzeste Europas gewesen: bloße 13 Wochen; außerdem stand die Hälfte der 13 000 norwegischen Soldaten im hohen Norden, weil die Regierung eine russische Invasion fürchtete. Aber ihre Ausrüstung war ohnehin unzulänglich. Eines der noch in Dienst stehenden norwegischen Kriegsschiffe war 1858 von Stapel gelaufen. Trotzdem reagierten die Norweger schneller als die Engländer, die

[43] Während die Finnen die Russen nicht unterschätzten, überschätzten sie die Fähigkeiten ihrer deutschen Verbündeten, die – das muß hier gesagt werden – die Finnen äußerst rücksichtsvoll behandelten. Im Januar 1940 erhielten die Finnen von den Franzosen einige Geschütze, die noch aus dem Krimkrieg stammten. Ende 1941 bekamen sie von den Deutschen einige hochmoderne Messerschmitt Bf 109.

[44] Außerdem Churchill am 27. Januar 1940: „Hitler hat seine größte Chance bereits verspielt." Eden am 25. Oktober 1939: „Herr Hitler hat die Initiative bereits verloren."

langsam, ineffektiv und verstreut eingesetzt wurden. Auch hier handelte es sich nicht nur um den Fall, daß mit veralteter Taktik gegen einen hochmodern ausgerüsteten und aggressiven Gegner gekämpft wurde; die Deutschen verstanden es auch besser als die Engländer, aus Erfahrungen zu lernen.[45]

In Norwegen standen 20 000 Alliierte 24 000 Deutschen gegenüber; d. h. sie waren ganz sicher nicht hoffnungslos unterlegen. Die Franzosen kämpften in Norwegen besser als die Engländer; ihre Generale, beispielsweise Bethouart, waren im Vergleich zu dem englischen General Mackesy Vorbilder an Tapferkeit. In Narvik drängten die französischen Chasseurs Alpins und die Polen die Deutschen zurück, deren schneidiger Kommandeur, General Dietl, schon am 23. April 1940 überlegte, ob er die Stadt räumen solle; sie wurde erst einen Monat später von den Alliierten besetzt.[46] General Ruge, der norwegische Oberbefehlshaber, war von den Engländern bitter enttäuscht. Am Nachmittag des 20. April trafen bei der düsteren, kalten Bergstadt Slagbrenna zum erstenmal im Zweiten Weltkrieg englische und deutsche Truppen aufeinander. Die Engländer zogen sich zurück. Das war charakteristisch für das gesamte Unternehmen. Auch ihre Kampfmoral war niedrig, wie General Auchinleck 1941 in einem Bericht eingestand.

Das änderte sich bald. Während des sechswöchigen deutschen Westfeldzuges kämpften die Engländer besser als die Franzosen, die für ihr Land im ganzen Zweiten Weltkrieg besser auf fremder Erde als auf heimatlichem Boden kämpften. Als Churchill am 16. Mai 1940 General Gamelin nach dem Zustand der französischen Armee fragte, zuckte dieser mit den Schultern: „Zahlenmäßig unterlegen, ausrüstungsmäßig unterlegen, methodisch unterlegen."[47] Er hätte „moralisch unterlegen" hinzufügen sollen. An der Meuse waren die drittklassigen 71. und 55. Divisionen augenblicklich zurückgewichen; ihr General Baudet schien ebenfalls den Kopf verloren zu haben.

Nach dem glatten, politisch denkenden Gamelin kam der straffe kleine Weygand, äußerlich ein charakteristischer Repräsentant der älteren, konserva-

---

[45] Hitler kannte und schätzte die These *Admiral Wegeners* (Die Seestrategie des Weltkrieges. Berlin, 1926), der die kaiserliche Marine kritisierte, weil sie das „nasse Dreieck" zwischen Deutschland, Dänemark und Norwegen, wo sie ihre Überlegenheit hätte ausspielen können, nicht ausgenützt habe. General von Falkenhorst, der deutsche Oberbefehlshaber in Norwegen, war 1918 in Finnland der Chef des Stabes bei v. d. Goltz (dessen Memoiren Hitler gelesen hatte) gewesen. Auf der anderen Seite kamen die Engländer nicht auf die Idee, einige Erfahrungsberichte über ihre eigenen Landungsoperationen (ebenfalls 1918) in Murmansk und Archangelsk zu studieren. Englische Luftangriffe gegen norwegisches Gebiet schlugen nicht wegen deutscher Abwehr fehl, sondern weil die Engländer ihre Ziele nicht finden konnten: Pläne norwegischer Städte standen nicht zur Verfügung. „Unsere Hauptinformationsquelle scheinen die Stadtpläne in *Baedeckers* „Skandinavien" (durchgesehene Auflage, 1912) gewesen zu sein." *Derry*, S. 54.

[46] Als höfliche Geste ließen die Franzosen am 28. Mai 1940 das norwegische Bataillon in Narvik einmarschieren. Zehn Tage später wurde die Stadt aufgegeben, als die Alliierten wegen der umwälzenden Ereignisse an der Westfront ganz Norwegen räumten.

[47] *Churchill*, FH, S. 49.

tiven französischen Generalität, der sich jedoch als noch großsprecherischer als sein unfähiger Vorgänger erwies. In einer Denkschrift vom 10. Juni 1940 erklärte er: „Unsere Truppen haben heldenhaft gekämpft" – um die bittere Pille der von ihm befürworteten Kapitulation zu verzuckern. Damals sagte er auch: „In vielen Fällen ist der Sinn für Disziplin und Pflichterfüllung mangelhaft gewesen" – aber nur, um seine politischen Neigungen zu untermauern: „Wir büßen jetzt für 20 Jahre des Lügens und der Demagogie . . . Wir besitzen nichts Vergleichbares, um den Deutschen entgegentreten zu können. Bei unseren Truppen gibt es weder Initiative noch wirkliche Disziplin." „Die Situation wird von Tag zu Tag schlimmer", fügte Baudouin hinzu. Auch der neue Staatssekretär im Kriegsministerium meldete sich zu Wort. „Wenn die Lage sich verschlimmert, liegt das nur daran, daß wir eine Verschlimmerung zulassen." Das war de Gaulle, von dem Weygand nach dieser Besprechung hinter seinem Rücken sagte: „Er hat mehr von einem Journalisten als von einem Offizier an sich."[48]

Am gleichen Tag beschloß die französische Regierung, Paris zu verlassen, das von Weygand zur offenen Stadt erklärt wurde. Er gab den ausdrücklichen Befehl, Paris nicht zu verteidigen.[49] In seinen Memoiren schrieb er später: „Dieser Entscheidung, die meine persönliche war, verdankt Paris es, daß es – fast als einzige der großen europäischen Hauptstädte – in dieser ersten Gefahr seine ganze Schönheit bewahren konnte." Spears' Kommentar dazu ist wahr und gerechtfertigt: „In zukünftigen Generationen mag es Franzosen geben, die der Meinung sein werden, daß ein paar Ruinen in Paris seinen Ruhm eher gefördert hätten als diese unberührte Schönheit."[50] Andererseits war Weygand nur einer von vielen Defätisten. „Paris in einen Trümmerhaufen zu verwandeln hat keinen Einfluß auf den Kriegsausgang", meinte Pétain. Er hatte recht, aber er hätte sich daran erinnern sollen, was der tapfere, edle französische Patriot Péguy einst an Sorel schrieb: „Sie haben recht, aber man hat kein Recht, recht zu haben, sofern man nicht persönlich bereit ist, den Preis für den Beweis der Richtigkeit des Wahren zu zahlen." Im Jahre 1940 wurde Pétain für seine Überzeugung belohnt. Er zahlte den Preis im Jahre 1945.

Es ist kaum überraschend, daß die Franzosen unter solchen Oberkommandierenden so schlecht kämpften. Im Juni 1940 ergaben sich in Cherbourg (das 1944 von den Deutschen wochenlang gehalten wurde) 30 000 französische Soldaten innerhalb weniger Stunden. Sie kämpften zu Lande und in der Luft schlecht, obwohl sie zu Wasser etwas mehr Entschlossenheit zeigten. Die Deutschen fanden in Waffenlagern eine große Anzahl unbenützter Kanonen, Fahrzeuge und Anhänger vor; die Franzosen unternahmen nur wenige Versu-

[48] *Baudouin*, S. 94.
[49] Zwei Tage später wiederholte Reynaud in einem brieflichen Hilferuf an Roosevelt Clemenceaus Ausspruch: „Wir werden vor Paris kämpfen; wir werden hinter Paris kämpfen." („Wir werden in Paris kämpfen" ließ er aus.)
[50] *Spears*, II, S. 148.

che, irgend etwas zu vernichten; selbst Treibstofflager wurden mit randvollen Tanks zurückgelassen, obwohl ein Streichholz genügt hätte, um sie in Brand zu setzen. Guilleaume de Bénouville, einer der ersten verbitterten Freiwilligen der späteren Résistance, schilderte seinen Zorn beim Anblick französischer Soldaten, die die Deutschen auf der Straße um Zigaretten anbettelten.

Die Feigheit eines Teils der Streitkräfte war ein Spiegelbild der Gesinnung der Bevölkerung. Als die französische Marine am 11. Juni 1940 einen tapferen Vorstoß wagte, um Genua zu beschießen, verhinderte die Bevölkerung in Südfrankreich auf einigen Flugplätzen den Start französischer und englischer Bomber, die italienische Städte angreifen sollten. Die Leistungen der Waffenstillstandsarmee waren nicht besser. Sie war nicht nur ungenügend ausgerüstet, sondern ihre Disziplin und Moral blieben trotz der heroischen Anstrengungen einiger hoher Offiziere (General de Lattre de Tassigny, General Armengaud, Colonel Schlesser) schlecht.

Es gab natürlich auch Ausnahmen – fast immer durch tapfere Führung bewirkt. Das galt für die heldenhafte Verteidigung der Loirebrücke durch die Kadetten von Saumur, die beiden mit Panzerverbänden unternommenen Gegenstöße de Gaulles, die französischen Verteidiger von Boulogne, die selbst nach dem Abzug der Engländer aushielten, und viele der Franzosen in Dünkirchen, die weiterkämpften, obwohl sie wußten, daß sie keine Chance mehr hatten, an Bord eines Schiffes nach England zu kommen. Im Gegensatz zu der weitverbreiteten Auffassung bewahrten die meisten der in der Maginot-Linie liegenden Einheiten sich ihren Kampfgeist bis zum Ende (besonders hervorzuheben ist das XLIII. Armeekorps unter Befehl von General Lescannes, das sich selbst am 22. Juni 1940 zu kapitulieren weigerte). Das Fort Pepinster außerhalb von Lüttich hielt sich unter dem Befehl des belgischen Hauptmanns Devos bis zum 28. Mai. Im Vergleich zu manchen Belgiern[51] kämpften die Holländer schlecht. Ihre berühmten Radfahrerkompanien erwiesen sich angesichts der Erfordernisse des modernen Krieges als völlig unzulänglich.

Gegen die Italiener zeichneten die Franzosen sich aus: Obwohl General Olry zahlenmäßig unterlegene Truppen befehligte, hielt er den Italienern zwei Wochen lang fast überall stand. An der Küstenstraße außerhalb von Menton an der Riviera hielten ein französischer Sergeant und eine Handvoll Soldaten die Italiener zwölf Tage auf. Wo die Italiener tapfer und gut geführt wurden, kämpften sie ausgezeichnet: beispielsweise in Ostafrika.[52] Außerdem darf nicht übersehen werden, daß die im Epirus stationierte griechische Armee im

---

[51] Der kleine belgische Verband, der von General Gilliart geführt wurde, und der kleine Verband Freier Franzosen, den Montclar befehligte, kämpften im Ostafrikafeldzug sehr gut; der italienische General Gazzara ergab sich am 4. Juli 1941 an der sudanesischen Grenze diesen belgischen Truppen.

[52] Während des Ostafrikafeldzuges fielen 1940–41 mehr Italiener als im gesamten Abessinienkrieg der Jahre 1935–36. Ihre letzten Einheiten kapitulierten erst am 18. November 1941 in Gondar.

November 1940 den aus Albanien vorstoßenden italienischen Kräften zahlenmäßig fast dreifach überlegen war. Aber Mussolini, der auf politischem Gebiet gelegentlich ein überragender Realist sein konnte und dessen Erfahrungen aus dem Ersten Weltkrieg, den er als einfacher Soldat mitgemacht hatte, mit denen Hitlers vergleichbar waren, besaß nichts von Hitlers militärischem Realismus.

Mussolinis Entschluß, Griechenland zu besetzen, erwies sich nicht nur als großer strategischer Fehler; er war auch von Anfang an taktisch völlig verfehlt. Das italienische Ultimatum an Griechenland war noch brutaler, der Angriff noch unprovozierter und heimtückischer als Hitlers Überraschungsmanöver. Aber Mussolini hatte keine motorisierte Infanterie, nur wenige Panzer, keine Lastensegler und keine Fallschirmjäger – kurz gesagt wenig oder nichts, mit dem er die für den modernen Landkrieg charakteristischen raschen Schläge hätte führen können. Hauptsächlich aus diesem Grund blieb die italienische Offensive in Griechenland schon am zweiten Tag liegen; und die Moral der Italiener sank dementsprechend. Für die Griechen war dies andererseits ein weiterer nationaler Krieg: Sie reagierten auf diese Herausforderung mutig, aber auch listig. Daß sie die Welt (auch Hitler) Ende 1940 beeindruckten, darf jedoch nicht darüber hinwegtäuschen, daß sie rasch zusammenklappten, als die Deutschen sie im April 1941 angriffen. Berechnung und Verrat bestimmten das Handeln ihrer politischen Generale, die sich einbildeten, durch ihre Kapitulation vor den Deutschen günstigere Bedingungen für ihr Land und sich selbst herausholen zu können.

Bestimmte Gemeinplätze erwiesen sich als durchaus wahr. Die Engländer erlebten ihre größte Stunde, als sie mit dem Rücken an der Wand kämpften. Die entsprechende Einstellung machte sich bei den Engländern in Frankreich bereits im Mai 1940 bemerkbar, d. h. zu einer Zeit demoralisierender Niederlagen. Damals waren es die Angriffe der ersten RAF-Bombergeschwader an der Meuse, bei denen jedes zweite Flugzeug verlorenging, die Verteidigung von Calais, wo der englische Generalmajor Nicholson die deutsche Aufforderung zur Übergabe mit den Worten zurückwies: „Die Antwort lautet nein, da die britische Armee wie die deutsche den Auftrag hat, zu kämpfen." Trotzdem setzte nach der Luftschlacht um England eine gewisse Müdigkeit und Schlaffheit ein. Die Engländer konnten die Italiener selbst dort vernichtend schlagen, wo diese ihnen vierfach überlegen waren; aber als die Deutschen in Nordafrika erschienen, zogen die Engländer sich vor ihnen zurück – selbst bei Gelegenheiten, wo sie doppelt so stark wie das Afrikakorps waren. Das war im übrigen keine Frage schlechterer Ausrüstung: England besaß 1940 und 1941 mehr Panzer und Flugzeuge als Deutschland. Im November 1941 schrieb Churchill wütend an General Auchinleck: „Hier herrscht größte Erregung über die uns unterstellte träge Handlungsunfähigkeit."[53]

---

[53] Siehe auch seine Denkschrift vom 5. Oktober 1941 an den Kriegsminister über die Moral der Truppe an der Heimatfront, eine Denkschrift voller Trompetengeschmetter: „Paraden, Übungen

Ein Musterbeispiel für diese „träge Handlungsunfähigkeit" war Kreta. Dort kam es bei den auf dem Dienstweg erteilten Befehlen zu den üblichen Verzögerungen und dem Durcheinander, das vielleicht eher für die britische als für viele andere Armeen charakteristisch war. „Zu keinem Zeitpunkt des Krieges", schrieb Churchill später selbst, „war unser Nachrichtendienst so richtig und genau informiert."[54] Lange vor der deutschen Invasion teilte Churchill den Kommandeuren mit, daß ein Angriff bevorstehe: „Das müßte eine gute Gelegenheit sein, die Fallschirmtruppe zu erledigen. Die Insel muß hartnäckig verteidigt werden." Über drei Wochen verstrichen, bevor die Deutschen kamen: Aber als sie angriffen, begegneten ihnen die Verteidiger mit Verwirrung, Schwäche und Desorganisation sowie einer Art Unentschlossenheit, die vielleicht der schlimmste Aspekt englischer Befehlsgebung auf dem Höhepunkt ihrer Mittelmäßigkeit war.

Die Moral der englischen und der Commonwealth-Truppen war unterschiedlich. Schon vor der deutschen Invasion gab es viele Deserteure. Sie kamen nachts von den Hügeln herunter, um in den Dörfern zu trinken, „und brüllten und rauften in den Cafés. Die Nächte hatten begonnen, von Schüssen und Schreien widerzuhallen. Mehrere Griechen waren verletzt und mindestens einer getötet worden".[55] Die Griechen kämpften besser als sämtliche Engländer; ihre Verteidigung des Dorfes Alikianou war bewundernswert. Im Gegensatz zu den üblichen markigen Sprüchen der Antipoden gab es keine großen Unterschiede zwischen Engländern und Australiern mehr, sobald die Dinge wirklich schlecht standen. Der vorbildlich tapfere und intelligente neuseeländische General Freyberg berichtete offen über das letzte Stadium des Rückzuges quer über die Insel: „Ein unordentlicher Pöbelhaufen . . ."

Wirklich charakteristisch für den Kampfgeist der Engländer blieb die vorsichtig abwägende Haltung ihrer Führung. Eine Episode, die vielleicht in einem Mikrokosmos die ganze Geschichte Englands und Europas während und nach dem Krieg widerspiegelt, war das britische Kommando-Unternehmen, durch das Ende Dezember 1941 einige der kahlen norwegischen Lofot-Inseln zeitweilig befreit wurden. Die Einheimischen verfielen in einen Begeisterungstaumel. Nach drei Tagen rückte das Kommando wieder ab. Auf den Inseln herrschten wieder Dunkelheit, Verbitterung und Trübsal.

Keine Exilarmee bewies soviel Kampfgeist und Tapferkeit wie die Polen im Jahre 1940; bei St.-Valéry-en-Caux kämpften polnische Einheiten selbst in

und Manöver, die gezielte Entwicklung der individuellen Qualitäten von Abteilungen, Zügen und Kompanien, die ständige Weiterbildung und Überprüfung der mittleren Offiziere, Kurse und Wettbewerbe aller Art sollten sämtliche Dienstgrade beschäftigen. Durch Städte und Industriebezirke sollte viel mit Militärmusik marschiert werden . . . Wir brauchen reguläre Einheiten von höchster Qualität, keine ländliche Miliz, die im Falle einer Invasion antreten und sich an der Abwehr beteiligen soll." Churchill, GA, S. 503–4.

[54] Churchill, GA, S. 240.

[55] Stewart, Crete, S. 53–54.

den Tagen vor der französischen Kapitulation mit Todesverachtung. In England hatte die Regierung einige Schwierigkeiten mit polnischen Soldaten wegen ihrer politischen Manifestationen und gelegentlicher Disziplinlosigkeit; aber ihre Tapferkeit zu Lande, zu Wasser und in der Luft war in fast jedem Gefecht eindrucksvoll. Die Polen demonstrierten jene seltsame Mischung aus Kontinuität und Wechsel, die für den letzten europäischen Krieg charakteristisch war: alte Traditionen, neue Brutalitäten. Die traditionellen kämpferischen Qualitäten vereinigten sich mit dem erbitterten, bedingungslosen Haß auf den Feind.

„Verglichen mit der alten kaiserlichen Armee wirken die Truppen des Naziregimes viel ‚demokratischer‘ . . . Die Kluft zwischen Offizieren und Mannschaften scheint jetzt weniger unüberbrückbar zu sein . . . Vom Höchsten bis zum Niedrigsten zeigt sich eine deutlicher erkennbare Beteiligung aller Dienstgrade an einer allgemeinen Atmosphäre der Freundlichkeit . . .“ Das war mehreren Franzosen aufgefallen – auch Marc Bloch, der es für wichtig genug hielt, um es 1940 niederzuschreiben.[56] Eine Zeitlang konnten die alten Traditionen sich noch hier und dort halten; dann verschwanden sie unter einer Sturmflut neuer Brutalitäten. Admiral Canaris, der Chef der deutschen Abwehr, sträubte sich gegen Heydrichs Plan, Deutsche in polnischen Uniformen am Vorabend des Krieges einen Überfall auf den deutschen Rundfunksender Gleiwitz fingieren zu lassen; schließlich gab Canaris aber doch nach. Im Polenfeldzug wurden im September 1939 mehrere SS-Männer auf Befehl von General Blaskowitz wegen der Ermordung von 450 jüdischen Zivilisten vor ein Kriegsgericht gestellt, aber anschließend fast augenblicklich begnadigt.[57]

Am 28. Oktober 1939 erließ Himmler einen „SS-Befehl für die gesamte SS und Polizei“, der im Januar 1940 in *Das Schwarze Korps* abgedruckt wurde und in dem zur Kinderzeugung aufgefordert wurde: „Über die Grenzen vielleicht sonst notwendiger bürgerlicher Gesetze und Gewohnheiten hinaus wird es auch außerhalb der Ehe für deutsche Frauen und Mädel guten Blutes eine hohe Aufgabe sein können, nicht aus Leichtsinn, sondern aus tiefstem sittlichen Ernst Mutter der Kinder ins Feld ziehender Soldaten zu werden . . .“ Generalleutnant Groppe verurteilte dies in einer scharfen Rede, deren Text er an seine Offiziere verteilte; Groppe wurde daraufhin zu einem anderen Truppenteil versetzt.

Als Oberst Sas, der niederländische Militärattaché, seinen Vorgesetzten im März 1940 meldete, er sei von Informanten aus Offizierskreisen vor einer bevorstehenden deutschen Invasion gewarnt worden, stellte General Winckelmann fest, solch ein deutscher Offizier müsse ein „elender Schuft“[58] sein. Dieser ehrenwerte Holländer, der über diesen Verstoß gegen militärische Traditionen schockiert war, konnte nicht ahnen, daß die erste deutsche Ein-

[56] *Bloch*, S. 92.
[57] Hitler kritisierte Blaskowitz’ „Heilsarmee“-Konzept. *Broszat*, S. 41.
[58] *Deutsch*, S. 100.

heit, die wenige Wochen später in Holland einfallen würde, sich mit holländischen Helmen und Militärmänteln tarnen würde. Wir haben gesehen, daß die belgische und die niederländische Bevölkerung im allgemeinen von der Korrektheit des deutschen Militärs beeindruckt war.[59] Am Tag des Waffenstillstandes in Frankreich schien selbst der sture, phantasielose Keitel bewegt und behandelte seine französischen Verhandlungspartner mit gewisser Höflichkeit; das italienische Oberkommando, vor allem Badoglio, empfing die französische Waffenstillstandsdelegation mit ausgesuchter Höflichkeit. Die Namen einiger ehrenwerter deutscher Generale (wie des Generals Vogl, eines Mitglieds der deutsch-französischen Waffenstillstandskommission in Wiesbaden) sollten der Nachwelt überliefert werden. Als der Herzog von Aosta, der Oberbefehlshaber der italienischen Kräfte in Ostafrika, in der Kriegsgefangenschaft starb, legte der englische Oberbefehlshaber Blumen auf seinem Grab nieder.[60]

Trotzdem wäre es falsch, zwei deutlich voneinander unterscheidbare Kategorien zu etablieren: hier die Traditionalisten, dort die verbrecherischen Nationalsozialisten. Nur wenige deutsche Generale hatten den Mut, sich gegen Hitler aufzulehnen, wie nur wenige russische Generale den Mut aufbrachten, Stalin Widerstand zu leisten. Einige der besten deutschen Generale – zum Beispiel Model und Reichenau – waren überzeugte Nationalsozialisten. Kein deutscher Offizier protestierte öffentlich gegen Hitlers Kommissarbefehl. Lassen Sie mich wiederholen: Auch vor Juni 1941 gab es nur wenig europäischen „Normalkrieg".[61] Einige der erbittertsten Feinde Hitlers saßen in Canaris' Abwehr, dem Nachrichtendienst der Wehrmacht; aber die erbittertsten Feinde waren nicht immer die entschlossensten Gegenspieler.[62] Wahr ist

[59] Ernst Jünger hielt in seinem Kriegstagebuch einen Ausspruch seines Kommandeurs fest, der am 25. Mai 1940 das in der französischen Stadt Neufchâteau requirierte Stroh bezahlen ließ: „Meine Herren, wir wollen doch Kavaliere bleiben, sonst kommen wir nicht weit." *Jünger*, S. 153.

[60] Die Italiener behandelten ihre englischen Gefangenen im allgemeinen gut. Das bestätigten englische Offiziere im Dezember 1940 dem päpstlichen Nuntius. VD, 4, S. 320.

[61] Die Behandlung englischer und osteuropäischer (vor allem sowjetischer) Kriegsgefangener durch die Deutschen stellte eine Diskriminierung in der Hauptsache, nicht nur in Nebensächlichkeiten dar. Überdies steckte dahinter eine gewisse primitive Berechnung. Während des ganzen Krieges versuchten die Deutschen, kriegsgefangene englische Offiziere durch eine traditionell ritterliche Behandlung zu beeindrucken. Göring und seine Leute gaben sich besondere Mühe, wenn es um den Empfang abgeschossener englischer Piloten ging – vor allem in den Jahren 1940–41. In einem Fall forderten sie die Engländer über Funk auf, eine Maschine herüberzuschicken und die Beinprothese von Commander Bader, dem englischen Jagdflieger-As, abwerfen zu lassen. Die Engländer schickten tatsächlich ein Flugzeug, das Baders Prothese abwarf – aber auch eine Ladung Bomben. Noch zehn Jahre nach Kriegsende berichtete Major Galland, das deutsche As, dies mit dem schmerzlichen Gefühl verschmähter Rechtschaffenheit: „Das war keine sehr freundliche Antwort auf unseren wohlgemeinten Vorschlag." *Galland*, S. 92. (Das war auch nicht die Art und Weise, wie die Deutschen gefangengenommene sowjetische Piloten behandelten.)

[62] Die Abwehr beschäftigte noch 1942 selbst deutsche Juden in ihrer Eigenschaft als V-Männer (zum Beispiel einen gewissen G. Ascher in Rom). Einige ihrer wichtigsten Nachrichtendienstoffi-

jedoch, daß die deutschen Militärs vorsichtiger als die Nationalsozialisten oder die SS-Führer waren, weil sie sich weniger mit der Sache des Nationalsozialismus und des Dritten Reiches identifizierten. Napoleon hatte bei einer Gelegenheit gesagt, seine Marschälle seien wie Bluthunde: Er müsse sie an der Leine halten. Hitler sagte oft, er wünsche sich, seine Generale hätten mehr von Bluthunden an sich; er mußte sie vorwärtstreiben.

Leutnant Estienne d'Orves, ein junger rechtsstehender Marineoffizier, war einer der ersten Helden der Résistance. Er wurde am 24. Mai 1941 von einem deutschen Militärgericht, das ihn respektvoll behandelte, zum Tode verurteilt. „Das Gericht", führte der Vorsitzende (General Keyser) aus, „stand vor einer schwierigen Aufgabe. Der Angeklagte ist ein Mann mit großen Verdiensten, mit großer Charakterstärke, der aus Liebe zu seinem Vaterland gehandelt hat."[63] Im Morgengrauen des 29. August wurde Estienne d'Orves am Mont Valérien standrechtlich erschossen. Zuvor wandte er sich an Keyser: „Monsieur, Sie sind ein deutscher Offizier. Ich bin ein französischer Offizier. Wir haben beide unsere Pflicht getan." Die beiden umarmten sich. Dann rief Estienne d'Orves aus: „Vive la France!" und fiel nach einer Salve des Erschießungskommandos. Im Ersten Weltkrieg hatte es nichts dergleichen gegeben. Am gleichen Tag, dem 29. August 1941, wurden in den Vorstädten von Minsk und Mogilew 3000 jüdische Männer, Frauen und Kinder von SS-Einsatzgruppen mit Maschinengewehrfeuer niedergemacht. Das Militär sah tatenlos zu. Auch so etwas hatte es im Ersten Weltkrieg nicht gegeben.

ziere, gefährliche und erfolgreiche Gegner der Widerstandsbewegungen wie die Majore Giskes und Bleicher in den Niederlanden und Frankreich, wurden nach dem Krieg von französischen und niederländischen Militärgerichten freigesprochen.
[63] *Duquesne*, S. 117.

# 3. Die politischen Veränderungen

Im Jahre 1939 war der Krieg noch immer die Fortsetzung der Politik mit anderen Mitteln. Aber auch die Umkehrung der Clausewitzschen Maxime bewahrheitete sich jetzt: Politik war die Fortsetzung des Krieges. Tatsächlich verstand Hitler es besser, Politik zu machen, als gelte es einen Krieg zu führen, als einen Krieg zu führen, als gelte es Politik zu machen. In den Augen der meisten Menschen ist er noch immer ein dilettantischer Feldherr – wobei sie Napoleons anzügliches Bonmot über Dilettanten vergessen, die auf zwei Gebieten besser als Fachleute sind: in der Prostitution und im Krieg.

Die phantastischen Erfolge der Wehrmacht überraschten 1940 selbst jene, die ohnehin dazu neigten, mit Deutschland und dem Nationalsozialismus zu sympathisieren; sie festigten die politischen Überzeugungen einiger Menschen, trugen dazu bei, die Ansichten anderer zu festigen, und erweckten übertriebene Erwartungen in weiteren Millionen, die in vielen Ländern Europas glaubten, Augenzeugen des Endes einer alten politischen und sozialen Ordnung und des Beginns einer neuen zu werden. Aber auch die Millionen – wahrscheinlich die Mehrzahl aller Europäer –, die kaum ideologische Neigungen hatten, wurden von dem dramatischen Schauspiel beeinflußt, das sie direkt oder indirekt durch Nachrichten, Rundfunkmeldungen und Bildberichte miterlebten. Auch sie hatten den Eindruck, die alte europäische Ordnung – oder Unordnung –, die sie mit Liberalismus, Parlamentarismus, Demokratie und bourgeoiser Gesellschaft in Verbindung brachten, löse sich endgültig auf – besonders nach der Kapitulation Frankreichs.

Diese Meinungsumschwünge können zeitweilig gewesen sein. Nach 1941 verblaßte der Eindruck, die Deutschen seien unbesiegbar; gleichzeitig verschwanden einige der Überzeugungen, die eine revolutionäre neue Ordnung in Europa vorausgesehen hatten. Fast zwei Jahre lang schien die Sache Hitlers und der Deutschen siegreich zu sein. Millionen von nicht sehr beredten (sowie Hunderttausende von äußerst beredten) Männern und Frauen paßten ihre Ideen dieser Entwicklung an. Später trat bei den meisten von ihnen ein erneuter Meinungsumschwung ein. Wie kam es dazu? Und warum kam es dazu? Wie soll man den bewußten von dem unbewußten Opportunisten unterscheiden, den bewußten von dem unbewußten Machiavellianer? Selbst Schriftsteller, die mit solchen Dingen oft besser zurechtkommen als Geschichtswissenschaftler, haben wenig dazu beigetragen, diese Problemkreise zu erhellen.

236

Trotzdem sind die genannten Fragen von größter Bedeutung: Erstens, weil die Gedanken und Empfindungen der Menschen der Grundstoff der Geschichte sind – ganz gewiß auf lange Sicht und oft auch auf kurze; zweitens, weil das „Meinungsklima" im 20. Jahrhundert mit seinen Menschenmassen nicht mehr das Beinahe-Monopol einer kleinen gebildeten Klasse ist; drittens, weil die allgegenwärtige Propaganda und Publicity es sehr erschweren, begründete Ansichten und feste Überzeugungen von ihren vergänglichen Einflüssen und flüchtigen Äußerungen zu unterscheiden. Ich habe einige dieser Probleme in meinem Buch „Historical Consciousness" behandelt; daß ich auf sie aufmerksam geworden bin, rührt daher, daß ich selbst den letzten Krieg in der Mitte Europas als Augenzeuge miterlebt habe.

Dem Historiker, der die politischen Hintergründe des letzten europäischen Krieges behandeln will, stellt sich eine weitere Schwierigkeit in den Weg. In gewissem Ausmaß – aber nur bis zu einem gewissen Punkt – war er ein ideologischer Krieg. Im Jahre 1939 spiegelte die politische Geographie Europas eine ideologische Differenzierung wider. In den west- und nordeuropäischen Staaten herrschte als Regierungsform die parlamentarische Demokratie vor; die Völker Mittel- und Osteuropas wurden von autoritären und totalitären Regierungen geführt; in der Sowjetunion regierte der Kommunismus. Diese Unterschiede bezeichneten in vieler Beziehung unterschiedliche Phasen in der Evolution der Völker Europas. Trotzdem erwiesen diese Unterschiede sich häufig als überbrückbar, so wichtig sie andererseits auch sein mochten. Zu Hitlers Verbündeten gehörten skandinavische Demokratien wie Finnland; zu seinen Gegnern zählten autoritäre Diktaturen wie Griechenland.

Das alles war durchaus nicht neuartig. Geographie war wichtiger als Ideologie; Staatsinteressen hatten den Vorrang vor öffentlich verkündeten, amtlichen Philosophien. Im Jahre 1652 entsandte Kardinal Mazarin einen M. de Bordeaux als französischen Botschafter in das von Cromwell und seiner puritanischen Diktatur beherrschte England. „Die Verbindungen, die zwischen benachbarten Staaten existieren sollten, werden nicht durch die Regierungsformen bestimmt", sagte Bordeaux bei seiner Ankunft in London – ein Ausspruch, der 1939 oder 1940 von Ribbentrop in Moskau, von Molotow in Berlin oder sogar von Sir Samuel Hoare in Madrid hätte wiederholt werden können (und gelegentlich wohl auch in ähnlicher Form wiederholt wurde). Er entsprach ganz sicher der politischen Philosophie Churchills und dem politischen Pragmatismus Stalins – manchmal sogar der politischen Ideologie Hitlers.

Trotzdem brachte das Vorhandensein ideologischer Affinitäten ein neues Element in die Geschichte der europäischen Nationen. In jeder Nation gab es jetzt viele Männer und Frauen, die sich eine Niederlage ihres Staates (allerdings nicht unbedingt ihrer Nation) und den Sieg der Feinde ihres Staates wünschten. Auch das war nichts gänzlich Neuartiges: In gewissem Ausmaß bezeichnete es das Wiederauftreten eines alten Phänomens aus den Religionskriegen des 16. Jahrhunderts. Damit setzte ein tiefgreifender Wandel in dem traditionellen Verhältnis von Völkern zu ihren Regierungen ein. Dieser Gezeitenwechsel brachte nur eine langsam ansteigende Flut, die jedoch ozeanisch genug war, um einen Großteil des verbalen Trümmerschuttes der Rechten und der Linken wegzuschwemmen. War Hitler beispielsweise im Vergleich zu Franco ein Rechter oder ein Linker? Im Zweiten Weltkrieg gab es „Konservative", die auf revolutionäre Umwälzungen innerhalb ihres Staates hofften; es gab „Nationalisten", die auf den Sieg der Deutschen hofften – manchmal auf Kosten der Unabhängigkeit ihrer eigenen Nation. Das bringt dem Historiker nachträglich gewisse Schwierigkeiten; deshalb müssen wir uns über bestimmte Realitäten der damaligen politischen Veränderungen klarwerden.

Wir werden beispielsweise sehen, daß sich der Hauptkampf vor 1941 (und in vielen Fällen auch später) zwischen zwei Rechten, nicht zwischen der Rechten und der Linken abspielte. Das hat viel mit modernem Nationalismus zu tun, der zumindest in den letzten 100 Jahren das beherrschende politische Phänomen war. Marx hat es übersehen; seine Jünger haben es unterschätzt, ohne eine ähnlich gute Entschuldigung dafür zu haben. Die Jahre 1939-41 bezeichneten nicht nur den zeitweiligen Zusammenbruch der Linken in Europa; sie bezeichneten auch zum zweitenmal das fast allgemeine Versagen (das erste Mal war 1914) der marxistischen politischen Theorie. So grausam, so gewöhnlich Hitler auch war: er besaß ein tieferes Verständnis für die menschliche Natur als Marx, und der Nationalsozialismus (der in Deutschland nur als eine von mehreren Varianten auftrat) erwies sich als lebensfähiger als der internationale Sozialismus. Im weitesten Sinn des Wortes war der Nationalsozialismus, die Verbindung von Nationalismus mit Sozialismus, viel mehr als ein vorübergehend auftretendes Phänomen – tatsächlich kann er sich als die politische Hauptbewegung des 20. Jahrhunderts erwiesen haben.


Die gespaltene Rechte


„Revolution von rechts" hieß ein wichtiges Buch des deutschen Kulturhistorikers Hans Freyer, das 1931, zwei Jahre vor Hitlers Machtergreifung, erschien. Die Tendenzen der aus der Weltwirtschaftskrise entstehenden politischen Massenbewegungen waren eher faschistisch oder nationalsozialistisch als kommunistisch. Das galt nicht nur für die meisten europäischen Staaten, sondern auch für Amerika, wo Männer wie Huey Long und der Reverend Charles Coughlin die einzigen waren, die ernsthaft mit Franklin D. Roosevelts Beliebtheit konkurrieren konnten.

Die Terminologie von rechts und links geht auf die Französische Revolution zurück; der Zusammenbruch Frankreichs im Jahre 1940 erschien vielen

Menschen nicht nur als die Niederlage eines Staates, sondern auch als die Niederlage der Ideale, die dieser Staat verkörpert hatte – das Ende einer Epoche, die mit der Französischen Revolution begonnen hatte. Das behaupteten die Ideologen des Nationalsozialismus: 1940 bezeichnete nicht nur das Ende des durch den Versailler Vertrag geschaffenen Europa, sondern auch des von jenem Pariser Geist beeinflußten Europa; nicht nur das Ende der Ära von 1919, sondern auch das der Ära von 1789. Diese Auffassung war in gewisser Beziehung gerechtfertigt. Beispielsweise reagierten die französischen Abgeordneten im Juli 1940 ähnlich auf die Niederlage ihrer Republik, wie die frei gewählten deutschen Abgeordneten im März 1933 auf das Ende ihrer Republik reagiert hatten. Die Ähnlichkeit der Abstimmungsergebnisse bei größtenteils konstitutionellen[1] Stimmen, durch die republikanische Strukturen abgeschafft und die Staatsgewalt auf eine nationale Diktatur übertragen wurde, ist aufschlußreich. Die jeweiligen Ermächtigungsgesetze für Hitler und Pétain, welche eine ganze demokratische Ära auslöschten, wurden 1933 in Berlin mit 441 Ja- gegen 94 Neinstimmen und 1940 in Vichy mit 569 Ja- gegen 97 Neinstimmen angenommen. Einiges spricht dafür, daß diese Stimmverhältnisse etwa der damaligen Einstellung der Bevölkerung dieser beiden Staaten entsprachen.

Das galt nicht nur für die Deutschen und die Franzosen. Überall in Europa gab es viele, die den Zusammenbruch der alten Ordnung begrüßten; es gab viele weitere wie Maurras, die zumindest die Gelegenheit zu einer gründlichen gesellschaftlichen und politischen Reform begrüßten, die ihnen die Katastrophe bot[2]; es gab noch mehr, vermutlich die Mehrzahl aller Europäer, die trotz ihres Bedauerns über die deutsche Vorherrschaft auf dem Kontinent die Mängel der liberalen und demokratischen Regierungsphilosophie sowie die tödliche Schwäche der Institutionen und Staaten, von denen sie verkörpert wurde, erkannten. In den Niederlanden gewann die neokonservative Bewegung *Nederlandse Unie* nach dem Juli 1940 fast eine Million Mitglieder. Selbst in England, wo die demokratischen Institutionen fortbestanden, waren Churchills Kriegsdiktate und die kriegsbedingten Sparmaßnahmen in den Jahren 1940 und 1941 sehr populär. Er hatte gesagt: „Ich habe nichts zu bieten als Blut, Mühsal, Tränen und Schweiß."

Jenseits des Kanals wählte ein ganz anderer Mann in einer ganz anderen Situation, der greise Marschall des besiegten Frankreich, ein ähnlich karges und atavistisches Motto für seinen neuen Staat: *Travail, Famille, Patrie* (Arbeit, Familie, Vaterland) – als Ersatz für die veralteten Abstraktionen

---

[1] Größtenteils, aber nicht völlig: 1933 in Berlin und 1940 in Vichy wurden die kommunistischen Abgeordneten ausgeschlossen.

[2] Am 20. Juni 1940 schrieb Maurras in Südfrankreich die später berühmten – oder berüchtigten – Worte: „Eine himmlische Überraschung." Das wurde später mißverstanden. Maurras begrüßte nicht die Niederlage Frankreichs, sondern die Tatsache, daß Pétain die Verantwortung für das Schicksal Frankreichs übernommen hatte und daß Pétains erste Rundfunkansprache einen autoritären Regierungskurs angekündigt hatte.

*Liberté, Egalité, Fraternité* (Freiheit, Gleichheit, Brüderlichkeit), und das Volk ging darauf ein. In Frankreich ließ diese Begeisterung Ende 1941 nach, was weniger auf die originellen Ideen, als vielmehr auf die Schwäche der Regierung zurückzuführen war. Am 10. Oktober 1940 wandte Pétain sich an die Franzosen: „Die Geschichte wechselt zwischen Perioden der (übersteigerten) Autorität, die zu Gewaltherrschaft degeneriert, und Perioden der (übermäßigen) Freizügigkeit, die zu Zügellosigkeit degeneriert. Nun ist es Zeit für Frankreich, diese schmerzlichen Wechsel zu beenden und einen Einklang zwischen Autorität und Freiheit zu finden . . . — Der hierarchische Charakter des neuen Regimes ist untrennbar mit seinen sozialen Bestrebungen verknüpft." Gegen diese – leider zum größten Teil rhetorischen – Begriffe konnten die meisten intelligenten Europäer damals keine Einwände erheben, Begriffe, die auch den Neigungen der Regierungen und Völker ganz Europas, auch der eroberten, der noch freien und der neutralen Staaten entsprachen – von Portugal bis Griechenland, von Rumänien bis zur Schweiz. Wurden bei neutralen, traditionell demokratischen Völkern wie den Schweizern oder den Schweden die Regierungsmacht gestärkt und einige der demokratischen Freiheiten beschnitten, fand dies 1940 offenbar die Zustimmung der Mehrheit.

Auch in dieser Beziehung bezeichnete 1940 einen Wendepunkt: eine weitverbreitete Enttäuschung über das, was als die alte Ordnung galt. Ich schreibe „alte Ordnung" und „neue Ordnung", weil diese Begriffe der Schlüssel zu den damals existierenden politischen Strömungen waren. Den meisten Menschen erschienen die Institutionen und Ideen von Liberalismus, Kapitalismus, Sozialismus und parlamentarischer Demokratie hoffnungslos veraltet. Der Titel des 1941 erschienenen Buches des französischen Neokonservativen Anatole de Monzie ist in dieser Beziehung aufschlußreich: „Ci-devant" (ehemals, vormals). Im Französischen hatte „ci-devant" die Zeit des alten Regimes und der Aristokratie vor 1789 bedeutet; nach 1940 schien es der richtige Ausdruck, in der Tat *le mot juste* für das alte, korrupte demokratische und parlamentarische Regime der Dritten Republik zu sein. Im Jahre 1931 hatten die meisten Staaten Europas die Revolution von rechts noch vor sich gehabt; 1941 war sie verwirklicht, und die Herrschaft der demokratischen Linken war zu Ende: *ci-devant*. Männer wie Henri de Man bezeichneten letztere 1940 als das *ancien régime* (1944 würde er die Rückkehr der Exilregierungen aus London als *restauration* bezeichnen).

Diese weitverbreitete Ansicht, die in den Köpfen von Millionen zu einer Überzeugung wurde, war nicht – das muß hier wiederholt werden – das propagandistische Monopol von Nationalsozialisten oder Faschisten. Schon vor dem französischen Zusammenbruch hielt Spears Anfang Juni 1940 ein Gespräch mit Georges Mandel fest, dem früheren Sekretär Clemenceaus, der jetzt französischer Innenminister und ein unbestechlicher Demokrat war: Er „läßt seine Verachtung für die vielen zeitgenössischen Politiker erkennen, für die Demokratie nicht mehr als eine Rede, eine Anfrage, eine parlamentarische

Auseinandersetzung, die langweiligen, schäbigen Umstände der Volksvertre-
tung, das Ganze von der Realität losgelöst, bedeutete". „Die Demokratie hat
seit langem Weitblick und Kühnheit vermissen lassen. Die Idee des Vaterlandes
und militärischer Tapferkeit ist zu lange vernachlässigt worden . . ." Dieses
Zitat aus einer Rundfunkansprache stammt nicht von Pétain, sondern von
Reynaud (am 6. Juni 1940). Solche Gefühle gingen tiefer; sie waren nicht nur
vergängliche Reaktionen auf die plötzlich drohende Tragödie einer Niederlage.
Meinungsäußerungen dieser Art waren weder eine Erfindung noch das Monopol der Befürworter eines neuen deutschen Europa, von Faschisten oder
Autoritätsgläubigen. So dachten auch viele der ersten und tapfersten Gegner
des Dritten Reiches[3] und die meisten der frühen Widerstandskämpfer.

Die politische Hauptauseinandersetzung fand im Europa der Jahre 1939-
41 also zwischen zwei rechtsgerichteten Strömungen statt. Auch das war keine
völlig neuartige Sache. Der Kampf hatte schon in den dreißiger Jahren
begonnen, obwohl diese Tatsache durch eine allgemein akzeptierte oberflächliche Deutung der Ereignisse verdeckt wurde (und noch wird). In Deutschland
bestand 1933 die einzig mögliche politische Alternative zu Hitler aus einem
militärisch-konservativen Regime, das von den Spitzen der Reichswehr unterstützt oder sogar aus ihnen gebildet wurde. Später, d. h. 1933 und 1939,
wurden die ersten Anläufe zu einer Verschwörung gegen Hitler ausschließlich
von Männern unternommen, die politisch rechts standen. In Österreich hatten
Hitlers Anhänger einen mörderischen Kampf gegen ihre Hauptgegner zu
führen: die österreichischen Klerikalen und die österreichischen Faschisten.[4]
In Italien konnten Mussolinis Gegner sich nur um den König oder den Papst
scharen. In Spanien beeinträchtigten die Existenz der traditionsverhafteten
Oberschicht und der Kirche die Aussichten für einen regelrechten spanischen
Faschismus und trugen dazu bei, Franco von einer richtiggehenden Allianz mit
Hitler abzuhalten.[5]

In Portugal, Griechenland, Ungarn, Bulgarien, Rumänien, Jugoslawien,
Lettland, Litauen und Estland, um nur einige Beispiele zu nennen, stellte die
Existenz eines konservativen Diktators, eines Regenten oder eines Monarchen
das Haupthindernis für die radikalen und oft fanatischen Bewegungen dar, die
in den dreißiger Jahren der Philosophie des Hitlertums anhingen. Die tschechischen Demokraten beugten sich Hitlers Drohungen; die nationalistischen

---

[3] Der Kommunist (aber Antistalinist) Willi Münzenberg während des widerstrebend geführten
Krieges: „Demokratie und Diktatur haben einen schlechten Ruf bei den Volksmassen. ‚Demokratie' erinnert in Deutschland jeden an Weimar, ‚Diktatur' an Hitler und Stalin . . ." In der
Emigrantenzeitschrift *Zukunft* (Paris, 5. Januar 1940), zitiert bei *Gross*, S. 325.
[4] Fürst Starhemberg, der Hauptorganisator des österreichischen Faschismus, trat 1939 als Freiwilliger in die französische Armee ein.
[5] Die spanischen Falangisten waren 1940–41 deutschfreundlich; die carlistischen *Requetés* (reaktionäre Traditionalisten auf der äußersten Rechten) waren englandfreundlich. Im Vatikan waren
die entschlossensten Gegner des Dritten Reiches Kardinäle wie Ottaviani und Tisserant – 20 Jahre
später die „reaktionären" *bêtes noires* progressiver Katholiken.

Polen kämpften bis zum bitteren Ende gegen ihn – sogar noch darüber hinaus. Dieser Trend aus den dreißiger Jahren hielt bis in den Krieg hinein an. Er erreichte seinen Höhepunkt 1940, als Churchill und de Gaulle die Führer des europäischen Widerstandes gegen Hitler waren: mehr Patrioten als Nationalisten, mehr Traditionalisten als Konservative – beide Männer der Rechten.

In dem brennenden Sommer des Jahres 1940 flammte der Widerstand gegen das Dritte Reich eher bei Patrioten als bei Sozialisten, eher bei Konservativen als bei Radikalen und eher bei Nationalisten als bei Internationalisten auf. So sah es in fast allen europäischen Ländern aus. Auch die wenigen bedeutsamen Manifestationen einer deutschen Opposition gingen hauptsächlich von Katholiken und Konservativen aus.[6] In Rußland kam es Hitler ebenfalls darauf an, eher den Nationalismus als den Kommunismus zu unterdrücken.[7] Aus England, Frankreich und Westeuropa berichteten die einzelnen deutschen Geheimdienste, ihre Hauptgegner seien eher in den Reihen der Traditionalisten der Oberschicht, als in denen der Sozialisten und Kommunisten der Arbeiterklasse zu finden.[8] Wir haben gesehen, wie stark die monarchistischen Gefühle in Westeuropa waren; wir haben gehört, daß der Sozialist Orwell ehrlich genug gewesen war, um einzugestehen, daß ihn das patriotische Pflichtbewußtsein der englischen Oberschicht und des Mittelstandes oft mehr beeindruckten als der Sozialismus der Intellektuellen oder die Reaktionen der Arbeiterklasse. Der reaktionäre Patriotismus der alten konservativen Bourgeoisie (oder der verbliebenen Aristokratie) war das größte Hindernis, das sich Hitlers Plänen zu einer Neuordnung Europas entgegenstellte. Ihre Bereitschaft, die Schmach, als „reaktionär" bezeichnet zu werden, auf sich zu nehmen, kam schon 1933 in einem bemerkenswerten kleinen Buch des Schweizers Albert Oeri, dem Chefredakteur der liberal-konservativen *Basler Nachrichten,* zum Ausdruck. Oeri schrieb, er habe nichts dagegen, zur „alten Front" zu zählen: „Es ist zuzugeben, daß wir mit unserm demokratischen Konservatismus eine schöne Gelegenheit versäumen, auf der Höhe der Zeit zu marschieren. Das ist der Schweiz aber schon verschiedene Male passiert."[9]

[6] Beweise dafür finden sich in den „Meldungen aus dem Reich", den Geheimberichten des Reichssicherheitshauptamtes. Die Berichte aus den Jahren 1939–41 sind besonders interessant.
[7] Zwei Beispiele: Hitler erklärte seinem Oberkommando gegenüber am 30. März 1941, es sei nur notwendig, einer primitiven sozialistischen „Intelligentsia" die Existenz in einem eroberten Rußland zu gestatten. Am 2. August 1941 meinte er, seine Kommunisten seien ihm tausend mal mehr sympathisch als, beispielsweise, ein Starhemberg. *Hitler* TG, 28.
[8] Hitler schätzte dies bis zum Ende richtig ein: Am 14. Februar 1945 sagte er, die Befreiung der Arbeiterklasse und die Hilfe für die französischen Arbeiter bei der Durchführung ihrer Revolution hätte in ganz offensichtlicher Weise ihre Aufgabe sein müssen. Ohne Rücksicht hätte die fossile und verknöcherte Bourgeosie hinweggefegt gehört . . . Am 15. Februar 1945 meinte er, die Deutschen hätten ihrer Pflicht nicht Genüge getan und außerdem ihren eigenen Interessen zuwidergehandelt, als sie das französische Proletariat nicht sofort 1940 befreiten . . . das französische Volk habe viel mehr Gemeinsinn gezeigt als seine selbst-ernannte Elite. *Hitler-Bormann,* 60, 67.
[9] Zitiert bei *Wolf,* S. 181.

242

Das ist also ein Aspekt der Geschichte der Rechten, den ich hier – vielleicht etwas zu ausführlich – darstellen mußte. Sie weist jedoch auch einen weiteren Aspekt auf: den der Konservativen, die mit Hitler und Mussolini gemeinsame Sache machten. Für diese Spaltung der Rechten gab es einen verhältnismäßig einfachen Grund: Antikommunismus, Angst vor der Linken. Aus Mißtrauen gegenüber der Linken und Haß gegen den Kommunismus war Hitler in Deutschland vielen Konservativen akzeptabel erschienen. In den dreißiger Jahren war dies ein weltweites Phänomen geworden. Beispielsweise mußte ein Mann wie Quisling sich wegen seines Hasses gegen den russischen Kommunismus zur Sache Hitlers und Deutschlands hingezogen fühlen. In einem anderen skandinavischen Land befürwortete ein demokratischer Monarch wie Gustav V. von Schweden (der eine gewisse Schwäche für Göring hatte) 1940 einen Friedensschluß zwischen England und Deutschland.[10] Und Marschall von Mannerheim rechtfertigte im Juli 1941 das finnische Bündnis mit Deutschland sich selbst gegenüber mit der Absicht, den Bolschewismus ein für allemal auszurotten.

Einige der lehrreichsten (und aus heutiger Sicht traurigsten) Beispiele für diesen engstirnigen Konservatismus waren jedoch in Frankreich zu beobachten. Aus einer schwachsinnigen, besser: verkalkten antikommunistischen, linksfeindlichen Besessenheit heraus wurden viele Konservative wissentlich oder unwissentlich zu Komplicen Hitlers. Zum Zeitpunkt des Münchner Abkommens waren die meisten französischen Konservativen unerbittlich gegen einen Kriegseintritt ihres Landes an der Seite der Tschechen und Engländer und vielleicht der Russen – nicht nur weil, wie Thierry Maulnier von der *Action Française* 1938 in der Novemberausgabe des Magazins *Combat* schrieb, solch ein Krieg zu einer Niederlage Frankreichs hätte führen können, sondern vor allem auch, weil die „Niederlage Deutschlands den Zusammenbruch jener autoritären Systeme in Europa bedeutet hätte, die *das Hauptbollwerk gegen den Kommunismus und vielleicht die sofortige Bolschewisierung Europas* bilden" (Hervorhebung im Original). Im Jahre 1940 wurden selbst altmodische Nationalisten wie Ybarnegaray offene Anhänger von Pétains Politik.

Die Deutschen kannten diese Einstellung Pétains sowie Leopolds III. von Belgien, der dann 1940 vor ihnen kapitulieren sollte. General Weygand, der französische Oberbefehlshaber, politisch konservativ eingestellt, malte nicht nur bereits am 26. Mai 1940 das Gespenst eines notwendigen Waffenstillstandes an die Wand; er sprach bei dieser Gelegenheit auch von einer von ihm befürchteten „revolutionären Bewegung in Paris". In Vichy erklärte Weygand, nach der Niederlage sei es die wichtigste Aufgabe der französischen Armee, „eine soziale Revolution zu verhindern". Ebenso wie Weygands „Waffenstill-

[10] „Er widersprach dem Hinweis (des englischen Botschafters), daß Deutschland, wenn die russische Gefahr zu existieren aufgehört habe, eine Bedrohung für Europa bleiben werde." FO 371: N 7786/1818/42; N 220/124/42; auch *Woodward*, I, S. 54–55.

stand" einer Kapitulation gleichkam, war in diesem Fall „sozial" ein Euphe-
mismus für kommunistisch. Das alles war für eine Situation während des
letzten europäischen Krieges bezeichnend, in der die Defätisten politisch oft
rechts und nicht links standen, weil sie eher den Gegner im Inland als den
Feind aus dem Ausland bekämpften – eine typische Abirrung des Nationalismus.

Diese Kluft durchzog die Rechte – im wesentlichen eine Kluft zwischen
denen, die in dem Nationalsozialismus ein geringeres Übel als den Kommunismus sahen, und denen, die anderer Meinung waren. In dieser Beziehung
existierte ein Unterschied zwischen Ost- und Westeuropäern. Die meisten
Völker Osteuropas, vielleicht mit Ausnahme der Tschechen, fürchteten eine
russische Vorherrschaft mehr als eine deutsche. Dazu hatten sie auch allen
Grund. Aber das war nur für Völker, denen die Unterwerfung durch die
Sowjetunion drohte, eine vernünftige Entscheidung. In Westeuropa bestand
diese Gefahr nicht; dort drohte auch keine kommunistische oder von Kommunisten gesteuerte gesellschaftliche Revolution. Trotzdem ist Kommunisten-
furcht nicht nur die Erklärung für viele politischen Tendenzen der Franzosen,
sondern auch, weiter im Westen, der Chamberlain-Anhänger (Chamberlains
Privatpapiere enthalten zahlreiche Hinweise auf sein „tiefes Mißtrauen" nicht
nur gegen die Sowjetunion, sondern auch gegen jegliches Bündnis mit diesem
Land) und der amerikanischen Isolationisten in den Jahren 1939-41.[11]

Auf der einen Seite standen also Politiker wie Chamberlain und Pétain
(und jenseits des Atlantik die Taft-Republikaner), auf der anderen Churchill
und de Gaulle (und jenseits des Atlantik alte angelsächsische Patrizier wie
Stimson oder Knox). Hier dürfen wir nicht übersehen, daß Churchill seiner
politischen und historischen Philosophie nach weiter rechts stand als Chamberlain, was in vieler Beziehung auch auf de Gaulle und Pétain zutraf.
Churchills weitgespannter Patriotismus ließ zu, daß er ein Populist oder ein
Verbündeter Stalins wurde, wenn die Gelegenheit es erforderte. Chamberlain
war andererseits ein Produkt des viktorianischen Mittelstandes; sein berühmter Vater war aus dem linken ins rechte Lager übergewechselt und zu einem

[11] Lehrreich ist beispielsweise Senator Tafts Rundfunkrede vom 25. Juni 1941: „Der Sieg des
Kommunismus in der Welt wäre für die Vereinigten Staaten erheblich gefährlicher als der Sieg des
Faschismus . . ." Diese Aussage unterschied sich von der des damaligen Senators Harry Truman,
der am 24. Juni gesagt hatte: „Wenn wir sehen, daß Deutschland gewinnt, sollten wir Rußland
helfen, und wenn Rußland gewinnt, sollten wir Deutschland helfen . . ., obwohl ich Hitler unter
gar keinen Umständen siegreich sehen möchte." In dieser Meinungsverschiedenheit zeichneten
sich bereits die politischen Auseinandersetzungen zwischen Tafts und Trumans Antikommunismus in dem entscheidenden Zeitraum nach 1945 ab. Charles Lindbergh im Juli 1941: „Ich würde
hundertmal lieber ein Bündnis meines Landes mit England oder sogar mit Deutschland samt allen
seinen Fehlern, als mit . . . der Sowjetunion sehen." John T. Flynn: „Besiegt Rußland Deutschland, wird Deutschland kommunistisch. Siegt Deutschland, wird Rußland faschistisch." Zitiert bei
*Dawson*, S. 82–83. Der zweite Teil dieser Halbwahrheit stimmte möglicherweise; der erste nicht.

konservativen Imperialisten geworden. In einem dramatischen Augenblick der britischen Parlamentsgeschichte rief der Konservative Leopold Amery am 2. September 1939, weil er ein zweites Debakel von München fürchtete und seinen Birminghamer Kollegen Chamberlain nur allzu gut kannte, dem Oppositionsführer Greenwood zu: „Sprechen Sie für England!"

Ein französischer Rechter wie Henri de Kerillis, der bis 1936 der *Action Française* angehört hatte, wonach er (ähnlich wie de Gaulle) zu einem Befürworter des französischen Bündnisses mit England und Rußland wurde, erklärte General Spears im November 1939, die Kommunisten seien zwar schlimm, aber sie stellten keine so große Gefahr dar wie ein „Verrat von rechts. In der Rechten gibt es Leute, die viel gerissener als die Kommunisten und viel eher in der Lage sind, Frankreichs Kriegseinsatz zu unterminieren". In der Schweiz waren rechtsstehende Offiziere wie General Guisan oder Hauptmann Hausamann überzeugte und entschlossene Antikommunisten, die Förderer einer Politik des nationalen Widerstandes gegen Deutschland, während nicht nur konservative Liberale wie Bundespräsident Pilet-Golaz, sondern auch konservative politische Denker wie Gonzague de Reynold von einer notwendigen Anpassung der Schweizer an die „Realitäten eines neuen Europa" sprachen. Der ungarische Reichsverweser, Admiral Horthy, der 1919-20 durch eine antikommunistische Konterrevolution an die Macht gekommen war, hörte 1940 auf den Rat seiner alten antikommunistischen Freunde, Männer wie die Grafen Bethlen und Teleki, die davon überzeugt waren, der Nationalsozialismus stelle im In- und Ausland eine größere Gefahr als der Kommunismus dar.

Der erzkonservative portugiesische Diktator Salazar war ein entschlossenerer Gegner des Dritten Reiches als der oberflächlich konservative Franco (der sich 1931 mit den spanischen Republikanern gegen die Monarchie verbündet hatte). Die erbittertsten Feinde Deutschlands und seiner Freunde in Spanien und Portugal waren die reaktionären Erzbischöfe Segura und Cerejeira: Sie weigerten sich 1941, Hitlers antibolschewistischen Kreuzzug in irgendeiner Weise zu unterstützen. Ähnliches war in allen übrigen europäischen Staaten zu beobachten. Der ältere, traditionellere Patriotismus herrschte noch immer vor. Er unterschied sich von dem ideologischen Nationalismus, zu dessen Symptomen der Haß auf die Linke gehörte.


Das Versagen der Linken


Nur wenige politische Denker sind von den Ereignissen so widerlegt worden wir Marx. Er sagte gewaltsame Revolutionen voraus; aber zu seinen Lebzeiten folgten große Kriege, keine Revolutionen. Er sah wegen der widersprüchlichen wirtschaftlichen Motive der einzelnen Klassen gewaltige Klassenkämpfe voraus; statt dessen waren die Kriege des 20. Jahrhunderts nationale Kriege, Kämpfe zwischen ganzen Nationen und nicht zwischen Klassen. Im Gegensatz zu seinen Voraussagen begannen die Klassenunterschiede des 19. Jahrhunderts zu verschwinden; die Nationalstaaten wurden homogener, nicht uneinheitlicher. Marx erkannte nicht, daß der Nationalismus schon zu seinen Lebzeiten die Haupttriebfeder war, daß er eines der Ergebnisse der Massendemokratisierung der Welt war und daß die nationalen Eigenschaften der Völker nicht nur dauerhafter, sondern weit wichtiger als die vergänglichen Wirtschaftssysteme ihrer sich wandelnden Klassenstrukturen waren. Selbst die russische bolschewistische Revolution des Jahres 1917 bildete in dieser Beziehung keine Ausnahme.

Die Französische Revolution löste eine Reihe großer Kriege in ganz Europa und sogar in Amerika aus. Die Oktoberrevolution war die Folge eines großen europäischen Krieges, nicht seine Ursache. Ohne die Revolution des Jahres 1789 hätte es keinen Napoleon gegeben, ohne den Krieg des Jahres 1914 keinen Lenin. Das Jahr 1914 brachte jedenfalls die ersten weltweiten Beweise für das große Versagen des Marxismus. Damals existierte zum erstenmal in der Geschichte in zahlreichen Nationen ein Proletariat mit politischem Bewußtsein: Die Arbeiter hatten ihre sozialistischen Parteien und ihre Zeitungen; sie konnten lesen und schreiben und wußten, wie man abstimmt und protestiert. Aber 1914 blieb das alles wirkungslos. Die sozialistischen Strömungen wurden vom Nationalismus geschluckt, wie Flüsse vom Meer geschluckt werden.

Vieles davon traf auch 1939 zu, allerdings in etwas abgewandelter Form. Zahlreiche Menschen, auch Intellektuelle, glaubten trotz seiner wirklichen Mängel (oder vielleicht wegen seiner Mängel) weiterhin an den Marxismus. Das hatte (und hat) komplexe Gründe, deren Erläuterung nicht hierher gehört. Es hing mit der unausrottbaren Tendenz der Menschen zusammen, ihre Ideen veränderten Umständen anzupassen, d. h. zu glauben, was sie glauben möchten, und von Intellektuellen, zu denken, was sie ihrer Meinung nach denken sollten.

Im Jahre 1939 hatten sich die meisten Marxschen Vorhersagen als fehlerhaft erwiesen; tatsächlich wies die marxistische Betrachtungsweise des Menschen krasse Mängel auf. Trotzdem gab es in Europa noch immer Millionen von Kommunisten und Sozialisten. Wir müssen versuchen, sie zu beschreiben. Ein Mensch kann auf Grund falscher Informationen handeln, aber sein Handeln bleibt dennoch eine geschichtlich belegte Tatsache. Andererseits wird er eines Tages erkennen, daß seine Informationen falsch gewesen sind, und seine Denk- und Handlungsweise entsprechend abändern. Die beiden oben angeführten Aspekte sind also nicht gänzlich voneinander zu trennen. So war es auch in den dreißiger Jahren. Damals ging es nicht nur darum, daß die von Marx geäußerten Vorhersagen immer weniger logisch klangen. Mehr und mehr Menschen tendierten zu dieser Erkenntnis. Im Jahre 1939 waren die Kommu-

nisten in ganz Europa durch den deutsch-sowjetischen Nichtangriffsvertrag
wie gelähmt, während die Reaktion der Sozialisten auf die nationalsozialistische Gefahr ebenfalls nicht gerade dynamisch war. Die Linksradikalen waren
untereinander uneins und verloren eine nicht unbeträchtliche Anzahl ihrer
Anhänger an den aufstrebenden Nationalsozialismus.

Wie wir bereits gesehen haben, profitierten die marxistischen Parteien nur
wenig von der Weltwirtschaftskrise, weil der politische Trend fast überall nach
rechts und nicht nach links ging. Von dieser für ganz Europa gültigen Regel
gab es nur wenige Ausnahmen, hauptsächlich in Südeuropa (Griechenland,
Spanien und Serbien). Bei Kriegsausbruch standen die marxistischen Kategorien in keiner Beziehung zu den Ereignissen; eher war es umgekehrt. Im Jahre
1939 wirkten der Marxismus und seine prominentesten Verfechter *alt*. Vor
allem in Mitteleuropa (Deutschland, Österreich, Ungarn, Rumänien und
Slowakei) erzielte der Nationalsozialismus bei der Arbeiterklasse noch größere
Erfolge als beim Mittelstand.[12] Andererseits waren viele der verbliebenen
Kapitalisten keineswegs kriegshetzerisch und profitgierig, sondern gehörten
1939 im Gegenteil zu den wichtigsten Pazifisten – in manchen Fällen sogar
noch nach Kriegsausbruch.[13] Wir haben außerdem gesehen, daß der Widerstandswille der Arbeiterklassen Westeuropas 1940 nur schwach ausgeprägt
war. Bei einer Gelegenheit erkannte nicht einmal Churchill die Bedeutung des
allgemeinen Zerfalls der Linken. Kurz nach seiner Wahl zum Ministerpräsidenten entschloß er sich zu einer Ernennung, die vielleicht sein katastrophal-
ster Fehlgriff war: Er machte Sir Stafford Cripps zum englischen Botschafter
in der Sowjetunion. Dieser ehrenwerte englische Puritaner und Sozialist
beging in Moskau eine Reihe krasser diplomatischer Fehler. Schließlich wurde
dort ein Kapitalist wie Beaverbrook gebraucht, der blendend mit Stalin
auskam.

Waren die sowjetischen Herrscher sich darüber im klaren, was dieses
Versagen der Linken bedeutete? Das ist schwer zu beurteilen. Wir haben
Grund zu der Annahme, daß Stalin auch in dieser Beziehung seine Gefolgs-

---

[12] Im Mai 1939 fanden in Ungarn nationale Wahlen statt (erstmals mit allgemeinem Stimmrecht
und geheimer Stimmabgabe). In der ehemaligen „Roten Zone" Budapests, d. h. in den Industrie-
vorstädten, errang die ungarische nationalsozialistische Pfeilkreuzler-Partei ihren größten Erfolg:
41,7 Prozent der abgegebenen Stimmen. Im Landesdurchschnitt erhielt sie 18 Prozent. Im
Oktober 1940 organisierten die Pfeilkreuzler in Ungarn einen Bergarbeiterstreik. Dieser einzige
Streik während des Krieges erschreckte die Regierung. Die Zeitungen durften keine Meldungen
über den Streik bringen.
[13] Ende 1939 verhandelten einige Männer des deutschen Widerstandes gegen Hitler mit ehemaligen sozialdemokratischen Gewerkschaftsführern. „Es war eine gewisse Ironie des Schicksals, daß
ein Industrieller, Walther Bauer, die Geldmittel zur Verfügung stellte, mit denen die Unkosten von
Reisen bestritten wurden, durch die jene stärkste der traditionellen Waffen der Arbeiterklasse
gegen den Kapitalismus geschmiedet werden sollte: der Generalstreik." *Deutsch*, S. 67. Der Autor
hätte hinzufügen sollen, daß die deutschen Arbeiter nicht daran gedacht hätten, einen Streikaufruf
zu befolgen.

leute überragte und bewußt Abstriche von der Bedeutung der europäischen Linken machte, während er sich einen gesunden Respekt vor den Männern und den Kräften der Rechten bewahrte; Hinweise und Feststellungen in dieser Richtung finden sich in den Protokollen seiner Gespräche mit einigen ausländischen Besuchern. Andererseits existieren auch Beweise für seine fortgesetzte eifrige Beschäftigung mit Linksabweichlern: Welche andere Erklärung kann es für die Ermordung des deutschen antistalinistischen Kommunisten Münzenberg im Juni 1940 in Frankreich oder die Trotzkis im August 1940 in Mexiko durch sowjetische Agenten geben? Stalin empfand wahrscheinlich eine wachsende Gleichgültigkeit, wenn nicht sogar Verachtung für Marx, während er andererseits Hitler eine gewisse Bewunderung entgegenbrachte: Stalins Germanophilie, sein Antisemitismus und seine Neigung zu einem nationalen Sozialismus mögen dabei eine Rolle gespielt haben.

Trotzdem machte Stalin keinen Versuch, die amtliche Ideologie entsprechend zu korrigieren. Er hatte die Zusammensetzung der herrschenden Klasse in der Sowjetunion und in der KPdSU fast hundertprozentig verändert.[14] Aber die ihm treu ergebene byzantinische Bürokratie hielt sich weiter an die marxistisch-leninistische Sprachregelung, so unrealistisch diese auch geworden sein mochte. So war beispielsweise die sowjetische Propaganda im finnisch-sowjetischen Winterkrieg bis zur Lächerlichkeit primitiv und dumm. Nachdem die Russen 1939 etwa 15 000 polnische Offiziere und Unteroffiziere gefangengenommen hatten, versuchten sie, diese zum Kommunismus zu bekehren, indem sie Propaganda, Druckmittel und Bestechung mit Essen und Komfort einsetzten – vor allem letzteres ein wirkungsvolles Mittel im Umgang mit ständig hungrigen Insassen von Kriegsgefangenenlagern. Sie hatten damit bei etwa 400 von den 15 000 Erfolg: bei weniger als drei Prozent. Im September 1941 erklärte Wischinski dem polnischen Botschafter Kot: Gegen den Hitlerismus „haben nicht nur Rauschning und Strasser, sondern die Bauern, Arbeiter und Millionen von einfachen Menschen gekämpft, die gegen Hitler zu den Waffen greifen und die militärische Niederlage besiegeln werden. Das ist keine Illusion, sondern eine realistische Betrachtungsweise . . .“ Ob er das selbst glaubte? Das ist schwer zu beurteilen.

Jedenfalls hatte der Stalin-Hitler-Pakt des Jahres 1939 die Kommunisten in aller Welt in Verwirrung gestürzt. In Osteuropa, wo die kommunistischen Parteien schwach und unbeliebt waren (eben deshalb, weil der Kommunismus allgemein mit Rußland gleichgesetzt wurde),[15] machte das keinen großen

---

[14] Einiges weist darauf hin, daß Stalin von dem raschen Erfolg beeindruckt war, den Hitler im Juni und Juli 1934 erzielt hatte, als er die Reihen seiner eigenen Revolutionäre gesäubert hatte. Als im März 1939 der XVIII. Parteitag der KPdSU zusammentrat, hatten weniger als zwei Prozent der Delegierten bereits 1934 am vorigen Parteitag teilgenommen; von den 1966 Delegierten des Jahres 1934 waren 1108 während der Säuberungen 1936–39 verhaftet worden.

[15] Die Ausnahmen (die trotzdem diese Regel bestätigen) waren Jugoslawien, Bulgarien und Griechenland.

Unterschied. In Westeuropa war der Gesinnungswandel der Kommunisten zwischen 1939 und 1941 bedeutsamer. Die Sache war keineswegs so einfach, wie der politische Gegner sie immer wieder darstellte: als eine sklavische, automatische Anpassung der Parteilinie, die praktisch über Nacht stattfand.

Vor 1939 waren die Kommunisten die eifrigsten Verfechter einer marxistischen Theorie, die bis zum Schwachsinn von Wunschdenken geprägt war. Beispielsweise sagte ihr Vorsitzender André Marty am 19. Februar 1938 in Paris auf einer Massenkundgebung: „Hitler kann keinen Krieg führen. Aus militärischen und wirtschaftlichen Gründen nicht. Er hat keine qualifizierten Leute mehr . . . Wirtschaftlich steht Deutschland vor dem Bankrott . . . Es hat nicht die nötigen Rohstoffe, um einen Krieg zu führen . . . Hitler wagt nicht, zehn Millionen Arbeitern Waffen zu geben . . . Deutschland kann mit seiner Arbeiterklasse im Rücken keinen Krieg führen . . ." In ganz Westeuropa gab es vermutlich keinen einzigen führenden Kommunisten, der von dem deutschsowjetischen Nichtangriffspakt wußte, bevor er die Nachricht in den kapitalistischen Blättern las oder im Radio hörte. In der Folge improvisierten und zögerten sie in der Politik.

Am 2. September 1939 stimmten die Kommunisten in der französischen Deputiertenkammer für die Kriegskredite. Ihr Vorsitzender Thorez trat in die Armee ein; er desertierte erst im Oktober nach Moskau. Trotzdem hatte Stalins Pakt mit Hitler die Kommunisten unbeliebt gemacht. Die französische Regierung ordnete am 26. September 1939 die Auflösung der KPF an – hauptsächlich um sich bei der antikommunistischen Rechten einzuschmeicheln. In der Deputiertenkammer stimmten fast alle für diesen Beschluß – auch die Sozialisten. Die Polizei wies die kommunistischen Deputierten an, sich zum Zweck der Festnahme zu melden, was sie – von zwei Ausnahmen abgesehen – brav taten. Diese Maßnahmen waren auch für das übrige Westeuropa charakteristisch. In Belgien und Holland wurden am Tag des deutschen Überfalls sowohl Kommunisten als auch Nationalsozialisten verhaftet. Die Schweizer Sozialisten beschlossen mit einem Stimmenverhältnis von vier zu eins, Kommunisten aus ihren Reihen auszuschließen.

Anfang 1940 war die kommunistische Propaganda im allgemeinen mit der Strategie der Sowjetunion zeitgleich. Die Kommunisten spielten mit ihrer unablässig wiederholten Parole „Nieder mit dem Krieg!" den Deutschen in die Hände. Der Juni 1940 bezeichnet den Höhepunkt dieser kommunistischen Kollaboration mit den Herren des Dritten Reiches. In Deutschland half der frühere kommunistische Abgeordnete Ernst Torgler (Görings Schützling), Manuskripte für Sendungen eines geheimen „prokommunistischen" Senders zu schreiben, den Goebbels' Propagandaministerium betrieb, um französische Arbeiter in den französischen Streitkräften zum Überlaufen aufzufordern.[16]

---

[16] *Boelcke*, S. 375, 377, 381. Es gibt jedoch keine Beweise dafür, daß Torgler und seine Kollegen auf russische Anweisungen hin gehandelt haben. Im Januar 1940 hatte Ribbentrop seinen

Vier Tage nach dem Einmarsch der Deutschen in Paris erschien eine Delegation französischer Kommunisten auf der deutschen Kommandantur, um die Erlaubnis zu erbitten, *L'Humanité* wiedererscheinen lassen zu dürfen.[17] Die Deutschen hätten diese Erlaubnis wohl erteilt; sie entschieden sich dann doch für eine Ablehnung, weil einige ihrer französischen Sympathisanten, darunter auch Doriot, ihnen aufgeregt Vorwürfe gemacht hatten.[18] Folglich erschien *L'Humanité* illegal als hektographiertes Blatt, aber die Deutschen hatten keinen Grund, sich wegen des Inhalts Sorgen zu machen. Die am 13. Juli 1940 erscheinende Nummer brachte einen Leitartikel mit der Überschrift: *Fraternité franco-allemande.* „Die Arbeiter von Paris und die deutschen Soldaten kommen sehr gut miteinander aus. Ihre freundschaftlichen Gespräche werden immer mehr. Wir sind sehr froh darüber. Laßt uns einander besser kennenlernen!" *L'Humanité* behauptete beispielsweise auch, de Gaulle sei ein britischer Agent.

In den Niederlanden und in Belgien waren die Arbeiter den Deutschen gegenüber zunächst neutral eingestellt; die Kommunisten unterstützten dies. Aus Böhmen und Mähren berichtete Heydrich, die deutsche Herrschaft sei am wenigsten bei den Arbeitern unbeliebt, die von einigen der von den Deutschen eingeführten sozialen Reformen profitierten. Trotz der extremen deutschen Empfindlichkeit gegenüber panslawischen Tendenzen wurden die Kommunisten im Protektorat Böhmen und Mähren erst im Februar 1941 verhaftet. Dann aber nahmen die Deutschen schlagartig fast das gesamte Zentralkomitee der im Untergrund operierenden Partei fest.

Zu diesem Zeitpunkt – im Frühjahr 1941 – begannen die kommunistischen Parteien, vorsichtig den Kampf gegen die Deutschen aufzunehmen. Das war besonders auf dem Balkan der Fall; aber auch in den Niederlanden, Belgien und Frankreich beteiligten sich die Kommunisten im Frühjahr 1941 erstmals an Streiks und Widerstandsaktionen. Viele der Aktivitäten der Kommunisten richteten sich nicht gegen die Deutschen, sondern gegen deren einheimische Gefolgsleute – wie in Belgien, wo sie gelegentlich Rexisten überfielen und deren Plakate abrissen. Bei den französischen und belgischen Bergarbeiterstreiks im Mai 1941 (in Belgien streikten fast 100 000 Bergleute) ergriffen gewöhnliche Parteimitglieder die Initiative, während einige der Spitzenfunktionäre erst nach längerem Zögern folgten. Anscheinend ergingen

---

Vertrauten Rost in geheimer Mission nach Rußland geschickt: „Er soll Untersuchung darüber vorbereiten, ob Einflußnahme auf französischen Zweig III. Internationale und Einsicht in sowjetrussische Informationsmaterialien über französische Kommunisten möglich ist." Daran hatten die Russen kein Interesse. GD, D, VIII, S. 597–598.

[17] In Belgien durfte im Juni 1940 die prokommunistische Zeitung *Liberté* mit Erlaubnis der Deutschen erscheinen; in den Niederlanden erteilten sie eine Lizenz für eine kommunistische Zeitung, die ein paar Wochen lang existierte.

[18] Die französische Polizei verhaftete Maurice Tréand, Mitglied des Zentralkomitees der KPF, der mit den Deutschen verhandelt hatte; er wurde auf Anordnung der Deutschen wieder freigelassen. *Lecoeur*, S. 94–95.

schon im Mai 1941 bestimmte antideutsche Weisungen von Moskau an einige Parteiführer in einigen Ländern, z. B. in der Slowakei.[19]

Am Tag nach Hitlers Überfall auf die Sowjetunion atmeten die Kommunisten der besetzten Staaten Europas und in England also mit großer Erleichterung auf: Nun würden sie nicht mehr von vielen ihrer Mitbürger als Verräter angesehen werden. Von diesem Zeitpunkt an stürzten sie sich mit Begeisterung und manchmal sogar mit patriotischem – eher patriotischem als kommunistischem – Heroismus auf die Sache der nationalen Widerstandsbewegung. Als Stalin im August 1939 seinen Pakt mit Hitler abgeschlossen hatte, hatten die Kommunisten Europas einige Zeit gebraucht, um sich der sowjetischen Außenpolitik anzugleichen. Im Juni 1941 war das Gegenteil der Fall: Die Reaktionen der Kommunisten kamen schneller als die der amtlichen sowjetischen Stellen, die eher gelähmt als erleichtert waren und deren erste Reaktionen auf den deutschen Angriff Ungläubigkeit, Verwirrung und Verzweiflung kennzeichneten.

Die Sozialisten hatten es besser als die Kommunisten: Sie waren achtbarer. Andererseits konnte eben diese Achtbarkeit ihr Verderben sein. Seit einem Vierteljahrhundert litten die Sozialisten darunter, daß einige ihrer brillantesten Köpfe zur Rechten und nicht zur Linken übergelaufen waren. Mussolini war ein Paradebeispiel dafür. Er konferierte 1935 in Stresa mit dem englischen Premierminister und dem französischen Außenminister: Mussolini, MacDonald und Laval, drei abtrünnige Sozialisten, von denen die beiden letzten den ersten bewunderten, dessen Bruch mit dem Sozialismus am offensten und radikalsten gewesen war. Der geachtetste Sozialist Europas, der kein Renegat war, war Léon Blum, der allein schon seiner Erscheinung nach an die Welt vor 1914 erinnerte: eine Gestalt aus einem Roman von Romain Rolland – mit seinem kleinen Schnurrbart, seiner Brille und seiner Abhängigkeit von den Kategorien eines Cartesianischen Humanismus.

Der Sozialismus wirkte durch seine antiquierte Erscheinung unattraktiv. „Seht euch einen Sozialistenkongreß an", schrieb Drieu la Rochelle 1937. „Alle diese Bärte, Schmerbäuche, nach Tabak stinkend, sie warten alle gespannt auf die Stunde des Apéritifs."[20] Drieus Held war Doriot, der zum Nationalsozialisten gewordene Exkommunist, der ein wiederauferstehendes Frankreich verkörperte: „Doriot est notre champion contre la mort!"[21] In ganz Europa waren bis 1938 Hunderttausende von sozialistischen Wählern zu Nationalsozialisten geworden – in Österreich, Ungarn, der Slowakei und anderswo

---

[19] Im Mai 1941 vervollständigten die Deutschen beispielsweise ihre Unterlagen über die belgischen Kommunisten, die am 23. Juni, zwei Tage nach dem deutschen Angriff gegen die Sowjetunion, in Gruppen verhaftet wurden.

[20] Drieu, CRP, S. 53. Autoren wie Drieu betonten oft die Jugendlichkeit und die gute Erscheinung von Faschistenführern; wahr ist allerdings, daß Männer wie José Antonio Primo da Rivera, Codreanu, Degrelle, Mosley und andere häufig jung waren und gut aussahen.

[21] Dieser sieghafte Recke war jedoch bebrillt und aufgedunsen: ein häßlicher Kerl.

In Belgien wurde Henri de Man eine Zeitlang von den Deutschen gefördert; er versuchte im Juli 1940, die gesamte belgische Sozialistische Partei um sich zu scharen, hatte dabei aber nur wenig Erfolg. In den Niederlanden entschied sich der brillante sozialistische Wirtschaftswissenschaftler Rost van Tonningen für eine ähnliche Rolle. Dort versicherten die Deutschen den Führern der sozialistischen Gewerkschaften (NVV) zunächst, man werde sie in ihrer Tätigkeit nicht behindern; im Juli 1940 wurde der niederländische Nationalsozialist Woudenberg an die Spitze der Gewerkschaften gestellt, deren Führer damit einverstanden waren. Die belgischen Arbeiter standen den Deutschen anfangs neutral gegenüber; ihre Gewerkschaftsführer halfen sogar mit, die ersten Freiwilligentransporte belgischer Arbeiter nach Deutschland zu organisieren.[22]

In Dänemark konnte die Sozialistische Partei auch unter deutscher Besetzung weiterarbeiten. Dänische Sozialdemokraten wie Ministerpräsident Stauning und sein Außenminister Scavenius ließen sich allerdings von den Deutschen dazu bewegen, im November 1941 den Antikominternpakt zu unterzeichnen. (Im Kabinett war der erste bedeutende Vertreter der dänischen Opposition gegen Deutschland Ch. Møller, ein Konservativer, der im Juli 1940 aus Protest zurücktrat.) Im April 1940 waren einige Spitzenfunktionäre der norwegischen Gewerkschaften bereit, mit einer Regierung Quisling zusammenzuarbeiten. In Finnland war Tanner, der führende Mann der Sozialistischen Partei, der prominenteste Fürsprecher eines Kampfes gegen Rußland – und notfalls auch gegen England – an der Seite Deutschlands.

Noch vor September 1939 hatte eine bedeutsame Minderheit der französischen Sozialistenführer die Linke verlassen und sich der Rechten angeschlossen: Déat, Paul Faure und Spinasse. Am 6. Juli 1940 erhob Spinasse, ein ehemaliges Mitglied von Blums Volksfrontregierung, sich in Vichy in der Nationalversammlung und versicherte Pétain in rührseligem Tonfall seine Bereitschaft zu uneingeschränkter Zusammenarbeit. Xavier Vallat, später Kommissar für jüdische Angelegenheiten, gratulierte Spinasse über den Gang hinweg. Der Kongreß der CGTR (der sozialistischen Gewerkschaften) nahm am 20. Juli 1940 in Toulouse die neue Losung *Travail, Famille, Patrie* an und beschloß, eine Solidaritätsdelegation zu Pétain und Laval zu entsenden. Wie die belgischen Liberalen unterzeichneten die meisten belgischen Sozialisten, die während der Maipanik in Limoges einstimmig beschlossen hatten, Leopold III. wegen seiner Kapitulation vor den Deutschen ihre Mißbilligung auszu-

---

[22] Der als Berater geschätzte, erfahrene belgische Staatsmann Alexandre Galopin stellte im Juli 1940 in einer vertraulichen Denkschrift fest: Die Arbeiterklasse „ist von dem korrekten Auftreten der feindlichen Truppen größtenteils günstig beeindruckt." Zitiert bei *Gerard-Libois, Gotovich*, S. 351. Der geheime deutsche Lagebericht vom 2. Dezember 1940 hielt fest, die Arbeiterklasse habe nicht an den patriotischen Kundgebungen (der ersten bedeutsamen Widerstandstätigkeit) am 11. November, dem Jahrestag des Waffenstillstandes (von 1918), teilgenommen: „Die Arbeiterklasse beteiligte sich nicht an diesen Kundgebungen." Ebd., S. 374.

sprechen, am 14. September 1940 einen Brief, in dem er um „Verzeihung" und Verständnis gebeten wurde.

Dies war die allzu menschliche Anpassung von Leuten an veränderte Umstände, von Leuten, die nicht aus dem Holz waren, aus dem Märtyrer oder Helden geschnitzt werden; trotzdem sollten wir sie nicht gleich lächerlich machen oder verdammen. Andererseits dürfte kaum ein Zweifel daran bestehen, daß die damalige Schwäche mancher Sozialisten zum größten Teil auf ihre damalige ideologische Schwäche zurückzuführen war. Schon 1937 hatte George Orwell in „The Road to Wigan Pier" geschrieben, man müsse zugeben, daß, wenn der Faschismus überall um sich greife, dies weitgehend das Verschulden der Sozialisten selbst sei, die mit ihrer Fixierung auf ökonomische Fakten von einem seelenlosen Menschen ausgegangen seien und ein materialistisches Utopia zum Ziel erklärt hätten. Das habe schließlich dazu geführt, daß der Faschismus in die Lage gekommen sei, jedes Gefühl auszunutzen, das gegen Hedonismus und einen billigen Fortschrittsglauben revoltiere. So sei es ihm möglich geworden, sich als den Bewahrer europäischer Tradition auszugeben und an christlichen Glauben, Patriotismus und die militärischen Tugenden zu appellieren. Der Teufel habe schon seit langem, sicherlich aber in den letzten zehn Jahren, die besten Trümpfe in der Hand gehabt.[23]

Bis 1941 hatten die alten Kategorien der Rechten und der Linken[24] viel von ihrer einstigen Bedeutung verloren. Der nationalsozialistisch eingestellte Lucien Rebatet schrieb Ende 1941 grimmig: Wie seltsam, daß jetzt „die französischen Bankiers ihre Hoffnungen auf Stalin setzen und die französischen Arbeiter (ihre) auf die englische Plutokratie". Das hatte nicht viel mit Ideologie zu tun. Die überlieferten Definitionen der Rechten und der Linken reichten nicht aus, um diese Spaltungen zu erklären. Laval, der eine Politik der Kollaboration mit Mussolini und Hitler befürwortete, mag ein abtrünniger Sozialist gewesen sein – aber er war kein Mann der Rechten. De Gaulle, der für ein Bündnis Frankreichs mit Rußland und der Tschechoslowakei eintrat und der Auffassung war, Frankreich hätte die spanischen Republikaner unterstützen sollen, brach mit den Nationalisten der *Action Française*; aber er stand politisch keineswegs links.

Rechts und links spielte auch bei der Konfrontation der beiden Hauptgegner nur eine untergeordnete Rolle: Stand England links oder rechts von Deutschland unter Hitler? Die nationale Mobilmachung der englischen Bevölkerung, die von Chamberlain und Churchill angeordnet worden war, erreichte 1940 ein Ausmaß, zu dem Hitler und Himmler sich in Deutschland erst 1944 bereitfanden. Andererseits standen Hitler und Himmler den „alten Eliten" nicht nur mißtrauisch und feindselig gegenüber und hatten nicht nur „reaktionär" als schlimmstes Schimpfwort in ihrem politischen Vokabular, sondern

[23] *Orwell,* Wigan Pier, S. 246.
[24] Drieu la Rochelle im Jahre 1937: „Die ,Rechte' und die ,Linke': zwei der abgegriffensten, der am wenigsten wahren, der dümmsten aller Wörter."

machten sich auch daran, zahlreiche Symbole des traditionellen deutschen Nationalismus abzuschaffen – beispielsweise die Frakturschrift.

Von allen Staaten Europas stand Ungarn mit am weitesten „rechts", was nicht nur auf die erhalten gebliebenen feudalistischen Elemente seiner Gesellschaftsordnung, sondern auch darauf zurückzuführen war, daß seine Regierung 1919–20 ursprünglich auf antikommunistischer Basis errichtet worden war. Trotzdem hatte Hitler etwas gegen die Ungarn. Goebbels sagte im Juli 1940: „Der Aufbau des ungarischen Staates ist dem unsrigen diametral entgegengesetzt."[25] Eigenartigerweise – oder vielleicht verständlicherweise – warfen die Sprecher der englischen und amerikanischen Linken dem ungarischen Regime mit den gleichen Argumenten sein „reaktionäres" Wesen vor.

„Dies ist ein Glaubenskrieg," sagte der Bischof von Chichester 1940, „in dem selbst die Nationen gespalten sind." Gespalten waren auch ihre Klassen, ihre Parteien. Trotzdem erwies sich das nationale Element schließlich überall als stärker als Klassen, Parteien oder sogar Ideologien. Dafür gibt es mindestens zwei allgemeingültige Beweise. Erstens fanden – zumindest bis 1941 – die Übertritte nur in einer Richtung statt: Zahlreiche internationale Sozialisten oder sogar Kommunisten waren Nationalsozialisten geworden, nicht umgekehrt. Zweitens gab es eine noch zahlreichere Gruppe als diese Abtrünnigen: jene Sozialisten und Kommunisten, die jetzt – ohne ihre früheren Bindungen zu leugnen – entdeckten, daß sie überzeugte und treue Patrioten waren.[26] Anstelle eines internationalen Sozialismus finden wir bei den Völkern immer neue Varianten eines Nationalsozialismus. Aber dadurch erheben sich eine ganze Reihe neuer Probleme, die zum Teil terminologisch bedingt sind.


Nationalsozialismus


Die wichtigste politische Realität der ersten Hälfte des 20. Jahrhunderts war der Nationalsozialismus. Diese Tatsache ist durch eine Begriffsverwirrung verschleiert worden, die von Kommunisten und ihren Sympathisanten absichtlich herbeigeführt worden ist. Schon 1932 waren die Ausdrücke „Nationalsozialist" und „Nazi" in der Sowjetunion verboten. Die Nationalsozialisten sollten als „Faschisten" oder „Hitleristen" bezeichnet werden – vermutlich

[25] *Boelcke*, S. 430. Auszüge aus einem im Juni 1940 verfaßten Geheimbericht Heydrichs mit ähnlicher Tendenz in *Paikert*, S. 162. In den Jahren nach 1940 vervielfachte sich diese deutsche Kritik an Ungarn.
[26] Oder auch nicht so plötzlich. Der Grund für die verhältnismäßige Beliebtheit des Kommunismus in Bulgarien und Jugoslawien selbst in den Jahren 1939–41 hatte nichts mit rechts und links zu tun: Er basierte hauptsächlich auf überlieferter Russenfreundlichkeit; diese Balkanvölker setzten Kommunismus mit Rußland gleich.

deshalb, weil Stalin selbst erkannt haben dürfte, wie gut der Begriff „National-sozialismus" auf sein zunehmend nationalistisches Regime gepaßt hätte. Diese Sprachregelung wurde in den dreißiger Jahren von den Linken eingeführt und von Intellektuellen und Journalisten, vor allem in Westeuropa und in den Vereinigten Staaten, gedankenlos übernommen. Sie hat sich bis zum heutigen Tag erhalten, wo Millionen von Menschen „faschistisch" sagen, ohne auch nur Grundkenntnisse über den Faschismus zu besitzen, und wo „Faschismus" zu einem allgemein akzeptierten Sammelbegriff für sämtliche Rechtsdiktaturen geworden ist. Dieser erneute Gebrauch des Wortes „faschistisch" ist in die Vergangenheit zurückprojiziert worden, so daß in den sechziger Jahren selbst ernstzunehmende Historiker über Phänomene wie das nationalsozialistische Reich schrieben, als sei es nur eine Variante des Faschismus gewesen.[27] Im Zweiten Weltkrieg hatten die Menschen diese Dinge klarer gesehen. Außer den Russen bezeichneten nur wenige Hitler und die Deutschen als Faschisten.

Die Ursprünge des Nationalsozialismus gehen bis ins 19. Jahrhundert zurück; die Ursprünge des Faschismus sind jünger.[28] Marx unterschätzte die Macht des Nationalismus Zeit seines Lebens. Seine Anhänger sahen den unweigerlich in den Herzen und Köpfen der Arbeiterklasse vorhandenen Nationalismus nicht – weil sie ihn nicht sehen wollten. Schließlich wurde der Nationalsozialismus die neue Synthese: antikapitalistisch sowie antikommunistisch. Die Fusion zwischen Nationalismus und Sozialismus zeichnete sich hier und dort schon vor 1914 ab. Der Erste Weltkrieg lieferte im allgemeinen wie im besonderen Beweise für das Versagen eines marxistischen Internationalismus, der irreal und abstrakt war.

Das allgemeine Beispiel war die begeisterte Reaktion der Massen der europäischen Staaten, auch ihrer Arbeiterklassen, auf den Ruf zu den Waffen. Das spezielle Beispiel war Benito Mussolinis Ankündigung seiner Bekehrung zur Sache des italienischen Nationalismus. Dieser radikale junge Führer der starken italienischen Sozialisten brach mit seiner Partei und dem internationalen Sozialismus, weil er den abstrakten Utopismus des letzteren erkannte. Auf diese Weise wurde Mussolini 1914 ein nationaler Sozialist, noch bevor er 1919

[27] Das trifft auch auf *Ernst Noltes* „Der Faschismus in seiner Epoche" zu. Da Nolte sich seiner terminologischen Schwierigkeiten bewußt ist, versucht er, im Anhang A zu begründen, weshalb er die drei von ihm eingehend untersuchten Bewegungen – die *Action Française*, den italienischen Faschismus und den deutschen Nationalsozialismus – unter dem Oberbegriff „Faschismus" zusammengefaßt hat. Seine Begründung läuft auf kaum mehr als den Nachweis hinaus, daß Mussolini früher als Hitler aufgetreten ist und ihn deshalb bis zu einem gewissen Grad beeinflußt hat. Das ist nicht sonderlich überzeugend.

[28] In diesem Zusammenhang ist festzuhalten, daß der Begriff „Faschismus" erst um 1919 von Mussolini und seinen Anhängern bekannt gemacht wurde (erstmals war dieses Wort um 1892 im Namen einer völkischen Gruppierung auf Sizilien aufgetaucht). Die ersten Kombinationen von national und sozialistisch erschienen in Europa bereits in den siebziger Jahren des vorigen Jahrhunderts – vereinzelt sogar noch früher; um 1900 gab es in Mitteleuropa, vor allem in Böhmen, kleine nationalsozialistische Parteien.

die Ideologie des Faschismus verkünden konnte – ein weiteres Beispiel für die Unzulänglichkeit einer politischen Analyse, die das Adjektiv „faschistisch" als gemeinsamen Nenner für Mussolini und Hitler akzeptiert.

Faschismus und Nationalsozialismus hatten bestimmte Dinge gemeinsam: sie waren antikapitalistisch sowie antikommunistisch, antiliberal sowie antibolschewistisch – allerdings in unterschiedlichem Ausmaß. Andererseits waren ihre Ideologie, ihre Philosophie, ihre Absichten und ihr Stil nicht gleichartig. In manchen Staaten – England, Irland, Spanien und Holland – waren die Faschisten und die Nationalsozialisten im allgemeinen die gleichen Leute, die zur gleichen Partei gehörten. In anderen Ländern – Frankreich, Belgien, Österreich, Slowakei und Ungarn – waren die Faschisten und die Nationalsozialisten nicht die gleichen Leute. Es gab viele Männer und Frauen, auch in Deutschland, denen Mussolini sympathisch war, während sie Hitler fürchteten und haßten. Bis etwa zum Jahre 1936 bewahrten sich einige Konservative, einige Liberale und sogar Churchill große Achtung für Mussolini, in dessen Handeln und Denken sie – nicht ganz unbegründet – einen nationalen Führer in der allgemeinen Tradition der abendländischen Zivilisation sahen.

Hitler bewunderte Mussolini; trotzdem waren Faschismus und Nationalsozialismus 1934 uneins. Italien war die einzige europäische Macht, die energisch gegen den in diesem Jahr in Österreich stattfindenden nationalsozialistischen Putsch auftrat. Dabei ging es auch um ideologische Differenzen; in Österreich selbst waren die Hauptgegner der Nationalsozialisten oft Austro-Faschisten. Im Jahre 1934 kritisierte Mussolini in einer Rede in Bari zumindest implizit die deutsche Rassenlehre; in Italien kam es zu offener Polemik zwischen faschistischen und nationalsozialistischen Ideologen; innerhalb des Dritten Reiches gab es sogar Divergenzen in der amtlichen Einstellung zum modernen Italien.[29] Bis 1936 war Mussolini jedoch zu dem Schluß gekommen, es lohne sich nicht, gemeinsam mit den westlichen Demokratien gegen Hitler aufzutreten.[30] Im Jahre 1938 wies er den Partito Nazionale Fascista nicht nur

[29] Im März 1934 wurde in Berlin eine Ausstellung moderner italienischer Kunst eröffnet. Daraus entstand eine erbitterte Auseinandersetzung zwischen zwei Flügeln von Philosophen des Nationalsozialismus. Rosenberg und seine Freunde kritisierten den italienischen Futurismus im *Völkischen Beobachter*. Zeitschriften wie *Kunst der Nation* und *Weltkunst* nannten die Ausstellung wertvoll. Goebbels unterstützte stillschweigend letztere. *Brenner*, S. 78–79, 82–83. Hitler nahm eine mittlere Position ein; in einer späteren Parteirede griff er Kubismus, Futurismus und Dadaismus sowie die „Reaktionäre" einer „völkisch-bourgeoisen Renaissance" an.
[30] Mussolinis Abneigung gegen Frankreich und England war stärker als seine Vorliebe für Deutschland. Das entging den französischen und englischen Konservativen: Chamberlains Anhänger und die französische Rechte setzten ihre Beschwichtigungspolitik gegenüber Mussolini fort, weil sie hofften, er werde dann im Kampf gegen Hitler zu ihnen stoßen. Drieu la Rochelle wies schon am 4. März 1938, vor dem „Anschluß", auf die Vergeblichkeit dieser Hoffnungen hin: Falls Mussolini sich mit Frankreich und England verbündete, trüge er zum Sieg über den Weltfaschismus bei. „Das ist unmöglich." *Drieu*, CRP, S. 114.

an, sich einem Bündnis mit dem Dritten Reich anzupassen, sondern auch einige der Methoden von Hitlers Nationalsozialismus zu übernehmen, darunter auch den Antisemitismus. Diese Entwicklung beweist wieder die Unhaltbarkeit des Oberbegriffs „faschistisch": Nicht der Faschismus brachte den Nationalsozialismus hervor, sondern der Nationalsozialismus begann nun, den Faschismus zu absorbieren.

Aufstieg und Fall des Faschismus spiegelten also lediglich Aufstieg und Fall von Italien unter Mussolini wider, wie Aufstieg und Fall des Nationalsozialismus das Spiegelbild von Aufstieg und Fall von Deutschland unter Hitler waren. Auch hier orientierten sich die politischen Ideen an der Macht, nicht umgekehrt. Das war oft ein unbewußter Prozeß, aber es ist ganz lehrreich, sich einige Wechselwirkungen ins Gedächtnis zurückzurufen. In den meisten europäischen Staaten erreichten die faschistischen Parteien den Höhepunkt ihrer Beliebtheit in den frühen dreißiger Jahren; das läßt sich anhand einiger Wahlergebnisse nachweisen.[31]

Etwa ab 1936 setzte, allgemein gesprochen, der Niedergang der faschistischen Parteien ein, während ein modernerer Nationalsozialismus entstand – genau wie Deutschlands Stern 1936 aufging und in den Augen der neuen Radikalen den Glanz Italiens überstrahlte. In Frankreich begann der Exkommunist und Nationalsozialist Doriot dem Exsozialisten und Faschisten Déat den Rang abzulaufen. In Rumänien erhielt die nationalsozialistische Eiserne Garde im Dezember 1937 bei nationalen Wahlen 16 Prozent der Stimmen, obwohl das Ergebnis zu ihren Ungunsten verfälscht worden war; gleichzeitig brachten es die von Goga geführten, mehr oder weniger faschistischen (allerdings antisemitischen) Christlichen Nationalisten auf 9,2 Prozent. In Ungarn erhielten die nationalsozialistischen Parteien im Mai 1939 über 18 Prozent der Stimmen.

Ab 1940 traten überall Sympathisanten des Nationalsozialismus offen auf. Dies ist vielleicht nicht der richtige Ausdruck. „Deutschfreundlich" wäre besser – ein Adjektiv, das selbstverständlich auch alle möglichen Opportunisten umfaßt, die einfach die Tugenden der Deutschen entdeckten, als letztere siegreich zu sein schienen. Aber dahinter steckt mehr. Die Freunde des Nationalsozialismus und die Deutschenfreunde waren jene Menschen, die sich von einigen der Eigenschaften der Deutschen angezogen fühlten. Ich werde diesem verhältnismäßig neuartigen Faktor in den Beziehungen der Völker, dieser Anziehungskraft, die das Bild einer Nation auf bestimmte Bürger einer

---

[31] Die rechtsradikalen Parteien erreichten ihre höchsten Stimmanteile in der Schweiz in den Jahren 1933–34, in den Niederlanden 1935, in Belgien 1936 und in Finnland 1931–32. In England „war der faschistische Vormarsch bis 1934 atemberaubend schnell, so schnell, daß zur Zeit der von Rothermere gewährten Unterstützung (den *Daily Mail* unterstützte Mosley) die Möglichkeit bestand, daß er genügend Schwung bekommen würde, um Mosley in die Downing Street Nr. 10 zu befördern. Da ... die Bewegung jedoch mit Gewalttätigkeiten und der Entwicklung in Deutschland identifiziert wurde, mußte sich die Bewegung nach 1934 Schritt für Schritt bergaufkämpfen." *Cross*, S. 132.

anderen ausübt, ein ganzes Kapitel dieses Buches widmen müssen.[32] In der Vergangenheit haben sich nur wenige Historiker genügend mit diesem Komplex beschäftigt. Einer von ihnen war Burckhardt, der in einer seiner Vorlesungen gesagt hat: „Der Calvinismus war die Reformation derjenigen Völker, die den Deutschen ablehnend gegenüberstanden."

Der Nationalsozialismus, nicht der Faschismus, war die radikale neue Ideologie, die für Menschen attraktiv war, die eher aus dem germanischen als aus dem romanischen Kulturkreis stammten: einige Nordeuropäer und viele Ukrainer, Russen, Litauer, Ungarn, Slowaken und Kroaten. Auf ähnliche Weise waren die Formen des Faschismus eher als die des Nationalsozialismus für bestimmte Angehörige der romanischen und südosteuropäischen Völker attraktiv. Mit „Formen" meine ich nicht nur Institutionen, sondern auch die Rhetoriker: bestimmte Ausdrucksweisen, die Bestimmtes aussagen. Ein Wort soll den Unterschied zwischen Faschismus und Nationalsozialismus illustrieren: das Adjektiv „fanatisch". Hitler und Goebbels beschworen oft die wünschenswerte Heranbildung und Existenz *fanatischer Nationalsozialisten* – eine Bezeichnung, die im Italienischen und ganz sicher im Französischen nicht lobend gewesen wäre.

Der Faschismus hatte 1940 jedenfalls seinen Höhepunkt überschritten, weil Italien von Deutschland und Mussolini von Hitler überragt wurde. Zu diesem Zeitpunkt war offenbar geworden, daß der Faschismus – ähnlich wie Italiens Leistungen sich nicht mit denen Deutschlands vergleichen ließen – weniger dynamisch und weniger radikal als der Nationalsozialismus war. Für die Deutschen war dies keine Überraschung – nicht einmal für Hitler, der die Italiener nicht mochte, obwohl ihm Mussolini sympathisch war, und der – ein wichtiger Aspekt! – dessen Persönlichkeit mehr als dessen politische Ideen bewunderte.[33]

Und nun kommen wir zu dem zweiten terminologischen Problem. Wir müssen nicht nur zwischen Faschismus und Nationalsozialismus, sondern auch zwischen dem deutschen Nationalsozialismus und anderen Nationalsozialismen unterscheiden. Das faschistische Ideal entsprach einer Neo-Renaissance, die mit dem katholischen Christentum nicht ganz unvereinbar war; die Hitlersche Dynamik erinnerte an die gegen die Renaissance gerichtete Wut Luthers, die das Volk angesprochen hatte und antirömisch gewesen war. Im Jahre 1834 spürte Heine dieses latente Barbarentum in den friedlichen Deutschen seiner Zeit. Dem Niedergang des Christentums in Deutschland werde ein neuer wilder Wutausbruch folgen, schrieb er damals; die alten Götter würden aus Staub und Trümmern aufstehen; Thor werde seinen Riesenhammer schwingen; die Franzosen sollten sich lieber in acht nehmen; er werde mit

---

[32] Siehe S. 313.
[33] Das ist bedeutsam, weil Mussolini der originellste Denker unter den drei wichtigsten Diktatoren gewesen sein dürfte: Er war der Schöpfer des Faschismus, während es den Nationalsozialismus schon vor Hitler und den Kommunismus schon vor Stalin gegeben hatte.

einem in der Geschichte der Menschheit nie zuvor gehörten Donner losbrechen. „Es wird ein Stück aufgeführt werden in Deutschland, wogegen die französische Revolution nur wie eine harmlose Idylle erscheinen möchte."[34] Thomas Mann schrieb schon 1911: „Die Deutschen müssen wählen: Goethe oder Wagner. Die zwei passen nicht zusammen. Ich fürchte, daß sie Wagner sagen werden." Hundert Jahre nachdem Heine das Obige geschrieben hatte, besuchte Malcolm Muggeridge 1933 eine deutsche Siedlung in Südrußland. Er sah die Dinge mit einem gewissen intuitiven Verständnis:

> „Die Deutschen zeigten ihm ihre Siedlung. Sie gingen mit ihm durch Schweineställe und ließen ein fettes Schwein nach dem anderen aufstehen. Sie hielten Schafe zwischen den Beinen fest und teilten die Wolle, um ihm ihre Dicke zu zeigen. Sie ließen Korn über ihre Handflächen rieseln und öffneten behutsam die Ställe von Pferden und Stieren. Sie brachten den Geruch von Fruchtbarkeit in seine Nase. Ebenfalls Barbaren, dachte er; aber der Erde zugehörig. Das Barbarentum . . . der Diktatur des Proletariats war abstrakt.
>
> Abends legten die Deutschen einen Militärmarsch auf dem Grammophon auf. Sie standen alle auf; stramm, absurd, besporte Absätze zusammenschlagend. Ein Barbarentum, dachte Wraithby, das Krieg gegen die Zivilisation führen könnte und wahrscheinlich führen wird. Nicht, wie die Diktatur des Proletariats, gegen das Leben."[35]

Mussolini sagte 1931, das 20. Jahrhundert werde das Jahrhundert des Faschismus sein. Für Hitler sollte es das Jahrhundert des Deutschtums, nicht des Nationalsozialismus sein. Im November 1938 erklärte er dem Südafrikaner Pirow: Er exportiere „nur eine Idee – und das ist nicht die Idee des Nationalsozialismus. Es ist die Idee des Antisemitismus." Das war größtenteils zutreffend. Für Hitler war der Antisemitismus anderer ein Maßstab ihrer Zuverlässigkeit. Trotzdem bedeutet das nicht, Hitler habe außer dem Antisemitismus keine politische Philosophie besessen. Seine Auffassung von der notwendigen Synthese zwischen Nationalismus und Sozialismus geht aus vielen seiner Reden und Bemerkungen hervor. Sie kam am 30. Januar 1941 in einer der wichtigsten Reden, die Hitler während des Krieges hielt, deutlich zum Ausdruck. Nach dem Zusammenbruch im Jahre 1918 habe den Deutschen eine einigende Idee, ein starker Appell an ihren Idealismus gefehlt, sagte er. Dieser Appell an den Idealismus konnte nur in zwei Lagern gefunden werden: dem sozialistischen und dem nationalistischen. Eben gerade den beiden Lagern, die einen Kampf auf Leben und Tod gegeneinander führten. Sie mußten miteinander verschmolzen werden: in eine neue, höhere Einheit.

---

[34] *Heine*, SW, IV, S. 294. („Zur Geschichte der Religion und Philosophie in Deutschland").
[35] *Muggeridge*, WM, S. 245. („Wraithby" war Muggeridge.) Siehe die gleiche Episode in *Muggeridge*, I, S. 259–260.

Der Nationalsozialismus fand außerhalb Deutschlands viele Anhänger und Nachahmer. Für einen flüchtigen Augenblick in der Geschichte der Menschheit schien er einer neuen, universalen Entwicklung, von der ein ganzes Jahrhundert geprägt wurde, die Form gegeben zu haben. Er besaß starke Anziehungskraft für die Bevölkerung, vor allem für junge Menschen, in einigen osteuropäischen Staaten, und er hatte für kurze Zeit sogar die Chance, bestimmte Bevölkerungsgruppen Westeuropas anzusprechen. Es wäre ein Fehler, annehmen zu wollen, nur die Halbgebildeten hätten sich zu ihm hingezogen gefühlt. Außer einigen Opportunisten zählten zu den Hochintelligenten, die 1940 mit Hitler sympathisierten, große Schriftsteller, berühmte Künstler und bekannte Musiker: Autoren wie Céline, Knut Hamsun, Drieu la Rochelle, Giovanni Papini, Wyndham Lewis und Ezra Pound; weniger berühmte Dichter und Künstler wie Jakob Schaffner und John Knittel; Musiker wie Mengelberg und Dohnányi; Philosophen wie Giovanni Gentile und Bernard Faÿ – eine eindrucksvolle Liste. Eine Aufzählung geachteter europäischer Künstler und Gelehrter, die mit dem Faschismus sympathisierten, würde mindestens einige Seiten füllen. Auf einer weniger exaltierten Ebene sahen amerikanische Neo-Machiavellianer wie James Burnham und Neo-Idealisten wie Charles Lindbergh und seine Frau 1940 im Nationalsozialismus die „Welle der Zukunft" (das war auch der Titel von Mrs. Lindberghs 1940 erschienenem Bestseller).

Ende 1941 ließ dieser Glaube an die Welle der Zukunft nach. Aber der harte Kern europäischer Nationalisten blieb erhalten; er bestand hauptsächlich aus Germanophilen. Dies war eines der merkwürdigsten politischen Phänomene des 20. Jahrhunderts: Das Adjektiv „national" bedeutete „deutschfreundlich". So waren die „Nationalisten", die „Nationale Front" in Österreich im Jahre 1938, in der Schweiz von 1933-45, in Bulgarien, Ungarn, Rumänien und anderen Ländern Angehörige solcher Bewegungen und jene Politiker, die im äußersten Fall eine Besetzung ihres Vaterlandes durch die Deutschen befürwortet hätten. Ihr Nationalismus war ideologisch, nicht patriotisch.[36]

Germanophilie war der Schlüssel zu dem Verhalten von Männern wie Knut Hamsun oder Sven Hedin, die schon im Ersten Weltkrieg die Deutschen den Engländern vorgezogen hatten. Die Untersuchungen des Holländers de Jong über die sogenannten fünften Kolonnen haben zumindest für Westeuropa ergeben, daß die gefährlichsten und oft die einzig wirksamen, im Untergrund arbeitenden militärischen Schrittmacher der Deutschen die deutschsprachigen Minoritäten in den Nachbarländern des Dritten Reiches gewesen sind. In Belgien waren die ersten Kollaborateure Flamen; bis auf

---

[36] Das war auch bei dem jungen Hitler der Fall, der in „Mein Kampf" über seine Jugend schrieb, er habe schon als 15jähriger dynastischen „Patriotismus" von völkischen „Nationalismus" unterschieden.

einige Ausnahmen setzte die nationalsozialistische Bewegung in der Schweiz sich aus Deutschschweizern zusammen. In ganz Europa gab es jedoch Millionen von Menschen, die nicht deshalb Nationalsozialisten waren, weil sie deutschstämmig waren oder sich den Deutschen verwandt fühlten, sondern weil sie politisch und kulturell germanophil waren; umgekehrt gab es Millionen anderer, die Germanophile waren, weil sie Nationalsozialisten waren.

Im Sommer 1940 konnte man für kurze Zeit glauben, der Sieg Deutschlands werde den Sieg der Nationalsozialisten in ganz Europa bedeuten – und daß die Deutschen sie als ihre Verbündeten betrachten würden, wie die französischen Jakobiner eineinhalb Jahrhunderte zuvor andere europäische Revolutionäre als natürliche Verbündete behandelt hatten. Das war die natürliche Überzeugung aller Kollaborateure, die von nationalsozialistischen Führern wie dem Holländer Mussert oder dem Norweger Quisling bis zu dem Ungarn Szálasi oder dem Rumänen Horia Sima reichten. Aber diese Männer wurden enttäuscht. Hitler hatte nicht das Bestreben, unterschiedliche Nationalsozialismen in den einzelnen europäischen Staaten zu fördern. Sein Ziel war die Beherrschung Europas durch Deutschland, keine europäische nationalsozialistische Revolution. Das Dritte Reich brauchte abhängige Regierungen und Völker, die erzeugten, was Deutschland benötigte, und keine Staaten, die ihre Energien mit Revolutionen vergeudeten.[37] Hitler, Goebbels und Himmler mögen Meinungsverschiedenheiten in bezug auf die beste Besatzungspolitik gehabt haben, aber sie stimmten in einem Punkt überein: Das Neue Europa würde ein von Deutschland beherrschtes Europa sein – schlicht und einfach, nicht mehr und nicht weniger.

Das mußte die eifrigsten Kollaborateure enttäuschen. Viele von ihnen hielten dem Dritten Reich bis in den Tod die Treue. Wir wissen heute von ihrer Enttäuschung. Als erste wurden einige Führer der österreichischen Nationalsozialisten enttäuscht, die in vieler Beziehung die wahren Originale gewesen waren. Hitler machte sich nicht viel aus ihnen. Hauptmann Leopold, der Führer ihres radikalen Flügels, schrieb Hitler 1938 und 1939 erbitterte Briefe; Leopold, der 1941 aus seiner Heimat vertrieben worden war, und sein einziger Sohn fielen im Rußlandfeldzug. Die tschechischen, dänischen und niederländischen Nationalsozialisten waren enttäuscht und verbittert, weil die siegreichen Deutschen ihnen keine Autorität in ihrem eigenen Lande zugestanden.[38] Selbst

---

[37] Auch Mussolini tat erstaunlich wenig, um den Faschismus bei den Albanern zu fördern; Stalin zog sein Leben lang Menschen, die ihm und Rußland treu ergeben waren, Kommunisten mit langer Revolutionserfahrung vor.

[38] Die in Panik geratene niederländische Regierung hatte am 10. Mai 1940 etwa 10000 niederländische Nationalsozialisten verhaften lassen. Einige Tage später befreiten die siegreichen Deutschen die meisten von ihnen, darunter auch ihren Führer Mussert. Aber sie weigerten sich, ihn im Rundfunk sprechen zu lassen. Am nächsten Tag schrieb er in sein Tagebuch: „Nicht die Spur eines Entgegenkommens von seiten der Deutschen. Dieser Sonntag ist einer der unerfreulichsten meines Lebens."

Quisling durfte erst 1942 eine Regierung bilden.[39] In Belgien wurde die flämische Nationalsozialistische Partei (VLAG) allgemein von den Deutschen ignoriert, die der gemäßigteren VNV den Vorzug gaben. In Ungarn entschied Hitler sich trotz seiner Abneigung gegen Ideologie und die Zusammensetzung des dortigen Regimes dafür, den fanatischen Pfeilkreuzlern nicht zur Macht zu verhelfen – zumindest nicht vor 1944: Er brauchte stabile Verhältnisse in Ungarn.

Das bedeutsamste Beispiel dieser deutschen Vorliebe für verhältnismäßig ordnungsliebende und unterwürfige Regierungen war im Januar 1941 in Rumänien zu beobachten. Vier Monate zuvor war König Carol durch eine nationalistische Revolution vertrieben worden, die mit Hilfe von Massendemonstrationen und der Eisernen Garde den deutschfreundlichen Marschall Antonescu an die Macht gebracht hatte. Hitler hatte einen guten Eindruck von letzterem; Antonescu blieb bis zum Schluß (1944) einer seiner Lieblingsverbündeten. Die Eiserne Garde war vermutlich die fanatischste und mörderischste Massenbewegung aller europäischen Nationalsozialisten: Ihre Mitglieder waren stolz darauf, im November 1940 Juden an Fleischerhaken aufgehängt und politische Gegner (wie den greisen berühmten Professor Iorga) noch auf dem Totenbett gefoltert zu haben. Im Januar 1941 versuchte die Eiserne Garde, innerhalb von Antonescus nationalistischer Koalition die Macht an sich zu reißen. Die rumänische Armee unterdrückte diese Rebellion nach dreitägigen Kämpfen gelegentlich mit Unterstützung deutscher Truppen und Panzer. Antonescu war sich Hitlers Unterstützung sicher gewesen: Hitler hatte ihm eine Woche zuvor erklärt, die Zusammenarbeit zwischen Deutschland und Rumänien sei nicht von der Existenz einer rumänischen Nationalsozialistischen Partei oder Organisation abhängig; wäre dies eine Voraussetzung, wäre eine Zusammenarbeit zwischen Deutschland und vielen anderen Staaten nicht möglich. Auf diese Weise waren die Ereignisse in Rumänien nur die dramatischsten Manifestationen einer Politik, die in ganz Osteuropa und selbst in Westeuropa betrieben wurde, wo die Deutschen eher versuchten, mit Pétain sowie Darlan und Laval als mit Doriot und Déat zusammenzuarbeiten.

In Westeuropa waren die ersten nationalistischen Revolutionäre oft in hohem Maße mutig und idealistisch. Ein früher Prototyp eines solchen Revolutionärs war José Antonio Primo da Rivera, der Gründer der spanischen Falange (1936 von Kommunisten ermordet). Als der politisch Rechtsstehende Bernanos sich 1937 verbittert gegen das Francoregime wandte und ihm die schlimmsten Grausamkeiten vorwarf, hatte er noch ein paar gute Worte für die Falangisten übrig (sein Sohn Yves war eine Zeitlang Mitglied der Falange auf Mallorca). In Frankreich unterstützte der Nationalist und Exkommunist Doriot 1939 den Kriegseintritt Frankreichs und kämpfte im Juni 1940 tapfer an

[39] Rosenberg am 6. Juli 1940 in einer Aktennotiz: „Die Haltung Quislings ist für mich die Haltung eines ehrenhaften, dem Führer ergebenen germanischen Menschen, der nie derartig behandelt werden dürfte."

der Loire. Seltsamer – und tragischer – war die Entwicklung Joseph Darnands, der im Ersten Weltkrieg zu den am höchsten ausgezeichneten französischen Soldaten gehört hatte. Diesmal sorgte er für eine der wenigen begeisternden Heldentaten auf französischer Seite: Am 8. Februar nahmen er und ein weiterer Infanterist in den Grenzwäldern bei Forbach eine ganze deutsche Streife gefangen. Im Juni 1940 wollte Darnand sich de Gaulle anschließen; er ließ sich jedoch in einem Gespräch mit Pétain umstimmen, in Frankreich zu bleiben. Später wurde Darnand der brutale, gefürchtete Chef der Miliz, die Juden und Widerstandskämpfer aufspürte und umbrachte.

Gemeinsam mit Doriot haßten die intellektuellen Nationalsozialisten – Brasillach, Rebatet, Drieu – das Vichyregime, weil es sich nicht genug für einen deutschen Sieg in Europa einsetzte; sie haßten es sogar noch mehr, weil die Atmosphäre in Vichy einen antiquierten Konservatismus *à la* Maurras ausstrahlte, der von den Ereignissen längst überholt worden war. Drieu hatte schon 1934 geschrieben: „Wir brauchen eine dritte Partei, die auch national zu sein versteht, während sie sozial ist – und die auch sozial zu sein versteht, während sie national ist."[40] Ende 1941 schrieb Lucien Rebatet ein Kapitel in *Les décombres,* in dem er das Vichyregime angriff; die Überschrift hätte von einem Gaullisten stammen können: „Die Parodie eines Staates" –

„Während ein junges Europa inmitten der ruhmreichen Wehen einer gesunden und starken Ordnung geboren wurde, erinnert Vichy-Frankreich einen an eine ältliche Matrone, die von dem Gerümpel des vorigen Jahrhunderts umgeben ist, etwas nach Katzenharn riechend, dem Lärm und Tumult des Lebens entrückt, ihr Dasein außerhalb von Paris in einer schäbigen Pension beschließend und die alten, verstaubten Kuriositäten um sich herum endlos neu anordnend; eine bigotte Alte, die es gewöhnt ist, von Ganoven in Soutanen übers Ohr gehauen zu werden."[41]

Der Stil des Vichyregimes war allerdings nicht sonderlich begeisternd – zum Beispiel im Dezember 1940, als Pétain dazu überredet wurde, gegen Laval vorzugehen. Dieser komische Ministaatsstreich, der unter anderem von du Moulin de la Barthète ausgeheckt wurde, begann in dessen Büro, wo auf dem Schreibtisch ein Brief Pétains an Hitler lag, in dem Lavals bevorstehender Rücktritt bereits angekündigt wurde. Laval interessierte sich für den Brief, den

[40] *Drieu,* CRP, S. 14.
[41] *Rebatet,* S. 639. In diesem interessanten Buch, das in dem von den Deutschen besetzten Paris erschien, taucht gelegentlich als merkwürdiger Zug wahrer (im Gegensatz zu ideologischem) französischer Patriotismus auf: „Wahrhaft patriotisches Empfinden nötigt uns Respekt ab, selbst wenn es schrecklich irregeleitet ist. Wir dürfen nicht vergessen, daß zu den *kämpfenden* Gaullisten, selbst wenn sie die mindersten Gauner und Söldner in ihren Reihen haben, tapfere Männer gehören, die der Stimme ihres Blutes folgen. Gestatten Sie mir, sie den alten Schlappschwänzen (in Vichy) vorzuziehen . . ., die zu feige waren, um sich de Gaulle anzuschließen." Ebd., S. 591.

du Moulin rasch unter seine Schreibunterlage schob. Dann wurde Laval zu Pétain gebracht, um seine Entlassung mitgeteilt zu bekommen. Pétains engste Mitarbeiter horchten atemlos und beobachteten die Szene durch das große Schlüsselloch eines Hotelzimmers in Vichy, das zweifellos schon früher zu ähnlich interessanten Zwecken gedient hatte.

Pétain gab schließlich nach. Déat, der in Paris von der französischen Polizei verhaftet worden war, wurde auf Verlangen der Deutschen freigelassen; auch Laval, der in seinem Château unter Hausarrest gestanden hatte, kam wieder frei. „Wunderbar", sagte Laval zu du Moulin, dem aufgetragen war, ihn zu holen; er, du Moulin, habe ihn selbst eingesperrt. In einen Käfig habe er ihn geworfen ... dieser unfähige Blender und Großsprecher ... Er habe so etwas noch nie erlebt. Die Sozialisten von Aubervilliers, alle die Kommunisten, die Stahlarbeiter, die Haufen von Fabrikarbeitern, alle diese Typen seien „grand seigneurs", verglichen mit diesem Sauhaufen hier.[42]

Im Dezember 1941 suchte Doriot, der Heimaturlaub von der deutschen Ostfront hatte, Admiral Darlan auf, um ihm die Errichtung einer Diktatur in Frankreich vorzuschlagen. Darlan gähnte während ihrer Unterredung immer wieder. Doriot verließ ihn vor Wut kochend. Dies war also das Vichy, das *La révolution nationale* ausgerufen hatte.[43] Die französischen Nationalsozialisten waren von dieser Regierung zutiefst angewidert, wie sie von Pétain angewidert waren, der kein Hitler war, so sehr einige seiner Anhänger sich auch bemühten, ihn mit einem Führerkult zu umgeben.

Die Mißerfolge der Nationalsozialisten waren teils auf Hitlers Desinteresse, teils auf das allgemeine Desinteresse ihrer jeweiligen Völker zurückzuführen. Aber obwohl der Nationalsozialismus selten sehr beliebt war,[44] dürfen wir nicht vergessen, daß Geschichte oft von entschlossenen Minderheiten gemacht wird; und im Sommer 1940 hatten diese entschlossenen Minoritäten ihre Chance. Die meisten Europäer hatten sich mit einer neuen Ordnung abgefunden. Aber die Deutschen taten nur wenig, um sie einzuführen. Sogar Ende 1940 waren Nationalsozialisten wie der Belgier Degrelle noch voller Hoffnungen. Am Neujahrstag 1941 verkündete er öffentlich die Größe Hitlers

---

[42] *Du Moulin*, S. 83. Die Regierung Pétain hatte bereits einige der führenden Männer der Dritten Republik verhaften lassen: Blum, Daladier, Reynaud usw. Sie wurden 1942 in Rom vor Gericht gestellt, aber das Verfahren mußte auf deutschen Einspruch hin ausgesetzt werden.

[43] Der Begriff *révolution nationale* wurde von Georges Valois geprägt, der 1925 ein französischer Faschist (und 1940 ein Gaullist) war. Maurras, dessen Philosophie antirevolutionär zu sein vorgab, übernahm ihn ebenfalls. Der Ausdruck wurde von Pétain in seiner Rede vom 11. Oktober 1940 benützt, deren Manuskript von Gaston Bergéry stammte, der im Juli 1940 gemeinsam mit Drieu die Gründung einer einzigen französischen Nationalpartei vorgeschlagen hatte. Am 31. Dezember sprach Pétain erneut von seiner „Regierung der nationalen Revolution". (Wie *Anatole de Monzie* in „Ci-devant" bemerkt hat, „ist es der ständige Ehrgeiz von Reaktionären, Revolutionären gleichzusehen".)

[44] Quislings rechte Hand, Hagelin, hatte vermutlich recht, als Hitler ihn am 13. April 1940 „ganz offen" fragte, wie viele Norweger wohl hinter Quisling stünden: Hagelin sprach von 15 Prozent.

und die notwendige „Vernichtung" Englands. Fünf Tage später kamen 6000 seiner Anhänger in Lüttich zu einer Parade zusammen, bei der es vereinzelt Buhrufe gab. Im Februar wurde eine weitere Parade der Rexisten von einigen Zuschauern tätlich angegriffen. Im Mai 1941 behauptete Degrelle: „Die Mehrheit meiner Landsleute ist blind", und die Zeitungen der Kollaborateure klagten über „die kollektive pessimistische Verirrung beim größten Teil unserer Bevölkerung".[45] Dann kam der Krieg gegen Rußland, in dem auch Degrelle sich freiwillig zur SS meldete.[46] Am 4. September 1941 sagte er: „Wir sind tausend. Wir wollen viele Tausend werden. Um weitere Tausend hinzuzugewinnen, müssen wir uns durch Härte und Leiden in etwas Größeres verwandeln . . . Um an dem Tag eine unbesiegbare Armee zu werden, an dem wir Brüssel erobern werden, nachdem wir Moskau eingenommen haben." Degrelle dachte wie Hitler, der Moskau erobern wollte, um London einzunehmen (der gleiche Hitler, der ihm gegen Kriegsende erklärte, wenn er einen Sohn hätte, würde er ihn sich wie Degrelle wünschen).

Uns bleibt eine letzte Unterscheidung zu treffen. Nach 1941 begann der Niedergang der Nationalsozialisten Europas, weil sie Bindungen zu Deutschland hatten. Im Jahre 1945 wurde der deutsche Nationalsozialismus zerstört – aber der nationale Sozialismus überlebte. Lassen Sie mich zum letztenmal einige der Unterscheidungen dieses Unterkapitels zusammenfassen. Es gab einen deutschen Nationalsozialismus: eine eigenständige Entwicklung. Es gab Nationalsozialisten in anderen europäischen Ländern – fast immer antisemitisch; im allgemeinen, aber nicht immer prodeutsch. Schließlich gab und gibt es weiterhin einen nationalen Sozialismus im weitesten Sinne des Wortes, das ganz allgemein das Zusammentreffen von Nationalismus und Sozialismus bezeichnet. Diese drei Ausdrücke und die Phänomene, die sie beschreiben, waren und sind nicht identisch. Das Zusammenwirken von Nationalismus und Sozialismus war mehr als ein Augenblicksphänomen; seine vielgestaltige Entwicklung ist vielleicht die wichtigste politische Konfiguration eines Jahrhunderts gewesen.

Im 19. Jahrhundert waren die Regierungen und die politischen Hauptströmungen der westlichen Welt eine Mischung aus Konservativismus und Liberalismus. Nach 1870 begann dieser Dialog und seine Dialektik an Bedeutung zu verlieren. In den letzten 100 Jahren sind die wichtigsten Regierungsformen und die unterschiedlichen Ideologien – nicht nur im Westen – unterschiedliche Kombinationen aus Nationalismus und Sozialismus gewesen. Diese Tatsache ist lange Zeit durch die Vorherrschaft einer überholten Terminologie verschleiert worden. Trotzdem braucht man nicht viel Phantasie, um einzusehen, daß so unterschiedliche Männer wie Castro, Mao, Perón, Nasser und Tito – und im weiteren Sinne viele demokratische Politiker in der zweiten

---

[45] Struye, S. 36.
[46] Auch der flämische Nationalistenführer Tollenaere meldete sich freiwillig und fiel 1942 in Rußland.

Hälfte unseres Jahrhunderts – unterschiedliche Varianten eines nationalen Sozialismus verkörpert haben.

Trotzdem würde uns selbst eine auf die Grundlagen beschränkte Schilderung dieser vielgestaltigen Bewegung über den Rahmen des vorliegenden Buches hinausführen. Wir wollen uns deshalb auf den Hinweis beschränken, daß auch die wichtigsten Diktatoren des Zweiten Weltkrieges sich als nationale Sozialisten erwiesen haben. Es ist offenkundiger Unsinn, Mussolini als Kommunisten oder Stalin als Faschisten zu bezeichnen; trotzdem paßt das Adjektiv „nationalsozialistisch" irgendwie auf beide. Die Bewegung zum nationalen Sozialismus hin war dynamisch. Vieles legt den Schluß nahe, Hitlers Beispiel habe nicht nur Mussolini, sondern auch Stalin beeinflußt, der mit zunehmender Kriegsdauer immer nationalistischer und antisemitischer wurde.

Hitler war kein Kapitalist; er hatte keine Angst vor dem Sozialismus. Darüber waren sich die europäischen Nationalsozialisten im klaren. Im November 1941 erschien in Paris eine neue, von Kollaborateuren herausgegebene Zeitung: *La France socialiste*. Einen Monat später klagte der Kollaborateur Luchaire erbittert: „Ein konservatives und klerikales Frankreich wird bei dem neuen sozialistischen Deutschland nie rechtes Gehör finden."[47] Das erfaßten auch manche Gegner der Deutschen. Zu ihnen gehörte Orwell, der schon 1936 ausgeführt hatte: „Es ist nicht nur unsinnig, sondern noch viel schlimmer, den Faschismus als ‚Massensadismus' oder mit einem ähnlich billigen Ausdruck abzutun." Niemand dürfe vorgeben, es handele sich dabei „lediglich um eine Verirrung ... Es gibt nur die Möglichkeit, die faschistische Sache zu untersuchen, zu begreifen, daß einiges für sie spricht, und dann der Welt klarzumachen, daß die guten Seiten des Faschismus auch im Sozialismus enthalten sind."[48]

Nach seiner Rückkehr aus Deutschland schrieb Nevile Henderson im Winter 1939/40: „Nur wenige der im 20. Jahrhundert lebenden Menschen würden bestreiten, daß die Französische Revolution trotz aller ihrer Schrecken und trotz der Übel der napoleonischen Epoche Theorien und Systeme hinterlassen hat, die der Menschheit bleibende Vorteile gebracht haben. Der Nationalsozialismus ist keine geringere Revolution, und wie anrüchig den meisten von uns seine Ideologie heute auch erscheinen mag, so wie die Französische Revolution unseren Vorfahren Ende des 18. Jahrhunderts erschienen ist, wäre es dumm, anzunehmen, von ihm sei entweder nichts zu lernen, oder er werde in all seinen Erscheinungsformen ‚unbeweint, ungeehrt und unbesungen' von dieser Erde verschwinden."[49] Im Jahre 1941 erklärte Salazar Roosevelts Sonderbotschafter Myron Taylor, der durch Portugal kam, seiner Meinung nach werde der Nationalsozialismus den Krieg überleben.

Heutzutage, wo das politische Grundprinzip die Sicherung des größten

[47] *Duquesne,* S. 107.
[48] *Orwell,* Wigan Pier, S. 235.
[49] *Henderson,* S. 16.

Glücks für eine möglichst große Anzahl von Menschen ist, muß es seltsam berühren, daß die meisten Leute – übrigens oft die eifrigsten Verfechter der oben genannten Desiderata – Stalins Kommunismus noch immer höher als Hitlers Nationalsozialismus einschätzen, obwohl außer Zweifel steht, daß es der großen Mehrzahl aller Deutschen unter Hitlers nationalsozialistischem Regime besser ging als den Russen unter Stalins Kommunismus. Der Lebensstandard in Deutschland war verhältnismäßig hoch, weil es dort, wie wir in einem der vorigen Kapitel gesehen haben, lange Zeit Butter *und* Kanonen gab. Sieht man von den Beschränkungen ab, denen Juden unterlagen, gab es im nationalsozialistischen Deutschland wesentlich mehr individuelle und politische Freiheit als im kommunistischen Rußland, eine größere Vielfalt von wissenschaftlichen und künstlerischen Veröffentlichungen, mehr Bewegungsspielraum für individuelles Arbeiten und sogar einige originelle und positive Leistungen auf dem Gebiet der Architektur. Befaßt man sich außerdem mit der Rekonstruktion der einzelnen deutschen Widerstandsbewegungen gegen Hitler, muß einem ihre relative Bewegungsfreiheit in einem derartigen Polizeistaat auffallen. Im Februar 1940 konnte Ulrich von Hassell den amerikanischen Geschäftsträger zum Frühstück einladen und ihn davon zu überzeugen versuchen, Roosevelts Sonderbotschafter Sumner Welles müsse bei seinem bevorstehenden Besuch in Deutschland auch mit einigen Führern der deutschen Opposition – Popitz, Planck, von Hassell – zusammentreffen. So etwas wäre in der Sowjetunion oder jedem anderen „hundertprozentigen" Polizeistaat undenkbar gewesen.

Allerdings war das nationalsozialistische Deutschland nicht ganz ein Polizeistaat – zumindest nicht im üblichen Sinne des Wortes. Der brillante und skrupellose Carl Schmitt, der bedeutendste Rechtsgelehrte des Dritten Reiches, schrieb 1935, das nationalsozialistische Regime bedeute das Ende des altpreußischen Beamtenstaates mit seiner Hegelschen Auffassung von einem von Beamten beherrschten Staat . . . Dieser war durch einen Volksgenossenstaat abgelöst worden: „Der Staat ist das Werkzeug des Volkes." Das spürte unter anderem auch die deutsche Arbeiterklasse: Die Stahlarbeiter bei Krupp waren noch zuverlässigere Gefolgsleute des Führers als einige der altpreußischen Beamten. Speer wurde zur Verzweiflung getrieben, als er deutsche Arbeiter reden hörte, die noch im März 1945 im Gegensatz zu ihm felsenfest an den deutschen Endsieg glaubten.

Volksgenossenstaat und Beamtenstaat: In Wirklichkeit war das Dritte Reich eine Mischung aus beiden. Am Ende absorbierte ersterer den letzteren und erzeugte eine neue brutale Polizeiherrschaft [50] – in Form des SS-Staates.

---

[50] Zur Besatzungspolitik der Deutschen gehörte der Versuch, leitende Polizeibeamte auf ihre Seite zu bringen. Das gelang nicht immer, aber in vielen Fällen arbeiteten die örtlichen Polizeichefs bereitwillig mit ihnen zusammen: Chiappe in Paris, Hain in Budapest und Pelvig vom Ausländeramt der dänischen Staatspolizei. In den Niederlanden wurde auf deutsche Anregung ein Tag im November 1941 zum „Tag der niederländischen Polizei" ausgerufen.

Denn wie der Nationalsozialismus ähnlich dem Faschismus ein postmarxistisches Phänomen darstellte, war der SS-Staat spätestens ab 1944 ein postfaschistisches Phänomen. Fast alle Freiheiten, die es 1941 in Deutschland noch gab, waren Überbleibsel aus der Vergangenheit. Als das Dritte Reich vor der Niederlage stand, wurden sie brutal abgebaut. Das ist einer der Gründe, weshalb Ernst Noltes Vermengung der *Action Française,* des italienischen Faschismus und des deutschen Nationalsozialismus unter dem Titel „Der Faschismus in seiner Epoche" irrig ist. Die Gefolgsleute der Action Française blickten in die Vergangenheit zurück; die Nationalsozialisten sahen in die Zukunft. Die *Action Française* war präfaschistisch; die SS war postfaschistisch. Der SS-Staat war keine Extremform eines altmodischen Polizeistaates, sondern eine neue skrupellose Tyrannei, die von Schlägern in Uniform, zu denen auch Kriminelle gehörten, ausgeübt wurde – eine Erscheinung, zu der es im letzten Auflösungsstadium der westlichen Zivilisation erneut kommen kann, wie sie im letzten Stadium des Dritten Reiches aufgetreten ist.

Am Ende waren die verbrecherischen Grausamkeiten des nationalsozialistischen Dritten Reiches schlimmer als die in der Sowjetunion verübten, obwohl die Gesamtzahl der unter Hitler Ermordeten und Eingekerkerten vielleicht niedriger als die Gesamtzahl der unter Stalin Ermordeten und Eingekerkerten gewesen ist. Aber die Geschichte der Menschheit besteht nicht aus Zahlenangaben, und auch die politische Geschichte behandelt etwas anderes als das gesamte Wohlergehen eines Volkes, das größte „Glück" für die größte Anzahl von Menschen – was immer das sein mag. Im Vergleich zur Unwahrheit von Stalins Kommunismus kann Hitlers Nationalsozialismus eine Halbwahrheit gewesen sein; aber, wie der Heilige Thomas von Aquin gesagt hat, kann eine Halbwahrheit böser als eine Lüge sein. Auch sie bedeutet eine Qualitätsänderung, die quantitative arithmetische Kategorien übersteigt. Die Brutalitäten des Dritten Reiches bewirkten während des Krieges, daß die Sache des Nationalsozialismus in den Augen einiger seiner Anhänger kompromittiert wurde. Selbst die Tapferkeit der deutschen Soldaten verlor ihre Wirkung. Georges Bernanos hatte dies schon 1938 mit großen prophetischen Worten vorausgesehen. „Hitler!" schrieb er. „Das Heldentum, das du in deinen Fabriken schmiedest, ist aus gutem Stahl gemacht, das leugnen wir nicht. Aber es ist ein Heldentum ohne Ehre, weil es ungerecht ist."[51]

[51] „Das erkennst du noch nicht, weil du jetzt die letzten Reserven an Ehre in Deutschland vergeudest, die Ehre freier deutscher Männer. Der totalitären Idee wird noch immer von freien Männern aus freien Stücken gedient. Ihre Enkel werden vielleicht nichts anderes mehr kennen als totalitäre Disziplin. Und dann werden die Besten von ihnen zu uns hinübersehen, sie werden uns beneiden, so entwaffnet und besiegt wir vielleicht auch sein mögen. Dies ist nicht alles eine einfache Berechnung des Intellekts, Hitler. Du bist mit Recht stolz auf deine Soldaten. Aber der Augenblick kommt näher, in dem du nur noch Söldner haben wirst, die ihre Arbeit tun. Der gemeine, der unbarmherzige Krieg, durch den du dir einbildest, die Welt unterwerfen zu können, ist kein Krieg von Kriegern mehr. Er wird die Empfindungen so herabwürdigen, daß der Krieg statt der Schule für Krieger die Schule der Schändlichen sein wird." *Bernanos,* GRC, S. 324.

## 4. Die Beziehungen zwischen Staaten

Über allen politischen Angelegenheiten standen die Beziehungen der Staaten zueinander. Der Krieg war kein Klassenkrieg: Er war ein von Staaten und nicht von Ideologien geführter Krieg; er wurde von Deutschland, Frankreich, England und Rußland geführt – nicht von Demokratie, Faschismus und Kommunismus. Hitler, Mussolini, Stalin, Churchill und de Gaulle waren in erster Linie Staatsmänner. Sie ordneten ihre philosophischen und politischen Vorlieben dem unter, was sie für die Interessen ihrer Staaten hielten. Hitler wollte Deutschland, nicht dem Nationalsozialismus, die Vormachtstellung in Europa verschaffen. Churchill kämpfte, um England zu retten; de Gaulle kämpfte für das Überleben Frankreichs; Stalin kämpfte für das Fortbestehen und die Sicherheit – beides allerdings mit brutalem, tyrannischem Egoismus interpretiert – seines sowjetrussischen Reiches.

Dieser Primat von Staatsinteressen zeigt sich am deutlichsten in der damaligen Geschichte der Sowjetunion, also einem Staat, von dem Millionen noch immer glauben, er habe einzig und allein die Sache der Weltrevolution vertreten. Die Geschichte der sowjetischen Außenpolitik in den Jahren 1939-41 ist lehrreich, weil sie die wahren Absichten eines Diktators wie Stalin unabhängig von seiner öffentlich verfochtenen Ideologie aufzeigt. Sie enthüllt seine wahren Interessensphären: Sicherheit, nicht Revolution; Landgewinn, nicht Ideologie. Stalin scherte sich keinen Deut um die Kommunisten Europas – oder der restlichen Welt. Ihre Aktivitäten zugunsten der Sowjetunion, auch durch Spionage, waren nur angenehme Nebenerscheinungen: unbedeutend, zweitrangig, keines ernsten Gedankens wert. Im Jahre 1921 hatte Lenin zu den umständlichsten Mitteln gegriffen, um die Handvoll Amerikaner zu isolieren, die während der Hungersnot nach Rußland gekommen waren, um dort große Mengen an Nahrungsmitteln zu verteilen. Im Jahre 1941 sagte Stalin, er sei mit der Entsendung englischer oder amerikanischer Divisionen nach Rußland auch ohne Unterstellung unter sowjetischen Befehl einverstanden. Falls der Preis für den Fortbestand des russischen Staates die Entsendung ausländischer, imperialistischer Armeen nach Rußland war – mit allen Aussichten auf eine kapitalistische Verseuchung –, mußte er eben gezahlt werden.

Im Jahre 1939 spiegelte der amtliche sowjetische Wortschatz die Erkenntnis dieser Realitäten wider. Ausdrücke wie „Staatsangelegenheiten", „Staatspolitik" und „Staatsinteressen" wurden auf schlimmste parvenühafte Art sakrosankt. Wenn Stalin oder Molotow sie gebrauchten, war augenblicklich klar, daß *dies* die wichtigsten Angelegenheiten waren, während Hinweise auf den Klassenkampf oder die Sache der Revolution in eine ältere Kategorie akzeptierter Lippenbekenntnisse gehörten.

Im Zweiten Weltkrieg bestanden die Beziehungen zwischen Staaten aus einer Kombination von alten und neuen Praktiken. Bevor ich einige von ihnen schildere, muß ich etwas über die Ausübenden sagen: die für die Beziehungen zu anderen Staaten zuständigen Beamten. Im Jahre 1939 bestanden viele Traditionen der diplomatischen Praxis weiter. Von wenigen Ausnahmen abgesehen galten die Außenminister nach den Ministerpräsidenten als die wichtigsten Regierungsmitglieder. Der diplomatische Dienst war mehr als jede andere Behörde oder Wirtschaftsbranche noch immer eine Art Reservat für Angehörige des Hoch- oder zumindest des niederen Adels. Das galt für die meisten europäischen Staaten, auch für England; teilweise auch für Deutschland unter Hitler[1] und das faschistische Italien, aber natürlich nicht für die Sowjetunion. Im Jahre 1940 beschloß Ribbentrop die Einführung einer lächerlichen Uniform für die Diplomaten des Dritten Reiches; sie wurde bald von Italien, Ungarn, einigen deutschen Satelliten und zunächst sogar von der Sowjetunion kopiert – eine unsinnige Marotte, die später aufgegeben wurde. In Frankreich, in der Schweiz und in den nordeuropäischen Demokratien rekrutierten sich die Diplomaten oft aus der patrizischen Bourgeoisie. Wo es nur wenige Posten zu besetzen gab, griff der Staat auf bestimmte Intellektuelle zurück – beispielsweise in der Slowakei und in Jugoslawien.

Die diplomatischen Vorrechte – von Reisemöglichkeiten über eine juristische und steuerliche Sonderstellung im Gastland bis hin zum begehrten CD am Auto – waren unbezahlbare Statussymbole. Ein anerkannter ausländischer Diplomat genoß zahllose Privilegien; er hatte vielleicht nur wenig Einfluß auf die Institutionen des jeweiligen ausländischen Staates, aber er war gegen ihre Eingriffe weitgehend immun. Allein diese Tatsache erhob ihn über die soziale Stratosphäre hinaus in eine Art Privilegiertenparadies – zum Beispiel in Moskau, wo ausländische Diplomaten in dieser Beziehung unendlich hoch über dem gewöhnlichen Sowjetbürger standen. Das war weniger auf das Weiterbestehen der Traditionen diplomatischer Immunität zurückzuführen – diese bröckelten allmählich ab –, als auf die überwältigende Autorität des Staates. Im Zweiten Weltkrieg war der Besitz eines schweizerischen oder schwedischen Passes – d. h. der Beweis für den Besitz der Staatsbürgerschaft eines neutralen Landes – mehr wert, als 500 Jahre zuvor ein päpstliches Handschreiben wert gewesen war, das den Empfänger von der Inquisition ausgenommen hatte. Jetzt wurde die Welt von weitverzweigten Bürokratien beherrscht, für die nichts über die Autorität des Staates ging.

[1] Im Jahre 1914 waren neun der zehn wichtigsten deutschen und österreichischen Aristokraten Botschafter gewesen; 1939 waren es drei von sechs. Eine Aufstellung des ungarischen Außenministeriums für 1939 zeigt, daß *jeder* ungarische Minister ein Aristokrat war oder dem Landadel entstammte; aber das war ein Ausnahmefall.

Mit anderen Worten: Es gab eine Koexistenz traditioneller zwischenstaatlicher Beziehungen und der sie auf traditionelle Weise Ausübenden mit neuen, revolutionären und oft schockierenden zwischenstaatlichen Beziehungen und neuen Staatsbediensteten. Im allgemeinen waren die Leistungen der Traditionalisten besser als die der Revolutionäre: Halifax und seine Epigonen schnitten besser ab als Ribbentrop und seine Gefolgsleute. Auf dem Höhepunkt der Ereignisse war Churchill besser informiert als Hitler; Churchill verstand Hitler besser als dieser ihn. Hitlers Intuition war stark – aber nicht immer ausreichend. Ein Mann von Welt im älteren, traditionelleren Sinn zu sein, erwies sich schließlich doch als in mancher Beziehung vorteilhaft. Alle Könige und Königinnen Europas, ob regierend oder im Exil lebend, ob zeitweilig mit Deutschland verbündet oder nicht, wußten schon 1940, daß Hitler diesen Krieg verlieren würde.

Von den Außenministern der Großmächte brillierten nur wenige: Edens gutes Aussehen verdeckte seine Schwächen, Halifax war bestenfalls zuverlässig, Ciano war schwach, Ribbentrop kleinmütig und Molotow ein steifer Tölpel.[2] Zu einem großen Teil war daran die Tatsache schuld, daß Regierungschefs dazu neigten, selbst Außenpolitik zu machen und ihre Außenminister gelegentlich an einer sehr kurzen Leine zu halten. In dieser Beziehung gab es nur wenige Ausnahmen. Eine davon war Polen, dessen Außenminister Beck bis 1939 fast unumschränkt über die auswärtigen Beziehungen seines Landes bestimmte.

Im Zweiten Weltkrieg waren die meisten intelligenten Botschafter mehr oder weniger Traditionalisten: der Deutsche Schulenburg, der Italiener Rosso, der Rumäne Gafencu und der Amerikaner Steinhardt in Moskau, der Engländer Sir David Kelly in Bern, der spanische Herzog von Alba in London und der Deutsche Blücher in Helsinki; ihre Depeschen und Vorschläge hätten die Billigung Talleyrands oder Bismarcks gefunden. Aber ihr Einfluß auf die Entscheidungen ihrer Dienstherren war geringer geworden: Hitler hörte auf Schulenburg noch weniger, als Napoleon auf Caulaincourt oder Lauriston gehört hatte. Zu diesen einleuchtenden Beschränkungen, denen die Gesandten von Diktatoren unterworfen waren, kam der Verfall der diplomatischen Verhandlungsmöglichkeiten. Die oben erwähnten vorbildhaften Diplomaten zeichneten sich durch ihre intelligente Berichterstattung über Ereignisse und Tendenzen aus, nicht etwa dadurch, daß ihre Vorschläge befolgt worden

---

[2] Über Molotow, den John Foster Dulles als den fähigsten ausländischen Staatsmann bezeichnete, den er je kennengelernt habe, berichtete Sir William Seeds (der englische Botschafter in Moskau) am 30. Mai 1939 Halifax: „Es ist mein Los, mit einem Mann umgehen zu müssen, der keinerlei Ahnung von Außenpolitik hat und dem der Gedanke an Verhandlungen ... vollständig fremd ist." Und der Pole Kot: „Molotow war die wichtigste Autorität im (sowjetischen Außenministerium), aber zugleich die am wenigsten interessante. Steif und salbungsvoll, ständig die gleichen Phrasen wiederholend, stets unbeugsam war er die Inkarnation der Banalität." *Kot*, XVIII. Über Molotows Unfähigkeit bei Verhandlungen mit Hitler siehe S. 105

wären. Die manchmal ausgezeichneten Leistungen der französischen Diplomatie auf höchster Ebene, die Gewandtheit der italienischen und die gelegentlich eindrucksvollen Fähigkeiten der deutschen nützten ihnen auf lange Sicht nichts. Gleichzeitig konnte eine Großmacht wie die Sowjetunion es sich leisten, sich von hölzernen Polizeistaat-Schergen mit wenig Phantasie und noch weniger Weltkenntnis vertreten zu lassen. Mit einem Wort: Macht konnte sich mit Brillanz schmücken, aber Brillanz war kein Ersatz für Macht.

Innerhalb dieser Grenzen – die zugegebenermaßen weitgesteckt waren – funktionierte der diplomatische Apparat weiter: manchmal überraschend gut, selbst in Zeiten größter Umwälzungen. Von allen englischen Ministerien gab das Außenministerium am wenigsten Anlaß zu Kritik. In den höchst kritischen Monaten des Jahres 1940 arbeitete es hervorragend; Woodward registrierte „das Fehlen von Panik und Verzweiflung". Churchill hatte oft mehr Vertrauen zum Außenministerium als zu seinen Generalen und Admiralen: aus guten Gründen. Der französische diplomatische Dienst, oft der beste Europas und einer, der der Republik in Krisenzeiten oft nützte, zeichnete sich weder in den dreißiger Jahren noch während des Krieges besonders aus. Der gewohnte intelligente Realismus der Franzosen ließ sie oft im Stich: Coulondre in Berlin glaubte in den letzten Augusttagen des Jahres 1939, Hitler habe sich in eine Sackgasse hineinmanövriert; Alexis Léger dachte im April 1940, die Verminung der norwegischen Hoheitsgewässer werde keine deutsche Reaktion hervorrufen, und im Mai war er entscheidend für die panikartige Verbrennung der Archive des Außenministeriums mitverantwortlich. Von den von Pétain ernannten Botschaftern brillierten nur wenige; seine Außenminister – Baudouin, Flandin, Darlan, Laval, jeder ganz anders als seine Vorgänger – waren nicht sonderlich erfolgreich. Im italienischen diplomatischen Dienst gab es nur wenige überzeugte Faschisten. Einer der besten italienischen Botschafter, Attolico in Berlin (von diesem Posten wurde er im Mai 1940 abgelöst), war ein Gegner des Nationalsozialismus. Er hatte viele Kontakte mit den verbliebenen Konservativen im Auswärtigen Amt: Er arbeitete eng mit ihnen zusammen – auch mit Staatssekretär v. Weizsäcker – und bemühte sich, das Schlimmste zu verhüten.[3]

Aber in diesem Zusammenhang sind unsere früheren Unterscheidungen nicht länger anwendbar. Karriere und Charakter Ernst von Weizsäckers sind ein Beispiel dafür. Es gibt viele Hinweise auf seine Sympathie für jene, die Widerstand gegen Hitler zu leisten versuchten, und auf seine Bemühungen,

---

[3] Es wäre interessant, eine Liste der ausländischen Diplomaten aufzustellen, die durch ihren Berlinaufenthalt im Sinne des Dritten Reiches beeinflußt wurden. Im Gegensatz zu Moskau gab es dort einige Neutrale und Nichtkriegführende, die sich entsprechend beeinflussen ließen: der Japaner Oshima, der Türke Gerede, der Spanier Espinosa de los Monteros und der Ungar Sztójay. Nur wenige Diplomaten wurden in London zu Anglophoben. Zwei Ausnahmen waren Ribbentrop und der spätere ungarische Ministerpräsident Bárdossy.

einigen von Hitlers Entschlüssen entgegenzuwirken, weil er ihre katastrophalen Folgen voraussah. Aber in den meisten Fällen war seine Opposition potentiell, nicht real. Er diente Hitler bis zum bitteren Ende. Das war zu einem großen Teil auf die angeborene Gerissenheit und Geschmeidigkeit dieses schwäbischen Adligen zurückzuführen. Daran waren aber auch die ureigensten Traditionen des Staatsdienstes schuld. Zu den schlimmsten Fehlern der Männer, die in ihm Karriere machten, gehörte ihre tiefsitzende, kritiklose professionelle Loyalität. Sie war beispielsweise der Grund dafür, daß der französische diplomatische Dienst sich fast ausnahmslos dafür entschied, nach dem Waffenstillstand für Vichy weiterzuarbeiten. Die Diplomaten rechtfertigten ihr Verbleiben im Amt, indem sie sich einredeten, sie blieben auf ihren Posten, um Schlimmeres zu verhüten. Manchmal diente diese Selbstrechtfertigung ehrenwerten Zwecken; manchmal war sie kaum mehr als persönlicher Opportunismus.

Als Hitler Reichskanzler wurde, gab es buchstäblich keine Nationalsozialisten im Auswärtigen Amt. Als Ribbentrop Außenminister wurde, waren bereits über ein Drittel seiner Beamten Parteigenossen; 1940 gehörte die Mehrheit der NSDAP an. Daneben gab es eine kleine und schwindende Minderheit von Oppositionellen mit Männern wie Ulrich von Hassell, der aus dem diplomatischen Dienst ausschied, und anderen, die abgeschoben wurden, als sie nicht länger nützlich waren – zum Beispiel Zech, der deutsche Botschafter in den Niederlanden, oder Heeren, der Botschafter in Jugoslawien. Auf der anderen Seite gab es eine wachsende Minderheit von Nationalsozialisten oder mit ihnen sympathisierenden Neuen, die größtenteils aus anderen Ministerien übernommen worden waren. Und zwischen diesen beiden Gruppen existierte schließlich eine große labile Minderheit, die weiterdiente – unter allen Umständen, zu allen Zwecken. Ein Beispiel dafür war Papen, dieser unfähige und gefährliche Intrigant in der deutschen Innenpolitik, dem man zugestehen muß, daß er während des ganzen Krieges ein ausgezeichneter Botschafter in der Türkei war.

Die einzige Ausnahme bildete die Sowjetunion, wo Stalin durch den Aufbau eines neuen Staatsdienstes die letzten Spuren des alten Systems getilgt hatte. Einige der älteren bolschewistischen Diplomaten der dreißiger Jahre, die von dem Image der antifaschistischen Volksfrontperiode zehrten, konnten sich noch halten: Litwinow, Maiski, Umanski, Madame Kollontai. Viele Leute behaupteten – und behaupten noch immer –, in ihnen den gebildeteren Typ des sowjetischen Diplomaten zu erkennen. Aber dies war nichts anderes als eine weitere linke Legende. Umanski war ein Flegel; die Farblosigkeit von Maiskis Memoiren und die in ihnen enthaltenen Fälschungen zeigen, daß dieser populäre Sowjetbotschafter in London nur über einen drittklassigen Verstand verfügte. Kein russischer Diplomat konnte sich den verhältnismäßigen Freimut leisten, mit dem beispielsweise ein Weizsäcker mit Bernardo Attolico oder Carl Burckhardt sprach. Auch Stalins Neuernennungen stellten keine Ausnahme von dieser Regel dar: Dekanosow in Berlin, der seine Karriere im Staatsdienst in der Geheimpolizei begonnen hatte (er war ein Georgier und ein Schützling Berias), war ignorant und unfähig.[4]

Diese Veränderungen in den Beziehungen zwischen Staaten manifestierten sich nicht nur durch neues, unausgebildetes Personal, das vieles nicht wußte.[5] Die wichtigste Veränderung war die Tatsache, daß die auswärtigen Beziehungen jetzt auf einer wachsenden Zahl von Ebenen abgewickelt wurden – eine Entwicklung, die im Ersten Weltkrieg eingesetzt hatte. Die Beziehungen zwischen Staaten waren jetzt so weitgefächert, daß sie nicht länger ausschließlich den traditionellen Außenministerien vorbehalten bleiben konnten. Das galt für Demokratien ebenso wie für Diktaturen. Den Regierungen Englands und der Schweiz gelang es insgesamt, die hierarchische Autorität ihrer Außenministerien über die übrigen Ministerien zu sichern. Aber selbst in England arbeiteten das Ministerium für Wirtschaftskriegsführung, das Informationsministerium sowie verschiedene Geheimdienste gelegentlich mit Zielsetzungen, die denen des Auswärtigen Amtes entgegengesetzt waren. In der Schweiz gab es von Zeit zu Zeit Konflikte zwischen den Absichten des Außenministeriums und denen der nationalen Polizeibehörden.

Die Regierung des Dritten Reiches unter Hitler betrieb Außenpolitik nicht nur auf verschiedenen Ebenen, sondern ließ auch drei oder vier Organisationen weiterarbeiten, die sich ausdrücklich mit Beziehungen zum Ausland befaßten. Da gab es die „Dienststelle Ribbentrop", ein privates Reservat des Außenministers; Rosenbergs AuAmt, das „Auswärtige Amt" der NSDAP; Bohles AO (Auslandsorganisation); Himmlers VoMi (Volksdeutsche Mittelstelle), die sich später zum RSHA (Reichssicherheitshauptamt), sozusagen dem Außenministerium des SS-Staates, entwickelte; und Goebbels' ProMi (Propagandaministerium), dessen Einfluß gelegentlich weit über sein ursprüngliches Aufgabengebiet hinausging. Ribbentrop war weder intelligent noch stark genug, um seine Autorität über diese Auswüchse totalitärer Bürokratie, die oft gegeneinander arbeiteten, geltendzumachen. Aber dieses Gegeneinanderarbeiten konkurrierender Bürokratien beeinflußte die deutsche Außenpolitik wegen der unbestreitbaren und unbestrittenen Autorität Hitlers im Endeffekt doch nur wenig.

Die Beziehungen zwischen Staaten wurden jetzt also von einer Vielzahl

[4] Nachdem Dekanosow im November 1940 mit Molotow in Berlin gewesen war, wurde er sofort – vermutlich auf Stalins Wunsch – zum sowjetischen Botschafter in Deutschland ernannt. Moskau ersuchte Berlin mit ungewöhnlicher Eile um das Agrément für ihn. Dekanosow sprach nur Russisch und Georgisch. Bei einer Gelegenheit erklärte er dem päpstlichen Nuntius in Berlin, die meisten russischen Katholiken lebten im Kaukasus. VD, 4, S. 330–331.
[5] Schulenburg in Moskau bestand beispielsweise darauf, daß seine Leute alle offiziellen Mitteilungen vor der Weitergabe an sowjetische Stellen aus dem Deutschen ins Russische übersetzten, weil er die Erfahrung gemacht hatte, daß die eigenen Übersetzungen der Russen oft schlecht und voller Ungenauigkeiten waren.

von Leuten auf traditionelle wie auf revolutionäre Weise gestaltet.[6] Einerseits wurden diplomatische Immunitäten und Vorrechte, die auf überlieferte Höflichkeiten hinausliefen, gelegentlich noch immer beachtet: Beispielsweise wurde Botschaftspersonal nach Kriegserklärungen auf traditionelle Art ausgetauscht. Im April und Mai 1940 gestatteten die Deutschen mit formeller Höflichkeit die Heimreise der Botschafter Englands und Frankreichs aus Dänemark und Belgien. Selbst im Juni 1941 wurden deutsche und sowjetische Diplomaten wohlbehalten und sicher aus Moskau und Berlin in ihre Heimat überführt. Andererseits wurden über die Hälfte der polnischen Diplomaten, die in Deutschland stationiert gewesen waren, hingerichtet oder starben während des Krieges in Konzentrationslagern.

Der jugoslawische Vatikanbotschafter wurde 1941 von den Italienern verhaftet und mißhandelt; die Franzosen behandelten 1940 die abziehenden Italiener auf einzigartig rüde Weise. In neutralen Ländern und selbst in deutschen Satellitenstaaten gab es diplomatische Empfänge, zu denen deutsche, amerikanische, kanadische und japanische Diplomaten kamen. Als England auf Stalins Drängen im Dezember 1941 Finnland und Ungarn den Krieg erklärte, wurden die verbliebenen englischen Diplomaten mit zahlreichen gesellschaftlichen und halbamtlichen Höflichkeiten und Ausdrücken des Bedauerns verabschiedet, die an eine andere Ära erinnerten. In den meisten europäischen Hauptstädten, auch in Vichy, waren amerikanische und südamerikanische Diplomaten in diesem schrecklichen Jahr 1941 die Gesellschaftslöwen. Bei anderen Gelegenheiten wurden englische Diplomaten jedoch von Rumänen und Bulgaren gedemütigt und mißhandelt. Die deutsche und die sowjetische Geheimpolizei war selbstverständlich jederzeit in der Lage, ausländische Vertreter zu ermorden – auch die ihrer Verbündeten –, wenn dies aus „Staatsinteressen" für notwendig erachtet wurde.

Diese verwirrende Vielfalt war auch für die Eröffnung und Beendigung von Feindseligkeiten charakteristisch. Die englische, die französische und zahlreiche weitere Regierungen hielten sich noch immer an die traditionellen Formen der Kriegserklärung. Italien erklärte England und Frankreich am 10. Juni 1940 formell den Krieg. Andererseits war das italienische Ultimatum, Griechenland im Morgengrauen des 28. Oktober 1940 überreicht, eines der zynischsten und brutalsten Dokumente in der Geschichte der modernen Staatskunst. Hitlers Widerstreben gegen formelle Kriegserklärungen war be-

---

[6] Ein krasses Beispiel für ideologischen Eifer, der manchmal nicht nur zu Unfähigkeit, sondern auch zur Treulosigkeit gegenüber der eigenen Regierung führte, war der japanische Botschafter Oshima in Berlin. Er war Ende August 1939 von seiner Regierung angewiesen worden, im Hinblick auf frühere deutsch-japanische Übereinkommen in einer Verbalnote gegen den nunmehr abgeschlossenen deutsch-sowjetischen Nichtangriffspakt zu protestieren. Oshima meldete nach Tokio, er habe sich an diese Instruktionen gehalten. In Wirklichkeit hielt er sich jedoch nicht daran – und brüstete sich damit sogar Weizsäcker gegenüber. Wie sein Außenminister Matsuoka war Oshima ein dümmlicher Intrigant.

merkenswert. Er hielt sich an die Demokratien eigene Praxis, auf Notwehr zu plädieren, und erklärte seinem Volk, das Vaterland sei im Begriff, überfallen zu werden. So rief er am 1. September 1939 vor dem Reichstag aus: „Seit 5.45 Uhr wird jetzt zurückgeschossen . . ." Auch den Staaten Dänemark, Norwegen, Belgien, Niederlande und Luxemburg erklärte das Dritte Reich nicht den Krieg.

Im Fall der Niederlande wollten Hitler und Ribbentrop einen untergeordneten Diplomaten namens Kiewitz gemeinsam mit vier angesehenen Kollegen einige Tage vor der deutschen Invasion dorthin entsenden. Diese Ehrenmänner sollten wenige Stunden vor dem Überfall die Königin aufsuchen und sie davon überzeugen, daß es besser sei, der Armee zu befehlen, den Deutschen keinen Widerstand zu leisten. Da der niederländische Geheimdienst von dem bevorstehenden Angriff wußte, ließen die Niederländer Kiewitz und seine Begleiter gar nicht erst einreisen.

Im Fall der Sowjetunion verzichtete Hitler nicht nur auf eine Kriegserklärung, sondern stellte Stalin nicht einmal ein Ultimatum – zweifellos wegen des Risikos, daß Stalin sich zur Annahme entschließen könnte, so demütigend die Bedingungen auch sein mochten. Vielleicht hatte Hitler damit recht: Wir haben gesehen, wie Molotow und Dekanosow sich an diesem schicksalshaften Morgen drehten und wanden, wie sie wider besseres Wissen versuchten, aus den Deutschen irgendeine Erklärung herauszulocken, daß die deutschen Bombenangriffe und der Einfall in die Sowjetunion nicht mit einer Kriegserklärung gleichzusetzen seien.

Im November 1939 gab die Sowjetunion vor, keinen Krieg gegen Finnland zu führen. Im Juni 1941 waren die Rollen vertauscht – jetzt hofften die Finnen, daß die Russen sie auf irgendeine Weise angreifen würden, die ihre Kriegserklärung an die Sowjetunion plausibel machen würde. Durch die Bombardierung Helsinkis erwiesen die Russen ihnen diesen Dienst – der Himmel mag wissen, warum. Nach dem 22. Juni 1941 griff die Sowjetunion auf überlieferte Praktiken zurück, von denen sie zu profitieren versuchte: Ihre Rückführung der Diplomaten der Achsenmächte verlief größtenteils korrekt; Anfang Juli 1941 informierte sie Deutschland durch Vermittlung Schwedens davon, daß sie sich strikt an die Haager Landkriegsordnung von 1907 halten werde. Die Deutschen ließen sich zu keiner Antwort herab – aus Gründen, die heute nur allzu gut bekannt sind. Trotzdem teilten Italien, die Slowakei und Rumänien dem Internationalen Roten Kreuz in Genf mit, sie würden russische Kriegsgefangene in Übereinstimmung mit der Genfer Konvention von 1929 behandeln.

Solche Dinge bedeuteten Hitler wenig. Die Formalitäten, die Krieg und Frieden voneinander unterschieden, waren unwichtig. Ich habe bereits von dem Hitler gesprochen, der sich an die Umkehrung von Clausewitz' These hielt: Der Krieg war für ihn nicht nur die Fortsetzung der Politik mit anderen Mitteln, sondern die Politik war eine Art Fortsetzung des Krieges. Das hatte einen tieferen Grund als das aggressive Wesen eines Fanatikers. Für Hitler war wie für den großen viktorianischen Historiker Sir John Seeley die Politik gegenwärtige Geschichte, während die Geschichte vergangene Politik war.[7] Trotz seines Beharrens auf dem Primat der Politik ging Hitler gleichzeitig über Gedanken über zwischenstaatliche Beziehungen hinaus: Er dachte in Kategorien von Beziehungen zwischen ganzen Nationen. Im Gegensatz zu Bismarck betrachtete Hitler die Macht des Staates nicht als Ziel, sondern als Mittel: Das Ziel war die Macht seines Volkes, die dynamisch, nicht statisch war.[8] Bis zu einem gewissen Grad ist dies die Erklärung für Hitlers brutale Pläne für die Unterwerfung des europäischen Rußland, die nur wenig Raum für den Fortbestand slawischer Staaten boten. Im Jahre 1940 erklärte er Antonescu: „Keine Grenze auf dem Kontinent ist endgültig . . ." – alle waren als provisorisch zu betrachten. Solange das Dritte Reich existierte, schloß Hitler niemals einen Friedensvertrag ab. Nach der Kapitulation eines Gegners unterzeichneten die Bevollmächtigten von Staat und Wehrmacht einen Waffenstillstand,[9] dessen Bedingungen dem eines Vorfriedensvertrages entsprachen; darüberhinaus wollte er sich nicht festlegen.

Hitler erfaßte, daß der Zweite Weltkrieg ein Krieg der Nationen war. Trotzdem zog er daraus oft die falschen Konsequenzen: Er bemühte sich nur selten um die Gefolgschaft ganzer Völker. Das war ein Fehler, denn die Völker waren weniger passiv als in der Vergangenheit. Die Beziehungen zwischen den Staaten wurden zum Teil auch wegen der raschen Entwicklung aller Kommunikationsmittel immer komplexer.[10] Hitler war keineswegs darüber erhaben, neutralen Staaten wegen der Haltung ihrer Presse zu drohen – zum Beispiel der Schweiz im Jahre 1941.

Zu Beginn unseres Jahrhunderts stellte Lord Salisbury fest: „Die Diplomatie der Nationen wird jetzt ebensosehr durch die Briefe von Sonderkorrespondenten wie durch die Depeschen des Auswärtigen Amtes gelenkt." Vierzig Jahre später waren ganze Abteilungen von Ministerien und Geheimdiensten damit beschäftigt, die Presse anderer Nationen auszuwerten – nicht nur, um Informationen zu sammeln, sondern auch, um Hinweise auf sich anbahnende Entwicklungen im internationalen oder nationalen Bereich aufzuspüren. Auf der anderen Seite wurde die Leitung der Presse oft mit ebensoviel Berechnung und Geheimhaltung betrieben wie die Leitung von Nachrichten-

[7] Politik war „werdende Geschichte", und Geschichte war die „versteinerte Wiedergabe" der Politik. *Hitler*, MK (1. Auflage, 1925), S. 467; siehe auch *Hitler* ZB, S. 46, zitiert bei *Jäckel*, S. 113–114.

[8] Siehe dazu die Evolution vom Beamtenstaat zum Volksgenossenstaat, S. 267.

[9] Am 20./21. April 1941 unterzeichneten die Deutschen in Saloniki sogar *drei* Waffenstillstandsurkunden mit griechischen Militärs und Politikern; eine davon wurde von den Italienern mitunterzeichnet.

[10] Das zeigte sich auch im diplomatischen Alltag. 1935 registrierte das französische Außenministerium doppelt soviele eingehende Depeschen wie 1932; bis 1939 war eine weitere geometrische Steigerung zu verzeichnen.

diensten, Geheimverhandlungen oder Spionage; trotzdem ist in den schriftlichen Zeugnissen nur wenig davon zu spüren. Der im Februar 1941 zwischen der Türkei und Bulgarien geschlossene Nichtangriffspakt enthielt eine Klausel, in der die Hoffnung ausgedrückt wurde, die Presse beider Länder werde sich von gegenseitigem Vertrauen leiten lassen. Und es war die totalitäre Sowjetunion, die die Presse ungeniert als diplomatisches Werkzeug benützte und sie Machtgruppierungen von größter Wichtigkeit suggerieren ließ – ein klassisches Beispiel dafür war das dann doch zwecklose TASS-Kommuniqué vom 13. Juni 1941, das Moskaus überwältigende Bereitschaft, auf Berlins Forderungen einzugehen, erkennen ließ.

Während das Gleichgewicht der Mächte, das oft durch ihre geographische Lage bedingt war, so wichtig wie zuvor blieb, führten neue Aspekte immer komplexere Elemente in die Struktur der Beziehungen zwischen Staaten ein, die ich jetzt weiterdiskutieren muß.


## Das Gleichgewicht der Mächte

Als Deutschland sich vornahm, Europa zu beherrschen, wollten bestimmte andere Mächte, darunter auch England, sich nicht damit abfinden. So begann 1939 der letzte europäische Krieg, aus dem 1941 der Zweite Weltkrieg des 20. Jahrhunderts wurde. Hitler ging es darum, die Mächte auszuschalten, die ihm in Europa noch Paroli bieten konnten; später wäre dies die Grundlage für ein neues weltweites Kräftegleichgewicht gewesen. Diese einfachen Feststellungen fassen die Geschichte der Jahre 1939-41 auf mehr als eine Weise zusammen. Denn die Beziehungen der Staaten *repräsentieren* nicht nur, sondern *sind* in vielerlei Form die Wechselwirkung von Macht – von Macht, die potentiell und real zugleich ist, von Macht, die Prestige wie Realität verkörpert. Das bedeutet nicht, daß das Gleichgewicht der Mächte während Hitlers Krieg ebenso unerbittlich wie zur Zeit Bismarcks oder Ludwigs XIV. oder Elisabeth I. funktioniert hätte. Im Gegenteil: mehr noch als eine mechanische Realität existiert Macht in den Köpfen der Menschen, und im 20. Jahrhundert dachten immer mehr Menschen über die Macht anderer Staaten nach. Wie Mut oder Angst ist die Vorstellung von Macht nicht nur eine externe Realität; sie existiert in uns selbst.

Zur Zeit des Münchner Abkommens war Deutschland die stärkste Macht in Europa. Damals waren die übrigen Mächte noch nicht bereit, ihm diese Position streitig zu machen. Stattdessen bereiteten sie sich auf einen möglichen Krieg vor, für den sie 1938 nicht gerüstet waren: Für den Fall, daß Hitler sich nicht mit der Vorherrschaft Deutschlands in Europa zufriedengab, sondern versuchte, seine potentielle Beherrschung eines Großteils des Kontinents in eine tatsächliche Eroberung umzusetzen. Im Anschluß an das Treffen von

München schienen England und Frankreich sich eine Zeitlang mit der Aussicht auf eine deutsche Vorherrschaft über weite Teile Osteuropas abzufinden. Daß Hitlers Vordringen nach Osteuropa zu einem Krieg zwischen Deutschland und Rußland führen könnte, wobei die westeuropäischen Mächte von ihrer verhältnismäßigen Neutralität profitieren könnten, war eine vernünftige Annahme in Übereinstimmung mit klassischer Gleichgewichtspolitik. In Wirklichkeit dachten die westlichen Demokratien wenig an diese Möglichkeit: Sie fürchteten ein weiteres Vordringen der Deutschen in Richtung auf die Grenzen der Sowjetunion, anstatt es zu fördern.

Die Ereignisse im März 1939 machten deutlich, daß Hitler unter „Vorherrschaft" eine fast absolute Beherrschung, nicht nur eine Art Bismarcksches Übergewicht verstand. Die englischen und französischen Staatsmänner fürchteten jetzt, Hitler werde die kleineren Randstaaten des Dritten Reiches nacheinander besetzen. Sie hielten es für die beste Gegenwehr, ihm zu erklären, daß dies in bestimmten Fällen – z. B. im Fall Polen – zum Krieg mit den westlichen Demokratien führen werde. Sie gingen mit Recht davon aus, daß die Machtverhältnisse sich endlich zu ihren Gunsten zu verschieben begannen: Ihre Aufrüstung kam, wenn auch noch so langsam, voran, und die Vereinigten Staaten begannen, in ihre Richtung zu tendieren. Sie täuschten sich jedoch, als sie annahmen, auch die Sowjetunion werde sich mit ihnen verbünden und zur Bildung einer überwältigenden Machtkonstellation gegen Deutschland beitragen. Anstatt das Kräftegleichgewicht gegen Deutschland wiederherzustellen, entschied die Sowjetunion, die an ihrer fernöstlichen Flanke Schwierigkeiten mit Japan hatte, sich für eine vorsichtige Freundschaft mit Deutschland, die ihr mit Einverständnis dieses Partners Gebietsgewinne einbrachte.

Hitler, der ständig ein Kräftegleichgewicht vor Augen hatte, war der Überzeugung, sein sensationeller Pakt mit Stalin habe die Anstrengungen der Engländer, in Europa ihr eigenes Gleichgewicht der Mächte zu konstruieren, zunichte gemacht; damit hatte er recht. Er glaubte, daß die Engländer deshalb ihre Ziele revidieren und nicht mehr für Polen in den Krieg ziehen würden; damit hatte er unrecht. Nach seiner Eroberung Polens nahm er erneut an, die Engländer würden einlenken und sich für eine Einigung mit ihm entscheiden. Damit täuschte Hitler sich wieder. Er kannte das Gleichgewicht der Mächte – aber er kannte die Engländer nicht.

Die Engländer, denen angeblich die Erfindung des Kräftegleichgewichts in Europa zuzuschreiben war, legten keinen großen Wert mehr darauf. Das Gleichgewicht der Mächte war ihnen weniger wichtig als die Beseitigung Hitlers. In dieser Beziehung war Hitler der Traditionalist, und die Engländer waren die Ideologen. Aber in einem tieferen, realen Sinn handelten die Engländer nicht als Ideologen, sondern weil sie spürten, daß das ganze Wesen von Hitlers Regime einem vernünftigen Kräftegleichgewicht entgegenstand. Mit einem Wort: Hitler war nicht vertrauenswürdig – und das war Grund genug, Krieg gegen ihn zu führen.

Während des „Sitzkrieges" im Westen bewies die englische Regierung großes Interesse an selbst noch so vagen Möglichkeiten für eine aus Hitlergegnern bestehende oder auch nur ohne Hitler gebildete Reichsregierung. Von ihr hätte sie Friedensbedingungen akzeptiert – einschließlich des Fortbestehens der deutschen Herrschaft über Österreich und die Tschechoslowakei, vielleicht sogar über Teile von Polen –, die sie von Hitler nicht akzeptiert hätte. Mit anderen Worten: Die Zusammensetzung einer Regierung – und damit das Wesen eines Staates – war wichtiger als das Gleichgewicht der Mächte.

Die Franzosen interessierten sich nicht sonderlich dafür. Eigenartigerweise war es eher die französische Bevölkerung als die Regierung, die instinktiv das Gleichgewicht der Mächte in ihre Überlegungen einbezog. Während des „Sitzkrieges" kam es der Regierung vor allem darauf an, den Krieg vom französischen Territorium fernzuhalten. Nach der deutschen Invasion versuchte sie vergeblich, Italien mit unehrenhaften Zugeständnissen zu ködern. Nach dem Fall von Paris gingen in der französischen Bevölkerung Gerüchte über einen Kriegseintritt Rußlands gegen Deutschland um. Von allen Völkern Europas waren die Franzosen 1941 am zufriedensten mit dem Ausbruch des deutsch-sowjetischen Krieges, obwohl die Engländer als erste davon profitierten.

Nach der Kapitulation Frankreichs bot Hitler England noch ausdrücklicher als nach dem Sieg über Polen ein weltweites Gleichgewicht der Mächte an. Churchill hatte die Wahl zwischen zwei Möglichkeiten: Er konnte sich mit Hitler einigen und dadurch das Britische Weltreich retten; oder er konnte weiterkämpfen, bis Hitler besiegt war, was auf Kosten des Britischen Weltreiches gehen mußte, das dabei von den Vereinigten Staaten abhängig werden würde. Die meisten europäischen Staatsmänner glaubten, die Engländer wögen diese Alternative ernstlich gegeneinander ab. In Wirklichkeit verschwendeten sie keinen Gedanken darauf. Die Franzosen befürchteten, England werde sich auf ihre Kosten mit Deutschland einigen. Mussolini befürchtete, Hitler werde sich auf Italiens Kosten mit Frankreich einigen. Von allen Staatsmännern sahen die an den Rändern Europas – Salazar, Franco, die Türken und Stalin – die Dinge am klarsten. Sie erkannten, daß die Engländer weiterkämpfen würden, solange sie von den Vereinigten Staaten unterstützt wurden.

Hitler konnte England weder zu einem Friedensschluß bewegen noch erobern. Das bedeutete ein vorläufiges Patt – nicht so sehr in bezug auf die Kriegsführung, als auf das sich abzeichnende weltweite Gleichgewicht der Mächte. Auf der einen Seite standen die englischsprachigen Demokratien, die immer näher zusammenrückten. Auf der anderen stand Deutschland mit seinen unbedeutenden Verbündeten, von denen Italien allmählich auf die Ebene eines großen Trabanten herabsank.[11] Außerhalb Europas existierten

---

[11] Um ihre Handlungsfreiheit zu bekräftigen, hatten die Italiener schon vor dem Angriff gegen Griechenland Verhandlungen mit der Sowjetunion aufgenommen, die zur Abgrenzung der

noch drei Großmächte: die Vereinigten Staaten, Rußland und Japan. Hitler glaubte, die USA durch die Einbeziehung Japans in sein Bündnissystem bremsen zu können; das war ein Irrtum. Er glaubte weiterhin, Englands Hoffnungen ruhten auf Amerika und Rußland; damit hatte er recht.

Sofern und solange es Hitler nicht gelang, das immer mehr zur Tatsache werdende anglo-amerikanische Bündnis zu sprengen, blieben ihm nur zwei Alternativen. Eine war die Bildung eines riesigen kontinentalen und eurasischen Blocks: Deutschland, Italien, Rußland und Japan gegen die angelsächsischen Demokratien des Westens. Dieser Möglichkeit hätten Ribbentrop und wahrscheinlich die Mehrheit der deutschen Hierarchie trotz ihres sogenannten Konservatismus und ihres Antibolschewismus den Vorzug gegeben. Hitler befaßte sich nicht viel damit; nach Molotows deprimierendem Berlinbesuch im November 1940 gab er diese Idee ganz auf. Die zweite Alternative bestand aus der Bildung eines gigantischen eurasischen Blocks nicht mit Rußland, sondern auf dessen Kosten. Falls Hitler das europäische Rußland eroberte, konnte ihm niemand mehr die Herrschaft über den Kontinent streitig machen, und die Engländer oder – noch besser – die Amerikaner würden sich früher oder später überlegen, ob es Sinn hatte, einen vergeblichen Krieg gegen ihn zu führen.[12]

Hitlers schließliche Niederlage war nicht nur auf seine Unfähigkeit, Rußland zu besiegen, sondern auch auf seine Fehleinschätzung Japans zurückzuführen. Er hätte die Japaner auffordern sollen, nach Norden, nicht nach Süden vorzustoßen: gegen die Sowjetunion, nicht gegen die Vereinigten Staaten. Er ließ sich erneut von seinen Vorstellungen über ein Gleichgewicht der Mächte täuschen. Sein Bündnis mit Japan spornte Roosevelt an, anstatt ihn zu größerer Zurückhaltung zu bewegen. Es bewirkte keine Verringerung der amerikanischen Präsenz im Atlantik, die im Gegenteil weiter anwuchs. Außerdem unterzeichneten Japan und Rußland im April 1941 ihr Nichtangriffsabkommen, das beiden die Möglichkeit gab – in dieser Beziehung bildeten sie im Zweiten Weltkrieg eine Ausnahme unter den Großmächten –, lediglich an einer Front Krieg zu führen. 1945 klagte Hitler im Kreise seiner Vertrauten darüber, wieviel ihn das Bündnis mit Italien gekostet habe. Sein Bündnis mit Japan kostete ihn sogar noch mehr.

Vor seinem Überfall auf Rußland beseitigte Hitler die letzten Überreste

jeweiligen Interessensphären in Südosteuropa führen sollten. Diese Verhandlungen, die sich 1940–41 in zwei Stadien entwickelten, wurden abgebrochen, weil die Deutschen sie nicht wünschten.

[12] Es gab noch eine dritte Alternative: Hitler hätte das entstehende anglo-amerikanische Bündnis durch einen echten Kompromißfrieden mit England sprengen können. Das hätte zu einem neuen Kräftegleichgewicht in Europa und nicht auf der Welt geführt. Hitler hätte zumindest auf einige seiner westeuropäischen Eroberungen verzichten müssen, um England als Gegner auszuschalten, wie er 1939 auf einen Teil Osteuropas hatte verzichten müssen, um Rußland als potentiellen Gegner zu eliminieren. Das war keine Alternative, die ein Mann wie Hitler 1940 ernstlich in Erwägung gezogen hätte.

eines Kräftegleichgewichts auf dem Balkan. Ungarn und Rumänien waren seine Verbündeten oder Trabanten geworden; Italien besaß Albanien; England stand jetzt auf der Seite Griechenlands; Jugoslawien und die Türkei versuchten, neutral zu bleiben. Rußland wollte an diesem Kräftespiel auf dem Balkan beteiligt werden. Im Ostseeraum gehörten Norwegen zur deutschen und Finnland zur sowjetischen Interessensphäre, während Schweden als neutraler Pufferstaat dazwischenlag. Auf dem Balkan konnten die Deutschen Ungarn und Rumänien haben, wenn die Russen Bulgarien bekamen, während das neutrale Jugoslawien den Pufferstaat darstellte. Aber davon wollte Hitler nichts wissen. Im Frühjahr 1941 tat er mit dem Balkan, was er bereits mit dem größten Teil Europas getan hatte: Er eroberte ihn größtenteils. Das beeindruckte Stalin weit mehr als Churchill oder Roosevelt. Stalin war jetzt bereit, die Vorherrschaft Deutschlands in ganz Europa anzuerkennen – bis zu den Grenzen der Sowjetunion, vielleicht sogar darüber hinaus. Er war bereit, ein Verbündeter Deutschlands zu werden, falls dies der Preis war, den Rußland dafür zahlen mußte, daß es unbehelligt blieb. Deutschland, Italien und Japan gegen England und die Vereinigten Staaten: Im besten Fall wollte Stalin sich aus dieser Auseinandersetzung heraushalten; vielleicht wollte er abwarten, zu wessen Gunsten sich die Waagschale neigen würde. Im weniger günstigen Fall hätte er irgendein Bündnis mit den Deutschen einem Zusammengehen mit der atlantischen Allianz vorgezogen.

Stalin hatte keine Gelegenheit, seine Wahl zu treffen. Hitler wollte Rußland nicht als Verbündeten. (Er hatte sogar die Idee aufgegeben, auf dem Territorium der ehemaligen Sowjetunion Satellitenstaaten zu errichten; er wollte jegliche Möglichkeit für einen russischen Staat auf der europäischen Seite des Urals vernichten.) Deshalb blieb Stalin nichts anderes übrig, als an der Seite der Engländer und Amerikaner zu kämpfen. Möglicherweise wäre er selbst nach dem Juni 1941 nicht abgeneigt gewesen, ein weiteres Abkommen mit Hitler zu treffen. Die beiden Tyrannen hegten beträchtlichen Respekt füreinander. Aber Hitler wollte ihm diese Möglichkeit nicht geben – nicht nur deshalb, wie die meisten ernsthaften Historiker (zum Beispiel Hillgruber) erklären, weil sein Krieg gegen Rußland etwas gänzlich Neuartiges, ein Vernichtungskrieg, ein totaler Krieg, ein „Ding an sich" war, sondern auch weil er erneut von seiner eigenen Vision eines weltweiten Gleichgewichtes der Mächte fasziniert war.

Hitler hielt das Bündnis zwischen der Sowjetunion und den Angloamerikanern von Natur aus für unvollständig und wenig dauerhaft. Er versuchte zunächst, es zu sprengen, indem er die Sowjetunion vernichtete. Dieser Versuch schlug im Dezember 1941 fehl – nicht nur militärisch, sondern auch politisch, denn nach dem Kriegseintritt Amerikas hatte Stalin um so mehr Grund weiterzukämpfen. Von Hitlers Freunden und Verbündeten drängte Mussolini ihn, die Koalition seiner Gegner durch einen Waffenstillstand oder gar einen Frieden mit Rußland aufzubrechen; andere wie Franco hofften, daß

Hitler mit den Engländern und/oder Amerikanern Frieden schließen und die Sowjetunion im Zaum halten würde. Hitler wollte weder das eine noch das andere tun: Er war davon überzeugt, daß das anglo-amerikanisch-sowjetische Bündnis früher oder später zerbrechen würde. Zu diesem Bruch kam es dann auch – aber zu spät für ihn.

Die anglo-amerikanische Allianz mit der Sowjetunion hatte nur eines gemeinsam: die Übereinstimmung, daß die Vernichtung von Deutschland das Hauptziel dieses Krieges war. Hitler erfaßte nicht, daß England und die Vereinigten Staaten die russische Herrschaft über halb Europa einer deutschen Herrschaft über ganz Europa oder zumindest große Teile davon vorzogen. Seiner Auffassung nach mußten die elementarsten Regeln des Kräftegleichgewichts England und die Vereinigten Staaten davor zurückschrecken lassen, Rußland die Möglichkeit zu geben, sich in Mitteleuropa festzusetzen, so daß diese Staaten eher eine Verständigung mit dem Dritten Reich suchen würden. In dieser Beziehung täuschte er sich bis Kriegsende. Die Engländer, diese überragenden Realisten, machten sich weniger Sorgen wegen des Ungleichgewichts der Mächte als wegen der Natur von Hitlers Drittem Reich. Der fanatische Ideologe Hitler wurde unter anderem auch deshalb vernichtet, weil er unbeirrt an Realpolitik glaubte und sich bis zum Ende einbildete, auch seine Gegner dächten an die Erhaltung eines Kräftegleichgewichts in Europa. Das ist die Ironie der Geschichte – oder vielmehr die Diskrepanz zwischen Realität und sogenanntem Realismus.

In Wirklichkeit wurde das Gleichgewicht der Mächte in Europa im Jahre 1941 zerstört. Unterdessen hatte sich ein weltweites Kräftegleichgewicht mit Elementen wie den Vereinigten Staaten, der Sowjetunion, Japan und China herausgebildet, für die ein europäisches Gleichgewicht der Mächte bestenfalls von zweitrangiger Bedeutung war. Das hieß nicht, daß die Gruppierungen europäischer Staaten unwichtig geworden wären oder daß ein Kräfteausgleich nicht mehr zu den wichtigen Anliegen von Staaten gehört hätte. Im Zweiten Weltkrieg änderte sich nicht nur dieser Zustand, sondern der Wechsel betraf einige seiner Hauptelemente – beispielsweise den souveränen Staat, der trotz seiner zentralisierten und oft tyrannischen Gewalt weniger souverän wurde, statt an Souveränität zu gewinnen. Im Zweiten Weltkrieg wurde nicht das Gleichgewicht der Mächte, sondern seine ausschließlich europäische Funktion zerstört: Ab 1941 war es nicht mehr europäisch. Vor dem Jahre 1941 war die Vorherrschaft außereuropäischer Elemente im Gleichgewicht der Mächte die Ausnahme; nach 1941 wurde sie die Regel.

Geschichte war in der Hauptsache noch immer die Geschichte von Staaten. Wir haben gesehen, daß Hitler die Führer der Nationalsozialisten in besetzten Ländern kaum unterstützte – zur bitteren Enttäuschung der Betreffenden. Mussolini war sogar noch konsequenter. Seine Äußerung, der Faschismus sei kein Exportartikel, war durchaus ernst gemeint, und er zog pro-italienische Agenten einheimischen Faschisten vor. Stalin war noch mehr als Hitler von der Schwäche seiner ideologischen Anhänger außerhalb seines eigenen Landes überzeugt. Wie Hitler betrachtete er sie kaum – selbst in Ländern wie Bulgarien oder Serbien nicht, wo sie verhältnismäßig zahlreich waren.[13] Im Gegensatz zu Hitler strebte er die Sicherheit an, die Territorium gab oder zu geben schien. Hitler bewies dagegen während des Krieges verhältnismäßig wenig Interesse an territorialen Annexionen.

Stalin, der oberste Repräsentant einer Ideologie, die Staaten als Gebilde sah, die der eigentlichen Realität der Klassenstrukturen lediglich aufgesetzt waren, war eifrig bemüht, seinem Staat jedes nur erreichbare Stück Land zu sichern – je früher, desto besser. Deshalb brachte er Hitler im Juni 1940 überflüssigerweise gegen sich auf, indem er die in der Bukowina vereinbarte Trennungslinie überschritt. Und im Januar 1941 erwarben Stalins Diplomaten nach monatelangem Feilschen von Deutschland ein kleines Gebiet in der Nähe der polnisch-litauischen Stadt Suwalki. Für ein paar Hektar Sumpfboden zahlten die Russen den Deutschen 7,5 Millionen Golddollar – mehr als das Zarenreich für ganz Alaska erhalten hatte!

Im September 1939 fürchtete Stalin, dieser gerissene und listige Khan, die deutschen Armeen in Ostpolen könnten nicht an der zwischen ihm und Ribbentrop vereinbarten Demarkationslinie haltmachen; er äußerte dem deutschen Botschafter gegenüber seine Befürchtungen wegen „der wohlbekannten Tatsache, daß alle Militärs besetzte Gebiete nur ungern wieder aufgeben". Hitler wollte das deutsche *Volk* zum Souverän über große Teile Europas, besonders im Osten, machen. Stalin wollte den sowjetischen *Staat* zum Souverän über alle Territorien machen, die dieser noch an sich bringen würde. In dieser Beziehung war Hitler ein modernerer Staatsmann als Stalin, der eine Art kaukasischer Mazarin war, während Hitlers Politik wenig Ähnlichkeit mit der Richelieus oder selbst Bismarcks hatte.

Es wäre praktisch unmöglich, eine genaue Karte des im Zweiten Welt-

---

[13] Im Jahre 1940 versicherte Moskau, falls es zu engeren Bindungen zwischen Rußland und Bulgarien komme – unter anderem durch die Errichtung eines sowjetischen Flottenstützpunktes in Bulgarien –, werde es die Herrschaft und die unbestreitbare Autorität des (antikommunistischen) Zaren Boris respektieren. In Jugoslawien besuchte der erste sowjetische Botschafter, Plotnikow, 1940 demonstrativ das Grab Alexanders I., des Patrons zahlreicher Flüchtlinge aus dem Rußland nach der Oktoberrevolution.

krieg von Deutschen kontrollierten Europa zu zeichnen. Einige Gebiete wurden von Deutschland annektiert: Teile Polens (das Wartheland, der polnische Teil Schlesiens, ein Teil der Provinz Bialystok usw.); die kleine Enklave Eupen-Malmédy-Moresnet von Belgien; ein Teil Sloweniens von Jugoslawien. Andere Gebiete wie Elsaß-Lothringen und Luxemburg wurden *de facto* annektiert, ohne daß diese Tatsache international bekanntgegeben und juristisch begründet worden wäre. Es gab verwaltete Gebiete wie das Generalgouvernement Polen, Protektorate wie Böhmen und Mähren, Protektoratsstaaten wie die Slowakei, besetzte Staaten, Besatzungszonen usw. In den eroberten Gebieten Rußlands war die Aufteilung noch komplizierter, was zum Teil auf die Vermehrung deutscher Behörden zurückzuführen war.

Hitler zog es vor, den Status der meisten eroberten Gebiete im ungewissen zu lassen. In einigen Fällen mag dahinter die Absicht gestanden haben, sich nicht für zukünftige Verhandlungen die Hände zu binden. Noch wichtiger war jedoch, daß es ihm selten um Territorien nur um des Landgewinns willen ging. Er dachte, das soll hier wiederholt werden, an Nationen, nicht an Staaten; an Völker, nicht an Territorien. Hitler strebte ein riesiges Großgermanisches Reich an, aber seine Vorstellung von einem solchen Staat war nicht durch die traditionellen Beschränkungen territorialer Souveränität eingeengt. Er praktizierte Staatssouveränität auf eine Art und Weise, für die es kaum Vorbilder gab. Einerseits würde die Souveränität des Reiches innerhalb seiner Grenzen absolut sein; andererseits würde nicht nur sein Einfluß, sondern auch seine Souveränität auf neuartige, nie dagewesene Weise über die Grenzen hinaus vordringen. Einerseits drängte Hitler, der wenig Respekt vor Konkordaten und kanonischen Gesetzen hatte, den Vatikan, er solle in bestimmten Diözesen der vom Reich annektierten Gebiete die Autorität deutscher Bischöfe anerkennen. Andererseits hielt er es für selbstverständlich, daß die deutschen Minderheiten in Ungarn,[14] der Slowakei oder Rumänien bestimmte Privilegien besaßen, durch die sie der Autorität dieser Staaten entzogen waren und sich der Mehrheit der einheimischen Bevölkerung gegenüber im Vorteil befanden.

Es gab Gebiete unter deutscher Militärverwaltung (zum Beispiel Dänemark, Frankreich, Serbien und Griechenland), unter einem Reichskommissar (Niederlande, Norwegen und Teile Rußlands) und unter einem Gauleiter, was praktisch die Eingliederung ins Dritte Reich bedeutete (Elsaß-Lothringen, Luxemburg). Auch diese Kategorisierung ist lückenhaft. Ein Reichskommissar verwaltete Norwegen, ein anderer die Ukraine – aber die Realitäten der

---

[14] Ein deutsch-ungarischer Vertrag vom 30. August 1940 (als Gegenleistung für den Wiener Schiedsspruch, durch den Rumänien das nördliche Siebenbürgen an Ungarn abtreten mußte) enthielt beispielsweise die Bestimmung, die Königlich Ungarische Regierung werde den Angehörigen der deutschen Volksgruppe die Möglichkeit garantieren, ihr Deutschtum ohne jegliche Einschränkungen zu bewahren. Die Reichsbehörden konnten die Betreffenden beispielsweise zum Wehrdienst oder zur SS einziehen. (Die deutsche Minderheit in Ungarn war 1941 proportional die größte Osteuropas: etwa 720 000 Menschen, fast fünf Prozent der Gesamtbevölkerung.)

deutschen Herrschaft in diesen beiden Gebieten waren sehr unterschiedlich. Die deutsche Zivilverwaltung war fast immer strenger als die Militärverwaltung – ein weiterer Unterschied gegenüber der Vergangenheit. Hitlers eigene Worte ließen die Zukunftsaussichten der besetzten Staaten in düsterem Licht erscheinen. Im Kreise seiner Vertrauten erklärte er, er habe nicht die Absicht, sich aus den besetzten Gebieten zurückzuziehen.

Hitler war nicht bereit, diese Staaten wieder in die Freiheit zu entlassen. Am 3. Februar 1942 sagte er in einem Tischgespräch, er habe ein Land erobert und frage sich nun, ob er je dessen Freiheit wiederherstellen solle? Doch warum? fuhr er fort, wer immer sein Blut gegeben, habe nun das Recht zu herrschen.

Vor dem Kriege wollte er in den Fällen Österreich, Tschechoslowakei und Polen etwas für ihn Wichtigeres als Danzig oder die Eisenerzer Alpen: die völlige Unterordnung dieser Staaten unter das Diktat der deutschen Außenpolitik, d. h. die allmähliche Auszehrung ihrer souveränen Unabhängigkeit. Unter diesen Voraussetzungen wäre auch ihre innere Unabhängigkeit dahingeschwunden. Ein Beispiel für die offizielle deutsche Auffassung ist in Form einer Denkschrift des deutschen Botschafters in der Slowakei erhalten geblieben; diese Denkschrift wurde 1939 zwei Wochen nach der von Deutschland geförderten Errichtung eines „unabhängigen" slowakischen Staates verfaßt. „Die Slowakische Republik hat in Art. 4 des Schutzvertrages die Verpflichtung übernommen, ihre Außenpolitik stets im Einvernehmen mit der Deutschen Reichsregierung zu führen. Es ist nur eine selbstverständliche Voraussetzung, daß die innerpolitische Entwicklung in Übereinstimmung mit der vertraglich festgelegten Außenpolitik gebracht werden muß."[15]

Diese Bevorzugung des Vasallentums gegenüber Landgewinnen war für einen Großteil des Zweiten Weltkrieges charakteristisch. (Auch Japans Hauptziel war nicht die Eroberung ganz Chinas, sondern die Einsetzung einer japanfreundlichen Marionettenregierung.) Mussolinis Ultimatum an Griechenland zeigte, was er wollte: Die Herabminderung Griechenlands zu einem Trabanten Italiens, statt tatsächlicher Landabtretungen an Italien. Die Art des Vasallentums war unterschiedlich. Die Deutschen behandelten Dänen besser als Polen. Unter Bismarck hatten sie das gleiche getan. Diese Variationen waren keineswegs neuartig. Neu war hingegen ihr Versuch, das kulturelle und intellektuelle Leben Polens zu vernichten. Neuartig war auch das Ausmaß, in dem sie sich mit dem gedruckten und dem gesprochenen Wort befaßten. Die Deutschen werteten die Zeitungen ihrer Satelliten und Verbündeten sehr sorgfältig aus und behandelten die geringsten Abweichungen von der deutschen Linie als Staatsangelegenheiten. Wenn das Hauptziel ihrer Staatskunst die Einführung eines Vasallentums war, erforderte dies vollständigen Konformismus von den Vasallenstaaten – nicht nur in Taten, sondern auch in Worten und Gedanken.

Daraus erhob sich logischerweise die Frage nach der Zukunft von Klein-

[15] Bernard-Denkschrift. GD, D, X, S. 268.

staaten, wie sie für Europa charakteristisch gewesen sind. Die politische Philosophie der deutschen Großraumordnung bot solchen Gebilden wenig oder keinen Platz. Auch Mussolini und Stalin äußerten sich oft abfällig über kleine Staaten. Eine Zeitlang wirkten solche geopolitischen Spekulationen sich auch auf die englischsprachige Welt aus: In seinem 1941 geschriebenen und Anfang 1942 erschienenen politischen Bestseller „Conditions of Peace" behauptete *E. H. Carr*, kleine Nationen und kleine Staaten gehörten der Vergangenheit an und hätten in einem Nachkriegseuropa nur wenig oder gar keine Funktionen.[16]

Zum Glück entwickelten sich die Dinge dann doch ganz anders. Die wachsende Bedeutung der Nationalität über und neben der traditionellen Bedeutung des souveränen Staates wirkte sich oft eher zugunsten kleiner Nationalstaaten als großer aus. In den Jahren 1939-41 wurden die Kleinstaaten von den Großmächten jedoch oft als entbehrliche Schachfiguren angesehen – gelegentlich sogar von England. „Kleine Nationen", sagte Churchill im Dezember 1939 in einer Kabinettssitzung, „dürfen uns nicht die Hände binden, wenn wir für ihre Rechte und Freiheit kämpfen."[17] Wir haben gesehen, daß England im Winter 1939/40 geheime Friedensfühler zu der konservativen deutschen Opposition ausstreckte und dabei erkennen ließ, daß es unter Umständen bereit sei, auf die Wiederherstellung der österreichischen und vielleicht sogar der tschechoslowakischen Unabhängigkeit zu verzichten. Und im Sommer 1940 teilten die Engländer den Russen mehr oder minder deutlich mit, daß sie die Einbeziehung des Balkans in die sowjetische Interessensphäre befürworten würden.

Die Engländer waren auch nicht darüber erhaben, kleinere Staaten mit der Aussicht auf zukünftige Landgewinne auf Kosten anderer Staaten zu bestechen. Während der Argentia-Konferenz gab Alexander Cadogan gegenüber Sumner Welles zu, daß der englische Botschafter in Jugoslawien vor dem Militärputsch im März 1941 in Belgrad gesagt habe, „das Thema der Jurisdiktion über Istrien (damals ein Teil Italiens) sei eine Angelegenheit, die bei Kriegsende höchstwahrscheinlich neu zu überdenken sei". Churchill hatte dem Botschafter vor dem Militärputsch telegraphiert: „Weiter keifen, belästigen und beißen." Er hätte „bestechen" hinzufügen können, denn auch das tat Sir Ronald Campbell. Trotzdem war Churchill der Staatsmann, der im Zweiten Weltkrieg die Bedeutung unabhängiger europäischer Kleinstaaten am besten verstand und am meisten respektierte.

---

[16] Carr ahnte nicht, daß seine Argumente große Ähnlichkeit mit denen des „Bauerngenies" Christoph Steding hatten, einem jungen, nationalsozialistischen, deutschen Geschichtsphilosophen, der 1938 Ähnliches geschrieben hatte.
[17] *Butler*, II, S. 97. In diesem Zusammenhang ist das an England gerichtete norwegische Aidemémoire vom 19. Januar 1940 lehrreich: „Der Umstand, daß Großbritannien um sein Leben kämpft, kann ihm nicht das Recht geben, die Existenz Norwegens zu gefährden." *Woodward*, I, S. 74.

Im Dezember 1940 hatte der alte Pétain in Toulon gesagt: „Wenn ich von der Beendigung des Krieges spreche, meine ich ein ehrliches und ehrenhaftes Verhalten Frankreichs bis zum Abschluß des Friedensvertrages, dem wir alle erwartungsvoll entgegensehen" – eine Feststellung, die beweist, wie irreal und überholt Pétains politische Ansichten waren und wie er die Absichten der neuen Beherrscher Europas mißdeutete. Er wußte nicht, daß der von ihm so bewunderte Franco Hitler die Annexion großer Gebiete auf Kosten Frankreichs vorgeschlagen hatte, daß Mussolini das gleiche tat und daß Hitler Frankreich zu einem für ewige Zeiten geschwächten Staat herabmindern wollte – abgesehen von territorialen Forderungen, die nicht nur Elsaß-Lothringen, sondern auch zukünftige deutsche Stützpunkte in Agadir und Casablanca betrafen. Pétain erfaßte nicht, daß Waffenstillstand und Frieden jetzt etwas ganz anderes als früher waren: daß eine Niederlage möglicherweise zu Vasallentum führte – nicht unbedingt zu Gebietsverlusten, aber zum Verlust der Unabhängigkeit.

Satellitenstaaten und Exilregierungen

Wir wollen jetzt versuchen, den Status der Regierungen der europäischen Staaten im Jahre 1941 festzulegen. Die folgende Aufzählung enthält ihren damaligen Status: von abhängigen Verbündeten des Dritten Reiches bis hin zu seinen entschiedenen Gegnern:

*Deutschlands Verbündete* waren in chronologischer Reihenfolge: die Slowakei, Italien, Ungarn, Rumänien, Bulgarien, Kroatien und Finnland.

*Teilweise deutsch besetzt* war Frankreich, dessen Regierung im unbesetzten Teil des Landes eine beschränkte und abnehmende Souveränität besaß.

*Ganz von Deutschen besetzt* war Dänemark, das es verstand, sich ein beträchtliches Maß an nationaler Unabhängigkeit zu bewahren.

*Kollaborierende Schattenregierungen* gestattete das Dritte Reich in Böhmen und Mähren, Serbien und Griechenland (in Norwegen ab 1942); sie wiesen jedoch keines der Merkmale der Souveränität auf und wurden vom Ausland nicht anerkannt – auch nicht von Deutschlands Verbündeten.

Polen, Luxemburg, Belgien und Holland hatten unter deutscher Besetzung *nicht einmal Marionettenregierungen;* auch Litauen, Lettland und Estland erhielten keine, nachdem die Deutschen die Russen aus diesen Ländern vertrieben hatten.

Spanien war nach Aussage seiner Regierung *„nichtkriegführend";* es war angeblich nicht „neutral", sondern ein „geistiger Verbündeter" Deutschlands und Italiens. (Im Laufe des Krieges nahm Spaniens Neutralität zu und seine geistige Bündnisbereitschaft ab – genau parallel zu den Rückzügen der Deutschen auf allen Kriegsschauplätzen.)

Schwedens *Neutralität* wurde teilweise durch die (1940 erteilte und 1943 widerrufene) Erlaubnis zum Transport einer beschränkten Anzahl deutscher Soldaten (nicht in Uniform) auf der schwedischen Eisenbahn kompromittiert.

*Wirklich neutral* waren während des ganzen Krieges nur die Schweiz, Irland, Portugal und die Türkei (letztere trotz des am 19. Oktober 1939 beschlossenen englisch-französisch-türkischen Beistandspaktes). Griechenland war bis Oktober 1940 neutral, Jugoslawien bis März 1941. (Außer der Schweiz lagen alle diese Staaten wohlgemerkt an den Rändern des Kontinents; ihre Neutralität wurde durch ihre geographische Lage ermöglicht.)

*Exilregierungen,* die ihren Sitz zuerst in Frankreich, dann in London hatten, besaßen Polen, die Tschechoslowakei, Luxemburg, die Niederlande, Belgien, Jugoslawien und Griechenland.[18] Sie alle gehörten zu den Kriegführenden und stellten England und anderen Verbündeten Soldaten und Kriegsmittel zur Verfügung. Spätestens 1941 wurden sie von sämtlichen alliierten Mächten und den meisten Neutralen anerkannt. Der Status der Freien Dänen und der Freien Franzosen mit de Gaulle war noch im Dezember 1941 nicht ganz geklärt, obwohl letztere zu den aktivsten alliierten Kombattanten gehörten.

Auf die meisten der Verbündeten Deutschlands ist der allgemeine Ausdruck „Satelliten" oder „Trabanten" in gewissem Maße anwendbar. Die Regierungen dieser Staaten hatten sich nicht nur unter Zwang mit dem Dritten Reich verbündet. Im Gegensatz zu den europäischen Satelliten der Sowjetunion in der Nachkriegszeit war die Mehrzahl dieser Völker in den Jahren 1939-41 nicht gegen ein Bündnis mit dem damals Europa beherrschenden Deutschland. Die Unterordnung unter das Dritte Reich bedeutete keine Säuberung des Staatsapparates, die mit dem vergleichbar gewesen wäre, was die Unterordnung unter die Sowjetunion nach dem Kriege mit sich brachte. Auf der obersten Regierungsebene waren diese Staaten häufig auf die Dienste konservativer Beamter angewiesen, die Deutschlands Aussichten auf den Endsieg skeptisch beurteilten. Einige der ungarischen, rumänischen und bulgarischen Beamten und Diplomaten nahmen im weiteren Verlauf des Krieges geheime Verbindungen zu den Alliierten auf.

Ungarn ist nur ein Beispiel für die häufig geringen, aber bedeutsamen Unterschiede in den auswärtigen Beziehungen der Verbündeten Deutschlands.[19] Von den Verbündeten des Dritten Reiches befand Bulgarien sich nicht

---

[18] Der Sitz der griechischen Regierung war zuerst Kapstadt, dann London und schließlich Kairo; die Großherzogin von Luxemburg und ihr Sohn lebten während des Krieges in Montreal.

[19] Bei bestimmten Gelegenheiten profitierten die Deutschen von diesen Unterschieden. Sie benützten ihre Trabanten zu höheren diplomatischen Zwecken – auch zu Kontakten mit einigen ihrer Gegner. Im Dezember 1940 waren der ungarische und der griechische Botschafter in Madrid an einem bedeutsamen Versuch zur Beendigung des italienisch-griechischen Krieges beteiligt. Im Gegensatz zu Stalin, der so häufig seinem Mißtrauen erlag, bestand Hitler nicht immer darauf, daß seine Verbündeten die diplomatischen Beziehungen zu Deutschlands Gegnern abbrachen. Im

im Krieg mit der Sowjetunion[20]; Finnland nicht mit den Vereinigten Staaten – mit Einverständnis der Deutschen, müssen wir hinzufügen. Zumindest auf dem Papier war Kroatien ein italienisches, kein deutsches Protektorat.[21] Im Juni 1941 hatte Hitler kein sonderliches Interesse daran, seine Trabanten an dem Krieg gegen die Sowjetunion teilnehmen zu lassen; die einzigen Ausnahmen waren Rumänien und Finnland an der Süd- beziehungsweise Nordflanke der vorstoßenden deutschen Armeen. Trotzdem schlossen Italien, die Slowakei, Kroatien und Ungarn sich seinem „Kreuzzug" mit gewisser Begeisterung an. [22]

Der tatsächliche Ablauf der Ereignisse, die dazu führten, daß Finnland sich dem „Kreuzzug" anschloß, blieb etwas im ungewissen, obwohl die Absichten der finnischen Regierung außer Zweifel standen. Im Juni 1941 existierte praktisch eine geheime Allianz zwischen Deutschland und Finnland. In seiner Rede am 22. Juni 1941 sprach Hitler etwas voreilig von „unseren finnischen Kameraden". Drei verwirrende Tage folgten, bis Finnland offiziell an der Seite Deutschlands in den Krieg eintrat. Es war ein williger Verbündeter des Dritten Reiches gegen die Sowjetunion; im Gegensatz zu anderen deutschen Verbündeten konnte es sich jedoch ein großes Ausmaß an nationaler und sogar diplomatischer Unabhängigkeit bewahren. Die von Stalin unter Druck gesetzte englische Regierung erklärte im Dezember 1941 Finnland (sowie Rumänien und Ungarn) widerstrebend den Krieg.[23] Die Finnen betonten ihr Vertrauen zu den damals offiziell noch neutralen Vereinigten Staaten, auf die sie große Hoffnungen setzten. Auf der anderen Seite erklärten die Slowakei und Kroatien den Vereinigten Staaten im Dezember 1941 ohne großes Zögern den Krieg.

Die Regierung des unbesetzten Frankreich blieb in Vichy einige Zeit in

September 1941 wurde der deutsche Botschafter in Rumänien angewiesen, den rumänischen Außenminister zu ersuchen, die diplomatischen Beziehungen zu England „vorerst" nicht abzubrechen, um die Gefahr englischer Luftangriffe gegen die rumänischen Ölfelder zu bannen. GD, D, XI, S. 666, Anmerkung 2.

[20] Bulgarien griff Jugoslawien und Griechenland erst gegen Ende des Balkanfeldzuges an (als die griechische Regierung das Land verließ).

[21] Aimone, der Herzog von Spoleto, wurde im Mai 1940 unter dem Namen „Tomislaw II." zum König von Kroatien ausgerufen. Er bestieg seinen Thron nie und stattete seinem Reich niemals einen Besuch ab.

[22] Die Begleitumstände der ungarischen Kriegserklärung an die Sowjetunion waren verworren; einige sind nie ganz aufgeklärt worden. Siehe S. 123, Anmerkung 4. Rumänien rief „einen heiligen Krieg" gegen die Sowjetunion aus, aber diese Tatsache hinderte Antonescu nicht daran, dem amerikanischen Botschafter gegenüber im November 1941 anzudeuten, Rumänien werde dem finnischen Beispiel folgend nur bis zu einer bestimmten Linie nach Rußland hinein vordringen.

[23] Finnland hatte am 29. Juli 1941 die diplomatischen Beziehungen zu England abgebrochen. Im August 1941 ersuchte der sowjetische Botschafter in Washington die Vereinigten Staaten, Finnland mitzuteilen, daß die Sowjetunion zu Verhandlungen über einen Separatfrieden – auch mit Gebietsabtretungen – mit Finnland bereit sei.

einem seltsam zwielichtigen Stadium der Souveränität. Ihre diplomatische Anerkennung im Ausland nahm im gleichen Maße ab, wie ihre Autorität im Inland dahinschwand; sie sank zu einem bloßen Trabanten herab und hatte ab November 1942 nicht einmal mehr diesen Status. In den Jahren 1940-41 war Vichy jedoch noch die von allen Großmächten, auch den Vereinigten Staaten und der Sowjetunion, anerkannte einzig rechtmäßige französische Regierung. Offiziell wurden die Deutschen in Vichy durch einen regulären Konsul, Krug von Nidda, vertreten, der weder Botschafter noch Gesandter war. Einen deutschen Gesandten – Otto Abetz, ehrgeizig, frankophil, oft gutmütig – gab es in Paris, wo es keine französische Regierung gab. Pétain und seine Leute glaubten viele Monate lang, die Deutschen würden ihnen bald die Rückkehr nach Paris oder zumindest nach Versailles gestatten[24]; aber daraus wurde nichts.

Hitler war an Subordination, nicht Kollaboration interessiert. Elsaß-Lothringen wurde buchstäblich ins Reich eingegliedert; andere Départements im Norden kamen unter deutsche Militärverwaltung. Alle französischen Vorstellungen wegen dieser Dinge stießen bei den Deutschen auf taube Ohren. Die Franzosen fanden einen gewissen Trost in der Tatsache, daß viele ihrer Verwaltungsbehörden nach wie vor im ganzen Land funktionierten und daß selbst im besetzten Frankreich die Präfekten und Unterpräfekten von Vichy ernannt wurden. Das kam dem deutschen Bestreben nach Recht und Ordnung entgegen; ansonsten bedeutete es wenig oder gar nichts.

Ebenso anomal und ungewöhnlich waren die Beziehungen zwischen England und der Vichyregierung in den Jahren 1940 und 1941. Je nach Ort und Umständen führten sie Krieg gegeneinander oder verhandelten miteinander. Die Engländer ließen sich ein Fenster zu dem geschlossenen kontinentalen Hof in Vichy offen: eine kanadische Gesandtschaft. Noch im Februar 1941 arbeiteten englische und belgische Konsulate an bestimmten Orten des damaligen französischen Kolonialreiches – beispielsweise in Syrien. Im Herbst 1940 führten der englische und der französische Botschafter in Madrid (Sir S. Hoare und de la Baume) Geheimverhandlungen; gleichzeitig kämpften englische und französische Streitkräfte vor Dakar und in Syrien gegeneinander, und französische Flugzeuge bombardierten zweimal Gibraltar. Bei anderen Gelegenheiten gestatteten die Engländer dagegen französischen Kriegsschiffen, ungehindert an den Kanonen von Gibraltar vorbeizufahren.

Während die Engländer im Mai 1941 weiterhin normale konsularische Beziehungen zu den französischen Behörden in Syrien unterhielten, bombardierten sie im Mai 1941 syrische Flugplätze, auf denen eine vorübergehende Ansammlung deutscher und italienischer Flugzeuge festzustellen war. Als die Engländer und ihre gaullistischen Verbündeten zwei Monate später Syrien

---

[24] Das französische Außenministerium hatte schon am 27. Juni 1940 auf den Präzedenzfall des Jahres 1871 aufmerksam gemacht: Damals war der Comte de Saint-Vallier mit Einverständnis der preußischen Regierung als Regierungsvertreter im belagerten Paris geblieben.

besetzten, gewährten erstere den dortigen französischen Behörden die Ehre eines Waffenstillstandes. Im Laufe des Jahres 1941 verzichteten die Engländer allmählich auf ihre letzte Rücksichtnahme auf Vichy und unterstützten de Gaulle immer mehr. Sie wußten jedenfalls, daß die Vichyregierung ihnen nicht den Krieg erklären würde.

Noch seltsamer, allerdings auf andere Weise, war der Status Dänemarks. Hitler wollte den Dänen ein ungewöhnliches Maß an innerer Unabhängigkeit zugestehen, solange sie ihre Außenpolitik völlig der des Dritten Reiches anglichen. Aber ein in seinen auswärtigen Beziehungen abhängiger Staat kann im Inneren nicht unabhängig sein. Finnland verdankte seiner verhältnismäßigen Unabhängigkeit in bezug auf seine auswärtigen Beziehungen seine Unabhängigkeit auf nationaler Ebene.[25] Am Tag nach der Besetzung Dänemarks gaben die Deutschen die Versicherung ab, sich nicht in die inneren Angelegenheiten des Landes einzumischen; sie überreichten der dänischen Regierung sogar eine dementsprechende Erklärung, die sogenannten 13 Punkte. Bald verlangten die Deutschen jedoch dänische Flakbatterien, dänische Unterstützung beim Bau von Flugplätzen und zunehmenden Konformismus der dänischen Presse.

Die unbewegliche dänische Koalitionsregierung wurstelte in dem dramatischen Frühsommer des Jahres 1940 weiter. In den ersten Julitagen kam es mit König Christians X. Einverständnis zu einer Regierungsumbildung, durch die der Deutschenfreund Scavenius Außenminister wurde. Die Regierung bestand nicht nur aus den Deutschen genehmen Männern: Ihr gehörte beispielsweise der Konservative Møller an, der bald wieder aus dem Kabinett ausscheiden mußte (die Deutschen forderten auch seinen Ausschluß aus dem dänischen Parlament und seiner eigenen Konservativen Partei). Scavenius war jetzt der wichtigste Mann in Dänemark. Er befürwortete eine maßvolle Anpassungspolitik und war der Hauptautor des dänischen Regierungsmemorandums vom 31. Juli 1941, worin die dänische Regierung ihre prinzipielle Bereitschaft erklärte, mit der deutschen Regierung in Verhandlungen über den Abschluß eines Abkommens betreffend eine Wirtschaftsgemeinschaft, innerhalb derer die Unabhängigkeit Dänemarks voll gewährleistet sein würde, einzutreten.[26]

Daraus wurde nicht viel. Dänemark lebte weiter – mit seiner äußerlich intakten politischen Demokratie, unter einem König, mit einem Sozialisten als Regierungschef, aber völlig unter dem Schatten und der Macht der deutschen Besatzer.[27] Diese Rudimente wurden 1941 bedeutungslos, als die dänische

---

[25] Unter Deutschlands Verbündeten war es allein die finnische Regierung, die keine Zwangsmaßnahmen gegen Juden ergriff. Auch die unter dem deutschen Schatten in Dänemark lebenden Juden blieben bis 1943 relativ unbehelligt.
[26] GD, D, X, S. 384.
[27] Noch im Frühjahr 1943 gestatteten die Deutschen in Dänemark freie Wahlen – ein einzigartiges Ereignis in der Geschichte des deutsch besetzten Europa. Die dänischen Nationalsozialisten erhielten drei Prozent der Stimmen.

Regierung sich allen möglichen deutschen Forderungen beugte, zu denen die Überlassung dänischer Torpedoboote an die Kriegsmarine, das Verbot der dänischen Kommunistischen Partei, die Inhaftierung zahlloser Kommunisten und die Rekrutierung eines dänischen Freikorps für den „Kreuzzug" in Rußland gehörten. Am 25. November 1941 unterzeichnete Scavenius den Antikominternpakt im Namen Dänemarks. In der gleichzeitig abgegebenen Erklärung hieß es, Dänemark werde „in dem neuen kontinentalen Europa unter Führung Deutschlands positiv und loyal" mitarbeiten. Das bedeutete das Ende des letzten Restes dänischer Unabhängigkeit auf dem Gebiet der auswärtigen Beziehungen des Landes.

Bis zu diesem Zeitpunkt war Dänemark durch Botschafter und Konsuln in allen Hauptstädten der Welt vertreten. Besonders eigenartig war die Position des dänischen Botschafters in London, des Grafen Reventlow, der den Legalitätsanspruch seiner Regierung in dem von Deutschen besetzten Kopenhagen aufrechterhielt und in den Jahren 1940-41 gegen eine dänische Exilregierung und jegliche Form des organisierten Widerstandes war. Kauffmann, der dänische Botschafter in Washington, fühlte sich nicht mehr unbedingt an die Weisungen seiner Regierung gebunden: Am 9. April 1941 stimmte er der amerikanischen Besetzung Grönlands zu.[28] Im weiteren Verlauf des Krieges gab es Verbände Freier Dänen, die unter englischem Befehl kämpften (und natürlich zahlreiche dänische Handelsschiffe, die in alliierten Konvois fuhren). Aber im Falle Dänemark kam es nicht zur Bildung einer Exilregierung.

Die kollaborierenden Regierungen der Tschechei, Serbiens, Norwegens und Griechenlands entstanden mehr oder weniger spontan – der Norweger Quisling hatte eine Anzahl politischer Doppelgänger –, aber ihre Autorität war minimal. Einige dieser Männer waren Feiglinge, andere waren Patrioten; die Motive und Absichten der meisten waren gemischt. Gelegentlich existierten Geheimkontakte zwischen diesen nachdrücklich deutschfreundlichen Kollaborateuren und ihren im selbstgewählten Exil kämpfenden Landsleuten im Ausland. Die Beziehungen zwischen einigen der griechischen Kollaborateure und den konservativen Royalisten in der griechischen Exilregierung waren kompliziert und korrupt; sie werden sich von Historikern wahrscheinlich nie mehr ganz entwirren lassen. Einige der Kontakte zwischen der glücklosen tschechischen „Regierung" unter General Eliaš (im Herbst 1941 von den Deutschen hingerichtet) und der Gruppe um Benesch in London sind inzwischen bekanntgeworden.

Die niederländische Regierung hatte die Möglichkeit einer feindlichen Invasion und Besetzung vorausgesehen und schon 1937 veranlaßt, daß die Generalsekretäre, die höchsten Zivilbeamten, im Lande blieben, um für die Bedürfnisse der Bevölkerung zu sorgen. Die Deutschen versuchten, von ihrer Anwesenheit zu profitieren. Es war in Holland, ähnlich wie in Dänemark, daß

---

[28] Island (bis 1944 eine dänische Insel) und die Färöer waren 1940 von schwachen britischen Kräften besetzt worden.

1940 „eine politische Lösung der deutschen Hegemonie am ehesten möglich schien und von deutscher Seite am stärksten versucht wurde ..."[29] Im Sommer 1940 waren die Niederländer nicht ganz abgeneigt, einer nationalen Politik der gemäßigten Kooperation mit Deutschland zuzustimmen, aber Hitler war nicht wirklich an einer „politischen Lösung" interessiert.

Die Situation Belgiens war ähnlich, aber nicht ganz analog. Im Sommer 1940 versuchten auch die Belgier und ihre höchsten Repräsentanten ernsthaft, zu einer Verständigung mit dem Dritten Reich zu gelangen. Aber während die Niederlande eine arbeitsfähige Regierung und die Königin als Staatsoberhaupt in London hatten, war der belgische König im Lande geblieben und hatte selbst um einen Waffenstillstand gebeten, weil er gehofft hatte, Hitler dadurch beeinflussen zu können. Zwischen Leopold III. und der belgischen Exilregierung entstand eine tiefe Kluft. Einige Monate lang war selbst die Existenz der Exilregierung gefährdet. Nachdem sie sich auf der Flucht vor den deutschen Armeen provisorisch in der französischen Stadt Limoges etabliert hatte, verurteilte sie den König, weil er den Waffenstillstand ohne ihre Einwilligung unterzeichnet hatte. Aber diese belgischen Politiker gerieten bald in den Strudel des französischen Zusammenbruchs. In Bordeaux schlugen die Engländer eine Umquartierung der Regierung Pierlot nach London vor. Die Mehrzahl der Minister lehnte ab; damit entzogen sie sich selbst die Grundlage ihrer politischen Existenz. Pierlot wollte nach Belgien zurückkehren und ersuchte Leopold III. um seine Zustimmung. Der König weigerte sich, ihm zu antworten; die Deutschen verweigerten ihm die Erlaubnis zur Rückkehr.

Damit schien die unglückliche Odyssee der belgischen Politiker zu Ende zu sein. Sie waren von Limoges nach Poitiers gezogen, nach Bordeaux, nach Sauveterre, nach Perpignan und schließlich nach Vichy, wo die meisten von ihnen elend hausten – im Schatten der französischen Schattenregierung. Am 20. August 1940 teilte Pierlot Leopold III. in einem offiziellen Schreiben mit, die belgische Regierung habe zu bestehen aufgehört. Aber dann trat ein Wandel ein. Während die Vichyregierung erkennen ließ, daß sie mit der Anwesenheit belgischer Exilpolitiker nicht länger einverstanden sei, wurde jenseits des Kanals in England unermüdlich weitergekämpft.

Nun kam es zu einer Spaltung der belgischen Regierung. Die Mehrzahl der Minister verfaßte ein Manifest, in dem ihre Landsleute aufgerufen wurden, sich „um den König zu scharen". Aber zwei wichtige Minister, de Vleeschauwer und Gutt, waren im September nach London gelangt; und Pierlot und Spaak, die sich weigerten, das Manifest zu unterzeichnen, machten sich jetzt selbst auf den Weg nach England. Sie verließen Vichy mit Pierlots sieben Kindern in zwei bis unters Dach vollgepackten klapprigen Autos. An der spanischen Grenze verweigerte man ihnen die Einreisevisa. Nachdem sie zwei Tage lang im Niemandsland in ihren Autos gelebt hatten, durften sie nach Spanien einreisen, wo sie prompt in einem Provinzhotel interniert wurden.

[29] *Kwiet*, S. 11.

Nach vier sorgenvollen, elenden Wochen gelang Spaak die Flucht mit Hilfe eines Landsmannes unter einem Lastwagensitz versteckt. Er schlug sich über Lissabon nach London durch.

Seine Odyssee hatte sich gelohnt. Der belgische Botschafter in Washington hatte es, dem Beispiel seines dänischen Kollegen folgend, unternommen, die Sache der Freien Belgier im Ausland zu fördern. Während der Comte d'Ursel, der belgische Botschafter in Bern, im September in einem Rundschreiben an die belgischen Botschafter für eine vorsichtige Zusammenarbeit mit dem König und den Deutschen plädierte, widerlegte Theunis in Washington seine Argumente in einem brillanten und klaren Gegenrundschreiben. Im Dezember 1940 hatten sich genügend angesehene Belgier um Spaak in London versammelt, um eine weitere Ablehnung veröffentlichen zu können: Auf diese Weise entstand die belgische Exilregierung.

Im Zweiten Weltkrieg spielten diese Exilregierungen eine wichtigere Rolle als in der Vergangenheit, was zu einem großen Teil auf die verbesserten Kommunikationsmöglichkeiten zurückzuführen war. Im Gegensatz zu früher wußten Millionen von Menschen von ihrer Existenz. Durch die Rundfunksendungen aus London wurde die einheimische Bevölkerung an ihre Existenz erinnert. Darüber waren sich auch die Deutschen im klaren: So verächtlich sie sich auch in der Öffentlichkeit über diese „Phantomreaktionäre" äußerten, so angestrengt waren sie bemüht, den Einfluß der ins Exil Gegangenen einzudämmen.[30] Die Exilregierungen genossen beträchtliche Bewegungsfreiheit; sie wurden von fast allen neutralen Staaten anerkannt[31] – in einigen Fällen sogar von Verbündeten Deutschlands. Sie unterhielten geheime Verbindungen mit ihren Heimatländern, manchmal sogar mit Angehörigen der von den Deutschen eingesetzten oder auf deutsches Drängen gebildeten Regierungen von Trabantenstaaten.[32] Andererseits versuchten manche Persönlichkeiten in diesen Regierungen, durch bestimmte Personen, die – manchmal mit stillschweigender Zustimmung ihrer Regierung – nach London entkommen waren,

---

[30] Goebbels beschäftigte sich schon am 27. Juni 1940 mit der Anwesenheit de Gaulles in London. *Boelcke*, S. 404–5, 409. Er wies die deutsche Presse an: „Der Name de Gaulle soll nicht erwähnt werden."

[31] Diese Anerkennung war mehr als eine bloße Formalität. Sie bedeutete die Gewährung diplomatischer Privilegien und entscheidend erleichterte Nachrichtenverbindungen. Das wußten auch die Deutschen. Sie beschwerten sich beispielsweise im Januar 1941 in Vichy über die fortgesetzte Tätigkeit belgischer, luxemburgischer, niederländischer und tschechoslowakischer Konsulate in Frankreich. Die Franzosen erklärten, sie seien bereit, diese Konsulate von den Konsularlisten zu streichen; die Deutschen forderten nicht nur eine „Satisfaktion im Prinzip, sondern in der Praxis". CDA, III, S. 481. Um den Deutschen einen Gefallen zu tun, entzog Stalin im Mai 1941 der belgischen, niederländischen, norwegischen und jugoslawischen Botschaft in Moskau die Anerkennung; aus dem gleichen Grunde erkannte er das kurzlebige nationalistische, deutschfreundliche Regime Raschid Ali el Quailanis im Irak an.

[32] Bulgarien unterhielt weiterhin diplomatische Beziehungen zur Sowjetunion, Finnland zu den Vereinigten Staaten; beide sowie Ungarn und Rumänien mit Guatemala; inoffizielle Beziehungen bestanden zwischen der polnischen Exilregierung und den Regierungen Ungarns, Bulgariens und Finnlands.

Kontakt mit den Westmächten zu halten. Insgesamt war es besser, im Exil zu leben, als ein Satellit zu sein. De Gaulles Tauziehen mit seinen englischen Gönnern war erfolgreicher als seine Auseinandersetzungen mit seinen Landsleuten. Trotz aller Skepsis und allen Mißtrauens in bezug auf die Engländer wußte de Gaulle immerhin, daß Churchill im Gegensatz zu Hitler nicht daran dachte, seine Verbündeten als *quantité négligeable* zu behandeln, selbst wenn die Versuchung dazu gelegentlich groß war.

Die Beziehungen zwischen den Exilregierungen und ihren westlichen Schutzmächten waren selbstverständlich weit davon entfernt, reibungslos oder vollkommen zu sein. Zu einem ersten heftigen Streit im Untergrund kam es im September 1939 im Zusammenhang mit der Bildung der polnischen Exilregierung in Frankreich.[33] Als Frankreich dann zusammenbrach, wußten die Exilpolen nicht recht, ob sie nach Spanien, Brasilien oder Kanada gehen sollten. Die Engländer kamen ihnen prompt zu Hilfe. Am Abend des 18. Juni 1940 traf der polnische Staatspräsident in London ein, wo er auf dem Bahnhof Waterloo Station von dem englischen Königspaar empfangen wurde. Zum drittenmal innerhalb von sechs Wochen standen Ihre Majestäten unter dem Glasdach dieses großen, rußgeschwärzten Bahnhofs und hießen das ins Exil gegangene Oberhaupt eines alten europäischen Staates willkommen. Abgesehen von allen diplomatischen Überlegungen, die diese Begrüßung als gute Zukunftsinvestition und protokollgerechte Höflichkeit erscheinen ließen, kam sie einer hohen britischen Auszeichnung gleich.

Im Laufe des Krieges erwiesen Englands Beziehungen zu der polnischen Exilregierung und der Armee sich als zunehmend schwieriger – sogar noch schwieriger als die häufiger dargestellten und oft öffentlich ausgetragenen Meinungsverschiedenheiten zwischen den Freien Franzosen und den Briten. Im Jahre 1941 türmte sich der Schatten Rußlands wie ein Berg zwischen ihnen auf: Die Engländer wußten, daß ihr Sieg, vielleicht sogar ihr Überleben, von ihrem guten Verhältnis zur Sowjetunion abhing, das notwendigerweise auf Kosten ihrer Verpflichtungen den Freien Polen gegenüber gehen mußte. Auch die Polen waren gelegentlich eigensinnig und gedankenlos. Die englische Linke griff in der Presse und im Unterhaus eifrig Beispiele für ihren manchmal extremen Nationalismus und einzelne Fälle von Antisemitismus auf. Trotzdem war die Tapferkeit der polnischen Soldaten, Matrosen und Flieger auf alliierter Seite sowie der Untergrundkämpfer in Polen durchaus eindrucksvoll. In den dunkelsten Tagen der Jahre 1940 und 1941 behielt die britisch-polnische Waffenbrüderschaft ihren hellen Glanz.

---

[33] Staatspräsident Moscicki trat offiziell am 17. September 1939 zurück, als er Polen verließ. Er ernannte Wieniawa-Dlugoszowski, den polnischen Botschafter in Rom, zu seinem Nachfolger. Die Franzosen protestierten gegen diese Ernennung (wegen der angeblich italienfreundlichen Einstellung Wieniawas). Nach einwöchigen Streitigkeiten trat Wieniawa zurück, und der von den polnischen Botschaftern in Paris und London vorgeschlagene Raczkiewicz wurde zum Präsidenten gewählt.

Im Jahre 1939 gab es über 30 europäische Staaten. Sechs davon waren Ende 1941 neutral – abgesehen von dem Vatikanstaat und dem winzigen Pyrenäenstaat Andorra. Die Deutschen respektierten diese Neutralität immer, wenn sie in ihrem eigenen Interesse lag. Die Bevölkerung der neutralen Staaten mußte viele der materiellen Entbehrungen ihrer kriegführenden Nachbarn miterdulden. Seltsamerweise ging es ihr im Zweiten Weltkrieg besser als im Ersten, als die Neutralen, die Niederlande und Norwegen, noch schlimmere Hungersnöte erlebten als einige der Kriegführenden.

Der Lufttransport war ein neues Element, von dem die Neutralen in gewisser Beziehung profitierten. Durch Flugzeuge ließen sich die Auswirkungen einer Seeblockade abschwächen. Andere Flugzeuge luden ihre tödliche Bombenfracht versehentlich auf neutrale Länder ab. Die Deutschen bombardierten die Schweiz und Irland; die Italiener griffen die – damals noch neutrale – serbische Stadt Peč an, und die Engländer (später auch die Amerikaner) bombardierten Schweizer Städte. Ein weiteres neuartiges Problem stellten die heimlich operierenden Kurzwellensender dar. Im Ersten Weltkrieg hatten Lenin und Genossen keine Funkgeräte gehabt; trotzdem waren die Schweizer erleichtert gewesen, als sie 1917 das Land verließen. Im Jahre 1941 arbeiteten in der Schweiz mindestens sechs Spionageringe, davon zwei für die Russen (mit britischer Hilfe und Unterstützung).

Die Neutralen waren weniger bereit, Flüchtlinge aufzunehmen, als sie es in der Vergangenheit gewesen waren. Die Schweiz beschloß schon 1933, ihrer einzigartigen Demokratie keine neuen Lasten durch die Aufnahme Hunderttausender von Flüchtlingen, meistens Juden, aus Deutschland und anderen europäischen Staaten aufzubürden. Im Jahre 1940 war ein pseudofaschistischer Staat wie Spanien großzügiger in der Aufnahme von Flüchtlingen (zumindest zum Transit) als die Schweiz. Von den Neutralen waren die Portugiesen und Schweden im Verhältnis am menschlichsten, während die Türken am entgegengesetzten Ende der Skala rangierten. Deutschlands Verbündeter Ungarn nahm im September 1939 und später viele Tausende polnischer Flüchtlinge auf.

Um sich die essentiellen Mindestvoraussetzungen ihrer Neutralität zu erhalten, mußten die Neutralen gelegentlich Kompromisse schließen. Deshalb entsprach die schwedische Regierung Ende Juni 1940 dem deutschen Wunsch, eine beschränkte Anzahl deutscher Soldaten (nicht in Uniform) in schwedischen Zügen nach und von Nordnorwegen fahren zu lassen. Das war nichts Neues.[34] Neutralität war kein fest umrissener Zustand: Es gab dabei Abstufun-

---

[34] Im Februar 1940 überlegte der englisch-französische Oberste Kriegsrat, ob alliierte Truppen, die nach Finnland unterwegs waren, „dem Beispiel der italienischen ‚Nichteinmischung‘ in Spanien folgend als Freiwillige getarnt werden könnten". *Butler*, GS, II, S. 107.

gen. Die Einstellungen der neutralen Staaten änderten sich, während ihre Regierungen ihre Außenpolitik dem wechselnden Kriegsglück anpaßten. Verhältnismäßig neu war jedoch der ideologische Faktor. Mit Ausnahme von Spanien wollten die Regierungen und Bevölkerungen der neutralen Staaten keinen Sieg der Deutschen. Das wußte Hitler: Er forderte die Neutralen auf, nicht nur mit Taten, sondern auch mit Worten zu ihrer Neutralität zu stehen und Presse, Rundfunk und Filmindustrie ihrer Staaten daran zu hindern, antideutsches Material zu verbreiten. Das Erscheinen einer englandfreundlichen Karikatur in einer Zeitung konnte ihn mehr irritieren als das Eintreffen einer wertvollen Ladung Rohstoffe in England.

Von allen Neutralen hatte die Schweiz die größten Probleme mit der Presse. Im Jahre 1939 gehörte die Bevölkerung dieses kleinen Landes zu den belesensten Völkern der Welt: In der Schweiz gab es über 400 Zeitungen. Die Regierung ging auf deutsche Forderungen ein, die Zahl der im Pressewesen tätigen Emigranten aus Deutschland zu verringern. Im Februar 1940 untersagte sie die Veröffentlichung von Rauschnings Buch über Hitler. Vor der Kapitulation Frankreichs druckten die meisten Schweizer Zeitungen die französischen und englischen Kriegsberichte vor dem deutschen Wehrmachtsbericht ab; dagegen protestierten die Deutschen mit einigem Erfolg. Nach der französischen Kapitulation gab es, wie wir gesehen haben, viele Schweizer, die für eine behutsame Anpassung an die siegreichen Deutschen waren. „*Mourir pour la presse?*" hieß es damals. Aber diese wankelmütig machende Angst verging wieder. In der Geschichte der Schweiz während des Zweiten Weltkrieges ist die Redaktionskonferenz der *Neuen Zürcher Zeitung* vom 1. Juli 1940 neben dem militärischen Rütlischwur Ende des gleichen Monats zumindest eine Anmerkung wert.[35] Diese Zeitung, sagte ihr Chefredakteur Bretscher, werde sich der neuen Ordnung in Europa nicht anpassen.

Die spanische Presse bildete das entgegengesetzte Extrem. Francos schlechter Ruf bei den Demokratien wurde durch die schrillen und oft brutalen Auslassungen eines Großteils der spanischen Presse während des Krieges noch verschlimmert. Ihre Übertreibungen und Gehässigkeiten übertrumpften manchmal sogar den Tonfall der deutschen Presse. Andererseits gab es in Spanien viele Analphabeten; im Gegensatz zu der Schweiz war der Einfluß der Presse auf die öffentliche Meinung also beschränkt. Einzigartig war dagegen der Einfluß, den drei andere Neutrale auf Spanien hatten: Portugal, die Vereinigten Staaten und der Vatikan. Der mäßigende Einfluß Portugals auf den Nachbarn Spanien war beträchtlich. So autoritär und antikommunistisch Salazar auch war, so beständig blieb er in seiner Abneigung

---

[35] Siehe S. 92. Im Juli 1940 stand noch keineswegs fest, daß der von General Guisan verkörperte Widerstand sich durchsetzen würde. Der beliebte und deutschfreundliche Oberst Däniker forderte in einer Denkschrift Guisans Ablösung. Noch im Juni 1941 sprachen einige deutschfreundliche Schweizer Offiziere von einem „Marsch auf Bern". Aber daraus wurde nichts. Einige der Schweizer Botschafter waren deutschfreundlich, darunter Steiner in Belgrad.

gegen Hitler. Die Vereinigten Staaten spielten in Francos Überlegungen eine noch größere Rolle als Portugal. Schon im September 1940 schlug er ihnen einen aussichtslosen Handel vor: spanisches Olivenöl gegen amerikanischen Weizen. Roosevelts Antwort war ein nicht gerade kavaliersmäßiger Vorschlag: Das amerikanische Rote Kreuz würde Weizen nach Spanien verschiffen, falls er unter Aufsicht des Roten Kreuzes entladen wurde – und falls Franco sich aus dem Krieg heraushielt. Im November 1940 erhielt Spanien dann endlich amerikanischen Weizen. Danach verbesserten sich die amerikanisch-spanischen Beziehungen allmählich trotz der entschieden Franco-feindlichen Haltung der amerikanischen Presse und des gespannten Verhältnisses zwischen dem amerikanischen Botschafter Weddell und Serrano Suñer.

Einige andere Neutrale, südamerikanische Staaten und der Vatikan, vermittelten zwischen Madrid und Washington.[36] Gleichzeitig duldete Spanien die Anwesenheit deutscher Offiziere um Gibraltar; deutsche Schiffe und U-Boote durften heimlich spanische Häfen anlaufen; deutsche Agenten, die Funknetze aufzogen, waren über ganz Spanien verteilt. Im Juni 1941 bewarfen Horden junger faschistischer Spanier die englische Botschaft in Madrid mit Steinen, und Franco schloß sich Hitlers antibolschewistischem Kreuzzug an – allerdings aus sicherer Entfernung von Rußland. Die sogenannte Blaue Division, eine aus spanischen Freiwilligen bestehende Einheit mit über 17 000 Mann, verließ ihre Heimat, um an der Seite der Deutschen – und in von den Deutschen gelieferten Uniformen – in Rußland zu kämpfen.[37] Etwa ab 1942 begann Franco, sich auf die veränderte Kriegslage einzustellen, wobei er sich hauptsächlich wieder an den Vereinigten Staaten orientierte. Trotzdem war die spanische die einzige Regierung eines neutralen europäischen Staates, die sich in den ersten Kriegsjahren auf ihre Weise einen Sieg der Achsenmächte (lieber der Achse als Deutschlands) wünschte und später die Niederlage Deutschlands öffentlich bedauerte.

Schwedens Aussichten, seine Neutralität zu wahren, wurden nicht nur durch sein Prestige und den Ruf seiner ungewöhnlich gut ausgerüsteten Armee und Marine, sondern auch durch das Interesse gefördert, das bestimmte Großmächte an seiner Neutralität hatten. Am Tag nach der Besetzung Dänemarks und Norwegens durch die Deutschen (zu der die Molotow ihnen gratulierte), teilte die Sowjetregierung deshalb Berlin auch mit, daß es die Neutralität Schwedens für wünschenswert halte. Während des Norwegenfeldzuges machte der norwegische Minister Mowinckel den neuartigen Vorschlag, Nord-

---

[36] Dies trotz der Tatsache, daß viele südamerikanische Staaten weiterhin die republikanische spanische Exilregierung anerkannten. Im Juli 1940 kam es zu einem Abbruch der diplomatischen Beziehungen zwischen Spanien und Chile. Nach Vermittlungen durch den Vatikan und Brasilien wurden sie ein Vierteljahr später wieder aufgenommen.

[37] Der erste Freiwilligenverband aus einem nichtkriegführenden Staat kam während des sowjetisch-finnischen Winterkrieges aus Schweden, als 9 000 schwedische Freiwillige auf der Seite Finnlands kämpften.

norwegen zu neutralisieren, wozu eine unbesetzte, von schwedischen Truppen kontrollierte Zone gehört hätte. Dieser Plan fand in Stockholm gewissen Anklang – aber nicht in Berlin. Im Herbst 1940 unterbreiteten Schweden und Finnland (mit amerikanischer Unterstützung) vorsichtig einen weiteren Plan für eine nordische Neutralität. Die Deutschen – und unklugerweise auch die Russen – lehnten diesen Plan vehement ab, obwohl er die Neutralität Finnlands für den Rest des Krieges hätte garantieren können.

Im großen und ganzen respektierten die Deutschen die schwedische Neutralität. Als Gegenleistung mußte die schwedische Regierung bestimmte deutsche Forderungen erfüllen: Zusätzlich zu dem Transitabkommen vom Juni 1940 gestattete sie den Deutschen, in schwedischen Hoheitsgewässern im Øresund U-Bootnetze anzubringen. Am 25. Juni 1941 gab sie die Erlaubnis zum Transport einer ganzen deutschen Division durch Nordschweden nach Finnland.[38] Im Ersten Weltkrieg waren die meisten Schweden deutschfreundlich gewesen; im Zweiten Weltkrieg waren die meisten Schweden antideutsch und anglophil eingestellt. Ihre Botschafter in Moskau und Washington sagten im Herbst 1941 Deutschlands schließliche Niederlage richtig voraus. Im September 1941 gab es einige Anzeichen dafür, daß die Deutschen eine Invasion in Schweden planten (vielleicht als Gegenmaßnahme für den Fall einer überraschenden britischen Landung in Norwegen). Der schwedische Generalstab setzte sich diskret mit den Engländern in Verbindung, um einen gemeinsamen Vorstoß gegen Trondheim vorzuschlagen. Nach etwa zwei Wochen verflüchtigten sich jedoch die Anzeichen für eine deutsche Invasion.

Die Regierung der Republik Irland war natürlich nicht anglophil; sie war aber auch nicht deutschfreundlich. Im Juni 1940 kam es zu ungewöhnlichen Geheimkontakten zwischen dem irischen und dem britischen Generalstab, bei denen es um die Bildung eines gesamtirischen Verteidigungsrates ging. Lord Craigavon, der streng antikatholische Premierminister von Ulster, war einflußreich genug, um dieses Vorhaben scheitern zu lassen. Im Herbst und Winter 1940 hoffte Churchill, die Regierung de Valera werde auf amerikanischen Druck hin einige südirische Häfen für die Engländer öffnen, aber de Valera weigerte sich trotz aller subtiler – und weniger subtiler – amerikanischer Pressionen.[39] Andererseits blieb die Zahl der Iren, die als Freiwillige in den englischen Streitkräften kämpften, während des ganzen Krieges beachtlich.

Am entgegengesetzten Ende Europas bewiesen die Türken – ein Volk, dessen Stärke in der Vergangenheit gewöhnlich auf militärischem, selten auf politischem Gebiet gelegen hatte – im Zweiten Weltkrieg große diplomatische

---

[38] Schweden hob diese Transiterlaubnis für deutsche Truppen 1943 auf.
[39] Die deutsch-irischen Beziehungen blieben während des gesamten Krieges korrekt, was zum Teil auf das kluge Verhalten des deutschen Botschafters in Dublin zurückzuführen war. Im Gegensatz zu 1916 gab es kaum eine Zusammenarbeit zwischen irischen Extremisten und den Deutschen. Im Sommer 1941 führten einige IRA-Mitglieder sowie mehrere irische Politiker Gespräche mit einem deutschen Agenten namens Görtz.

Fähigkeiten. Im Oktober 1939 unterzeichneten sie einen englisch-französisch-türkischen Beistandspakt, den sie 1940 praktischerweise auslaufen ließen. Im Winter 1939/40 arbeitete das türkische Außenministerium einen intelligenten und durchführbaren Plan für einen neutralen Balkanblock aus, der Griechenland, Bulgarien, Jugoslawien, Rumänien und die Türkei umfassen sollte; daß dieser Plan dann nicht verwirklicht wurde, war nicht die Schuld der Türkei.

Die deutschen Interessen wurden in Ankara von Botschafter v. Papen vertreten: ein denkwürdiges Beispiel für den seltenen Fall eines innenpolitischen Versagers, aus dem zum Schluß ein hervorragender Diplomat wird. Im Sommer 1941 geriet die Türkei in Versuchung, sich an dem Krieg gegen ihren Erbfeind Rußland zu beteiligen. Die britische Präsenz im östlichen Mittelmeer trug entscheidend dazu bei, die Türken davon abzuhalten, die rasch lernten, von ihrer Neutralität zu profitieren. Auf der rostbraunen anatolischen Hochebene wurde Ankara 1941 wie Lissabon eine elegante Hauptstadt: die Endstation des im Kriege verkehrenden Orient-Taurus-Expreß, in der es von allen möglichen Agenten (auch Einkäufern) und Spionen wimmelte.

Somit bleibt noch der erhabenste und ungewöhnlichste neutrale Staat – der Vatikan. Sein Einfluß im Zweiten Weltkrieg war sehr groß, viel größer als im Ersten Weltkrieg; sogar größer als zu jedem anderen Zeitpunkt in der modernen Geschichte Europas. Von den Führern der in den Krieg verwickelten Mächte erkannten Hitler und Roosevelt dies am besten. Allein seine physische Existenz war bereits wichtig. Mussolini, der die päpstliche Souveränität und Unabhängigkeit 1929 in den Lateranverträgen bestätigt hatte, hielt sich während des Krieges an ihre Bestimmungen. Im Herzen der Hauptstadt von Hitlers wichtigstem Verbündeten gab es also einen souveränen Staat, der Botschafter empfing und entsandte, einen eigenen Rundfunksender betrieb und eine eigene Zeitung herausgab, d. h. der beachtliche und gelegentlich äußerst wichtige Privilegien genoß.

Mussolini mußte zulassen, daß englische Botschafter und amerikanische Sonderbeauftragte auf der Fahrt zum Vatikanstaat Rom passierten. Roosevelts Sonderbotschafter Myron Taylor reiste mehrmals über italienisches Gebiet, durchquerte Rom, um in den Vatikan zu gelangen, und trug in der Brusttasche Roosevelts Botschaften an den Papst bei sich.[40] Der englische Botschafter beim Heiligen Stuhl durfte 1942 nach London ausreisen und in den Vatikan zurückkehren; die italienischen Wachposten salutierten vor ihm. Die Botschafter kleinerer Staaten konnten nicht immer mit so respektvoller Behandlung von seiten der Italiener rechnen. Im Juli 1941 entfernte die italienische Polizei den jugoslawischen Botschafter beim Heiligen Stuhl aus dem Vatikan und verstieß damit gegen die Lateranverträge.[41]

Eines der Hauptprobleme der vatikanischen Diplomatie betraf die Aner-

[40] Myron Taylor besuchte den Vatikan in den entscheidenden Jahren des Krieges dreimal: 27. Februar – 22. August 1940, 5.–21. September 1941 und 17.–28. September 1942.
[41] VD, 5, 118, 287.

kennung neuer Regime und territorialer Veränderungen. Ihre traditionelle Politik war bemüht, die vorzeitige Anerkennung solcher Veränderungen zu vermeiden. Andererseits bedeutete das oft serienweise Schwierigkeiten mit der Zuständigkeit bestimmter Bischöfe. Über diese – oft nicht unbedeutenden – formaljuristischen Schwierigkeiten hinaus waren die eigentlichen Voraussetzungen der Neutralität betroffen. Ein polnischer Bischof war schließlich ein Pole; ein italienischer Nuntius war ein Italiener (die Engländer versuchten, den Vatikan dazu zu bewegen, die Nuntien aus Malta und Ägypten abzuberufen) – also Männer, die oft von ihrem Nationalgefühl beeinflußt wurden.

Die wichtigsten Diplomaten des Heiligen Stuhls waren natürlich Prälaten, die dazu ausgebildet worden waren, ihre nationale und soziale Herkunft zu überwinden. Einige von ihnen hielten sich achtbar und gut. Die Depeschen einiger Nuntien wie Cicogagni in Madrid oder Godfrey in London sowie die Aktennotizen und Anweisungen der beiden wichtigsten Sekretäre Maglione und vor allem Tardini in Rom zeugen von großer Intelligenz und ausgezeichnetem Charakter. Es gab allerdings auch Nuntien (Valeri in Vichy, Orsenigo in Berlin), deren Leistungen und Urteilsvermögen oft schwach waren. Monsignore Roncalli, später Papst Johannes XXIII., der Nuntius in Ankara, der im weiteren Verlauf des Krieges diplomatische Qualitäten bewies, die seine großherzigen menschlichen Qualitäten unterstrichen, urteilte nicht immer klug; er ließ sich oft übermäßig von Papens Mitarbeitern in Ankara beeinflussen.[42]

Auch der vatikanische Geheimdienst arbeitete nicht immer erstklassig. Trotzdem besaß der Heilige Stuhl beträchtlichen Einfluß, der sich während des Krieges stetig vergrößerte. Er wirkte sich nicht nur auf die Interessen von Millionen von Katholiken in aller Welt, sondern bei wichtigen Anlässen auch auf das Schicksal der Römer und Italiener aus. So spielte der Vatikan eine entscheidende Rolle bei dem Zustandekommen der stillschweigenden Übereinkunft, daß die Engländer Rom nicht bombardieren würden, solange die Italiener und Deutschen auf Luftangriffe gegen Kairo verzichteten.[43]

Zu dieser Übereinkunft kam es durch Vermittlung von Präsident Roosevelts Sonderbotschafter. Sie war ein typisches Anzeichen für den rasch zunehmenden Einfluß der Vereinigten Staaten. In dem Zeitraum zwischen September 1939 und Dezember 1941 hatten die Vereinigten Staaten den größten Einfluß von allen Neutralen. Aber über diesen Respekt, den die Vereinigten Staaten – und ihre Vertreter – nicht nur in den demokratischen, sondern auch in den neutralen oder von den Deutschen besetzten europäischen Staaten genossen, wird an anderer Stelle noch zu berichten sein.[44]

---

[42] Botschafter von Papen versuchte mehrmals, den päpstlichen Nuntius für Friedensfühler einzuspannen. Auf Roncallis Depesche, die von einer bedeutsamen Unterredung mit Papen am 16. April 1942 berichtete, vermerkte Monsignore Tardini: *„Non essere troppo caldi."* (Nur nicht zu begeistert.) VD, 5, S. 543.

[43] VD, 5, S. 307.

[44] Siehe S. 395–404.

Die Diplomatie besteht aus den Mitteilungen der autorisierten Vertreter von Staaten. Im 20. Jahrhundert ist die Zahl dieser Mitteilungen angestiegen – manchmal in einem nicht mehr zu bewältigenden Ausmaß. Auch die Regierungsvertreter haben sich auf allen Ebenen vervielfacht. Das Ergebnis ist offenkundig: Diplomatische Dokumente machen einen immer kleineren Prozentsatz der Unterlagen über die Beziehungen zwischen Staaten oder gar zwischen ganzen Nationen aus. Manche der wichtigsten Mitteilungen bleiben unprotokolliert, während der Wert der aufgeblähten schriftlichen Mitteilungen im allgemeinen unter dem der diplomatischen Papiere der Vergangenheit liegt.[45]

Hitler schrieb oder diktierte nicht gern. Er hatte nichts dagegen, von Zeit zu Zeit freiwillige Agenten oder inoffizielle Vermittler einzusetzen, deren Taten und Worte nur selten für die Nachwelt festgehalten wurden. Der Schwede Dahlerus, Görings Freund, versuchte im August 1939 zwischen England und Deutschland zu vermitteln. Sven Hedin war ein weiterer Schwede, von dem Hitler viel hielt: Er nahm Hedin in Anspruch, um London – und in einem Fall vielleicht sogar Moskau – bestimmte Vorschläge machen zu lassen. In den Jahren 1940-41 setzte Hitler den jugoslawischen Journalisten Gregoric im Rahmen eines komplizierten diplomatischen Manövers ein, durch das er Jugoslawien für den Dreimächtepakt zu gewinnen hoffte. Hitler wußte von Heß' erstem Versuch im September 1940, mit englischen Persönlichkeiten Verbindung aufzunehmen. Es ist sogar möglich, daß Hitler eine private Geheimverbindung zu Stalin gehabt hat; darüber gibt es keine gesicherten Erkenntnisse.

Churchill trat mit Roosevelt durch private Mitteilungen in Verbindung. Aber schon bald nach Churchills Wahl zum Premierminister stellte sich heraus, daß er sich für diesen Zweck nicht einmal der amerikanischen Botschaft in London bedienen konnte.[46] Chamberlain setzte in den Jahren 1938 und 1939 einen untergeordneten italienischen Beamten namens Dingli als Vermittler zwischen sich und dem italienischen Botschafter Grandi ein. In Grandis Depeschen wird Sir Joseph Ball als der geheime Vermittler bezeich-

---

[45] Siehe die bibliographischen Anmerkungen, S. 416.
[46] Das hatte zwei Gründe. Einer war die Tätigkeit eines Verschlüßlers namens Kent, eines fanatischen Isolationisten, der aus diesem Grunde deutschfreundlich war und der am 21. Mai 1940 von den Engländern verhaftet wurde, weil er Depeschen für private politische Zwecke entwendet hatte. Der andere war Botschafter Joseph Kennedy sen., dem Churchill und Roosevelt aus guten Gründen nicht trauten. „Wegen Mr. Kennedys offen ausgedrücktem Defätismus betrachte das Außenministerium zudem die Botschaft der Vereinigten Staaten als nicht wünschenswerte Zwischenstation." FO 371 A 3261/1/51.

net; Dinglis Name erscheint in den Akten der ungarischen Botschaft in London. An den Geheimkontakten zwischen Vichy und London waren 1940-41 eine ganze Anzahl von Männern beteiligt, die keine Diplomaten waren: die Professoren Rougier und Chevalier, Colonel Groussard u.s.w. Die Namen der inoffiziellen (und leider oft auch undiplomatischen) Vermittler zwischen den kriegführenden Staaten Europas im Zweiten Weltkrieg würden einen dicken Band füllen.

An dieser Stelle müssen wir jedoch eine Unterscheidung zwischen Mitteilungen und nachrichtendienstlichen Erkenntnissen treffen – keine absolute oder präzise Unterscheidung, aber immerhin eine, die den Unterschied verdeutlicht. Unsere gesamte Zivilisation leidet unter der krebsartig wuchernden Überfülle von Nachrichten – sowie unter einer Verringerung von Erkenntnissen. Das war bereits im Zweiten Weltkrieg der Fall, selbst wenn man nur den beschränkten Bereich politischer Erkenntnisse berücksichtigt. Im Zusammenhang mit Nachrichtensammlung und Erkenntnisgewinnung waren gewaltige Bürokratien entstanden.[47] Aber trotz der sensationellen Spionagegeschichten wirkten geheimdienstliche Informationen über gegnerische Operationen sich im Zweiten Weltkrieg nur selten entscheidend aus. Die Politiker redeten viel; nur wenige von ihnen konnten auch zuhören. Stalin deutete die Hinweise auf Hitlers Absichten falsch, obwohl sie ziemlich eindeutig waren. Hitler und Churchill machten ähnliche Fehler.[48] Die niederländische, die belgische und die jugoslawische Regierung wußten, wann die Deutschen angreifen würden; trotzdem brach ihre Verteidigungsfront schon am ersten Tag zusammen.

Die Deutschen, die Italiener, die Engländer, die Schweden und die Ungarn hatten Codes dechiffriert und konnten Funksprüche mitlesen. Aber selbst das machte keinen großen Unterschied. Ein ehemaliger Angestellter der englischen Botschaft in Rom verkaufte den Deutschen weiterhin jahrelang Geheimmaterial. In Moskau hatten die Deutschen das Protokoll der 1940

[47] Ein Beispiel für teilweise Überschneidungen auf diesem Gebiet war der Fall des deutschen Journalisten Fritz Hesse. Der in London arbeitende Ribbentrop-Protégé Hesse spielte eine wichtige Rolle beim Zustandekommen vertraulicher Kontakte mit der Gruppe um Chamberlain vor dem Kriege und einiger bedeutsamer diplomatischer Fühlungnahmen während des Krieges. Seine Lebenserinnerungen enthalten deshalb Material, das in diplomatischen Akten nicht immer zu finden ist. Trotzdem war Hesse, der sich für einen wichtigen Agenten der deutschen Außenpolitik hielt, in Wirklichkeit jemand, der Nachrichten überbrachte, statt Erkenntnisse zu übermitteln. Kurz gesagt: Durch seine wichtigen Kontakte erzählte Hesse viel und erfuhr nur wenig Lohnendes.

[48] Hitler, der die Depeschen seiner Botschafter nur selten las, interessierte sich trotzdem sehr für von Spionen stammende Geheiminformationen – besonders bei zwei entscheidenden Anlässen. Anfang Juli 1940 verlangte er *alle* Berichte sämtlicher Agenten in London und die Transkripte dort abgehörter Telefongespräche. Im Frühjahr 1941 verlangte und bekam er eine Serie vertraulicher Berichte von Agenten, die in der sowjetischen Botschaft in Berlin tätig waren. Dabei handelte es sich größtenteils um Kleinigkeiten, aber Hitler war daran interessiert. Siehe GD, D. XI, S. 980–981, besonders Anmerkung 5; auch 1985–1986.

geführten Gespräche zwischen den Botschaftern Jugoslawiens und Griechenlands. Die Deutschen bespitzelten auch ihre Verbündeten und Trabanten; sie lasen zum Beispiel ab 1938 *alle* verschlüsselten Depeschen der ungarischen Botschaft in Berlin mit. Noch im Frühjahr 1941 erhielten sie Abschriften einiger Briefe, die Cripps an das sowjetische Außenministerium geschrieben hatte. Auch im Vatikan hatten sie ihre Informanten. In den dort veröffentlichten Dokumenten steht mindestens dreimal die Warnung: Vorsicht, denn *il Sig. Menshausen sa tutto* (Menshausen [der deutsche Geschäftsträger] weiß alles). Trotzdem ist „alles" wissen der Anfang der Weisheit, nicht ihr letzter Schluß.

Der Ausdruck „fünfte Kolonne" stammt aus dem Spanischen Bürgerkrieg. Im Jahre 1936 erklärte General Mola Journalisten, zu den vier Kolonnen der Nationalisten, die auf Madrid marschierten, komme noch eine fünfte Kolonne in der Hauptstadt selbst. Aber Madrid hielt sich fast drei Jahre lang. Die fünfte Kolonne kam erst zum Schluß zum Vorschein: Hunderte von staubbedeckten Männern und Frauen, die mit zögernden Schritten und im ungewohnten Sonnenschein blinzelnden Augen aus den Kellern neutraler Botschaften auftauchten. Trotzdem setzte dieser Ausdruck sich durch. Im Jahre 1940 vermehrte der Gedanke an eine fünfte Kolonne die allgemeine Panik in den europäischen Staaten, die von den Deutschen angegriffen wurden. Fälle wie die der holländischen Nationalsozialisten in deutschen Uniformen oder der wenigen „Quislinge" im norwegischen Offizierskorps waren selten.

Die Geschichte des sowjetischen Geheimdienstes in den Jahren 1939-41 ist besonders undurchsichtig und kompliziert. Aus dieser Zeit sind nur wenige Dokumente erhalten, die selbstverständlich keine eindeutigen Schlüsse zulassen. Die damaligen Leistungen des sowjetischen Geheimdienstes waren weit davon entfernt, eindrucksvoll zu sein.[49] Gewiß, es gab ein Reservoir von Menschen – ausländische Kommunisten und Mitläufer, die von leidenschaftlichen Revolutionären (davon gab es nur wenige) bis hin zu zwielichtigsten osteuropäischen Flüchtlingen reichten –, die sich erboten, für den sowjetischen Geheimdienst zu arbeiten. Ihre Netze existierten neben einem weiteren russischen Netz, das meistens von im Ausland tätigen sowjetischen Ingenieuren

---

[49] Das gilt auch für den jetzt legendären Richard Sorge in Tokio, dessen Aktivitäten strenggenommen nicht in den Rahmen dieses Buches gehören. Sorge, der seine hervorragenden Beziehungen zu höchsten japanischen Regierungskreisen genutzt hatte, funkte nach Moskau, der deutsche Angriff werde am oder um den 22. Juni 1941 stattfinden; später folgte die Mitteilung, die Japaner seien im Begriff, im Fernen Osten die Vereinigten Staaten und England, nicht jedoch die Sowjetunion anzugreifen. Ein Großteil dieser Informationen war auch aus anderen Quellen bekannt. Sorge bestätigte nur, was die englische und die amerikanische Regierung wußten und was ihre Chefs ihrerseits Stalin wissen ließen. Unmittelbar vor Hitlers Überfall hörte Stalin ebensowenig auf Sorge wie auf Churchill oder Roosevelt. Im Oktober 1941 gab es nicht die geringsten Anzeichen dafür, daß die Japaner in Sibirien angreifen würden. Sorge lieferte also nur zusätzliche Informationen, keineswegs das fehlende Teilchen des Puzzlespiels – eine bei Geheimdienstromantikern und den Verfassern von Spionageromanen beliebte Metapher.

und Journalisten aufgezogen wurde. Die beiden Netze waren nur selten koordiniert. Dem ersten gehörten hauptsächlich Juden an, dem zweiten Großrussen und Ukrainer, die oft antisemitisch eingestellt waren – insgesamt eine unattraktive Gesellschaft. Druck und oft auch etwas Schmeichelei von seiten der Deutschen führte zu gegenseitigem Verrat auf allen Ebenen.

Die ergiebigste sowjetische Nachrichtenquelle sprudelte in der Schweiz, wo der deutsche Emigrant Rudolf Roessler Moskau Informationen lieferte, die auch an das „Bureau Ha", den militärischen Nachrichtendienst der Schweizer, gingen. Es gibt Hinweise darauf, daß der größte Teil dieses Materials Roessler und seinen Kollegen von den Briten zugespielt worden ist. Diese für Rußland so wichtige Quelle konnte nur mit Schweizer Genehmigung funktionieren – das jedoch zu einem Zeitpunkt, als es im Interesse der westlichen Demokratien (auch der Schweiz) lag, daß die Sowjetunion gegen Hitler aushielt.

Die meisten dieser Geheimdienstnetze arbeiteten mit neuentwickelten Kurzwellen-Funkgeräten. In anderen Fällen waren Spione und Schmuggler noch immer auf die alten Methoden angewiesen: Der Kriegsalltag in den Pyrenäentälern, auf den Felspfaden Andorras und in den Wäldern des Jura erinnerte an vergangene Jahrhunderte, wenn Schmuggler müde Wanderer in kleinen Gruppen über die Grenze brachten. Die Grenzen waren nicht überall geschlossen. Noch im Februar 1941 überschritten Tausende von Belgiern jeden Tag die französische Grenze, um in Fabriken und Bergwerken zu arbeiten. Im allgemeinen bauten technische Neuerungen jedoch viele der einstigen Aspekte von Souveränität und Neutralität ab.

Die englischen Geheimdienste konnten sich auf eine große Anzahl leidenschaftlicher Patrioten und Gegner des Regimes in ganz Europa stützen. Unter der Regierung Chamberlain machten die Briten nur wenig Gebrauch von ihren Nachrichtendiensten: Ihre Tätigkeit verlief in den überlieferten Bahnen und war nicht immer effektiv. Als die englische Regierung versuchte, Kontakte zur deutschen Opposition zu pflegen, ging es ihr weniger um die Verbindung zu Hitlergegnern als um Informationen von diesen Leuten. Daran änderte sich im Hochsommer 1940 einiges. Die Regierung Churchill gelangte zu der Auffassung, eine ihrer wichtigsten Waffen gegen Hitler werde die Unterstützung des Widerstandes gegen Deutschland in ganz Europa sein.

Am 19. Juli 1940, d. h. an dem Tag, an dem Hitler dem Britischen Weltreich in einer im Rundfunk übertragenen Rede sein großartiges Friedensangebot machte, wurde in London die englische Dienststelle für subversive Kriegsführung SOE (Special Operations Executive) gegründet, deren Zentrale in Sherlock Holmes' Baker Street lag. So wie Gestapo, Abwehr, RSHA und SS in Deutschland arbeiteten in England SOE und die traditonellen Geheimdienste manchmal eher gegeneinander. Aber ihre Differenzen waren für die Sache der Alliierten vermutlich weniger schädlich als der erbitterte Grabenkampf, den Canaris und Heydrich sich lieferten, für die der Deutschen. Den Engländern gelang es erst allmählich, ihre Netze straff und funktionsfähig zu machen.[50] Trotzdem waren Ende 1941 Zehntausende von Männern und Frauen in fast allen Ländern Europas bereit, ihr Leben für die Befreiung von der Herrschaft der Nationalsozialisten einzusetzen.

## Internationale Propaganda

In den Jahren 1939-41 waren Zeitungen noch immer die wichtigsten Massen-kommunikationsmittel. Die Menschen bezogen ihre Informationen und oft auch ihre Meinung – vor allem über das Ausland und internationale Angelegenheiten – aus Zeitungen. Die neueren Einflüsse von Rundfunk und Illustrierten blieben beschränkt, obwohl sie allmählich zunahmen; das Fernsehen befand sich erst im Einführungsstadium.[51] In Osteuropa bildeten Millionen die erste Generation von Zeitungslesern. Das 20. Jahrhundert, hatte Oswald Spengler geschrieben, habe einen schrecklichen Typ hervorgebracht: den Mann, der tatsächlich glaube, was in den Zeitungen stehe. Das war nur eine Halbwahrheit. Zumindest die zweite Generation von Zeitungslesern lernte rasch, *wie* man sie lesen mußte – was glaubhaft und was unglaubwürdig war.

Die einzige Ausnahme von dieser Regel war vermutlich die Sowjetunion, deren Zeitungen keinerlei Nuancen enthielten und deren Leser – die meisten von ihnen erst vor kurzem von den Fesseln des Analphabetentums befreit – vorerst noch wenig Unterscheidungsvermögen bewiesen. Am 26. November 1939 bezeichnete die *Prawda* , die maßgebende Zeitung dieses großen Reiches, den finnischen Ministerpräsidenten als „eine Vogelscheuche, einen Narren, eine Marionette, einen Clown, der in der Manege Pirouetten dreht": ein nicht atypisches Beispiel für die Ausdrucksweise der sowjetischen Presse. Die Deutschen und Italiener gestatteten und förderten manchmal sogar Nuancierungen in ihrer Tagespresse: *La Stampa* unterschied sich von *Il Popolo d'Italia* und die *Frankfurter Zeitung* vom *Völkischen Beobachter*.[52]

Goebbels versuchte, manchmal sogar mit Erfolg, begabte Journalisten, die keine Nationalsozialisten waren, für sich arbeiten zu lassen, um den Ruf des Dritten Reiches im In- und Ausland aufzubessern. Im Frühjahr 1940 holte

---

[50] Beispiel: Der erste ständige Funkkontakt zwischen Polen und London wurde erst nach dem 2. August 1941 eingerichtet.
[51] In England wurde das Fernsehen 1939 eingeführt, als bereits ungefähr 20 000 Fernsehapparate betriebsbereit waren. Aber schon im September des gleichen Jahres stellte die Fernsehgesellschaft BBC für die Dauer des Krieges ihre Dienste wieder ein.
Die Deutschen benutzten im Sommer 1940 ein geschlossenes Übertragungssystem, um Patienten in einigen ausgewählten Lazaretten Filme vorzuführen.
[52] In Vichy-Frankreich erschienen die liberal-konservativen *Le Jour* und *Figaro* bis zum Herbst 1941. In Paris gab es auch unter deutscher Besetzung weiterhin *Le Matin, Le Petit Parisien, L'Oeuvre* und *Paris-Soir* sowie die täglich erscheinende *Auto-Sport*.

er eine Anzahl solcher Journalisten zusammen und gründete die erfolgreiche Zeitschrift *Das Reich*, eine politisch-kulturelle Wochenzeitschrift, die sich in gewissem Ausmaß an englischen literarisch-politischen Wochenzeitschriften wie *The Spectator* orientierte. Eine noch erfolgreichere von Goebbels veranlaßte Kopie war die Illustrierte *Signal*, deren Vorbild die amerikanische Illustrierte *Life* war.[53] Sein Propagandaministerium versuchte gelegentlich, ausländische Zeitungen aufzukaufen. In den besetzten Staaten interessierten sich die Deutschen verhältnismäßig wenig für die dortige Presse. Ihre Auflage ging nicht zurück. Zeitungen wurden eifrig gelesen, weil der Informationshunger der Bevölkerung während des Krieges noch größer war. Aber die große Mehrheit der Leser lernte rasch, wie man zwischen den Zeilen lesen mußte.

Wie wir zuvor gesehen haben, wurden Zeitungen von den jeweiligen Regierungen als Werkzeuge staatlicher Politik benützt: Die Sowjetunion mit ihren TASS-Kommuniqués und den Artikeln in den Blättern *Prawda* und *Iswestija* war ein hervorragendes Beispiel dafür. Auch in anderen Ländern warfen führende Leitartikler bestimmte Fragen auf oder machten Vorschläge, die hoffentlich nicht nur von ihren einheimischen Lesern, sondern auch von ausländischen Regierungen beachtet werden würden. Die Presse wurde gelegentlich nicht nur ein Instrument der Innen-, sondern auch der Außenpolitik – nicht immer mit günstigen Ergebnissen, wie ich hinzufügen muß.

In anderen Fällen benützten Regierungen Zeitungen dazu, Falschinformationen zu übermitteln, um den Gegner zu täuschen. Ein Beispiel dafür war Goebbels' Anweisung, die „zu früh gedruckten" Exemplare des *Völkischen Beobachters* vom 16. Juni 1941 einzuziehen; in dieser Ausgabe war ein von ihm selbst geschriebener Leitartikel „Kreta als Beispiel" erschienen, in dem angedeutet wurde, nach der Eroberung Kretas aus der Luft planten die Deutschen eine Landung in Großbritannien. Allein die Beschlagnahme sollte der englischen (und vermutlich auch der sowjetischen) Regierung suggerieren, der nächste deutsche Schlag werde im Westen, nicht im Osten geführt werden.

Auch die Engländer verwendeten gelegentlich Propagandafälschungen.[54] Die Falschmeldungen der englischen Presse waren jedoch in den meisten Fällen nicht von der Regierung lanciert. Flugblätter spielten während des Krieges eine verhältnismäßig unbedeutende Rolle. Die Engländer brauchten einige Zeit, um zu merken, daß die meisten Flugblätter – wie übrigens auch viele Bomben – ihr eigentliches Ziel verfehlten. Schon die Herkunft der Flugblätter machte ihre Empfänger skeptisch. Sie waren einfach eine zu direkte Form der Propaganda, um die Finder zu beeindrucken.

---

[53] Allein in der Schweiz wurden im Sommer 1940 wöchentlich 80 000 Exemplare von *Signal* verkauft – ein beachtlicher Erfolg für Goebbels, obwohl der Preis dieser Illustrierten künstlich niedergehalten wurde.

[54] Ein Beispiel: Englische Zeitungen veröffentlichten einen gefälschten Brief, der angeblich von dem im November 1941 abgeschossenen deutschen Jagdfliegeras Oberst Mölders, einem Katholiken, stammte und subtile regimefeindliche Äußerungen enthielt.

Viel bedeutender, umfassender und wirksamer waren die internationalen Einwirkungsmöglichkeiten von Funk und Rundfunk. Auf militärischem Gebiet waren Funkverbindungen zu einem unentbehrlichen Führungsmittel geworden. Rasche Vorstöße zu Lande und in der Luft ließen sich nur über Funk lenken; ganze Schlachten wurden durch hervorragende oder unzulängliche Funkverbindungen entschieden. „Hundert zusätzliche Funkgeräte hätten Kreta retten können."[55] Vielleicht noch wichtiger war die Rolle des Rundfunks im Kampf um das Denken der Menschen. Die Deutschen erkannten seine Bedeutung frühzeitig.[56] Im Jahre 1936 besaßen zahlreiche Europäer ein Radio – wahrscheinlich bis zu 15 Prozent aller Westeuropäer. Die Sende- und Empfangstechnik hatte solche Fortschritte gemacht, daß auch mit einfachen Geräten ausländische Sendungen abgehört werden konnten. In den dreißiger Jahren waren immer mehr Radios als Kurzwellenempfänger gebaut worden; damit ließen sich – vor allem in den Nachmittags- und Abendstunden – mühelos weit entfernte Sender hereinholen.

Der Großdeutsche Rundfunk hatte schon vor dem Krieg mit regelmäßigen Fremdsprachenprogrammen begonnen; im Januar 1940 sendete er täglich in 22 Sprachen, und im Januar 1942 waren es bereits über 40 Sprachen. Wegen ihres starken Propagandaeinschlags waren die deutschen Auslandssendungen im allgemeinen nur begrenzt wirkungsvoll.[57] Den größten internationalen Erfolg auf diesem Gebiet – der damit erworbene Ruf überdauerte den Krieg um Jahrzehnte – erzielte die British Broadcasting Corporation. Die BBC hatte im Sommer 1939 ihr Fremdsprachenprogramm aufgenommen und rasch ausgebaut. Im Jahre 1940 erreichten ihre Sendungen ganz Europa und wurden von Millionen gehört – hauptsächlich wegen der Nachrichten, die in dem Ruf standen, besonders wahrheitsgetreu zu sein. Ende 1940 bedeutete in den frankophonen Ländern Westeuropas *la poste* die Rundfunknachrichten aus London. Zu den üblichen Sendezeiten leerten sich die Straßen; überall hasteten die Menschen nach Hause, um in abgedunkelten Räumen die Nachrichten aus London zu hören. Die Deutschen erließen Verordnungen, die der einheimischen Bevölkerung untersagten, ausländische Sendungen abzuhören. Trotzdem kletterten die Preise für Rundfunkgeräte immer höher. In Belgien wurden sie noch 1941 offen in Zeitungsanzeigen angeboten.

Schon der Tonfall von Rundfunksendungen konnte politische Verände-

---

[55] *Stewart*, Crete, S. 481.
[56] Der erste Staatsstreich in der Geschichte Europas, bei dem die Aufständischen versuchten, den Staatsrundfunk unter ihre Kontrolle zu bekommen, war der mißglückte Putsch der Nationalsozialisten am 25. Juli 1934 in Wien.
[57] Ausnahmen waren die deutschen Sendungen für Südamerika und 1939–40 das von Stuttgart aus gesendete französische Programm. Überraschend ist, daß der Verräter William Joyce, „Lord Haw-Haw", in England gelegentlich bis zu sechs Millionen Hörer gefunden haben dürfte. (Die meisten Hörer schalteten Lord Haw-Haw jedoch nur ein, um sich zu amüsieren statt zu informieren. Die politische Wirkung seiner Sendungen war minimal.)

rungen ankündigen. Ganze Völker lernten darauf zu achten. Für ihre Regierungen galt das gleiche. Als London und Vichy im Oktober 1940 in Madrid ein Übereinkommen – hauptsächlich über Blockadefragen – erzielten, verlangte Vichy u. a., London solle seine Rundfunkkritik an dem Vichy-Regime abmildern – was die BBC dann zu General de Gaulles' Enttäuschung tat.

Die Einwirkungsmöglichkeiten der Exilregierungen auf ihre Völker wären ohne den Rundfunk wesentlich geringer gewesen. De Jong schreibt dazu:

„In einem besetzten Land kommt dem Radio im Leben der Menschen tatsächlich eine ungeheure Bedeutung zu. Schaltet man sein Gerät überhaupt nicht ein, weil man keine gegnerische Propaganda hören will, steht es als stummer Zeuge des Widerstandes da. Ist man jedoch bereit, das Risiko einzugehen, kann man hören, was man zu hören wünscht, und auf diese Weise seinen eigenen individualistischen, nonkonformistischen Pfad wählen. Somit wurde das Radio mehr als ein Empfangsgerät für Nachrichten aus der Außenwelt, mehr als ein Schutzschild gegen Nazipropaganda. Es war ein Symbol für das Recht jedes einzelnen, selbständig zu denken."[58]

Unter solchen Umständen kam bestimmten Rundfunksendungen neutraler Staaten große Bedeutung zu. Sie beugten einem großen Teil der natürlichen Eifersucht vor, zu der manche unterdrückten Nationen neigten, wenn sie ihre glücklicheren neutralen Nachbarn betrachteten. Die Norweger verließen sich auf den staatlichen schwedischen Rundfunk. In Frankreich war der beliebteste Sender nach der BBC der französische Dienst des Schweizer Rundfunks (Radio Sottens); Hunderttausende hörten regelmäßig den Wochenkommentar des Schweizer Journalisten René Payot. Zum erstenmal in seiner Geschichte strahlte der Vatikan während eines Krieges zahlreiche Sendungen aus. Die Wirkung der Sendungen dieser hohen supranationalen Autorität, die das Wort *Propaganda* vor vielen Jahrhunderten in Umlauf gebracht hatte, war jedoch unbedeutend, was hauptsächlich an ihrer phantasielosen Gestaltung und der Tatsache lag, daß sie sich im allgemeinen auf die Verkündung katholischer Glaubensgrundsätze beschränkte. Die Propaganda des Vatikans war oft wertlos: unangebracht vage, unangebracht engstirnig oder beides.[59]

Fremdsprachige Geheimsender erwiesen sich als beschränkt wirkungsvoll. Im Sommer 1940 ließ Goebbels bis zu fünf angeblich englische Rund-

[58] *De Jong*, „Mass Reactions to German Occupation", TW, S. 20–21.
[59] Ein Beispiel: Im Januar 1941 bat der Jesuitenpater Fulst aus dem russisch besetzten Litauen (auch im Namen seines unglücklichen Bischofs) den Vatikan um Einstellung seiner einseitigen und oft unzutreffenden antibolschewistischen Sendungen, die einmal in der Woche von Rom aus auf Litauisch ausgestrahlt wurden. „Diese Propaganda ist völlig überflüssig, denn die beste antibolschewistische Propaganda ist das, was wir jeden Tag um uns herum erleben . . ." Die Sendungen „bringen uns nur Unglück und helfen uns nicht im geringsten". VD, 4, S. 379.

funksender betreiben; ihre Sendeleistung sowie ihr Einfluß waren jedoch gering. Ein starker englischer Geheimsender, der sich „Gustav Siegfried I" nannte, fand in den deutschen Garnisonen im Westen einen beschränkten Hörerkreis. Goebbels machte sich seinetwegen genügend Sorgen, um eine gründliche Suche nach dem Standort dieses Senders anzuordnen; die deutschen Vermesser entdeckten ihn im November 1941 etwa 60 Meilen nordwestlich von London. Die russischen Sendungen waren minderwertig; selbst Kommunisten hörten lieber London als Moskau.

Zum erstenmal in einem europäischen Krieg spielten Filme eine wichtige Rolle in der internationalen Propaganda. Goebbels gehörte zu den ersten, die das erkannten. Er bewunderte die von den Amerikanern entwickelten Aufnahmetechniken und war ein großer Freund von Hollywoodfilmen. Im Sommer 1939 verhinderte die französische Regierung, daß Strohmänner der Deutschen die Aktienmehrheit der Wochenschau Pathé-Cinéma aufkauften. In Ungarn und in einigen Balkanstaaten kauften die Deutschen nicht nur wichtige Zeitungen, sondern auch einige Kinos auf, die dann deutsche und prodeutsche Filme zeigten. Die Einheimischen registrierten solche Veränderungen rasch: *Dies* war das deutsche Kino; *jenes* zeigte noch englische und amerikanische Filme – so wie die Zeitungsleser differenzierten, wurden unterschiedliche Kinos von einem unterschiedlichen Publikum frequentiert.

Kunstausstellungen, Konzerte, Tanz, Sportveranstaltungen: sie alle spielten eine Rolle im Rahmen dieser neuartigen internationalen Kulturpropaganda. Wir können ihre zahlreichen Manifestationen hier nicht einmal aufzählen. Sie waren in vieler Beziehung nichts anderes als die Konsequenzen einer internationalen Publicity, die vor dem Krieg zu riesenhaften Proportionen angeschwollen war. Ein Mann wie Goebbels erfaßte diese neuen Tendenzen in den Beziehungen zwischen Nationen. Für ihn war ein Propagandafeldzug ein Kampf, eine Schlacht nach mehr oder minder amerikanischem Vorbild.[60] Aber dahinter steckte sogar noch mehr. Im April 1940 erklärte er seinen Mitarbeitern vor dem Norwegenunternehmen, die Ereignisse in Europa seien lediglich eine Wiederholung, allerdings in größerem Maßstab, der revolutionären Kämpfe der Nationalsozialisten im Deutschland vor 1933. Eine Generation und einen Weltkrieg früher hatte der junge Marcel Proust[61] 1915 in einem

---

[60] Ein Beispiel für seine wenigen Mißerfolge war die „V"-Kampagne des Jahres 1941. Anfang dieses Jahres wurde Europa mit Anstecknadeln und Plakaten überschwemmt, die den Buchstaben V (*Viktoria* für Deutschland) trugen. Diese Bedeutung verkehrte sich bald ins Gegenteil: „V" hieß Churchills *Victory*, später durch zwei gespreizte Finger dargestellt; es bezog sich auch auf Beethovens 5. Symphonie, das Erkennungszeichen für das Europaprogramm der BBC, das ein Symbol für die Rolle Englands als Hort europäischer Zivilisation war. Nach *Bennett*, S. 41, hatte sich die Abteilung Belgien des Europadienstes der BBC das V-Zeichen ausgedacht, und es war ein Oxfordgelehrter, C. E. Stevens, der „entdeckte", daß der Morsebuchstabe V mit dem Rhythmus des ersten Taktes der 5. Symphonie übereinstimmt.

[61] *Maurois*, Proust, S. 287 f.

Fragment geschrieben, das Leben der Nationen wiederhole, auf einer höheren Ebene, das Leben einer jeden Zelle, aus denen es sich zusammensetze. Wer unfähig sei, dieses Geheimnis zu verstehen, die Reaktionen, die Gesetze, die die Verhaltensweisen des Individiums bestimmen, könne niemals hoffen, irgend etwas Beachtenswertes über die Kämpfe der Nationen zu sagen. In dieser Beziehung war das bourgeoise französische Genie Proust ein besserer Prophet und ein aufmerksamerer Beobachter als das revolutionäre deutsche Genie Goebbels. Wir werden jetzt ein ganzes Kapitel darauf verwenden müssen, zu zeigen, wie und warum.

Die „Kämpfe der Nationen" sind von Historikern und sogenannten Sozialwissenschaftlern bisher kaum gründlich oder im Detail erforscht worden. Diese Feststellung mag überraschend klingen, denn in unserem Jahrhundert haben wir eine weitverbreitete und zunehmende Beschäftigung mit internationalen Fragen, internationalen Beziehungen und internationalen Organisationen erlebt. Aber das Wort „international" ist auf oberflächliche, ungenaue und deshalb irreführende Weise gebraucht worden – wenn wir von internationalen Organisationen, internationalen Beziehungen usw. sprechen, meinen wir die Organisationen und Beziehungen von Staaten, nicht von Nationen; von Regierungen, nicht von Völkern. Staaten und Nationen sind jedoch nicht miteinander identisch. Selbstverständlich hat es schon immer irgendwelche Beziehungen zwischen Nationen gegeben, aber die Beziehungen zwischen ganzen Nationen sind erst in jüngster Zeit – parallel zur Weiterentwicklung der Kommunikationsmöglichkeiten – wirklich bedeutsam geworden. Die Massenbeförderung von Waren und Menschen hat zu diesem verhältnismäßig neuartigen Element in der Geschichte der Staaten und Völker beigetragen: *zu dem Bild, das eine Nation sich von einer anderen macht* .

Im 20. Jahrhundert müssen wir von der diplomatischen Geschichte aus in den Bereich der neuen, größtenteils noch unerforschten internationalen Geschichte vorstoßen, da die Beziehungen zwischen Nationen breitere – und tiefere – Aspekte als die zwischen Staaten umfassen. Das Quellenmaterial über das Bild, das eine Nation sich von einer anderen macht, ist außergewöhnlich weit verstreut, komplex und so umfangreich, daß es praktisch nicht aufzubereiten ist.[1] Trotzdem müssen wir versuchen, einige dieser Hinweise zu beschreiben, und uns bemühen, ihre Grundlagen zu erfassen. Geschichtswissen setzt Genauigkeit voraus; aber Geschichtswissen soll eher Verständnis wecken

---

[1] Dazu gehören beispielsweise Dinge wie die Zahl der Reisenden zwischen zwei Ländern, die Zahl der Postsendungen, das Handelsvolumen, die Zahl der Übersetzungen aus den beiden Sprachen, die Lehrpläne von Schulen und Hochschulen, Gastspiele von Künstlern, Hinweise auf die andere Nation und ihre Bevölkerung in Literatur, Presse, Theater, Filmen und Illustrierten; ihre Sport-Länderkämpfe, Sportveranstaltungen usw. Aber diese Zahlen allein sind nicht sonderlich aussagekräftig; sie müssen mit Pascals *Esprit de finesse* statt mit Descartes' *Esprit de la géometrie* betrachtet werden: Mehr als die Häufigkeit zählen Tendenz und Intensität des entstehenden oder entstandenen Bildes – beispielsweise nicht allein das Handelsvolumen, sondern die Sichtbarkeit des Importartikels, seine allgemeine Assoziation mit der anderen Nation, die Dauer der Beachtung seiner Herkunft, seiner Qualität usw.

als Gewißheit bringen. Unsere Nachforschungen sind notwendigerweise vielleicht etwas oberflächlich; sie werden nicht seicht sein.

Wir müssen uns mit der Anziehungskraft befassen, die eine Nation auf die Bevölkerung einer anderen ausübte – oder mit der Abneigung, die es bei ihr weckte. Im Jahre 1840 hatte ein ungarischer oder rumänischer Bauer keinen Begriff davon, wie ein Engländer oder Franzose aussah; 1940 hatte er sich eine Vorstellung von ihnen gebildet, die zwar oft in Einzelheiten falsch, aber auf ihre Weise real war. Das ist kein nebensächliches Problem. Eine Nation verkörpert – besonders in Europa – eine Art kulturellen Prototyp. Anglophilie oder Frankophobie, Germanophilie oder Russophobie waren oft eine Folge bestimmter kultureller Präferenzen. Im Jahre 1939 schien der ideologische Faktor diese Tatsache zu verschleiern. Die Existenz von Staaten in Form ideologischer Prototypen – das kommunistische Rußland, das faschistische Italien, das nationalsozialistische Deutschland – war ein verhältnismäßig neuartiger Faktor, der neben dem Bild des kulturellen Prototyps existierte und gelegentlich bedeutsamer als dieses war; aber wir müssen sorgfältig auf einige Prioritäten achten.

Nicht jeder Germanophile war ein Nationalsozialist, nicht jeder Anglophile ein Demokrat. Faschismus und Italophilie bedingten sich keineswegs gegenseitig. Millionen betrachteten Deutschland mit Wohlwollen, weil sie politisch zum Nationalsozialismus tendierten, während andere Hitler hinnahmen, weil sie die deutsche Kultur schätzten. Im Jahre 1936 bezeichneten die spanischen Nationalisten, die den italienischen Faschismus bewunderten, ihre republikanischen Gegner oft geringschätzig als *Abisinos* (Abessinier). Aber diese italophile Mode hielt sich weniger als ein Jahr lang – hauptsächlich wegen der schwachen Leistungen der italienischen Freiwilligen.

Andererseits vernebelten ideologische Neigungen die Realitäten selbst in den Köpfen von Leuten, die es hätten besser wissen müssen; ein Beispiel dafür war Darlan, der Churchill am 31. Mai 1940 erklärte, die Italiener kämpften wesentlich besser als im Ersten Weltkrieg. Die rumänischen Rechtsradikalen, die sich in der Vergangenheit von der Ideologie der *Action Française* hatten beeinflussen lassen, wurden 1937 fanatisch prodeutsch; ihre Bewunderung für Deutschland war zum größten Teil eine Folge ihres Hasses gegen Juden und den Liberalismus. In einem vertraulichen Bericht an die Vichy-Regierung stellte der Präfekt des Département du Nord im Juni 1941 fest, die Kommunisten seien die Drahtzieher bei den Streiks in letzter Zeit gewesen (das war vor dem deutschen Angriff gegen Rußland), aber trotzdem hege „die überwältigende Mehrheit der Bevölkerung meines Départements proenglische Gefühle".[2]

Das Adjektiv „proenglisch" konnte ab 1939, spätestens ab 1940 vieles bedeuten: liberal, demokratisch, humanistisch, prosemitisch, gelegentlich so-

---

[2] CDA, IV, S. 596.

gar *katholisch* [3] und in jedem Fall antinationalsozialistisch – eine Vielzahl von Eigenschaften. Dies war oft mehr als eine nur vorübergehende Zuschreibung von Eigenschaften, die für eine Nation gelten sollten, die den Widerstand gegen Hitler zu verkörpern schien. Diese Einstellung wurde zum Teil von traditionellen Erinnerungen beeinflußt, die teilweise auch für die 1940 wieder auftretende Russophilie mancher Orthodoxen und Slawen in den Balkanstaaten verantwortlich waren. Schon 1937 hatte Rebecca West einen Bauern in Montenegro gefragt: „Wie viele seid ihr hier?" „Mit Rußland hundertachtzig Millionen." „Ja, aber ohne die Russen?" „Wir werden die Russen nie im Stich lassen."

Hitler verstand solche Dinge recht gut. Am 28. April 1941 erklärte er dem deutschen Botschafter in Moskau während einer Unterredung, „es sei noch nicht geklärt, wer eigentlich die Drahtzieher des Umsturzes in Jugoslawien gewesen seien. England oder Rußland! Seiner Meinung nach seien es die Engländer gewesen, während die Balkanvölker alle den Eindruck hätten, daß Rußland dahinter gestanden habe."[4] Hitlers oft nur intuitives Verständnis für bestimmte nationale Einstellungen ließ ihn nur selten im Stich. Er war kein prototypischer Ideologe: Er dachte mehr in Nationen, in kulturellen Prototypen als in ideologischen Prototypen und Staaten.[5]

Wissenschaftler haben erst in letzter Zeit begonnen, die Hinweise auf solche internationalen Beziehungen, bei denen es um das Bild der Kultur und das Prestige einer Nation in den Augen einer anderen geht, auf allen möglichen

---

[3] Ein extremes Beispiel: Bei den Donauschwaben wurde die nichtnationalsozialistische Minderheit von der Mehrheit oft geringschätzig als „Madjaronen", „Katholiken" oder „Engländer" bezeichnet.

[4] NSR, S. 331.

[5] An dieser Stelle möchte ich auf einen Aspekt von Hitlers Gedankenwelt aufmerksam machen, der von seinen Biographen im allgemeinen übersehen worden ist: Seine traditionelle, verächtliche, haßerfüllte Frankophobie. In Hitlers Geburtsort Braunau war 1806 der Nürnberger Buchhändler Johann Philipp Palm erschossen worden, nachdem er seine antifranzösische Schrift *Deutschland in seiner tiefsten Erniedrigung* veröffentlicht hatte. Die sorgfältige Lektüre von *Mein Kampf* zeigt, daß Hitlers Haß gegen die Franzosen und seine Leidenschaft für ein Großdeutschland sich parallel entwickelten. Er schildert seine frühen Erinnerungen an einen Bildband mit Szenen aus dem Deutsch-Französischen Krieg; dort findet sich auch ein wichtiger Abschnitt über das antisemitische *Deutsche Volksblatt*: „Was mir weiter auf die Nerven ging, war der doch widerliche Kult, den die große Presse schon damals mit Frankreich trieb. Man mußte sich geradezu schämen, Deutscher zu sein, wenn man diese süßlichen Lobeshymnen auf die ‚große Kulturnation' zu Gesicht bekam. Dieses erbärmliche Französeln ließ mich öfter als einmal eine dieser ‚Weltzeitungen' aus der Hand legen. Ich griff nun überhaupt manchmal nach dem ‚Volksblatt' . . . Mit dem scharfen antisemitischen Tone war ich nicht einverstanden, allein ich las auch hin und wieder Begründungen, die mir einiges Nachdenken verursachten." *Hitler*, MK, S. 71. Dem wäre noch hinzuzufügen, daß Hitler in der Realschule in Französisch durchfiel und darin eine Wiederholungsprüfung ablegen mußte. Gegen Ende seines Lebens äußerte er, daß er die französische Rasse und die Franzosen noch nie habe leiden können.

*Hitler-Bormann*, S. 68, auch passim. Siehe auch S. 355, Anmerkung 74, Hitler über Churchills Ruf, frankophil zu sein.

Ebenen zu studieren. Diese Art des Nationalprestiges – oft notwendigerweise auf ziemlich tiefer Ebene – spielte gelegentlich bei internationalen Sportveranstaltungen eine Rolle. Goebbels erkannte diese Tatsache und war in dieser Beziehung manchmal sogar überempfindlich.[6] Im April 1941 sagte er, er werde den Reichssportkommissar ersuchen, keine Länderkämpfe zu gestatten, bei denen die geringste Chance bestehe, daß Deutschland verliere (das war zwei Tage nachdem die Schweizer Fußballnationalmannschaft Deutschland in Bern mit 2:1 geschlagen hatte).[7] Auch andere Regierungen waren in bezug auf solche internationalen Beziehungen empfindlich. Im November 1940 bemühte sich Moskau vergebens, für eine seiner besten Fußballmannschaften eine Einladung nach Sofia zu erhalten. Die bulgarische Regierung, die bestimmte prorussische Gefühle ihrer Bevölkerung fürchtete, lehnte ab.

Wir können also feststellen, wie Proust in einer Art intellektueller Kurzschrift notiert hat, daß zwischen den psychischen Reaktionen von Menschen und denen moderner Nationen beträchtliche Ähnlichkeiten bestehen – allerdings keine Analogien. „Wir müssen uns selbstverständlich davor hüten", habe ich vor einigen Jahren in „Historical Consciousness" geschrieben,

„biologische Parallelen zwischen Nationen und Personen zu ziehen: Wir dürfen Nationen keine „Seelen" zuschreiben ... Aber Nationaleigenschaften wie „lebhaft", „temperamentvoll", „ausgeglichen", „solide", „phantasievoll" und „nüchtern" existieren nicht nur tatsächlich, sondern einige der Funktionen dieser Eigenschaften erinnern an bestimmte Funktionen menschlicher Charakterzüge. Eine Gemeinschaft kann wie ein Mensch „gedemütigt", „niedergeschlagen" oder „beschämt" sein – Metaphern, die sich nicht auf Volkswirtschaften und nur selten auf Zivilisationen anwenden lassen. Und dies ist ein Zustand, der nicht nur oberflächliche Eindrücke, sondern auch tiefere Reaktionen widerspiegelt: Beispielsweise ist der Gedanke vielleicht nicht unrealistisch, daß die militärische Eroberung einer Nation durch eine andere unter bestimmten Umständen zu psychischen Bedingungen führen kann, die – ohne analog zu sein – dem Ergebnis einer sexuellen Eroberung gleichen können, da dieser Geschlechtsakt bedeutet, daß ein Beteiligter dem anderen seinen Willen aufzwingt, was ein zumindest teilweises Einverständnis oder sogar die

---

[6] Goebbels' Anweisung vom 22. April 1940: Während des beliebten Wunschkonzerts am 5. Mai: „... soll sich darauf einrichten, daß beim Wunschkonzert ... eine Übertragung aus dem deutsch-italienischen Fußballspiel nur dann stattfindet, wenn das Spiel für Deutschland günstig steht."
[7] Das bedeutet nicht, daß die Ergebnisse internationaler Sportwettkämpfe nichts mit der wahren Stärke verschiedener Nationen zu tun gehabt hätten. Montherlant erinnerte sich 1940 an einen Boxvergleichskampf zwischen französischen und deutschen Studenten. Die Deutschen gewannen alle Kämpfe. Im Juli 1939 siegte Deutschland bei einem Leichtathletikländerkampf mit 105 : 48 Punkten über Frankreich; die Franzosen stellten nur einen Sieger. (Im August gewannen die Franzosen eine Weltmeisterschaft – im Bogenschießen.)

Kollaboration bestimmter Elemente des letzteren bedingt – und, wie sogar Freud in späteren Jahren sagte, die Schaffung einer zeitweiligen Gemeinschaft zwischen den beiden . . .“

Das gilt vermutlich auch für die Reaktion einiger Franzosen (und nicht nur von Französinnen) auf die Eroberung Frankreichs durch die Deutschen – die Reaktion, an die Schriftsteller wie Brasillach ihre Landsleute im weiteren Verlauf des Krieges grausam erinnern würden: Auch wenn ihr's jetzt abstreitet, denkt daran: *Wir haben mit den Deutschen geschlafen.* (Und er fügte weniger brutal, aber dafür suggestiver hinzu: Es hat uns zum Teil gefallen, und wir werden es nicht vergessen – bestimmt nicht, möchte ich hinzufügen, im nationalen Unterbewußtsein.)[8]

Diese Reaktion eines ganzen Volkes auf die Macht des Gegners war keineswegs lediglich eine prototypische Reaktion der prototypisch „femininen“ Franzosen. Bemerkenswert sind die primitiveren und deshalb vielleicht noch ursprünglicheren psychischen Elemente in den Erinnerungen einfacher Russen an die Zeit der großen Moskauer Panik im Oktober 1941, als die politisch-militärische Metapher ausnahmsweise vielsagend und treffend war, da die Deutschen die Stadt *nur zu nehmen brauchten*:

(Die meisten Moskauer) . . . „zogen es vor, zu Hause zu bleiben und auf das Eintreffen der Deutschen zu warten“ . . . manche Leute waren „beinahe glücklich“ über die bevorstehende deutsche Besetzung. Er erinnerte sich, daß sie „wartend herumgesessen und daß die Frauen darüber gesprochen hatten, wie oft die Deutschen sie vergewaltigen würden“.[9]

In diesen Erinnerungen ist oft von „Schmach“ oder „Schande“ die Rede. Und noch bedeutsamer:

„Mit Beendigung der Krise scheint sich die Einstellung zumindest einiger Elemente der Bevölkerung zu den Deutschen radikal geändert zu haben . . . Auf recht irrationale Art und Weise war die Bevölkerung verärgert und enttäuscht, weil die Deutschen nicht in die Stadt eingerückt waren. Sie verlor einen Teil ihres Respekts und ihrer Angst vor der deutschen Macht. Wie ein Informant es ausdrückte: „Die Deutschen benahmen sich wie eine Geliebte, die untreu geworden war.“ *(Ich würde*

[8] Es ist vielleicht nicht abwegig, daraus die Schlußfolgerung zu ziehen, dies sei der Grund dafür gewesen, daß in den chaotischen Tagen der Befreiung in vielen französischen Städten Französinnen, die sich während der Besatzungszeit mit Deutschen eingelassen hatten, nackt und kahlgeschoren durch die Straßen getrieben wurden – eine brutale und erwünschte Übertragung des Gefühls nationaler Schmach.

[9] *Goure, Dinerstein,* S. 211. Über die Panik in Moskau siehe S. 131. „Einem weitverbreiteten Gerücht zufolge sollte Hitler sich geschworen haben, ,am 16. in Moskau Tee zu trinken'.“ Ebd., S. 209.

*eher sagen: wie ein erwarteter Mann, der nicht gekommen war.)* Die Deutschen taugten nichts, weil sie das zu tun versäumt hatten, was *manche* Leute *gewollt* und *so viele erwartet hatten.*[10]

Durch einen jähen Stimmungsumschwung waren die Menschen von fast hoffnungsloser Erwartung in einigen Fällen und Resignation in anderen zu eiserner Entschlossenheit zum Widerstand gelangt . . ."[11]

Man braucht kein Freudianer zu sein, um in solchen Einstellungen einige bedeutsame sexuelle Elemente zu erkennen. Trotzdem sollte der sexuelle Faktor in dieser Reaktion ganzer Völker auf die Macht des Gegners nicht überbewertet werden. Wie Proudhon ein scharfsinnigerer Prophet als Marx war („Menschen reagieren mehr auf die Realitäten der Macht als auf Vorstellungen von Sozialverträgen") und Adler (und Jung) tiefer als Freud dachte, wurzelt bei solchen internationalen Affinitäten oder Antipathien das Gefühl der relativen Unter- oder Überlegenheit tiefer als das sexuelle Element. Ein Beispiel dafür ist ein Auszug aus Mussolinis Brief vom 24. August 1940 an Hitler, in dem er bezüglich Frankreich schreibt: Er sei sich sicher, daß Hitler das außerordentliche psychologische Phänomen nicht übersehen habe, das so typisch für den unbeugsamen Stolz der Franzosen sei, daß Frankreich nämlich sich selbst gar nicht als erobert betrachte.

Am 9. November 1940 erklärte Mussolini Borgongini Duca, dem Nuntius für Italien: „Die Franzosen sind am schlimmsten, weil sie uns nicht nur hassen, sondern uns verachten *(ci disprezzano)."*[12]

Auch Hitler und die Deutschen waren gegen solche Gefühle nicht immun. Ihre Herrenmenschen-Einstellung mag in vielen Fällen eine Art nationalen Ausgleichs für ein tiefsitzendes Minderwertigkeitsgefühl gegenüber den älteren, oft zivilisierteren westeuropäischen Nationen gewesen sein.[13] Das ist jedoch notwendigerweise eine Hypothese. Nicht hypothetisch dagegen sind die Hinweise auf Hitlers eigenartige psychische Beziehung zu den Engländern. Sie hat ihren treffendsten Ausdruck in seiner Saarbrückener Rede vom 9. Oktober 1938, d. h. nach München gefunden:

---

[10] Hervorhebung durch den Verfasser.

[11] *Goure, Dinerstein,* S. 220. Der polnische Botschafter Kot am 12. Oktober 1941 an Sikorski: „... Ich halte Ihren Besuch hier im Augenblick ganz entschieden für zwecklos. Er kann den Durchhaltewillen der russischen Massen nicht bestärken, da sie in der geheimen Hoffnung auf den Sturz des Regimes leben und die Polen nicht leiden können . . ."

[12] VD, 4, S. 237.

[13] Zu den interessantesten Randerscheinungen des Dritten Reiches gehört die Tatsache, daß die Deutschen sich trotz allem rassebewußten Nationalismus ihre sentimentale Vorliebe für exotische Frauen mit ausländischen Namen bewahrten. In dem gleichen Reich, dessen Volk seinen Töchtern heidnische germanische Vornamen gab – nach 1933 erhielten Zehntausende von neugeborenen Mädchen Namen wie Gudrun –, hießen die Stars von Goebbels' Filmindustrie beispielsweise Lida Baarova, Olga Tschechowa, Lil Dagover, Maria Tasnady, Kristina Söderbaum, Rosita Serrano usw.

„... es würde gut sein, wenn man in Großbritannien allmählich gewisse Allüren der Versailler Epoche ablegen würde. *Gouvernantenhafte Bevormundung* vertragen wir nicht mehr!" eine Metapher, die Churchill bedeutsam genug erschienen sein muß, um sie in seinen Kriegserinnerungen kursiv setzen zu lassen.[14] Am 4. Juni 1939 sagte Hitler in Kassel: „Als Führer ... kann ich daher als ehemaliger Kämpfer in keiner Sekunde zugeben, daß irgend jemand in den Reihen unserer westlichen Gegner das Recht haben könnte, sich als etwas Besseres zu dünken oder anzusehen, als wir Deutsche es sind. Ich leide daher auch nicht im geringsten unter irgendeinem Minderwertigkeitskomplex!"

Die Hervorhebung in dem ersten Zitat stammte von Churchill. Das Ausrufezeichen am Schluß des zweiten Zitats hatte Hitler gesetzt. Beide sind vielsagend.

Anglophobie und Anglophilie, Germanophobie und Germanophilie waren keine vergänglichen Phänomene, keine bloße Anpassung menschlichen Denkverhaltens an die Gegebenheiten des Krieges. Ihre Manifestationen waren proteisch. Sie hatten ihrerseits viel mit dem Weiterbestehen nationaler Eigenschaften zu tun. Diese von modernen Sozialwissenschaftlern mit ihren marxistischen Kategorien bequemerweise ignorierten und als überholt abgetanen Nationaleigenschaften traten im Zweiten Weltkrieg vital, stark und beständig in Erscheinung. Das Problem der Existenz der Juden in den Nationen Europas hing so eng mit diesem Zustand zusammen, daß ich später versuchen muß, auch die schmutzige und tragische Geschichte ihrer Verfolgung und Vernichtung von diesem Standpunkt aus zu schildern.


Inter-nationale Affinitäten


Nicht jeder Germanophile war ein Nationalsozialist. Nach 1871 war Deutschland die wichtigste Nation auf dem europäischen Kontinent. Seine beherrschende Position war nicht nur politisch, militärisch oder wirtschaftlich bedingt. Deutsch, nicht Französisch, war die zweite Sprache von Millionen – nicht nur innerhalb der deutschsprachigen Monarchien; es war die Handelssprache für mindestens halb Europa von Rußland bis Oberitalien. Das deutsche Erziehungswesen war von den Realschulen bis zu den Universitäten von fast allen ost- und nordeuropäischen Staaten kopiert worden. Das Prestige der deutschen Universitäten war sehr hoch. Deutsches Denken und deutsche Philosophie beeinflußten die intellektuelle Entwicklung ganzer Generationen grundlegend; sie wirkten auch auf Völker attraktiv, die in der Vergangenheit von deutscher Kultur unbeeinflußt geblieben waren: auf Spanier, Italiener,

---

[14] *Churchill*, GS, S. 329.

Griechen und Türken. Auf ihrem Höhepunkt hatte diese deutsche Kultur Denker hervorgebracht, die den europäischen Geist wiederbelebten, indem sie eine Alternative zu dem verknöcherten französischen Rationalismus des 18. Jahrhunderts darstellten.

Ein Großteil dieses deutschen Kulturprestiges sollte durch Hitler zerstört werden, und spätestens 1945 bezeichnete die Niederlage Deutschlands auch das Ende eines Kapitels der Geistesgeschichte Europas und sogar der Welt. Zum Teil ging dieses deutsche Prestige bereits unmittelbar nach Hitlers Machtergreifung im Jahre 1933 verloren. Aber seine Wirkung war 1939 noch immer gewaltig und wurde zeitweilig durch die siegreichen Vorstöße der Deutschen quer durch Europa erneut verstärkt.

Auf den höchsten Ebenen europäischer Kultur und Gesellschaft war der germanophile Einfluß beschränkt, aber er war weit davon entfernt, bedeutungslos zu sein. Es gab Gelehrte, Schriftsteller und Künstler, die sich nicht mehr zu dem von den Franzosen vertretenen Rationalismus hingezogen fühlten und dem Pragmatismus englischer Tradition gleichgültig gegenüberstanden. Sie neigten zu der Auffassung, Deutschland sei die Nation, die Europa zu neuem Leben erwecken könne. In Skandinavien, vor allem in Schweden, gab es viele Germanophile, die trotzdem keine Nationalsozialisten waren; manche von ihnen konnten wie viele damalige Isolationisten aus dem amerikanischen Mittleren Westen ihr Vertrauen zur Demokratie – zu einer Volksdemokratie, nicht zu einer liberalen – mit ihrer Anglophobie und Germanophilie in Einklang bringen.

In den romanischen Ländern Europas gab es andererseits überzeugte Faschisten wie Papini in Italien oder französische Faschisten und Nationalsozialisten, die die Demokratie verachteten, obwohl sie die Deutschen nicht sonderlich liebten. Wir haben auch gesehen, wie die Rechte durch Angst und Haß gegen den Kommunismus regelrecht in Patrioten und Nationalisten gespalten wurde, wobei letztere in ihrer Germanophilie bestärkt wurden, weil sie zu der Überzeugung neigten, allein Deutschland könne als Bollwerk der europäischen Zivilisation gegen Rußland und den Kommunismus dienen. Die politischen und kulturellen Neigungen von Männern wie Papst Pius XII., König Gustav V. von Schweden und König Leopold III. von Belgien, die sonst wenig Interesse oder Sympathie für die von dem Dritten Reich verkörperte Ideologie zeigten, enthielten ein Element konservativer Germanophilie.

Diese konservative Germanophilie sollte allerdings nicht überbewertet werden. In gewissem Umfang wiederholte sich hier eine Erscheinung aus dem Ersten Weltkrieg, in dem ebenfalls viele schwedische, spanische, schweizer, rumänische und griechische Konservative sowie die beherrschende konservative Gruppe im Vatikan germanophil gewesen waren. Im Zweiten Weltkrieg erweckten die Exzesse der Nationalsozialisten jedoch bei der Aristokratie, den Patriziern und der konservativen Bourgeoisie der meisten europäischen Staaten Abscheu. Im Jahre 1914 waren die konservativen Gesellschaftsschichten der Schweiz, Schwedens und Griechenlands im allgemeinen germanophil gewesen; 1939 waren sie das nicht.

Die fanatischen Germanophilen waren meistens Revolutionäre und Radikale, die – wie wir gesehen haben – aus anderen, neueren Gesellschaftsklassen aufgestiegen waren. Die aufsteigende untere Mittelschicht, nicht so sehr der obere Mittelstand, darunter auch die in der ersten Generation Studierenden, waren oft germanophil: Ihnen imponierte die Virilität, der technische Leistungsstand der Deutschen. Ihre Einstellung wurde bis zu einem gewissen Ausmaß durch ihren Neid auf die älteren, patrizierhaften Klassen beeinflußt. Erstere standen letzteren, die kulturell selbstsicher waren, mitsamt ihren anglophilen und frankophilen Vorlieben feindselig gegenüber. Diese Spaltung des Mittelstandes war kein auf Europa beschränktes Phänomen: Sie existierte an so unterschiedlichen Orten wie in der Vereinigten Staaten, Argentinien, Japan und dem Nahen und Mittleren Osten.

In vielen Fällen war dies eine fast automatische Reaktion: Manchen wurden die Deutschen sympathisch, weil sie die Engländer nicht leiden konnten; in vielen Fällen war es genau umgekehrt. Wir können uns nicht eingehend mit den Gründen für diese Vorlieben befassen; es muß genügen, ihr Vorhandensein zu registrieren. Zumindest in Osteuropa lag der Fall einfach: Die meisten Menschen zogen die Deutschen den Russen vor. Ausnahmen waren einige Bulgaren, die meisten Serben und bis zu einem gewissen Grad auch die Tschechen – teils wegen ihrer panslawistischen und orthodoxen Erinnerungen, teils weil die Sowjetunion weit entfernt war: Sie konnten ihre russophilen Illusionen hegen, ohne gleichzeitig Angst haben zu müssen.

Soviel über die allgemeine Einstellung den Deutschen gegenüber. Wir wollen uns jetzt kurz mit Westeuropa befassen, mit den schockierenden Erfahrungen seiner Völker mit den siegreichen Deutschen. Ihre ersten Reaktionen waren im allgemeinen überraschend positiv. Die Deutschen waren nicht so barbarisch oder brutal, wie befürchtet worden war – jedenfalls nicht so, wie die regimefeindliche Pressepropaganda sie hingestellt hatte. Wie de Jong in den Niederlanden festhielt:„ . . . die Deutschen seien doch nicht so schlimm", sagten die Leute. „Man könne nicht leugnen, daß einige ihrer Ideen recht vernünftig seien . . . [15] Die Besetzung, notierte Struye sich einige Wochen nach dem tragischen Ereignis in Belgien,

„wurde wenn nicht als eine Erlösung, so doch zumindest mit einem Gefühl physischer Erleichterung begrüßt. Dieser Eindruck wurde durch den ersten Kontakt mit den Soldaten des Feindes bestärkt. Ihr Aussehen sowie ihr Verhalten . . . waren für viele unserer Landsleute eine Offenbarung. Das athletische und korrekte Bild seiner Soldaten entsprach nicht mehr den Vorstellungen und Erinnerungen, die sie von der kaiserlichen Armee hatten . . . Tatsächlich waren die Besatzer ein Muster an Ordnung

[15] *De Jong*, TW, S. 1.

und Disziplin – an Disziplin, die bereitwillig akzeptiert worden zu sein schien, an Sozialbewußtsein, Verantwortungsbewußtsein und demokratischer Solidarität. Diese Haltung stand im Gegensatz zu der Anarchie aus Unordnung, Egoismus, Flucht aus der Verantwortung, Selbstsucht und Panik, die für die ersten Kriegstage in Belgien charakteristisch gewesen war."[16]

Wir haben gesehen, daß die Deutschen an jenem schmachvollen Tag, dem 14. Juni 1940, in den Pariser Arbeitervierteln bewundert und in mancher Beziehung sogar willkommen geheißen wurden.[17] Auch anderswo in Frankreich war zu erkennen, daß die Bevölkerung auf die Deutschen anders reagierte als im Ersten Weltkrieg. Das zeigte sich auch in der Umgangssprache. Im letzten europäischen Krieg wurde das Schimpfwort *Boche* nicht mehr viel gebraucht. Die Deutschen wurden etwas gönnerhaft als *les Fritz, les Fridolins* oder *les Frises,* was sich auf ihren preußischen Bürstenhaarschnitt bezog, bezeichnet, und diese Ausdrücke lösten die älteren, verächtlicheren Spitznamen ab.

Wir haben gesehen, daß die Bevölkerung der eroberten westeuropäischen Staaten im Herbst 1940 den ersten geistigen Schock überwunden hatte. Sie neigte nicht mehr dazu, an das Unvermeidbare, ganz zu schweigen vom Erwünschten, eines deutschen Sieges zu glauben. Nach Struyes Darstellung glaubte im Dezember 1940 in Belgien nur eine kleine Minderheit an einen deutschen Sieg, eine größere Minderheit war von einem englischen Sieg überzeugt, und die Mehrheit glaubte an irgendeinen Kompromißfrieden. Vieles weist darauf hin, daß die Verteilung bei anderen Völkern ähnlich war. Diese Einstellung hatte nicht nur viel mit der Tatsache zu tun, daß den Deutschen kein entscheidender Sieg über England gelingen wollte; im Laufe der Zeit wurde der brutale Egoismus der neuen Ordnung der Deutschen immer offenkundiger. Trotzdem blieb eine gewisse Bewunderung für die Deutschen zurück. Im Mai 1941 schrieb sogar André Gide in seinem „Journal", daß sich in seinem Land, falls es den Engländern gelänge, die Deutschen aus Frankreich zu vertreiben (eine wohl etwas verfrühte Annahme), eine sich gegen diese Befreiung sträubende Partei bildete, die entdeckt habe, daß die gegenwärtige Fremdherrschaft auch etwas für sich habe, insofern nämlich, als sie wenigstens Ordnung geschaffen habe, und die diesen Zustand dem der Unordnung der Freiheit vorzöge.

[16] *Struye* in *Delandsheere, Ooms,* S. 17. Ein belgischer Bourgeois erklärte Henri de Man: „Ich hatte erwartet, daß sie Rohlinge sein würden, und fand Pfadfinder auf der Suche nach guten Taten!" *De Man,* CS, S. 251.
[17] Siehe S. 75. Im Jahre 1952 sagte ein französischer Chauffeur in Cannes zu der Schauspielerin Hildegard Knef, er könne ihr auf den Kopf zusagen, daß sie Deutsche sei; er habe die Deutschen recht gern, denn damals habe es immerhin ein wenig Recht und Ordnung gegeben. Ein gutes Beispiel dafür, fügt die Knef in ihren Erinnerungen hinzu, wie man oftmals von den falschen Leuten aus den falschen Gründen bewundert werde.

Einer Freiheit, für die sie noch nicht reif seien, und welche sie nicht verdienten. Die Freiheit ansonsten sei eine schöne Sache, weil sie die Ausübung von Tugenden erlaube, die es erst noch zu erwerben gelte.[18]

Etwa gleichzeitig hielt Paul Struye in Belgien fest: „In den fast universellen Haß auf die Deutschen mischt sich ein gewisser Respekt."[19]

In Osteuropa war die Situation anders: Außer in Polen und in der Tschechei waren die Deutschen nirgends bei den nationalen Mehrheiten verhaßt. Der Respekt vor der deutschen Wehrmacht hatte einige patriotische Serben zu Germanophilen gemacht. Eine beträchtliche Anzahl griechischer Offiziere war deutschenfreundlich, und ihre Bewunderung für Deutschland reichte weit in die Vergangenheit zurück. In vielen Dörfern Litauens, Lettlands, der Westukraine usw. empfingen die Einwohner die Deutschen mit Blumen und erweckten manchmal alte Bräuche wie die Überreichung von Brot und Salz zu neuem Leben: eine Art von Folklore, die diese gewaltig bewaffneten Touristen-Invasoren beeindrucken sollte. Hinter der prodeutschen Einstellung dieser Völker steckte mehr als die Dankbarkeit darüber, von dem russischen Bolschewismus befreit worden zu sein. Im besten Fall sahen sie in den Deutschen die Bringer europäischer Kultur: Die Deutschen repräsentierten Eigenschaften und Talente, nach denen diese osteuropäischen Völker strebten. Im schlimmsten Fall bewunderten manche dieser Menschen, darunter auch viele der „befreiten" Russen, nicht nur die Tüchtigkeit, sondern auch die Brutalität der Deutschen, die nicht trotz, sondern wegen ihrer kalten Grausamkeit angesehen waren: *Sie* wußten, was mit den Juden zu tun war

Diese latente Deutschfreundlichkeit zeigte sich in den Jahren 1939-41 in Form einiger überraschender Manifestationen bei den Russen selbst. Ausländische Kommunisten in Moskau, auch der damals noch junge deutsche Kommunist Walter Leonhardt, erinnerten sich an Szenen im Juni 1940 – beispielsweise an den russischen Bauern in einer Moskauer Straßenbahn, der dumm grinste und sich die Hände rieb, als er las, daß Hitler Paris eingenommen hatte; die übrigen Fahrgäste nickten grinsend Zustimmung. Aber das Sowjetsystem hatte den Einfluß der traditionell frankophilen russischen Oberschicht ausgeschaltet. Von den Männern der sowjetischen Führungsspitze ließen Molotow und Stalin gelegentlich eine gewisse Vorliebe für Deutschland und alles Deutsche erkennen: eine Einstellung, zu deren Elementen Bewunderung und eine deutliche Bevorzugung Deutschlands gegenüber den bourgeoisen Demokratien des Westens, besonders England, gehörten – eine weitverbreitete Haltung, die noch im ersten Jahr des deutsch-sowjetischen Krieges anzutreffen war.

Welche Einstellung hatten andererseits die Deutschen in diesen Jahren ihrer triumphalen Siege zu den übrigen europäischen Nationen? Auf diesem Gebiet gibt es für den Historiker nur vages und spärliches Beweismaterial, das jedoch aus einer Vielzahl von Quellen kommt: den Überresten des geschriebe-

---

[18] *Gide*, II, S. 276.
[19] Ebd., S. 55.

nen, gedruckten oder gesprochenen Wortes und den manchmal (aber nur manchmal) interessanten Berichten der Geheimpolizei, die einen Querschnitt durch die Volksmeinung darstellten.[20] Auch hier müssen wir wieder zwischen den Regierungen und den Völkern unterscheiden. Beispielsweise lobten die deutsche Regierung und die Presse Mussolinis Italiener zur gleichen Zeit, als die Deutschen im allgemeinen eher dazu neigten, verächtlich auf sie herabzusehen – selbst vor den ersten italienischen Niederlagen. Solche Haltungen wurden besonders bei den Österreichern, die ihre italienischen Nachbarn schon seit langem nicht leiden konnten, von atavistischen und völkischen Erinnerungen mitbestimmt.

Andererseits muß jedem, der sich sorgfältig und unvoreingenommen mit dem Dritten Reich befaßt, die relative Lustlosigkeit auffallen, mit der das deutsche Volk auf die von Rosenberg und Himmler so eifrig betriebene Rassenpropaganda reagierte. Wo es bei den Deutschen nationale Überlegenheitsgefühle gab, waren sie eher kulturell als rassisch bedingt. Dies ist ein äußerst wichtiges und delikates Thema, das meines Wissens bisher kaum behandelt worden ist. Es gab und gibt einen oberflächlich betrachtet wenig bedeutsamen, aber im Grunde genommen doch wesentlichen Unterschied zwischen einer *völkisch* und einer *rassisch* ausgerichteten Denkweise. Die Reaktion, die Hitler in den Köpfen der Deutschen hervorrief, mehr das Ergebnis ersterer als letzterer.[21]

Die Einstellung der Deutschen zu den übrigen Völkern Europas war offensichtlich unterschiedlich. Ihre Haltung zeugte nicht von unerschütterlichem Selbstvertrauen. In manchen Fällen unterschied sich die Volksmeinung von der des Regimes, beispielsweise im Fall Italiens oder im Fall Finnlands während des sowjetisch-finnischen Winterkrieges; in anderen Fällen stimmten die beiden überein, beispielsweise in bezug auf die deutsche Haltung gegenüber Tschechen und Slowaken; manchmal war die Einstellung der Regierung ebenso uneinheitlich wie die des Volkes, beispielsweise in der Frage der Beurteilung ihrer englischen Gegner. Der Mehrheit muß zum Vorwurf gemacht werden, daß sie ignorierte, wie ihre Regierung andere Völker behandelte. Dieses Unterdrücken von Skrupeln im Interesse der nationalen Disziplin anstelle eines sozusagen enthusiastischen Barbarentums war für die Mehrzahl der Deutschen im Zweiten Weltkrieg charakteristisch.

Im Gegensatz zu 1914 gab es 1939 in Deutschland keine allgemeine

---

[20] „Meldungen", op. cit. (im folgenden beziehen sich Hinweise auf „Meldungen" nicht auf die Boberach-Ausgabe; die Nummern sind die der Mikrofilme in der Bibliothek des Instituts für Zeitgeschichte in München).
[21] Ein Beweis dafür sind Hitlers eigene Worte in *Hitler-Bormann*, besonders in dem am 13. Februar 1945 aufgezeichneten Gespräch, in dem es heißt, Rassenstolz sei eine Qualität, die der Deutsche einfach nicht besitze. Aus Bequemlichkeit benutze man den Ausdruck ‚jüdische Rasse', obwohl es in Wirklichkeit, vom genetischen Standpunkt aus gesehen, so etwas wie eine jüdische Rasse gar nicht gebe.

Kriegsbegeisterung. Das dürfte einen Teil der angestrengten Korrektheit erklären, deren sich die deutschen Soldaten 1940 vor allem in Nord- und Westeuropa befleißigten. Sie benahmen sich, als sei ihnen der Krieg von Deutschlands Feinden aufgezwungen worden. Wie wir bereits gesehen haben, waren die besiegten Völker gelegentlich von diesem Verhalten beeindruckt. Wenig Eindruck machten dagegen freundliche Gesten von amtlicher deutscher Seite, beispielsweise Hitlers Anweisung, die Mehrzahl der flämischen Kriegsgefangenen zu entlassen, oder sein Entschluß, die Asche Napoleons II. nach Paris überführen und am 15. Dezember 1940, dem 100. Jahrestag des großen *Retour des Cendres,* im Invalidendom an der Seite seines Vaters beisetzen zu lassen. Diese gutgemeinte Geste verpuffte. Das Pariser Klima war arktisch und still. „In einer Schneenacht, in einem verdunkelten und menschenleeren Paris bewegt sich der große Leichenzug unbemerkt und ungesehen durch die Stadt.‟[22]

Im Zweiten Weltkrieg waren die Deutschen weniger franzosenfeindlich als ihre Führer. Ende Mai 1940 ordnete Goebbels eine erneute Propagandakampage gegen Frankreich an: Es „. . . soll der Haß gegen Frankreich neu entflammt werden . . . Als ‚verniggerte Sadisten‘ sollen die Franzosen angeprangert werden, und in unermüdlicher Arbeit muß erreicht werden, daß in spätestens 14 Tagen das ganze deutsche Volk gegen das korrupte, freimaurerisch versuchte Frankreich mit Wut und Haß geladen ist.‟[23] Zwei Wochen später marschierten die Deutschen in Paris ein, und wir haben gesehen, daß von diesem Haß nicht viel zu spüren war. Die von Goebbels inszenierte Kampagne war ein Fehlschlag gewesen.[24] Das dürfte jedoch auch auf die Tatsache zurückzuführen gewesen sein, daß die Deutschen – vielleicht zum erstenmal in ihrer Geschichte – den Franzosen mit genügend Selbstvertrauen gegenübertraten: Die Franzosen waren für sie keine erstklassigen Gegner mehr. Die Deutschen hatten den Eindruck, in Frankreich tun und lassen zu können, was ihnen gefiel.

Im Jahre 1941 war die Zahl der Fremdarbeiter und Kriegsgefangenen in Deutschland auf über eine Million angestiegen, und die Einstellung der deutschen Bevölkerung ließ sich unter anderem auch an ihrer Haltung gegenüber diesen unglücklichen Ausländern in ihrer Mitte abschätzen. Über die Beschäftigung von Fremdarbeitern während des Krieges existieren umfangrei-

[22] *Fabre-Luce,* I, S. 136.
[23] *Boelcke,* S. 370.
[24] Am 27. Juni 1940 gab Goebbels Anweisung, alle emotionalen oder kulturellen Hinweise auf Paris, das wieder auf die Ebene einer Provinzstadt herabsinken müsse, hätten zu unterbleiben (*Boelcke,* S. 409). Er sagte am 10. Juli: „So sehr es darauf ankommt, Frankreich wieder unpopulär zu machen, so sehr ist es staatspolitisch notwendig, die Italiener im deutschen Volke wieder populär zu machen.‟ Ebd. S. 422; am 12. Juli: „Wir hätten nur ein einziges Interesse: Frankreich auch für die Zukunft so schwach wie nur irgend möglich zu erhalten.‟ Ebd., S. 424; am 26. Juli: „. . . [daß] alle Sentimentalitäten in Zukunft zu unterbleiben haben. Nach wie vor gilt es, den Haß gegen Frankreich wach zu halten, und nicht, ihn einzuschläfern.‟ Ebd., S. 438.

che Unterlagen. Sie sind von Professor C. Homze in einem wertvollen Werk untersucht worden, das auch einen Bericht über die im Winter 1941/42 von deutschen Industriepsychologen durchgeführten Untersuchungen, bei denen Fremdarbeiter ihren Fähigkeiten entsprechend eingestuft wurden[25]:

| *Männer* | *Frauen* |
|---|---|
| Franzosen | Russinnen |
| Russen, Griechen, Polen | Polinnen |
| Jugoslawen | Griechinnen |
| Holländer, Norweger | Französinnen, Jugoslawinnen |
| Italiener | |

Die Italiener waren schon seit ihrem Kriegseintritt sehr unbeliebt. Am 23. Juni 1940 hielt Goebbels es für nötig, Anweisungen gegen „. . . die beginnende Wut- und Haßstimmung gegen Italien"[26] zu geben. Die italienischen Arbeiter waren in Deutschland unbeliebt („sie betrachten ihren Aufenthalt in Deutschland als Erholungsurlaub"). Die italienischen Niederlagen in Griechenland und Nordafrika trugen dazu bei, diese Stimmung zu schüren. Auf der anderen Seite stieg die deutsche Hochachtung vor den Griechen und blieb während des Krieges auf diesem Stand. Hitler selbst äußerte sich bewundernd über die Griechen: Er verbot die Bombardierung von Athen (allerdings nicht der Hafenstadt Piräus) und bezeugte mehrmals seine Achtung vor Griechenland; gelegentlich verglich er Griechenland mit Finnland („zwei kleine Nationen, die sich zu verteidigen wußten"). Dieser Respekt vor kleinen Nationen erstreckte sich nicht auf die Schweiz, die er verachtete.

Die Darstellung der deutschen – von Volk und Staat gezeigten – Haltung im Zweiten Weltkrieg gegenüber den meisten Völkern Europas ist ein Thema, das noch ernsthafter und sorgfältig arbeitender Historiker harrt. Viele dieser Einstellungen wurzelten tief und veränderten sich während des Krieges kaum. Wir müssen uns jedoch mit der seltsam zwiespältigen Haltung der Deutschen gegenüber den Engländern befassen. Während Hitlers Haß und Verachtung für die Franzosen größer und intensiver als die Frankophobie der Deutschen waren, lag der Fall in bezug auf England genau umgekehrt: Hitler schätzte die Engländer höher ein, als die Deutschen es taten.[27] Die einfachen Leute in

[25] Von dem Zehlendorfer Institut für Arbeitspsychologie und Arbeitspädagogik wurden über 400 000 Fremdarbeiter getestet. *Homze*, S. 241–242. Die unterschiedlichen Einstufungen von Männern und Frauen sind von gewissem Interesse.
[26] *Boelcke*, S. 402. Am 6. Juli machte sich Goebbels Sorgen wegen Cianos bevorstehendem Besuch in Berlin.
[27] Goebbels orientierte sich auch in dieser Beziehung an Hitlers Beispiel. Er wies die deutsche Presse an, die Franzosen stärker und die Engländer weniger anzugreifen. 12. Dezember 1939: „Die Presse soll sich nicht darin gefallen, die Engländer in ihrem militärischen Wert zu klein zu machen." *Boelcke*, S. 241. „... immer nur Churchill, aber niemals das englische Volk als solches

Deutschland konnten die Engländer wegen ihrer angeblich hochnäsigen und aristokratischen Art – und manchmal gerade wegen der Eigenschaften, die Hitler gelegentlich an ihnen lobte, nicht leiden.

Viele dieser vergänglichen, aber bedeutsamen Empfindungen spiegeln sich nicht nur in der deutschen Presse wider, sondern auch in der bereits erwähnten vertraulichen Stimmungsberichten aus dem Reich. Schon im Oktober 1939, als diese „Meldungen" noch gelegentliche Hinweise auf konservativen, katholischen und monarchistischen Widerstand gegen den Krieg enthielten, berichteten sie: „Stimmung stark gegen England." Selbst im Hochsommer 1940, als trotz des großen Sieges über Frankreich nichts oder nur wenig von dem nationalen Begeisterungstaumel zu spüren war, der die deutschen Triumphe im Westen während des Ersten Weltkrieges begleitet hatte, waren die meisten Deutschen im Gegensatz zu Hitler bereit, es mit England aufzunehmen.

Am 20. Juni hieß es in den „Meldungen" beispielsweise, die Bevölkerung wünsche sich, zum Teil ganz offen, „daß Churchill hartnäckig bleibe", weil die Engländer sich dann nicht durch eine Kapitulation retten könnten, sondern vernichtend geschlagen würden.[28] Eine Woche später wurde die Hoffnung ausgedrückt, der Führer werde England sofort angreifen. Einige Wochen danach wurde gefragt: „Wann geht es los?"[29] Im September setzte allmählich Enttäuschung ein – und die Deutschen schoben die Schuld dafür auf die Engländer, weil diese weiterhin Widerstand leisteten. Das zeigte sich auch in einem Bericht über die Stimmung der Bevölkerung Ende September: Der Vergeltungsschlag auf Cambridge habe höchste Zustimmung überall unter der Bevölkerung hervorgerufen, begleitet von dem einheitlichen Ausdruck der Hoffnung, mehr Vergeltungsschläge würden folgen,[30] – zu einem Zeitpunkt, als auf hundert deutsche Bomben, die auf England abgeworfen wurden, nur eine oder zwei englische Bomben kamen, die auf Deutschland fielen.

Im Laufe des Krieges entwickelte sich bei den Deutschen ein gewisser Respekt vor den Engländern, in den sich die weiterbestehende Erbitterung darüber mischte, daß die Engländer arroganterweise nicht bereit waren, die in Europa für die Deutschen sprechenden Argumente und später ihren „Kreuzzug" gegen die Sowjetunion zu würdigen. Dieser nationale Zwiespalt fand seinen Ausdruck auch in der oft befangenen traditionellen und ritterlichen Art

anzugreifen." Ebd., S. 417. „... die Engländer kämpften sehr zähe, tapfer und hingebungsvoll." Ebd., S. 751. Auf der anderen Seite sollte die Presse die öffentliche Meinung bekämpfen, daß „die Engländer zäher sind als wir." Ebd., S. 699.

[28] „Meldungen", MA 441/2, 1789. Man wird dabei an Churchills Kommentar zu Mussolinis gleichzeitiger Äußerung, Italien wolle jetzt Krieg, erinnert. „Er hätte sich deswegen keine Sorgen zu machen brauchen. Er sollte bald mehr als genug Krieg bekommen."

[29] Ebd., MA 441/2, 2057. In den Berichten zeigt sich auch eine unsympathische deutsche Brutalität. Beispielsweise am 26. Juni, als die Vernichtung der Schweiz gefordert wurde: „Der Käsestaat muß verschwinden."

[30] Ebd., MA 441/2, 2437.

und Weise, in der deutsche Soldaten, Matrosen und Flieger in der Schlacht um England und bei anderen Gelegenheiten ihre englischen Gegner bekämpften. Schon die Bezeichnung des jeweiligen Gegners verriet eine unterschiedliche Einstellung. An der Kanalfront nannten die Luftwaffenpiloten ihre britischen Kontrahenten „die Lords" – ein nicht sonderlich phantasievoller und deshalb vielleicht bezeichnender Spitzname. Weniger als ein Jahr später nannten Millionen deutscher Landser ihre russischen Gegner verallgemeinernd „die Iwans".

Lords und Iwans! Diese primitiven Spitznamen sind vielsagend. Sie zeigen die Zwiespältigkeit, die Unterschiedlichkeit in der Wertung beider Gegner aus deutscher Sicht und lassen erkennen, welche Vorstellung die Deutschen von sich selbst hatten: einmal im Kampf gegen hochmütige Aristokraten, an der anderen Front gegen primitive Bauern. Ihre Haltung gegenüber den slawischen Völkern Osteuropas war in mehr als einer Beziehung nicht für die preußische, sondern für die süddeutsche und österreichische Mentalität charakteristisch und wurde durch ihren traditionellen Antikommunismus verstärkt. Während der Gedanke an einen Kreuzzug gegen den Bolschewismus im übrigen Europa nur wenig Echo fand, war er in Deutschland erfolgreicher. Er war der Vernunftgrund, aus dem das Volk mit dem Überfall auf die Sowjetunion einverstanden war. Andererseits bedeutete Einverständnis nicht begeistertes Mitmachen. Die in dem Namen „Iwan" zum Ausdruck kommende gönnerhafte Herablassung spiegelte nur wenig von der in höheren Kreisen der Nationalsozialisten vertretenen Ansicht wider, die östlichen Slawen seien lediglich „Untermenschen". Dies war ein weiterer Fall, in dem die Auffassungen der deutschen Regierung und des deutschen Volkes sich –wenn auch nur geringfügig – unterschieden.

Während des Krieges wurde es äußerst wichtig, was die übrigen Völker Europas von den Engländern dachten. Schließlich verkörperten die Engländer den Widerstand gegen Hitler und kämpften ein ganzes Jahr allein gegen ihn. „England", hatte der jüngere Pitt zu einem anderen denkwürdigen Zeitpunkt der europäischen Geschichte gesagt, „rettete sich durch seine Anstrengungen und Europa durch sein Beispiel." Jetzt war die Rettung vor Hitler ein noch erstrebenswerteres Ziel, als es die Rettung vor Napoleon gewesen war. Aber es gab noch einen weiteren Unterschied. Neben der mehr traditionellen Anglophilie der europäischen Oberschicht und des oberen Mittelstandes existierte eine neuere proenglische Einstellung bei den Volksmassen, die den Engländern den Sieg wünschten. Die traditionelle Anglophilie hielt sich auch in der deutschen Gesellschaft, und Goebbels war ihr gegenüber sehr empfindlich. Am 7. Januar 1941 diktierte er beispielsweise folgende Anweisung: „Von der Feststellung ausgehend, daß das deutsche Gesellschaftsideal weitgehend durch das englische Vorbild beeinflußt sei, warnt der Minister davor, das englische Gentlemen-Ideal . . . zu popularisieren."[31] Gegenüber dem estnischen General

[31] *Boelcke*, S. 597.

Laidoner erklärte der deutsche Minister für Estland im Winter 1939, praktisch täusche die kaum begreifliche Aura, die England trotz aller Erfahrungen der Vergangenheit immer noch umgebe, auch heute noch weiterhin eine Reihe von Ländern.[32]

Sie hatte sich durch ganz Europa verbreitet und den großen Schock der deutschen Eroberung Westeuropas überdauert, um zu neuem Glanz zu gelangen, sobald feststand, daß die Engländer hartnäckig Widerstand leisteten. Im August 1940 bedeckten die Brüsseler den Platz vor dem englischen Kriegsdenkmal mit Blumen. Im September waren Ausländer verblüfft, wenn sie hörten, wie Belgier, Niederländer und Luxemburger auf der Straße und in der Straßenbahn offen über ihre Bewunderung für England sprachen.

Im neutralen Portugal hatten viele Taxifahrer englische Fähnchen an ihren Wagen; junge Bourgeois machten Jagd auf die wenigen begehrten Spitfire-Abzeichen aus England, und es gab primitive Churchill-Silhouetten als Anstecknadeln. Die Deutschen protestierten dagegen. Über das damals noch neutrale Griechenland beschwerte sich Mussolini im Oktober 1940 bei Hitler: „Der König ist Engländer, die politischen Klassen sind englandfreundlich, und das Volk ist unreif, aber dazu angehalten, Italien zu hassen." Szenen, die von allgemeiner griechischer Zuneigung für die Engländer sprachen, sind von vielen Augenzeugen festgehalten worden. „Ihre Frauen und Kinder sowie die alten Männer versammelten sich an den Eingängen ihrer zerstörten Häuser und baten nur, daß die Engländer zurückkommen sollten."

Die englischen Niederlagen auf dem Balkan und in Nordafrika im Frühjahr 1941, die Auswirkungen in den Vereinigten Staaten hatten, berührten die anglophilen Gegner der Deutschen in Europa kaum. Auch der deutsche Überfall auf die Sowjetunion schwächte diese Anglophilie keineswegs – eher im Gegenteil. Ende Juni 1941 wurde „der kleinste englische Erfolg von neun Zehnteln aller Belgier begrüßt, als sei er ihr eigener nationaler Triumph".[33] Viele Holländer und Belgier sagten sich damals: Hundertmal lieber ein britisches Dominion als ein deutsches Protektorat. Am 8. September 1941 fand in der belgischen Stadt Hasselt die Beerdigung eines Belgiers statt, der als Freiwilliger an der deutschen Ostfront gefallen war; sie wurde von den Einwohnern und selbst von den meisten Angehörigen dieses Unglücklichen boykottiert. Am nächsten Tag bestatteten die Hasselter einen englischen Piloten, der in der Nähe der Stadt abgeschossen worden war, und überhäuften sein Grab mit Blumen. Die Deutschen bestraften sie dafür. Im Winter 1941/42 fragte Degrelles Parteiblatt *Pays Réel* erbittert: „Warum ist für den durchschnittlichen Belgier ‚anglophile' gleichbedeutend mit ‚bon Belge'?"

Diese europäische Anglophilie sollte im weiteren Verlauf des Krieges Belastungen ausgesetzt sein. Nach Pearl Harbour glaubten die meisten Anglo-

[32] GD, D, VIII, S. 687.
[33] *Delandsheere, Ooms*, S. 377–379.

philen, der Krieg werde spätestens 1943 mit einem britischen Sieg zu Ende gehen. Sie sollten von der Langsamkeit der alliierten Strategie enttäuscht werden. Trotzdem gab es einen kurzen Abschnitt in der Geschichte Europas, in dem die Engländer in ihrer größten Stunde selbst Völker beeindruckten, die ihnen jahrhundertelang ängstlich oder feindselig gegenübergestanden hatten. Beispielsweise waren die Iren, wie neutrale Beobachter feststellten, im Herbst 1940 von dem englischen Widerstand beeindruckt. Die Madrider waren von der Gelassenheit beeindruckt, mit der das Personal der englischen Botschaft im Juni 1941 auf die wütenden Demonstrationen vor dem Botschaftsgebäude reagierte. „In Spanien", erklärte der anglophobe Serrano Suñer Hitler im November 1941, „gibt es noch *viele* Freunde Englands." Ihre Zahl nahm jedenfalls nicht ab.

Befassen wir uns jetzt mit der anderen Seite. Im Zweiten Weltkrieg konnte Anglophobie ein wichtiger Faktor in bezug auf die Neigungen vieler Menschen sein. Auch die Waffenstillstandspartei um Pétain war eher anglophob als profaschistisch motiviert. Pétain selbst hielt die Engländer für äußerst egoistisch und war davon überzeugt, daß sie ohne das geringste Zögern auf Kosten Frankreichs mit Hitler Frieden schließen würden. Das erklärte er am 4. Juni 1940 dem amerikanischen Botschafter Bullitt: Die Engländer würden wahrscheinlich „bis zum letzten Franzosen kämpfen und dann einen Kompromißfrieden anstreben". „England", sagte Pétain am 8. Juni zu Baudouin, „hat uns in diese Lage gebracht. Es ist unsere Pflicht, uns nicht damit abzufinden, sondern uns daraus zu befreien."[34] Einen Tag später warf Weygand Reynaud übersteigerte Loyalität gegenüber England vor. Pétain, der sich für seinen Auftritt als Retter Frankreichs bereithielt, machte England für die Leiden Frankreichs verantwortlich und war davon überzeugt, daß die Rettung seiner Nation in erster Linie und vor allem von ihrem Bruch mit England abhänge.

Zu dieser alten und tiefsitzenden Antipathie kam die Anglophobie jener, die der Überzeugung waren, allein die englische parlamentarische Demokratie weise das Land als hoffnungslos dekadent aus. Diese Art der Anglophobie war bei ehemaligen, jetzt enttäuschten Anglophilen häufig.[35] Ein Mann wie Drieu la Rochelle wurde nicht aus Neigung, sondern aus freiem Willen zum Englandgegner: Er war zu der Überzeugung gelangt, daß Frankreich sich durch sein fortbestehendes Bündnis mit England an eine untergehende Macht kettete. „Warum glaubt ihr", hatte Drieu schon im Februar 1938 geschrieben, „daß dieses Volk, das vor Mussolini und vor den Japanern zurückweicht, uns helfen

---

[34] *Baudouin*, S. 84–85.

[35] In Spanien bewunderte José Antonio Primo da Rivera, der tapfere und intelligente Begründer des spanischen Faschismus, beispielsweise nicht nur Mussolini, sondern hatte viele seiner Vorstellungen von einem disziplinierten, selbstloseren und athletischeren Spanien von Kipling – wie sein Vorgänger Ramiro de Maeztu, der wahrscheinlich interessanteste frühe faschistische Denker Europas, dessen Anglophilie vor dem Ersten Weltkrieg (aber nicht mehr danach) an Anglomanie gegrenzt hatte.

würde, Hitler aufzuhalten? Denkt an den steilen Niedergang *(la chute verticale)*, der die Haltung Englands gegenüber Mussolini während des Abessinienkrieges bezeichnet, wenn man sie mit seiner Haltung gegenüber Frankreich während der Besetzung Fashodas vergleicht."[36] Diese Überzeugung, die Engländer seien dekadent, gab den Ausschlag für den politischen Kurs, den Pierre Laval während des Krieges steuerte.

Pétain und seine Leute sollten bald gegen die Auswirkungen ihrer Anglophobie anzukämpfen haben. Als François-Poncet mithörte, wie dem englischen Botschafter am 22. Juni 1940 verspätet die deutschen Waffenstillstandsbedingungen in bezug auf die französische Flotte vorgelesen wurden, bemerkte er: „Das verzeihen sie (die Engländer) uns nie."[37] Trotzdem fanden die Männer um Pétain vernünftige Gründe für ihre Anglophobie. Im Herbst 1940 erklärte Darlan dem amerikanischen Geschäftsträger in Vichy: „Für Frankreich ist ein deutscher Sieg wirklich besser . . . als ein englischer Sieg. Das Britische Weltreich ist jedenfalls erledigt."[38] „Die Engländer", behauptete General Dentz am 13. Oktober 1941 in einer in Arles gehaltenen Rede, „verkörpern jene Dinge, die uns beinahe vernichtet haben: demokratisch-freimaurerische Politik und jüdisch-angelsächsische Großfinanz. Sie verkörpern die Vergangenheit, nichts Konstruktives . . . "

Etwa zur gleichen Zeit (am 26. September 1941) erläuterte Pétain Monsignore Valeri, dem Nuntius in Vichy, eine „konstruktivere" amerikanische Haltung könne einen Kompromißfrieden ermöglichen. „Wenn England nicht einwillige, werde es vernichtet werden" – das England, „das die Quelle alles Übels sei, das Frankreich befallen habe, und für welches Land er keinen Funken Mitgefühl empfinde".[39] Eine Zeitlang fand diese Anglophobie ein Echo in der Öffentlichkeit. *Gringoire* begann eine Kampagne zur Umbenennung der Promenade des Anglais in Nizza; patriotische Schriftsteller wie de la Varende hielten historische Vorträge über Johanna von Orléans und die verhaßten Engländer und ihre Verbündeten. Aber der Geist, der Johanna beseelt hatte, wurde weniger durch den greisen Marschall verkörpert, der seine Zeit in dem Badeort Vichy vertrödelte, als durch den eigensinnigen de Gaulle in seinem spartanischen Londoner Quartier. Das sollten die Franzosen schon bald erkennen. Ihre zeitweilig aufgeflammte Anglophobie klang rasch wieder ab.

Die Einstellung der Engländer (und der Schotten, Waliser und Nordiren) zu den einzelnen europäischen Nationen ist einfacher darzustellen. Trotzdem

---

[36] *Drieu*, CRP, 109. Nachdem Chamberlain im Januar 1939 bei Mussolini gewesen war, sagte dieser zu Ciano, diese Männer seien nicht aus jenem Holz geschnitzt, wie z. B. ein Francis Drake und andere berühmte Abenteurer, die das britische Weltreich geschaffen haben; sie seien nach alledem die müden Söhne einer langen Reihe reicher Männer.

[37] *Charles-Roux*, S. 88–89.

[38] FRUS, 1940, II, S. 490.

[39] VD, 5, S. 258.

gab es auch bei ihnen gelegentlich bedeutsame Strömungen und Gegenströmungen. Nur wenige Historiker der Periode der Beschwichtigungspolitik nahmen wahr, daß eine gewisse Germanophilie der gemeinsame Nenner der oft recht unterschiedlichen Befürworter der Politik war, die von Chamberlain verkörpert wurde – dem Sohn des Joseph Chamberlain, der sich 40 Jahre zuvor öffentlich für ein englisch-deutsches Bündnis eingesetzt hatte. Dieses dicke Bündel germanophiler Empfindungen bestand aus vielen Strängen: aus dem viktorianischen (und oft auch schottischen und liberalen) Respekt vor den althergebrachten Tugenden der deutschen Protestanten wie Häuslichkeit, Disziplin, patriotische Frömmigkeit und Fleiß; aus der dazugehörigen Abneigung gegen die angebliche Frivolität, Unmoral, Selbstsucht und Verantwortungslosigkeit der Franzosen; aus dem milden Rassismus, dessen Quellen Carlyle, Froude und die Kipling-Jünger der neunziger Jahre waren und der Deutsche und Skandinavier irgendwie für artverwandter als die übrigen Kontinentaleuropäer östlich von Calais hielt; aus dem Respekt vor der Tapferkeit der Deutschen im Ersten Weltkrieg; aus dem verspäteten Unbehagen wegen der unfairen Behandlung der Deutschen in Versailles; und schließlich aus Antikommunismus.

Aber Hitlers Exzesse bewirkten bis zum Frühjahr 1939 – also noch vor Ausbruch des Krieges –, daß diese Germanophilie aus dem Denken der Engländer verschwand. Während sich in bestimmten Kreisen der deutschen Gesellschaft eine gewisse Anglophilie hielt, gab es in England keine Germanophilen mehr. In dieser Beziehung traten kaum Unterschiede zwischen den englischen Gesellschaftsklassen auf. Ihre Einstellung Deutschland gegenüber verhärtete und vereinfachte sich. Von der Germanophobie des Ersten Weltkrieges war nur wenig zu spüren, und es kam nicht zu Ausschreitungen wie die deutschfeindlichen Krawalle, die 1915 einige englische Städte erfaßt hatten; aber das war nur auf das Fehlen eines Mobgefühls, keineswegs auf eine milder gewordene Beurteilung der Deutschen zurückzuführen.

In dem ersten ereignislosen Kriegswinter 1939/40 seien die englischen Truppen in Frankreich besser mit den Franzosen ausgekommen als 1914-18, hielt Major Ellis, der offizielle und wichtigste Historiker des westeuropäischen Feldzuges in den Jahren 1939-40, fest: „Sie waren vor allem von der Freundlichkeit der französischen Bevölkerung beeindruckt.“[40] Das Debakel im Mai 1940 stellte diese gegenseitige Freundlichkeit auf eine harte Belastungsprobe. Viele englische Offiziere waren über die Schwäche und Unfähigkeit ihrer französischen Kameraden entsetzt. An den Frontabschnitten, wo englische und französische Truppen Seite an Seite kämpften, gab es kaum Konflikte: Sie saßen gemeinsam in der Klemme. Eine Ausnahme bildeten die ersten vier Tage von Dünkirchen. Auf dem Rückzug in den Brückenkopf kam es zu Zusammenstößen zwischen englischen, französischen und gelegentlich auch belgischen Soldaten; zu weiteren häßlichen Szenen und Verbitterung kam es

[40] *Ellis*, S. 22.

während der langen, nervenzerrüttenden Warterei am Strand. General Gort hatte befohlen, keine Franzosen an Bord englischer Schiffe zu befördern; am 31. Mai 1940 hob Churchill diesen Befehl auf. Andererseits war das Verhalten der englischen Bevölkerung den geretteten französischen Soldaten gegenüber mustergültig.

Im Juni 1940 schrieb König Georg VI. seiner Mutter: „Ich persönlich bin jetzt zufriedener, weil wir keine Verbündeten mehr haben, zu denen wir höflich sein und die wir verhätscheln müssen." Diese insulare Tapferkeit war für das englische Volk in seiner größten Stunde charakteristisch. Einige ihrer Erscheinungsformen sind in persönlichen Erinnerungen verstreut festgehalten worden – beispielsweise in Harold Nicolsons „*Diaries*". Schwieriger ist es dagegen, festzustellen, wie den einfachen Leuten zumute gewesen ist. Gewisse Hinweise darauf liefern weniger die teilweise albernen Ergebnisse britischer Meinungsumfragen oder Angus Calders von einem Volksfrontdenken beeinflußten Darstellungen der Engländer im Kriege, sondern George Orwells Tagebücher und Briefe – ganz einfach deshalb, weil dies Orwells Hauptanliegen als Schriftsteller war: zu berichten, was die Menschen wirklich empfanden, was sie wirklich dachten. Am 25. Oktober 1940 gab er beispielsweise die Äußerung eines Freundes wieder: „Ausländer haben während der Luftangriffe mehr Angst als Engländer. Dies ist nicht ihr Krieg, und deshalb haben sie nichts, was ihnen Kraft geben könnte."

Die Engländer waren den vielen Ausländern in ihrer Mitte gegenüber bemerkenswert tolerant. Im Sommer 1940 protestierten viele von ihnen gegen die von der Regierung verfügte Internierung aller feindlichen Ausländer.[41] Als Mussolini den Alliierten in den Rücken fiel, kam es im Londoner Stadtteil Soho[42] zu sporadischen Ausschreitungen und zu häßlichen Szenen in Glasgow (ausgerechnet dort!); aber daraus entwickelte sich eine Art amüsierter, gönnerhafter Verachtung. „Helft den armen Teufeln!" lautete die Einstellung englischer Matrosen gegenüber den in der Seeschlacht vor Kap Matapan schiffbrüchig gewordenen Italienern; andererseits berichteten englische Seeleute, daß italienische Schnellboote nach dem Fall Kretas besondere Anstrengungen unternommen hatten, um sie in der Südägäis zu retten. Bei einer Gelegenheit stellte ein italienischer Kommandant fest, ihre ganze Marine habe die Ritterlichkeit der Engländer bei Matapan „nicht vergessen". In den Gefangenenlagern Ostafrikas und Kenyas konnte die englische Behandlung italienischer Gefangener jedoch häufig gleichgültig bis zur Grausamkeit sein.

Ein merkwürdiges Kapitel in den internationalen Beziehungen der Eng-

---

[41] Eine Ausnahme war der abnorm insulare J. B. Priestley, dessen Rundfunkreden im Sommer 1940 nach Darstellung einiger Historiker noch populärer als die Churchills gewesen sein sollen. Sein während des Krieges geschriebener Roman „Blackout in Gretley", in dem eine gebildete österreichische Emigrantin sich als deutsche Agentin entpuppt, war einer seiner schlechtesten.

[42] Orwells Spaziergang durch Soho am 12. Juni 1940: „,The Spaghetti House' hatte sich in ,British Food Shop' umbenannt." *Calder*, S. 131, 489, über die ,ithakerfeindliche' Stimmung.

länder war ihre plötzliche und aus heutiger Sicht übertrieben sentimentale Bewunderung für die Russen. Mit sehr wenigen Ausnahmen (zu denen Katholiken gehörten) reagierten die Engländer auf den deutschen Angriff gegen Rußland mit einer emotionalen Einstellung, die sich teilweise durch die offenkundige Erleichterung, die dieses Ereignis einer Bevölkerung brachte, die unter den nächtlichen deutschen Luftangriffen gelitten hatte, und durch die Hoffnung erklären ließ, Hitler werde sich in Rußland den Hals brechen. Ein weiteres Element dieser britischen Russophilie entstand durch die Tatsache, daß nicht nur intellektuelle Linke, sondern auch Teile der Arbeiterklasse erneut ihre Sympathie für die Sowjets entdeckten: ein Wiederaufleben der Stimmung der zwanziger Jahre.

Trotzdem reicht keine dieser natürlichen Reaktionen aus, um die russophile Einstellung eines ganzen Volkes zu erklären – eine Begeisterung, die manchmal ans Irrationale grenzte und an eine weitverbreitete Illusion aus dem Jahre 1914 erinnerte, als Hunderttausende von Engländern das Gerücht geglaubt hatten, russische Truppen seien auf dem Weg zur französischen Front in Nordengland gelandet. Diese von der Presse nach Kräften geförderte Russophilie erreichte beängstigende Proportionen, denn solche Schmeichelei für ein weit entferntes Volk entwickelte sich parallel zu einer anderen Erscheinung: dem vermutlichen Schwinden der englischen Zuversicht, den Krieg gegen Deutschland allein erfolgreich weiterführen zu können.

Schließlich bleibt noch etwas über die internationalen Beziehungen der kleineren Nationen zu sagen. Sie hatten sich auf viele Weise kaum geändert: Ungarn und Rumänen, Albaner und Griechen, Spanier und Portugiesen standen sich weiterhin mißtrauisch und ablehnend gegenüber, was gelegentlich den politischen Absichten ihrer Regierungen entsprach – oder auch nicht. Meistens konnten diese Antipathien von den Großmächten ausgenützt werden. Manchmal war die gemeinsame Angst vor einem großen beutelüsternen Nachbarn jedoch stärker als die älteste Feindschaft: beispielsweise im September 1939, als der polnische Kommandant von Wilna den Litauern vorschlug, die Stadt zu besetzen, bevor die heranrückenden sowjetischen Truppen sie erreichten; später nützten die Litauer die Leiden ihres feindlichen Nachbarn Polen verhältnismäßig wenig aus.

Ende Juni 1940 schrieb der Schweizer Autor C. F. Ramuz in sein Tagebuch: „Waffenstillstand. Rechts von uns, auf der anderen Seite des Jura ist etwas gefallen. Wir haben den Lärm des Zusammenbruchs gehört. Danach tiefe Stille. Statt der linden, süßen Wärme haben wir von dort nur mehr Kälte zu erwarten." Die Franzosen behandelten die Italiener nach Mussolinis Angriff erbittert und grausam; die Italiener behandelten die Franzosen ihrerseits außergewöhnlich mitfühlend und freundlich.[43] Weniger gutnachbarliche Ge-

---

[43] Dieses menschliche Mitgefühl erstreckte sich nicht nur auf die abreisenden französischen Diplomaten und später auf die in Rom eintreffende französische Waffenstillstandskommission; an verhältnismäßig ruhigen Abschnitten der Alpenfront, beispielsweise bei Barcelonette, versuchten

fühle hegten manche Spanier. „Alle Franzosen sind Schaben", sagte General Queipo de Llano 1939. Nach dem Zusammenbruch Frankreichs versuchte die Regierung Franco, sich einen Teil des französischen Kolonialreiches anzueignen und griff sogar nach einem Stück des französischen Mutterlandes. Im Juli 1940 wurde in den arabischen Sendungen von Radio Madrid die Möglichkeit eines Moslemaufstandes in Algerien angedeutet. Kurz gesagt: Die notorische Hispanophilie Pétains (und der französischen Rechten) wurde von Franco keineswegs erwidert.[44]

Der schon etwas senile Pétain verkörperte allerdings einen Konservatismus, der sich grundlegend von dem radikalen Traditionalismus eines Bernanos unterschied, der blitzartig das bleibende Element in den Empfindungen der Nationen erfaßt hatte. „Ich habe die Feinde meines Landes von Angesicht zu Angesicht beobachtet", schrieb letzterer 1937 auf Mallorca. Und diese Feinde waren nicht unbedingt die spanischen „Roten", sondern alle möglichen Spanier, alle möglichen Politiker, auch Katholiken und Konservative. „Hört zu, Dummköpfe", forderte Georges Bernanos einige seiner Landsleute auf, „Frankreich wird von der Welt nicht verachtet, außer es büßt seinen Stolz auf sich selbst ein."[45] Er begriff das Wesen des *nationalen Charakters* – die Bedeutung des Substantivs wie des Adjektivs.


Das Fortbestehen nationaler Eigenarten


Henry Adams (ein ganz anderer Mensch als Georges Bernanos) bezeichnete den Nationalcharakter als „das schwierigste und wichtigste . . . aller historischen Probleme". Obwohl das Fortbestehen nationaler Eigenarten von Marxisten und abstrakten Ideologen unterschiedlicher Couleur ignoriert wurde, war es im Zweiten Weltkrieg besonders bedeutsam. Diese Eigenarten verschwanden keineswegs in dem Maße, in dem sich soziale Demokratien durchsetzten; vielmehr war das Gegenteil der Fall. Die Nationen Europas waren homogener, nicht heterogener geworden.

italienische Soldaten mit ihren französischen Gegnern zu fraternisieren. Nach der belgischen Kapitulation wandte die französische Bevölkerung sich oft gegen belgische Flüchtlinge: Ihre Lebensmittelzuteilungen wurden gelegentlich gekürzt und ihre Autos von örtlichen Behörden beschlagnahmt. In Belgien waren andererseits die Wallonen noch mehr als die Flamen „bis zum Ekel" (Struye) von den Franzosen enttäuscht und voller Ressentiments, die bis 1941/42 anhielten.
[44] Ein besonders häßlicher Akt spanischen Verrats wurde im Februar 1941 von dem abscheulichen Serrano Suñer verübt, der dem deutschen Botschafter in Madrid nach dem freundschaftlichen und herzlichen Treffen zwischen Franco und Pétain (im Februar 1941 in Montpellier) erklärte, Pétain sei nicht wirklich prodeutsch und deshalb nicht vertrauenswürdig. GD, D, XII, S. 62.
[45] *Bernanos*, GRC, S. 133.

Die Einführung der allgemeinen Schulpflicht, nationale Bürokratien und die Entwicklung von Kommunikationsmöglichkeiten trugen mit dazu bei, überwältigend homogene Nationalkulturen entstehen zu lassen. Auch die Städte waren daran beteiligt. Millionen von Menschen hatten in dem halben Jahrhundert vor 1939 ihre Dörfer verlassen und waren in die Städte gezogen. Ihr dortiges Verhalten während des Zweiten Weltkrieges widerlegte Spengler und die konservativen Kritiker der modernen Urbanisierung. Trotz der großen Schwierigkeiten, die materielle Entbehrungen, Belagerungen und Luftangriffe mit sich brachten, erwies der moderne Städter sich als nicht weniger patriotisch, nicht weniger diszipliniert und möglicherweise noch erfindungsreicher als ein großer Teil der Landbevölkerung.

Gleichzeitig wurden regionale Eigenarten abgebaut. Von den neoromantischen Idealisierungen des Landlebens, der konservativen Propaganda des „zurück zur Scholle" ließen sich nur einige wenige Schriftsteller inspirieren; sie blieb bei den Massen wirkungslos. Die Ideologie und die Bürokratie des Dritten Reiches waren trotz des Eindrucks, den sein Blut-und-Boden-Kult auf den ersten Blick machen mußte, völlig auf eine Beseitigung des Regionalismus ausgerichtet. Goebbels wollte die Mundarten verschwinden lassen; er gab Anweisung, sie aus Rundfunksendungen und Theaterstücken, selbst Unterhaltungssendungen und Komödien, zu eliminieren. Hitler sah die Aufgabe des Dritten Reiches in seiner Funktion als riesiger germanischer Schmelztiegel – in mehr als einer Beziehung.

Trotzdem konnten regionale Unterschiede im Verhalten der Menschen gelegentlich noch bedeutsam sein. In bestimmten Fällen neigten sie bezeichnenderweise dazu, zu älteren, atavistischen Verhaltensweisen zurückzukehren. Laval sprach manchmal lange über den unerschütterlichen, knorrigen Charakter seiner Auvergner; es gab einige Hinweise darauf, daß diese Bewohner des Zentralmassivs die hartnäckigsten Konservativen und Anhänger der Regierung Pétain waren, während einige der ersten Anzeichen für einen allgemeinen Widerstand sich bei den verstreut in den Cevennen lebenden Protestanten bemerkbar machten, die seit der Zeit Ludwigs XIV. aufsässig waren. Noch im Dezember 1941 bestand ein Drittel der Streitkräfte der Freien Franzosen aus Bretonen. Die Arbeitsdisziplin südenglischer Arbeiter war 1940 besser als im Norden; dieser seltsame Zustand verkehrte sich im weiteren Verlauf des Krieges ins Gegenteil. Untersuchungen über diese unterschiedlichen regionalen Eigenarten, vielleicht sogar über die unterschiedlichen Leistungen von Soldaten aus unterschiedlichen Regionen warten noch auf ihre Historiker.

Vor 1933 entwickelte sich die Hitlerbewegung hauptsächlich im Süden, nicht im Norden Deutschlands, obwohl er sein größtes Wählerpotential im Norden fand. Ein ungewöhnlich hoher Prozentsatz hoher NS- und SS-Führer war österreichischer, sudetendeutscher oder süddeutscher Abstammung. Andererseits weist einiges darauf hin, daß die konservative und katholische Bevölkerung Süddeutschlands und Österreichs die Versprechungen des Dritten Reiches früher nüchtern betrachtete als die Norddeutschen. Im September 1941 rief die Verordnung, Juden hätten auf ihrer Kleidung den gelben Judenstern zu tragen, in München zahlreiche Mitleidsäußerungen hervor: eine Reaktion der Bevölkerung, die es im Norden – abgesehen von Berlin – nicht gab. Die älteren, traditionelleren Einstellungen der Süddeutschen, die von der ideologischen Begeisterung des vergangenen Jahrzehnts überdeckt worden waren, machten sich allmählich wieder bemerkbar.

Wir haben es hier mit einem der schwierigsten und verwickeltsten Elemente menschlicher Charakteristiken zu tun: mit den Divergenzen ihrer Denkgewohnheiten. Eine Begleiterscheinung ist die Tatsache, daß nicht nur Sprechgewohnheiten offenbar vom Denken abhängen, sondern daß auch das Gegenteil zutrifft. Auf diese Weise sind bestimmte Nationaleigenschaften in bezug auf die Denkweise sowohl Ausdruck, als auch Ergebnis der nationalen Sprachgewohnheiten. Ich wiederhole: Die Brutalität der nationalsozialistischen Rhetorik reflektierte *und* verhärtete eine nationale Tendenz, „angesichts bestimmter Realitäten" brutal vorzugehen. Unmittelbar nach dem Sieg über Polen sagte ein deutscher Statthalter, Übelhör, in Lodz: Sie, die Deutschen seien hier die Herren, wie Herren müßten sie sich auch aufführen. Der Pole hingegen sei ihr Knecht und habe ihnen zu dienen. Wer außer einem Deutschen hätte sich 1939 so ausgedrückt? Auch die Lektüre von Hitlers Reden – seine für die Öffentlichkeit bestimmte Rhetorik – erinnert uns daran. In seinen Reden, in denen er die Engländer zum Friedensschluß aufforderte, sprach er von ihrem Premierminister in Ausdrücken, die beleidigend genug waren, um Verhandlungen mit ihm unmöglich zu machen.[46]

Über Churchills rhetorische Fähigkeiten ist schon viel gesagt und geschrieben worden. Er selbst hat nach dem Krieg behauptet, das britische Volk sei der Löwe gewesen – und er lediglich das Brüllen. Das ist allzu bescheiden und irreführend. Im Jahre 1940 war er Löwe und Gebrüll zugleich. Das waren die Engländer nicht gewohnt; aber es gefiel ihnen. Tonfall, Tenor und Rhetorik waren nachdrücklich englisch – aber auf eine Art und Weise, die im Denken der Engländer seit langem zumindest teilweise verschüttet gewesen war. Das Beste an ihrer Reaktion war jene eigenartige Mischung aus Nationalstolz und persönlicher Tapferkeit, die für den englischen Patriotismus bezeichnend ist.

Die Engländer fürchteten eine Niederlage mehr als den Tod. In dieser Beziehung herrscht in persönlichen Aufzeichnungen eine unbewußte Übereinstimmung. So schrieb der sanftmütige Oxforder Christ C. S. Lewis am 2. Juni 1940 an Owen Barfield: „Mir fällt auf, daß jeder, den ich treffe, eigenartigerweise weniger verzweifelt ist, seitdem die Dinge wirklich schlecht stehen ... Selbst im gegenwärtigen Augenblick fühle ich mich nicht annähernd so

---

[46] Beispielsweise in seiner höchst wichtigen Rede am 19. Juli 1944, in der er den Engländern erneut ein Friedensangebot unterbreitete: „Und dieses Mal wird es Mister Churchill nicht möglich sein, die Wahrheit der Dokumente einfach zu bestreiten oder wegzulügen." Oder über den polnischen Staat in der gleichen Rede „ein aufgeblasener Popanz".

schlecht, wie ich mich gefühlt hätte, wenn jemand mir dies vor achtzehn Monaten prophezeit hätte." Am 10. Juni 1940 schrieb der Epikuräer Harold Nicolson: „Wir fühlen uns alle durch diesen Unglückstag auf seltsame Weise aufgeheitert." Am 21. September 1940 (auf dem Höhepunkt der deutschen Luftangriffe) trug George Orwell in sein Tagebuch ein: „. . . weite Gebiete Londons fast normal, und alle tagsüber ganz zufrieden, anscheinend ohne jemals an die bevorstehende Nacht zu denken . . ." Und Churchill schrieb in seinen Memoiren: „Dies war eine Zeit, in der es gleichgut war, zu leben oder zu sterben."

Worauf basierte diese Bereitschaft, nötigenfalls zu sterben? Waren die Engländer beschränkt, weil sie tapfer waren? Oder waren sie tapfer, weil sie beschränkt waren? Wahrscheinlich trifft ersteres zu; aber das ist schwer zu sagen – und vielleicht nicht Aufgabe des Historikers. Die Engländer *waren* beschränkt – auch das eine atavistische Nationaleigenschaft wie ihr unreflektierter, aber tief empfundener Stolz. „Die Leute reden ein bißchen mehr vom Krieg, aber nur sehr wenig mehr", hielt Orwell am düsteren zweiten Tag von Dünkirchen in seinem Tagebuch fest. „Wie bisher immer ist es unmöglich, in Pubs etc. irgendwelche Äußerungen dazu aufzuschnappen. Gestern abend sind (Eileen) und ich in den Pub gegangen, um die Neunuhrnachrichten zu hören. Das Schankmädchen hätte sie nicht angestellt, wenn wir es nicht darum gebeten hätten, und allem Anschein nach hörte niemand zu." Zwei Tage später: „Noch immer keine Anzeichen für irgendein Interesse an dem Krieg . . . Sie sind anscheinend gänzlich außerstande, zu begreifen, daß sie in Gefahr sind . . . Sie werden nichts begreifen, bis die Bomben fallen. (Cyril) Connolly sagt, daß sie in Panik geraten werden, aber ich bin anderer Meinung."[47]

In dem düsteren Sommer 1940 wies Churchill, der damit einen seiner besten Einfälle hatte, den englischen Botschafter in der damals in der Mitte Europas isolierten, fernen Schweiz an, die Botschaft solle „sehr fröhlich und zuversichtlich wirken und lärmende eigene Parties geben".[48] Dies war die optimistische aristokratische Einstellung, die sich so sehr von der pessimistischen Chamberlains unterschied, die weiterhin existierte, weil die Beschränktheit der Engländer oft nicht Mut, sondern Schlappheit erzeugte. Die Intelligenzia war wie üblich egoistisch und albern; zum Glück spielte sie eine untergeordnete Rolle. Aber auch Massen englischer Arbeiter waren mit aufreizender Langsamkeit oder gelegentlich sogar mit widerspenstigem Unwillen, ihre Pflicht zu tun, infiziert. In der Nacht vom 23. zum 24. Mai 1940 weigerten sich die nach Calais gebrachten Schauerleute, unter sporadischem deutschen Artilleriefeuer zu arbeiten. Sie hockten mürrisch in Ecken, aus denen sie von aufgebrachten Offizieren herausgeholt werden mußten.[49]

[47] *Orwell*, II, S. 350.
[48] *Wiskemann*, S. 45.
[49] *Neave*, S. 85.

„Die britischen Fabriken arbeiteten im Sommer und Herbst nicht, wie so viele Briten heutzutage glauben möchten, wie verrückt, um die Nation mit neuen Waffen zu versorgen."[50] Wir haben gesehen, daß im September 1940 in London wirklicher Grund zur Sorge bestand, weil der Durchhaltewille im East End angeschlagen war; im Mai 1941 erreichte die Moral der Bevölkerung einen weiteren Tiefpunkt. Zum Glück hielt dieser Zustand nicht an: Die Deutschen verlegten den Schwerpunkt ihrer Angriffe in den Osten, und für die Engländer wurde der lange Krieg fast zur Routine.

Dagegen fürchteten die Franzosen den Tod mehr als eine Niederlage. Aber diese Feststellung, die zunächst so grausam verdammend wirkt, muß in gewissem Maße eingeschränkt werden. Die Engländer, deren Insel seit fast neun Jahrhunderten nicht mehr erobert worden war, spürten in ihrem Innersten, daß eine Niederlage eine Art Tod für England bedeuten, daß ihre Auswirkungen nicht nur vorübergehend sein würden. Die Franzosen hatten ihrerseits die Erinnerung an nationale Niederlagen sowie die Erinnerung an nationale Wiederaufstiege im Kopf, wenn auch nicht im Herzen.

Trotzdem gaben sie sich 1940 zu schnell geschlagen. Noch schlimmer war, daß die meisten von ihnen sich eine vernünftige Erklärung für die Unvermeidbarkeit ihrer Kapitulation zurechtlegten – eine der gefährlichen Tendenzen des intellektuellen Zuges des französischen Nationalcharakters. Im Jahre 1940 waren die Franzosen moralisch und körperlich geschwächt. Die französischen Gewerkschaften hatten ihre Ziele erreicht, zu denen auch der dreiwöchige Jahresurlaub gehörte – so daß der August 1938, der Monat vor dem Münchner Abkommen, in Frankreich nur sieben Arbeitstage hatte. „Ja, lange vor dem Krieg stank Frankreich nach Niederlage . . . ", schrieb Gide 1943 in sein Tagebuch.[51] „Der in Jahrzehnten moralischer Verworfenheit und unzulänglicher, oft korrupter Regime angesammelte Schlamm kam in Frankreich an die Oberfläche und zerplatzte in stinkenden Blasen", hielt Spears über das Jahr 1940 fest.[52] Er beobachtete auch eine „unbegreifliche Apathie, das Fehlen jeglicher Reaktion in der Bevölkerung".

Die Reaktion der Waffenstillstandskommission bestand einfach daraus, daß sie das Unangenehme so rasch wie möglich hinter sich zu bringen versuchte. Im Französischen gibt es einen bildhaften Ausdruck für eine unangenehme Lage – *un mauvais quart d'heure* (eine schlimme Viertelstunde). Als ein Mann wie Weygand 1940 von *le dernier quart d'heure* sprach, dachte er an *un mauvais quart d'heure* . . . Die Probleme der Franzosen hatten 1940 möglicherweise nichts mit Beschränktheit oder Tapferkeit, rascher oder langsamer Auffassungsgabe zu tun. Die Franzosen *wußten*, daß *sie* nicht gewinnen konnten, und zogen bestimmte Schlüsse daraus.

[50] *Lampe*, S. 113.
[51] *Gide*, II, S. 315.
[52] *Spears*, I, S. 257.

Aus diesem Grunde scharten einige ihrer Besten sich um Pétain mit seiner patriotischen Rhetorik. Ihr intellektueller Scharfsinn verließ sie eine Zeitlang: Viele von ihnen glaubten, weil sie glauben wollten. Frauen knicksten vor Pétain, als sei er ein großer Herrscher; Handlungsreisende tranken in der Provinz im Restaurant auf sein Wohl. Dieses Regime hatte etwas Schäbiges und Lässiges an sich, das durchaus nicht zu seinem ursprünglichen Anspruch auf Sparsamkeit und Enthaltsamkeit paßte.[53] Im schlimmsten Fall degenerierte der intellektuelle Opportunismus bei den Franzosen zu privaten Haßgefühlen. Um Pascal zu paraphrasieren: Aus ihren Herzen kamen Gründe, die ihr Verstand auf schlimmste Weise weiterhegte. Nur in wenigen Ländern sahen die Deutschen sich einem solchen Strom von Denunziationen gegenüber wie in Frankreich. Der aufgestaute verkrampfte Haß und Neid auf Nachbarn war dabei stärker als die grundlegendsten Anforderungen des Patriotismus oder selbst der menschlichen Anständigkeit. Vielleicht war dies eines der Ergebnisse des ungehemmten Individualismus, des *culte de soi*, den die Franzosen so lange praktiziert hatten und den sie sich gelegentlich selbst predigten.

Nicht einmal während des dunklen Interregnums französischen Elans fehlte es an speziellen Beispielen französischer Zivilcourage. Wäre der Vormarsch der Deutschen irgendwo im Norden von Paris zum Stehen gebracht worden, hätten die Pariser einen Bombenkrieg vielleicht wie die Londoner ertragen. Am Abend des 3. Juni 1940 veranstaltete die *Comédie Française* eine Péguy-Lesung: Das Theater war ausverkauft, die Sirenen heulten, die Flak schoß, aber das Publikum blieb unbeweglich sitzen. Der Intellektualismus der Franzosen, jene Nationaleigenschaft, die sie im 20. Jahrhundert ebenfalls im Stich ließ, hatte auch einen positiven Aspekt: die gallische Achtung vor dem Intellekt, die bei Gelegenheit alles Opportunistische, Politische oder Fanatische verdrängte. In keinem anderen von den Deutschen besetzten Land gab es eine derartige Vielfalt von Büchern und Theaterstücken wie in Frankreich. Eine Zeitlang betraf dies sogar auch jüdische Gelehrte und Schriftsteller, die sich in der Vergangenheit ausgezeichnet hatten. Im Januar 1941 erwies das amtliche und halbamtliche Frankreich Bergson bei seiner Beerdigung in Paris die letzte Ehre; neue Arbeiten von Maurois (der im sicheren amerikanischen Exil zunächst Pétain verteidigt hatte) und Max Jacob erschienen 1941; Céline fand inmitten dieser hektisch antisemitischen Periode die Zeit, Emmanuel Berl eine geistreiche und mitfühlende Botschaft zu übersenden. Und unter – oder

---

[53] Der Regionalismus der Regierung Pétain – wie übrigens auch der von Maurras – war einseitig, meridional, hispanisch. Drieu la Rochelle ärgerte sich über den dort betriebenen Mistral-Kult (dieser treuherzig-schlechte Dichter der frühen 20. Jahrhunderts hatte Verse in dem zu neuem Leben erweckten Provenzalisch geschrieben; Pétain ließ Mistrals Witwe im September 1940 eine Ehrengabe übermitteln) und warf Pétain 1941 vor, er leugne *le génie du Nord* und vernachlässige das Frankreich nördlich der Loire, womit er nicht nur die besetzte Zone, sondern auch eine geographische und kulturelle Seite des französischen Nationalgenies meinte.

vielleicht über – allem leuchtete gelegentlich der unvergleichbare Sarkasmus der Franzosen. Eine Pariser Unterhaltung im September 1940:

Ein Deutscher: Für ein besiegtes Volk macht ihr einen ziemlich fröhlichen Eindruck.

Ein Franzose: Und für ein siegreiches Volk macht ihr einen ziemlich trübseligen Eindruck.

Als Hitler im Dezember 1940 die sterblichen Überreste Napoleons II. nach Paris überführen und im Invalidendom beisetzen ließ, hätten die respektlosen Pariser sich statt der Asche lieber etwas Kohle gewünscht. Aber hinter ihrer gleichgültigen Haltung steckte mehr: Sie war ein typisches Beispiel für die bewußte Indifferenz, mit der die Franzosen allen Ausländern begegnen, die versuchen, sich unaufgefordert mit historischen Symbolen Frankreichs zu befassen. Der Patriotismus dieses Volkes hatte etwas Existentielles an sich, das nie völlig unterging – nicht einmal in der schlimmsten Zeit der nationalen Kapitulation. Im Jahre 1941 kämpften die Russen viel besser, als die Franzosen 1940 gekämpft hatten; trotzdem erklärte sich einer ihrer besten Generale 1942 bereit, auf deutscher Seite gegen sein Land zu kämpfen. Im Zweiten Weltkrieg gab es häßliche Fälle von französischer Feigheit und französischem Opportunismus; aber ein französischer General Wlassow wäre undenkbar gewesen.

Die Nationaleigenschaften von Völkern blieben unabhängig von Ideologien erhalten und zeigten sich während des Krieges ganz deutlich. Bei den Italienern waren es Opportunismus, Großsprecherei und Menschlichkeit. Mussolini ließ sich gelegentlich so sehr von seiner eigenen Rhetorik beeindrucken, daß er den Nationalcharakter seines eigenen Volkes übersah – beispielsweise bei seiner prahlerischen Betonung italienischer Vorzüge, als er darauf bestand, daß die italienische Rüstungsindustrie kleine Panzer (die sich als unbrauchbar erwiesen) konstruiere, weil diese „den schnellen Reaktionen italienischer Soldaten angepaßt" seien. Wie er bald merken sollte, führten diese schnellen Reaktionen oft zu schnellen Kapitulationen.

So amtlich die ideologische Politik des faschistischen Antisemitismus auch war, triumphierte die Menschlichkeit der Italiener doch oft über ihren angeborenen Opportunismus. Schon 1938 waren die gegen Juden erlassenen Verordnungen unpopulär – seit vielen Jahren der erste Fall von allgemeiner Unzufriedenheit mit dem Regime. Die italienischen Besatzungsbehörden nahmen griechische, albanische und jugoslawische Juden schon lange vor dem Zeitpunkt in Schutz, an dem feststand, daß die Achsenmächte diesen Krieg nicht mehr gewinnen konnten. In vielen Fällen behandelten italienische Stellen die Juden besser als die einheimische Bevölkerung – ganz bestimmt in Kroatien und manchmal sogar in Griechenland.

Großsprechertum anderer Art, das zudem mit Gerissenheit und fehlendem Sinn fürs Praktische verknüpft war, blieb ein Charakterzug der Spanier. Während die totalitäre Rhetorik der falangistischen Presse übersteigerte Höhen erreichte, regten die Spanier Hitler (und gelegentlich auch die Engländer und Amerikaner) nicht nur durch ihre Gerissenheit auf, sondern auch durch ihren unglaublichen Mangel an Organisation, der Verhandlungen mit ihnen äußerst schwierig machte. Berechnung und Standhaftigkeit blieben für die Schweizer charakteristisch. Diese unerschütterliche Unabhängigkeit beeindruckte selbst die in ihrer Mitte lebenden Reichsdeutschen: Nur etwa 15 Prozent der deutschen Kolonie gehörten der NSDAP oder einer ihrer Organisationen an.

In Belgien überdeckten ideologische Neigungen gelegentlich nationale Differenzen. Im Zweiten Weltkrieg traten nur eine Minderheit der flämischen Nationalisten und eine kleine Minderheit der Flämischsprechenden in die nationalsozialistische VNV ein, während einige der extremsten Kollaborateure Hitlers, beispielsweise Degrelle, Wallonen waren. Für die Holländer war eher Unerschütterlichkeit als Tapferkeit charakteristisch. Ihre einheimischen Nationalsozialisten waren im Verhältnis zu den übrigen westeuropäischen Völkern am zahlreichsten; nach dem Krieg hatten die Holländer selbst das Gefühl, sie hätten sich vielleicht besser verhalten können.

Tapfer, unrealistisch und geschwätzig waren die Polen: gelegentlich von ihrer nationalen Rhetorik trunken und häufig antisemitisch, was auch viele Ungarn waren (bei letzteren waren prodeutsche Gefühle oft das Ergebnis kultureller Einflüsse). Der Judenhaß einiger osteuropäischer Völker, besonders der Rumänen, Litauer und Ukrainer, ist aus heutiger Sicht erschreckend; aus diesen Völkern kamen die ersten Freiwilligen, die den Deutschen Dienste für Judenmißhandlungen anboten. Aber sobald wir uns mit den Völkern am Ostrand des traditionellen Europa befassen, stoßen wir auf Nationaleigenschaften, die sich von den eingefleischten Verhaltensweisen jener europäischen Nationen unterschieden, deren Nationalbewußtsein sich bereits Jahrhunderte früher gebildet hatte. Wir können sogar sagen – in notwendigerweise verkürzter Form –, daß der Opportunismus dieser Osteuropäer, vielleicht besonders jener der mit den Deutschen zusammenarbeitenden Russen, eher emotional als rational war. Beispielsweise zeigte sich im Verhalten der russischen Bevölkerung im Anfangsstadium des Krieges eine seltsame Dualität – mehr Dualität als Zwiespältigkeit. Da sie weniger intellektuell als beispielsweise die Franzosen oder Italiener war, gehörte eine gewisse Langsamkeit des Denkens zu ihren charakteristischen Zügen.

In einer wichtigen Beziehung leistete diese Langsamkeit des Denkens ihnen gute Dienste. Wie die Engländer 1940 wußten die Russen 1941 nicht, daß sie besiegt waren. Andererseits konnten ihre Reaktionen auf die deutsche Gefahr außerordentlich langsam sein.[54] Nach dem deutschen Überfall brauchte Stalin zwölf Tage, um sich zu einer Rundfunkrede an das russische Volk aufzuraffen. Gelegentlich machte er seiner Erbitterung selbst Luft, beispielsweise am 20. September 1941, als er in Cripps' Gegenwart ausrief: „Was soll

[54] Was diese Langsamkeit orientalischer Reaktionen (Japan) betrifft, siehe auch S. 140, Anmerkung 4.

man mit diesen Russen anfangen? Sie schaffen es nie, irgend was rechtzeitig zu tun." Eine sorgfältige Untersuchung des nationalen Verhaltens in deutschen Kriegsgefangenenlagern ergab, daß französische, belgische und andere westeuropäische Gefangene größten Wert auf Nachrichten über den Fortgang des Krieges gelegt hatten, während die russischen und ukrainischen Gefangenen diesen Nachrichtenhunger keineswegs geteilt hatten.[55]

Jedenfalls wurde in der revolutionären Sowjetunion, in einem Staat, dessen bloße Existenz bereits den entscheidenden Bruch mit der bisherigen Geschichte der Menschheit bedeuten sollte, die tote Vergangenheit zu einer lebenden Realität. Stalin hatte mehr Ähnlichkeit mit Iwan dem Schrecklichen als Hitler mit Bismarck, Mussolini mit Napoleon oder Pétain mit Bazaine. Frei nach Santayana: Wer die Geschichte nicht kennt, neigt besonders dazu, sie zu wiederholen. Aber war Stalin kein Geschichtskenner? Ende 1941 beschwor er in seinen Reden mit markigen Worten das Andenken zaristischer Helden-Generale wie Kutusow und Suworow. Im Herbst 1939 schlug er den Finnen eine Grenze vor, die größtenteils mit der Peters des Großen übereinstimmte. Am 14. Oktober erklärte der Finne Paasikivi Stalin: „Die Linie, an die Ihr Oberkommando denkt, wäre allein aus wirtschaftlichen Gründen völlig unmöglich." Stalins Antwort: „Militärs denken nie in wirtschaftlichen Begriffen."[56] Er selbst dachte bestimmt nicht in marxistischen Begriffen – eine Tatsache, die ihm während des Krieges zugute kam.

Das Verhalten der Nationen im Zweiten Weltkrieg liefert jedenfalls genügend Beweise, um alle Verhaltens-, Wirtschafts- und Gesellschaftstheorien, Strukturalismus und Materialismus – kurz gesagt alle heute intellektuell modernen deterministischen Theorien – zu widerlegen. Schließlich sind Verhaltensweisen das Ergebnis geistiger Kräfte, und nationale Neigungen gehen aus nationalen Denkgewohnheiten hervor.

Auf anderer Ebene sollten wir festhalten, daß die geistige Beweglichkeit der Franzosen und Italiener ihnen während ihrer nationalen Debakel nur wenig nützte, obwohl sie ihnen bei anderen Gelegenheiten im weiteren Verlauf des Krieges noch zugutekommen sollte. Die romanischen Völker Europas kämpften mit wenigen Ausnahmen schlecht; die germanischen Völker kämpften mit einigen wichtigen Ausnahmen besser; die slawischen Völker Osteuropas zeigten in vieler Beziehung das größte Durchhaltevermögen.

Aber wenn das Durchhaltevermögen ein Aspekt war, der immer bedeutsamer wurde, je mehr sich das Kriegsgeschehen in den Osten verlagerte, nahm auch die Unmenschlichkeit zu. Kaum ein jüdischer Flüchtling wurde von russischen Arbeitern oder Bauern, auch von Kommunisten, versteckt (oder konnte damit rechnen, bei ihnen Zuflucht zu finden). Einige Juden wurden von Deutschen und Ungarn verborgengehalten und ernährt. Viele Juden wurden von Franzosen und Italienern, auch von Faschisten, versteckt. Und

[55] Maurys Artikel in RH2M (Januar 1955).
[56] *Tanner*, S. 29.

damit sind wir bei einem weiteren Thema angelangt: bei der Tragödie der Juden, bei der die Empfindungen der Nationen eine Rolle spielten.


## Das Judenproblem


Ganze Bibliotheken existieren zu dem Zweck, den Versuch der Deutschen zu dokumentieren, während der Herrschaft des Dritten Reiches und vor allem im Zweiten Weltkrieg die Juden in den meisten Staaten Europas auszurotten. Es ist gut, daß so umfangreiche Unterlagen existieren, damit niemand zukünftigen Generationen vormachen kann, diese Verbrechen seien übertrieben dargestellt oder gar erfunden. Die Unterlagen werden durch spätere Rekonstruktionen der damaligen Ereignisse sowie die Aussagen der Opfer ergänzt. Solche Berichte sind fast notwendigerweise einseitig; sie sind vom Standpunkt der Opfer, der Überlebenden und ihrer Freunde geschrieben: Aber auch einseitige Aufzeichnungen bleiben dennoch Aufzeichnungen. In diesem Unterkapitel möchte ich jedoch versuchen, etwas geringfügig anderes darzustellen: die Geschichte der Judenverfolgung im letzten europäischen Krieg, wobei das Hauptgewicht vielleicht weniger auf den Maßnahmen als vielmehr auf den Einstellungen der Nationen und den Absichten Hitlers liegen soll.

Trotzdem muß ich damit beginnen, daß ich zusammenfasse, was damals geschehen ist – und später zu behandeln versuche, was nach Ansicht der Leute, auch nach der Hitlers, passierte.

Hitler beabsichtigte ursprünglich eine Ausweisung, keine Ausrottung; er wollte alle Juden aus Deutschland vertreiben, nicht aber umbringen. Solche Judenvertreibungen hatte es in Europa schon früher gegeben. Neuartig war nur, daß die Unterdrückung von Juden jetzt von dem wichtigsten Staat Europas, einer wahren Großmacht, gefordert wurde. Diese eingehende Beschäftigung eines mächtigen Staates mit in anderen Staaten lebenden Minderheiten war für die Neuzeit ungewöhnlich; sie führte ein neues Element in die internationalen Beziehungen ein. Wie die deutsche Regierung die Zuverlässigkeit der Regierungen der Nachbarstaaten (und oft nicht nur von Nachbarstaaten) einschätzte, wurde oft nicht nur von der Haltung dieser Regierungen den einheimischen Juden gegenüber beeinflußt, sondern war sogar davon abhängig. Wenn Hitlers Vertrauen durch die Unterdrückung von Juden zu gewinnen war, dann mußten sie eben unterdrückt werden: Das war die Einstellung vieler (jedoch nicht aller) Bürokraten in Deutschland und vieler (jedoch nicht aller) Spitzenpolitiker besonders in Ost- und Südeuropa.

Sie wünschten sich, ihre Juden – und mit ihnen das Judenproblem – würden verschwinden. Im Jahre 1933 hatte die große Auswanderung deutscher Juden begonnen; 1938 und 1939 folgten ihnen zahlreiche Juden aus

Österreich, Böhmen, Mähren und der Slowakei sowie eine geringere Anzahl aus Ungarn, Polen, Italien und Rumänien. Sie konnten einen Großteil ihrer materiellen Besitztümer mitnehmen; Hitler und Goebbels ging es nicht um ihren Besitz. Vor 1939 wanderten die meisten von ihnen nach Frankreich oder England aus (allein England nahm in den dreißiger Jahren über 80 000 jüdische Flüchtlinge auf). Nach 1939 durften die Glücklichen, die ein Einreisevisum für die Vereinigten Staaten, andere westliche Länder oder Palästina erhielten, durch die letzten neutralen Länder des von den Achsenmächten beherrschten Europa ausreisen, wobei sie die umständlichsten Routen über Portugal, die Türkei oder die Transsibirische Eisenbahn nehmen mußten. Etwa ab November 1941 versiegte dieses Rinnsal fast völlig, aber die Deutschen gestatteten auch während des Krieges vereinzelte Ausreisen nach Westen.[57]

Diese erzwungene Emigration war eine Seite (oder vielmehr eine Ebene) der Geschichte der Juden während des letzten europäischen Krieges. Die Deutschen waren jedenfalls nicht die einzigen, die solche Zwangsmaßnahmen ergriffen. Im Dezember 1937 dachte die antisemitische rumänische Regierung und 1938 die weniger dogmatische, aber ebenfalls sehr antisemitische nationalistische polnische Regierung daran, die Masse der einheimischen Juden zu vertreiben; die beiden Regierungen versuchten sogar – beispielsweise im Oktober 1938 –, mit den Deutschen darüber zu diskutieren (die polnische Regierung hatte schon vor der Reichsregierung an Madagaskar als zukünftige Heimat der Juden Europas gedacht – ein eigenartiger Zufall).[58] Zwischen 1935 und 1939 erließen eine Anzahl europäischer Staaten – Rumänien, Ungarn, Italien und die Slowakei – Gesetze oder Verordnungen, die ihre jüdischen Bürger behinderten und diskriminierten, ohne daß das Dritte Reich in jedem einzelnen Fall Druck auf diese Staaten ausgeübt hätte.

Aber 1939 trat eine Veränderung in Hitlers Haltung ein – eine Veränderung, die extremste Konsequenzen nach sich ziehen sollte. Daran war eine Überzeugung schuld, die sich bei ihm herauskristallisiert hatte: daß nämlich ein weiterer Krieg gegen Frankreich und England eine Auseinandersetzung auf Leben und Tod mit dem Weltjudentum bedeute. Damals, im Januar 1939, überzeugte Hitler sich selbst davon, daß das Münchner Abkommen nur eine Atempause gebracht hatte und daß die Engländer und Franzosen *wegen der wachsenden Aussichten auf amerikanische Unterstützung* (eine höchst wichtige Überlegung, auf die ich zurückkommen werde) zunehmend entschlossen waren, gegen das Dritte Reich zu kämpfen. Und in Amerika, besonders in

---

[57] Dazu müssen wir die beträchtliche Zahl polnischer Juden hinzurechnen, die 1941 in die Sowjetunion flüchteten.

[58] Bei einer Gelegenheit kamen die Rumänen den Polen zuvor. Im Dezember 1937 erklärte der antisemitische rumänische Ministerpräsident Goga seinem rechtsstehenden Besucher Jérôme Tharaud: „Es gibt nur eine Lösung: Man muß sie in Massen in einen noch unbewohnten Landstrich transportieren ... auf eine Insel, die sie nicht mehr verlassen könnten .. beispielsweise nach Madagaskar." *Tharaud*, S. 184.

Roosevelts Umgebung, wimmelte es von einflußreichen Juden. Deshalb fügte Hitler in seine am 30. Januar 1939 gehaltene Rede (seine letzte in Friedenszeiten gehaltene Rede zum Jahrestag der Machtergreifung) folgenden drohenden Passus ein, dessen ganze Bedeutung erst aus unserer Sicht zu erkennen ist, obwohl er auch damals unmißverständlich gewesen sein muß: „Ich will heute wieder ein Prophet sein: Wenn es dem internationalen Finanzjudentum in und außerhalb Europas gelingen sollte, die Völker noch einmal in einen Weltkrieg zu stürzen, dann wird das Ergebnis nicht die Bolschewisierung der Erde und damit der Sieg des Judentums sein, sondern die Vernichtung der jüdischen Rasse in Europa."

Und so sollte es beinahe geschehen. Aber für uns geht es darum, die Bedeutung von Hitlers Ankündigung zu erfassen: Er war notfalls bereit, die Juden Europas auszurotten. Diese Ausrottungspolitik wurde erst im Januar 1942 – ein weiteres wichtiges Datum, das mit Hitlers verspätetem Entschluß zusammenfiel, Deutschland für den totalen Krieg zu mobilisieren – zur amtlichen, definitiven Politik des Dritten Reiches erhoben. Massenmorde an Juden begannen jedoch schon 1941; sie wurden von Deutschen verübt, die dabei von Ukrainern, Rumänen und gelegentlich auch Litauern unterstützt wurden. Wir können deshalb zwischen vier Phasen deutscher Versuche zur Lösung des Judenproblems während des Dritten Reiches unterscheiden:

*Vor Kriegsausbruch, d. h. 1933-39:* Auswanderung (von Jahr zu Jahr zunehmend) aus Deutschland;
*1939-41:* fortgesetzte Auswanderung, Konzentrierung in Polen, sporadische Massenmorde im Osten;
*Januar 1942-November 1944:* systematische Vernichtung mit einem Minimum an Auswanderung, wo diese noch möglich war;
*November 1944-Mai 1945:* im Endstadium des Dritten Reiches keine systematische Ausrottung mehr; *de facto* jedoch weitere Vernichtung durch Hunger, Krankheiten und fortgesetzte Mißhandlungen.

Wir sehen hier, daß der letzte europäische Krieg, 1939-41, auch in dieser Beziehung eine Übergangsperiode darstellte. Die Auswanderung europäischer Juden ging weiter, war aber aus kriegsbedingten Gründen erheblich eingeschränkt; die Emigration wurde vom Dritten Reich gestattet und von vielen anderen Staaten gewünscht.[59] Die deutsche Judenverfolgung wurde nicht von dem Auf und Ab irgendeines fanatischen Sinnentaumels gesteuert: Hitlers Behandlung der Juden war ein untrennbarer Bestandteil seiner Gesamtauffassung von dem weltweiten Kampf. Wegen des Krieges tendierte die nationalso-

---

[59] Zum Beispiel Italien: Mussolini erleichterte die Auswanderung von Juden sogar durch die Einräumung günstiger Wechselkurse. Bis Oktober 1941 waren 6 000 italienische Juden (etwa jeder siebte) ausgewandert – vor allem nach Amerika –, und Tausende von in Italien lebenden Juden hatten das Land ebenfalls verlassen.

zialistische Judenpolitik allmählich[60] in Richtung „Endlösung". Diese langsame Verhärtung einer schrecklichen Politik gehörte zu der allmählichen Steigerung der geistigen Grausamkeit des Hitlerregimes und seiner Propaganda, die den Juden als minderwertigsten und verächtlichsten aller möglichen Gegner hinstellte – eine Haltung, die sich in den zunehmenden Beschränkungen und Demütigungen ausdrückte, denen die noch in Deutschland lebenden Juden unterworfen waren.

Die Entwicklungsstadien dieser Politik werden durch die folgenden, willkürlich ausgewählten Beispiele illustriert. Ab 1. September 1939, dem ersten Kriegstag, durften Juden sich im Sommer nach 21 Uhr und im Winter nach 20 Uhr nicht außerhalb ihrer Wohnung aufhalten. Nach Abschluß des Polenfeldzuges wurde am 29. September 1939 die Beschlagnahmung der in jüdischem Besitz befindlichen Rundfunkgeräte angeordnet. Im Oktober 1939 wurden erstmals Juden aus Österreich, Böhmen und Mähren nach Polen transportiert. Während vieler Monate des Jahres 1940 herrschte eine gewisse Unschlüssigkeit in bezug auf die in Deutschland verbliebenen Juden,[61] wie Hitler andererseits nicht recht wußte, wie er den Krieg zu Ende bringen sollte. Im September 1941 sah Hitler die Gefahr eines unmittelbar drohenden Kriegseintrittes Amerikas; zum gleichen Zeitpunkt (am 1. September 1941) wurde den deutschen Juden verboten, sich in der Öffentlichkeit ohne den gelben Judenstern zu zeigen.[62] Im Oktober 1941 begann die Deportation deutscher Juden nach Osten; die Auswanderung aus Deutschland wurde eingestellt; und im Januar 1942 wurde die systematische Vernichtung der Juden ganz Europas zur definitiven Politik des Dritten Reiches erhoben.

Zwischen 1939 und 1941 zog Hitler noch zwei Alternativen zur Ausrottung in Betracht. Eine davon war die Madagaskar-„Lösung", die er 1940 mehrmals ernsthaft erwähnte – sogar Mussolini gegenüber.[63] Zumindest der

---

[60] Ich muß nochmals betonen, daß diese Änderung der Judenpolitik sich nur allmählich bemerkbar machte. Die deutschen Juden hofften noch immer: In den Jahren 1936 und 1937 wanderten weniger Juden aus als 1933 und 1934. Wie wir gesehen haben, bezeichnete der Januar 1939 einen bedeutsamen Wendepunkt in bezug auf Hitlers Einstellungen. Trotzdem war Hjalmar Schacht in diesem Monat noch immer sein Sonderbeauftragter für jüdische Auswanderungsfragen (obwohl er am 20. Januar als Reichsbankpräsident entlassen worden war). Am 24. Januar, eine Woche vor Hitlers oben zitierter Rede, wies Göring Innenminister Frick an, „die (jüdische) Auswanderung mit allen Mitteln voranzutreiben".

[61] Die Bedeutung der drei sporadischen Deportationen des Jahres 1940, eine nach Osten, zwei nach Westen (im Februar wurden Stettiner Juden nach Polen transportiert, im Oktober wurden badische Juden nach Frankreich deportiert, und im Juli waren es französische Juden gewesen, die aus Elsaß-Lothringen nach Frankreich transportiert worden waren), kann darin gesehen werden, daß sie Vorläufer der geplanten größeren Maßnahmen waren: der „Lösung", die aus einer jüdischen Reservation in Polen, sowie der „Lösung", die aus der Umsiedlung der Juden in eine abgelegene französische Kolonie wie Madagaskar bestand.

[62] „. . . [dies] war der schwerste Tag der Juden in den zwölf Höllenjahren."

[63] Am 20. Juni sprach Hitler darüber mit Raeder (*Hillgruber*, HS, S. 245, spricht irrtümlich von Hitlers „einziger" Erwähnung des Madagaskar-Plans). Hitler am 1. August zu Abetz: Er beab-

fortdauernde Krieg gegen England machte sie undurchführbar. Trotzdem diskutierte Goebbels sie noch im Herbst 1940 mit seinen Untergebenen.[64] Andererseits gibt es eine an Ribbentrop gerichtete Denkschrift Heydrichs vom 24. Juni 1940 (das Datum ist bedeutsam: der Tag nach dem Waffenstillstand mit Frankreich, *bevor* einige Beamte des Auswärtigen Amtes sich mit dem Madagaskar-Plan[65] befassen konnten; vielleicht beurteilte Heydrich den weiteren Verlauf des Krieges realistischer):

> „Das Gesamtproblem läßt sich nicht mehr durch Auswanderung lösen. Eine territoriale Endlösung wird notwendig."

Diese territoriale Lösung bestand zunächst aus dem Plan, die Juden in einem Gettostaat, der sogenannten jüdischen Reservation, in der Nähe von Lublin zusammenzufassen. Auch darüber sprach Hitler mit Mussolini. Einiges spricht dafür, daß Hitler beabsichtigte, eine derartige jüdische Reservation als Faustpfand für etwaige Verhandlungen mit den Vereinigten Staaten mit ihrem hohen jüdischen Bevölkerungsanteil zu behalten. Im Jahre 1940 wurde jedoch auch dieser Plan aufgegeben,[66] und die zwangsweise Umsiedlung der Juden in spezielle Stadtgettos wie das Warschauer begann. Und nach dem Überfall auf Rußland gebrauchte Göring – der einer der Hauptbefürworter der Emigration gewesen war und der nicht von dem Wunsch beherrscht zu sein schien, die Juden systematisch zu quälen[67] – zum erstenmal den Ausdruck „Endlösung", *ohne* sich dabei auf eine „territoriale" Lösung zu beziehen. Er erteilte Heydrich den Auftrag, in Ergänzung der an diesen am 24. Januar 1939 ergangenen

sichtige, nach dem Krieg alle Juden aus Europa zu evakuieren. GD, D, X, S. 484. Am 20. November 1940 zu dem ungarischen Ministerpräsidenten Teleki: „... daß er die Lösung der Judenfrage für Europa als eine der größten Aufgaben des Friedens ansehe. Er habe die Absicht, in dem zukünftigen Friedensvertrag für alle Staaten, die sich an seiner Lösung beteiligen wollten, dadurch eine Möglichkeit vorzusehen, daß Frankreich gezwungen würde, einige seiner Besitzungen zur Verfügung zu stellen." GD, D, XI, 635.

[64] *Boelcke*, S. 511.

[65] Die Rademacher-Denkschrift vom 3. Juli 1940 über den Madagaskar-Plan: „Die wünschenswerte Lösung ist: Alle Juden aus Europa." Madagaskar wird Deutschland als Mandat übertragen. Einrichtung von Marine- und Luftstützpunkten. Verwaltung durch deutschen Polizeigouverneur. Diese Regelung vermeidet, daß die Juden sich etwa in Palästina einen eigenen Vatikanstaat gründen ... mehr noch, die Juden werden in deutschen Händen bleiben als Pfand für die gute Führung der Mitglieder ihrer Rasse in Amerika." GD, D, XI, 3.

[66] Schon am 12. März 1940 (vor Sumner Welles' Berlinbesuch) erklärte Hitler seinem „Amerikaexperten" Colin Ross, der eine „positive Lösung" der Judenfrage angeregt hatte, dies sei in der Tat wünschenswert. Die jüdische Frage sei jedoch eine schwierig zu lösende Raumfrage, und die Schaffung eines Judenstaates um Lublin herum stelle keine Lösung dar, weil dort zu viele Menschen auf engem Raum zusammengedrängt seien. GD, D, VIII, S. 912–913.

[67] Im Jahre 1940 ließ er die Ausweisung deutscher Juden nach Polen zeitweilig einstellen; er intervenierte in einer Anzahl von Fällen, in denen es um einzelne Juden ging; im Herbst 1941 „erreichte er einen Aufschub von etwas über einem Jahr für die Familien jüdischer Rüstungsarbeiter im Reich" (*Reitlinger*, FS, S. 17–18).

Aufforderung, die ‚Judenfrage' mit Mitteln der Emigration und Evakuierung im Rahmen der gegenwärtig bestehenden Umstände auf dem bestmöglichen Weg zu lösen, alle administrative, finanzielle und materielle Angelegenheiten betreffenden Vorbereitungen für eine Gesamtlösung der sogenannten ‚Judenfrage' innerhalb der von Deutschen beherrschten Gebiete Europas zu treffen. Des weiteren beauftragte er ihn, sobald als möglich einen Gesamtplan zu unterbreiten, der die organisatorischen und für das Unternehmen notwendigen Maßnahmen aufführen sollte, um die gewünschte Endlösung der ‚Judenfrage' ausführen zu können.

Einiges weist darauf hin, daß Göring trotz dieser bedrohlich klingenden Ausdrucksweise noch nicht an die systematische Ermordung von Millionen von Juden in Gaswagen oder Vernichtungslagern dachte. Trotzdem muß er gewußt haben, daß im Osten bereits Massenvernichtungsaktionen gegen Juden angelaufen waren, die von der SS und SD-Einsatzkommandos durchgeführt wurden. Ende September 1941 wurden allein in Kiew 33 000 Juden in zwei Tagen ermordet; Ende des Jahres wurden in Polen die ersten Gaskammern gebaut.[68] Dann kam der deutsche Vormarsch vor Moskau zum Stehen; die Vereinigten Staaten traten in den Krieg ein; Hitler ordnete die vollständige Mobilisierung der deutschen Kriegswirtschaft an, und am 20. Januar 1942 trafen Vertreter verschiedener Ministerien sowie SS- und SD-Dienststellen in dem Berliner Vorort Wannsee zu einer Besprechung zusammen und machten die Vernichtung des europäischen Judentums zur offiziellen Politik des Dritten Reiches.[69]

Nach Heydrichs Angaben verblieben bis zu diesem Augenblick:

| | |
|---|---|
| im ehemaligen Deutschland: | 131 800 Juden |
| (360 000 waren seit 1933 ausgewandert) | |
| im ehemaligen Österreich: | 43 700 Juden |
| (147 000 waren seit 1938 ausgewandert) | |
| im ehemaligen Böhmen und Mähren: | 74 200 Juden |
| (30 000 waren seit 1938/39 ausgewandert) | |

In Deutschland und Österreich war also ein Viertel der Juden zurückgeblieben; die übrigen drei Viertel hatten die Gelegenheit zur Flucht genützt,

---

[68] Das Vernichtungslager Chelmno nahm den Betrieb im Dezember 1941 auf. Belzec, Maidanek, Sobibor und Treblinka wurden damals errichtet. Auschwitz war im Mai 1940 als Konzentrationslager für polnische Kriegsgefangene errichtet worden; die Fabrik Birkenau (Auschwitz II) wurde im Sommer 1943 gebaut. Am 3. September 1941 wurden dort 600 Häftlinge vergast – das erste „Experiment".

[69] IMT NG-2586, das „Wannsee-Sitzungsprotokoll". Ein Mindestmaß an Selektivität blieb erhalten. Die Vernichtung war noch nicht *total* geplant. In dem Protokoll wurden ein „Arbeitseinsatz" und die Errichtung eines „Musterlagers" (Theresienstadt) für schwerkriegsbeschädigte und hochdekorierte jüdische Kriegsteilnehmer des Ersten Weltkrieges erwähnt.

indem sie ausgewandert waren. Dieses Zahlenverhältnis unterschied sich erheblich von den Angaben für die restlichen Staaten Europas, wo die Juden, die vor der „Endlösung" flüchten konnten, eine verschwindend kleine Minderheit darstellten.

Ab diesem Zeitpunkt, d. h. etwa ab Ende 1941, bestand kein großer Unterschied mehr zwischen dem Schicksal der restlichen deutschen Juden und derer in den übrigen europäischen Staaten. Die Deutschen übernahmen es jetzt, die „Endlösung" systematisch in allen unter ihrer Kontrolle stehenden Gebieten durchzuführen. Zwischen 1939 und 1941 war eine direkte deutsche Überwachung von Juden nur in Polen praktiziert worden – dem einzigen Teil Europas, in dem die Juden schon vor 1941 den gelben Stern tragen mußten (er war im November 1939 eingeführt worden). In anderen besetzten Gebieten überließen die Deutschen die Durchführung restriktiver Maßnahmen oft den einheimischen Stellen, die dabei unter deutscher Aufsicht standen.

In verbündeten Staaten, Trabanten und Vasallenstaaten erlitten die Juden unterschiedliche Schicksale. Mancherorts, beispielsweise in Dänemark, waren die Leiden begrenzt; in anderen Staaten wie in Ungarn waren die Juden zahlreichen demütigenden Beschränkungen unterworfen; in Rumänien,[70] Litauen, Lettland und der Ukraine waren sie Pogromen durch einheimische Fanatiker, extreme Nationalisten und manchmal gewöhnliche Verbrecher ausgesetzt. In Kroatien und Rumänien mußten Juden den gelben Judenstern tragen, noch bevor sie in Deutschland dazu gezwungen wurden. In fast ganz Europa erließen die Regierungen der Verbündeten, Trabanten und Vasallen antijüdische Verordnungen: in einigen Fällen spontane Imitationen des deutschen Vorbildes, in anderen Reaktionen auf Druck von deutscher Seite und um sich bei den Deutschen einzuschmeicheln.

Ich habe versucht, eine knappe Zusammenfassung der Ereignisse zu geben, von denen die Juden Europas in den Jahren 1939-41 betroffen waren. Aber selbst eine gründliche Untersuchung der Entscheidungen, die ihr Schicksal bestimmten, und sogar der Stationen ihres Leidensweges reicht irgendwie nicht aus, um die tiefere Realität des geistigen und körperlichen Lebens dieser unglücklichen Millionen im Schatten der über ihnen aufragenden Bedrohung erkennen zu lassen. Die Juden trauten ihren Feinden, den Nationalsozialisten, alles zu; trotzdem konnten und wollten sie nicht glauben, daß sie abtransportiert werden würden, um in Massen ermordet zu werden. Mit anderen Worten: Sie konnten und wollten dem Tod nicht ins Antlitz blicken.

Der Grund dafür war nicht etwa Feigheit, sondern das geistige Vertrauen der Juden zur Herrschaft der Vernunft. Diese von Natur aus pessimistischen

---

[70] Die schamlos opportunistischen Rumänen waren typisch für jene Staaten, die sich diese Arbeit in Wirklichkeit von den Deutschen abnehmen lassen wollten. Die Ausdrucksweise des rumänischen Ministerpräsidenten Gigurtu im Gespräch mit Ribbentrop am 26. Juli 1940 – man beachte das Datum – ist es wert, zitiert zu werden: „Auch die Judenfrage könne Rumänien nur endgültig lösen, wenn der Führer die totale Lösung für ganz Europa durchführe." GD, D,X, 303.

und intelligenten Menschen glaubten weiterhin, der Sieg der Alliierten und die Niederlage Hitlers seien unausbleiblich und müßten schon bald eintreten. Und das galt für die in erbärmlichen Russenhütten hausenden armen Juden ebenso wie für die Pariser Juden, die 1941 in Cannes auf der Croisette spazierten, für holländische Mathematikprofessoren ebenso wie für Kleinbauern in den schlammigen Dörfern Bessarabiens – weil das Leben auf so vielfältige Weise weiterging, weil es in so vieler Beziehung noch vernünftig war. Von ihren Feinden konnten sie das Schlimmste glauben; von ihrem eigenen Schicksal konnten sie das nicht.

Das Leben der in Europa verbliebenen Juden war 1941 jedenfalls weit davon entfernt, einheitlich zu sein.[71] Als jedoch im Winter 1941/42 die Kriegswende kam, beschlossen Hitler und seine Regierung, diesen Mangel an Einheitlichkeit, der schließlich bewirken konnte, daß eine große Anzahl von Juden – ihre Todfeinde – den Krieg überlebte, nicht länger zu dulden.


Wie wir sahen, hatte Hitler bei seinem Versuch, die Juden Europas zu vertreiben oder zu vernichten, viele mehr oder minder bereitwillige Komplizen. Auch ihre Geschichte ist relativ gut bekannt: Sie ist untrennbar mit der Pathogenese des modernen Antisemitismus verknüpft. Es gibt jedoch einen Unterschied – auch wenn er von den Kausalkategorien des Materialismus ignoriert und selbst von der modernen Medizin oft verwischt wird – zwischen der Ätiologie und der Pathogenese einer Krankheit, einer Tendenz, einer Neigung. Über die Pathogenese, die häßlichen Symptome, die symptomatische Entwicklung des Antisemitismus ist schon viel geschrieben worden. Weniger Schrifttum gibt es jedoch über seine Ursprünge – ein weit unübersichtlicheres, komplexes und schwieriges Thema, das ich hier nicht aussparen kann, wenn ich die Einstellung ganzer Völker behandle.

Viele von ihnen empfanden die Anwesenheit von Juden in ihrer Mitte als störend. Es ist nicht genug, lediglich festzustellen, daß dies keine Störung hätte sein dürfen; es genügt nicht, die oft grausamen und schändlichen Versuche aufzuzählen, wie Völker diese Störfaktoren zu eliminieren versuchten. Es ist eine unterschiedliche Sache, ob man die Symptome eines Magengeschwürs entdeckt oder seine Behandlung verfolgt; und es ist wiederum etwas anderes, der Ursache des Magengeschwürs nachgehen zu wollen. Erstere betreffen seine Pathogenese, letzteres betrifft seine Ätiologie. Wir wissen sehr wenig über die Ätiologie von Magengeschwüren, Kopfschmerzen oder dem modernen Antisemitismus. Aber wir sollten uns bemühen, sie besser zu verstehen.

[71] In den neutralen Staaten lebten die verhältnismäßig wenigen Juden eingeschüchtert, aber als freie Menschen weiter. Die neutrale Türkei begann im Winter 1941/42, ihre Juden mit allen möglichen orientalischen Schikanen zu quälen. Von den deutschen Verbündeten weigerte Finnland sich, gegen seine Juden vorzugehen. Alle übrigen Staaten in Hitlers Europa verabschiedeten nach 1939 restriktive und oft grausame Judengesetze – fast immer auf rassischer Grundlage.

Vor beinahe zwei Jahrhunderten setzte der Zustrom einer wachsenden Zahl von Juden aus den westlichen Provinzen des damaligen Zarenreiches nach Europa ein. Die Juden waren praktisch das einzige Volk, das nicht nur vom Lande in die Städte Europas abwanderte, sondern auch von einer Nation zur anderen zog. Innerhalb weniger Jahrzehnte, manchmal innerhalb weniger Jahre, stieg ihr Bevölkerungsanteil von einem auf vier oder fünf Prozent; in manchen Städten stellten sie statt fünf nunmehr 20 Prozent der Einwohner, während ihr Anteil an einigen Berufen von zehn auf 50 Prozent anstieg. In den frühkapitalistischen und kapitalistischen Gesellschaften des 19. Jahrhunderts waren sie natürlich erfolgreich. Viele von ihnen wurden assimiliert, waren aufs Gemeinwohl bedacht und lebten patriotisch; eine kleine Minderheit heiratete in die nationale Bourgeoisie hinein – in Einzelfällen sogar in die Aristokratie.

Das alles erzeugte viel Neid und das moderne Phänomen des rassisch bedingten Antisemitismus, der sich in vieler Beziehung (aber nicht in jeder) vom älteren, hauptsächlich religiös bedingten Judenhaß unterschied. Die Liberalen hielten dies für eine vorübergehende Reaktion, die mit der Assimilation der Juden verschwinden werde. Die Sozialisten waren der Ansicht, das Verschwinden sei mit dem durch die allgemeine Schulpflicht eingeleiteten Aufstieg der Arbeiterklasse zu erwarten. Beide irrten sich. Der allgemeine Haß richtete sich noch mehr gegen die assimilierten Juden als gegen ihre armen, rückständigen Glaubensbrüder und Verwandten, die noch in osteuropäischen gettoähnlichen Stadtvierteln lebten, ihre fremdartigen Gebete murmelten und fremdartige Sitten hatten. Gehaßt wurden die erfolgreichen Juden und Jüdinnen, die es innerhalb einer Volksgemeinschaft zu Wohlstand gebracht hatten.

Nur wenige Leute begriffen, welche Konsequenzen das haben mußte. Zu ihnen gehörten die Zionisten und die modernen Antisemiten. Erstere erklärten um die Jahrhundertwende, nach zwei Jahrtausenden sei nun der Zeitpunkt für die Juden gekommen, sich als eigenes Volk zu sammeln und nach Palästina zurückzukehren. Letztere bezweifelten, daß es dazu kommen werde, und waren der Ansicht, die Gegenwart von Juden inmitten nichtjüdischer Völker sei in erster Linie an dem Verfall und der auf lange Sicht katastrophalen Degeneration der Gastvölker schuld.[72]

Vor 1914 war der Einfluß dieser modernen Antisemiten gewaltig, obwohl er politisch – abgesehen von einigen Fällen und Orten – eher begrenzt war. Im Ersten Weltkrieg und danach änderten sich Zahl und Einfluß der Juden in den Nationalstaaten Europas verhältnismäßig wenig. Aber der Antisemitismus wurde besonders in Mitteleuropa zu einer populären Massenbewegung. Einer der Gründe dafür war die Teilnahme einer Anzahl von Juden an den bolsche-

---

[72] Es gab noch eine weitere Kategorie von Menschen, die dieses Problem erkannten: die großen Denker, Schriftsteller und Seher. Nietzsche hatte geschrieben: „Jeder Denker, der sich mit der Zukunft Europas befaßt, muß die Juden sowie die Russen berücksichtigen." James Joyces Prototyp des Modernen Menschen war Leopold Bloom, ein nach Dublin gelangter mitteleuropäischer Jude.

wistischen und – in Mitteleuropa – kommunistischen Umsturzversuchen nach 1917. Wie wir gesehen haben, war in der Zeit zwischen den Kriegen fast ganz Europa, vor allem jedoch die Nachbarn der Sowjetunion, scharf antikommunistisch eingestellt. Eine weitere Quelle des Antisemitismus war die Abneigung gegen den internationalen Kapitalismus, zu der sich viele der zunehmend homogenen Völker Osteuropas nach dem Ersten Weltkrieg bekannten. Wir haben gesehen, daß ein nationaler, kein internationaler Sozialismus der gemeinsame Nenner der meisten Massenbewegungen nach dem Ersten Weltkrieg war. Der moderne Nationalist war eine Art Sozialist: Er war gegen den Kapitalismus wie gegen den Kommunismus; er war anti-international und deshalb oft antisemitisch.

Nach dem Aufstieg des Dritten Reiches erlebte der Antisemitismus in den dreißiger Jahren seine zweite Blüte, nachdem er die erste um 1919 erlebt hatte. Auch diesmal dürfen wir das opportunistische Element, das zu seiner Anziehungskraft beitrug, sowie die potentielle Aufnahmebereitschaft für antisemitische Propaganda bei Menschen, die – besonders in Osteuropa – zur ersten Generation von Zeitungslesern gehörten, nicht vernachlässigen. In Westeuropa gab es einen weiteren Faktor, der eine Minderheit, vielleicht besonders in Frankreich, beeinflußte: die Überzeugung derer, die zu wissen glaubten, daß die westlichen Demokratien und vor allem ihre korrupten Parlamente sich nicht auf einen zweiten Weltkrieg mit Deutschland eingelassen hätten, wenn die Juden und ihr Einfluß nicht gewesen wären.

Die Regierungen Europas, auch die demokratischsten und liberalsten unter ihnen, erkannten diese Strömungen. Im Jahre 1939 gab es keinen einzigen europäischen Staat, der die Juden nicht auf irgendeine Weise diskriminierte: England, Frankreich, die Schweiz und Schweden – sie alle zogen es vor, lieber nichtjüdische als jüdische Flüchtlinge aus Mitteleuropa aufzunehmen. Ihre Bereitschaft, überhaupt Juden – sogar in größerer Zahl – aufzunehmen, machte ihnen andererseits Ehre; obwohl die Juden vielleicht nicht sonderlich beliebt waren, steht außer Zweifel, daß diese Regierungen und die Mehrheit der betreffenden Völker über die Judenverfolgung der Deutschen empört waren. Ich wiederhole: Die sichtbare Anwesenheit und der Einfluß der Juden wirkten störender als ihre Zahl, denn nach dem Ersten Weltkrieg nahm sie in Europa kaum mehr zu:

Die Juden der Welt

| | Millionen | davon in Europa | davon in Nord- und Südamerika |
|---|---|---|---|
| 1825 | 3,3 | 83,2 % | 0,3 % |
| 1925 | 14,9 | 62,8 | 29,5 |
| 1935 | 16,2 | 59,7 | 31,3 |

Im Jahre 1939 lebte fast die Hälfte aller Juden noch immer in Osteuropa. In Kaunas, der litauischen Hauptstadt, stellten die Juden 33 Prozent der Einwohner; in Warschau waren es 28 Prozent. In Polen machte die jüdische Minderheit über neun Prozent der Gesamtbevölkerung aus, während es in Litauen über sieben Prozent waren. Aber in den meisten mitteleuropäischen Staaten und Hauptstädten ging der Anteil der jüdischen Bevölkerung zurück: In den Grenzen Nachkriegsungarns waren 1910 6,1 Prozent der Bevölkerung Juden gewesen; 1930 war dieser Anteil auf nur 5,1 Prozent gesunken. Im Jahre 1871 waren 8,2 Prozent der Prager Juden gewesen, während es 1925 nur 4,2 Prozent waren. Der jüdische Anteil in Wien, Berlin, Frankfurt und Hamburg war schon lange vor Hitlers Machtergreifung zurückgegangen. (Er war in Polen etwa gleichgeblieben und in Rumänien, wo 1937 antisemitische Gesetze verabschiedet wurden, gestiegen.)

Andererseits war die Zahl der in Paris lebenden Juden von 30 000 im Jahre 1870 auf über 300 000 im Jahre 1936 angewachsen.[73] Viele von ihnen waren trotz der verhältnismäßig liberalen französischen Einbürgerungsgesetze Ausländer; nach einer Meldung des Präfekten des Seine-Departements waren im Oktober 1940 von den fast 150 000 dort lebenden Juden nur 86 000 französische Staatsbürger. Skrupelloser Abschaum wie ein Stawiski oder ein Ilja Ehrenburg trieb nur an der Oberfläche; andererseits schrieb der intelligente, feinfühlige und ehrliche jüdisch-französische Philosoph Henri Bergson im Februar 1937, lange vor dem Krieg, in seinem Testament, sein Nachdenken habe ihn immer näher an den Katholizismus herangeführt, in dem er eigentlich die Vollendung des Judentums sehe. Eigentlich, so schreibt er, habe er so zum Konvertiten werden müssen – wenn er nicht schon jahrelang die Entstehung einer auf die Welt herniederbrechenden ungeheuren Woge des Anti-Semitismus (zu einem Teil allerdings von Juden, bar jeder Moral, selbst hervorgerufen) beobachtet hätte. Er wolle so unter denen ausharren, die morgen verfolgt würden. Doch er hoffe, daß ein katholischer Priester, sollte der Kardinal-Erzbischof von Paris dies erlauben, dereinst ein Gebet über seinem Grab sprechen werde.

Es wäre jedoch falsch anzunehmen, dieser gewaltig heranbrandende Antisemitismus, den Bergson voraussah, sei eine ausschließlich deutsche Erfindung gewesen. Andererseits bekehrte der eindrucksvolle Aufstieg des antisemitischen Dritten Reiches alle möglichen Leute, die früher nie viel über solche Dinge nachgedacht hatten, zum Antisemitismus. Solcher Opportunismus war in manchen Fällen eine bewußte, in anderen eine fast unbewußte Reaktion. Wie wir zuvor gesehen haben, war die antisemitische Gesetzgebung von Regierungen unter dem deutschen Schatten teils spontan, teils opportunistisch; es fällt schwer, ihre Motive zu entwirren. Mussolinis erste antijüdischen

---

[73] Assimilation und Konversionen erschwerten genaue statistische Angaben. Das galt selbst für Italien, wo sehr wenige Juden lebten: „Im Gegensatz zu der vielleicht landläufigen Meinung ist es keineswegs einfach, die Gesamtzahl der jüdischen Bevölkerung festzustellen." *De Felice*, EF, S. 5.

Maßnahmen im Jahre 1938 waren spontan; das gleiche galt für die Maßnahmen der Vichy-Regierung im Herbst 1940. Dabei handelte es sich um nationale Sanierungsmaßnahmen, die Männer wie Mussolini und Pétain für einige Zeit wünschenswert hielten; sie sollten den jüdischen Einfluß in ihren jeweiligen Ländern stark eindämmen.

Eine gewisse Kritik an jüdischen Einflüssen gab es auch bei den entschiedensten Gegnern des Nationalsozialismus. Nach dem Krieg berichtete Churchill, wie Hitler die Gelegenheit, 1932 mit ihm zusammenzutreffen, ungenutzt hatte verstreichen lassen. „Putzi" Hanfstaengl, Hitlers weltmännischer Mittelsmann, verbrachte einen Abend mit Churchill und seiner Begleitung in einem Münchner Hotel. Churchill erklärte ihm, er sei bereit, mit Hitler zusammenzutreffen und verstehe nur nicht, warum dieser so fanatisch antisemitisch sei:

„Warum ist Ihr Chef so gewalttätig, was die Juden betrifft? Ich begreife durchaus, daß man auf Juden wütend ist, die Unrecht getan haben oder gegen den Staat sind, und ich verstehe, daß man ihnen Widerstand leistet, wenn sie in irgendeinem Lebensbereich die Macht an sich zu bringen versuchen; aber worin liegt der Sinn, einen Menschen lediglich wegen seiner Geburt anzufeinden? Was kann irgendein Mensch dafür, wie er geboren wird?"[74]

Der gesunde Menschenverstand dieses großen Mannes zeigt sich in diesen Sätzen, die augenblicklich erhellen, wie falsch eine Philosophie des Antisemitismus ist.

Ich habe dieses Beispiel zitiert, um zu zeigen, daß auch Churchill eine gewisse Besorgnis über unzulässige Einflüsse, die bestimmte Juden zu bestimmten Gelegenheiten ausübten, „verstehen" konnte. Diese latente Verärgerung über einige Juden machte sich in England selbst 1940 noch bemerkbar. Darüber gibt es nur wenige schriftliche Aufzeichnungen; aber wir können wieder auf das Tagebuch des zutiefst mitfühlenden Humanisten George Orwell zurückgreifen. Am 15. Oktober 1940: „Einige Gerüchte über die Zahl der Juden in Baldock – angeblich sollen Juden bei den in der U-Bahn Schutz Suchenden auffällig überwiegen. Muß versuchen, das nachzuprüfen." Und zehn Tage später:

„Neulich habe ich abends die Massen beobachtet, die auf den U-Bahnhöfen Chancery Lane, Oxford Circus und Baker Street Schutz suchen. *Nicht* nur Juden, aber meiner Ansicht nach ein höherer Prozentsatz von

---

[74] *Churchill*, GS, S. 83–84. Ein ausführlicherer und etwas korrigierter Bericht über diese verpaßte Zusammenkunft – mit einem bedeutsamen Hinweis auf Hitlers Frankophobie („jedenfalls soll Ihr Mister Churchill ein fanatischer Franzosenfreund sein") – findet sich bei *Hanfstaengl*, S. 184–186.

Juden, als man in einer Menschenmenge dieser Größe normalerweise antreffen würde. Das Schlimme an Juden ist die Tatsache, daß sie nicht nur auffällig sind, sondern sich auch noch Mühe geben, besonders aufzufallen. Eine ängstliche Jüdin, die reinste Karikatur einer Jüdin, bahnte sich am Oxford Circus ihren Weg aus dem Zug und schlug nach jedem, der ihr dabei in die Quere kam . . .

Stelle zu meiner Überraschung fest, daß D., dessen Ansichten entschieden links sind, dazu neigt, sich der augenblicklich herrschenden Stimmung gegen die Juden anzuschließen . . .«[75]

Auf diese Weise konnte sich selbst bei den überzeugtesten und tapfersten Hitlergegnern während des Krieges eine Art selektiver Judenhaß halten. Patriotische Juden wie Georges Mandel spürten ihn bis in ihr Innerstes.[76] Im Juni 1940 sagte Mandel zu seinen wenigen Freunden, seine Tapferkeit nütze nun weder ihm noch seinem Frankreich, weil allein die Tatsache, daß er ein Jude sei, sein Beharren auf einer Fortführung des Kampfes gegen die Deutschen entwerte. Charles de Gaulle soll darüber verbittert gewesen sein, daß viele der Franzosen, die in der ersten Zeit in London zu ihm stießen, Juden waren – nicht etwa, weil de Gaulle ein Antisemit gewesen wäre, sondern weil er wußte und spürte, daß seine kleine patriotische Gruppierung durch einen hohen Judenanteil unrepräsentativ und unbeliebt werden würde.

„Die Juden sind miserable Soldaten", sagte Stalin im Dezember 1941 zu dem polnischen General Anders; „sie sind schlechte Soldaten", erklärte er dem polnischen Botschafter Kot, und es „lohnt sich nicht, über sie zu diskutieren".[77] Als einziger der Staatsmänner der gegen Hitler gebildeten Koalition kümmerte Stalin sich nicht im geringsten darum, was den Juden in den Todeslagern bevorstand; vielleicht bewunderte er sogar Hitlers entschlossenes Vorgehen gegen die Juden. (Andererseits war Hitlers Bereitschaft zu einem Abkommen mit Stalin 1939 durch den Eindruck gestärkt worden, den Stalins Liquidation vieler jüdischer Bolschewisten im Zuge der Säuberungen in den Jahren 1936-39 auf ihn gemacht hatte.) Somit waren die Gegner des Dritten Reiches im Zweiten Weltkrieg nicht völlig von Antipathien gegen Juden frei – eine Tatsache, die Hitlers Behauptung widerlegte, er kämpfe gegen die miteinander verbündeten Mächte von Bolschewismus und Judentum.

---

[75] *Orwell*, II, S. 377, 378.

[76] Während seiner Amtszeit als französischer Innenminister wurden viele ausländische Juden im Lager Le Vernet interniert.

[77] *Kot*, S. 153. Anders, der Stalins antisemitische Einstellung herausspürte, versuchte zugegebenermaßen, an sie zu appellieren: „Viele der Juden, die sich freiwillig gemeldet haben, sind Spekulanten oder Leute, die als Schmuggler vorbestraft sind; aus ihnen werden niemals gute Soldaten." Er wollte offenbar nicht allzu viele Juden in der in Rußland aufzustellenden Freien polnischen Armee haben. (Damals waren fast 30 Prozent der Freiwilligen der 5. Polnischen Division in der Sowjetunion Juden.)

Andererseits gab es viele Menschen, darunter auch profunde und prophetische Schriftsteller und Denker, die sich entschieden gegen Hitler wandten, so sehr sie früher die Gegenwart der Juden inmitten ihrer jeweiligen Völker als störend empfunden hatten. Indem sie ihren früheren Antisemitismus überwanden, wurden sie zu einsamen Bannerträgern des christlichen Widerstandes. Das wahrscheinlich hervorragendste Beispiel für diese Männer war Bernanos, der 1931 eines seiner ersten Bücher zu Ehren des antijüdischen Propheten Edouard Drumont geschrieben hatte. Es gab weitere, vielleicht weniger begeisternde Beispiele. Aber in vielen Fällen waren Staatsmänner und Schriftsteller, die in den zwanziger Jahren Antisemiten gewesen waren, 1940 Gegner Hitlers – weil sie im Nationalsozialismus eine größere Gefahr als im Kommunismus oder Judentum sahen.[78] Im Zusammenhang mit seinem vergeblichen Versuch, 1932 ein Treffen zwischen Churchill und Hitler zu arrangieren, erinnerte sich Hanfstaengl an Churchills Ausspruch: „Sagen Sie Ihrem Boß von mir, daß Antisemitismus vielleicht für den Anfang ganz gut, aber auf die Dauer ganz schlecht ist."

Das mag in Westeuropa zutreffend gewesen sein. In Italien war der Antisemitismus unpopulär, wie wir bereits gesehen haben. Jedenfalls war dort eine „Arisierung" ehrenhalber durch das Büro des faschistischen Spitzenfunktionärs Buffarini-Guidi möglich; sie könnte mit hohen Beträgen erkauft werden. Wie in vielen anderen Fällen schwächte Korruption hier die Tyrannei ab. Dahinter steckte mehr als bloße Geldgier: Wir haben gesehen, daß das italienische Militär in Kroatien und Griechenland selbstverständlich und spontan eingriff, um einheimische Juden vor den Übergriffen einheimischer Fanatiker und Verbrecher zu schützen.

Die meisten Belgier, Niederländer und Franzosen standen nach dem schrecklichen Schlag, den sie 1940 hatten hinnehmen müssen, den ersten antijüdischen Maßnahmen gleichgültig gegenüber. Viele kümmerten sich kaum um das Schicksal der ausländischen Juden in ihrer Mitte, aber nur wenige weigerten sich, die einheimischen Juden zumindest in gewissem Umfang zu unterstützen. Laval, der einen viel deutschfreundlicheren Kurs als Pétain steuerte, war weniger als Pétain bereit, antisemitische Maßnahmen zu befür-

<hr>

[78] Dafür gab es in Ungarn zahlreiche Beispiele wie den großen ungarischen Historiker Gyula Szekfü. Die gleiche Einstellung spricht aus einem vertraulichen Schreiben, das Reichsverweser Horthy am 14. Oktober 1940 an Ministerpräsident Teleki richtete: „Was die Judenfrage betrifft, so bin ich mein ganzes Leben antisemitisch gewesen ... Ich bin vielleicht der erste gewesen, der mit lauter Stimme Antisemitismus gepredigt hat, aber ich kann Unmenschlichkeit, Sadismus und sinnlose Erniedrigung nicht stillschweigend beobachten, solange wir sie (die Juden) noch brauchen. Außerdem halte ich die Nyilas (die ungarischen Nationalsozialisten) in bezug auf mein Land für viel gefährlicher und weit weniger wertvoll als den Juden. Letzterer ist uns durch sein Interesse verbunden, und er ist seinem adoptierten Lande treuer als die Nyilas, die ... unser Land den Deutschen übergeben wollen." *Horthy*, TI, S. 262.

worten. Aber um sich bei Hitler einzuschmeicheln, machte Laval bei ihrer ersten Unterredung einige scharfe Bemerkungen über jüdische Einflüsse.

Solch selektiver Antisemitismus herrschte eine Zeitlang vor. Der Antisemit Scapini konnte durchsetzen, daß die Juden unter den französischen Kriegsgefangenen in Deutschland nicht von den übrigen Franzosen getrennt wurden. Nach der Besetzung von Paris blieben die dortigen Juden im Alltag etwa ein Jahr lang größtenteils unbehelligt, obwohl ein Damoklesschwert über ihren Häuptern hing. Nicht alle französischen Nationalsozialisten und Kollaborateure waren extreme Antisemiten: Fernand de Brinon erschien als Regierungsvertreter zu Bergsons Beerdigung. Trotzdem hatte das kaum praktische Folgen. Der Antisemitismus Mussolinis, Lavals oder Déats mag selektiv gewesen sein; trotzdem taten diese Männer nur wenig oder gar nichts, um die Juden vor Eichmann und seinesgleichen zu retten.

Einen Unterschied gab es jedoch: den zwischen den Völkern Ost- und Westeuropas. Der osteuropäische Antisemitismus war kaum oder gar nicht selektiv. Lassen Sie mich wiederholen, was ich einige Seiten zuvor festgestellt habe: In der Sowjetunion überlieferten erklärte Kommunisten oft Juden dem Tode; in Frankreich waren überzeugte Faschisten häufig einzelnen Juden behilflich. Der extremistische Faschist Roberto Farinacci, ein Antisemit und Nationalsozialist, forderte 1936 in einem Artikel, Juden sollen „zuerst Faschisten, dann erst Juden" sein.[79] Farinacci begriff nicht, daß dies seinen bewunderten deutschen Verbündeten nichts bedeutet hätte. Ganz im Gegenteil: Je assimilierter, integrierter, patriotischer und germanisierter der Jude war, desto dringender wollten die Nationalsozialisten ihn loswerden. Zu seinem unterwürfigen faschistischen Biographen de Begnac sagte Mussolini im Oktober 1941: „Der wahrhaft patriotische Jude büßt die polemischen Eigenschaften seiner Rasse ein." Solch eine Einstellung wäre bei Hitler undenkbar gewesen.

In dieser Beziehung war Hitlers Judenhaß eigentlich charakteristischer für eine bestimmte osteuropäische als für eine bestimmte altdeutsche Einstellung. Es gab Osteuropäer (beispielsweise die Eiserne Garde in Rumänien), bei denen die Deutschen wegen ihrer Grausamkeit den Juden gegenüber beliebt waren. Das gleiche galt vielleicht auch für einige Völker in der Sowjetunion – eine Tatsache, die von denen, die es besser wissen müßten, meistens mit Schweigen übergangen wird.[80] Von den Opfern der Deutschen waren die

---

[79] Unter den ersten Faschisten befanden sich auch italienische Juden, von denen 1922 über 200 an dem Marsch auf Rom teilnahmen; zu den im Spanischen Bürgerkrieg kämpfenden faschistischen Freiwilligen gehörten einige Juden, von denen einer (Liuzzi) fiel; die ersten Offiziere der späteren israelischen Marine waren auf einem zionistischen Schiff ausgebildet worden, das die italienische Regierung ihnen in den dreißiger Jahren zur Verfügung gestellt hatte; Mussolini bevorzugte die Falasha-Juden in Abessinien und erwog gelegentlich, dort eine kleine jüdische Enklave zu bilden.

[80] Das fast völlige Schweigen der Sowjetregierung in bezug auf die deutschen Judenmorde in der westlichen Sowjetunion – ein Stillschweigen, das in auffälligem Gegensatz zu der lautstarken sowjetischen Kampagne steht, in der den Deutschen Greueltaten vorgeworfen wurden – beruhte und beruht vermutlich noch auf der Überlegung der sowjetischen Führungsspitze, daß wieder-

Tschechen keine Antisemiten, aber wie Mastny es ausdrückte: „Beispiele wirksamer Hilfe waren selten."[81] Es ist schwieriger, allgemeingültige Aussagen über die Polen zu machen, bei denen es nach wie vor Antisemitismus gab, obwohl die wirksame Unterstützung von Juden nicht selten war. Bei den in englischen Exil lebenden Polen gab es erklärte Antisemiten; auch bei den polnischen Flüchtlingen in der Sowjetunion, von denen etwa ein Drittel Juden waren, gab es starke antisemitische Strömungen. Viele der unglücklichen Juden, die 1941 in die Sowjetunion geflohen waren, wurden von ihren etwa vorhandenen prosowjetischen Gefühlen geheilt; viele wollten sich zu polnischen Einheiten melden – wenn auch nur, um den zweifelhaften Vorzügen einer Einbürgerung zu entgehen. In manchen Fällen machten ihnen das die Russen wie die Polen unmöglich: besonders ab Dezember 1941, als eine sowjetische Verordnung die Aufnahme von „Nichtpolen" in diese Einheiten untersagte.

Je weiter wir nach Osten blicken, desto weniger wurde die Judenverfolgung durch das Mitgefühl der Bevölkerung abgemildert. Auch in dieser Beziehung befand sich Deutschland in der Mitte Europas. Die wenigen überlebenden Juden erinnerten sich daran, daß an jenem bittersten aller Tage, am 19. September 1941, als sie in der Öffentlichkeit den Judenstern tragen mußten, eine Anzahl von Deutschen ihnen auf der Straße durch Zeichen und gelegentlich sogar durch kleine Gesten ihr Mitgefühl bezeigte.[82]

Aber auch diese Variationen in der Haltung einzelner machten auf die Dauer keinen großen Unterschied, denn Hitlers Einstellung den Juden gegenüber blieb unverändert. Er wollte das Judenproblem lösen: Das war das Hauptziel seines Lebens, eine Überzeugung, die er noch wenige Stunden vor seinem Tode in seinem Testament bekräftigte. Hitlers Grundüberzeugung war sein Judenhaß; sein Rassismus ergab sich erst aus ihr und war vergleichsweise

holte Erinnerungen daran, wie die Deutschen die Juden behandelt hatten, keineswegs zu gesteigerter Deutschenfeindlichkeit der Bevölkerung führen würde; eher im Gegenteil.
Das Schweigen der antisowjetischen Exilrussen ist nicht weniger eindrucksvoll. In Ilnytzkis wertvollem zweibändigen Werk „Deutschland und die Ukraine" (München, 1956), einem äußerst detaillierten Bericht über die Beziehungen zwischen dem Dritten Reich und der Ukraine im Zweiten Weltkrieg, findet sich kaum ein Wort über die Juden, obwohl die Behandlung letzterer in vielen Fällen ein wichtiges Element der deutsch-ukrainischen Beziehungen gewesen ist.
[81] „Lediglich 424 Juden überlebten den Krieg in Verstecken – eine Zahl, die proportional etwa der deutschen entsprach oder sogar tiefer lag." *Mastny*, S. 183.
[82] „Antisemitismus ist vielleicht für den Anfang ganz gut, aber für die Dauer nicht geeignet." Das galt besonders für Bayern. In München, einst Ursprungsort der nationalsozialistischen Bewegung, schrieb ein jüdischer Überlebender am 19. September 1941 in sein Tagebuch: „Wie reagiert die Bevölkerung darauf? Die meisten Leute tun, als sähen sie den Stern nicht, ganz vereinzelt gibt jemand in der Straßenbahn seiner Genugtuung darüber Ausdruck, daß man das ,Judenpack' erkennt. Aber wir erlebten und erleben auch viele Äußerungen der Abscheu über diese Maßnahme und viele Sympathiekundgebungen für uns davon Betroffene." *Behrend-Rasenfeld*, S. 132–133.

sekundär.[83] Die *Motive* für seinen Judenhaß waren und sind unklar. Es gibt einen Unterschied zwischen Motiven und Zielsetzungen, den die heutige Philosophie, auch die Historiker, oft ignorieren. Beide lassen sich nicht stets und gänzlich trennen; trotzdem ist es die Aufgabe des Historikers, eher Zielsetzungen zu beschreiben, als über Motive zu spekulieren.

Einiges weist darauf hin, daß Hitler glaubte, sein Vater sei Halbjude gewesen.[84] Ob dies das Hauptmotiv für seinen Judenhaß war, ist schwer zu beurteilen. Er war jedenfalls eine Phobie, die stark genug war, um die Hauptziele seines Lebens zu bestimmen. Vielleicht wollte Hitler das Judentum in sich selbst loswerden; das wissen wir nicht. Aber wir wissen, daß er das Judentum in Deutschland und Europa loswerden wollte. „Loswerden" ist das Schlüsselwort. Wir haben gesehen, daß Hitlers Judenpolitik sich zwischen Januar 1939 und Januar 1942 allmählich von der Ausweisung zur Ausrottung weiterentwickelte. Mit „loswerden" ist einiges davon erklärt – wenn nicht sogar alles. Hitler sowie andere deutsche Antisemiten bezeichneten die Juden immer wieder als Parasiten, als Ungeziefer.[85] Etwas oder jemanden „loswerden" bedeutet nicht automatisch eine Ausrottung; trotzdem kann die Ausrottung unter extremen Umständen nötig werden.[86]

Richtig ist, daß das sorgfältige Studium von Hitlers Äußerungen einen Hinweis auf die Vernichtung bestimmter Juden zutagefördert, der noch aus den zwanziger Jahren stammt. In „Mein Kampf" heißt es: „Hätte man zu Kriegsbeginn und während des Krieges einmal zwölf- oder fünfzehntausend dieser hebräischen Volksverderber so unter Giftgas gehalten, wie Hunderttausende unserer allerbesten deutschen Arbeiter aus allen Schichten und Berufen es im Felde erdulden mußten."[87] Zu beachten ist allerdings, daß Hitler hier nur

---

[83] Sein Judenhaß war außergewöhnlich; sein Rassismus war ziemlich durchschnittlich und nicht untypisch für eine bestimmte Art von deutschem Rassismus. Hitlers Judenhaß war unnachgiebig und konsequent, während sein Rassismus inkonsequent und flexibel war. (Er bemühte sich um Bündnisse mit Mauren, Arabern, Japanern und Chinesen. Er äußerte sich oft verächtlich über Rosenbergs amtliche Rassenphilosophie. Als Himmler 1940 mit der Rekrutierung von SS-Freiwilligen in den nordischen Nationen begann – d. h. bei Niederländern, Norwegern, Flamen usw. –, blieb Hitler, wie Wright es ausdrückt, „skeptisch in bezug auf dieses Experiment; er erkannte klarer als Himmler instinktiv den selbst bei den Nationalsozialisten des eroberten Landes fortbestehenden Einfluß des Nationalgefühls". *Wright*, S. 141–142.

[84] Das stimmte nicht. Die schlüssigste Beweisführung findet sich bei *Maser*, S. 26 ff.

[85] Es ist bedeutsam, daß das für die Massentötung von Juden verwendete Gas „Zyklon B" war, das früher zur Vernichtung von Ungeziefer wie Wanzen gedient hatte. Im Jahre 1939 war „Zyklon" eine in Mitteleuropa bekannte Handelsmarke gewesen; erst nach 1945 stellte sich heraus, für welche Zwecke dieses Mittel während des Krieges verwendet worden war.

[86] Für den extremen Nationalisten ist charakteristisch, daß er die Gefahr interner Subversion mehr fürchtet als die von externen Feinden seines Landes ausgehende. (Alfred Duff Cooper: Der chauvinistische Nationalist „ist stets der erste, der seine Landsleute als Verräter anprangert".) Auch Hitler machte sich mehr Sorgen über die Juden in Europa als über die Gefahr, die Europa von anderen Rassen drohte.

[87] *Hitler*, MK, S. 772.

von einer geringen Anzahl verbrecherischer Juden, nicht von sämtlichen Juden Deutschlands sprach. Wie wir gesehen haben, bevorzugte er selbst nach seiner Machtergreifung im Jahre 1933 die Ausweisung gegenüber der Ausrottung.[88] Wir haben jedoch auch gesehen, daß diese Politik sich im Winter 1938/39 plötzlich verhärtete: Nun betrafen Hitlers Pläne erstmals das gesamte europäische Judentum. Am 24. November 1938 erklärte er Oswald Pirow, dem germanophilen südafrikanischen Wirtschafts- und Verteidigungsminister, bei dessen Deutschlandbesuch: „Eines Tages werden die Juden aus Europa verschwinden. Das Judentum will mit allen Mitteln verhindern, daß die Juden aus Europa verschwinden."[89]

Es ist bedeutsam, daß Hitler von ganz Europa sprach. Einerseits war dies ein Ausdruck seiner Vorstellung von einer deutschen Hegemonie in Europa. Andererseits ließ es jenen Rest von Realismus erkennen, der seinem Größenwahn – leider! – nur selten fehlte. Die amerikanischen Juden befanden sich außerhalb seines Herrschaftsbereichs. Hitler hoffte jedoch, daß die Massenauswanderung von Juden von Europa nach Amerika dort zu massivem Antisemitismus führen würde. „Loswerden" kann auch den Wunsch beinhalten, diesen oder jenen Schädling zu vertreiben, damit er sich anderswo niederläßt. Um die europäischen Juden „loszuwerden", sollte dieses Problem notfalls Amerika aufgehalst werden.

Hitler dachte auch, daß die Juden Amerikas, die in Roosevelts Umgebung Einfluß hatten, seine Vernichtung betrieben.[90] Wie ich bereits angedeutet habe, kann dies den Anstoß zu seinem Kurswechsel im Januar 1939 gegeben haben. Es war auch der Schlüssel zu seiner Politik der Vertreibung in den beiden ersten Jahres des Zweiten Weltkrieges. Am 6. April 1941 führte Hitler dem ungarischen Botschafter Sztójay gegenüber aus, die Regierungen der europäischen Staaten müßten ihre Juden loswerden. Sie sollten auswandern. „Millionen von anständigen Deutschen, Ungarn usw. hätten auswandern und im

---

[88] Es gab natürlich Nationalsozialisten – nicht nur in Deutschland –, die schon vor 1939 davon sprachen, daß eine Ausrottung der Juden wünschenswert sei. Nur wenige äußerten sich so unverblümt wie der britische extreme Antisemit Arnold Leese, der im Februar 1935 in seiner Zeitung The Fascist schrieb: „Es muß zugegeben werden, daß die sicherste und dauerhafteste Methode zur Beseitigung der Juden ihre Vernichtung mit Hilfe einer humanen Methode wie der Gaskammer wäre. Sie ließe sich durchaus verwirklichen, aber in unserer Zeit ist es unwahrscheinlich (leider, würden manche sagen), daß die Welt die Einführung dieses drastischen Verfahrens fordern wird." Zitiert bei Cross, S. 153.
[89] Am 21. Januar 1939 (ein bedeutungsvolles Datum; siehe S. 341) erklärte Hitler dem tschechischen Außenminister Chvalkovsky: „Wir werden die Juden vernichten. Mit dem, was sie am 9. November 1918 getan haben, sollen sie nicht davonkommen. Der Tag der Abrechnung ist gekommen."
[90] Auch seine Gegner waren sich darüber im klaren. Im Jahre 1939 berichtete der Regimegegner Adam von Trott zu Solz aus Washington über „den Einfluß von Bundesrichter Felix Frankfurter". Deutsch, S. 152. Der französische Botschafter im September 1940: „Starke israelitische Einflüsse, besonders im Schatzamt." Charles-Roux, S. 169. Jay Pierrepont Moffat vom Außenministerium am 31. Januar 1941: „Die graue Eminenz war . . . Felix Frankfurter." Moffat, S. 339–350.

Zwischendeck reisen müssen. Er sehe keine Unmenschlichkeit darin, daß jüdische Auswanderer in der zweiten Klasse reisten."

Am 30. Januar 1941 wiederholte Hitler seine zwei Jahre zuvor ausgesprochene Warnung: „... daß nämlich, wenn wirklich die andere Welt von dem Judentum in einen allgemeinen Krieg gestürzt würde, das Judentum damit seine Rolle in Europa ausgespielt haben wird! Sie mögen auch heute noch lachen darüber, genau so, wie sie früher lachten über meine inneren Prophezeiungen." Im Gegensatz zu der noch immer akzeptierten Auffassung war Hitler fern davon, die Vereinigten Staaten zu unterschätzen oder aus seinen Überlegungen auszuklammern. In gewisser Beziehung sollten die europäischen Juden Geiseln sein – im Hinblick auf die Vereinigten Staaten.[91] Aber nach Pearl Harbour war die Rolle der Geiseln ausgespielt; sie wurde abgeschafft.

Ich muß immer wieder auf die Methode hinweisen, die in dem steckte, was sonst als Hitlers Wahnsinn erscheinen müßte. Für ihn war das Problem der europäischen Juden untrennbar mit dem Gesamtproblem dieses Krieges verknüpft. Wie wir gesehen haben, gab er ab November 1941 erstmals zu, daß er daran zweifelte, diesen europäischen Krieg noch gewinnen zu können.[92] Und nun traten die Vereinigten Staaten in den Krieg ein, was nach Hitlers Überzeugung durch den starken Einfluß des amerikanischen Judentums vorbereitet und erleichtert worden war. Nun war es nicht mehr möglich, sich der europäischen Juden zu entledigen, indem man sie nach Amerika abschob. Für sie – und vielleicht auch für ihn – gab es keinen anderen Ausweg mehr. Der Überfall auf Pearl Harbour besiegelte das Schicksal von Millionen europäischer Juden, obwohl sie das noch nicht wußten. Selbst heute sind sich nur wenige Menschen darüber im klaren, obwohl viele Beweise darauf hindeuten.

Die ominöse Konferenz im Gebäude Am Großen Wannsee 56-58 war ursprünglich für den 29. November 1941 einberufen worden; sie wurde dann auf den 8./9. Dezember verlegt und fand schließlich am 20. Januar 1942 statt,

[91] Auch Ribbentrop war sich darüber im klaren. Im Juli 1941 wies er den deutschen Geschäftsträger in Washington mit charakteristischer Plumpheit an, den Versuch zu machen, einflußreichen amerikanischen Juden zu suggerieren, daß es wünschenswert sei, die Vereinigten Staaten aus dem Krieg herauszuhalten: Falls Amerika in den Weltkrieg eintrete, werde der Einfluß der Juden in Amerika schwinden, und falls es zu Rückschlägen und kriegsbedingten Entbehrungen komme, werde bei den Amerikanern Antisemitismus entstehen. (Noch im November 1941 – d. h. *nach* der amtlichen Beendigung der Auswanderung aus Deutschland – verlangte die deutsche Waffenstillstandskommission in Wiesbaden von den Franzosen die Ausstellung von Transitvisa für jene deutschen Juden, die bereit waren, *aus der Schweiz* durch Vichy-Frankreich und Spanien nach Amerika zu emigrieren. CDA, V, S. 299.) Bis Oktober 1941 gestatteten die Deutschen amerikanisch-jüdischen Hilfsorganisationen (Joint) Nahrungsmittellieferungen an polnische Gettos.
[92] Siehe auch S. 133–134. In dieser Beziehung täuscht sich der Historiker, dem die wichtigste amerikanische Darstellung von Hitlers Kriegszielen zu verdanken ist: „Von verschiedener Seite ist die Vermutung geäußert worden, Hitler sei eben wegen des verlorenen Krieges entschlossen gewesen, diese letzte grausame Rache für seine Niederlage zu nehmen. Aber diese These ist gewiß unhaltbar." *Rich*, S. 11. Durchaus nicht!

um die Richtlinien für die „Endlösung" zu beschließen. Es gibt keine Weisung, kein einziges Schriftstück mit Hitlers Unterschrift, das seine Zustimmung zur Ausrottung der Juden festhält[93]; einiges weist darauf hin, daß er der Ausweisung noch immer den Vorzug vor der Ausrottung gegeben hätte[94]; trotzdem dürfte außer Zweifel stehen, daß Hitler wußte, was demnächst beginnen würde. In seinen öffentlichen Reden kam er immer wieder auf seine am 30. Januar 1939 ausgesprochene „Warnung" an die Juden zurück – beispielsweise am 24. Februar, 30. September und 8. November 1942 (in diesen Reden nannte er ein falsches Datum für die ursprüngliche Warnung; er behauptete, er habe die Juden bei Kriegsausbruch gewarnt, und meinte damit

---

[93] *Krausnick*, S. 59: Der genaue Zeitpunkt zu dem Hitler zu dem Entschluß gekommen sei, die Juden müßten vernichtet werden, könne mit den verfügbaren Beweismitteln nicht genau bestimmt werden. Krausnick ist der Auffassung, dafür komme kein Zeitpunkt nach dem März 1941 in Frage (ebd., S. 60). *Maser*, S. 334, zitiert einen geheimnisvollen Tagebucheintrag Rosenbergs vom 2. April 1941: „Was ich heute nicht niederschreiben will, aber nie vergessen werde." Noch nicht genügend Beachtung gefunden haben bedeutsame Ausführungen in *Reitlinger*, FS, S. 50–51: „Die Geschichte des ersten Stadiums, des im Oktober 1941 abgeschlossenen Stadiums der Judendeportationen zeigt, daß die Deutschen Rücksicht auf die öffentliche Meinung in Amerika – und bis zum 22. Juni – in Rußland nahmen. Obwohl die Lebensbedingungen unweigerlich mörderisch waren, wurde kein bewußter Massenmord praktiziert. Es ist bedeutsam, daß Frank die Worte ‚Erledigt sie selbst' neun Tage nach Pearl Harbour gebrauchte und daß die ersten Vergasungen in Polen Ende des gleichen Jahres stattfanden. *Man könnte sogar bezweifeln, daß der Führerbefehl zur Vernichtung des russischen Judentums auch westlich der ehemaligen russischen Demarkationslinie wirksam geworden wäre, wenn die Vereinigten Staaten nicht am 7. Dezember 1941 in den Krieg eingetreten wären"* (Hervorhebung durch den Verfasser).
[94] Siehe beispielsweise sein Tischgespräch am 23. Januar 1942 (auch dies ein bedeutsames Datum): Man müsse zu einer grundsätzlichen Lösung kommen, sagte Hitler. Wenn jemand einen Zahn gezogen bekomme, so verschwinde der Schmerz schnell wieder. Europa müsse ‚judenfrei' sein; andernfalls werde es kaum zu einem tieferen Verständnis unter den Europäern kommen. Alles werde vom Juden verhindert. Wenn er so darüber nachdenke, so werde er sich erst der Tatsache bewußt, daß er eigentlich noch außerordentlich human sei... Er sei sehr zurückhaltend, wenn er ihnen sage, sie müßten verschwinden... Sollten sie sich jedoch weigern freiwillig zu gehen, so sehe er keine andere Lösung als die Ausrottung. Dr. Hans Lammers, Reichsminister und Chef der Reichskanzlei, stellte in Nürnberg seine Nichtbeteiligung folgendermaßen dar: „Er habe Hitler Anfang 1942 gefragt, wie die ‚Endlösung' sei; Hitler habe sich geweigert, darüber zu sprechen, und nur gesagt, er habe Himmler angewiesen, die Juden zu evakuieren. Nach einer Besprechung im März 1942, an der einer seiner Mitarbeiter teilgenommen hatte, stellte Lammers einen ausführlichen Bericht zusammen, mit dem er eine Diskussion zu provozieren hoffte, aber Hitler weigerte sich, über dieses Thema zu sprechen, und verbat sich weitere Berichte..." *Peterson*, S. 30. Noch 1944 war Hitler mit der Auswanderung bestimmter Juden einverstanden; bei einer Gelegenheit sprach er davon, daß es wünschenswert sei, sie in bestimmten Industrien rücksichtslos zur Arbeit heranzuziehen (*Milward*, S. 128). „Obwohl Hitler während des ganzen Krieges seine Schimpfkanonaden gegen das ‚Finanzjudentum' fortsetzte, hat er trotzdem niemals ernstlich versucht, die Gestapo an dem Schacher um das Leben begüterter Juden zu hindern..." [Er verlor] „das Interesse an den teuflischen Dingen..., die er ins Werk gesetzt hatte... Nur in der Zeit vor Kriegsende scheint er sich dessen bewußt geworden zu sein, inwieweit seine Befehle unausgeführt geblieben waren und inwieweit das Judentum Europas die Ausrottungsmaßnahmen überlebt hatte..." *Reitlinger*, FS, S. 4–5.

die Rede vom 1. September 1939, die jedoch keinen Hinweis auf die Juden enthielt). Unabhängig davon, ob dieser Irrtum[95] bewußt oder unabsichtlich war, stellte Hitler eine Verbindung zwischen dem Kriegsausbruch und seinem Entschluß her, die Judenfrage zu lösen. Was er in der Öffentlichkeit nicht aussprach, sagte er gegen Kriegsende im Kreise seiner Vertrauten: Deutschland werde vielleicht diesen Krieg verlieren, aber er habe Deutschland und Mitteleuropa zumindest von Juden befreit. Und dies war eines der wichtigsten – vielleicht *das* wichtigste – Ziele seines Lebens.[96]

Hitler verlor den Krieg gegen die Großmächte der Welt; aber er gewann seinen schrecklichen Kampf gegen die Juden. Er ging mit dieser Überzeugung in den Tod, und sie herrscht selbst heute noch in einer Welt vor, die seinen Namen verabscheut. Dabei ist das nicht wahr, denn er verlor seinen Krieg gegen die Juden schließlich doch noch. Ich meine damit nicht nur die Tatsache, daß es 1945 in Europa noch Millionen von Juden gab – ganz zu schweigen von vielen weiteren Millionen in Amerika. Ich spreche von der „Judenfrage" im Bewußtsein von Nationen und Völkern, denn durch Hitlers „Endlösung" wurde der Antisemitismus fast überall in der zivilisierten Welt buchstäblich unmöglich.

Es gibt noch eine weitere, damit zusammenhängende Überlegung. Heute herrscht allgemein die Auffassung vor, der Nationalsozialismus sei viel krimineller als der Kommunismus gewesen. Dieses Argument, das liberale Denker für selbstverständlich erachten, ist fast nur wegen der Judenfrage haltbar. Den Deutschen ging es unter Hitler besser, als es den Russen unter Lenin, Stalin oder deren Nachfolgern jemals gegangen ist. Man könnte sogar behaupten, viele europäische Völker hätten unter der deutschen Besetzung weniger zu leiden gehabt als einige der osteuropäischen Völker unter der russischen. Hätten Hitler und seine Gefolgsleute nicht ihre verbrecherischen Massenmorde an Juden verübt, hätten intelligente Zeitgenossen sich früher oder später von dem Argument beeinflussen lassen, Hitler und der Nationalsozialismus seien letzten Endes weniger schlimm und viel weniger grausam als Stalin und der Kommunismus.

Die Überzeugungskraft dieses Argumentes sollte nicht unterschätzt werden. In Europa gibt es Millionen von Menschen – nicht nur in Deutschland –,

---

[95] Eine Diskussion dieses Punktes findet sich bei *Jaeckel*, S. 81–84.

[96] Hitler am 31. März 1933 zu dem italienischen Botschafter Cerruti: Mussolini, den er bewundere, verstehe die jüdische Frage nicht, die er (Hitler) „lange Jahre, aus jeder Perspektive, wie sonst keiner" studiert habe . . . „Ich weiß nicht, ob mein Name in zwei- oder dreihundert Jahren in Deutschland viel gelten wird – unabhängig davon, was ich für mein Volk zu erreichen versuche –, aber eines weiß ich ganz sicher: In fünf- oder sechshundert Jahren wird der Name Hitler überall als der des Mannes gerühmt werden, der die jüdische Pest ein für allemal aus der Welt geschafft hat." *Cerruti*, S. 150.

die noch heute dieser Ansicht sind. Für die übrigen geben die an Juden verübten Massenmorde den Ausschlag. Wegen dieser traurigen und schrecklichen Tat wird Hitler vielleicht nie der Respekt zuteil werden, der Napoleon gelegentlich entgegengebracht wird. Unschuldige jüdische Kinder, Mütter, alte Männer und junge Leute verschwanden gemeinsam mit weiteren Millionen spurlos von dieser Erde. Ihr Blut ist ein Fleck auf unseren Erinnerungen: ein Fleck, der spätere jüdische Generationen vor der Geißel weiterer Verfolgungen gerettet haben mag; ein Fleck, der groß genug ist, um Hitlers Platz in der Geschichte für lange Zeit, vielleicht für immer zu verdunkeln.

Anfang des 20. Jahrhunderts schrieb Otto Weininger, ein außergewöhnliches junges jüdisches Talent in Wien, in dessen Atmosphäre Hitler noch leben sollte, ein außergewöhnliches Buch mit dem Titel „Geschlecht und Charakter" – über Frauen und Männer, Juden und Christen, deren problematisches Verhältnis zueinander seinen feurigen Geist beschäftigte. Weininger, der über den zunehmenden Einfluß einer seiner Ansicht nach neuen und gottlosen jüdischen Schicht in Europa entsetzt war, hatte vermutlich recht, als er die Entstehung einer gewaltigen antisemitischen Bewegung voraussah. Er täuschte sich jedoch, als er glaubte, sie werde durch ein neues, aufstrebendes Christentum verursacht werden: „Aber dem neuen Judentum entgegen drängt ein neues Christentum zum Lichte; die Menschheit harrt des neuen Religionsstifters, und der Kampf drängt zur Entscheidung wie im Jahre eins. Zwischen Judentum und Christentum, zwischen Gattung und Persönlichkeit, zwischen Unwert und Wert, zwischen irdischem und höherem Leben, zwischen dem Nichts und der Gottheit hat abermals die Menschheit die Wahl. Das sind die beiden Pole: es gibt kein drittes Reich."[97]

Aber es sollte doch ein Drittes Reich geben: ein Drittes Reich, in dem nicht die Religion des Christentums, sondern die Religion des Völkischen herrschte. Wie Hitler, der Verkünder dieser Heilslehre, am 6. April 1938 in Salzburg sagte: „Am Anfang war das *Volk*, und erst dann kam das *Reich*."

Weininger hatte 1903 im Alter von 23 Jahren Selbstmord verübt – offenbar wegen seiner Enttäuschung über das Christentum.[98] Der Volkskult, nicht das Christentum, sollte sich als Hauptfeind des Judentums erweisen. Und wo würde das Christentum in diesem Kampf auf Leben und Tod stehen?

[97] *Weininger*, S. 441.
[98] Am 1. Dezember 1941 warf Hitler bei Tisch die Frage auf, ob es jemals anständige Juden gegeben habe oder gebe? Nur sehr wenige, sagte er. (Er gab die Existenz einiger zu.) Dietrich Eckart, sein früher Mentor, „... hat mir einmal gesagt, er habe nur *einen* anständigen Juden kennengelernt, den Otto Weininger, der sich das Leben genommen hat, als er erkannte, daß der Jude von der Zersetzung anderen Volkstums lebt!" *Hitler* TG, 36.

## 6. Die Übereinstimmung von Denken und Glauben

Die Liebe ist, wie Pascal gesagt hat, nicht wirklich blind. Die Musen schweigen nicht, wenn Waffenlärm erklingt. Dies sind keine abstrakten Zurückweisungen überlieferter Redensarten. Im 20. Jahrhundert haben mehr und mehr Menschen mehr und mehr gedacht (allerdings nicht unbedingt besser). Bildung, Technologie und Kommunikation haben zur Intellektualisierung des Lebens geführt. Propaganda, Bildreportagen und Massenmedien florieren im modernen Krieg; wir haben uns mit einigen ihrer Manifestationen und Wirkungen befaßt. Obwohl diese Wirkungen vergänglich und oberflächlich sind, muß der Polithistoriker sich ebenso mit ihnen befassen wie der Kulturhistoriker.

In der Geschichte der bildenden Kunst, der Musik und der Literatur waren die zwei bis drei Jahre von 1939-41 selbstverständlich ein zu kurzer Zeitraum, als daß neue Formen sich hätten herauskristallisieren können, obwohl Maler, Komponisten, Schriftsteller und Dichter weit davon entfernt waren, von weltgeschichtlichen Entwicklungen, wie sie sie sahen, unbeeinflußt zu bleiben. (Hätte Hitler den Krieg gewonnen, hätte die Geschichte der europäischen Kunst, nicht nur die der europäischen Künstler, einen ganz anderen Verlauf genommen – zumindest für einige Zeit.) In anderen, vielleicht profaneren Dingen offenbarte sich das Denken der Menschen in erkennbaren Formen. Dazu gehörten die Anfänge der Widerstandsbewegungen, eine Tendenz zu europäischem Supranationalismus, die Amerikanisierung der Massenkultur und die Verwirklichung der Atombombe.

Wir müssen uns mit den Kirchen befassen und dabei das Thema Religion nicht ausklammern. Das ist keine leichte Aufgabe. Was Menschen glauben, ist wenig oder gar nicht bekannt. Es ist schwierig genug zu rekonstruieren, was Menschen getan haben; es ist viel schwieriger, zu rekonstruieren, was sie gedacht haben mögen; es ist fast unmöglich, zu rekonstruieren, was sie geglaubt haben. Der Historiker kann nicht in die Seelen von Menschen eindringen, die meistens schon tot sind. Stattdessen wird er sich an Dr. Johnsons kluge Bemerkung erinnern: „Absichten müssen aus Taten hergeleitet werden." Im folgenden Unterkapitel werde ich versuchen, einiges über die Taten und Worte eindeutig religiöser Menschen zu sagen, anstatt mich mit den Kategorien ihres Glaubens zu befassen.

Im Jahre 1939 bestand die große Mehrheit der Völker Europas mit Ausnahme der Sowjetunion aus getauften Christen. Mindestens 80 Prozent aller Europäer – auch hier mit Ausnahme der Sowjetunion – waren getaufte Katholiken. Diese Zahlenangaben sind fast bedeutungslos. Nur eine Minderheit ging regelmäßig in die Kirche. Die Erosion der Macht der Kirchen dauerte seit Jahrhunderten an. Nach dem Ersten Weltkrieg war es nicht zu einem allgemeinen Erstarken religiöser Empfindungen gekommen (ein Phänomen, das nach den Revolutions- und den Napoleonischen Kriegen aufgetreten war und sich nach dem Zweiten Weltkrieg einstellen sollte). In der Zeit vor Kriegsausbruch gewann die Religion, vor allem der Katholizismus, vermehrtes Prestige – hauptsächlich bei Gegnern der neuen totalitären Philosophien und Regime. Dies war jedoch kein Massenphänomen.

Auch die meisten Verallgemeinerungen sind unbrauchbar. Von Land zu Land, von einem Ende Europas zum anderen gab es erhebliche Unterschiede. In England überdauerte der Kult einer gewissen Moralität die Abkehr von den Kirchen; in Rußland war dies nicht der Fall. Die englische Arbeiterklasse mochte zu den am wenigsten religiösen Klassen Europas gehören; sie war bestimmt die am wenigsten revolutionäre. Die meisten Kirchgänger gab es in Irland und Polen; die wenigsten in der Sowjetunion und Schweden, d. h. bei Völkern, die sonst kaum etwas gemeinsam hatten. Der Einfluß der Kirchen war im Süden und Osten stärker als im Westen und Norden Europas. Auch von dieser Regel gab es Ausnahmen: Irland, die Niederlande und Spanien.

In anderer Beziehung lassen uns Verallgemeinerungen ebenfalls im Stich. Einfluß und Respekt waren unterschiedliche Dinge. Im agnostischen Frankreich der dreißiger Jahre machte die traditionell weitverbreitete und intellektuelle Unehrerbietigkeit der Religion gegenüber allmählich einer differenzierteren Betrachtungsweise Platz. Im Juni 1940 schrieb Henry de Montherlant, als er über den toten Gott Pan nachdachte und von den verfallenden Kais von Marseille aufs Meer hinausblickte: „Ich glaube, daß Europa sich für lange Zeit vom Christentum lösen muß . . .“ Genau das dachten radikale Intellektuelle in Serbien oder Bulgarien – nicht in Frankreich, wo Sozialisten und Atheisten sich 1940 mit der Lektüre von Péguy und Bernanos trösteten. Der sowjetische Botschafter in Berlin, Skwarzow, erklärte dem deutschen Diplomaten Woermann im Januar 1940, der Vatikan und der Katholizismus seien „erledigt“. Er täuschte sich noch mehr als Montherlant, was keine Überraschung sein dürfte. Im Jahre 1935 hatte sein Gebieter Stalin Laval die rhetorische Frage gestellt: „Wie viele Divisionen hat der Papst?“ und damit angedeutet, daß dieser überhaupt keine habe.[1]

[1] Dies ist eine der wenigen Stalin zugeschriebenen witzigen Bemerkungen. In Wirklichkeit hatte er sie von Napoleon übernommen.

Wir haben uns hier nicht mit der Frage zu befassen, wie viele Divisionen der Papst hatte, sondern wo sie standen und wie sie kämpften, falls sie überhaupt irgendwo standen oder kämpften. Unser Problem besteht daraus, daß wir weniger das Ausmaß als die Qualität religiöser Einflüsse zu definieren haben: *Wie* statt *wie sehr* beeinflußte die Religion die Gedanken, Worte und Taten der Menschen? Und hier stoßen wir erneut auf ein Phänomen, das uns auf diesen Seiten immer wieder begegnet ist – den überwältigenden Einfluß der Nationalität auf das Denken der Menschen. Bis auf wenige Ausnahmen waren die Leute in erster Linie Ungarn, Dänen oder Engländer und erst in zweiter Linie Katholiken, Protestanten oder Anglikaner. Ein deutscher Katholik hielt sich für einen Deutschen, der zufällig katholisch war, nicht umgekehrt.

Die krassesten Beispiele für nationalistische Religionen gab es in einigen osteuropäischen Staaten. In einigen dieser Völker hießen sowohl die Hierarchie als auch die Massen der praktizierenden Katholiken das Bündnis mit den Deutschen willkommen. Zumindest für gewisse Zeit sahen sie wenige oder gar keine Konflikte zwischen den Grundsätzen ihrer gewohnten Religion und denen der Deutschen. Musterbeispiele dafür waren die Slowakei und Kroatien.[2] Prälat Tiso, ein katholischer Geistlicher, wurde 1939 Präsident der Slowakei.[2] Seine Volksfrontreligion war für einen Großteil Osteuropas charakteristisch. Er blieb trotz aller Warnungen und Ermahnungen des Vatikans bis zuletzt ein Gefolgsmann Hitlers. Von Tisos Fehlern fiel besonders seine mangelnde Bereitschaft auf, sich der Ausweisung und späteren Vernichtung der slowakischen Juden zu widersetzen – ein Mangel an Bereitschaft, den er mit der Mehrzahl seiner Landsleute teilte.[3]

Die Kroaten führten sich noch schlimmer auf. Im Sommer 1941 massakrierten die von ihrem fanatisch nationalen Klerus angestachelten Kroaten (die kroatischen Franziskaner spielten in diesem Zusammenhang eine besonders scheußliche Rolle) wahrscheinlich bis zu 100 000 orthodoxe Serben und Juden. Es gab Geistliche und Mönche, die sich damit brüsteten, Hunderten von Serben die Kehle durchschnitten zu haben. Zum erstenmal seit Jahrhunderten erzwangen sie Massenbekehrungen unter Androhung des Todes.[4] Ihre Bischöfe taten wenig oder gar nichts, um sie von Greueltaten abzuhalten.

---

[2] Ein weiterer Geistlicher, der altkatholische Monsignore Volosin, war 1939 Präsident der kurzlebigen Karpato-Ukraine. Der Vatikan war dagegen, daß Geistliche hohe politische Ämter übernahmen: Siehe dazu die Depesche Magliones vom 21. August 1940 und Tardinis Denkschrift vom 12. November 1939, VD, 4, S. 115.

[3] Ein typisches Beispiel für Tisos osteuropäisch-nationalistische Auffassung vom Katholizismus findet sich in seiner Rede vom 7. September 1941, in der er den deutschen Nationalsozialismus lobte, dessen Doktrin seiner Darstellung nach große Ähnlichkeit mit jener der katholischen Kirche hatte. Tiso sagte auch, die Enzykliken des Papstes, dem er ölig Treue gelobte, seien „Seine dogmatischen Lehren, die der Papst den Führern jeder Nation ihren speziellen Umständen entsprechend anzuwenden gestattet". Der Nuntius protestierte gegen diese Darstellung. VD, 4, S. 278, auch S. 301–2.

[4] Diese Volksfront-Tendenz geht deutlich aus einem Schreiben des kroatischen Ministeriums für

In Osteuropa, wo die nationalistische Religion solch widerwärtige Blüten trieb, hatte das Adjektiv „christlich" seit Jahrzehnten eine politische und rassische Nebenbedeutung gehabt. Bei vielen Völkern bedeutete „christlich" schlicht und einfach „nichtjüdisch". Nach dem Ersten Weltkrieg nahm dieses Adjektiv zusätzlich die Bedeutungen „nationalistisch" und „antikommunistisch" an. Es hatte viel mit Ideologie, Politik und Rasse und wenig mit der Heiligen Schrift zu tun. Manche der jüngeren Geistlichen sahen sich als idealistische Repräsentanten der nationalen Volksfrontbewegungen.[5] Ihre Bindung an ihr Volk zählte mehr als die an die supranationale römisch-katholische Kirche mit ihrer überholten kosmopolitischen Ausrichtung. Sie betrachteten sich als die Vorhut einer geistigen Erneuerung ihrer Völker.

Bei den von den Deutschen unterworfenen Völkern blieb ein antisemitisch gefärbter Nationalismus erhalten. In Polen war das Verhalten von Klerus und weltlicher Hierarchie, die ansonsten fast ausnahmslos patriotisch und tapfer waren, in bezug auf Juden und andere Minoritäten uneinheitlich. In Litauen und der Ukraine waren die Verhältnisse noch schlimmer. Im August 1941 verbot der Bischof von Kaunas, Brizgys, den Geistlichen seiner Diözese jegliche Intervention zugunsten von Juden. Anderswo kam es gelegentlich zu den betrüblichsten Auseinandersetzungen zwischen polnischen und litauischen Prälaten – selbst als der Schatten der Sowjets beide Seiten bedrohte.

Dies waren einige der schlimmsten Beispiele für religiösen Nationalismus. Religion und Nationalismus waren im Denken der Menschen oft untrennbar miteinander vermischt, was häufig zu Verwirrung, Unsicherheit und Kompromissen führte. Schließlich hatten Religion und Nationalismus mindestens ein Jahrhundert lang gegen die gleichen Feinde gekämpft: Kommunismus, Internationalismus und Liberalismus. Das beste Beispiel dafür lieferte Frankreich: ein Land, in dem die konservative Rechte und die katholische Kirche trotz kleiner Auseinandersetzungen seit langem Verbündete waren. Im Jahre 1939 hob Papst Pius XII. den Bann auf, den sein Vorgänger 1926 gegen die ultranationalistische *Action Française* ausgesprochen hatte. Im Juni 1940 begrüßten die überwältigende Mehrheit von Hierarchie und Klerus sowie die Minderheit der regelmäßigen Gottesdienstbesucher Frankreichs die Machtergreifung Pétains. „Pétain ist Frankreich, und Frankreich ist Pétain!" sagte der

---

Justiz und Kultus hervor, das im Juni 1941 an die Bischöfe gerichtet wurde: „Die Regierung wünscht, daß Geistliche, Intellektuelle, Direktoren, Geschäftsleute und Großbauern unter den Orthodoxen nicht in die katholische Kirche aufgenommen werden. Nur die arme orthodoxe Bevölkerung sollte bekehrt werden." Nach zahlreichen Ermahnungen aus dem Vatikan verbot die Kroatische Bischofskonferenz im Dezember 1941 widerstrebend weitere Massenbekehrungen unter Zwang.
[5] Der slowakische Botschafter Tuka erklärte Ribbentrop im November 1940: Die älteren slowakischen Geistlichen seien konservativ – „der jüngere Klerus besteht jedoch schon aus glühenden Nationalsozialisten". Pavelic, der kroatische „Poglavnik", stellte 1941 Hitler gegenüber die gleiche Behauptung auf.

Lyoner Kardinal Gerlier, der kein Kollaborateur war, im November 1940. Nur wenige französische Katholiken wußten oder wollten wissen, daß Pétain (im Gegensatz zu dem zutiefst religiösen de Gaulle) kein eifrig praktizierender Katholik war (er ging sogar in Vichy nur selten zur Messe).

Das Gebet des Toulouser Erzbischofs Saliège im Juni 1940 drückte deutlich aus, was die französischen Katholiken damals dachten. Frankreich hatte eine Niederlage erlitten; Gott hatte die Franzosen gestraft:

> „Für die Vertreibung Gottes aus den Schulen der Nation,
> für die Förderung einer widerwärtigen Literatur . . .
> für die deprimierende Promiskuität in Familien, Büros und Fabriken
> erbitten wir deine Vergebung, O Herr . . .
> Was haben wir mit dem Sieg von 1918 angefangen?
> Was hätten wir 1940 mit einem Sieg getan?"[6]

Wenig später zeichnete sich derselbe Saliège durch seinen Beistand für Flüchtlinge und Juden aus.

Dies war nicht nur ein Meinungsumschwung, der durch Erfahrungen mit den deutschen Besatzern bewirkt wurde und auch den Wechsel des Kriegsglücks widerspiegelte. Im Jahre 1941 erfaßte die Enttäuschung über das Regime Pétain immer mehr französische Katholiken. Im Januar 1941 wurde in Toulouse der katholische Geistliche Monsignore de Solages bei der Polizei angezeigt, weil er geäußert hatte, ihm sei ein von Léon Blum regiertes siegreiches Frankreich lieber als ein von dem Marschall regiertes defätistisches Frankreich – damals ein exzentrisches Minderheitenvotum. Im Dezember 1941 war Monsignore de Solages keine *rara avis* unter den französischen Katholiken mehr. Die von der Rechten vertretene Gleichsetzung von Nationalismus und Katholizismus, die in der Praxis die Unterordnung des letzteren unter den ersteren bedeutete, büßte ihre Anziehungskraft ein.

Der alte Erzbischof Chollet aus Cambrai machte schon am 18. Januar 1941 in einem Brief an den Nuntius auf diese Tatsache aufmerksam. Pétain hatte Kardinal Gerlier soeben den Text einer Rundfunkrede überlassen, die er über die Prinzipien der Bürgerrechte in Frankreich halten wollte. „Sie enthält Ausgezeichnetes. Sie enthält meiner Meinung nach auch Bedauerliches." Beispielsweise: „Die Staatsbürger schulden ihre Arbeit, ihre Bezüge, sogar ihr Leben dem Vaterland." „Stalin", fügte der Erzbischof hinzu, „würde solch eine Feststellung mit Vergnügen unterschreiben."[7]

Die Völker und Kirchen vieler der unterworfenen Nationen – besonders in Westeuropa – hatten das Glück, daß es zwischen ihrem Patriotismus und ihrem Glauben nur wenige oder gar keine Konflikte gab: Beide waren gegen die Prinzipien und Praktiken des Dritten Reiches. Die Anziehungskraft der Kirchen, vor allem der katholischen Kirche, wuchs in der zweiten Hälfte des

---

[6] *La Croix* (28. Juni 1940), auch zitiert bei *Vidalenc*, S. 360–361.
[7] VD, 4, S. 354.

Jahres 1940 und führte zu überfüllten Gottesdiensten, Wiedereintritten und Übertritten. Außergewöhnlich viele Menschen strömten am 26. Mai 1940, einem Nationalen Gebetstag, in die Kirchen und Kathedralen Englands. Die holländischen Bischöfe verurteilten den Nationalsozialismus in ihrem Hirtenbrief vom 13. Januar 1941, der auszugsweise sogar in der Amsterdamer Zeitung *De Tijd* veröffentlicht wurde.

In Belgien gehörte der konservative und royalistische Kardinal van Roey zu den Führern des Widerstandes. Degrelle und die Rexisten betrachteten den Kardinal als ihren schlimmsten Feind. Die belgischen Katholiken standen der neuen Ordnung weiterhin feindselig gegenüber; selbst die Konservativen brachten keine Begeisterung für den „Kreuzzug" gegen die Sowjetunion auf. In der Zwischenzeit verschwanden viele der alten Animositäten zwischen der Rechten und der Linken. Die Kirche, ihre Schulen und weltliche Schulen unterstützten einander bei vielen Gelegenheiten, was noch vor wenigen Jahren undenkbar gewesen wäre. Viele Sozialisten und Juden wurden in Klöstern versteckt gehalten. Nicht nur die wallonische, sondern auch die Mehrheit der flämischen Hierarchie stand gegen Hitler – wie auch die Hierarchien in Polen, Dänemark, Norwegen, Luxemburg, Böhmen und Mähren, Serbien und Griechenland.

„Das Nationalgefühl", schrieb Monsignore Tardini im Vatikan im November 1940 in einer Denkschrift, „ist ausgeprägter als vielleicht jemals zuvor." Und nun würden die Nationalgefühle einer außergewöhnlich großen Anzahl kleinerer Völker von den größeren Nationen unterdrückt. Aber die Unterdrückten seien zu zahlreich. „Addiert man die Polen, Norweger, Dänen, Belgier, Holländer, Albanier, Griechen, Österreicher, Tschechen, Rumänen usw., erhält man eine eindrucksvolle Zahl. Es ist unmöglich, daß solch gewaltige Menschenmassen für immer versklavt bleiben können. Sie sind es jetzt, weil Deutschland und Italien in einer eisernen Diktatur organisiert sind; aber dies kann nicht lange Bestand haben. Und die Kirche versteht es, vorauszuschauen und Vorsorge zu treffen."[8]

Wir haben jetzt gesehen, daß – allgemein gesprochen – die Religion in bestimmten osteuropäischen Staaten oft dem Nationalismus unterworfen war, während es in manchen westeuropäischen Nationen gelegentlich zu einer entgegengesetzten Entwicklung kam. Auch in dieser Beziehung befand sich das deutsche Volk in der Mitte des Kontinents. Nur eine Minderheit deutscher protestantischer Pastoren und nicht mehr als eine Handvoll deutscher katholischer Pfarrer stellten ihren Glauben auf eine Art und Weise in den Dienst des Dritten Reiches, die auch nur entfernt mit dem oft mörderischen Fanatismus der Kroaten und Ukrainer zu vergleichen war. Trotzdem waren die Führungen der deutschen Kirchen zaghaft und introvertiert – oft bis zur Unschlüssigkeit.

Dabei spielte die evangelisch-lutherische Tradition des Gehorsams dem

[8] *„E la Chiesa sa prevedere e provvedere."* 2. November 1940, VD, 4, S. 214.

Staat gegenüber, die auch Generationen von deutschen Katholiken beeinflußt hatte, eine besondere Rolle. Das zeigen die autobiographischen Notizen des berüchtigten Rudolf Franz Höß, des Kommandanten des Todeslagers Auschwitz, der aus einer strenggläubigen katholischen Familie stammte: Er könne sich noch gut daran erinnern, schreibt er, wie sein Vater, wegen seiner glühenden katholischen Überzeugung ein ausgesprochener Gegner der Reichsregierung und ihrer Politik, niemals aufhörte, seine Freunde daran zu erinnern, daß, wie konsequent jemandes Gegnerschaft auch sein möge, die staatlichen Gesetze und Verordnungen bedingungslos zu befolgen seien.

Nach Kriegsausbruch wandten sich die evangelischen Bischöfe am 2. September 1939 an ihre Gemeindemitglieder: „Seit dem gestrigen Tag steht unser deutsches Volk im Kampf für das Land seiner Väter, damit deutsches Blut zu deutschem Blute heimkehren darf. Die deutsche evangelische Kirche stand immer in treuer Verbundenheit zum Schicksal des deutschen Volkes. Zu den Waffen aus Stahl hat sie unüberwindliche Kräfte aus dem Worte Gottes gereicht: die Zuversicht des Glaubens, daß unser Volk und jeder einzelne in Gottes Hand steht, und die Kraft des Gebetes, die uns in guten und bösen Tagen stark macht. So vereinigen wir uns auch in dieser Stunde mit unserem Volk in der Fürbitte für Führer und Reich, für die gesamte Wehrmacht und alle, die in der Heimat ihren Dienst für das Vaterland tun."

Das Hirtenwort der deutschen katholischen Bischöfe war kaum weniger nationalistisch: „In dieser entscheidungsvollen Stunde ermuntern und ermahnen wir unsere katholischen Soldaten, in Gehorsam gegen den Führer, opferwillig unter Hingabe ihrer ganzen Persönlichkeit ihre Pflicht zu tun. Das gläubige Volk rufen wir auf zu heißem Gebet, daß Gottes Vorsehung den ausgebrochenen Krieg zu einem für Vaterland und Volk segensreichen Erfolg und Frieden führen möge."[9]

Wenige Tage vor Kriegsausbruch ersuchte der französische Botschafter beim Heiligen Stuhl den Papst, Polen mit einem Wort oder einer Geste zu unterstützen, „bevor es sich der großen Schicksalsprüfung unterziehen muß, die ihm jetzt bevorsteht". Monsignore Tardini bemerkte dazu in einer Aktennotiz: „Seine Heiligkeit sagt, das sei zuviel. Man darf nicht vergessen, daß es im Reich 40 Millionen Katholiken gibt. Welchen Dingen sie nach einem derartigen Eingreifen des Heiligen Stuhls ausgesetzt wären! Der Papst hat bereits gesprochen – und deutlich genug."[10] Er hatte nicht deutlich genug gesprochen; aber hier geht es darum, daß Papst Pius XII. sich 1939 überflüssige Sorgen um die deutschen Katholiken machte: Hitler hatte nicht die Absicht, sie während des Krieges gegen sich aufzubringen.

Gewiß, die nationalsozialistische Philosophie stand den etablierten Kirchen und besonders der katholischen Kirche feindselig gegenüber. Aber wie wir bereits gesehen haben, machte Hitler sich nicht viel aus der offiziellen

---

[9] Zitiert bei *Conway*, S. 234.
[10] VD, I, S. 256–257.

Parteiphilosophie. Außerdem war er ein geschickter taktierender Politiker, als seine oft extremen Äußerungen vermuten ließen. Bei Kriegsausbruch faßte er gemeinsam mit den Spitzen der Parteihierarchie den Entschluß, die religiöse Frage in Deutschland nicht weiter hochzuspielen. Am 9. September 1939 befahl Hitler, „für die Dauer des Krieges" solle nichts mehr gegen die evangelische und die katholische Kirche unternommen werden.[11] Die Kirchenführer fanden sich mit seinem Krieg ab – oft ohne Begeisterung, aber auch ohne den geringsten Widerspruch.

Hitler wußte genau, was er tat. Im Juni 1940, d. h. im Augenblick seines größten Triumphes, beschloß er beispielsweise, das Jesuitenverbot in Österreich nicht zu erzwingen. „Der Führer wünscht, daß z. Zt. von einem Verbot des Jesuitenordens für die Ostmark abgesehen wird, da er während des Krieges alle nicht unbedingt notwendigen Maßnahmen zu vermeiden wünscht, die das Verhältnis des Staates zur Kirche verschlechtern könnten."[12] Ein Jahr später verschwanden allmählich die noch verbliebenen katholischen Zeitungen: ein äußerliches Anzeichen für die allgemeine Unterdrückung kirchlicher Institutionen, die inzwischen eingesetzt hatte.

Am 22. Juli und am 3. August 1941 wandte sich der Erzbischof von Münster in Predigten gegen bestimmte Aspekte nationalsozialistischer Politik – ein seltenes Ereignis in der Geschichte des Dritten Reiches. Er sprach zunächst auf schlimmste deutsch-katholische Art durchaus zustimmend über den Krieg gegen den Bolschewismus.[13] Im Schlußteil seiner Predigt kritisierte Erzbischof von Galen jedoch scharf die Schließung katholischer Ordenshäuser durch die Gestapo sowie die von bestimmten staatlichen Einrichtungen praktizierte Euthanasie. Hitler zog es vor, nichts gegen den Bischof zu unternehmen; statt dessen gab er am 28. August Anweisung, die Beschlagnahme von Kirchen- und Klosterbesitz sofort einzustellen. Im katholischen Bayern war die Volksstimmung gedrückt, weil Kruzifixe aus Schulzimmern und Glocken aus Kirchtürmen entfernt wurden. Hitler verfügte die Einstellung dieser Maßnahmen; er bezeichnete den Gauleiter von Bayern, Wagner, als „dumm".[14]

[11] Die Volkszählung des Jahres 1939 zeigte, daß 95 Prozent der Bevölkerung Katholiken oder Protestanten waren; 1,5 Prozent waren Atheisten, und 3,5 Prozent bezeichneten sich als „gottgläubig" – eine Statistik, die jedenfalls erkennen läßt, daß die Anstrengungen der Nationalsozialisten, das deutsche Volk zu einer neu-heidnischen oder „deutsch-christlichen" Religion zu „bekehren" zu inkonsequent waren, um mehr als schwache Ergebnisse zu erzielen.
[12] Lammers an Kerrl (Minister für Erziehung und kirchliche Angelegenheiten), 14. Juni 1940; zitiert bei *Conway*, S. 439–440.
[13] „... Für uns war es die Befreiung von einer ernsten Sorge und eine Erlösung von schwerem Druck, als der Führer und Reichskanzler am 22. Juni 1941 den ... ‚Russenpakt' als erloschen erklärte und in einem Aufruf an das deutsche Volk die Verlogenheit und Treulosigkeit der Bolschewisten aufdeckte. Bei Tag und Nacht weilen unsere Gedanken bei unseren tapferen Soldaten, daß Gottes Beistand mit ihnen sei zu erfolgreicher Abwehr der bolschewistischen Bedrohung von unserm Volk ..." Zitiert bei *Boberach*, KK, S. 570–571.
[14] Wenn „er nochmal etwas so Dummes tue, werde ich ihn nach Dachau bringen lassen". *Peterson*, S. 219.

Die Einstellung der deutschen Katholiken zum Dritten Reich und dem Krieg war zwiespältig. Einerseits zeigte die antireligiöse Propaganda der Nationalsozialisten bei ihnen nur wenig oder gar keine Wirkung; eher war das Gegenteil der Fall.[15] Andererseits lehnten sich die deutschen und österreichischen Katholiken nicht gegen Hitler und das Reich auf; sieht man von einigen Ausnahmen ab, bestand kaum ein Unterschied zwischen ihrem allgemeinen Verhalten und dem der nichtkatholischen Bevölkerung – auch in bezug auf ihren Kriegseinsatz. Sie hielten ihren Pfarrern und Bischöfen die Treue. Außer in strikt auf Glaubensprobleme beschränkten Fragen, die oft bewußt eingeengt wurden, fanden sie bei diesen Männern – ebensowenig wie beim Papst – kaum Rat und Hilfe.

Am 9. März 1939 traf der neugewählte Pius XII. in Rom mit der deutschen Hierarchie zusammen. Eine Episode aus dem Protokoll dieser Begegnung ist charakteristisch für die Einstellung eines Großteils der deutschen Bischöfe. Der Papst sprach über Formen der Anrede. Der Wiener Kardinal Innitzer (der einige Monate zuvor Schwierigkeiten mit den Nationalsozialisten gehabt hatte) stellte mehrere besorgte Fragen. Der Breslauer Kardinal Bertram antwortete: „Ich habe den Kindern gesagt: ‚Heil Hitler - das geht auf das irdische Reich; Gelobt sei Jesus Christus – das ist das Band zwischen Erde und Himmel.‘“[16] Eine einfachere Formel ist kaum denkbar.

Deutsche katholische Geistliche, die überzeugte Anhänger Hitlers waren, gab es nur eine Handvoll; zu ihnen gehörten der Militärbischof Rarkowski und ein Pater Keller, der eine Zeitlang als Doppelagent für die Gestapo arbeitete. Der Berliner Kardinal Graf Preysing, der über seinen Kollegen Bertram erbittert und enttäuscht war, dachte im Juni 1940 daran, sein Amt niederzulegen; Pius XII. redete ihm diesen Gedanken aus.[17] Die katholische

---

[15] Ein Beispiel für den inneren Widerstand der Katholiken im Vergleich zu den Protestanten liefert die folgende Statistik über Kirchenaustritte. Im Gau Moselland (mit überwiegend katholischer Bevölkerung) lauteten die Zahlen für 1939–41:

Kirchenaustritte

| Juli–September 1939 | | | | April–Juni 1940 | | | |
|---|---|---|---|---|---|---|---|
| evangelisch | | katholisch | | evangelisch | | katholisch | |
| Männer | Frauen | Männer | Frauen | Männer | Frauen | Männer | Frauen |
| 422 | 157 | 180 | 82 | 103 | 77 | 84 | 47 |
| Januar–März 1941 | | | | April–Juni 1941 | | | |
| evangelisch | | katholisch | | evangelisch | | katholisch | |
| Männer | Frauen | Männer | Frauen | Männer | Frauen | Männer | Frauen |
| 188 | 154 | 83 | 50 | 132 | 136 | 126 | 80 |

Heyen, S. 186.

[16] VD, I, S. 433.
[17] VD, 2, S. 143. Preysing protestierte auch gegen die grausame Behandlung polnischer Katholiken im Warthegau. VD, 3*, 305.

Bevölkerung war weniger von Hitlers Endsieg überzeugt als die übrigen Deutschen; das beweisen die RSHA-*Meldungen*. Es gibt auch Beweise dafür, daß sie weniger antisemitisch war. Mit wenigen Ausnahmen beschränkte sich die Hierarchie jedoch darauf, Katholiken jüdischer Abstammung zu helfen.[18] Der katholische Raphaelsverein, der bis September 1941 mit ausdrücklicher Genehmigung staatlicher Stellen arbeitete, bemühte sich, die Auswanderung dieser Unglücklichen zu beschleunigen – eine Politik, die Hitlers Wünschen durchaus entgegenkam. Der obere Klerus erhob nur wenige Proteste wegen der deutschen Terrormaßnahmen in anderen Staaten.[19]

Außer Memoiren und Erinnerungen gibt es zwei Hauptquellen für Erkenntnisse über die Taten und Gedanken der aktiven deutschen Christen während des letzten europäischen Krieges. Eine dieser Quellen sind die bereits erwähnten Geheimberichte, die von RSHA, SD und Gestapo, deren Befugnisse sich oft überschnitten, zusammengestellt wurden. Die zweite Quelle sind kirchliche Veröffentlichungen. Auch hier ist der Tonfall der evangelischen wie der katholischen Presse aufschlußreich – oder vielmehr einschläfernd. Die Redakteure dieser Blätter beschränkten sich auf strikt religiöse, allerdings oft prätentiös hochgeistige Themen und füllten ihre Seiten mit liturgischen und philosophischen Artikeln, die fast keinerlei Verbindung mit den existentiellen Problemen und Dilemmata des Lebens unter einer totalitären Diktatur und während eines Krieges hatten.

Die Unterschiede und Unterscheidungen, die aufmerksame und erfahrene Leser gelegentlich in bestimmten Zeitungen entdecken konnten, fehlten in den Kirchenblättern fast völlig. Ihr Mangel an Relevanz – sogar an Realität – wurde von ihren vorsichtigen Redakteuren absichtlich kultiviert. Aber ihr Konformismus war vergebens.[20] In der zweiten Hälfte des Jahres 1941 wurden die meisten kirchlichen und religiösen Veröffentlichungen eingestellt (offiziell wegen Papierknappheit); außer ihren Redakteuren und Autoren bedauerten wohl nur wenige ihr Verschwinden.

Die Überlegungen im Gefängnis „Im Angesicht des Todes" des Jesuitenpaters Delp und die „Briefe" des Protestanten Bonhoeffer sowie seine „Ethik"

---

[18] Zwischen 1900 und 1932 traten in Deutschland sechsmal mehr Juden zu den verschiedenen protestantischen Kirchen über als zur römisch-katholischen Kirche. Zwischen 1933 und 1939 war genau das Gegenteil der Fall: 80 Prozent der jüdischen Konvertiten entschieden sich für die katholische Kirche. Leider muß festgestellt werden, daß diese Unglücklichen oft nur sehr wenig Hilfe fanden.

[19] In dem von Deutschland annektierten polnischen Warthegau arbeiteten Ende 1940 nur noch drei Prozent der polnischen Geistlichen. Über 300 waren hingerichtet worden. Im Februar 1941 waren nur noch 45 der 441 katholischen Kirchen geöffnet; Ende Oktober 1941 waren auch die restlichen polnischen Geistlichen verhaftet worden. Im Jahre 1942 waren allein in Dachau 2000 polnische Geistliche inhaftiert. Später schrieb nicht nur Preysing, sondern auch Bertram deswegen an den Papst (*VD*, 3*, S. 393). Im August 1940 enthob der Gauleiter von Lothringen die Bischöfe von Metz und Straßburg ihres Amtes.

[20] Weitere Angaben dazu in der Bibliographie von *Zahn*, op. cit.

gehören zu den ergreifendsten Zeugnissen leidender europäischer Christen während des Zweiten Weltkrieges. Sie entstanden gegen Kriegsende inmitten der allgemeinen Katastrophe und wurden im Gefängnis von Männern vollendet, die zu einem grausamen Tod verurteilt waren oder vor der Verurteilung standen. Delps aufrichtiger Ernst leuchtet nicht nur, er brennt aus diesen tragischen Seiten. Trotzdem war es der gleiche Alfred Delp, damals ein vielversprechender junger jesuitischer Philosoph, der 1939 Chefredakteur der katholischen Zeitschrift *Stimmen der Zeit* („Eine katholische Monatsschrift für geistige Fragen der Gegenwart") geworden war. Delp blieb in dieser Position, bis die Zeitschrift 1941 eingestellt wurde, und schrieb in den beiden ersten Kriegsjahren lange theologische und philosophische Artikel, die in gewisser Beziehung für die damalige Mentalität der deutschen Katholiken charakteristisch waren. In dem im April 1940 veröffentlichten Artikel „Der Krieg als geistige Leistung" zitierte Delp unter anderem den Heiligen Thomas: „Wie es Aufgabe der Religion ist, Gott die Ehre zu erweisen, so ist es nachfolgend Sache der Pietät, den Eltern und dem Vaterland die gebührende Ehre zu erweisen."[21] In der Juninummer des gleichen Jahres hielt Delp es in seinem Artikel „Heimat" für angebracht, aus den Werken von Hans F. K. Günther[22], einem damals berühmten nationalsozialistischen Professor, der die Rassendoktrin zur Wissenschaft erhoben hatte, zu zitieren. „Flucht und Emigration oder Reaktion sind nie die Haltung der Christen . . .", schrieb Delp im September 1939 bei Kriegsausbruch.[23] Im weiteren Verlauf des Krieges änderte seine Einstellung sich jedoch grundlegend. Nach 1941 gelangten auch zahlreiche andere deutsche (und ausländische) Christen zu einer geänderten Einstellung; ungewöhnlich war jedoch Pater Delps Märtyrertum. Er zog die Konsequenzen aus seiner Überzeugung; er zahlte den höchsten Preis für sie. Wie sein protestantischer Leidensgenosse Bonhoeffer, dessen Meditationen ihm unbekannt waren, sah Delp das Versagen der Kirche und erkannte am Rande des Grabes das Bedürfnis nach einem neuen, existentiellen Christentum. Er schrieb im Gefängnis: „Und gerade in den letzten Zeiten hat ein müde gewordener Mensch in der Kirche auch nur den müde gewordenen Menschen gefunden. Der dann noch die Unehrlichkeit beging, seine Müdigkeit hinter frommen Worten und Gebärden zu tarnen. Eine kommende ehrliche Kultur- und Geistesgeschichte wird bittere Kapitel zu schreiben haben über die Beiträge der Kirchen zur Entstehung des Massenmenschen, des Kollektivismus, der diktatorischen Herrschaftsformen usw."[24]

[21] *Stimmen der Zeit* (April 1940), S. 209.
[22] Ebd. (Juni 1940), S. 283.
[23] Ebd. (September 1939), S. 450.
[24] *Delp*, PM, S. 150.

Der Kardinalstaatssekretär Eugenio Pacelli wurde am 2. März 1939 zum Papst gewählt und nahm den Namen Pius XII. an. Dieser heiligmäßige und lautere Papst war deutschfreundlich; er war ein „schwarzer" Römer mit besonderer Vorliebe für deutsche Kultur. Seine Erfahrungen als Nuntius in Deutschland zwischen 1917 und 1929 hatten ihn tief beeindruckt: Pacelli hatte die Nöte und Leiden des deutschen Volkes *in situ* miterlebt. Seine Wahl zum Papst erfolgte außerordentlich rasch, und es gibt einige Gründe für die Annahme, daß der ihm vorausgehende Ruf, er habe gute Beziehungen zu Deutschland, bei der Wahl eine gewisse Rolle gespielt hat. Im Gegensatz zu anderen Germanophilen war Pius XII. kein Freund des Nationalsozialismus. Seine Germanophilie zeigte sich jedoch nicht nur in seiner besonderen Fürsorge für das deutsche Volk, vor allem die deutschen Katholiken; sie gehörte auch untrennbar zu seinem religiösen und politischen Konservatismus.

Pius XII. erhob keinen Protest gegen die deutsche Annexion von Böhmen und Mähren. Seine Verurteilung deutscher Übeltaten in Polen kam zögernd und war vorsichtig und vage – eine Haltung, die bei den sonst so gläubigen und loyalen polnischen Katholiken, besonders in Kreisen der Exilpolen, große Verbitterung hervorrief. Am 11. März 1940 besuchte Ribbentrop den Vatikan und überbrachte dem Papst Hitlers beste Wünsche. Ihr Gespräch läßt erkennen, wie weit Pius XII. zu gehen bereit war, um Hitler seiner guten Absichten zu versichern.[25]

Einiges deutet darauf hin, daß der Vatikan im Juni 1940 eine behutsame Anpassungspolitik für den Fall eines deutschen Endsieges erwog.[26] Er unterstützte die für einen Waffenstillstand eintretenden französischen Kräfte.[27] Im Juli 1940 versuchte der Vatikan, London dazu zu bewegen, sich bestimmte deutsche Vorschläge für einen Verhandlungsfrieden anzuhören. Im März 1941

[25] Tardinis Notizen, VD, I, S. 384–387. Zum Beispiel: „Ribbentrop bemerkte, Papst Pius XI. habe zu streng gegen Deutschland gesprochen. Seine Heiligkeit machte darauf aufmerksam, daß er (kürzlich) vor einer deutschen Pilgergruppe freundliche und gute Worte (über Deutschland) gefunden habe." Pius XII. erklärte Ribbentrop, seine lobenden Äußerungen über kleine Nationen, die das Opfer von Aggressionen geworden seien, hätten sich auf Finnland bezogen, während „in Deutschland angenommen worden sei, er habe Polen gemeint". Er wisse, daß das deutsche Volk „geschlossen" hinter Hitler stehe. Seine Vorstellungen dem Außenminister gegenüber beschränkten sich auf die Rechte und Schulen der Kirche in Deutschland. Ribbentrop war genügend beeindruckt, um nach der Audienz zu sagen: „Ich sehe, daß Seine Heiligkeit Deutschland stets im Herzen hat." VD, 5, S. 272. Am 13. März 1940 berichtete *Glos Polski*, eine in Frankreich erscheinende polnische Zeitung, mit einiger Erbitterung über Ribbentrops Empfang. Pius XII. war darüber sehr erregt und verlangte eine Entschuldigung von der polnischen Exilregierung (VD, 1, S. 411) – ein ungewöhnlicher Schritt.

[26] Im Juni 1940 tauchten in Pius' Briefen an deutsche Bischöfe erstmals Segenswünsche für die „im Felde stehenden" deutschen Soldaten auf. VD, 2, S. 109, 141, 146, 169.

[27] Am 8. Juni berichtete der deutsche Botschafter nach Berlin, im Vatikan herrsche die Ansicht vor, Frankreich „solle dem Beispiel Belgiens folgen", d. h. kapitulieren. Bergens Depesche, zitiert bei *Friedlaender*, S. 62. Kardinal Tisserant war über die damalige Politik des Vatikans sehr erbittert.

riet er den Jugoslawen, sich um eine Verständigung mit Deutschland zu bemühen. Pius XII. weigerte sich, den deutschen Angriff gegen Jugoslawien und Griechenland zu verurteilen,[28] und erkannte das mörderische Pavelic-Regime in Kroatien in beschränktem Umfang an.

Ab April 1941 stellte Radio Vatikan seine Hinweise auf die Schwierigkeiten der Kirche in Deutschland ein. Die Engländer protestierten – vergebens.[29] „Die Kirche", hatte es in einer anderen britischen Note geheißen, „wird ihren Einfluß einbüßen, wenn sie weiterhin Bolschewismus und kommunistischen Atheismus scharf verurteilt, ohne gegen die antichristlichen Theorien und die Bedrohung durch den Nationalsozialismus ebenso energisch Stellung zu beziehen."[30] Diese Ermahnung blieb wirkungslos. Pius XII. verzichtete auch darauf, etwas gegen die deutschen Judenverfolgungen zu sagen – nicht etwa, weil er mit diesen Maßnahmen einverstanden gewesen wäre, sondern aus diplomatischen Gründen.[31]

Dies ist eine Seite der komplexen Geschichte Pius' XII. und des Vatikans in den Jahren 1939-41. Die andere Seite ist nicht weniger dokumentiert und dokumentierbar. Trotz (und auch wegen) seiner besonderen Sympathien für die deutschen Katholiken betrachtete der Papst Hitler und sein Regime mit großer Zurückhaltung und machte sich über beide nur wenig Illusionen. Der Heilige Stuhl trat – natürlich äußerst vorsichtig – als Vermittler bei den Geheimkontakten auf, zu denen es im Winter 1939/40 zwischen deutschen konservativen Kreisen und der englischen Regierung kam. Der päpstliche Nuntius gehörte zu denen, die die belgische Regierung im Mai 1940 vor der unmittelbar bevorstehenden deutschen Invasion warnten. Der Heilige Stuhl

---

[28] Seine engstirnige Haltung geht aus seinen Bemerkungen hervor, die am 7. April 1941 von Tardini protokolliert wurden, als es um den britischen Wunsch ging, die neue deutsche Invasion „irgendwie" zu verurteilen (VD, 5, S. 447). „Seine Heiligkeit wünscht anzumerken: 1) Wir haben keine (offiziellen) Beziehungen zu Griechenland. Die griechische Regierung hat nie einen Apostolischen Delegaten zugelassen. 2) Der neue jugoslawische König hat es nicht für nötig gehalten, uns über seine Thronbesteigung zu informieren." VD, 5, S. 448.

[29] VD, 4, 30–31, 541; auch 242, 283–284. Im September 1940 mußte der englische Botschafter beim Heiligen Stuhl den Papst dazu drängen, dem englischen Königspaar dazu zu gratulieren, daß es unverletzt geblieben war, als eine deutsche Bombe den Buckingham-Palast getroffen hatte. Pius XII. fand sich widerstrebend dazu bereit und bestand darauf, daß dieser Routineglückwunsch nicht veröffentlicht wurde. VD, 4, S. 148–149.

[30] VD, 4, S. 354.

[31] Das Schweigen Pius' XII. in dieser Beziehung ist von kritischen Autoren detailliert untersucht worden. Eine interessante Ergänzung des zusammengetragenen Materials: Am 8. September 1940 schrieb Kardinal Maglione an den Apostolischen Delegaten Cicognani in Washington, um bestimmte faschistische Angriffe auf das Papsttum zu unterstreichen: „In seiner Ausgabe vom Sechsten dieses Monats hat das *Regime Fascista* (Farinaccis extreme pronationalsozialistische Zeitung) gewagt, die edle Ansprache Seiner Heiligkeit vor den Führern der Italienischen Katholischen Aktion zu kritisieren, und geschrieben: ‚Der Papst ist mit unserem Kampf gegen das Judentum nicht einverstanden.'" Pius XII. strich diesen Absatz aus der Depesche nach Washington. VD, 4, S. 143.

verurteilte den deutschen Angriff gegen die Niederlande. Er bemühte sich, Mussolini von einem Kriegseintritt an der Seite Hitlers abzuhalten, was im Mai 1940 zu einer Krise in den Beziehungen zwischen Mussolini und dem Vatikan führte. Der Vatikan trug entscheidend dazu bei, Franco auf Distanz von Hitler zu halten. Trotz seiner antikommunistischen Einstellung weigerte er sich, Hitlers antibolschewistischen „Kreuzzug" zu billigen. Mit einigen Ausnahmen [32] waren seine diplomatischen Vertreter kluge und menschliche Prälaten. Sie bemühten sich, nationale Haßgefühle zu mildern und intervenierten zugunsten von Internierten und Kriegsgefangenen, auch von Juden – oft mit Erfolg.[33]

Pius' XII. Politik beschränkte sich auf die Interessen von Katholiken und klammerte oft fast alle anderen Überlegungen aus. Pius XII. – den seine frühen Münchner Erlebnisse geprägt hatten – hielt den Kommunismus für gefährlicher als den Nationalsozialismus. Eine deutsche Niederlage bedeutete seiner Meinung nach den Sieg des Kommunismus in *ganz* Europa. Die Deutschen verstanden es, aus diesen Befürchtungen Kapital zu schlagen. Der deutsche Botschafter von Bergen ging allerdings zu weit, als er im September 1941 in bezug auf den Rußlandfeldzug berichtete: „Wie ich gehört habe, steht der Papst im Herzen auf der Seite der Achsenmächte."[34] Trotzdem betrachtete Pius XII. Deutschland zweifellos weiterhin als potentielles Bollwerk gegen die bolschewistische Gefahr.[35] In diesem Punkt vertrat er eine Auffassung, die Churchills und besonders Roosevelts genau entgegengesetzt war, obwohl er sich bemühte, nützliche Beziehungen zu letzterem zu pflegen.

Einstellung und Politik Pius' XII. sind in den sechziger Jahren – nach seinem Tode und lange nach dem Krieg – Gegenstand eingehender Untersuchungen und herber Kritik gewesen. Die polemische Literatur, die vor der Veröffentlichung einer ganzen Serie von Dokumenten des Heiligen Stuhls entstanden ist, erweist sich als teilweise aufschlußreich, leidet aber oft unter allzu ausführlicher Behandlung von Nebensächlichkeiten. Der Hauptfehler einiger der oft fähigen und ernsthaften Kritiker von Pius' XII. Beziehungen zum Dritten Reich beruht auf einer gelegentlich unbewußten Verzerrung ihrer Perspektive aus heutiger Sicht. Was sie als subtile Absicht päpstlicher Diplomatie deuten, war oft nicht mehr als übermäßige Vorsicht. Pius XII. war in seiner Einschätzung der Maßnahmen, die Hitler gegen die deutschen Katholi-

---

[32] Orsenigo in Berlin, Valeri in Vichy. (Aus einer Depesche des letzteren vom 4 Oktober 1940: „Wie die Dinge nun einmal stehen, haben die Juden leider zweifellos alles getan, was sie konnten, um zum Ausbruch des Krieges beizutragen." VD, 4, S. 173.)

[33] In dieser Beziehung beispielhaft war das Verhalten solcher Nuntien wie Cassulo in Rumänien und Roncalli in der Türkei.

[34] Seine Depesche wird zitiert in VD, 5, S. 23.

[35] Eine Zeitlang erwog der Vatikan die Entsendung katholischer Priester in die von den Deutschen besetzte Gebiete der Sowjetunion, um den Glauben wiedereinzuführen und zu verbreiten (Tardinis Denkschrift vom 29. Juni 1941, VD, 4, S. 592). Die Deutschen wollten jedoch nichts davon wissen. Wenn überhaupt, bevorzugten sie die einheimischen orthodoxen Kirchen.

ken für den Fall einer päpstlichen Verurteilung des Nationalsozialismus hätte ergreifen können oder ergriffen hätte, allzu pessimistisch. Wie wir gesehen haben, lag Hitler nichts daran, seine kriegsbedingten Schwierigkeiten durch eine Konfrontation mit den vielen deutschen Katholiken zu vermehren.

Papst Pius XII. überschätzte auch die Anziehungskraft des Kommunismus nach dem Kriege. Wie sich jedoch herausstellen sollte, konnte sich der Kommunismus nur in den unter russischer Besatzung stehenden europäischen Staaten etablieren. Pius XII. unterschätzte das geistige Prestige der katholischen Kirche. Selbst wenn eine eindeutige päpstliche Verurteilung des Nationalsozialismus nicht dazu beigetragen hätte, die Leiden seiner Opfer zu lindern (was nicht bewiesen ist), hätte ihre potentielle Wirkung auf die Dauer gewaltig sein können.

Das extremste Beispiel eines Protestantismus, der nicht nur bereit war, seinen geistlichen Anspruch dem Nationalstaat unterzuordnen, sondern auch selbst in diesem Staat aufzugehen, verkörperten evangelische Nationalsozialisten, die sich seit 1933 als „Deutsche Christen" bezeichneten und die Staatskirche des Dritten Reiches zu werden hofften. Auf dem Höhepunkt der deutschen Triumphe schlug der Bischof dieser Kirche dem Reichsminister für kirchliche Angelegenheiten im Juni 1940 vor, ihren gesamten Besitz auf den NS-Staat zu übertragen. Sie wünsche dadurch zu beweisen, sagte er, daß sie als durch nichts vom Staat getrennt angesehen werden wolle, vielmehr sich aufs engste mit der Wohlfahrt des Staates verbunden fühle.[36] Hitler lehnte diesen Vorschlag ab. Er tendierte mehr zur Duldung einer farblosen, unschädlichen Religiosität als zur Errichtung einer Staatskirche oder einer Staatsreligion. Das genaue Gegenteil von dieser in Deutschland angestrebten Verquickung zwischen Kirche und Staat forderte in England George Bell, der Bischof von Chichester. Die Kirche müsse die Kirche bleiben, schrieb er im Januar 1940. Die Kirche „ist nicht die Nation. Sie ist nicht die geistliche Hilfstruppe des Staates mit genau den gleichen Zielen wie der Staat."

Die große Mehrheit der deutschen Protestanten entschied sich weder für die Deutschen Christen noch für die ernsthaft Widerstand Leistenden wie Niemöller oder Bonhoeffer. Interessant ist die Feststellung, daß die Situation in der Schweiz sich entgegengesetzt zu der in Deutschland entwickelte: Aus der Schweizer evangelischen Kirche gingen die am entschiedensten nazifeindlichen Pastoren hervor. In Dänemark und Norwegen leisteten die evangelischen Kirchen dem Nationalsozialismus von Anfang an Widerstand. In Norwegen arbeitete eine Minderheit von Geistlichen mit Quisling und den Deutschen zusammen: hauptsächlich deutsche Pastoren, die in Norwegen lebten, und einige norwegische Geistliche, die in Deutschland studiert hatten. Die evangelischen Kirchen Finnlands und Litauens hatten starke nationalisti-

---

[36] Der Minister, Dr. Hans Kerrl, starb im Dezember 1941. In seiner Gedenkrede sagte Hitler, Kerrl habe mit den nobelsten Absichten eine Synthese von Nationalsozialismus und Christentum versuchen wollen. Er, Hitler, glaube nicht, daß dies möglich sei.

sche, germanophile Flügel. Die vermutlich am stärksten nationalsozialistisch infiltrierte Kirche Europas war die deutsche evangelisch-lutherische Kirche im rumänischen Siebenbürgen: Sie stellte einige der Führer der deutschen Minorität und war ein privilegierter Staat innerhalb Rumäniens. In Italien und in einigen Gebieten Frankreichs gehörten Protestanten zu den ersten Widerstandskämpfern: Sie konnten aus einer alten Tradition des Widerstandes gegen die drückende Autorität einer Staatskirche schöpfen.

Wie wir gesehen haben, gab es die extremsten Fälle von Religion als Handlanger des Nationalismus in Osteuropa. Das war kein geographischer Zufall; es war vielmehr das Ergebnis besonderer historischer Umstände, zu denen auch der für die orthodoxen Kirchen typischen starken Traditionen eines völkischen Nationalismus gehörten. Diese Kirchen, die weit nationaler als universal waren, besaßen eine eigenständige Organisation und geistliche Jurisdiktion. In den Jahren 1939–41 ließ die Eiserne Garde, die auch als „Legion des Erzengels Michael" bezeichnet wurde, ihre Mitglieder einen religiösen Eid schwören. Die Mitglieder mußten rumänisch-orthodoxen Glaubens sein, und zur Aufnahmezeremonie gehörte das „Gebet des Kreuzesbruders". Einige dieser Mitglieder waren orthodoxe Priester, die sich damit brüsteten, an politischen Morden beteiligt gewesen zu sein.[37] Sie hatten nicht einmal die gleiche Ausrede wie die nationalistischen Katholiken Kroatiens, die auf ihre frühere Unterdrückung durch orthodoxe Serben reagiert hatten, denn in Rumänien war die orthodoxe Kirche eine privilegierte Körperschaft des öffentlichen Rechts.

Das Verhalten der bulgarisch-orthodoxen Kirche war humaner (der Metropolit von Sofia intervenierte erfolgreich zugunsten bulgarischer Juden). Die griechisch-orthodoxe Kirche war extrem nationalistisch und antikatholisch. Der Neokonstantinismus wurde im April 1941 auf die Spitze getrieben, als die angeblich asketischen und über weltlichen Dingen stehenden orthodoxen Mönche vom Berg Athos Hitler eine Schriftrolle schickten, die ihn zum Nachfolger der Kaiser von Byzanz erklärte.[38]

Stalin mag – im Jahre 1935 – den Divisionen des Papstes wenig Wert beigemessen haben. Jedenfalls war er – im Jahre 1939 und später – weit davon entfernt, religiöse Dividende auszuschlagen.[39] Im September 1941 ordnete

---

[37] Beispielsweise die Patres Dumineca, Palaghitsa und Dimitrescu-Borsa; die beiden letzten wurden von der SS ausgebildet, in die einer von ihnen, der früher von ihnen, der früher dem elitären Todeskommando der Eisernen Garde angehört hatte, später eintrat.

[38] *Heer*, Glaube, S. 416. Manche Mohammedaner reagierten ähnlich. Am 29. November 1941 berichtete der Apostolische Delegat aus Persien, die Bevölkerung sei gegen Katholiken aufgebracht, und in den Basaren gehe das Gerücht um, Hitler sei der Zwölfte Prophet des Islam. VD, 5, S. 294.

[39] Zu Anfang ihrer Besatzung der baltischen Staaten verhielten die Sowjets sich den einheimischen Kirchen gegenüber korrekt. Allmählich bevorzugten sie jedoch die orthodoxe Geistlichkeit, auch die Weißrussen, und begannen mit der Deportation katholischer Priester. Einer der wahrhaft großen und unbesungenen Glaubenshelden war Monsignore Profittlich, ein gebürtiger Deutscher,

Stalin die Auflösung der Liga militanter Atheisten an; die *Prawda* schwang sich am 23. September 1941 zur Verteidigerin des Glaubens auf: durch einen Angriff gegen „die von Blut trunkenen barbarischen faschistischen Horden, die mit den religiösen Empfindungen katholischer und evangelischer Frauen Schindluder treiben, Kirchen entweihen und Meßkelche schänden".

Die meisten russisch-orthodoxen Bischöfe hielten sich an das Beispiel und die Ausdrucksweise des Patriarchen Sergius, der die „faschistischen Banditen" attackierte. die Gläubigen aufforderte, „unsere Führer zu segnen", und die Deutschen im Dezember 1941 als „zweibeinige Schakale" und „verkommene Bestien" bezeichnete. Ein anderer Sergius, ein Erzbischof und jüngerer Berater des Patriarchen, war von den Sowjets ins Baltikum entsandt worden; im Juni 1941 zog er es vor, sich in der dunklen, staubigen Krypta der orthodoxen Kathedrale von Riga verborgen zu halten. Nachdem er ausgeruht und ehrgeizig aus seinem Versteck aufgetaucht war, beeilte er sich, Hitler Grußtelegramme zu schicken. In der Ukraine und in Weißrußland hing die Haltung vieler orthodoxer Geistlicher von ihrem Glauben ab – von ihrem Glauben daran, wer den Krieg gewinnen würde: Hitler oder Stalin.

Im Mittelalter war der Moralkult kaum von der Religion zu trennen gewesen. Später überdauerte die Moralität – vor allem in einigen protestantischen Ländern – den Niedergang der Religion. In diesem Krieg spiegelte die Geographie Europas seine ideologische Unterteilung wider: der Nationalsozialismus in der Mitte des Kontinents zwischen der Demokratie im Westen und dem Kommunismus im Osten. In vielleicht noch tieferem Sinn hatte diese ideologische Unterteilung bestimmte religiöse Wurzeln. In vieler Beziehung war dies ein Krieg von Exkatholiken (beispielsweise Hitler) gegen Exprotestanten (beispielsweise die Engländer) und Exorthodoxe (beispielsweise Stalin und die Bolschewiken). Aber dahinter steckte noch mehr. Im Zweiten Weltkrieg benahmen sich manche Menschen, unter denen gläubige Christen in der Minderheit waren, besser als viele andere, von denen ein Großteil regelmäßig in die Kirche ging. Oder deutlich gesagt: Ein guter Heide war ein anständigerer Mensch als ein schlechter Christ.

Auch dahinter steckte jedoch mehr. Die immer noch vorhandene Anständigkeit der meisten Engländer war nicht das Ergebnis jenes atheistischen Humanismus, der anderswo in Europa von Intellektuellen gepriesen worden

---

der Apostolischer Delegat in Estland war. Er zog es vor, in Estland zu bleiben, nachdem die anderen Geistlichen, hauptsächlich Deutsche, das Land verlassen hatten (eine Ausnahme war der französische Jesuitenpater Bourgeois, der ein kleines Buch über diese schlimme Zeit schrieb). Monsignore Profittlich ersuchte den Papst ehrerbietig um Anweisung, ob er auf seinem Posten bleiben solle, was höchstwahrscheinlich eine Deportation nach Sibirien bedeuten werde. (Diese Vermutung erwies sich als richtig.) Die Gelassenheit und Bescheidenheit seines Briefes an Kardinal Maglione (31. Oktober 1940, VD, 3*, 320–321) lassen einen wahrhaften, anspruchslosen Glaubenszeugen erkennen; der Brief ist im Geiste bereitwilligen Märtyrertums geschrieben und aus unserer Sicht erschütternd.

war, weil sie glaubten, diese hochwertigere, von Menschen geschaffene Moralität werde das verschwindende Christentum einfach ablösen. Vieles deutet darauf hin, daß das relativ moralische Verhalten der meisten Menschen eher ein – oft unbewußtes – Ergebnis von Traditionen als das Resultat bewußter Überlegungen war. Es gab eine tiefe geistige Unterströmung im Denken der Menschen, die im Zweiten Weltkrieg durch das, was sie um sich herum sahen, bis zur Sprachlosigkeit erschreckt wurden – nicht nur durch Kriegskatastrophen, sondern auch durch Katastrophen im Denken der Völker.[40]

Eine ganze Generation von Europäern machte sich in ihrem Denken von der Treue gegenüber dem Staat frei, ohne deshalb antireligiös zu werden. Die Achtung vor den Kirchen, besonders vor der katholischen Kirche, war trotz des manchmal eher zwiespältigen Verhaltens ihrer Repräsentanten gewachsen. Die ersten Widerstandsbewegungen, die schon 1940/41 aktiv waren, wurden nicht nur von patriotischen, sondern auch von spirituellen Motiven beeinflußt: Dieses spezifisch europäische neue Vertrauen zur christlichen Demokratie überdauerte den Krieg.


Widerstand


Die Darstellung der verschiedenen Widerstandsbewegungen während des letzten europäischen Krieges muß im Rahmen dieses Buches auf einige wenige Seiten beschränkt bleiben. Selbst nach 1941 trugen die europäischen Widerstandsbewegungen nicht entscheidend zur Niederlage des Dritten Reiches bei, aber ihr Entstehen zu einem bestimmten Zeitpunkt in der Geschichte Europas ist eine bedeutsame Tatsache. Allein das Wort „Widerstand" besitzt eine gewisse Bedeutung:[41] „Widerstand" ist weniger militant als beispielsweise „Gegenangriff" und weniger aggressiv als „Opposition"; Widerstand suggeriert etwas, das tiefsitzend und menschlich, weniger dynamisch und progressiv ist.

Die Tschechen waren das erste nichtdeutsche Volk, das vom Dritten Reich unterworfen wurde. Deshalb war es ganz natürlich, daß es bei ihnen zu

[40] Der österreichisch-jüdische Schriftsteller Franz Werfel, der soeben über Südfrankreich entkommen und seit vielen Jahren zutiefst von der Glaubensstärke einiger einfacher Katholiken, die er gekannt hatte, beeindruckt war, schrieb 1941 einen Roman über die Geschichte der Bernadette Soubirous, der die Muttergottes in Lourdes erschienen war. Ebenfalls 1941 trug am anderen Ende Europas eine offizielle katholische Zeitung des kroatischen Staates, die Haß und Ausrottung predigte, den Namen „Unsere Liebe Frau von Lourdes" auf Kroatisch: *Nasa Gospa Lurdska*. Die erste dieser beiden Tatsachen ist bedeutungsvoller als die zweite. Werfel war nur einer der vielen europäischen Intellektuellen, Juden und Agnostiker, die sich im dunklen Schatten des Dritten Reiches von dem flackernden Licht des katholischen Glaubens angezogen fühlten.

[41] Die Franzosen waren die ersten, die das Wort *résistance* in der später üblichen Bedeutung verwendeten.

den ersten Anzeichen einer allgemeinen Opposition kam. Am 28. Oktober 1939, dem Jahrestag der tschechoslowakischen Unabhängigkeit, machten in der Bevölkerung Flugblätter die Runde, und auf einigen Straßen kam es zu Demonstrationen. Die Deutschen reagierten schnell und verfügten die Schließung der tschechischsprachigen Universität. Anfang 1940 entstand ein tschechisches Komitee für inneren Widerstand (UVOD), das Verbindungen mit tschechischen Exilpolitikern sowie einige vorsichtige Geheimkontakte zu bestimmten Mitgliedern der von den Deutschen kontrollierten Marionettenregierung unterhielt. Im Jahre 1940 kam es in der Tschechei kaum zu Sabotageakten. Am 28. September 1940 wurde der Nationalsozialist Heydrich anstelle des schwäbischen Konservativen von Neurath Reichsprotektor der Tschechen. Der tschechische Ministerpräsident Eliaš unterhielt Geheimverbindungen zur Exilregierung; er wurde vor einem deutschen Volksgerichtshof angeklagt und zum Tode verurteilt.[42]

Heydrich war ein diabolisch schlauer und tüchtiger Herrscher: Er verstand sich nicht nur auf den Einsatz von Terrormaßnahmen, sondern schaffte es auch, die tschechische Arbeiterklasse in einem Zustand relativer Zufriedenheit zu erhalten. Im Jahre 1941 rissen die wenigen Geheimverbindungen zwischen der Hácha-„Regierung" und der emigrierten Benesch-Gruppe ab. Das relativ friedliche Verhalten der tschechischen Bevölkerung und das Fehlen einer sichtbaren Opposition gegen die Deutschen machten Benesch solche Sorgen, daß er Anordnung gab, die Ermordung Heydrichs vorzubereiten – hauptsächlich, um vor aller Welt die Existenz der tschechischen Widerstandsbewegung zu demonstrieren.

Das Attentat auf Heydrich wurde am 29. Mai 1942 verübt und hatte tragische Folgen für das tschechische Volk, da die deutschen Vergeltungsmaßnahmen nicht nur außergewöhnlich brutal, sondern auch wirkungsvoll waren. Vor Heydrichs Tod äußerte sich Goebbels bewundernd über dessen Arbeit; nach dessen Tode wurde die Unterwerfung der Tschechen vollendet. Weniger als 2000 deutsche Verwaltungsbeamte aller Stufen beherrschten das Volk, wobei sie von 350 000 tschechischen Beamten, die ihnen die Routinearbeiten abnahmen, unterstützt wurden.

Die Lage und vor allem das nationale Temperament der Polen unterschieden sich von den Gegebenheiten in der Tschechei. Während die Deutschen die Tschechen unterdrücken wollten, ging es ihnen bei den Polen darum, dieses Volk zu unterjochen. Nicht, daß es keine polnischen Kollaborateure gegeben hätte[43] – aber ihre Zahl war gering, und die Deutschen wollten ohnehin keinerlei Macht und Autorität mit Polen teilen. Die Polen waren jedenfalls das erste Volk Europas, das sporadische Versuche zu einem bewaffneten Wider-

---

[42] Hitler ordnete die Verschiebung seiner Hinrichtung an; Elias wurde im Juni 1942 nach der Ermordung Heydrichs durch Erschießen hingerichtet.

[43] Einige Schauspieler, Künstler und Schwarzhändler sowie der Dirigent der Warschauer Philharmoniker, Dolzycki.

stand gegen die Deutschen unternahm. Die ersten polnischen Guerillagruppen operierten bereits im November 1939, noch bevor die ersten brauchbaren Verbindungen zur Exilregierung hergestellt worden waren.

Anfang 1941 umfaßte das Operationsgebiet der polnischen Heimatarmee einen großen Teil der von den Deutschen besetzten Gebiete Polens. Kurz vor ihrem Einfall in Rußland mäßigten die Deutschen ihre Unterdrückungspolitik etwas, ohne damit jedoch allzu viel zu bewirken. Die Abneigung der Polen gegen die Russen führte nicht zu einem Nachlassen ihres Widerstandes gegen die Deutschen; eher war das Gegenteil der Fall. Im August 1941 traten in Ostpolen die ersten prorussischen und prokommunistischen Partisanengruppen auf. Ihr Kampfwert war nur gering, aber ihr Auftauchen wirkte aus politischen Gründen bedrohlich.

In Nord- und Westeuropa hing das Anfangsstadium bewaffneter Widerstandsgruppen eng mit der von den Briten, deren Geheimdienste Agenten in diesen Ländern zurückgelassen hatten, organisierten Kriegsführung im Untergrund zusammen. In Norwegen gab es nur wenige dieser Agenten; der norwegische patriotische Widerstand setzte langsam, der dänische sehr langsam ein. In Norwegen wurden seine Erfolgsaussichten durch den Gebirgscharakter des Landes und die verhältnismäßig schwachen deutschen Besatzungstruppen begünstigt. *Milorg*, die norwegische Widerstandsorganisation, hatte 1941 fast ständig Konflikte mit den englischen SOE-Gruppen.[44]

Ähnlich lagen die Verhältnisse in Holland, wo ungenügende Verständigung im Winter 1941/42 zu einer Katastrophe für die wichtigste, aus Holländern und SOE-Agenten bestehende Widerstandsgruppe führte. In den Niederlanden kam es unmittelbar nach der Besetzung durch die Deutschen zu den ersten spontanen Widerstandsaktionen. Sieht man von einzelnen Sabotageakten ab, waren sie in den Jahren 1940 und 1941 eher politische als militärische Aktionen: verschiedene royalistische und patriotische Demonstrationen sowie der überraschend problemlose Druck und die Verteilung von Untergrundzeitungen.[45] Der erste große Streik im besetzten Europa fand am 25./26. Februar 1941 in den Niederlanden statt.

Die belgische Bevölkerung war, wie gesagt, durch die Umstände seiner Kapitulation verwirrt und niedergeschlagen. Es kam ab August 1940 zu

---

[44] Die Deutschen wußten von diesen Divergenzen und versuchten, von ihnen zu profitieren. Im Mai 1941 beschloß Hitler, die Vollstreckung der gegen zehn norwegische Widerstandskämpfer ergangenen Todesurteile auszusetzen, nachdem sich Sven Hedin für die Verurteilten verwandt hatte. Trotzdem war die Zahl der norwegischen Widerstandskämpfer, die im Zweiten Weltkrieg den Tod fanden, geringer als die der norwegischen Nationalsozialisten, die als Angehörige der Norwegischen Legion in Rußland fielen.

[45] Hauptbeispiele: *Vrij Nederland, Het Parool, De Waarheit*. In Belgien gab es noch mehr Untergrundzeitungen – allerdings mit geringerer Auflage (15000 bis 20000 Exemplare; eine Ausnahme bildete *La Libre Belgique*, von dem im September 1941 einmal 70000 Exemplare erschienen). Einige dieser belgischen Zeitungen: *L'Espoir, La Voix des Belges, Le Peuple, La Meuse, De Werker* und *De Vriejheid*.

Widerstandskundgebungen gegen die Deutschen.[46] Im Mai 1941 gab es in
Belgien alle möglichen militanten Gruppen, die gegen die Rexisten und andere
bewaffnete Verbündete der Deutschen vorgingen; im Mai 1941 wurden Hand-
granaten gegen das Einfahrtstor einer deutschen Kommandantur geworfen. Im
August begannen die Deutschen mit der Hinrichtung belgischer Patrioten,
darunter auch eines alten Bauernehepaars aus der Provinz Limburg, das einen
englischen Piloten bei sich versteckt hatte. Am 25. Oktober 1941 gaben die
Deutschen wie in Frankreich eine neue Politik der Geiselnahme bekannt: Sie
erklärten, jeder Angriff auf einen Deutschen werde in Zukunft mit Massenverhaf-
tungen und der Erschießung von mindestens fünf belgischen Geiseln geahndet.

„Résistance" lautete die Überschrift der rechtsstehenden Zeitung *Petit
Journal*, die am 16. Juni 1940 in Bordeaux erschien – d. h. am Tag vor Pétains
Machtübernahme. „Die Regierung kann nicht kapitulieren, ohne sich selbst zu
verleugnen . . . Jeder Bürger muß zu totalem Widerstand bis zum Ende bereit
sein . . ." Am nächsten Tag versicherte auch dieses Blatt Pétain seiner vollen
Unterstützung. Das war jedoch keineswegs bloßer Opportunismus: Erst
Anfang 1941 bedeutete „résistance" ebenso Widerstand gegen Vichy wie gegen
die Deutschen.[47] De Gaulle und seine Kampfgefährten fanden 1940 und selbst
1941 nur wenige Anhänger.[48]

Die ersten Widerstandsnetze wurden in Frankreich Ende 1940 aufgebaut
(„Interallié", „F 2"); sie dienten vor allem dazu, möglichst viele Informationen
zu sammeln und nach London zu übermitteln. Abgesehen von einigen Ausnahmen begannen aktive Sabotage und bewaffnete Aktionen gegen die Deutschen erst in der zweiten Hälfte des Jahres 1941. Die Deutschen reagierten
sofort, indem sie ihre Politik der Geiselnahmen ankündigten und verwirklich-
ten: Bis Oktober 1941 hatten sie bereits über 100 Geiseln erschossen. Das
Vichy-Regime ging mit besonderer Strenge gegen Kommunisten vor. Bis Juni
1941 hatte dies einen Beigeschmack von konservativer Heuchelei (schließlich

[46] In Luxemburg kam es im Oktober 1940 zu der ersten antideutschen Demonstration. Goebbels
registrierte sie (*Boelcke*, S. 561a). Die größten belgischen Demonstrationen fanden am 11.
November 1941, dem Jahrestag des Waffenstillstandes von 1914, statt; am 17. Februar 1941, dem
Todestag von König Albert I., boykottierten die Brüsseler die zugelassenen Zeitungen; am 10. Mai
1941, dem Jahrestag der deutschen Invasion, legten Demonstranten große Mengen von Blumen am
Grabmal des Unbekannten Soldaten und an Kriegerdenkmälern nieder; am 21. Juli 1941, dem
belgischen Unabhängigkeitstag, untersagten die Deutschen alle Demonstrationen und Beflaggun-
gen – trotzdem wurde ein Tedeum gesungen, und Frauen trugen Schals in den Nationalfarben,
während Männer sich gleichfarbige Krawatten umbanden.
[47] Unterdessen war der Begriff Kollaboration anrüchig geworden. „Kollaboration" mit den
Deutschen bedeutete, wie ein Witzbold sagte: Gib mir deine Uhr, dann sag' ich dir, wie spät es ist.
[48] Von den 43 000 französischen Soldaten, die im Juli 1941 in Syrien gegen die anglo-gaullistischen
Invasionstruppen kämpften, schlossen sich weniger als 6 000 den Freien Franzosen an; die große
Mehrheit entschied sich für die Rückführung nach Frankreich. Trotzdem behauptete Céline etwa
zur gleichen Zeit in „Les Beaux Draps": „Außer ein paar Gelegenheitsarbeitern sind alle
Franzosen Gaullisten."

waren die Kommunisten wie die Pétainisten anfangs gegen Frankreichs Krieg gegen Deutschland gewesen).

Der Juni 1941 war ein Meilenstein in der Geschichte des französischen Widerstandes; das gleiche galt für den Dezember 1941. Die flämische produeutsche Zeitung *National-Socialist* schrieb am 6. Dezember 1941 (das Datum ist bedeutsam) erbittert: „Zwecklos, unsere Augen vor der Wirklichkeit zu verschließen. Es ist eine Tatsache, daß die große Mehrheit unserer Landsleute ... der großen nationalsozialistischen Revolution, die Europa umgestaltet ... zum gegenwärtigen Zeitpunkt feindselig oder zumindest gleichgültig gegenübersteht." Der letzte europäische Krieg war nun zu Ende. Der europäische Bürgerkrieg hatte begonnen.

Nach 1941 wurden die Unterschiede zwischen den einzelnen patriotischen Widerstandsgruppen und den Kommunisten in Westeuropa aus verschiedensten Gründen verhältnismäßig unbedeutend. In Osteuropa war die Situation jedoch anders: Neben National- und Stammesrivalitäten entwickelte sich Ende 1941 eine starke Rivalität zwischen Kommunisten und Nichtkommunisten. Wie überall in Europa ging auch dort der patriotische Widerstand dem kommunistischen voraus. In den serbischen Provinzen Jugoslawiens wurde General Mihailovic im Mai 1941 aktiv. Innerhalb von sechs Wochen verübten seine Cetniks alle möglichen bewaffneten Sabotageakte. Der Kommunist Broz „Tito" rief am 4. und 12. Juli 1941 zu einem nationalen Aufstand auf.[49] Tito und Mihailovic trafen am 21. September und am 2./3. November 1941 zusammen, ohne daß es ihnen gelungen wäre, ihr gegenseitiges Mißtrauen abzubauen. Im Dezember 1941 betrachteten sie sich als erbitterte Feinde: eine Situation, von der die Deutschen und Italiener oft profitierten.[50]

Auch in Griechenland bildeten sich im Dezember 1941 die beiden wichtigsten Guerillaorganisationen heraus: die nationalistische EDES (Nationale Griechische Demokratische Union) und die EAM (Nationale Befreiungsfront), die von Kommunisten beherrscht wurde. Wie überall in Europa machte sich der bewaffnete Widerstand der Guerillas auf dem Balkan erst in der zweiten Hälfte des Jahres 1942 wirksam bemerkbar. Im Gegensatz zu Westeuropa kam es in Griechenland, Jugoslawien und zum Teil auch in Polen gegen Ende des Zweiten Weltkrieges zu einer Art Bürgerkrieg zwischen Antikommunisten und Kommunisten.

Nirgendwo in Europa kam es vor 1944 zu regelrechten nationalen

---

[49] Die Kommunisten hatten den Vorteil, sich als wahre Jugoslawen ausgeben zu können, anstatt eine serbische, kroatische oder mazedonische Bewegung zu sein, was sich später als vorteilhaft erwies. Im Jahre 1941 war dieser Anspruch jedoch übertrieben. Wie Mihailovics Cetniks waren über 90 Prozent von Titos Partisanen Serben.

[50] Mihailovic hatte Verbindung zu der royalistischen Exilregierung aufgenommen; Tito hatte damals einige wenige Kontakte zur Sowjetunion. Im September 1941 trat eine weitere Gruppierung auf: eine serbische Freiwilligentruppe unter Führung von Nedic und Lyotic. Obwohl sie offiziell profaschistisch und prodeutsch war, arbeitete sie trotzdem gelegentlich mit Mihailovic zusammen.

Aufständen gegen die Deutschen, und selbst dann blieb es bei Einzelfällen (Warschau und Paris). Auf diese Weise kommen wir zu unserer ursprünglichen Einschränkung zurück: In den Jahren 1939-41 waren die europäischen Widerstandsbewegungen praktisch wirkungslos. Trotzdem war die der Résistance zugrundeliegende innere Einstellung bedeutungsvoll, selbst wenn es sich nur um eine verhältnismäßig ungefährliche Demonstration oder die Verteilung eines hektographierten Flugblattes handelte. Der Widerstand gegen das Dritte Reich in diesem Kriege war etwas Neues. Wir haben gesehen, daß er von Neutralen wie den Schweizern vorbereitet wurde; er umfaßte Veröffentlichungen und gelegentliche Sabotageversuche in den mit Deutschland verbündeten Staaten; und zu ihm gehörte auch der innerdeutsche Widerstand gegen Hitler. Er wurde von Millionen von Menschen getragen, die sich als immun gegen deutsche und nationalsozialistische Propaganda erwiesen. Vor allem in Westeuropa hatten viele dieser Menschen auch ihren traditionellen Nationalismus überwunden.[51] In Frankreich, Italien, Belgien und den Niederlanden begannen die Männer und Frauen einiger kleiner Widerstandsgruppen schon 1941 von der Idee eines wahrhaft internationalen Widerstandes zu sprechen: frühe Anzeichen einer Bewegung in Richtung auf ein vereinigtes Europa, dem wir uns jetzt zuwenden wollen.

## „Vereinigtes Europa"?

Die Geschichte eines vereinigten Europas gehört zur geistigen, nicht zur politischen Geschichte – zur Geschichte von Ideen, ins Reich grandioser Pläne, die leicht zu Papier zu bringen, aber in der Praxis undurchführbar sind. In der

---

[51] An dieser Stelle erscheint es angebracht, die Widerstands- und Partisanenbewegungen, deren Aktionen sich 1939–41 nicht gegen deutsche Besatzer, sondern gegen russische Besatzungstruppen richteten, zumindest flüchtig zu erwähnen. In Litauen kam es beispielsweise im Juni 1941 zu einem Aufstand gegen die zurückweichenden Russen; die Teilnehmer hofften, ihre Führerschaft (unter dem Nationalisten Ambrazevicius) werde von den Deutschen als litauische Regierung anerkannt werden – eine Hoffnung, die sich als trügerisch erweisen sollte. (Die litauischen Christdemokraten zögerten, sich dieser nationalen Bewegung anzuschließen, die durch ihre Verbindungen zu den Deutschen kompromittiert war.) Im September 1939 war es zu sporadischen ukrainischen Aufständen gegen den zerfallenden polnischen Staat gekommen – vor allem unter den 6 000 ukrainischen Nationalisten, die in diesem Jahr in polnischen Gefangenenlagern (Beresa Kartuska) festgehalten wurden. Zu neuen Ukraineraufständen in größerem Maßstab kam es im Juni 1941, als die Deutschen durch Ostpolen vorstießen. Die sowjetischen Massaker an Litauern, Letten, Estländern und Ukrainern waren brutale Präventivmaßnahmen gegen solche Vorkommnisse. Das gleiche galt für ihre sinnlosen Deportationen (etwa 440 000 Zivilisten und 200 000 Kriegsgefangene) und den infamen Massenmord an 15 000 polnischen Offizieren in den Lagern Starobelsk, Kosiel, Ostaschkow und Katyn (allein in Katyn wurden 4 143 Offiziere erschossen, und die Toten aus den anderen Lagern wurden dort in Massengräber geworfen, die 1943 von den Deutschen entdeckt wurden).

Geschichte des Kontinents gab es kurze Augenblicke, in denen irgendeine Art politischer Union zu entstehen schien, weil eine einzelne Macht einen großen Teil Europas erobert hatte; diese gewaltsame Vereinigung entsprach jedoch nicht den Vorstellungen der wenigen Idealisten, die für ein vereinigtes Europa kämpften. Dieser Vorgang wiederholte sich 1940 und in den Jahren danach. Hitlers Eroberungen bewirkten ein mehr oder minder vereinigtes Europa, in dem das Dritte Reich eine Art Konformität erzwang. Dieser Zwangszusammenschluß wurde von Leuten bekämpft, die einen über die Grenzen einzelner Staaten hinausreichenden Zusammenschluß der gegen Deutschland kämpfenden Widerstandsbewegungen anstrebten. Einige dieser Leute fanden die Vorstellung attraktiv, nach dem Sieg über Hitler könnten demokratische Föderationen entstehen.

Das Wiederauftreten einer Erscheinung bedeutet jedoch nicht, daß die Geschichte sich lediglich wiederholt. Während des Zweiten Weltkrieges gab es ein Element in der Geschichte Europas, das sich von der Vergangenheit unterschied. Es war ein eher dynamisches als statisches Bewußtseinselement, das schon vor Hitler und dem Zweiten Weltkrieg aufgetreten war und den Krieg eher gestärkt überdauerte. Dieses Element war das Bewußtsein, europäisch zu sein. Es erschien in mannigfacher Form in den Gedanken und Worten beider feindlicher Lager. Der Wunsch nach einem vereinigten Europa, der über das Reich abstrakter Spekulationen hinausgewachsen war, zog Menschen an, die bereit waren, Hitler zu folgen – und andere, die erbitterte Gegner Hitlers waren.

Wir können diese Entwicklung hier nicht in allen Einzelheiten untersuchen. Ein Europabewußtsein entstand verhältnismäßig spät. Es entwickelte sich um 1900 bei einigen klugen Männern als Reaktion auf die Erkenntnis, daß Europa im Grunde genommen nur eine kleine Halbinsel Asiens war und daß Amerika, Rußland und Japan zu beherrschender Position aufstiegen, im Vergleich zu der die Nationen Europas immer bedeutungsloser wurden. Diese Erkenntnis kam verständlicherweise Männern, deren Nationen zu ihren Lebzeiten schwere Niederlagen erlitten hatten: dem Franzosen Valéry; Spaniern wie Ortega und Madariaga; dem Deutschen Spengler, dessen monumentales Werk „Der Untergang des Abendlandes" 1918 vollendet wurde.

Nach dem Ersten Weltkrieg fand der Europagedanke jedenfalls bei einer bestimmten kulturellen und politischen Elite genügend Verbreitung. In Wien (ebenfalls einer Hauptstadt auf den Trümmern eines Reiches) schlug der kluge Kosmopolit Graf Coudenhove-Kalergi 1923 eine gesamteuropäische Föderation unter Ausschluß der Sowjetunion vor. In den zwanziger Jahren wurde die „Paneuropa"-Bewegung zu einer sehr geachteten Kraft; eine Reihe von Konferenzen und Versammlungen brachte ihr die Unterstützung vieler bedeutender Schriftsteller, Gelehrten und Politiker in ganz Europa ein. Nach Hitlers Machtergreifung sank diese Bewegung jedoch wie der Völkerbund rasch zur Bedeutungslosigkeit herab. Der Aufstieg des Dritten Reiches demonstrierte die radikale Stärke des Nationalismus sowie die inhärente Schwäche des Internationalismus. Im Jahre 1939 fand Richard Coudenhove-Kalergi sich in Gesellschaft Tausender mitteleuropäischer Emigranten in Paris wieder.

Nach Kriegsausbruch tauchte die Idee einer europäischen Föderation oder europäischer Föderationen jedoch erneut auf. Ein Sieg über das Dritte Reich genügte nicht mehr; die Alliierten fühlten sich verpflichtet, eine großzügige Neuordnung Europas als eines ihrer Kriegsziele zu präsentieren. Deshalb unterstützte die französische Regierung solche Überlegungen im ersten Kriegswinter, d. h. während des „Sitzkrieges" im Westen. Ihr gefiel beispielsweise der Vorschlag des polnischen Außenministers Zaleski, Polen solle Ostpreußen erhalten und sich mit der Slowakei, Ungarn und Österreich zu einer Art Föderation zusammenschließen. Sie unterstützte auch die geschichtsbewußten föderalistischen Pläne und Gruppen um Otto von Habsburg[52] und Graf Coudenhove-Kalergi, die damals beide in Frankreich lebten. Der Gedanke an eine Donauföderation gefiel besonders den Franzosen.[53] Die englische Regierung schloß sich dieser Auffassung mit etwas weniger Begeisterung an. Bereits am 20. Dezember 1939 hielt das Kriegskabinett fest, es sei ratsam, „eine engere Zusammenarbeit zwischen den Balkanstaaten sowie ein engeres Zusammenwirken der verschiedenen Flüchtlingsgruppen von Polen, Tschechen, Slowaken und Österreichern zu fördern."[54]

Der bedeutsamste Versuch, eine Vereinigung zweier Staaten herbeizuführen, betraf Frankreich und Großbritannien, obwohl er auf dem dramatischen Höhepunkt seiner Präsentation fehlschlug. Der Gedanke an gemeinsam anglofranzösische Einrichtungen, auch an gemeinsame Ministerien, lag im Winter 1939/40 in der Luft: Er wurde in Paris, wo er von der Regierung und von einflußreichen politischen Kreisen unterstützt wurde, zu einer *idée reçue*. Ein wichtiger Hinweis auf eine engere Assoziation zwischen Frankreich und England, die über den Krieg hinaus fortdauern sollte, fand sich im letzten Absatz des Vertrages vom 28. März 1940, in dem die beiden Staaten sich verpflichteten, keinen Separatfrieden zu schließen.[55] Churchills überraschende

[52] Otto von Habsburgs Einfluß machte den Nationalsozialisten manchmal Sorgen. Das drückte sich in RSHA-„Meldungen" über monarchistische Tendenzen in Österreich in den Jahren 1939–40 aus (z. B. MA 138, 441/4 0125; 0066 etc.). Am 11. März 1940 beklagte Ribbentrop sich Mussolini gegenüber über „die Machenschaften Otto von Habsburgs". GD, D, VIII, 898–899.

[53] Im Gegensatz zu den Engländern waren sie auch bereit, bestimmte Erscheinungsformen eines deutschen Separatismus zu fördern: Sie interessierten sich nicht nur für Otto von Habsburg, sondern auch für Prinz Ruprecht von Bayern. Die Engländer waren andererseits bereit, im Winter 1939/40 geheime Friedensgespräche mit deutschen Regimegegnern zu führen, ohne die Wiederherstellung der österreichischen Unabhängigkeit als Friedensbedingung zu fordern.

[54] *Woodward*, I, 285.

[55] Am 29. März 1940 schrieb die Londoner *Times*: „Die anglo-französische Einheit ist bereits weiter fortgeschritten als zu irgendeinem anderen Zeitpunkt während des letzten Krieges . . . dieser Zustand ist nur der erste Schritt in Richtung auf eine engere und dauerhaftere Verbindung." Am nächsten Tag sah Wladimir d'Ormesson im *Figaro* die Erklärung als historischen Schritt: „England . . . ist jetzt in Europa."

Ankündigung einer anglo-französischen Union kam deshalb am 16. Juni 1940 nicht aus dem Nichts.

Trotzdem wurde der Plan einer anglo-französischen Union im Juni 1940 unter den Trümmern des Zusammenbruchs Frankreichs begraben. Es war zu massiven Veränderungen gekommen – nicht nur in bezug auf das Gleichgewicht der Kräfte, sondern auch in bezug auf den Begriff „Europa". Europa war nicht mehr länger eine Art patrizischer Vereinigung; es war jetzt ein Kontinent, über den das Dritte Reich herrschte. Während das Wort „Europa" in den Jahren 1939-40 hauptsächlich von der anglo-französischen Propaganda benützt worden war, sollte es für den Rest des Krieges von der Propaganda des Dritten Reiches für politische Zwecke ausgeschlachtet werden.

Hitler interessierte sich nicht sonderlich für den Europagedanken. Gewiß, er hatte nur wenig Interesse für Kolonien, aber er war an einer Reorganisation Europas mit dem Ziel interessiert, Deutschlands Vorherrschaft zu festigen. Das verstand Goebbels recht gut. Seine vertraulichen Propagandaanweisungen im Sommer 1940 kreisten um das gleiche zynische Thema: Redet und schreibt von einem neuen Europa und denkt dabei an das Endziel einer deutschen Hegemonie. „Wenn jemand uns jetzt fragt, wie wir uns das neue Europa vorstellen, müssen wir sagen, daß wir das noch nicht wissen ... Sobald wir an der Macht sind ..., werden wir weitersehen ... Jeder kann sich vorstellen, was er will. Aber zum richtigen Zeitpunkt werden wir wissen, was wir wollen."

Der Zynismus der Deutschen und ihre spätere Veruntreuung der Europaidee sind von mehreren Historikern dargestellt worden. Sie sind auch zeitgenössischen neutralen Beobachtern aufgefallen.[56] In Deutschland bemerkte der verfolgte Philologe Viktor Klemperer, daß die Vorstellung von einem neuen Europa erst 1939 im Sprachschatz der Nationalsozialisten aufgetaucht war und selbst dann durch die ständigen Hinweise auf ein Großgermanisches Reich und seine historischen Vorgänger implizit widerlegt wurde.[57] Die uns vorliegenden Beweise zeigen, daß die deutsche Bevölkerung keine Begeisterung für die Europaidee aufbrachte. Das änderte sich nach Beginn des Rußlandfeldzuges, vor allem nach den ersten Schwierigkeiten in Rußland: Die Vorstellung,

[56] George Kennan, der im Juni 1940 von Deutschland in die Niederlande reiste, hörte im Zug ein Gespräch zwischen deutschen Nationalsozialisten und einem niederländischen Sympathisanten („Letzterer übrigens ein intelligenter Mann"). „Als der Zug in Den Haag einfuhr, bemerkte ich ihm gegenüber unwillkürlich, daß es ihm in der Tat schwerfallen werde, eine niederländische national-sozialistische Bewegung auf die Beine zu stellen, denn sie werde entweder wahrhaft holländisch und damit nur eine erfolglose Konkurrenz der deutschen Bewegung – oder pangermanisch sein, so daß sämtliche Werte des holländischen Nationalismus geopfert und ihre Gefolgsleute statt besserer Holländer nur minderwertige Deutsche würden ... Bis ich meine Untersuchung der deutschen Besatzungspolitik abgeschlossen hatte, war mir klar, daß es vom deutschen Standpunkt aus keine befriedigende Lösung dieses Problems geben konnte." *Kennan*, M, S. 128–129.
[57] *Klemperer*, 198–199.

Deutschland sei Europas Bollwerk gegen den asiatischen Bolschewismus, gefiel den Deutschen.[58] Aber Goebbels ließ dieses Thema erst später, als die Gefahr einer russischen Invasion Deutschlands drohte, breit auswalzen.

So unaufrichtig die Deutschen jedoch gewesen sein mochten, so echt war die Reaktion vieler Europäer auf das gewaltige Erdbeben des Jahres 1940: eine Reaktion, die dazu führte, daß sich in ihrem Denken die Vorstellung von einem vereinigten Europa herauskristallisierte. Schon am 25. Mai 1940 erklärte Leopold III. dem belgischen Kabinett, es müsse begreifen, daß der ganze Krieg vielleicht vorüber sei und daß unter Umständen etwas Großes entstehe. Der ehemalige holländische Ministerpräsident Colijn, einer der geachtetsten niederländischen Politiker, schrieb im Juni 1940 in einer Broschüre: „Eine Tatsache überragt alles andere: Deutschland wird jetzt Europa führen." Am 10. August sagte Colijn in einer Rede: „Unabhängig vom Ausgang dieses Krieges steht außer Zweifel, daß Deutschland auf dem europäischen Kontinent eine Rolle spielen wird, die sich am besten mit der des Dirigenten eines großen Orchesters vergleichen läßt."[59] Leemans, der belgische Generalsekretär für Wirtschaftsfragen, sprach von einer „positiven Bereitschaft, zur Entstehung einer neuen Ordnung in Europa beizutragen".

Das französische Volk, sagte sein Außenminister Baudouin am 22. August 1940 in einer Rede, „bereitet sich auf eine neue Ordnung" in Europa vor. Am 27. August bot der französische Finanzminister Bouthillier Hemmen von der deutschen Waffenstillstandskommission „volle Zusammenarbeit zum Zwecke der wirtschaftlichen Organisation des neuen Europa" an.[60] Am 30. August 1940 wiederholte Laval diese Bereitschaft, und Pétain sprach am 30. Oktober in einer Rundfunkrede von der Ehre und Einheit Frankreichs „im Rahmen der konstruktiven Aktivität einer neuen europäischen Ordnung". „Dieser Krieg", führte Laval im November 1940 aus, „ist nicht wie andere Kriege, er ist eine Revolution ... Frankreich muß gemeinsam mit den anderen großen Nationen Europas zwei Aufgaben erfüllen: den Frieden schaffen und

---

[58] Auch dieses Argument, das Hitler gegen Kriegsende aufgriff und mit dem die Deutschen eifrig versuchten, einige ihrer Gegner, darunter auch die Amerikaner, zu beeindrucken, war unaufrichtig. Hitler zog die Japaner und Chinesen einigen europäischen Nationen vor. Das beweisen zahlreiche seiner während des Krieges geführten Gespräche und vor allem die von Bormann aufgezeichneten letzten Gespräche; ein früherer Beweis sind jedoch die 1941 erlassenen vertraulichen Anweisungen der Parteikanzlei. Sie warnten vor der in letzter Zeit zu beobachtenden Tendenz, der politischen und wirtschaftlichen Einheit Europas biologischen Nachdruck zu verleihen. Ausdrücke wie die „europäische" oder „weiße Rasse" seien unerwünscht. So weit Rassenpolitik auch gehe, während der kommenden Jahrzehnte werde das deutsche Volk keine Konflikte mit den Bevölkerungen anderer Kontinente suchen; stattdessen werde es seinen eigenen Anlagenbestand gegenüber zahlreichen europäischen Völkern zu behaupten haben, einschließlich solchen, die eng mit ihm zusammenarbeiten. Die Verschleierung bestehender rassischer Differenzen innerhalb Europas führe zu der Gefahr der Unterwanderung und ... des Einflusses von Fremdarbeitern. P-K Ver/Inf, 29–52 (9. Aug. 1941).
[59] Zitiert bei *Kwiet*, S. 117.
[60] CDA, I, S. 185.

einen (europäischen) Sozialismus aufbauen." Die von Abetz in Paris gelenkte deutsche Propaganda in Frankreich arbeitete unablässig auf dieses Ziel hin. Im Winter 1940/41 wurde im Grand Palais monatelang eine Ausstellung *La France européenne* gezeigt.

Im Juni 1940 berichtete der deutsche Botschafter aus Finnland: „Die Anerkennung der deutschen Führungsrolle ... findet überall spontanen Ausdruck. Dazwischen werden Stimmen laut, die von einem neuen und besseren Europa sprechen und in einer deutschen Vorherrschaft eine Garantie gegen die Gefahr aus dem Osten sehen."[61] Am 12. September 1940 erklärte der Schweizer Bundespräsident seinen Landsleuten in einer Rundfunkansprache, die Solidarität des Kontinents entwickle sich zusehends. Dies leugnen zu wollen, sei unsinnig; dies nicht zu erkennen, könne sich als gefährlich erweisen.

Das Auf und Ab dieser Empfindungen geschah nicht zur gleichen Zeit wie bei den Deutschen. Diese machten sich 1940 nur wenig aus „Europa", wenn man von ihren eigenen propagandistischen Zwecken im Krieg gegen England absieht. Als ihr eigenes Interesse am Europagedanken ab Juni 1941 wuchs, war die Woge prodeutscher Empfindungen in Europa bereits verebbt und nur noch bei den wenigen überzeugten Kollaborateuren und Nationalsozialisten in einigen europäischen Staaten mehr oder minder ausgeprägt.

Zu letzteren gehörten einige Idealisten, die schon vor dem Aufstieg des Dritten Reiches für den Europagedanken eingetreten waren. Ihr Denken während des Krieges findet seinen deutlichen Ausdruck in den Schriften Drieu la Rochelles, der wie Valéry schon vor Jahren erkannt hatte, daß die Bedeutung Frankreichs und Europas abnahm. Sein Einsatz für Europa und den Faschismus war jetzt vereint.[62] „Ich bin ein Faschist, weil ich den Verfallsprozeß in Europa gemessen habe. Ich habe im Faschismus das einzige Mittel gesehen, um diesen Verfall aufzuhalten und zu verlangsamen; da ich kein größeres Vertrauen zu den politischen Möglichkeiten Englands als zu denen Frankreichs habe und da ich das Vordringen fremder Reiche wie der Vereinigten Staaten und Rußlands in unseren Kontinent ablehne, habe ich zudem keine andere Erlösung als das Genie Hitlers und des Hitlerismus gesehen."[63] Alfred Fabre-Luce war vorsichtiger. „Ideologische Variationen kommen und gehen",

---

[61] Blücher (25. Juni 1940), zitiert bei *Krosby*, S. 25.

[62] „1) Seitdem ich 1917 meine ersten Gedichte geschrieben habe, wollte ich die Liebe für Frankreich mit der Liebe für Europa vermählen. 2) Ich habe die Vorzüge und Notwendigkeiten im Sterben des Kapitalismus sowie in der Geburt des Sozialismus gesehen. 3) Ich habe die Wiedergeburt aristokratischer und autokratischer Werte über ihr lediglich historisches Prestige hinaus angestrebt." *Drieu*, CRP, S. 9.

[63] In *La Révolution Nationale* (23. Januar 1943). Allerdings ist festzuhalten, daß Drieu im Gegensatz zu anderen französischen Freunden des Nationalsozialismus – beispielsweise Benoist-Méchin, der sich in *Le Moisson de Quarante* (Paris, 1940) elegisch darüber ausließ, daß die Wehrmacht französische Bauern in der goldenen Beauce die Ernte einbringen ließ, und das Neue Europa mit der Beauce gleichsetzte, wo Deutsche und Franzosen Seite an Seite arbeiteten – frühzeitig erkannte, daß die Deutschen diesen Krieg verlieren würden.

schrieb er 1941, „aber die Rolle Europas bleibt das Thema des 20. Jahrhunderts."[64]

Wie wir gesehen haben, fand der Gedanke an europäische Föderationen bei vielen der Emigranten, die den ersten Kriegswinter in Paris verbrachten, großen Anklang. Nach dem katastrophalen Sommer 1940 wurden solche Überlegungen wieder attraktiver. Von den kleineren Völkern Europas überwanden die Belgier, Niederländer und Luxemburger während ihrer gemeinsamen Katastrophe ihr gegenseitiges Mißtrauen; ab 1941 sprachen die Bewohner dieser besetzten Staaten und ihre Exilregierungen von einer nach dem Krieg zu gründenden Föderation der Beneluxstaaten, und die Regierungen machten bereits erste Pläne für eine spätere Zollunion und diese Föderation. Die finnische und die schwedische Regierung planten im Herbst 1940 einen Teilzusammenschluß ihrer Staaten: ein Plan, gegen den sich damals Deutschland sowie die Sowjetunion aussprachen. Die Exilregierungen Polens und der Tschechoslowakei erklärten am 11. November 1940 ihre Absicht, nach dem Krieg eine Föderation zu gründen, und bekräftigten sie im Januar 1942. Die Exilregierungen Jugoslawiens und Griechenlands sprachen sich für eine demokratische Föderation von Balkanstaaten aus.

Mindestens ebenso bedeutsam wie diese politischen Projekte waren ähnliche Bemühungen einzelner Widerstandsbewegungen in der zweiten Hälfte des Jahres 1941. So spielten italienische Antifaschisten eine beachtliche Rolle in den ersten Widerstandsbewegungen, die 1940/41 in Südfrankreich entstanden. Die ersten Aufrufe einiger dieser Widerstandsgruppen forderten für die Nachkriegszeit ein vereinigtes oder föderiertes Europa. Katholische Widerstandsbewegungen, vor allem die Christdemokraten Westeuropas, waren für solche Ideen besonders empfänglich. Im Zweiten Weltkrieg entwickelten sich die politischen, intellektuellen und vielleicht sogar spirituellen Ideen der Widerstandsbewegung, der Christdemokraten, eines wiederbelebten internationalen Sozialismus und eines vereinigten Europas gemeinsam, und sie waren populär genug, um die Völker und Politiker Westeuropas nach dem Krieg zu den ersten Schritten zu Föderationen und Gemeinschaftseinrichtungen zu bewegen.

Nach dem Krieg, im Jahre 1946, sagte der französische Autor Maurice Druon auf einer Tagung in Genf, die dem „europäischen Geist" gewidmet war: „Ich habe zwei Europas gekannt, zwei Europas, die existiert haben. Eines, das Europa der Nacht, die für uns 1940 und für andere Völker sogar noch früher begann, war ein Europa, in dem für kurze Zeit die gleiche Sonne, die im Kaukasus aufging, im Atlantik unterging ... Ich habe ein anderes Europa gekannt, ein schwaches Europa, das erst entstand und seinen Sitz in London hatte: ein Europa, das aus ein paar Emigranten bestand, aus einigen Freiwilligen, lauter Europäern, weil sie nicht nur ihrem Heimatland angehör-

[64] *Fabre-Luce*, I, S. 268.

ten, sondern weil sie wahrhaftig einem gemeinsamen Kampfe angehörten, und es ist dieses Europa, das schließlich gesiegt hat."[65]

## Amerikanisierung

Im Jahre 1941 hätten viele europäische Völker eine britische Vorherrschaft auf dem Kontinent akzeptiert. Englische Führerschaft statt deutscher Herrschaft: Für die unterdrückten Völker klang das wie ein Traum – oder vielmehr wie die Aussicht auf das Ende ihres Alptraumes. Dieser Traum war nicht ganz irreal. Die Engländer verkörperten von Anfang an den Sinn des Krieges gegen das Dritte Reich. Die Exilregierungen in London, die Widerstandsgruppen im besetzten Europa und alle übrigen Hitlergegner zweifelten nicht im geringsten daran, daß England nach dem Sieg über Deutschland eine Großmacht sein und eine entscheidende Rolle bei der politischen Neuordnung Europas spielen werde.

Im Jahre 1941 war sogar Stalin dieser Meinung. Aber dazu sollte es nicht kommen. Und dies erwies sich als Tragödie für Europa wie für Großbritannien: Die Abdankung der Engländer nach dem Krieg, als sie sich fast mühelos zu Führern eines vereinigten Westeuropa hätten aufschwingen können. Für diese fehlende englische Europabegeisterung gab es mindestens drei Hauptgründe. Einer war ihre Phantasielosigkeit – in gewisser Beziehung eine Nationaleigenschaft, die sich gelegentlich (so auch 1940) vorteilhaft auswirken konnte. Ein weiterer Grund, der damals ebenfalls eine Nationaleigenschaft war, war der insulare Stolz der Engländer, die sich gegen die Deutschen gehalten hatten, als alle ihre europäischen Nachbarn zu Boden gegangen waren. Aber der dritte und wichtigste Grund war der amerikanische Faktor.

Über 40 Jahre vor dem Zweiten Weltkrieg, über 15 Jahre vor dem Ersten Weltkrieg erreichte die englische Außenpolitik einen entscheidenden Wendepunkt: Nach 1897 ging die britische Regierung nie mehr von der damals akzeptierten Maxime ab, bewußt um die Freundschaft der amerikanischen Regierung und des amerikanischen Volkes zu werben. Dies war schon vor und während des Ersten Weltkrieges ein bestimmendes Element in bezug auf den Kurs der englischen Außenpolitik.[66] Und obwohl davon nicht oft gesprochen

[65] *Druon*, S. 208.
[66] Aus diesem Grunde beschlossen die Engländer 1921 auch, ihr Bündnis mit Japan zu beenden – ein Ereignis mit unvorhersehbaren Folgen. Aber zu berücksichtigen ist auch, was der verhältnismäßig anglophile Internationalist Franklin D. Roosevelt am 9. November 1934 an Norman Davis schrieb: „Simon und ein paar andere Tories müssen ständig mit der einfachen Tatsache konfrontiert werden, daß ich mich für den Fall, daß Großbritannien auch nur verdächtigt werden könnte, Japan uns vorzuziehen, im Interesse der Sicherheit Amerikas gezwungen sähe, an die öffentliche Meinung in Kanada, Australien, Neuseeland und Südafrika zu appellieren, um den nachdrücklichen Versuch zu machen, diese Dominions davon zu überzeugen, daß ihre zukünftige Sicherheit untrennbar mit uns in den Vereinigten Staaten verknüpft ist." *E. B. Nixon*, Franklin D. Roosevelt and Foreign Affairs, 1933–1937, II, S. 263, zitiert bei *Pelz*, S. 141.

wurde, war dies auch der entscheidende Faktor für den Entschluß der englischen Regierung, 1939 den Kampf gegen Hitler aufzunehmen. Wäre Amerika 1939 wahrhaft neutral geblieben, hätten die Engländer das Gefühl gehabt, Hitler nicht gewachsen zu sein. Dieser amerikanische Faktor beeinflußte während des Krieges alle strategischen Entscheidungen der Engländer.

In dieser Beziehung gab es keinen Unterschied zwischen Chamberlain und Churchill. Letzterer war jedoch nicht damit zufrieden, daß die Amerikaner England *de facto* unterstützten. Sein gesamtes politisches Leben wurde von einer größeren, mehr gefühlsbetonten Idee beherrscht: Churchill hielt ein Zusammenwachsen der englischsprachigen Völker der Welt für erstrebenswert. Er sprach 1940 in glühenden Tönen davon und sah im Zweiten Weltkrieg eine Chance, diese Vorstellung zu verwirklichen. Churchill glaubte – nicht ohne Grund –, eine enge Union zwischen Amerika und England hätte den Ersten Weltkrieg verhindert; sie hätte den Zweiten Weltkrieg verhindert; sie hätte selbst nach dem Zweiten Weltkrieg noch viel Gutes bewirken können. Aber dazu kam es nicht. Aus der anglo-amerikanischen Partnerschaft entwickelte sich keine engere Union. In der ersten Hälfte des 20. Jahrhunderts, in einem Zeitraum, der fast genau Churchills politischem Wirken entsprach – von etwa 1900 bis 1955 –, wäre diese *Pax Anglo-Americana* möglich gewesen. Aber Churchill konnte sich nicht durchsetzen.

Schon 1939 war die englische Regierung bereit, im Verhältnis zu den Vereinigten Staaten eine untergeordnete Rolle zu akzeptieren. Im Sommer 1939, über ein Jahr vor dem Tausch amerikanischer Zerstörer gegen englische Stützpunkte in der westlichen Hemisphäre, schlugen die Engländer erstmals vor, die U. S. Navy solle Stützpunkte auf Trinidad, St. Lucia und den Bermuda-Inseln übernehmen. Über zwei Jahre vor dem Eintreffen amerikanischer Truppen in England schlug der britische Botschafter in Washington seiner Regierung vor, den Amerikanern Stützpunkte in Großbritannien anzubieten – erstmals in der langen Geschichte Englands. Lothians Vorschlag wurde damals zu den Akten gelegt; trotzdem war er charakteristisch für das sich rasch entwickelnde anglo-amerikanische Unterordnungsverhältnis. Auf die Dauer entstand daraus eine fast totale englische Abhängigkeit von den Vereinigten Staaten – eine Entwicklung mit unabsehbaren Konsequenzen für die Zukunft Europas.

Im Jahre 1941 machten sich jedoch nur wenige Europäer Gedanken darüber, was die amerikanische Vorherrschaft über England bedeuten würde. Nur wenigen war diese Frage nicht gleichgültig. Ob die Engländer Hitler aus eigener Kraft besiegen oder ob sie Europa gemeinsam mit den Amerikanern befreien würden, spielte keine Rolle. Die meisten Menschen – die Verbündeten Deutschlands ebenso wie seine Gegner – sprachen weiterhin von den „Angelsachsen" und „Angloamerikanern", als ob die Engländer, die Amerikaner, die Kanadier usw. alle Brüder, Vettern, enge Verwandte seien.

Die weiter sahen – oder weiter zu sehen vorgaben –, waren nur eine

Handvoll: De Gaulle in London, Hitler in Berlin,[67] vermutlich Stalin (der die Amerikaner stets den Engländern vorzog) und gelegentlich ein kluger prodeutscher Kollaborateur wie Drieu la Rochelle, der am 22. Mai 1941 schrieb: „England wird jetzt von Amerika absorbiert. Amerika hat durch Wilson seine gefährliche Unfähigkeit bewiesen, einen europäischen Frieden zu organisieren. Clemenceaus Fehler in Versailles sind durch die Lloyd Georges ausgelöst worden und die des letzteren durch die Wilsons . . . Das Problem von 1941 ist nicht mehr das von 1940. Wir müssen nicht mehr zwischen England und Deutschland, sondern zwischen Amerika und Europa wählen . . .[68] Die überwiegende Mehrheit seiner Landsleute weigerte sich, diese Wahl zu treffen – damals auch ganz zu Recht.


Das Prestige der Vereinigten Staaten war während des Zweiten Weltkrieges in ganz Europa gewaltig, wie es zu Ende des Ersten Weltkrieges gewesen war. Die Engländer waren nicht die einzigen, die ihr Schicksal mit dem Amerikas verknüpften. Wären die Vereinigten Staaten im Juni 1940 in den Krieg eingetreten, hätten die Franzosen vermutlich weitergekämpft – zumindest in Afrika. Wären die Vereinigten Staaten 1941 völlig neutral geblieben, hätten die Russen vermutlich nicht weitergekämpft – nicht einmal in Sibirien. „Der weltweite Einfluß des Präsidenten und der Regierung der Vereinigten Staaten sind gewaltig", erklärte Stalin am 31. Juli 1941 Harry Hopkins. England und Rußland könnten Deutschland nicht allein besiegen. Das einzige Mittel, Hitler zu besiegen – „vielleicht ohne jemals einen Schuß abzugeben" –, sei die Ankündigung, daß Amerika Deutschland den Krieg erklären werde.

Ganz so einfach war die Sache nicht. *De facto* führten die Vereinigten Staaten 1941 Krieg gegen Deutschland: viele Monate vor der Kriegserklärung Japans und der Achsenmächte. Sie führten einen nicht erklärten Seekrieg im Atlantik, für den es in der amerikanischen Geschichte Präzedenzfälle gab, und einen mehr oder minder heimlichen politischen Krieg in Europa und Afrika, der in der amerikanischen Geschichte etwas gänzlich Neuartiges war. *De jure* waren die Vereinigten Staaten jedoch bis Dezember 1941 eine neutrale oder vielmehr nichtkriegführende Macht. Dieser Zustand hatte bestimmte Auswirkungen auf Europa.

Zwischen 1939 und 1941 (an manchen Orten und in mancher Beziehung sogar noch später) waren die Vereinigten Staaten die Hoffnung bestimmter Konservativer, die noch mehr als Demokraten oder Radikale auf Amerika setzten. Die Engländer hatten sich dazu verpflichtet, bis zum bitteren Ende

---

[67] Hitler am 25. September 1940 zu Serrano Suñer: „England ist eine amerikanische Kolonie geworden." Hitler verstand nicht, daß das die spanische Entschlossenheit, sich nicht mit den Vereinigten Staaten anzulegen, nur noch bestärken mußte.

[68] *Drieu*, CRP, S. 309.

gegen Deutschland und den Nationalsozialismus zu kämpfen; bei den Amerikanern war das nicht der Fall. Die Vereinigten Staaten, die nicht durch eigene Interessen verpflichtet waren, konnten die Rolle der großen vermittelnden Weltmacht spielen, die dann schließlich einen gerechten Frieden bewirkte. Dies war die Hoffnung der Vichy-Franzosen, die konservativen Elemente in Europa, die das englische Bündnis mit der Sowjetunion mit Abscheu betrachteten, der Neutralen, des Vatikans und in gewisser Beziehung sogar der Deutschen. Diese Hoffnung wurde durch die Äußerungen bestimmter Amerikaner gestärkt; sie schwand im weiteren Verlauf des Krieges dahin, um in den Jahren nach 1945 erneut aufzuleben: Amerika als Hoffnung des christlichen Europa (was immer darunter zu verstehen war) gegen den atheistischen Kommunismus (was immer das bedeutete), wobei stillschweigend vorausgesetzt wurde, die totale Niederlage Deutschlands (und Japans) sei eigentlich doch nicht im Interesse der Vereinigten Staaten gewesen.

Amerika erkannte die Vichy-Regierung nach dem Zusammenbruch der Dritten Republik aus verschiedenen Gründen weiterhin an; einer dieser Gründe war der Wunsch, sich in Hitlers westeuropäischem Innenhof „ein Fenster offenzuhalten".[69] Dieses amerikanische Fenster sollte nicht nur eine Fortsetzung der Beobachtung, sondern unter Umständen auch direkte Einflußnahme ermöglichen. Am 23. November 1940 ernannte Roosevelt Admiral Leahy, einen seiner engsten Mitarbeiter, zum Botschafter in Frankreich. Leahy traf am 7. Januar 1941 in Vichy ein. Er hatte dort sehr großen Einfluß, da die in Vichy versammelten Politiker unterschiedlicher Couleur in einem Punkt übereinstimmten: Sie setzten große Hoffnungen auf die Vereinigten Staaten und waren eifrig bemüht – manchmal auf geradezu servile Weise –, die Freundschaft mit den Amerikanern zu pflegen.

Die amerikanische Karte war der Trumpf in dem weltweiten Spiel. Eines zukünftigen Tages konnte sie gegen Deutschland ausgespielt werden. In der Zwischenzeit versuchten die Vichy-Politiker, sie gegen die Engländer und natürlich de Gaulle[70] auszuspielen, gegen den das amerikanische Außenministerium und Roosevelt eine Abneigung hegten, die engstirnig, kategorisch und starr war. Im Gegensatz zu de Gaulle hätten die in Vichy maßgebenden Männer eine fast vollständige Abhängigkeit Frankreichs von den Vereinigten Staaten für die Nachkriegszeit akzeptiert – eine politische Einstellung mancher französischer Konservativer, die den Krieg überdauerte.

Diese Politik nützte in erster Linie amerikanischen Interessen, vor allem in Nordafrika, wo sie zu einer heimlichen Zusammenarbeit einiger französi-

---

[69] Aus dem gleichen Grund ließ auch die kanadische Regierung sich in Vichy weiterhin durch einen Generalkonsul vertreten.
[70] Laval am 10. Dezember 1940 über de Gaulle zu den Deutschen: „Er ist nichts anderes als ein gewöhnlicher Agent Englands . . ., der von den Vereinigten Staaten verachtet wird." CDA, V, S. 456.

scher Zivil- und Militärbehörden mit Amerikanern führte, während die gleichen Leute nicht bereit gewesen wären, mit England zusammenzuarbeiten. Die Deutschen wußten von diesen Kontakten, aber sie konnten nicht viel dagegen unternehmen. Sie versuchten jedoch gelegentlich, von den angloamerikanischen Meinungsverschiedenheiten in bezug auf Vichy zu profitieren, indem sie Anfang 1941 beispielsweise gestatteten, daß amerikanische Schiffe Getreide nach Vichy-Frankreich brachten.

Bereits im Juli 1940 forderte der alte Caillaux (Clemenceaus erbitterter Gegner und vor dem Ersten Weltkrieg ein Befürworter der deutsch-französischen Freundschaft) den neuen Außenminister Baudouin (der in den zwanziger Jahren sein Sekretär gewesen war) auf: ,,Kultivieren Sie vor allem die (Beziehungen zu den) Vereinigten Staaten. Dort liegt die Zukunft."[71] ,,Wir müssen vor allem die Tatsache im Auge behalten", stellte der französische General Doyen im Juli 1941 in einer vertraulichen Denkschrift für die Vichy-Regierung fest, ,,daß die Vereinigten Staaten heute und morgen der große Schlichter bleiben werden und daß es in unserem vitalen Interesse liegt, uns ihre Sympathien nicht zu verscherzen." Seine klare und kluge Denkschrift führte weiterhin aus, die Vereinigten Staaten hielten wie 1918 den Schlüssel zum Sieg in den Händen: ,,Was auch geschieht - die Welt wird sich in den kommenden Jahrzehnten den Wünschen der Vereinigten Staaten unterordnen müssen."[72]

Ähnlich dachten viele, die es für notwendig gehalten hatten, sich den Deutschen unterzuordnen. Leopold III. von Belgien erläuterte Roosevelt am 28. Mai 1940 in einem Schreiben (das der Kollaborateur Henri de Man aufgesetzt hatte) seinen Entschluß, vor den Deutschen zu kapitulieren. Der Rumäne Antonescu, Hitlers bevorzugter Verbündeter, deutete dem amerikanischen Botschafter gegenüber im November 1941 an, Rumänien werde bei militärischen Operationen in Rußland eine bestimmte Linie nicht überschreiten, und gab der Hoffnung Ausdruck, die guten Beziehungen zwischen Rumänien und den Vereinigten Staaten würden fortbestehen.[73]

Die finnische Regierung befolgte eine ähnliche Politik in bezug auf ihre Teilnahme an dem Krieg gegen Rußland; sie versuchte, die Vereinigten Staaten zu beschwichtigen (mit denen sie tatsächlich während des ganzen Krieges – mit Ausnahme einer kurzen Periode im Jahre 1944 – diplomatische Beziehungen unterhielt). Der ungarische Ministerpräsident Bárdossy schlug nach Pearl Harbour vor, Ungarn solle lediglich die Beziehungen zu den Vereinigten Staaten abbrechen und seine Solidarität mit Deutschland ausdrücken. Die

[71] *Baudouin*, S. 166.
[72] CDA, IV, S. 644. Doyen gehörte der Deutsch-Französischen Waffenstillstandskommission an.
[73] Antonescu erklärte Ribbentrop schon am 22. November 1940, ,,angesichts des wahrscheinlichen Kriegseintritts Amerikas sei er der Überzeugung, der Krieg werde noch sehr lange dauern". Er teilte Hitler am 14. Januar 1941 mit, er glaube, die Amerikaner würden den Krieg gern beendet sehen und mißtrauten den Russen.

Deutschen lehnten diesen Vorschlag jedoch ab, und Bárdossy mußte den Vereinigten Staaten den Krieg erklären.[74]

Auch die Schweden, Schweizer, Türken und Spanier teilten diese allgemeine Überzeugung, eine amerikanische Vorherrschaft nach Kriegsende sei unvermeidlich. Das gleiche galt für Stalin, der noch ein Neutraler war, als er im Herbst 1940 darauf bestand, daß die Ankündigung von Molotows Berlinbesuch und erst recht die Reise selbst bis nach den amerikanischen Präsidentschaftswahlen verschoben wurde. Damit waren erstmals politische Ereignisse in Europa einem amerikanischen Wahltermin untergeordnet worden.

Sehr bedeutsam waren die Beziehungen zwischen Amerika und dem Vatikan, die nicht nur nationale, sondern auch internationale Auswirkungen hatten. Roosevelt kannte den überwältigenden Isolationismus der amerikanischen Katholiken; er hatte innerhalb der Demokratischen Partei Schwierigkeiten mit einigen Irisch-Amerikanern gehabt. Am 24. Oktober 1939 lud er Kardinal Spellman zum Mittagessen ein. Damit begann sein Feldzug, durch den er sich die Unterstützung des Vatikans sichern wollte. Einen Tag vor Weihnachten gab Roosevelt die Entsendung Myron Taylors als seines persönlichen Botschafters in den Vatikan bekannt.

Papst Pius XII. war sehr erfreut darüber, daß die mächtigen Vereinigten Staaten dem Vatikan solche Aufmerksamkeit schenkten; er hoffte auch, daß sie sich in diesem Krieg als Vermittler erweisen würden, und bezeichnete die Entscheidung des Präsidenten als „edle und großzügige" Tat.[75] Der Papst sollte bald erfahren, daß Roosevelts Sonderbotschafter nicht durchweg solche edlen Absichten verfolgte. Roosevelt ging es aus innenpolitischen Gründen darum, den Einfluß des Papstes gegen die Feindseligkeit der amerikanischen Katholiken – vor allem der Deutschamerikaner[76] und mancher Amerikaner irischer Abstammung[77] – gegen seine Politik auszuspielen. Ab Juni 1941 wurde

---

[74] Der amerikanische Senat erkannte erst im Juni 1942 an, daß sich die Vereinigten Staaten mit einigen der kleineren Trabanten Deutschlands im Krieg befanden.

[75] Apor, der konservative und antideutsche ungarische Botschafter beim Heiligen Stuhl, berichtete am 23. Mai 1940, Taylor werde „von den vatikanischen Stellen mit übertriebener, fast serviler Höflichkeit behandelt". A Vatikáni MK, S. 173.

[76] Die Deutschamerikaner gehörten noch mehr als die Iren (die teilweise gespalten waren) zu den größten Isolationisten unter den Katholiken, die erbittert gegen Roosevelt kämpften. Beispielsweise sagte Erzbischof Beckmann aus Dubuque am 27. Juli 1941: Wie können wir in dieser „christlichen Demokratie . . . uns damit abfinden, daß in allen wichtigen Ministerien die Kommunisten verhätschelt werden? . . . Wir sind in diesem schändlichen Spiel der Unterstützung für England und den Bolschewismus weit genug getrieben worden" – ein frühes Beispiel für eine Entwicklung, die nach dem Krieg zu McCarthys Kommunistenverfolgung führen sollte.

[77] In America, der Jesuiten-Wochenzeitung, schrieb Thomas E. Davitt im April 1939: „Wären die Vereinigten Staaten mit Rußland verbündet, wären Katholiken aus Gewissensgründen berechtigt, die Ableistung des Wehrdienstes zu verweigern." In diesem Fall wollte Bischof Duffy aus Buffalo

dieses Problem durch den dogmatischen Antikommunismus der meisten amerikanischen Katholiken weiter erschwert.

Roosevelt hoffte, Pius XII. dazu bewegen zu können, sich gegen das nationalsozialistische Deutschland auszusprechen. Auch hier erwies sich der Antikommunismus als Haupthindernis. Am 3. September 1941 wandte der Präsident sich in dieser Angelegenheit direkt an den Papst. Die Kernsätze seines Briefes lauteten folgendermaßen: „Soweit ich informiert bin, sind die Kirchen in Rußland geöffnet . . . Ich glaube . . ., daß diese russische Diktatur für die Sicherheit anderer Nationen weniger gefährlich ist als die deutsche Form der Diktatur . . . Ich glaube, daß der Fortbestand Rußlands für den Glauben, für die Kirche als solche und für die Menschheit im allgemeinen weniger gefährlich ist, als es der Fortbestand der deutschen Form der Diktatur wäre."[78]

Wohl nur wenige Schreiben an den Heiligen Stuhl wurden mit soviel Sorgfalt wie dieses hier analysiert. Tardini, der den Auftrag hatte, die Antwort vorzubereiten, sezierte Roosevelts Brief. Er stellte in einem Memorandum fest, die Hoffnungen des Präsidenten auf Religionsfreiheit in Rußland seien unbegründet. Er entdeckte auch, daß das Schreiben des Präsidenten „deutlich zeigt, was Roosevelt von den amerikanischen Katholiken und der Autorität des Heiligen Stuhls will: Er will sich einen großen Vorteil in der amerikanischen Innenpolitik verschaffen".[79] Die Antwort des Papstes war schließlich sorgfältig unverbindlich und auf Gemeinplätze beschränkt. Roosevelt gelang es nicht, die Einstellung des Vatikans zu ändern, der den Kommunismus nach wie vor für eine größere Gefahr als den Nationalsozialismus hielt und weiterhin hoffte, auch die Vereinigten Staaten würden diese Gefahr eines Tages erkennen.

Diese Überzeugung – daß die Vereinigten Staaten früher oder später die Gefahr einer russischen Vorherrschaft in Europa erkennen würden – war die große Hoffnung der deutschen Außenpolitik gegen Kriegsende: Sie hoffte, von einer amerikanischen Politik des Kräfteausgleichs, die in Deutschland ein Bollwerk gegen den Kommunismus sehen würde, profitieren zu können. Obwohl diese Politik sich erst in den Jahren 1944-45 herauskristallisierte, war sie in einzelnen Elementen schon 1939-41 erkennbar, d. h. vor dem offiziellen Kriegseintritt Amerikas. In den Jahren 1939 und 1940 hofften Hitler und

„jedem katholischen Jungen in den Vereinigten Staaten raten, den Wehrdienst zu verweigern". Monsignore Sheen in einer Predigt in der St.-Patricks-Kathedrale: „Der Weltfeind wird in naher Zukunft Rußland sein." Zitiert bei *Dawson*, S. 86–87.

[78] Wartime Correspondence, S. 61–62.

[79] Tardinis Notizen, VD, 5, S. 205; siehe auch Taylors Unterredung mit Kardinal Maglione: „Mr. Taylor erklärte mir . . ., außer den Iren . . . gebe es in den Vereinigten Staaten eine katholische Minderheit", die Schwierigkeiten mache, weil sie außerstande sei, zwischen Rußland und Kommunismus zu unterscheiden; „zur Vermeidung einer tiefen Spaltung zwischen den amerikanischen Katholiken werde eine Klarstellung durch den Heiligen Stuhl notwendig sein". VD, 5, S. 193. Siehe auch ebd., S. 202–210, 218–219, 220–223, 226–227, 229.

Mussolini von der Monroedoktrin profitieren zu können (wie Hitler 1938 von Wilsons Doktrin der nationalen Selbstbestimmung profitiert hatte), aber diese Hoffnung zerschlug sich. Nach der Kapitulation Frankreichs trat Roosevelt ganz auf Englands Seite. Hitler war besser über amerikanische Politik informiert, als die meisten Historiker bisher zugegeben haben.[80] Er war sich jedenfalls über die amerikanische Stärke im klaren,[81] als er seine Marinebefehlshaber anwies, deutsche Kriegsschiffe dürften sich auf keinen Fall gegen amerikanische Provokationen zur Wehr setzen. Auch der deutschen Presse wurde untersagt, „unmittelbare" Angriffe gegen Roosevelt und die amerikanische Regierung zu bringen.[82]

Kurz gesagt: Hitler wollte Amerika nicht herausfordern.[83] Das wollten auch die Deutschen nicht. Sie wußten ebenfalls, daß das amerikanische Volk von allen ihren Gegnern am wenigsten antideutsch eingestellt war. Einiges davon spiegelte sich 1939-41 in den geheimen „Meldungen" wider[84] – aber die Amerikafreundlichkeit der Deutschen war älter und reichte tiefer. Vor 1933 war Berlin die am meisten amerikanisierte Hauptstadt Europas. Goebbels bewunderte amerikanische Filme. Viele Deutsche hörten gern amerikanischen Jazz. Das deutsche Jagdflieger-As Major Adolf Galland gab seiner berühmten Me 109 den Namen „Mickymaus". „In der Sprache des Dritten Reiches gibt es viele Amerikanismen", stellte der Philologe Klemperer schon 1939 fest.[85] Goebbels imitierte nicht nur amerikanische Filme, sondern auch amerikani-

---

[80] Wie Stalin war er sich über die Bedeutung amerikanischer Wahlen im klaren. Am 20. November 1940 sagte er zu Mussolini, der italienische Krieg gegen Griechenland hätte mindestens „bis nach den amerikanischen Präsidentschaftswahlen" verschoben werden müssen.

[81] Was sein Verbot aller Kriegshandlungen gegen amerikanische Schiffe betrifft, siehe auch KTB III, 8. Juli 1941 („Zusammenstöße unter allen Umständen vermeiden"), *Hillgruber HS*, S. 448–449, sowie *Friedlaender*, S. 64–65, 78, 175–176, 256–257, 290, 292, 294.

[82] *Boelcke*, S. 307 (1. April 1940). Weitere Beispiele: Keine Beleidigung der Vereinigten Staaten; ebd., S. 704 (25. April 1941). Keine Herausstellung von Lindberghs Reden gegen Roosevelt: Obwohl sie hervorragend seien, müsse der Eindruck vermieden werden, Deutschland stehe hinter Lindbergh; ebd., S. 701, 759. Der amtliche, vertrauliche Zeitungsdienst, ZD (15. November 1940): „Die kluge Zurückhaltung der deutschen Presse in bezug auf die Präsidentschaftswahlen . . ." Nr. 3546; 4268 (23. Mai 1941): Keine persönlichen Angriffe gegen Roosevelt; 4641 (30. Mai 1941): Bernard Baruch nicht angreifen (!).

[83] Zu Molotow am 12. November 1940: Die Vereinigten Staaten würden zu einer großen Gefahr werden – „Nicht im Jahre 1945", sondern frühestens 1970–80. Und zu Ciano am 25. Oktober 1941: „Eine spätere Generation wird das Problem Europa-Amerika lösen müssen."

[84] *Meldungen*, MA 441/2, 2057 (25. Juli 1949), 4551 (Juli/August 1941): Ein unerschöpfliches Gesprächsthema seien die Mutmaßungen über die zukünftige Politik der USA, 5, 462–463 (15. Dezember 1941): „wobei es teilweise Verwunderung erregte, daß der bisherige Weltfeind Nr. 1 Churchill von Roosevelt abgelöst worden sei."

[85] *Klemperer*, S. 39. Goebbels (27. Februar 1933): „Die große Propagandaaktion zum Tage der erwachenden Nation ist nun in allen Einzelheiten festgelegt. Sie wird als eine herrliche Schau in ganz Deutschland abrollen." *Klemperer*, S. 153. Klemperer: „Romantik und reklametüchtiges Geschäft, Novalis und Barnum, Deutschland und Amerika . . . so fließt in seinem hervorstechendsten Zuge wieder Deutsches und Amerikanisches ineinander . . . Amerikanismus gröbster Art." Ebd., S. 262.

sche Magazine. In den Jahren 1940 und 1941 enthielt fast jedes Heft der *Berliner Illustrierten* eine Seite mit Photos aus Amerika; – noch am 20. November 1941 wurde der neue Helm der U. S. Army abgebildet. Ein Jahrzehnt später wurde Westdeutschland der engste politische Verbündete der Vereinigten Staaten; es war auch das am meisten amerikanisierte Land Europas. Diese Entwicklung kam nicht über Nacht; einige ihrer Elemente existierten schon während des Zweiten Weltkrieges und teilweise noch früher.[86]

Die Deutschen waren selbstverständlich nicht das einzige Volk, das von dieser Amerikanisierung betroffen war. Vor 1914 basierte das europäische Amerikabild hauptsächlich auf dem gedruckten und geschriebenen Wort: Büchern, Zeitungen und den Briefen von Auswanderern. Im Jahre 1939 beruhte diese Vorstellung hauptsächlich auf Bildern und war noch dazu außerordentlich weitverbreitet. Von den französischen Kollaborateuren waren Rebatet, Bardèche, Brasillach, selbst Céline und Drieu la Rochelle amerikafreundlich gewesen und hatten sich für amerikanische Filme begeistert; sie hatten in Amerika und in amerikanischen Ausdrucksformen etwas Neues und Unverbrauchtes gesehen.[87]

Jenseits des Kanals war „der Kulturaustausch jetzt in der Hauptsache zu einer Einbahnstraße geworden . . ., für Schlagersänger war ein amerikanischer Akzent fast unerläßlich und verdrängte immer mehr das rauhe Cockney und das erdige Lancashire der alten Music Hall . . . Englische Bandleader hatten ihre eigene Imitation der Musik Glenn Millers und Benny Goodmans entwickelt. Und vor allem hatte es das Kino gegeben".[88] Die LKWs der englischen Truppen in Frankreich trugen 1940 Spitznamen wie „Doc", „Grumpy" und „Sneezy" aufgemalt. (Über ihnen flog Galland seine „Mickymaus".) Erst ab 1941 machte sich bei den Engländern (jedoch nicht bei den unteren Klassen) eine gewisse Verärgerung über die amerikanische Allgegenwart und die amerikanische Forschheit bemerkbar.

Im Jahre 1938 schrieb der alternde Paul Valéry: „Europa ist jetzt reif dafür, von einer amerikanischen Kommission regiert zu werden." Diese

---

[86] In Deutschland stellten Polizeidienststellen 1940 und 1941 zu ihrer Verblüffung fest, daß es Jugendbanden mit amerikanischen Namen und amerikanischen Vorlieben gab. In München trug die „Charlie-Bande" Pullover mit den eingestickten Buchstaben CHARLIE. In Frankfurt flogen 1940 die *OK-Gang* und der *Harlem-Klub* auf; später gab es dort den *Ohio-Klub* und den *Cotton-Klub*, in dem die Swing-Jugend zusammenkam. „Schallplatten mit offiziell verbotener Swingmusik wurden rege gehandelt. Die jungen Leute tanzten zu angloamerikanischer Musik und nahmen englische Sitten und Spitznamen an. Aus Amateuren bestehende Swingbands schossen wie Pilze aus dem Boden . . ." *Bleuel*, S. 242 und 243, zitiert die Polizeiakten.

[87] Brasillachs Hauptwerke waren 1937 eine Eulogie von Frankos nationaler Revolution und ein Buch über den amerikanischen Film. *Rebatet*, S. 602: „Die Filme der Amerikaner, ihre Lieder, ihre Bücher, ihre Jungen und Mädchen . . . ich weiß nur zu gut, daß ich das, was ihre überschäumende Jugend der Welt bringt, zu sehr geliebt habe, um nicht darunter zu leiden, von ihnen abgeschnitten zu sein."

[88] *Calder*, S. 310–311.

Vorhersage sollte sich bei Kriegsende bewahrheiten. Die von Roosevelt verkörperte universalistische Ideologie, diese speziell amerikanische Form des Internationalismus, konnte Europa nicht genügen; aber das erkannten nur wenige Männer schon 1941. In diesem Zusammenhang sind vor allem zwei Franzosen zu nennen: Bernanos und de Gaulle, deren Vision von Frankreich – und indirekt auch von Europa – sich nicht nur gegen eine deutsche und eine russische, sondern auch gegen eine zukünftige amerikanische Hegemonie richtete.

Das hatte politische Gründe. De Gaulle verdächtigte Roosevelt, Frankreich zu einem Vasallenstaat herabwürdigen und es dabei seiner Kolonien berauben zu wollen.[89] Bedeutsamer war jedoch der durch Bernanos in seinem brasilianischen Exil verkörperte geistige Widerstand. Im Jahre 1941 sah Bernanos die Frankreich und Europa drohende Gefahr einer oberflächlichen Amerikanisierung: Frankreich und Europa von Technologie regiert und im Dienste einer universalistischen Ideologie, die für „die Konformisten der Welt" leicht akzeptabel war. Wie der Spanier Ortega y Gasset, der Prophet des Massenzeitalters, erkannte Bernanos, daß Europa zu klein geworden war und daß der letzte europäische Krieg auch das Ende eines Zeitalters bedeutete. „Wir können nicht länger vorgeben, der Europäer sei der Mensch schlechthin", sollte Bernanos nach dem Krieg schreiben. „Aber wir glauben, daß die europäische Zivilisation untrennbar mit einem bestimmten Menschheitsbegriff verbunden ist."

## Das Ende des bourgeoisen Zeitalters?

„Nimm noch dazu, daß ich die größte Besorgnis vor der herankommenden Zukunft habe (in der ich ein verkapptes Mittelalter zu erkennen wähne)", schrieb Nietzsche 1870 an einen Freund.[90] Wenige Jahrzehnte später schien

---

[89] De Gaulle sah darin klarer als die Vichy-Politiker, die hauptsächlich und in erster Linie England verdächtigten. Jedenfalls bekamen die Franzosen schon bald die Ergebnisse ihres verringerten Prestiges und ihrer geschwächten Macht zu spüren: in Indochina, wo sie 1940 eine teilweise japanische Besetzung hinnehmen mußten. Siam (1938 in Thailand umbenannt) erhob in Laos und Kambodscha ebenfalls territoriale Forderungen gegen Französisch Indochina. Die Franzosen wehrten diese Übergriffe jedoch ab und erfochten im Januar 1941 bei Koh Chang einen kleinen Seesieg. Wegen des japanischen Drucks mußten sie trotzdem große Teile Indochinas an Siam abtreten (der Vertrag wurde an Bord eines japanischen Kreuzers unterzeichnet). Im Jahre 1941 bauten die Japaner ihre Vorherrschaft in Indochina weiter aus – eine der Streitfragen, die schon vor Pearl Harbour zum Bruch zwischen Japan und den Vereinigten Staaten führten: einer der Gründe für den Ausbruch des Zweiten Weltkrieges im Pazifik ... und für den Jahrzehnte später stattfindenden Vietnamkrieg.

[90] An Erwin Rohde (23. oder 27. November 1870). *Nietzsche*, S. 87–89.

dieses neue Mittelalter Wirklichkeit geworden zu sein. Im Juni 1940, wenige Tage vor dem Fall von Paris, sprach Reynaud im Rundfunk an das französische Volk: Falls Hitler diesen Krieg gewinne, sagte er, „würde wieder das Mittelalter herrschen, aber ohne durch die Barmherzigkeit Christi erleuchtet zu sein".

Der Zusammenbruch Frankreichs schien nicht nur den Zusammenbruch der Bourgeoisie zu bedeuten; er schien auch das Ende der gesamten Ära der bourgeoisen Zivilisation zu bezeichnen – des Liberalismus, des Parlamentarismus, des Konstitutionalismus, des Kapitalismus, der Vorherrschaft Westeuropas und des Zeitalters der Vernunft. Im Juni 1940 schien der deutsche Triumph im Westen politisch gesehen eine Rückkehr ins Zeitalter des Heiligen römischen Reiches deutscher Nation zu bedeuten: ein von Deutschen, Norditalienern und Spaniern beherrschtes Europa unter Ausschluß Englands, mit einem geteilten oder auf seinen spätmittelalterlichen Besitzstand zurückgedrängten Frankreich und die Niederlande, Artois, Flandern und vielleicht sogar ein neugegründetes Burgund ins Deutsche Reich eingegliedert.

Dahinter steckte mehr als nur politische Geographie. Im Jahre 1940 fühlten Millionen von Menschen – und keineswegs nur die siegreichen Deutschen – sich zu bestimmten Aspekten des Mittelalters hingezogen. Du Moulin de Labarthète, ein feinfühliger Beobachter der ersten Vichy-Periode, beschrieb in seinen Memoiren „diese gewisse Rückkehr ins Mittelalter, diese ‚instinktive Mediävalisierung' – etwas, das Berdjaew nicht vorausgesehen hat".[91] Ein Europa voller Landsknechte, voller Söldner im Dienst einer imperialen Ideologie, dieses deutsch-spanische Europa, in dem die Rechte der Juden eingeschränkt waren, das Freimaurertum verschwand, der Kapitalismus durch eine neue Gesellschaftsordnung[92] verdrängt wurde und Gilden,[93] Zünfte und Stämme Auferstehung feierten – das alles erinnerte an das Europa des Jahres 1500, d. h. vor Beginn der Neuzeit.

Aber diese Wiederauferstehung des Mittelalters war nicht von Dauer; sie überdauerte nicht einmal den Höhepunkt ihrer Siege. Das lag zum Teil daran, daß mittelalterliche Inspirationen einigen von Hitlers Verbündeten fremd

---

[91] *Du Moulin*, S. 300. Berdjajew, dessen neochristliche Schriften in den dreißiger Jahren einen gewissen Ruf genossen, stellte die leuchtenden Tugenden des Mittelalters der trübseligen Dekadenz bourgeoisen Denkens gegenüber.

[92] Siehe Henri de Mans am 5. Juli 1940 verkündetes Manifest an die belgische Arbeiterklasse: „Glaubt nicht, daß ihr zum Widerstand gegen die Besatzungsmacht verpflichtet seid; nehmt die Tatsache ihres Sieges hin und versucht lieber, daraus Lehren für den Aufbau einer neuen Gesellschaftsordnung zu ziehen. Der Krieg hat zum Zusammenbruch des Parlamentarismus und der kapitalistischen Plutokratie der sogenannten Demokratien geführt. Für die Arbeiterklassen ist dieser Zusammenbruch einer altersschwachen Ordnung keineswegs ein Unglück; er ist vielmehr eine Befreiung . . ."

[93] Die äußeren Formen dieses Neomediävalismus müssen noch von Historikern untersucht werden. Er war besonders in Vichy-Frankreich weit verbreitet. Beispielsweise war die Jugendbewegung des Regimes Pétain in *cités, baillages, commanderies, pays, provences* usw. unterteilt und trug den Namen *Compagnons de la France*.

waren – darunter auch Mussolini, der mit den *Condottieri* Renaissancemenschen, nicht Menschen aus dem Mittelalter zu neuem Leben erwecken wollte. Noch bedeutsamer war, daß der mittelalterliche Aspekt nur eine Facette des Dritten Reiches und von Hitlers Vorstellungswelt war – wenn auch eine wichtige. Die Einstellung der nationalsozialistischen Hierarchie wurde weitgehend von etwas anderem geprägt, das zugleich supermodern und heidnisch-primitiv war.

Am 18. Juni 1940, jenem entscheidenden Tag in der Geschichte des Zweiten Weltkrieges und des 20. Jahrhunderts, drückte sich Churchill suggestiver und präziser als Reynaud aus. Er sprach nicht von einer Rückkehr ins Mittelalter, sondern malte einen Rückfall ins finsterste Mittelalter an die Wand. Sollte Hitler siegreich bleiben, sagte Churchill, „dann wird die ganze Welt mitsamt den Vereinigten Staaten, mitsamt allem, was wir gekannt und geliebt haben, in den Abgrund eines neuen finsteren Mittelalters versinken, der durch das Licht einer pervertierten Wissenschaft noch schlimmer und vielleicht noch langwieriger gemacht werden wird".

Denn diesmal lag etwas in der Luft, das sich von einer konservativen Aussicht auf ein neumittelalterliches Zeitalter, auf einen waffenklirrenden germanisch-romanischen imperialen Triumph über Europa unterschied. Im Jahre 1940 kam die Sommersonnenwende am 24. Juni. Der Neuheide Montherlant ging in Marseille ans Meer hinaus. Von dort glaubte er die Worte zu hören: „Der große Pan ist tot." Nein, sagte er, jetzt heißt es: „Du bist besiegt, Galiläer."[94] „Wenn Frankreich und Deutschland, unter dem Emblem des Sonnenrades vereint, jetzt nur für gewisse Zeit bereit wären, in ihrem Unterbewußtsein die Zeit Konstantins zu begraben ... das Christentum einzuschläfern."

„Wie", fragte Drieu la Rochelle im Januar 1941, „kann man glauben, der Sieger dieses Krieges könne ein Reich sein, das aus lauter Anachronismus aus der Vergangenheit besteht? Wer heute an den Sieg Englands glaubt, ist wie jemand, der im Jahre 1900 den Sieg Chinas mit seinen Mandarinen mit Zöpfen und Jadeknöpfen über die europäischen Reiche mit ihren Autos und Kanonen prophezeit hätte."[95] Und im Juni: „Erkennt ihr nicht, daß Churchill und Roosevelt angesichts von Hitler, Mussolini und Stalin auf groteske Weise veraltet sind? Die Erwartung, daß City und Wall Street ihre Herrschaft über Europa wiederaufrichten· könnten, ist so überholt wie die Erwartungen jener alten bourgeoisen Russen in irgendeinem Vorort irgendeiner westlichen Hauptstadt, die noch immer von der Rückkehr des Zaren und des Kapitalismus nach Moskau träumen."

Das wurde am 19. Juni 1941 veröffentlicht. Drei Tage später griff Hitler Stalin an; Stalin wurde der Verbündete Churchills und Roosevelts; Rußland,

[94] *Montherlant,* S. 293.
[95] *Drieu,* CRP, S. 295–296.

England und Amerika besiegten gemeinsam Deutschland und gewannen den Krieg. Sie gewannen, weil sie mächtiger waren. Aber auch die geistige Kraft der Deutschen ließ nach. Es war ihnen nicht gelungen, die Jugend Europas um sich zu scharen. Ihr Nationalsozialismus blieb auf die Sache Deutschlands beschränkt. Und wir haben gesehen, daß die bourgeoisen Klassen überlebten; die alten bourgeoisen Tugenden erwiesen sich als stärker und attraktiver, als die Deutschen gedacht hatten.

Bezeichnend dafür ist ein Artikel in Goebbels' Zeitschrift *Das Reich* – „Herbst in der Schweiz" von Otto Philipp Häfner:

„. . . in einem Schweizer Bürgerhaus. Ich sitze in tiefen Sesseln, fernab vom lauten Getriebe der Welt, und während die Hausfrau den Kaffee verschenkt, tickt die Pendüle in den dämmernden Nachmittag. Welche Zeit ist es? 1940? 1840? Niemand vermöchte es zu sagen. In den alten Möbeln träumt die Vergangenheit einen Traum von Glück im engen Kreise, von Wohlstand, Sicherheit des Besitzes, von solidem Fleiß, ehrbarem Familienleben. Ah, wenn es gelänge, die Zeit zum Verweilen zu bringen, das Rad der Geschichte, das sich in rasenden Schwung gesetzt hat, aufzuhalten, oder doch am eigenen Hause vorbeizulenken! Wenn es möglich wäre, daß die Zeit stillstünde, damit sich nichts veränderte. Was ist Macht, was Ehre, Glanz, was bedeuten Fahnen, ruhmbedeckte Adler, die Fanfaren des Sieges gegen die friedlichen Nachmittage zu Hause, die perlenden Etüden am Klavier, den ruhigen Gang am See, die glitzernden Lichter an der Promenade, die stillen Abende am Kamin? Es fällt schwer, mich verständlich zu machen. Offenbar sprechen wir eine andere Sprache. Wir meinen nicht dasselbe, auch wenn wir die gleichen Worte gebrauchen. Selbst über die Tatbestände, mögen sie in der Geschichte oder in der Gegenwart liegen, stimmen wir nicht überein. Wie sollen wir zu einem gemeinsamen Schluß kommen? Die Begeisterung unserer Jugend, unsere Entschlossenheit zu mutigem Leben, das Blut, das wir für ein besseres Europa vergießen, weckt in dieser milden bürgerlichen Luft keine Mitleidenschaft. Hier gilt das Alte, das man kennt, auch wenn es Fehler hat, besser als das Neue, das man nicht kennt. Der heiße Atem unserer Zeit wird hier wie der Föhn empfunden, der Kopfweh macht und vor dem man die Fenster schließt . . ."[96]

In diesem Artikel, der die Schweizer kritisiert, sind Anzeichen für eine Art erbitterten Respekt vor ihnen zu entdecken. Und als mit zunehmender Kriegsdauer eine Katastrophe am Horizont heraufstieg, verwandelte sich die Verachtung für die von den Schweizern verkörperten bürgerlichen Tugenden, zu der die Vorkämpfer des neuen, heroischen Europa sich oft bekannt hatten, häufig in einen gewissen Neid und sogar in Bewunderung.

[96] *Das Reich* (17. November 1940).

Im Zweiten Weltkrieg war die alte Zivilisation Europas noch stark genug, um die gewaltigen physischen und geistigen Erschütterungen zu überstehen. Die Anziehungskraft ihrer Vergangenheit konnte inspirierend sein; sie erwies sich als stärker als die meisten Zukunftsvisionen. Das galt auch für den Familienkult; wie wir in einem früheren Kapitel gesehen haben, brachte der Krieg die Familien wieder zusammen.

Ein weiteres Beispiel: In diesem barbarischen Krieg war die Achtung vor den Kulturdenkmälern der Vergangenheit tiefer ausgeprägt und weiter verbreitet als in früheren europäischen Kriegen. Im September 1939 räumten die Franzosen ihre Museen: Sie verlagerten ihre wertvollsten Kunstschätze in die Säle und Gewölbe alter Schlösser – auch in das halb verfallene, kalte Château Chambord. Entlang der Loire waren die Tintorettos und Tizians erste Vorläufer der trübseligen Flüchtlingskolonnen von Politikern der Dritten Republik, und sie blieben dort, als letztere wieder abzogen. Die Engländer registrierten sorgfältig alle Informationen, die sie von Frankreich erhielten (auch einschlägige Mitteilungen aus Vichy), über den Verbleib der Bilder, um nicht versehentlich Gebäude zu bombardieren, in denen die Kunstschätze Europas an den Wänden und in den Kellern standen.

Auch eine Dienststelle der deutschen Wehrmacht befaßte sich mit Kunstschutz; ihr Leiter, Graf Metternich, und General Streccius, der Wehrmachtsbefehlshaber im besetzten Frankreich, verdienen unseren Respekt besonders, weil sie – zumindest 1940 – entgegen anderslautenden Anweisungen der nationalsozialistischen Bürokratie den Abtransport einiger französischer Kunstschätze nach Deutschland verhindern konnten. Und es gab einen Göring, diesen Bewunderer Vermeers, des wichtigsten Malers des bourgeoisen Zeitalters in Europa, der das Jeu de Paume 1940 und 1941 ein dutzendmal besuchte und bei einer Gelegenheit (am 3. November 1940) fast den ganzen Tag in seinen Sälen verbrachte, wo er die Meisterwerke der französischen Impressionisten bewunderte . . .

Auf kulturellem Gebiet brachte das Dritte Reich nur wenig hervor, was Bestand hatte. Die wenigen erhaltenswürdigen Zeugnisse seiner Kunst – deren wahrer Wert durch heutige Kritik verschleiert wird – sind eben jene, in denen die neue Kraft deutschen Geistes auf Inspirationen aus der Vergangenheit aufbaute, z. B. einige der Gemälde Pfuhles und Dannowskys, einige wenige der zahlreichen Skulpturen Brekers und einige der Bauten Troosts sowie Speers.


Geist und Materie

Wir beginnen diesen Abschnitt und beenden dieses Buch mit einer Feststellung, die an seinem Anfang gestanden hat: daß der letzte europäische Krieg nur ein Teil – der letzte und dramatischste Teil – einer größeren Phase der europäischen Geschichte gewesen ist, die um 1870 begonnen und bis 1945 gedauert hat. In diesem Dreivierteljahrhundert war Deutschland die dominierende Macht in Europa. Im Jahre 1941 erreichte seine Militär- und Polizeimacht ihren Höhepunkt. Das Dritte Reich beherrschte einen größeren Teil Europas als jedes frühere Imperium. Ende dieses Jahres konnten die Deutschen den Krieg jedoch nicht mehr gewinnen. Sie behaupteten sich bis 1945 gegen die Übermacht ihrer Feinde – ein tragischer Meilenstein in der Geschichte des deutschen Volkes und der europäischen Staaten im allgemeinen.

Wir haben anfangs eine weitere Feststellung getroffen. Im Gegensatz zu den heutzutage weitverbreiteten Ansichten zählte der Geist im Zeitalter des Materialismus stets mehr als die Materie. Der Fleiß und die Disziplin der Deutschen machten sie mächtig, zeitweilig erschreckend mächtig, und dies war weniger auf materielle Faktoren als auf ihre Denkgewohnheiten und die ihr Handeln bestimmenden Ideen zurückzuführen. Diese Ideen leisteten ihnen lange gute Dienste. Schließlich degenerierte der deutsche Idealismus jedoch zu einem ungehemmten fanatischen Spiritualismus, wie ihn Hitler vertrat. Hitler bildete sich ein, allein die Macht des Geistes genüge, um fast die ganze Welt, auch die materielle Macht seiner Gegner, zu besiegen. Im Jahre 1871 erklärte Renan den Franzosen, der Sieg der Deutschen sei der Sieg des deutschen Schulmeisters gewesen. Im Jahre 1945 war die Niederlage der Deutschen größtenteils die Niederlage des deutschen Geistes, allerdings wohl nicht des deutschen Verstandes.

Ebenso haben wir anfangs und zwischendurch mehrmals festgestellt, daß die Jahre 1870-1945 nicht nur die politische, militärische und wirtschaftliche, sondern auch die kulturelle Vorherrschaft Deutschlands in fast ganz Europa bezeichneten: Und dies ist das Thema, mit dem wir uns hier zu befassen haben. Nach 1870 entstand in Europa eine philosophische und ideologische Reaktion auf das materialistische und positivistische Denken des 19. Jahrhunderts. Die Dauer dieser neoidealistischen Reaktion, 1874-1941, entspricht seltsamerweise fast genau der Dauer der ersten, der romantischen Reaktion von 1770-1840, die ebenfalls hauptsächlich von Deutschland ausging und sich gegen die rationalistische Mentalität des 18. Jahrhunderts richtete. Den Aufschwung dieser Reaktion bezeichnen vielleicht Nietzsches Essay „Vom Nutzen und Nachteil der Historie für das Leben" im Jahre 1874 und Diltheys „Über das Studium der Geschichte" im Jahre 1875. Der Niedergang dieser Phase setzte spätestens 1941 ein und bedeutete die bevorstehende militärische Niederlage und den politischen Bankrott Deutschlands. Dieses Ereignis war nicht nur ein Wendepunkt in der Evolution europäischer Ideen, denn gerade die Tatsache, daß Deutschland, das die dominierende Philosophie des ideologischen Nationalismus hervorgebracht hatte, einige der extremsten und primitivsten Auswirkungen der Reaktion gegen den Materialismus versinnbildlichte, entfremdete, enttäuschte oder verschreckte einige der tatsächlichen und potentiellen intellektuellen Befürworter dieser Reaktion.

Diese antimaterialistische Reaktion des europäischen Geistes zwischen 1875 und 1941 – oder, genauer gesagt, diese erste *postmaterialistische* und erste *postmoderne* Bewegung in seiner Geschichte – läßt sich deshalb nicht richtig beurteilen, wenn nicht gleichzeitig die Geschichte der europäischen Staaten betrachtet wird. Péguy hatte recht, als er sagte, das massive Auftreten der Politik und ihrer Rhetorik führe zur Degeneration von Wahrheit und Denken. Aber eben wegen dieser Allgegenwart der Politik kann die Geschichte von Ideen nicht als isolierte Kategorie behandelt werden. Es gab nicht nur Gemeinsamkeiten zwischen den intellektuellen Reaktionen gegen den Positivismus und den politischen Reaktionen gegen den Parlamentarismus oder zwischen den Reaktionen gegen den Materialismus und jenen gegen den Kapitalismus oder später zwischen philosophischem Neoidealismus und politischem Faschismus. Es gibt auch Wechselbeziehungen zwischen weltpolitischen Entwicklungen und der Verwirklichung neuer Ideen: Beziehungen nicht nur in der Philosophie, sondern auch in der Physik. Und hier gelangen wir zur Entwicklung der Atombombe – vor allem zu der entscheidenden Phase, die von der theoretischen Planung zur praktischen Verwirklichung führte: in den Jahren 1939-41, d. h. in dem hier behandelten Zeitraum.

Mit Beginn des 20. Jahrhunderts, zu einem Zeitpunkt, der in der Geschichte der Welt und Europas eine gewisse Wende bezeichnete, setzte 1900 eine Revolution der Physik ein, jener grundlegenden Wissenschaft von den Gesetzmäßigkeiten der Materie. Der deutsche Physiker Planck entdeckte, daß die kleinsten Materieteilchen sich nicht unbedingt an die klassischen und vollständigen Gesetze der Mechanik halten. Plancks Quantentheorie schlug die erste Bresche in das Newtonsche Universum. Im Jahre 1905 entdeckte Einstein das Relativitätsprinzip in der Physik. Auch nach dem Ersten Weltkrieg blieb Deutschland Mittelpunkt der neuen Physik; in der Zeit der Weimarer Republik wurden die wichtigsten Arbeiten und bedeutsamsten Diskussionen von Physikern über die Natur der Materie fortgesetzt. Um 1927 entdeckte der junge Deutsche Heisenberg das Prinzip der Unschärferelation in der Physik (das zu akzeptieren Einstein sich weigerte). Dadurch waren die Grundlagen einer neuen Philosophie der Physik und indirekt auch die einer neuen Philosophie der menschlichen Erkenntnis der Materie gelegt.

Wir können die grundlegenden philosophischen Konsequenzen dieser Entdeckungen hier nur in Form eines flüchtigen Hinweises ganz am Ende dieses Buches diskutieren, obwohl sie noch immer weit davon entfernt sind, richtig und genügend anerkannt zu werden. Für unsere Zwecke sind vor allem die praktischen Anwendungen dieser Entdeckungen wichtig. Schon Jahre vor Kriegsausbruch – sogar schon vor Hitlers Machtergreifung – hatten Atomphysiker davon gesprochen, daß bei der Kernspaltung gewaltige physische Energien freiwerden müßten, die sich unter Umständen fesseln und zu einer Atombombe komprimieren lassen würden. Kurz vor Ausbruch des Zweiten Weltkrieges erhielten diese Überlegungen einen realen Hintergrund. Im Winter 1938/39 gelang deutschen Physikern die erste Urankernspaltung durch Neutronenbeschuß. Das bedeutete, daß der Bau einer Atombombe jetzt praktisch, nicht mehr nur theoretisch möglich war. Im Frühjahr 1939 wurde diese drohende Aussicht von französischen und englischen Physikern bestätigt. Am 24. April 1939 schrieben die beiden deutschen Physiker Harteck und Grote ans Reichskriegsministerium und wiesen auf die neuesten Entwicklungen in der Kernphysik hin, welche es ihrer Meinung nach ermöglichten, einen Sprengkörper herzustellen, der um ein Vielfaches wirkungsvoller sei als ein konventioneller.[97]

Inzwischen arbeiteten viele der in Deutschland ausgebildeten Physiker, die aus Deutschland emigriert waren, in England und Amerika. Der Prominenteste von ihnen war Albert Einstein.[98] Dieser berühmte Pazifist litt jetzt wie die meisten seiner Kollegen unter der nicht unbegründeten Angst, die Deutschen könnten eine Atombombe bauen, die Hitler entscheidende Vorteile gebracht hätte. Am 2. August 1939 schrieb Einstein deswegen an Präsident Roosevelt. Wenig später ordnete der Präsident an, die finanziellen und personellen Voraussetzungen für eine beschleunigte Forschung mit dem Ziel, eine amerikanische Atombombe zu bauen, seien zu schaffen.

Trotz der Abwanderung zahlreicher Physiker führte Deutschland 1939 noch immer in der Nuklearforschung. In den Jahren 1939-41 zogen die Vereinigten Staaten mit Deutschland gleich, weil sie immer mehr Physikern immer mehr Forschungseinrichtungen zur Verfügung stellen konnten. Ab 1941 gewannen die Amerikaner einen entscheidenden Vorsprung, der bewirkte, daß im Dezember 1942 in Chicago der erste Atommeiler zu arbeiten begann. Daraus könnte man schließen, zwischen 1939 und 1941 sei es zwischen Deutschland und den Vereinigten Staaten zu einem dramatischen Rennen um die Atombombe gekommen. Die höchsten amerikanischen Stellen gingen von dieser Annahme aus, die jedoch in mancher (allerdings nicht in jeder) Beziehung unzutreffend und übertrieben war.

Aus verschiedenen Gründen, auch aus persönlichen Schwierigkeiten und bürokratischen Komplikationen, wurde der Bau einer Atombombe in Deutschland nur halbherzig vorangetrieben. Schon die Bürokratie des Dritten Reiches behinderte ein klar umrissenes, konzentriertes Forschungsprogramm, obwohl deutsche Physiker an mehreren Atomreaktoren arbeiteten. Irgendwann im September 1941 kam Heisenberg, der ein deutscher Patriot, aber kein Nationalsozialist war, zu der Überzeugung, der Bau einer Atombombe sei nun ganz sicher möglich. Im Oktober 1941 suchte er in Kopenhagen seinen alten

[97] Zitiert bei *Irving*, S. 36–37. Ein detaillierter Artikel über dieses Thema erschien wenige Monate später in der frei erhältlichen deutschen *Zeitschrift für Naturwissenschaft*.
[98] Er lebte und lehrte seit 1932 im amerikanischen Princeton. Sein überragender Ruf verschleierte die Tatsache, daß er nicht mehr imstande war, bedeutsame Beiträge zur theoretischen Physik zu liefern – hauptsächlich wegen seiner Weigerung, sich mit Heisenbergs Unschärferelation auseinanderzusetzen.

Freund und Kollegen, den Halbjuden Niels Bohr auf. Bei einem Abendspaziergang kam es zu einer verworrenen, unglücklichen Diskussion zwischen den beiden Männern. Heisenberg versuchte, Bohr von seiner Ansicht zu überzeugen: Da der Bau einer Atombombe nun möglich sei, sollten die Physiker beider Seiten sich zu Stillschweigen verpflichten, anstatt ihre jeweiligen Regierungen auf diese Möglichkeit aufmerksam zu machen. Bohr scheint geglaubt zu haben, Heisenberg verfolge mit seinem Vorschlag bestimmte politische Zwecke und hoffe, dadurch die Entwicklungstätigkeit der Alliierten unterbrechen zu können.[99]

Um der Realität willen müssen wir bei diesen Ereignissen auch das menschliche Element berücksichtigen. Die Geschichte der Wissenschaft ist die Geschichte der Wissenschaftler, wie die Geschichte des Universums die Geschichte des Menschen ist. Geschichte, nicht Wissenschaft, liefert die Erklärung dafür, wie und warum die Atombombe entstanden ist. Die „Ursachen" der Atombombe waren historisch und in letzter Konsequenz persönlich; sie waren nur in zweiter Linie wissenschaftlich und technisch. Zu den Hauptgründen für ihren Bau gehören Hitler, der Zweite Weltkrieg und die Judenverfolgung durch die Deutschen. Die Atombombe wurde nicht nur gebaut, weil in einer bestimmten Phase der Wissenschaftsgeschichte ein bestimmter technologischer Entwicklungsstand erreicht war, sondern weil einige hervorragende Wissenschaftler zu einem bestimmten Zeitpunkt befürchteten, deutsche Wissenschaftler könnten eine Atombombe für Hitler bauen. Technisch gesehen waren die wichtigsten Entwicklungsstadien der Atombombe die Kernspaltung im Dezember 1938, die Inbetriebnahme des ersten Atommeilers im Dezember 1942, die Detonation der ersten Bombe im Juli 1945 in New Mexico und schließlich der Abwurf der beiden Bomben im August 1945 über Japan. Aber der technologische Charakter dieser Stadien darf nicht über die Hauptfaktoren ihrer Entstehung hinwegtäuschen, die – wie bei allen historischen Ereignissen – das Ergebnis persönlicher Entscheidungen der Verantwortlichen waren, die wiederum durch deren politische, nationale, religiöse, intellektuelle und ideologische Neigungen bestimmt wurden.

An dieser Stelle müssen wir erneut auf die Parallelen zwischen weltgeschichtlichen Entwicklungen und der Geschichte der modernen Physik aufmerksam machen. Im Jahre 1900 entdeckte Planck eine Lücke im mechanisch-physikalischen Universum zum gleichen Zeitpunkt, an dem sich in der alten europäischen Ordnung Risse zeigten. Das Ende der Unwiderlegbarkeit des

---

[99] Der Däne Niels Bohr wurde kurze Zeit später heimlich außer Landes gebracht und kam über Schweden in die Vereinigten Staaten. Bei einer Besprechung am 3. Juni 1942 erklärten Heisenberg und andere Physiker einigen der führenden Männer des Dritten Reiches, daß der Bau einer Atombombe möglich sei. Dieser wurde aber nicht forciert, und die Entwicklungsarbeit blieb in den Anfängen stecken, obwohl in Deutschland bis Kriegsende an Atomreaktoren weitergearbeitet wurde – manchmal mit beträchtlichen Erfolgsaussichten.

Newtonschen Universums fiel mit dem Ende des Selbstvertrauens des bourgeoisen Zeitalters zusammen. In den zwanziger Jahren fiel die durch die Unschärferelation eingeleitete Revolution der Physik mit der Niederlage der „Linken" in Europa zusammen[100]; und die amerikanische Phase des Zweiten Weltkriegs, d. h. die Jahre nach 1941, fiel ganz entschieden mit dem Bau der ersten Atombombe zusammen, die von emigrierten Wissenschaftlern in den Vereinigten Staaten entwickelt wurde. Sie bezeichnete auch die bevorstehende Niederlage des neoidealistischen Weltbildes, das in Deutschland, dem Vaterland des Neoidealismus *und* der neuen Physik, entstanden war.

Aber wie ich zuvor geschrieben habe, bedeutete das Jahr 1945 zwar die Niederlage des deutschen Geistes, jedoch nicht unbedingt die des deutschen Verstandes. Die Schöpfer der Atombombe hatten fast ausnahmslos in Deutschland studiert. Sie hatten ein größtenteils deutsches Kulturgepäck mit in ihre neue amerikanische Heimat gebracht. Der Einfluß bestimmter deutscher Denkkategorien und deutschstämmiger Denker wie Marx und Freud – die beide nach London gelangten, wo sie begraben liegen – blieb in England und den Vereinigten Staaten auch nach dem Krieg erhalten.

Trotzdem bleibt wahr, was Georges Bernanos nach 1945 geschrieben hat: daß die Kernspaltung der entscheidende Triumph der Technik über die Vernunft gewesen sei; denn dieser große Schriftsteller erwies sich in mehr als einer Beziehung als Prophet. Heisenberg kam lange nach seiner Entdeckung der Unschärferelation und lange nach dem Krieg ebenso wie Weizsäcker zu der Einsicht, daß die neuen Entdeckungen auf dem Gebiet der Physik schwerwiegendere philosophische als technische Konsequenzen hatten. Heisenberg stand später dicht vor der Schlußfolgerung, die Bernanos' Auffassung seltsam entsprochen hätte, daß die weitere Zertrümmerung und Spaltung von Atomen nicht nur gefährlich, sondern sinnlos sei; denn dies war nun in endloser Folge möglich geworden. Durch die Spaltung weiterer Partikel erzeugen die Kerntechniker nur weitere Partikel, und die Suche nach den allerkleinsten Bausteі-

---

[100] Im Jahre 1930 erlitt Einstein, der sich weigerte, Heisenbergs Unschärferelation zu akzeptieren, auf dem Brüsseler Solvay-Kongreß für Internationale Physik eine demütigende Niederlage, die ihm damals von Bohr beigebracht wurde. Ich will nicht behaupten, dies sei ein politisches Ereignis gewesen. Ich behaupte jedoch, dieses Ereignis – und der Zeitpunkt, zu dem es geschah – habe sich auf die allgemeine Kulturgeschichte Europas und in gewisser Beziehung auch auf die damalige Politik ausgewirkt. Denn es gibt eine gewisse Wechselbeziehung zwischen Einsteins Niederlage im Jahre 1930 und dem Versagen des deutschen Marxismus mit seiner Interpretation des ökonomisch bestimmten Menschen in eben diesem geschichtlichen Augenblick. Beides bezeichnete ein Versagen der deterministischen Denkweise des 19. Jahrhunderts, und angesichts der damals ablaufenden universaleren geschichtlichen Entwicklungen ist es zumindest bedeutsam, daß dies 1930 geschah. (Auf der niederen Ebene der politischen Massenüberzeugungen ist wahr, was *Klaus Mehnert* 1951 geschrieben hat: „Der Weg des deutschen Volkes von Liebknecht zu Hitler und der des russischen Volkes von Lenin zu Stalin waren parallele Entwicklungen des gleichen Prozesses. In beiden Fällen ... führte dieser Weg vom Dialektischen zum Magischen ...") *Lukacs*, HC, S. 298 und passim.

nen des Universums ist absurd geworden: Hier erzeugt der Geist Materie und nicht umgekehrt.

Dies sind also die Konsequenzen des Zusammenbruchs der deterministischen Philosophie des Materialismus, eines verfallenden Weltbildes, von dem sich weder die westliche noch die sowjetische Welt bisher befreien konnten (ebensowenig wie die großen deutschjüdischen Denker Marx, Freud und Einstein). In unserem Jahrhundert hat sich die Struktur der Geschichte verändert; gleichzeitig hat sich auch etwas verändert, das ich als Struktur der Ereignisse bezeichnen möchte. Der Einfluß des Geistes auf die Materie und das Eindringen des Geistes in die Struktur der Ereignisse sind für jeden erkennbar, der sie erkennen will. Die Jahre 1939-41, die Jahre des letzten europäischen Krieges, liefern dafür genügend Beweise. Wir haben in diesem Buch viele Beispiele erwähnt und Themen berührt, die teilweise noch ernsthaft historisch behandelt werden müßten.[101] Die Geschichte jener Jahre strotzt von Tatsachen, die das genaue Gegenteil dessen suggerieren, was Marx gelehrt hat: Daß die Gedanken und Überzeugungen der Menschen nicht lediglich die vernunftgemäße Deutung ihrer wirtschaftlichen Lage, der Überbau der materiellen „Realitäten" sind. Im Gegenteil: Was die Menschen denken und glauben, ist die reale Substanz ihres Lebens und ihrer Geschichte – und die materiellen Institutionen der Gesellschaft sind der Überbau *davon*.

Hitlers gewaltige Wirkungen in diesen Jahren waren zum einen weniger das Ergebnis der Organisation der materiellen Macht Deutschlands als seiner Überzeugung von der Überlegenheit Deutschlands – einer Überzeugung, die er Millionen von Menschen zu vermitteln verstand. Überzeugung war es auch, die Churchill und de Gaulle zu seinen Hauptgegnern machte. Yeats, der den Zustand der westlichen Zivilisation in der Zeit zwischen den Kriegen beklagte,

---

[101] „Die geistige Erschütterung war größer als die körperliche", wie ich zu Beginn von Teil II dieses Buches geschrieben habe. Im vorliegenden Buch konnte ich kaum mehr tun, als auf einige der Beweise aufmerksam zu machen – angefangen bei solch physischen Konsequenzen wie Änderungen des Geburtenrhythmus, der Zahl der Eheschließungen und Todesfälle sowie Veränderungen der Krankheitshäufigkeit. (Für letztere nur ein Beispiel: „Ein merkwürdiges medizinisches Phänomen des Zweiten Weltkrieges war sowohl in Großbritannien als auch in den meisten kontinentaleuropäischen Ländern die große Zahl von Magengeschwüren bei Soldaten und Zivilisten. Der Gegensatz zum Ersten Weltkrieg war verblüffend: 1914-15 mußten nur 709 englische Soldaten wegen Magengeschwüren entlassen werden, während es 1939-41 über 23 000 waren. Eine ähnliche Zunahme war bei Rüstungsarbeitern zu beobachten." *Wright*, S. 93.) *Warum* das so war, läßt sich nicht sicher sagen; aber das Verständnis dafür, *wie* das Denken der Menschen ihr Leben beeinflußte, soll durch dieses Buch geweckt werden, in dem ich versucht habe, das Vordringen des Denkens in ihr physisches Leben, ihre Wirtschaft, ihr Soldatentum, ihre Politik, ihre Vorstellung von anderen Völkern und ihren Widerstand darzustellen: in sukzessiven Stadien, in denen die Bedeutung geistiger Umwälzungen immer klarer hervortrat und die Kausalzusammenhänge erkennbar wurden.

schrieb später die berühmten Zeilen: „Den Besten fehlt jegliche Überzeugung/ und die Schlechtesten sind voll leidenschaftlicher Intensität." Als Yeats im düsteren Januar 1939 starb, schien er damit recht zu haben. Und trotzdem war es nicht so. Im Jahre 1940 fehlte den Besten nicht jegliche Überzeugung, selbst wenn die Schlechtesten voll leidenschaftlicher Intensität gewesen sein mögen. Und dies ist die Lehre – vielleicht die einzige positive Lehre –, die wir aus dem letzten europäischen Krieg ziehen können.

Während ich die Arbeit an diesem Buch abschließe (Ende 1973), schätze ich die Zahl der gedruckten Quellen – d. h. der einschlägigen Bücher und Artikel – auf etwa 60 000.[1] Dazu kommen noch riesige Mengen von in Archiven registrierten Dokumenten, die Akten und Archivexemplare der damaligen Presse, Bildarchive, Illustrierte, Filme aus der damaligen Zeit, Rundfunk- und andere Aufnahmen etc. Die übliche Methode, einem Buch dieser Art eine umfangreiche, scheinbar wissenschaftliche Bibliographie anzuhängen, wäre deshalb schlimmer als Heuchelei, denn sie hätte keinerlei praktischen Nutzen.

Der Versuch, eine mehr oder minder vollständige Bibliographie zum Thema dieses Buches, der Geschichte Europas vom September 1939 bis Dezember 1941, zusammenzustellen, würde mehrere Bände füllen. Die meisten Angaben wären selbstverständlich nur Wiederholungen von Einträgen aus mehreren bereits existierenden Bibliographien über den Zweiten Weltkrieg (davon unten mehr). Es gibt jedoch noch ein weiteres, ernsthafteres Problem. Selbst wenn eine derartige Bibliographie mit größter Sorgfalt zusammengestellt würde, wäre das Ergebnis weit davon entfernt, einigermaßen vollständig zu sein. Wir haben ein Verfallsstadium der sogenannten Neuzeit erreicht, das sich durch das krebsartige Wuchern von Veröffentlichungen und zahlreicher anderer Formen öffentlicher Kommunikation manifestiert. Vor fünf Jahrhunderten hat die Neuzeit mit einer plötzlichen Zunahme aller Arten von Kommunikationsmöglichkeiten, darunter auch der Druckkunst, begonnen. Dieses Zeitalter endet jetzt mit dem durch ihre Inflation bedingten Zusammenbruch aller Kommunikation. Es gibt Idioten in öffentlichen Führungspositionen, die diese Kommunikationsflut als „Wissensexplosion" bezeichnen, anstatt sie als das zu sehen, was sie ist: die Krebserkrankung einer Zivilisation.

Geschichte besteht aus niedergeschriebener wie aus erinnerter Vergangenheit. Das Ziel berufsmäßiger Historiker ist es gewesen, das Niedergeschriebene von Zeit zu Zeit zu vervollständigen. Bis vor verhältnismäßig kurzer Zeit war dieses professionelle Ziel einer fast vollständigen Dokumentierung in Einzelfällen beinahe zu erreichen. Aber in bezug auf mehr und mehr Themen aus

---

[1] Anfang 1961 schätzte der deutsche Bibliograph Gunzenhäuser die Zahl der Veröffentlichungen über den Zweiten Weltkrieg auf etwa 50 000. (*Gunzenhäuser*, S. 529) Wir dürfen annehmen, daß ihre Zahl sich in den folgenden zwölf Jahren verdoppelt hat. In Europa ist die Literatur, die sich mit den beiden ersten Kriegsjahren befaßt, wahrscheinlich etwa so umfangreich wie jene, deren Thema die vier letzten Jahre sind.

dem 20. Jahrhundert ist dies zu einer unmöglichen Illusion geworden. In der Vergangenheit hatten Historiker unter einem Mangel an schriftlicher Aufzeichnungen zu leiden; im 20. Jahrhundert stöhnen sie unter einer Flut von Dokumenten. Seltsamerweise – oder vielleicht gar nicht seltsamerweise – haben sich nur wenige Historiker Gedanken darüber gemacht, was diese Flut wirklich bedeutet. Die Inflation von Geschichtsmaterial, zu dem eine Vielzahl von Dokumenten gehört, bedeutet genau das, was jede Art von Inflation bedeutet: Wenn es etwas in immer größeren Mengen gibt, ist es immer weniger wert. Aber daran ist nicht nur die Abnahme des subjektiven Wertes dieser Materialien schuld. Das Problem besteht vielmehr aus dem Rückgang ihrer Authentizität. Und dies erfordert eine neue Betrachtungsweise einiger Leitlinien der Geschichtsforschung.

Dies ist nicht der rechte Ort für Spekulationen über neue Methoden. Aber wegen der oben erwähnten Umstände besteht dieser bibliographische Anhang aus zwei Teilen: aus einigen Bemerkungen zu den riesigen und unüberschaubaren Mengen von Material zu dem hier behandelten Thema und aus einer alphabetischen Aufzählung mit den vollständigen Titeln der Bücher, Zeitschriften, Dokumente und anderen Materialien, die im Text in abgekürzter Form zitiert worden sind.


Seit den Ereignissen, die ich in diesem Buch zu schildern versucht habe, sind über 35 Jahre verstrichen. Ihr dokumentarischer Niederschlag in den Archiven und Bibliotheken Europas (sowie der Vereinigten Staaten) ist Forschern aus vielen Ländern zugänglich. Dazu gehören die meisten Regierungsakten Großbritanniens, der Niederlande, Belgiens, Italiens und der skandinavischen Länder, von denen nur Finnland teilweise eine Ausnahme macht. Spanien, Portugal, Griechenland, die Schweiz und der Vatikan haben einen Teil ihrer Archive geöffnet oder bestimmte Dokumente aus den Jahren 1939-41 veröffentlicht; in Osteuropa gilt das gleiche für Jugoslawien, Polen und Ungarn. Die Staatsarchive Frankreichs in Westeuropa sowie jene der übrigen Staaten Osteuropas sind zum größten Teil noch unzugänglich, was selbstverständlich auch für die der Sowjetunion gilt. Die eindrucksvollsten Aktenberge stammen von der Regierung des Dritten Reiches. Die Ordnungsliebe der deutschen Bürokratie blieb auch unter dem Hitlerregime intakt, obwohl das Dritte Reich kein richtiger Beamtenstaat mehr war. Die Regierungsakten der damaligen Zeit sind nach dem Krieg zum größten Teil aufgefunden worden. Da Europa in den Jahren 1939-41 größtenteils von Deutschland beherrscht wurde, haben diese Dokumente sich für Historiker, die über diesen Zeitraum schreiben, als wichtigste Quelle erwiesen.

Das klassische Problem bei Staatsarchiven ist natürlich die Tatsache, daß sie nicht alles enthalten. Ein verhältnismäßig kleiner Teil der Archive der europäischen Staaten ist im Zweiten Weltkrieg vernichtet worden oder verlorengegangen. (Die Franzosen verbrannten am 16. Mai 1940, dem Tag der großen Panik, einige ihrer wichtigen Staatsakten; Teile der Archive der Außenministerien Polens, Jugoslawiens und Ungarns gingen bei der Bombardierung ihrer Hauptstädte in Flammen auf; die meisten Archivalien der baltischen Staaten verschwanden in der Sowjetunion; Teile der deutschen Akten gingen im Chaos gegen Kriegsende unter.) Insgesamt dürften bis zu 90 Prozent der Akten der europäischen Staatsbürokratien aus dem Zweiten Weltkrieg erhalten geblieben sein.

Der erfahrene Historiker sowie der höhere Beamte stimmen jedoch in einem Punkt überein: Selbst wenn noch so umfangreiches Aktenmaterial existiert, werden viele der wichtigsten Entscheidungen oder Ereignisse nicht schriftlich festgehalten – eine Tatsache, die vor allem auf das 20. Jahrhundert zutrifft. Telefongespräche, Fernschreiben und Funksprüche werden oft nicht für die Nachwelt aufgezeichnet. Unterlagen über bestimmte Besprechungen und über bestimmte Entscheidungen verschwinden selbst aus jenen Archiven, die der anderweitigen Vernichtung entgangen sind und als einigermaßen „vollständig"[2] gelten.

In der Sowjetunion enthalten nicht nur die amtlichen Geschichtswerke, sondern auch einige der aus den Narkomindel-Archiven veröffentlichten Dokumente bewußte Fälschungen.[3] Ich fürchte, daß jene Historiker, die gespannt auf den Tag waren, an dem die sowjetischen Archive für Forscher geöffnet werden, sich auf Enttäuschungen gefaßt machen müssen. Aber das gilt zum Teil auch für Historiker, die in den Archiven der westlichen Demokratien forschen. Der ehrliche Historiker muß oft zugeben, daß sie nur wenig Unbekanntes enthalten. In der Einleitung zu seinem Buch „1939: The Making of The Second World War" feiert Sidney Aster die Tatsache, daß „die entscheidenden (britischen) Dokumente über den Vorabend des Krieges im Jahre 1939 . . . am 1. Januar 1970 freigegeben und öffentlich zugänglich (wurden). In Tausenden von Bänden und Aktenordnern aus allen Ministerien ist hier *das wichtige Beweismaterial enthalten, das endlich die Entstehung des Zweiten Weltkrieges aufzeigt*." (Hervorhebung durch den Verfasser.)

Man vergleiche diese atemlos aufgeregte Behauptung mit einer zynischeren Feststellung im zweiten Band der Autobiographie Malcolm Muggeridges,

---

[2] Ein Beispiel: Im Archiv des italienischen Außenministeriums fehlen viele der Akten, die sich auf das italienisch-griechische Verhältnis im Jahre 1940 beziehen. (*Toscano* auf S. X von DDI, Serie IX, V.) Ein weiteres Beispiel: Hitler am 13. November 1940 zu Molotow, als es darum ging, daß die Sowjetunion die südöstliche Ecke der Bukowina für sich beansprucht hatte: Gemäß einer mündlichen Übereinkunft sollten die ehemals österreichischen Gebiete gänzlich in die deutsche Interessen- und Einflußzone fallen. GD, D, XI, S. 462. Diese mündliche Abmachung ist nirgends schriftlich festgehalten worden.

[3] Im Mai 1945 bemühte sich ein Spezialistenteam des sowjetischen Geheimdienstes, die Tonaufnahmen der Gespräche, die Hitler und Ribbentrop im November 1940 in Berlin mit Molotow geführt hatten, aufzuspüren und zu vernichten, was teilweise gelang. Siehe auch *Hillgruber*, HS, S. 103, Anmerkung 1.

418

der während des Krieges Geheimdienstoffizier war und später in deutschen und englischen Archiven Unterlagen über seine frühere Tätigkeit einsah: „Diplomaten und Geheimdienstagenten sind meiner Erfahrung nach noch größere Lügner als Journalisten, und die Historiker, die versuchen, die Vergangenheit aus ihren Aufzeichnungen zu rekonstruieren, haben es größtenteils mit Phantasieprodukten zu tun.“[4] Beide Behauptungen sind übertrieben, aber die zweite klingt irgendwie wahrer als die erste.

Hitler war auf dem Höhepunkt der damaligen Ereignisse ein verschlossener Mann. Er wußte recht gut, welche seiner Monologe er aufgezeichnet haben wollte. Er las nicht allzu viele Schriftstücke und versah nur wenige mit Anmerkungen.[5] Es gibt kein einziges Dokument, nicht einmal die Niederschrift einer mündlich erteilten Anweisung, das Hitler mit dem Beschluß zur physischen Vernichtung der Juden in Verbindung bringt. Manchmal ist selbst der Inhalt einiger der wichtigsten Protokolle seiner Äußerungen Gegenstand posthumer Debatten, beispielsweise im Fall der Hoßbach-Niederschrift oder der Ansprache Hitlers vor den Oberbefehlshabern der Wehrmacht am 22. August 1939.[6] Trotzdem ist die teilweise Ungenauigkeit mancher Aufzeichnungen oder die Tatsache, daß sie gewissermaßen aus zweiter Hand stammen, nicht Grund genug, sie gänzlich beiseitezuschieben oder ihre Bedeutung so weit zu verringern, bis sie der vorgefaßten These eines Historikers entsprechen – der Fehler A. J. P. Taylors und einiger seiner Anhänger.

Andererseits hat der skeptische Historiker (wie Taylor in seinen besten Darlegungen) oft recht: Die Existenz eines Dokuments ist offenkundig keine Garantie für seine Authentizität. Manche Leute sind vorsichtig genug, ihre Spuren zu verwischen. Das gilt besonders für den Zweiten Weltkrieg. Dazu kommt außerdem die Auswirkung der großen Bürokratien – vor allem in totalitären Staaten –, in denen schon die Sprache einer Anweisung, eines Berichts oder einer Depesche unpersönlich ist. Die einst sakrosankte Rankesche Unterscheidung zwischen primären und sekundären Quellen hat sich verwischt. In vielen Fällen kann die Ausdrucksweise des verantwortlichen Beamten mehr verschleiern, als sie enthüllt.[7] Seine Ausdrucksweise kann der autoritären Rhetorik des Regimes, dem er dient, entsprechen; seine wahren Absichten können andere sein.[8] Man braucht eine neuartige hermeneutische Begabung, um Zweck, Wesensgehalt und Details vieler moderner Dokumente,

---

[4] *Aster*, S. 13; *Muggeridge*, II, S. 149.

[5] Eine wichtige Ausnahme wird auf S. 36 erwähnt.

[6] Siehe beispielsweise die Besprechung dieser Dokumente in *H. W. Kochs* Artikel in THJ (1968) und in mehreren Ausgaben der VfZ (April 1968, Oktober 1968, Juli 1971).

[7] Ein Beispiel: Goebbels' vertrauliche Anweisungen und Bemerkungen gegenüber seinen engsten Mitarbeitern in *Boelcke*. Trotzdem verrieten diese scheinbar offenen Bemerkungen oft nicht, was Goebbels wirklich dachte: Wie Görings Jovialität war Goebbels' „vertrauliche" Freimütigkeit oft nur gespielt.

[8] Siehe beispielsweise Jacobsen über das Halder-Tagebuch: *Jacobsen*, HT, passim.

vielleicht besonders der aus dem Zweiten Weltkrieg stammenden, zu begreifen – eine Art Wissen, die in vieler Beziehung nicht lehrbar ist und aus Erfahrung entspringt. Der große Burckhardt hat dies vor über einem Jahrhundert ausgedrückt: *Bisogna saper lèggere* (man muß zu lesen wissen) – zwischen den Zeilen lesen, was schließlich die lateinische Wurzel des Wortes „Intelligenz" ist.[9]

Damit sind die Schwierigkeiten jedoch nicht erschöpft. Geschichte ist mehr als vergangene Politik, vor allem im 20. Jahrhundert. Ich habe in diesem Buch zu schildern – und in vielen Fällen nur zu skizzieren – versucht, wie sich das Leben der Menschen abspielte, was viele von ihnen aßen, tranken, sahen, lasen und gelegentlich dachten. Die Grundlagen für eine Rekonstruktion dieser Art sind oft spärlich, unzuverlässig und irreführend. Das gilt auch für die Statistiken, auf die der Wirtschafts-und Sozialhistoriker sich verlassen muß. Nicht nur sind historisch bedeutsame Statistiken selbst in diesem bürokratischen Zeitalter oft an den seltsamsten Orten verstreut, sondern der Historiker hat auch oft keine Möglichkeit, ihre Genauigkeit oder wenigstens ihre Verläßlichkeit zu prüfen.

Vor allem Wirtschaftshistoriker neigen dazu, zu vergessen, daß die Produktionsmeldungen, die sie lesen, von Bürokraten zusammengestellt worden sind, die nichts mit der eigentlichen Produktion zu tun gehabt haben; daß diese Zahlen tendenziös sein können. Kurz gesagt: Wir müssen Zahlenangaben so skeptisch betrachten wie Dokumente. Zahlen, die aussagen, daß der französische Arbeiter 1941 durchschnittlich 1100 Kalorien pro Tag erhielt oder daß die deutsche Konsumgüterproduktion 1941 einen Wert von 14,3 Milliarden Reichsmark erreichte, sind wichtig. Aber – ein höchst einfaches *Caveat!* – sie sind weder genauer noch ungenauer als die Feststellung, daß die Engländer im August 1940 tapfer gewesen sind. Wirtschaftshistoriker wie Petzina sind Pfadfinder in einem Urwald, in dem noch gewaltige Rodungsarbeiten notwendig sein werden, um Licht hereinzulassen. Vielleicht werden ihre Erfahrungen ihnen die Schlußfolgerung nahelegen, daß ihre Methoden ständig neu überdacht werden müssen – oder sogar, daß eine neue Welt dringend neuer Wirtschaftswissenschaften bedarf.

Das gleiche gilt für den Polithistoriker, der sich vielleicht für die Phänomene der öffentlichen Meinung interessiert. Er muß Meinungsumfragen (von denen, wie wir gesehen haben, einige aus der Zeit vor und während des Krieges existieren) skeptisch beurteilen; er sollte die von eifrigen Beamten zusammengestellten vertraulichen Stimmungsberichte nicht als vollwertiges Beweismaterial betrachten[10]; er muß sich davor hüten, die öffentliche Meinung aus der

---

[9] Daß Geheimdiensterfahrung nicht notwendigerweise zu überragenden Leistungen als Historiker führt, zeigt sich bei Whaley, dessen *Barbarossa* nur eine Ansammlung von nachrichtendienstlichem Material – hauptsächlich Gerüchten – ist, aus dem hervorgeht, daß Hitler 1941 also doch die Absicht hatte, Rußland anzugreifen.

[10] Eine Ausnahme bilden die Berichte Bocchinis, des damaligen Chefs der OVRA, der italieni-

Presse rekonstruieren zu wollen, ohne die *interne* Geschichte bestimmter Zeitungen gut zu kennen[11]; er muß *äußerst* skeptisch in bezug auf Filme und Wochenschauen sein, die trotz ihres authentischen Eindrucks oft verfälschend wirken – nicht nur durch ihre Schnittführung, sondern durch ihre Art, die durch unzählige gesichtslose Techniker bestimmt wird. *Bisogna saper lèggere:* Der Historiker muß schließlich auf sein eigenes Urteilsvermögen und seine Erfahrung vertrauen; er gleicht darin dem guten Kritiker, von dem Samuel Butler gesagt hat, er müsse es verstehen, aufgrund unzulänglicher Beweise zu urteilen.

Er muß verstehen, daß Dokumente nicht Geschichte sind. Vielmehr ist das Gegenteil der Fall: Die Dokumente verdanken ihre Existenz der Geschichte. Lebende Menschen, alle möglichen Menschen mit allen möglichen Kompliziertheiten und verworrenen, kurzlebigen Zielen haben uns diese Spuren in Form von Aufzeichnungen hinterlassen, die für unsere Rekonstruktion der Vergangenheit unerläßlich sind. Aber erst Erfahrung und Phantasie können diese Überreste zu neuem Leben erwecken. Einerseits kann in dem staubigsten bürokratischen Heuhaufen mehr als eine goldene Stecknadel verborgen sein. Andererseits muß der Historiker ehrlich genug sein, um sich einzugestehen, daß er in den meisten Fällen weiß, wonach er sucht; er bewegt sich auf vertrautem Boden, wenn er in die Vergangenheit eindringt; er weiß, was er finden will.

Es gibt noch immer vieles, was eine Suche lohnt. In den meisten Fällen geht es weniger um die Beziehungen zwischen Staaten oder kriegerische Auseinandersetzungen, sondern um die Beziehungen der Völker untereinander, die sich auf die innere Struktur der Ereignisse auswirken. Das Bild anderer Nationen im Spiegel einer Vielzahl von Veröffentlichungen und öffentlichen Äußerungen, die Unterschiede zwischen Hitlers öffentlicher und privater Rhetorik, Diskrepanzen zwischen Wirtschaftsstatistiken und Verbraucherrealitäten, Alltagserinnerungen und ihre Beziehungen zu amtlichen Aufzeichnungen, die Entwicklung des kulturellen und künstlerischen Lebens, der Opportunismus mancher Intellektueller, die eigenartigen Regeln und Umschreibungen der Sprache der totalitären Diplomatie, die amerikanischen Einflüsse, die Völkerwanderungen,[12] die Geschichte bestimmter kleiner Gemeinschaften,[13]

schen Geheimpolizei, aus den Jahren 1938–40. Diese „brutal freimütigen" Berichte, wie Bocchini es selbst ausdrückte, erhielt nur Mussolini. Sie sind etwa vergleichbar mit den viel beschränkteren RSHA-„Meldungen" oder den „Regierungspräsidentenberichten" in *Witetschek,* KB.

[11] Zu den wenigen internen Geschichten dieser Art gehören jene der Londoner *Times,* des *Corriere della Sera* und der Zeitschrift *Das Reich;* bei den Erstgenannten beziehen sich jedoch nur einige kurze Kapitel auf die Kriegsjahre.

[12] Vidalencs Arbeit über die französische Völkerwanderung des Jahres 1940 kann man eine ganze Liste der Fluchtwege im französischen Untergrund anfügen: Ippecourt, Jouan, Nouveau, Rémy, die *passeurs clandestins* durchschleusten, etc.

[13] Viele davon in Frankreich (z. B. Baudot über die Entwicklung der öffentlichen Meinung im Département Eure); ein belgisches Modell ist Verviers, über das Wynants schreibt.

ein Vergleich der militärischen Ausbildung in der ersten Phase des Krieges ... es gibt eine lange Liste von Themen, die noch darauf warten, von einem ernsthaften Historiker abgehandelt zu werden. Vieles davon betrifft Fragen der Rhetorik, deren Analyse nicht Linguisten überlassen werden darf, die so oft buchstäblich nicht wissen, wovon sie sprechen. Und in solchen Dingen kommt es immer wieder vor, daß das Originaldokument tatsächlich unübersetzbar ist – nicht einmal durch eine genaue Übersetzung.

*Bisogna saper lèggere;* hier sollten wir hinzufügen: *Bisogna saper ascoltare.*[14] Wir müssen zu lesen verstehen, und wir müssen zu hören verstehen. Nicht nur eine kratzige und redigierte Schallplatte mit einer Hitlerrede läßt uns die Stimmen der Vergangenheit hören, buchstäblich hören, und manchmal sogar ihren Atem spüren. Ein englischer Historiker, G. M. Young, glaube ich, forderte einmal seine Studenten auf, „weiterzulesen, bis Sie die Menschen sprechen hören".[15] Und sie erzählen einem die erstaunlichsten Dinge.

Zum gegenwärtigen Zeitpunkt wäre das wertvollste Hilfsmittel für Geschichtsforscher ein zentraler Führer durch die verschiedenen Archive Europas (sowie der Vereinigten Staaten). Bedauerlicherweise gibt es keinen zentralen, nützlichen Führer dieser Art.[16]

Eine einigermaßen vollständige (jedoch vielleicht nicht genügend kritische) Übersicht über die bis Dezember 1965 erschienenen Bibliographien, die den Zweiten Weltkrieg betreffen, ist von Janet Ziegler zusammengestellt worden.[17] Unter der Überschrift „Généralités" führt Miss Ziegler 17 der bedeutendsten allgemeinen Bibliographien auf (Gunzenhäuser, Jacobsen, Röseler und Herre-Auerbach gehören zu den wichtigsten).[18] Ein Nachtrag für die

---

[14] Und zuweilen auch: *Bisogna saper vedere* (wir müssen zu sehen verstehen). Ich meine damit nicht Filme. Manche Fotos scheinen uns durch eine Art augenblicklicher Phantasie an die Vergangenheit zu erinnern, die irgendwie in unserem Verstand latent vorhanden ist.

[15] Dies ist einer der Gründe, weshalb es sich lohnt, Churchills Kriegserinnerungen immer wieder zu lesen – trotz (oder vielmehr wegen) ihres persönlichen Charakters.

[16] *Thomas, Case* ist inzwischen bedauerlich veraltet; PRO 15 ist ein guter Führer zu den Beständen des Public Record Office in England. *Jacobsen, Röseler* ist nützlich; *Hillgruber,* HS, S. 611–614, bietet einen guten Überblick über das deutsche Archivmaterial. (Die Frage der Zugänglichkeit ist eine andere Sache.) *James W. O'Neills* „The Accessibility of Sources for the History of the Second World War: The Archivist's Viewpoint" in *Prologue* (Frühjahr 1972) ist nur eine Skizze aus amerikanischer Sicht; aber für die Bestände der meisten europäischen Staaten fehlt selbst eine derartige Skizze.

[17] „Répertoire international des bibliographies publiées de 1945 à 1965 sur la seconde guerre mondiale", RH2M (Juli 1966), eine nützliche und außergewöhnlich ehrliche Arbeit, in der die Bibliographin alle Titel, die sie nicht selbst gesehen hat, mit einem Sternchen kennzeichnet.

[18] Dazu kommen noch die Kataloge (11 und 20 Bände) der Bibliothek für Zeitgeschichte – Weltkriegsbücherei (Stuttgart). Ihre Jahresbibliographie „führt die jährlichen Neuerwerbungen der Bibliothek als Ergänzung der veröffentlichten Kataloge auf und enthält viele kurze Spezialbibliographien". *Ziegler,* WW II, S. XIII.

Jahre 1966-69, ebenfalls von Miss Ziegler zusammengestellt, ist in RH2M (Januar 1971) erschienen. Ihr „Survey of existing bibliographical coverage of the war" in Ziegler, WW II, S. XIII-XVII, ist wegen ihrer kritischen und oft klugen Anmerkungen wertvoll. Sie hat recht, wenn sie feststellt: „Die nationale bibliographische Erfassung von Veröffentlichungen über den Krieg ist in den einzelnen Ländern im allgemeinen lückenhaft und unzureichend."[19] Zu den Zeitschriften mit umfangreichem bibliographischem Teil gehören VFZ, RH2M, IA und JCH (in absteigender Reihenfolge ihrer Vollständigkeit). Es gibt keine ausreichende Bibliographie oder Ikonographie von Filmen, Photos und audiovisuellem Material in irgendeiner Sprache.

Um zusammenzufassen: Die Materialmassen sind unbeherrschbar geworden. Eine vollständige Bibliographie zu unserem Thema, der Geschichte eines ganzen Kontinents in einem Zeitraum von über zwei Kriegsjahren, läßt sich unmöglich zusammenstellen. Der erste Schritt in Richtung auf eine bessere Ordnung, eine unschätzbare Hilfe für zukünftige Geschichtsforscher, wäre ein zentraler Führer zu den einzelnen Archiven. Ein zweiter, nicht weniger nützlicher Schritt wäre eine sorgfältig zusammengestellte, überprüfte und vielleicht mit Anmerkungen versehene Bibliographie von Bibliographien der Jahre 1945-78, durch die Miss Zieglers ursprüngliches „Répertoire . . ." für die Jahre 1945-65 und der Nachtrag für die Jahre 1966-69 auf den neuesten Stand gebracht würden. Der dritte Schritt sollte dann aus einer kritischen Durchsicht von Bibliographien bestehen, deren nationale Sektionen jeweils von Historikern und Bibliographen überprüft würden, die mit dem in ihrem Land erschienenen Material vertraut sind. Es gibt noch immer viele allgemeine Werke mit sich überschneidenden Bereichen, die allzu leicht übersehen werden; und trotz des Meeres von Material bleiben zahlreiche Lücken in den Listen zu schließen.

[19] *Ziegler*, WW II, S. XIV.

# Literaturverzeichnis

*Action This Day* Action This day: Working with Churchill: Memoirs by Lord Normanbrook, John Colville, Sir John Martin, Sir Ian Jacob, Lord Bridges, Sir Leslie Rowen, ed. Sir John Wheeler–Bennett (London, 1969).
Ádám, *MMV* Ádám, M. ed. Magyarország a második világháboruban (Budapest, 1967).
*Amery* Amery, C., *Die Kapitulation* (Hamburg, 1963).
*Annals* Annals of the American Academy of Political and Social Sciences, Philadelphia.
*Ansel* Ansel, W., *Hitler Confronts England* (Durham, N. C., 1960).
*Aster* Aster, S., *1939 – The Making of the Second World War* (London, 1973).
*Audiat* Audiat, P., *Paris pendant la guerre* (Paris, 1946).
*A Vatikáni MK* A vatikáni magyar követ jelenti (Budapest, 1969).


*Barker* Barker, C., *Eritrea 1941* (London, 1961).
*Baudhuin* Baudhuin, F., *L'économie belge sous l'occupation, 1940–1944* (Brüssel, 1945).
*Baudot* Baudot, M., *L'opinion publique sous l'occupation. L'exemple d'un département français (1939–1945)* (Paris, 1960).
*Baudouin* The Private Diaries of Paul Baudouin (London, 1951).
*Bayern KL* Die kirchliche Lage in Bayern nach den Regierungspräsidentenberichten, 1933–1943, Bd. I, Oberbayern, Bd. II, Ober- und Mittelfranken, hg. v. *H. Witetschek* (Mainz 1966, 1967).
*BD* Documents on British Foreign Policy, Series III (London, 1949–).
*Beaufre* Beaufre, A., *1940: The Fall of France* (New York, 1960).
*Behrend–Rosenfeld* Behrend–Rosenfeld, E. R., *Ich stand nicht allein* (Hamburg, 1945).
*Benouville* Guillain de Benouville, P., *Le sacrifice du matin* (Paris, 1947).
*Bennett* Bennett, J., *British Broadcasting and the Danish Resistance Movement* (London, 1966).
*Berg* Warsaw Ghetto: A Diary of Mary Berg, ed. S. L. Shreiderman (New York, 1945).
*Bernanos, EC,* I Bernanos, G., *Essais et écrits de combat,* I (Paris, 1971).
*Bernanos, GRC* Bernanos, G., *Les grands cimetières sous la lune.* (Paris, 1938).
*Bialer* Bialer, S. (ed.), *Stalin and His Generals: Soviet Military Memoirs of World War II* (New York, 1969).
*Birkenhead, Halifax* Birkenhead, *Life of Lord Halifax* (London, 1965).
*Blackstock* Blackstock, P. W., *The Secret Road to World War II: Soviet vs. Western Intelligence 1921–1939* (Chicago, 1964).
*Bleuel* Bleuel, H. P., *Sex and Society in Nazi Germany* (New York, 1973). Dt.: *Das saubere Reich* (Bern, 1972).
*Bloch* Bloch, M., *The Strange Defeat* (New York, 1948).
*Boberach* Meldungen aus dem Reich. Auswahl aus den geheimen Lageberichten des Sicherheitsdienstes der SS 1939–1944, hg. v. H. Boberach (München, 1968).
*Boberach, KK* Berichte des SD und der Gestapo über Kirchen und Kirchenvolk in Deutschland, 1934–1944, hg. v. H. Boberach (Mainz, 1967).
*Boehme* Boehme, H., *Entstehung und Grundlagen des Waffenstillstandes von 1940* (Stuttgart, 1966).

*Boelcke* Boelcke, W. A., *Kriegspropaganda, 1939–1941: Geheime Ministerkonferenzen im Reichspropagandaministerium* (Stuttgart, 1966).

*Bonnefous* Bonnefous, E., *Histoire politique de la III⁰ République,* Vol. VII (Paris, 1967).

*Bonneville* Bonneville, G., *Prophètes et témoins de l'Europe* (Essai sur l'idée d'Europe dans la littérature française de 1914 a nos jours) (Leyden, 1961).

*Bourget* Bourget, P., *Der Marschall: Pétain zwischen Kollaboration und Resistance* (Frankfurt, 1968).

*Brenner* Brenner, H., *Die Kunstpolitik des Nationalsozialismus* (Hamburg, 1963).

*Broszat* Broszat, M., *Nationalsozialistische Polenpolitik 1939–1945* (Stuttgart, 1961).

*Bryant* Bryant, A., *The Turn of the Tide (the Alanbrooke diaries)* (London, 1957). Dt.: *Kriegswende. Aus den Kriegstagebüchern des Feldmarschalls Lord Alanbrooke* (Düsseldorf, 1957).

*Budurowycz* Budurowycz, B., *Polish-Soviet Relations, 1933–1939* (New York, 1963).

*Bullock* Bullock, A., *Hitler, a Study in Tyranny* (New York, 1966). Dt.: *Hitler.* Überarb. Neuausg. (Düsseldorf, 1971).

*Burckhardt* Burckhardt, C. J., *Meine Danziger Mission, 1937–1939* (München, 1960).

*Butler* Butler, Sir J. R. M., *Lord Lothian* (London, 1965).

*Butler, GS* Butler, Sir J. R. M. (ed.), *Grand Strategy,* Vol. II (London, 1957).


*Cadogan* *The Diaries of Sir Alexander Cadogan, 1938–1945,* ed. D. Dilks (London, 1971).

*Calder* Calder, A., *The People's War: Britain, 1939–45* (London, 1969).

*Carell* Carell, P., *Unternehmen Barbarossa* (Berlin, 1968).

*CDA* Commission d'armistice franco–allemande, *La délégation française auprès de la commission allemande d'armistice,* I–V (Paris, 1947–1959).

*Céline, Bagatelles* Céline, L. F. (Destouches), *Bagatelles pour un massacre* (Paris, 1937). Dt.: *Die Judenverschwörung in Frankreich* (Dresden, 1938).

*Cerruti* Cerruti, E., *Visti da vicino* (Milan, 1951).

*Charles–Roux* Charles–Roux, F., *Cinq mois tragiques aux affairs étrangères* (Paris, 1949).

*CHSGM* *Cahiers d'histoire de la deuxième guerre mondiale* (Brüssel, 1971–).

*Churchill, GS* Churchill, Sir W., *The Second World War,* Vol. I, *The Gathering Storm* (Boston, 1948). Dt.: *Der Zweite Weltkrieg,* Bd. I, *Der Sturm zieht auf* (Hamburg, 1950).

*Churchill, FH* Ibid., Vol. II, *Their Finest Hour* (Boston, 1949). Dt.: Ebd., Bd. II, *Englands größte Stunde* (Hamburg, 1950).

*Churchill, GA* Ibid., Vol. III, *The Grand Alliance* (Boston, 1950). Dt.: Ebd., Bd. III, *Die große Allianz* (Hamburg, 1951).

*Ciano* *The Ciano Diaries* (New York, 1946). Dt.: Ciano, G., *Tagebücher 1939–1943,* 2. Aufl. (Bern, 1947).

*Ciano, EVC* Ciano, G., *L'Europa verso la catastrofe* (Mailand, 1948).

*Colvin, NB* Colvin, I., *None So Blind* (London, 1965).

*Compton* Compton, J. V., *The Swastika and the Eagle* (London, 1968). Dt.: *Hitler und die USA* (Oldenburg, 1968).

*Conquest* Conquest, R., *The Great Terror* (London, 1969). Dt.: *Am Anfang starb Genosse Kirow* (Düsseldorf, 1970).

*Conway* Conway, J., *The Nazi Persecution of the Churches* (New York, 1968). Dt.: *Die nationalsozialistische Kirchenpolitik* (München, 1969).

*Cross* Cross, C., *The Fascists in Britain* (New York, 1963).


*Dawson* Dawson, R., *The Decision to Aid Russia, 1941* (Chapel Hill, 1959).

*DDF* *Documents diplomatiques français 1932–1939,* Serie II (Paris, 1961–).

*DDI* *Documenti diplomatici italiani,* Serie VIII, IX (Rome, 1952–).

*De Felice, EF* De Felice, R., *Storia degli ebrei italiani sotto il fascismo* (Turin, 1961).

*De Felice, MR* De Felice, R., *Mussolini rivoluzionario* (Turin, 1965).

*De Gaulle*   *The War Memoirs of Charles de Gaulle,* Vol. I. (New York, 1960). Dt.: De Gaulle, Ch., *Memoiren. 1940–1942* (Frankfurt, 1955), 1942–1946 (Düsseldorf, 1961).

*De Jong, D₅K*   De Jong, L., *Die deutsche Fünfte Kolonne im Zweiten Weltkrieg* (Stuttgart, 1959).

*De Jong, Holland*   De Jong, L., *Holland Fights the Nazis* (London, 1941).

*De Jong, TW*   De Jong, L., *Total War and the Human Mind: Mass Reactions to German Occupation* (New York, 1946).

*Delandsheere,* Ooms   Delandsheere, P., Ooms, A., *La Belgique sous les nazis,* I–IV (Brüssel, n. d. [1945 or 1946]).

*Delp PM*   *The Prison Meditations of Father Alfred Delp* (New York, 1963).

*De Man, CS*   De Man, H., *Cavalier seul* (Geneva, 1948).

*De Mattei*   De Mattei, G., *Verso l'equilibrio della nuova Europa* (Florence, 1941).

*Derry*   Derry, T. K., *The Campaign in Norway* (London, 1952).

*Destrem*   Destrem, M., *L'été 39* (Paris, 1969).

*Deuerlein*   Deuerlein, E., *Hitler – eine politische Biographie* (München, 1970).

*Deutsch*   Deutsch, H. C., *The Conspiracy Against Hitler in the Twilight War* (Minneapolis, 1968).

*Djilas*   Djilas, V., *Conversation with Stalin* (New York, 1967). Dt.: *Gespräche mit Stalin* (Frankfurt, 1962).

*Dossinague*   Dossinague, J., *España tenia razón* (1939–45) (Madrid, 1949).

*DPSR*   *Documents of Polish–Soviet Relations, 1939–1945* (London, 1961–).

*Drieu, CRP*   Drieu la Rochelle, P., *Chronique politique* (Paris, 1941).

*Druon*   Druon, M., *L'esprit européen* (Rencontres internationales de Genève) (Genf, 1946).

*Du Moulin*   Du Moulin de Labarthète, H., *Les temps des illusions* (Genf, 1946).

*Duquesne*   Duquesne, J., *Les catholiques français sous l'occupation* (Paris, 1966).


*Eby*   Eby, C., *Alcazar* (New York, 1965).

*Eden*   Eden, A., *The Reckoning: The Eden Memoirs* (London, 1965).

*Einstein*   Einstein, L., *A Diplomat Looks Back* (New Haven, 1968).

*Einzig*   Einzig, P., *In the Center of Things* (London, 1960).

*Ellis*   Ellis, L. F., *France and Flanders 1939–1940* (London, 1953).

*Erickson*   Erickson, J., *The Soviet High Command* (London, 1962).


*Fabre–Luce*   Fabre–Luce, A., *Journal de la France,* Vol. I. (Paris, 1941; Vol. II, Genf, 1946). Dt.: *Französisches Tagebuch, 1939–1942* (Hamburg, 1943).

*Falconi*   Falconi, C., *The Silence of Pius XII* (London, 1970). Dt.: *Das Schweigen des Papstes* (München, 1966).

*Feiling*   Feiling, K., *The Life of Neville Chamberlain* (London, 1970).

*Fireside*   Fireside, T., *Icon and Swastika: The Russian Orthodox Church Under Nazi and Soviet Control* (Cambridge, 1971).

*Fischer*   Fischer, G., *The Soviet Opposition to Stalin* (London, 1970).

*Fitzgibbon*   Fitzgibbon, C., *The Winter of the Bombs* (London, 1958).

*Fleming*   Fleming, P., *Invasion 1940* (New York, 1957) (American edition of *Operation Sea Lion* [London, 1957]).

*Forrestal*   *The Forrestal Diaries,* ed. W. Millis (New York, 1954).

*François–Poncet*   François–Poncet, A., *Au Palais Farnèse: Souvenirs d'une ambassade à Rome, 1938–1940* (Paris, 1961). Dt.: *Botschafter in Rom* (Berlin, 1962).

*Friedlaender*   Friedlaender, S., *Pius XII et le IIIᵉ Reich: Documents* (Paris, 1964).

*Friedlaender, HUS*   Friedlaender, S., *Prelude to Downfall: Hitler and the United States, 1939–1941* (New York, 1967). Dt.: *Auftakt zum Untergang* (Stuttgart, 1965).

*FRUS*   *Foreign Relations of the United States* (series) (Washington, D. C.).

*Fuller*   Fuller, J. F. C., *The Second World War, 1939–1945: A Strategical and Tactical History* (London, 1948). Dt.: *Der Zweite Weltkrieg,* 2. Aufl. (Wien, 1952).

*Fuller, CW*   Fuller, J. F. C., *The Conduct of War, 1789–1961* (London, 1961). Dt.: *Die entartete Kunst, Krieg zu führen* (Köln, 1964).

*Galland*   Galland, A., *The First and the Last: The Rise and Fall of the German Fighter Forces, 1938–1945* (London, 1955). Dt.: *Die Ersten und die Letzten* (Darmstadt, 1953).
*Galtier*   Galtier–Boissière, J., *Mon journal pendant l'occupation* (Paris, 1945).
*GD*   *Documents on German Foreign Policy, 1918–1945,* Series D (Washington, D. C., 1948–).
*Gerard–Libois, Gotovitch*   Gerard–Libois, J., Gotovitch, J., *L'an 40: La Belgique occupée* (Brüssel, 1972).
*Gide*   *The Journals of André Gide,* Vol. II, ed. J. O'Brien (New York, 1947). Dt.: *Tagebuch 1939–1949* (Stuttgart, 1967).
*Goure, Dinerstein*   Goure, L., Dinerstein, H., *Moscow in Crisis* (Glencoe, Ill. 1955).
*Greene   Fascism: An Anthology,* ed. N. Greene (New York, 1968).
*Gross*   Gross B., *Willi Münzenberg – eine politische Biographie* (Stuttgart, 1967).
*Gruchmann*   Gruchmann, L., *Nationalsozialistische Großraumordnung* (Stuttgart, 1962).
*Guéhenno*   Guéhenno, J., *Journal des années noires* (1940–44) (Paris, 1947).
*Günther–Hornis*   Günther–Hornis, E., *Kunstschutz in der von Deutschland besetzten Gebieten, 1939–45* (Tübingen, 1958).
*Gunzenhäuser*   Gunzenhäuser, M., „Die Bibliographien zur Geschichte des Zweiten Weltkrieges", *Jahresbibliographie 1961 der Bibliothek für Zeitgeschichte Stuttgart* (Frankfurt, 1963).
*GWB   Auswärtiges Amt: Polnische Dokumente über die Ursachen des Krieges,* No. 1 (Berlin, 1940). *Die Geheimakten des französischen Generalstabes,* No. 6 (Berlin, 1941). *Dokumente zum Konflikt mit Jugoslawien und Griechenland,* No. 7 (Berlin, 1941). *Weißbuch der Deutschen Regierung.*
*Gwyer, Butler*   Gwyer, J. M. A., Butler, J. R. M., *Grand Strategy,* Vol. III (London, 1964).

*Halder, KTB*   Halder, F., *Kriegstagebuch: Tägliche Aufzeichnungen des Chefs des Generalstabes des Heeres, 1939–1942,* Vols. I–III, ed. H.-A. Jacobsen (Stuttgart, 1962–1964).
*Halévy*   Halévy, E., *A History of the English People in the Nineteenth Century,* Vol. V (London, 1961).
*Hamsun, OOP*   Hamsun, K., *On Overgrown Paths* (New York, 1967).
*Hanfstaengl*   Hanfstaengl, E., *Hitler: The Missing Years* (London, 1957).
*Harington*   Harington, Sir C., *Tim Harington Looks Back* (London, 1937).
*Hartlaub*   Hartlaub, F., *Von unten gesehen* (Stuttgart, 1950).
*Hartmann*   Hartmann, F. H., *The Swiss Press and Foreign Affairs in World War II* (Gainesville, Fla., 1960).
*Hassell*   Hassell, U. V., *Vom anderen Deutschland* (Zürich, 1946).
*Hedin   Sven Hedin's German Diary* (Dublin, 1951).
*Heer, Glaube*   Heer, F., *Der Glaube des Adolf Hitler: Anatomie einer politischen Religiosität* (München, 1968).
*Heine, SW   Heinrich Heines Sämtliche Werke,* ed. Elster (Leipzig und Wien, 1893).
*Heinz, Peterson*   Heinz, G., Peterson, A. F., *NSDAP Hauptarchiv,* Guide to the Hoover Institution microfilm collection (Stanford, Calif., 1964).
*Henderson*   Henderson, Sir N., *Failure of a Mission* (London, 1940).
*Henrey*   Henrey, R., *The Siege of London* (London, 1946).
*Herre, Auerbach*   Herre, F., Auerbach, H., *Bibliographie zur Zeitgeschichte und zum Zweiten Weltkrieg für die Jahre 1945–1950* (München, 1955).
*Hesse*   Hesse, F., *Das Spiel um Deutschland* (München, 1953).
*Heyen*   Heyen, F. J., *Nationalsozialismus im Alltag: Quellen zur Geschichte des Nationalsozialismus, vornehmlich im Raum Mainz–Koblenz–Trier* (Boppard am Rhein, 1967)

*Hillgruber*  Hillgruber, A. (ed.), *Von El Alamein bis Stalingrad: Aus dem Kriegstagebuch des Oberkommandos der Wehrmacht* (München, 1964).

*Hillgruber, HS*  Hillgruber, A., *Hitlers Strategie: Politik und Kriegsführung 1940–1941* (Düsseldorf, 1965).

*Hillgruber, SDH*  Hillgruber, A. (ed.), *Staatsmänner und Diplomaten bei Hitler: Vertrauliche Aufzeichnungen über die Unterredungen mit Vertretern des Auslandes 1939–1941* (München, 1969).

*Hitler, MK*  Hitler, A., *Mein Kampf* (New York, 1939). Dt.: (München 1925, 1927).

*Hitler TG*  *Hitlers Tischgespräche im Führerhauptquartier*, ed. H. Picker–A. Hillgruber (München, 1968).

*Hitler ZB*  *Hitlers Zweites Buch* (Stuttgart, 1961).

*Hitler–Bormann*  *The Testament of Adolf Hitler: The Hitler–Bormann Documents, February –April 1945* (London, 1959).

*Hochhuth*  Hochhuth, R., *The Representative* (1963). Dt.: *Der Stellvertreter* (Hamburg, 1963).

*Homze*  Homze, E., *Foreign Labor in Nazi Germany* (Princeton, N. J., 1967).

*Hoover, France*  *France During the German Occupation, 1940–1944: A Collection of 292 Statements on the Government of Maréchal Pétain and Pierre Laval*, Vols. 1–3 (Stanford, Calif., 1959).

*Horthy TI*  *Horthy Miklós titkos iratai*, ed. Szinai-Szücs (Budapest, 1965).

*Hytier*  Hytier, A., *Two Years of French Foreign Policy, Vichy: 1940–1942* (Genf, 1958).


*IA*  *International Affairs* (London).

*IH*  *Irish Historical Studies* (Dublin).

*IMT*  International Military Tribunal, *Nazi conspiracy and Aggression* (two series; 15 and 42 vols.) (Washington, D. C., 1947–1953).

*Ippecourt*  Ippecourt, A., *Chemins d'Espagne: Mémoires et documents sur la guerre secrète à travers les Pyrenées* (Paris, 1948).

*Irving*  Irving, D., *The German Atomic Bomb* (London, 1967). Dt.: *Der Traum von der deutschen Atombombe* (Gütersloh, 1967).


*Jäckel*  Jäckel, E., *Hitlers Weltanschauung* (Tübingen, 1969).

*Jacobsen, HT*  Jacobsen, H.-A., „Das Halder-Tagebuch als historische Quelle", *Festschrift Percy Ernst Schramm zu seinem 70. Geburtstag von Schülern und Freunden zugeeignet* (Wiesbaden, 1964).

*Jacobsen, Röseler*  Jacobsen, H.-A., *Zur Konzeption einer Geschichte des Zweiten Weltkrieges*. Schriften der Bibliothek für Zeitgeschichte/Weltkriegsbücherei (Stuttgart, 1964).

*JCH*  *The Journal of Contemporary History* (London).

*Jouan*  Jouan, C., *Comète, histoire d'une ligne d'évasion* (Brüssel, 1948).

*Jünger*  Jünger, E., *Gärten und Straßen* (Berlin, 1942).


*Keep*  *Contemporary History in the Soviet Mirror*, ed. J. Keep (New York, 1964).

*Kennan, M*  Kennan, G., *Memoirs 1925–1950* (Boston, 1967). Dt.: *Memoiren eines Diplomaten*. Bd. 1. 2. (Stuttgart, 1968, 1973).

*King*  King, C., *A War Diary* (London, 1971).

*Klein*  Klein, B. H., *Germany's Economic Preparations for War* (Cambridge, 1959).

*Klemperer*  Klemperer, V., *LTI: Notizbuch eines Philologen* (Leipzig, 1960).

*Knef*  Knef, H., *The Gift Horse* (New York, 1971). Dt.: *Der geschenkte Gaul* (Wien, 1970).

*Korbonski*  Korbonski, S., *Fighting Warsaw* (London, 1956).

*Kot*  Kot, S., *Conversations in the Kremlin and Dispatches from Russia* (London, 1961).

*Krausnick*  Krausnick, H., *Anatomy of the SS State* (New York, 1970).

*Krosby*   Krosby, H. P., *Finland, Germany, and the Soviet Union, 1940–1941: The Petsamo Dispute* (London, 1968).

*Kwiet*   Kwiet, K., *Reichskommissariat Niederlande* (Stuttgart, 1968).

*Lampe*   Lampe, D., *The Last Ditch* (London, 1968).

*Lancaster*   Lancaster, O., *Signs of the Times, 1939–1961* (London, 1961).

*Laurière*   Laurière, H., *Assassins au nom de Dieu* (Paris, 1951).

*Lawrence*   Lawrence, D. H., *Movements in European History* (London, 1921).

*Lecoeur*   Lecoeur, A., *Le parti communiste français et la résistance: Aôut 1939 – Juin 1941* (Paris, 1968).

*Leusser*   Leusser, A., *Ein Jahrzehnt deutsch-amerikanischer Politik* (München, 1928).

*Lewy*   Lewy, G., *The Catholic Church and Nazi Germany* (New York, 1964). Dt.: *Die katholische Kirche und das Dritte Reich* (München, 1965).

*Liddell Hart*   Liddell Hart, B. M., *History of the Second World War* (London, 1970). Dt.: *Geschichte des Zweiten Weltkrieges* (Düsseldorf, 1972).

*LJ*   Ministère des Affaires Etrangères, Documents diplomatiques, *Livre Jaune* (French Yellow Book) (Paris, 1939).

*Lloyd George, F.*   Lloyd George, Frances, *The Years That Are Past* (London, 1970).

*Lukacs, HC*   Lukacs, J., *Historical Consciousness* (New York, 1968).

*Lukacs, PMA*   Lukacs, J., *The Passing of the Modern Age* (New York, 1970).

*Macmillan*   Macmillan, H., *The Blast of War* (New York, 1967).

*Maser*   Maser, W., *Adolf Hitler – Legende – Mythos – Wirklichkeit* (München, 1971).

*Maser, MK*   Maser, W., *Hitlers Mein Kampf* (München, 1966).

*Mastny*   Mastny, V., *The Czechs Under Nazi Rule: The Failure of National Resistance, 1939–1942* (New York, 1971).

*Maurois, Proust*   Maurois, A., *Proust: Portrait of a Genius* (New York, 1950). Dt.: *Auf den Spuren von Marcel Proust* (Hamburg, 1956).

*Meldungen*   Meldungen aus dem Reich. Es wird nach den Nummern der RSHA-Dokumente (Mikrofilm) des Instituts für Zeitgeschichte, München, zitiert. Es gibt auch eine gedruckte Auswahl: H. Boberach (ed.), *Meldungen aus dem Reich* (München, 1968).

*Mencken, AL*   Mencken, H. L., *Supplement One, The American Language* (New York, 1945).

*Milward*   Milward, A., *Die deutsche Kriegswirtschaft, 1939–1945* (Stuttgart, 1966).

*Miry*   Miry, R., *Belgium Under Occupation* (New York, 1946).

*Moffat*   The Moffat Papers, ed. Nancy Hooker Harrison (Cambridge, 1956).

*Montherlant*   Montherlant, H. de, *Solstice de juin* (Paris, 1940).

*Moran*   Churchill. Taken from the Diaries of Lord Moran (Boston, 1966). Dt.: Moran, L., *Churchill. Der Kampf ums Überleben* (München, 1967).

*Mordal, Dunkerque*   Mordal, J. (Cras), *La bataille de Dunkerque* (Paris, 1957).

*Mordal, Norvège*   Mordal, J., *La campagne de Norvège* (Paris, 1959).

*Mosley*   Mosley, L., *On Borrowed Time* (New York, 1969). Dt.: *Der gespenstische Friede* (Bergisch Gladbach, 1970).

*Mosley, Back*   Mosley, L., *Back to the Wall* (London, 1971).

*Muggeridge*   Muggeridge, M., *Chronicles of Wasted Time*, Vol. I (London, 1972; Vol. II, London, 1973).

*Muggeridge, WM*   Muggeridge, M., *Winter in Moscow* (London, 1935).

*MWB*   Militärwochenblatt (Berlin).

*Neave*   Neave, A., *The Flames of Calais* (London, 1972).

*Nicolson*   Nicolson, H., *Diaries and Letters*, Vol. II (1939–45) (London, 1967). *Tagebücher und Briefe*. Bd. 1. 2. (Frankfurt a. M., 1969).

*Nietzsche SL*   Selected letters of Friedrich Nietzsche, ed. C. Middleton (Chicago, 1969).

*Nietzsche*   Nietzsche, Fr., *Werke und Briefe*, Bd. 3, Briefe der Basler Zeit 1869–1873, hg. v. W. Hoppe (München, 1940).

*Nobécourt*   Nobécourt, J., *Le vicaire* (Paris, 1964).

*Noguères*, Degliame-Fouché, Vigier   Noguères, H., with Degliame-Fouché, M. and Vigier, J.-L., *Histoire de la résistance en France*, Vol. I., *Juin 1940 – Juin 1941* (Paris, 1967).

*Nouveau*   Nouveau, C. H., *Des capitaines par milliers* (Paris, 1958).

*NSR*   Department of State, *Nazi–Soviet Relations* (Washington, D. C., 1948).


*OFW*   *The Origins of the First World War: Great Power Rivalry and German War Aims*, ed. H. W. Koch (London, 1972).

*OKW/KTB*   *Kriegstagebuch des Oberkommandos der Wehrmacht* (Wehrmachtsführungsstab), Vols. I–IV, ed. P. Schramm, with A. Hillgruber, W. Hubatsch, and H.-A. Jacobsen (Frankfurt, 1961–65).

*Orwell*   *The Collected Essays, Journalism, and Letters of George Orwell*, Vols. I–IV (London, 1968).

*Orwell, Wigan Pier*   Orwell, G. (Blair), *The Road to Wigan Pier* (London, 1937).


*Paikert*   Paikert, G. C., *The Danube Swabians* (Den Haag, 1967).

*Pawle*   Pawle, G., *The War and Colonel Warden* (New York, 1963).

*Paxton*   Paxton, R., *Parades and Politics in Vichy* (New York, 1962).

*PD*   See *GWB*, No. 1.

*Pearson*   Pearson, H., *Labby: The Life and Character of Henry Labouchère* (London, 1936).

*Pelz*   Pelz, S. E., *Race to Pearl Harbor* (Cambridge, Mass., 1974).

*Perrault*   Perrault, G., *L'orchestre rouge* (Paris, 1967). Dt.: *Auf den Spuren der Roten Kapelle* (Hamburg, 1969).

*Peterson*   Peterson, W., *The Limits of Hitler's Power* (Chicago, 1968).

*Petrov, Lane*   Petrov, V., *A Study in Diplomacy: The Story of Arthur Bliss Lane* (Chicago, 1971).

*Petzina*   Petzina, D., *Autarkiepolitik im Dritten Reich: Der nationalsozialistische Vierjahresplan* (Stuttgart, 1968).

*P-K, Ver/Inf*   Partei-Kanzlei, *Vertrauliche Informationen* (in the library of the Institut für Zeitgeschichte, Munich).

*PRO 15*   *Public Record Office Handbook No. 15, The Second World War: A Guide to Documents in the Public Record Office* (London, 1972).

*PSR* s. DPSR.

*Pulzer*   Pulzer, P., *The Rise of Political Anti-Semitism in Germany and Austria* (New York, 1964). Dt.: *Die Entstehung des politischen Antisemitismus in Deutschland und Österreich 1867–1914* (Gütersloh, 1966).


*Raczynski*   Raczynski, C., *In Allied London* (London, 1962).

*Rebatet*   Rebatet, L., *Les décombres* (Paris, 1942).

*Reck–Malleczewen*   Reck–Malleczewen, R. P., *Tagebuch eines Verzweifelten* (Frankfurt, 1971).

*Reitlinger, FS*   Reitlinger, G., *The Final Solution* (New York, 1953). Dt.: *Die Endlösung* (Berlin, 1956).

*Reitlinger, House*   Reitlinger, G., *The House Built on Sand* (New York, 1960). Dt.: *Ein Haus auf Sand gebaut* (Hamburg, 1962).

*Rémy*   Rémy, C. (pseud.), *Passeurs clandestins* (Paris, 1954).

*Reynaud*   Reynaud, P., *La France a sauvé l'Europe* (Paris, 1950).

*RH*   *Revue historique* (Paris).

*RH2M*   *Revue historique de la deuxième guerre mondiale* (Paris).

*Ribbentrop* *The Ribbentrop Memoirs,* ed. Annelies v. Ribbentrop (London, 1954). Dt.: Ribbentrop, J. v., *Zwischen London und Moskau* (Leoni am Starnberger See, 1953).

*Rich* Rich, N. *Hitler's War Aims.* Vol. II (New York, 1974).

*RIIA Survey* Royal Institute of International Affairs, *The Initial Triumph of the Axis* (London, 1960).

*Robertson* Robertson, E. M., *Hitler's Prewar Policy and Military Plans, 1937–1939* (London, 1963).

*Robien* Robien, L. de, *The Diary of a Diplomatist in Russia, 1917–1918* (London, 1969). Dt.: *Russisches Tagebuch 1917–1918* (Stuttgart, 1968).

*Rommel* *The Rommel Papers* (London, 1953). Dt.: Rommel, E., *Krieg ohne Haß* (Heidenheim, 1950).

*Rosenberg TB* *Das politische Tagebuch A. Rosenbergs aus den Jahren 1934/35 und 1939/40,* ed. H.-G. Seraphim (Berlin, 1956).

*Rougemont* Rougemont, D. de, *Journal d'une époque* (Paris, 1968).


*Schechtman* Schechtman, J., *European Population Transfers, 1939–45* (New York, 1946).

*Schmitz* Schmitz, H., *Die Bewirtschaftung der Nahrungsmittel und Verbrauchsgüter 1939–1950, dargestellt am Beispiel der Stadt Essen* (Essen, 1956).

*Schramm* Schramm, P. E., *Hitler: The Man and the Military Leader* (Chicago, 1971). Dt.: *Hitler als militärischer Führer* (Frankfurt, 1962).

*Schramm–Thadden* Schramm-v. Thadden, E., *Griechenland und die Großmächte im II. Weltkrieg* (Wiesbaden, 1955).

*Smith, English Language* Smith, L. P., *The English Language* (London, 1912).

*Sorel* Sorel, A., *Europe and the French Revolution: The Political Conditions of the Old Regime* (London, 1968).

*Spears* Spears, Sir E. L., *Assignment to Catastrophe,* I–II (London, 1954).

*Speer* Speer, A., *Erinnerungen* (Frankfurt–Berlin, 1969).

*Spinks* *Religion in Britain Since 1900,* ed. G. S. Spinks (London, 1952).

*Stalin–Churchill* *Correspondence Between the Chairman of the Council of Ministers of the USSR and the Presidents of the U.S.A. and the Prime Ministers of Great Britain During the Great Patriotic War of 1941–1942,* Vol. I, *Correspondence with Churchill and Attlee: July 1941 – November 1945* (Moskau, 1957).

*Stehlin* Stehlin, P., *Témoignage pour l'histoire* (Paris, 1962). Dt.: *Auftrag in Berlin* (Berlin, 1965).

*Stewart, Crete* Stewart, I. McD. G., *The Struggle for Crete* (London, 1966).

*Struye* Struye, P., *L'évolution du sentiment public en Belgique sous l'occupation allemande* (Brüssel, 1945).

*Sulzberger* Sulzberger, C., *A Long Row of Candles* (New York, 1969). Dt.: *Auf schmalen Straßen durch die dunkle Nacht* (Wien, 1969).

*Szembek* Szembek, J., *Journal 1933–1939* (Paris, 1952).


*Tanner* Tanner, V., *The Winter War* (Stanford, Calif., 1957).

*Taylor* Taylor, A. J. P., *The Origins of the Second World War* (New York, 1968). Dt.: *Die Ursprünge des Zweiten Weltkrieges* (Gütersloh, 1962).

*Taylor, Beaverbrook* Taylor, A. J. P., *Beaverbrook* (New York, 1972).

*Taylor, EH* Taylor, A. J. P., *English History, 1914–1945* (New York, 1965).

*Teilhard, Letters* Teilhard de Chardin, P., *Letters to Two Friends, 1926–1952* (London, 1963).

*Tharaud* Tharaud, J., *L'envoyé de l'archange* (Paris, 1939).

*THJ* *The Historical Journal* (London).

*Thomas, Case* Thomas, R. P., Case, L. M. (eds.), *Guide to the Diplomatic Archives of Western Europe* (Philadelphia, 1959).

*Thompson, 1940* Thompson, L., *1940* (New York, 1967).

*Thorne*  Thorne, C., *The Approach of War, 1938–39* (London, 1967).

*Toscano*  Toscano, M., *Una mancata intesa italo-sovietica nel 1940 e 1941* (Florenz, 1953).

*Turney*  Turney, A., *Disaster at Moscow: Von Bock's Campaigns, 1941–1942* (London, 1972).

*TW & HM*  *Total War and the Human Mind: A Symposium* (London, 1959).

*Valland*  Valland, R., *Le front de l'art, 1939–45* (Paris, 1961).

*VFZ*  *Vierteljahrshefte für Zeitgeschichte* (München).

*VD*  *Actes et documents du Saint-Siège relatifs à la second guerre mondiale* (Vatikanstadt, 1965–).

*Vidalenc*  Vidalenc, J., *L'exode de mai–juin 1940* (Paris, 1957).

*Wagenführ*  Wagenführ, R., *Die deutsche Industrie im Kriege 1939–1945* (Berlin, 1954).

*Wahlen*  Wahlen, F., *Unser Boden heute und morgen* (Zürich, 1943).

*Waldeck*  Waldeck, C., *Athénée-Palace* (New York, 1942).

*Waldersee*  Waldersee, A., *Denkwürdigkeiten*, III, ed. H. Meisner (Berlin, 1923).

*Wartime Correspondence*  *Wartime Correspondence Between President Roosevelt and Pope Pius XII* (New York, 1947). Dt.: Roosevelt, F. D., *Kriegskorrespondenz zwischen Präsident Roosevelt und Papst Pius XII.* (Zürich, 1947).

*Weidlé*  Weidlé, W., *Les abeilles d'Aristée* (Paris, 1954).

*Weininger*  Weininger, O., *Geschlecht und Charakter* (Wien, 1922).

*Weizsäcker*  Weizsäcker, E. V., *Memoirs* (London, 1951). Dt.: *Erinnerungen* (München, 1950).

*Whaley*  Whaley, B., *Barbarossa* (Cambridge, 1973).

*Wilson*  Wilson, T., *The First Summit* (Boston, 1969).

*Wiskemann*  Wiskemann, E., *The Europe I Saw* (London, 1966). Dt.: *Erlebtes Europa* (Bern, 1969).

*Wolf*  Wolf, W., *Faschismus in der Schweiz* (Zürich, 1969).

*Wood-Dempster*  Wood, D.-Dempster, D., *The Narrow Margin* (London, 1961).

*Woodward*  Woodward, Sir L., *British Foreign Policy in the Second World War*, Vols. I–III (London, 1970–).

*Woodward, BP*  Ibid., one-vol. ed. (London, 1962).

*Wright*  Wright, Gordon, *The Ordeal of Total War* (New York, 1968).

*WWR*  *Wehrwissenschaftliche Rundschau* (Frankfurt).

*Wynants*  Wynants, J. jr., „Verviers, L'autorité communale en 1940–1941", *CHSGM* (Oct. 1972).

*Zahn*  Zahn, G., *German Catholics and Hitler's Wars* (New York, 1962). Dt.: *Die deutschen Katholiken und Hitlers Kriege* (Graz, 1965).

*ZD*  *Zeitschriften-Dienst*, zusammen mit „Die Innere Front/NSK-Pressedienst" in der Bibliothek des Instituts für Zeitgeschichte, München.

*Ziegler, WW II*  *World War II: Books in English, 1945–65*, complied and introduced by Janet Ziegler (Stanford, Calif., 1971).

*Zoller*  Zoller, A., *Hitler privat* (Düsseldorf, 1949).

# Personen- und Sachregister

# Das Dritte Reich und seine Folgen
Erinnerungen und Berichte